功利主義と社会改革の諸思想

音無 通宏 編著

中央大学経済研究所
研究叢書43

中央大学出版部

序　文

　本書は，中央大学経済研究所に設置された研究チーム「ベンサム経済思想および経済政策研究部会」（2001–03年度）の研究成果の一部として刊行される．本研究部会は，それまでの功利主義経済思想研究会を編成しなおし，新たなメンバーを加えて部会に昇格させたものだが，それには次のような背景があった．すなわち，1994年8月，日本経済団体連合会などの斡旋による企業からの資金援助および中央大学の支援を受けて，中央大学駿河台記念館で第4回国際功利主義学会が開催され，10数カ国にのぼる諸外国の研究者をはじめ多数の研究者が参加した．その後も，文部省（当時）の科研費による支援（1995–97年度および1998–2000年度）を受け，学際的な功利主義研究が活発に推進されてきた．そのような経過のなかで，1998年，ユニヴァーシティ・コレッジ・ロンドンに設置されているベンサム・プロジェクト所長F. ローゼン教授を介して中央大学に，新『ベンサム経済学著作集』（4巻）を同ロンドン大学と共同で編集し出版したい旨の提案がなされた．上記ロンドン大学以外で，世界的に見てもベンサムに関する資料がもっとも多く所蔵され，共同で編集作業を進める条件がもっとも整備されているのが中央大学であるとの認識にもとづくものであった．そして，同提案が中央大学側で了承されれば，ただちにその準備作業にはいる予定であった．

　そうした事情のもとで，さしあたり中央大学側の窓口となり，準備作業を進めるうえで受け皿としての役割を果たすことをも想定しつつ発足したのが，本研究部会であった．したがって，同提案が本格的に実施される場合，さらに学外の専門研究者をも加え，本研究部会を充実させ，共同編集・出版事業を推進する日本側の母体として発展させることが構想として含意されていた．この間，紆余曲折があったにせよ，中央大学側の意思決定が未だなされていないこ

とは遺憾であるが，本研究部会が発足し，比較的活発な研究活動を推進してきた背景には，そうした事情があったことを記しておきたい．そして同時に，同提案は今日もなお生きており，中央大学における国際的な研究推進事業の一環として，同提案に対する中央大学としての意思決定が一日も早くなされることを強く期待したい．

ところで，以上のような経過と構想のもとで発足したとはいえ，さしあたり本研究部会は中央大学経済研究所の一研究チームとして，あくまでも中央大学に所属する研究者を中心として構成されている．したがって，同一対象——この場合は，ベンサムないし功利主義——を研究領域とする研究者の数は限定されている．そうした事情が，研究活動および本叢書の取りまとめにも反映されていることは否定できない．編集者としてもっとも苦労させられたのもその点であった．しかし，他面から見れば，分野を異にする研究者がそれぞれ独自のテーマをもちつつ，広い意味での問題意識を共有し，共同研究を進めることによって見えてくる側面も少なくない．本書に特徴があるとすれば，その点である．

本書は，大きく2部から構成されている．第Ⅰ部は，主として功利主義に関するもの，あるいはその含意はさまざまであれ，功利主義に対して肯定的な態度ないし積極的な立場を取る思想家に関する諸論文からなっている．第Ⅱ部は，直接的には功利主義と関連しないか，あるいは反功利主義的なものもふくめ，非功利主義的な思想家に関する諸研究からなっている．しかし，後者に属する諸研究もそれぞれ，功利主義および社会改革思想の多面的な理解を促進するうえで寄与するものである．各部の構成と内容の特徴は，以下のとおりである．

第Ⅰ部　第1章「功利主義の正義論」（池田貞夫）は，ベンサム功利主義における正義論という，従来かえりみられることが少なかったテーマを追求し，ベンサムにおいても権利論・正義論が基礎をなしていること，その点でJ. S. ミル功利主義においても同様であるが，後者では「生活のアート」の概念を媒介にして，それらが道徳論的にいっそう深められていることを明らかにしてい

る．功利主義研究が今後すすむべき方向を指し示している点で，示唆に富む論文ということができる．

第2章「ベンサム功利主義の構造と初期経済思想の展開」（音無通宏）は，ほぼ同様のテーマを追求しつつ，ベンサム功利主義において，ベンサムが民法草稿で定式化した「安全」「生存」「豊富」「平等」という下位諸目的が重視されるべきであり，そうした関連で権利論・正義論がベンサム功利主義においても根幹をなしていることが強調されている．そして，そうした視点の具体化として，ベンサムの初期経済思想とその総括的地位を占める『政治経済学便覧』が詳細に分析され，一見すると時期に応じてさまざまに変化しているように見えるベンサムの政策的主張には一貫した原理が貫かれていることが論じられている．

第3章「功利主義と植民地――ベンサムの植民地論――」（板井広明）は，ベンサム功利主義思想の特徴を国際的な視野から分析したものということができる．従来のベンサム植民地論をめぐる解釈・論争を整理したうえで，ベンサムにおける植民地論の変遷を論じ，その変遷がもつ意味を明らかにしている．初期から晩年にいたるまでのベンサム植民地論をあとづけ，系統的に分析したのは，わが国でも本論文が最初であり，注目すべき試みといえる．

第4章「ジェイムズ・ミルの統治思想――共感，道徳的制裁，世論――」（益永　淳）は，その副題に示されている「共感」「道徳的制裁」「世論」という諸概念に着目し，ジェイムズ・ミルが統治機構改革の必要性を主張するにいたった道徳論的根拠を解明している．従来の研究が主として政治思想的側面からのみ論じる傾向にあったのに対して，本論文は父ミルの統治機構改革論（政治論）を道徳論にまで立ち入って分析し基礎づける試みをおこなっており，従来の研究では十分でなかった領域を開拓している点で大きなメリットをもっている．本章が対象を異にしつつも，第1章と共通した問題意識にたっていることが見いだされるであろう．

第5章「J. S. ミルとL. ワルラスのレジーム構想――所有構造の変容を中心に――」（高橋　聡）は，J. S. ミルとワルラスにおける土地所有論の比較分析

をとおして，両者における市場，国家，私有財産制度の関係を考察している．そして，ワルラスがミルの土地所有改革論や協同組織(アソシエーション)論の批判的検討をとおして土地国有化論を主張するにいたっている点など，両者の社会改革論の基礎構造と思想性格の異同を明らかにしている．思想性格としてはワルラスは反功利主義者である．にもかかわらず，本論文を第Ⅰ部におく理由は，功利主義者ミルとの比較分析が本論文では大きな比重を占めているからである．本論文は，比較分析という従来の研究には見られない手法によって，ミルとワルラス両者の理論と思想の性格および構造をより深く解明する途を切り拓いている．

第6章「ヴェブレンと功利主義——人間行為論を中心に——」(石田教子)は，ヴェブレンの1899～1900年の論文「経済科学の前提諸観念」に焦点をあて，ヴェブレンの思想形成に果たした過去の経済学説の役割を検討している．従来の研究がヴェブレンの過去の経済学説に対する批判的側面，したがってヴェブレン経済思想の過去の学説との断絶面のみを強調する傾向にあったのに対して，本論文はむしろ意識的に連続性の側面に視点をおいて分析をおこなっている．それらの過程で，筆者は「経済学はいかにして事実に即しつつ人間行為という多様な要因を組み込みうるか」という観点から，ヴェブレンが功利主義，とりわけ「人間や階級の多様性，伝統や習慣といった制度的要因」を組み入れたJ. S. ミルやケアンズの功利主義を肯定的に評価している点を明らかにしている．本論文は，ヴェブレンの思想形成における過去の諸学説および諸思想の位置を明らかにするとともに，ヴェブレンと功利主義思想との関連を明らかにしている点で注目すべき研究である．

第7章「J. A. ホブソンの厚生経済学と政策的展開」(八田幸二)は，「異端の経済学者」ホブソンの主要著作を取りあげ，ピグー厚生経済学批判としてのホブソンの人間的厚生の経済学の特質を分析している．ピグーの「厚生経済学」が経済的厚生にのみ限定され，その意味で量的功利主義の立場にたっているのに対して，産業組織再建論として展開されるホブソンの経済思想は人間の「生活(life)」全体ないし「人間的価値」に視点をおき「人間的厚生」を追求する

ものであったこと，その意味で質的功利主義の立場にたつものであったことを論証している．わが国での数少ないホブソン研究者の1人である筆者の研究は，市場主義的経済学が内包する問題性を問ううえでも示唆するところが大きいであろう．

第Ⅱ部　第8章「アリストテレス『ニコマコス倫理学』における応報」（濱岡　剛）は，『ニコマコス倫理学』第5巻第5章を中心として，アリストテレスの正義論における「応報の正義」の位置と意義について考察している．筆者によれば，従来の研究では，「応報の正義」は「分配の正義」ないし「是正の正義」の特殊部門，あるいはそれらとならぶ第3の正義として理解されがちであった．これに対して，筆者は「応報」概念における「視野の広がり」に着目し，「分配の正義」や「是正の正義」では補足しきれない社会的諸事象をも包含する正義原理として「応報の正義」を理解すべきであり，アリストテレスにおける「応報」概念は，市場＝経済にのみ関わる概念ではなく，ポリスの人間関係，すなわち市民的友愛関係としてのポリスの秩序をささえる概念であったこと明らかにしている．本論文は，アリストテレスにおける「応報の正義」概念の重要な含意について，従来とは異なる新たな解釈を説得的に提示している点で大きな意義をもつと思われる．

第9章「アダム・スミスの資本主義観」（和田重司）は，スミスの経済理論を再検討することによって，スミス資本主義観に内包される二義性を明らかにしている．一方では産業政策や福祉政策をつうじて今日支配的となっている「官僚制資本主義」は，スミスが理論化した資本主義そのものに淵源をもつにしても，スミスの自由主義とは対照的な制度であり，スミス的な自由の精神はむしろその官僚統制に対する批判・抵抗としての市民運動に，その意味で改革思想として受けつがれている．他方では，重商主義批判としてのスミスの自由貿易主義は，貿易国間の相互利益というスミスの理念をはなれて，歴史的には自由貿易帝国主義として展開してきた．本論文は，近代社会の形成から現在にいたる広い視野のもとに，スミス的な自由主義的経済思想のもつ二義性をダイナミックに描きだしている．

第10章「F. リストと1839～40年の経済諸論文」（片桐稔晴）は，リストが1839～40年に執筆した6つの論文を取りあげ，『経済学の自然的体系』（1837年）から主著『経済学の国民的体系』（1841年）にいたる彼の「生産力の理論」の発展過程を詳細にあとづけている．従来，本格的に取りあげられることがなかった諸論文の検討をつうじて，筆者はリスト経済学の核心ともいうべき「生産力の理論」の形成・深化の過程がイギリスの自由貿易主義運動との対抗を基礎づけるためになされたことをきわめて説得的に明らかにしており，本論文の大きな業績といえる．これらによって，先進国イギリスにおける改革思想および自由貿易主義が，後発国においてもつ意味が具体的に明らかにされている．

第11章「ヴィクトリア朝中期における宗教意識と文学——M. アーノルドとA. H. クラフの場合——」（中川　敏）は，19世紀中葉のイギリスという時代的・社会的背景と関連させつつ，A. H. クラフとの交渉をつうじたアーノルド自身の思想遍歴とその意味を克明に分析しあとづけている．筆者によれば，中期ヴィクトリア朝の人びとの社会意識にもっとも大きな影響を与えたのが「福音主義と功利主義」であったが，そうした時代精神を批判し，それに背を向けたのがアーノルドであった．本論文は，直接には文学のジャンルに属する研究であるが，19世紀中葉のイギリスを支配した有力な思想・功利主義に対する人文的反論としてアーノルドを位置づけており，多面的な側面から功利主義研究を深めるうえでも示唆に富む論文といえる．

第12章「初期マーシャルの認識論と思想形成」（門脇　覚）は，マーシャルのもっとも初期の未公刊諸論文（1867年，1994年刊行）に焦点をあて，初期マーシャルの思想形成とその特徴を分析している．一方では神学的基礎をもちつつ直感によって真理を把握できるとするW. ハミルトン—マンセル，他方では経験論的な観念連合説にたつJ. S. ミル—ベインの両面批判を意図しつつ，新たな途を拓こうとする初期マーシャルの苦闘を，神学と認識をめぐる論争という時代背景に関わらせながら整理し論じている．本論文は，従来不十分であった領域を19世紀後半の複雑な思想状況に関わらせて掘り下げて検討しており，十分評価に値する論文といえよう．

以上のように，本書はベンサムを共通の対象としている第1〜3章以外は，それぞれ異なる思想家を対象としており，それらの属する時代も19世紀が多いにしても広範囲にわたっている．しかし，そうした外見的な相違にもかかわらず，内容的に見れば広い意味での共通した問題意識が横たわっているのが見いだされるだろう．集約していえば，「功利主義と社会改革」ということである．第Ⅰ部を構成する諸論文に，それを見いだすのは容易であろう．

　第Ⅱ部を構成する諸論文には，一見すると通常の意味での改革思想とはいえないものもふくまれている．しかし，それらも，以下に見るように本書のテーマに関連していることがわかるだろう．

　第8章のアリストテレス応報論についての論究は，功利主義をふくむ近代思想の中核ともいえる正義論をその源流において検討しており，本書にとっても有意義な論文ということができる．そして，第9・10章は，先進国・後発国という国際的な視野から功利主義の思想性格を検討する場合，考慮すべき論点を提起しているといえる．ついでに記しておけば，第10章で，イギリス自由貿易主義運動を代表する人物の1人としてリストの批判対象とされているバウリングは，晩年のベンサムを助け，遺言執行人として『ベンサム著作集』（11巻，1838-43年）の編集にかかわった人物でもある．『著作集』を見るかぎり，彼がベンサムの思想を真に理解していたとは到底いえないにしても，ベンサム自身も功利主義の立場から自由貿易論者であったことを考えれば，リストのバウリング批判は一面ではベンサム功利主義の思想性格の本質にかかわる問題を投げかけているといえる．

　これに対して，第11章で論じられているアーノルドの場合，保守主義的立場からの功利主義批判であり，通常の意味での「社会改革」思想とはいえないだろう．しかし，そこで明らかにされているのは，人びとのあいだに広がる物質欲とそれを正当化すると考えられた功利主義（俗流功利主義）に対して一貫して精神性を維持しようとするアーノルドの姿勢であり，その意味で，それは19世紀後半における功利主義の一般的な受け止められ方の典型のひとつを示しており，改革思想としての功利主義を多面的に研究するうえで不可欠な側面

を提起しているといえる．第12章の研究も，初期マーシャルにおける苦闘こそ，その後の彼の功利主義評価にも結びつき，独自の経済学を形成する準備過程でもあった点で，本書の共通テーマに関連しているといってよい．

　以上のように，本書は多様な思想家に関する諸論文から構成されているとはいえ，広い意味での問題意識を共有していることが知られるだろう．「功利主義と社会改革」思想の多面的研究ということである．本書を『功利主義と社会改革の諸思想』と題した理由でもある．

　本書に収録された諸論文はいずれも，それぞれの研究領域において従来の研究水準をこえる新たな試みを示しており，その意味でも3年にわたる本部会の研究活動は成果をあげることができたと考えている．本叢書への執筆に積極的に参加してくださった執筆者の皆さんに感謝するとともに，本叢書が学会等でも有意義なものとして活用されることを願っている．

　最後に，本叢書の刊行が遅延し，迷惑をおかけした中央大学経済研究所前所長，長野ひろ子教授にお詫びするとともに，刊行に尽力いただいた現所長，塩見英治教授にお礼申し上げる．また，本書の刊行にあたり，中央大学出版部の平山勝基氏と松尾あずさ氏には大変お世話になったことを記し，感謝の意を表したい．

　　2006年7月26日

　　　　　　　　　　　　　　　ベンサム経済思想および経済政策研究部会

　　　　　　　　　　　　　　　　　　　主査　音　無　通　宏

目次

序文

第Ⅰ部

第1章　功利主義の正義論 ………………………… 池田　貞夫 … 3
　はじめに …………………………………………………………… 3
　1．自然権思想の批判と功利主義 ……………………………… 5
　2．ベンサムの正義観と理論構成 ……………………………… 26
　3．功利性と正義——ミルの正義論 …………………………… 64
　おわりに …………………………………………………………… 86

第2章　ベンサム功利主義の構造と初期経済思想の展開
　　　　　　………………………………………… 音無　通宏 … 99
　はじめに——従来の功利主義解釈の問題 ……………………… 99
　1．民法関係草稿の位置と意義 ………………………………… 104
　2．下位諸目的間の関係 ………………………………………… 108
　3．ベンサム初期経済思想の形成 ……………………………… 122
　4．『政治経済学便覧』と「生存」の問題 ……………………… 132
　おわりに …………………………………………………………… 166

第3章　功利主義と植民地
　　　　　——ベンサムの植民地論——
　　　　　　………………………………………… 板井　広明 … 177
　はじめに——問題の所在 ………………………………………… 177
　1．植民地と平和 ………………………………………………… 179

2. 植民地と人口……………………………………………… 182
　　3. 植民地と憲法……………………………………………… 184
　おわりに………………………………………………………… 188

第4章　ジェイムズ・ミルの統治思想
　　　　　——共感，道徳的制裁，世論——
　　　　　………………………………………… 益永　　淳… 197

　はじめに………………………………………………………… 197
　　1. 快苦原理と共感…………………………………………… 199
　　2. 階層社会における道徳的制裁の効力…………………… 202
　　3. 統治機関の抑制手段としての世論の効果……………… 205
　　4. 世論誘導と真の政治的弊害……………………………… 209
　　5. 出版の自由による真の世論形成………………………… 213
　おわりに………………………………………………………… 217

第5章　J. S. ミルとL. ワルラスのレジーム構想
　　　　　——所有構造の変容を中心に——
　　　　　………………………………………… 高橋　　聡… 227

　はじめに………………………………………………………… 227
　　1. レジームの基本原理……………………………………… 228
　　2. 土地所有諸形態の評価…………………………………… 236
　　3. 土地公有化プラン………………………………………… 247
　おわりに………………………………………………………… 256

第6章　ヴェブレンと功利主義
　　　　　——人間行為論を中心に——
　　　　　………………………………………… 石田　教子… 263

　はじめに………………………………………………………… 263

1. 大陸的思考とイギリス的思考……………………………………… 266
  2. スミスの経済思想と人間本性…………………………………… 269
  3. ポスト・ベンサム経済学と人間………………………………… 273
  4. 功利主義の修正と経済学の変容………………………………… 278
  お わ り に………………………………………………………………… 282

第7章　J. A. ホブソンの厚生経済学とその政策的展開
　　　　　　　　　………………………………………八田　幸二… 293
  は じ め に………………………………………………………………… 293
  1. 経済的厚生への限定……………………………………………… 294
  2. ベンサム主義に対する見解……………………………………… 297
  3. 先行思想からの影響……………………………………………… 300
  4. 人間的効用と人間的費用………………………………………… 303
  5. 産業組織の再建に関する議論…………………………………… 306
  お わ り に………………………………………………………………… 309

第Ⅱ部

第8章　アリストテレス『ニコマコス倫理学』における応報
　　　　　　　　　………………………………………濱岡　　剛… 315
  はじめに——「応報の正義」をめぐる問題 ……………………………… 315
  1. 応報の正義の導入………………………………………………… 318
  2. 懲罰における応報………………………………………………… 321
  3. カリス（感謝）…………………………………………………… 326
  4. 交換における応報………………………………………………… 332
  5. 交換における応報と友愛における応報………………………… 338
  お わ り に………………………………………………………………… 342

第 9 章　アダム・スミスの資本主義観 …………………和田　重司… 351
　　はじめに……………………………………………………………… 351
　　1.　産業資本とスミス経済学……………………………………… 352
　　2.　スミスの歴史観と自然法……………………………………… 354
　　3.　批判理論としての「自然的自由の体系」…………………… 358
　　4.　スミスの自由主義と「自由貿易帝国主義」………………… 362

第 10 章　F. リストと 1839〜40 年の経済諸論文 ……片桐　稔晴… 371
　　はじめに……………………………………………………………… 371
　　1.　論文「イギリス穀物法とドイツの保護制度」……………… 373
　　2.　論文「外国貿易の自由と制限，歴史的観点からの解明」… 377
　　3.　論文「今年のパリ全国工業博覧会，ドイツとの関連で」… 382
　　4.　論文「歴史の法廷に立つ経済学」…………………………… 387
　　5.　論文「バウリング博士とドイツ関税同盟〔Ⅰ〕」…………… 390
　　6.　論文「国民的な工業生産力の本質と価値について」……… 396
　　おわりに……………………………………………………………… 412

第 11 章　ヴィクトリア朝中期における宗教意識と文学
　　　　　──M. アーノルドと A. H. クラフの場合──
　　　　　………………………………………………中川　　敏… 417
　　はじめに──ヴィクトリア朝時代の傾向………………………… 417
　　1.　宗教的懐疑と文学……………………………………………… 423
　　2.　M. アーノルドと A. H. クラフ，1848〜49 年 ……………… 431
　　3.　エトナ山上とドーヴァー渚…………………………………… 445
　　4.　オーベルマン変貌……………………………………………… 455
　　おわりに──メタノイアの方法…………………………………… 468

第 12 章　初期マーシャルの認識論と思想形成 ………門脇　　覚… 487
　はじめに……………………………………………………………… 487
　1．マーシャルとグロート・クラブ……………………………… 488
　2．不可知論争……………………………………………………… 491
　3．ミルによるハミルトンへの批判……………………………… 495
　4．「節約原理」……………………………………………………… 499
　5．「フェリエの第一命題」………………………………………… 507
　おわりに……………………………………………………………… 514

索　引

第Ⅰ部

第1章

功利主義の正義論

はじめに

　人間の基本的な諸権利と社会において追求される他の諸価値とはどのように関係しているのか．今日この問題に関する理論が，緊急なものとして要請されていることは明らかである．しかし，この種の問題について，かつてベンサムとJ. S. ミルが展開したものにまさるほど詳細かつ明確に説明した理論は，まだ現われていない．奇妙な事実であるが，ベンサムとミルがこの種の問題に取り組んだ思想家であったということ自体が，今日ではほとんど忘れられている．19世紀以来，多くの人たちが，功利主義においては正義の準則と人権の観念は功利性の原理に対して従属的な地位を占めているにすぎないと信じてきた．正義の観念を功利主義の倫理にとってのつまずきの石とする見解に対しては，すでにミルが『功利主義』で詳細な反論を展開している．ミルがそこで明らかにしようとしたのは，功利主義は基本的諸権利の平等な分配が社会全体の利益を増進させると考える学説であるということである．だが，ミルの企ては，功利主義批判者を沈黙させることに役立たなかった．その理由の一部は，ミルの説明の仕方が明快ではなく，十分な説得力を持っていなかったことにある．しかし，それよりもはるかに大きな理由は，ミルの言論をもってしても，

時代の趨勢をくい止めることができなかったということであろう．

　不幸なことに，今日では，ロールズの『正義論』が，功利主義の正義論に対する誤解と偏見を助長するうえで大きな役割をはたしている．ロールズの理論は，劇的な衝動力をもって政治理論を再生させた．その意義は疑うべくもない．しかし，彼の功利主義批判の標的になったものは，ベンサム自身の思想とはまったく別のものであるか，そうでないとしてもベンサムの思想をひどくねじ曲げたものでしかなかったと，私は考える．ロールズ以後その圧倒的な影響のもとに現われた功利主義批判者たちの議論についても，同様である．しかし，ここでの私の意図は，ロールズやその他の功利主義批判者が提起した個々の論点に立ち入ることではない．私がしようとしているのは，功利性の原理あるいは晩年のベンサムがそれよりも好んだ表現を用いれば最大幸福原理についての，ごく一般的な誤解を取り除き，その大まかな輪郭を描くことでしかない．

　H. L. A. ハートが，「功利主義と自然権」[1]という論文の締めくくりに言っているように，今日ではいかなる国家も，基本的人権の抑圧をみずからの課題とするようなことはできなくなっている．しかし，この数十年間をとって見ただけでも，世界の諸地域で，無数の人々の最も基本的な権利が拒否されている．しかも，これらの人々に罪があるとすれば，それは，この人たちが，自分自身や自分と共に生きる人々のために基本的な権利の保障を要求しているということだけなのである．この人たちの権利に対する拒否は，しばしば，社会の一般的利益のために必要なことなのだという，もっともらしい主張に基づいて行なわれてきた．このような時代であればこそ，（ハートが功利主義に反対して言っているのとは逆に，）功利主義の思想に対する誤解を正し，その真の性格を明らかにして，そこから理論を構築する道を探ることが，社会契約論の思想を復活させること以上に大きな意義を持つことになるであろう．

1. 自然権思想の批判と功利主義

1–1 ベンサムの人権宣言批判

　1776年7月4日に公表されたアメリカ独立宣言は，すべての人は平等に造られ，造物主によって「生命，自由および幸福追求の権利」を含む「生まれながらの，譲り渡すことのできない諸権利」を与えられていること，そして，これらの権利を確保するために政府が設立されたのであって，その正当な権力は，被治者の同意に由来するものであることを宣言した．しかし，その11年後の1787年9月に制定されたアメリカ合衆国憲法は，たとえば奴隷制をゆるす「5分の3ルール」（第1条第2節3項）が示しているように，「すべての人」のための自由と正義を約束するものとはなっていない．しばしば言われているように，合衆国憲法は，妥協の表現とみられなければならないようなものであった．しかし，何のための妥協だったのか．前文に「より完全な連邦を形成し，正義を樹立し，国内の静穏を保証し，共同の防衛に備え．一般の福祉を増進し，われらとわれらの子孫のうえに自由の祝福の続くことを確保する」という目的が掲げられていることから窺い知ることができるように，この憲法は広い意味での「一般の福祉（general welfare）」という基準に仕えるように設計されている．独立宣言が政府の仕えるべきものとして主張していた「譲り渡すことのできない諸権利（unalienable rights）」と普遍的な平等を，もし必要なら犠牲にしても，「一般の福祉」を推進すべきだとされたのである．独立期の危機的な状況のもとでは，国民全体の利益は一部の人々の権利を犠牲にしなければ推進されえないという主張があれば，これを無視することはできなかったのかもしれない．独立宣言の起草者たちが関心を持った諸権利のうちの一部を保障するためには，その2年後に，修正第1条から第10条にわたる「権利の章典」が追加されなければならなかった．こうしたことからすると，独立宣言と合衆国憲法との間の差異を，基本権あるいは正義の原理と社会全体の利益を優先させる思想との間の基本的な矛盾の一つの現われとみることができるだろう．

　アメリカ独立宣言が公表される3ヵ月前に，ベンサムは最初の著作『統治論

断片』で，統治とその限界は，自然権に準拠することによってではなく，それとはまったく異なる原理，すなわち，「最大多数の最大幸福」に準拠することによって正当化されるべきであるという見解を発表している．その半年後に，ベンサムは，親友で彼の最初の著作の公刊を助けたジョン・リンドの『アメリカ大陸会議の宣言への回答』に，自然権の理論を厳しく批判した文章を匿名で寄稿している．その文章によれば，自然権の理論は，自己矛盾を含む無意味な部分と，理解可能ではあるが真面目に受け取ればいかなる政府権力の行使ともまったく両立しがたいことを述べている部分とからなる危険な理論である．この理論は，譲り渡すことのできない権利が存在すると主張し，この主張を，政府はそれらの権利を保護するために必要なものであって，それらの権利を保護する政府が正統な政府なのだという主張と結びつけている．しかし，どんな政府も，譲り渡すことができないとされている権利の個人による行使をたえず制限しなければならないのだ，とベンサムは主張する．

> 「これまで統治と呼ばれてきたものはどれもみな，それらの権利のいずれかを犠牲にしなければ一瞬たりとも行なわれなかったし，行なわれえなかったということ，統治というものが行なわれてきたどの事例でも，譲り渡すことができないとされている権利のうちのあれこれが奪われているということを，彼らはわかっていないし，わかろうともしていない．……幸福の追求が奪いがたい権利だというのなら，なぜ，泥棒が盗むことによって，人殺しが殺人によって，謀反人が謀反によってこの権利を追求することが制止されるのか」[2]

と彼は書いている．

　その後ベンサムは，1791年のフランス憲法の前文とされた「人権宣言」（1789年）に対する応答として書かれた論文（1794年）[3]のなかで，この非難をもっと立ち入った仕方で繰り返している．その論調が激しさを帯びているのは，それを執筆したのが，ジャコバン党の恐怖政治がその極に達していたときのことだったからである．彼が，当初はフランス革命を支持していたにもかかわらず，やがて反対に転じたのは，この恐怖政治のためであった．「生まれな

がらの，侵すべからざる権利というのは，修辞的なナンセンス，空威張りのたわごと（nonsense upon stilts）だ」[4]とベンサムは言ってのける．人権宣言は，自由，所有権，安全，圧制への抵抗を，侵すべからざる自然的権利としてあげている．しかし，

> 「むかしのグロチウスやプーフェンドルフの時代なら，これらの表現は不適当な言葉遣いだとか偏見だとかといって済ますこともできたのだが，いまではフランスの人権宣言が採用し，フランス革命が実例によってその意味を示しているのだから，いまの時代にこれらの表現を用いるのは・道・徳・的・な・犯罪であり，公共の平和に敵対するものとして，法律上の犯罪と断定しても不当ではあるまい．」[5]

ベンサムによれば，人権宣言が応えようとしている目的は，①国王の権能を制限すること，②最高の立法権力，すなわち国民議会の権能を制限すること，③国民議会の立法機能に対する一般的な指針として役立つこと，④人民に満足を与えることである．しかし，人権宣言はこれらの目的に応えていない[6]．人権宣言は不必要である．人々が異議を唱えるような法律は，人権宣言に反しているからではなく，不便（inconvenience）を与えるから，非難されるのである．「人々の快楽こそが唯一の照合基準なのであって，それ以外にはなにものも加えられえないし，それに取って代わることはできない．」[7]

人権宣言のなかでうたわれている「自然権」は，国家に先立つ権利である．しかし，ベンサムの考えからすると，人々の間に政府が存在するのは，自然権の理論が主張するように，人々が政府に先立つ権利を持ち，政府がそれらの権利を保護すべきだからなのではない．国家や法が成立する以前には，権利は存在しない．なぜなら，権利は実定法の制定によってはじめて生み出されたものであり，法は国家なしには存在しないからである．自然権の前提となる自然法は実定法ではなく，したがって政府の権力行使の根拠とはなりえない．政治権力の行使は，つねに自由や所有権に対するなんらかの制限を含んでいる．義務を課し自由を制限しなければ，いかなる統治も成り立ちえない．すべての人に無制約の自由，無制約の所有権が保障され，各人がその行使を要求するなら

ば，衝突が生じざるをえないだろう．

　「政府を人権宣言の起草者や採択者のものとした革命は反乱の結果だったのだから，明らかに，その反乱の原因を正当化することが，この宣言の大目的になっている．しかし，その原因を正当化することによって，彼らはその原因を誘っている．過去の反乱を正当化することによって，彼らは将来の永続的な反乱への傾向を植えつけ培養している．彼らは無政府状態の種子を撒き散らしているのだ．既存の諸権威の破壊を正当化することによって，彼らは将来のすべての権威，したがってありとあらゆる権威を掘り崩すのだ．」[8]

ベンサムにとって，自然権は，秩序ある統治と両立不可能であるか，無意味で何の役にも立たない「紙上のわめき声」[9]にすぎないかのいずれかなのである．

よい政府の判定基準は，自然権ではなく被治者の一般的幸福である，とベンサムは考える．この考えを彼は『統治論断片』(1776年) の冒頭で「正しいか間違っているかの尺度は最大多数の最大幸福である」という文言にまとめ，これを「基本公理」と呼んだのであった[10]．

1–2　立法の改革へ

ベンサムは「権利」という表現に「明確な意味を与えた」最初の人であったと言われている[11]．「私は，一般的効用によって創造されるもの以外には，自然権などというものを知らない．しかしその意味に用いられたとしても，こんな言葉が聞かれなかったほうがずっとよかったと思っている」[12]とベンサムは書き，「権利は法の果実であり，法だけが生む果実である．法なくしては権利なし．——法に反する権利なし．——法に先立つ権利なし．法が存在する以前に，法を求める願望の理由がありうるだろう．もちろん，そのような理由を欠いていることはありえない．それは，最も強力な種類の理由である．——しかし，権利を持ちたいと願う理由は権利ではない」[13]と述べている．政治の安定を生み出すためには，実定法によって人々の権利と義務を明確に公示する必要

がある．このような考えから，ベンサムは，体系的な法典の編纂を生涯の課題とすることになったのである．

　ベンサムの考えでは，法典化（codification）――これは体系的な法典の編纂を意味する彼の造語である――において基本的に必要なことは，法典の全部分が公共の利益または幸福の促進を一貫して目ざすものでなければならないということである．彼は1822年に，「統一性をそなえ全体を包括する法典で，最大幸福原理から引き出された論理的根拠を絶えず紡ぎ出していくもの」を生み出すことは，人間のすべての仕事のうちで最も重要であるばかりでなく，最も困難なことであると言って間違いないだろう，と書いている[14]．

　「最大幸福の原理」というのは，社会的相互行為の諸条件そのものにかかわる原理であり，社会的相互行為を調整する諸条件を提供する手段となるものが法である．ベンサムは「最大多数の最大幸福」という考えをプリーストリーまたはベッカリアの書物から見つけ出したといわれている（もしかするとハチソンに遡ることができるのかもしれない）．彼はそれをヒュームから得た「効用（utility）」という観念と結びつけて，これを社会認識の原理の位置にまで引き上げた．そこに思想家ベンサムの独創性がある．

　ベンサムの立法の理論の立脚点は，一般的効用という観点からとらえられた権利の原理を，制裁［強制力］（sanction）によって裏打ちされた責務――ベンサムは責務（obligation）と義務（duty）を同じ意味に用いている．ミルも同様である――の源泉として用いるところにある．ベンサムは，この制裁によって裏打ちされた責務が，社会的相互行為を調整する諸条件を提供し，社会的福祉の最大化を生むのだと考えた．彼は『道徳と立法の原理序説』（1780年印刷，1789年公刊，1823年第2版，以下においては『原理序説』と略記する）で「苦痛と快楽の源泉」として，肉体的，政治的，道徳的，宗教的という四つのものをあげている．それらの源泉に属する快楽と苦痛は，行為の何らかの法則または規則に拘束力を与えることができ，そのかぎりにおいて，ベンサムはそれらを制裁と呼ぶ．苦痛または快楽が自然の成り行きによって生じる場合には，肉体的制裁から生じると言われ，それが国家の支配権力の意志によって特定の人また

は人々の手で生み出される場合には,政治的制裁と呼ばれる．道徳的制裁は共同社会を構成する多数の人々の圧迫によって生じるものであって,これは世論による制裁とも言われる．宗教的制裁は,神への信仰と現世および来世における神との関係にかかわるものである[15]．われわれが社会的相互行為の連関について考察するときに,責務とは何かということについての彼の説明を検討する場合には,実際上,肉体的制裁を無視することができる．ベンサムの説明によれば,責務ないし義務とは処罰への責めを負うことであり,彼は,諸個人がやむをえない程度以上に互いに争うのを防止するのは,法律,世論,宗教という三つの源泉から生まれる希望と恐怖なのだと考えたのである．ただし,付け加えて言っておくと,彼は宗教的制裁をあまり信用のおけるものではないとみていた．

　ベンサムにとって,社会的相互行為を秩序づける主要な手段は法律であり,彼は,法の支配のもとでの社会的行為の重要性を強調した．「功利性の原理」は,多くの人によって,しばしば,社会全体の利益を最大化するための直接的な命令として理解されている．しかしベンサムには,この原理をそのようなものとして機能させる考えはなかった．ベンサムは,個人と立法者が社会的な利益の量を最大化する直接的な責務を負っているとはどこにも言っていない．社会的相互行為を調整する諸条件を提供する手段としての法を整備することが立法者の役割である．その法のもとで,基本的な諸権利の平等な分配が保障され,各個人が他の人々と衝突せずに自分自身の目的を追求することができるようになる．そして,このことが社会全体の福祉の最大化をもたらすことを可能にすると,ベンサムは考えていた．だから,ベンサムが自然権の理論に代わるものとして構築しようとしたのは,その思想の実質的な内容を否定するような学説ではなく,自由,平等,人格の不可侵性といったリベラルな基本的諸価値を包摂しうるような理論なのである．

　しかし,功利主義は,誕生の直後から,誤解の渦に巻き込まれなければならなかった．その主たる理由は,ベンサムが彼の道徳理論をまとまった論述の形では残さなかったことにある．彼の最もよく知られている著書は『道徳と立法

の原理序説』であるが,これはその名にふさわしい書物ではなく,功利主義思想の真の性格についての指示をほとんど与えていない.道徳理論の諸問題に関するベンサムの考えは,彼の立法の理論の構造に示されていることと,その立法理論の構築や法典化の作業の過程で,膨大な著述のなかに彼がちりばめた文章に頼って,再構成されなければならないのである.そうした事情が,ベンサムに対するさまざまな誤解が生み出される大きな原因となっていた.ベンサムの道徳理論を再構成するときの困難は,その再構成の視点の設定そのものを妨げている誤解を取り除くことから始めなければならないことにある.功利主義思想の真の性格は,幾重にもかさなる誤解によって覆い隠されているのである.

1-3 ロールズの『正義論』と功利主義

19世紀を通じて,自然権の思想は,ベンサムの攻撃によって打ち負かされたかのように,実際の政策や論争から姿を消して,イギリスのあらゆる改革が,功利主義の言語を語らざるをえなくなったと思われるほどになった.しかし,それと同時に,「最大幸福原理」そのものについての真摯な考察も,まったくといってもいいほど行なわれなくなる.「権利」について語るよりも「政治的義務」について論じるほうが高い評価を与えられるようになった.そして他方,「快楽」と「苦痛」への言及が「選好」への関心に置き換えられ,「苦痛を上回る快楽の残余」を求める動きが支配的となり,「功利主義」の要求は,いくつかの分野で「経済的効率」という観念によってとって代わられた.功利主義の亜流あるいは傍流とされるものが続々と現われて,論点が整理しきれないほどにもなった.

20世紀のなかば過ぎに権利意識の新しい時代を迎えるにいたって,「功利主義」に関する議論の論点を整理する役割を果たしたのは,『正義論』(1971年)の著者ジョン・ロールズである.ロールズが目ざしたのは,社会契約論を更新して,「伝統的に支配的だった功利主義よりも優れた,それにとって代わりうるような正義についての体系的説明を与える」[16]ことであった.彼は,シジ

ウィックの見解を功利主義の「厳密な古典的学説」とみなし，それに依拠して功利主義をつぎのように定義している．

> 「［功利主義の］主要な考えは，社会の主要な諸制度がその社会に属するすべての個人にわたって合計された満足の純残高を最大化するように取り決められている場合に，社会は正しく秩序づけられており，したがって正義にかなっている，というものである．」[17]

この定義は，19世紀以来ひろく行なわれてきた功利主義理解をほぼ集約したものとみていいだろう．この定義を基礎として行なわれたロールズの功利主義批判は，その後の議論を方向づけ，圧倒的な影響力をもって功利主義の基本性格についての多くの人々の理解の大枠を決定するものとなった．そこで私は，「ロールズの批判が，功利主義についての不正確で風変わりな描写から生まれている」[18]ことを明らかにすることから，始めることにしよう．

ロールズは，功利主義と彼自身の立場をつぎのように対比している．

> 「われわれは，一方における自由と権利への要求と，他方における社会福祉の総計が増大することの望ましさとを，原理の問題として区別し，絶対的な重みというものがないとすれば，前者に一定の優先権を与える．このことは，多くの哲学者によって支持されてきたと思われるし，常識の確信によっても支持されるであろう．社会の各構成員は，他のだれの福祉も侵すことのできない正義に根ざす，あるいはある人々が言っているように生来の権利［自然権］に根ざす，不可侵性を持っていると考えられる．正義は，ある人々の自由の喪失が，他の人々によって分け持たれる，より大きな善によって正しいとされることを拒否する．人々があたかも一人の人間であるかのように，異なる人々の利得と損失を秤にかけるような論法は排除される．したがって，正義にかなう社会では，基本的な諸自由が当然のこととされ，正義によって保障される諸権利は政治的な取引や社会的な利益計算の対象とはならない．」[19]

ロールズの解釈するところでは，功利主義においては「正義の準則と自然権の観念は二次的な規則として従属的な妥当性しか持たない」[20]．だから功利主

義者は，権利よりも満足の純残高の最大化を優先させ，最大化された満足の総和が個々人にどのように分配されるのが正しいのかを問題にしないのだ，とロールズは考えるのである．

「功利主義の立場からすれば，……正義の準則は，他のすべての準則と同様に，満足の純残高を最大化するという一つの目的から派生したものである．だから，なぜ，ある人々のより大きな利得が，他の人々のより小さな損失を償うべきではないのか，あるいは，もっと重要なことなのだが，なぜ，少数者の自由の侵害が，多数者によって分け持たれるより大きな善によって正しいとされないのか示す理由は，原理的には存在しないのである．」[21]

この見方からすると，アメリカ独立宣言と合衆国憲法との間にすでに現われているような思想対立のなかで，功利主義は，基本的人権よりも社会全体の利益を優先させる側に立つことにされ，功利主義の掲げる社会全体の利益という基準は，不平等や不正義や搾取を容認するものとみなされかねないことになる．

しかし，そのような功利主義理解はどこから生まれたのか．

ロールズの『正義論』のテーマは，正義にかなう理想的な憲法制度を設計することにあった．ロールズの想定によれば，社会は，自由で平等な諸個人の公正な協働の自発的な枠組みとして取り決められているときにのみ，正当化されうるものとなる．ロールズは，社会の「基本構造」を統制する正義の原理は原初的な合意の対象になっていなければならないと考え，「無知のヴェール」の背後で合理的な選択をする自由で合理的な主体の存在を想定した．彼は，伝統的な社会契約論の基本構想をいっそう一般化し高度に抽象化することによって，古典的な思想家たちがそれぞれに描き出した「自然状態」の歴史的な制約を取り除き，契約論的な理論の適用範囲を拡張しようとしたのである．この構想のもとでは，正義の諸原理は，自分たちの利益の増大に関心を持つ自由で合理的な人々が，各自の能力，心理的傾向，善についての構想，社会的な身分や地位，自分たちが構成員になろうとしている社会の発展段階について知らない

まま，自分たちの社会生活と諸制度の形態を支配すべき原理を選択するとした場合に，合意すると考えられるべきものとされる．ロールズの想定によると，そうした「原初状態」のもとで合意される正義の「一般的概念」は，「すべての社会的価値——自由と機会，所得と富，および自尊心の社会的基盤——は，これらの価値のうちの一つまたは全部の不平等な分配があらゆる人にとって有利になるのでないかぎり，平等に分配されるべきである」[22]というものである．それを「特殊な場合」に即して明確に定式化したものが彼の言う「正義の2原理」であって，彼はそれを最終的につぎのように定式化した．

> 「第一原理　各人は，万人のための同様な自由の体系と両立する平等な基本的諸自由の最も広範な全体系に対する平等な権利を持つべきである．
> 　第二原理　社会的および経済的不平等は，……最も恵まれない人々にとって最大の利益になるように取り決められるべきである．……」[23]

そのさいにロールズは，これらの原理に「自由の優先」と「効率性と福祉に対する正義の優先」という二つの優先順位のルールを付け加えている．彼は，正義の第一原理をしばしば包括的な用語で「最大の平等な自由の原理」と言い表し[24]，それを「自由は自由のためにしか制限されない」という優先性のルールを指すものとして用いている[25]．

> 「これらの原理は，逐次的順序で，第二原理に対して第一原理が優先するように取り決められるべきである．この順序づけは，第一原理によって保護される基本的な平等の自由の侵害が，社会的および経済的な有利さが大になるからといって，正当化されたり補償されたりすることはありえないことを意味している．」[26]

ロールズは，このすぐあとにも繰り返して，2原理は「逐次的順序で取り決められているので，酌量すべき事情がないかぎり，基本的諸自由と経済的および社会的利得との間の交換を許さない」[27]と述べている．このように見てくると，ロールズの理論構想が，「侵すべからざる」自然権を「政治的な取引や社会的な利益計算の対象」とする時代の趨勢に対するきびしい批判から生み出されたものであることが，はっきりしてくる．ロールズの理論が大きな反響を呼

んだ理由はまさにそこにあったとみることができるだろう．

　しかし，なぜ，全体の利益を増進させるために必要なら諸権利は侵害されてもいいと考える思想を，ひとくくりにして「功利主義」と呼ぶことができるのか，その理由についてロールズは何も言っていない．ロールズが「古典的」功利主義者を告発するときに最も頻繁に名指しているのは，ベンサムとシジウィックである．ミルは彼の攻撃の餌食にはなっていない．ミルの理論がロールズの摘出する欠陥に感染していないことは，容易に知られるからであろう．それとは違って，ロールズは，功利主義の一般的欠陥はベンサムの学説に具現されていると考えていた．ロールズのこの見方には便乗者が大勢いる．しかし，ロールズにもその他の功利主義批判者にも，ベンサムの学説を仔細に検討した形跡は見られない．それにもかかわらずベンサムが批判の標的とされたのは，ベンサムが自然権の思想に公然と敵対した思想家だったからであろう．

　そうしてみると，自然権思想に対するベンサムの批判がロールズにも当てはまるかどうかということも見なければ，議論は公正さを欠くことになる．

　ロールズの「最大の平等な自由の原理」は，他の人々が同じ自由をもち，自由が自由のためにしか制限されてはならないものであるかぎり，各人が最も広い範囲にわたって自由をもつことを要求する．しかし，最大の自由についての判断は，相異なる諸自由が保護する人間的な利害関心（interests）の相対的な重要性についての評価に依存しており，人間的な利害関心についての見解の相違とともに変化する．人間的に価値があるとみなすものについての見解が違っていれば，どの自由を上位に置くかについての判断も違ってくるだろう．したがって，ハートが鋭く批判したように，原初状態の段階から，憲法制定の段階，立法の段階を経て，裁判官とその他の公的機関が個々の事例にルールを適用する段階にいたるまでのどの段階においても，ロールズの最大の自由の原理は不確定（indeterminante）なものでしかありえないにちがいない[28]．フランスの革命期の混乱と恐怖政治のなかで，ベンサムは，人権の名のもとで行なわれる無制限な自由の主張を「道徳的な犯罪」であり「公共の平和に敵対するもの」であると言ってのけた．すべての諸自由の要求を完全に満たしうるような

体制は存在しえない．正義の原理の不確定性は，際限のない価値の抗争を生じざるをえない．ベンサムが革命期の混乱と恐怖政治のなかに見たのは，そうした不確実性の現実化された姿だったのではなかったのか．

　ロールズ自身も，こうした問題に気づかないわけではなかった．だから彼は，理論を改鋳して，最終的には，「自由」を限定して「基本的諸自由は自由のためにしか制限されえない」と言うにとどめている．彼が「基本的諸自由」としてあげているのは，「政治的自由（投票したり公職に就いたりする権利）と言論および集会の自由，良心の自由と思想の自由，心理的圧迫と肉体への暴行や傷害からの解放を含む身体の自由（身体の無欠性），個人的な財産を保有する権利，法の支配という概念によって定められるような，恣意的な逮捕や押収からの自由」[29]である．そのさいに，彼は，あたかも「基本的諸自由」が自己充足的であって，その内部での衝突は自由とその範囲外の他の諸価値に訴えなくても調整されうるかのような言い方をしている．しかし，なぜ，ある自由を「基本的諸自由」から脱落させるのかについては，抗争は避けられないであろう．利害関心を異にし，善についての異なる構想を持つ人々の眼からすれば，ロールズは，たんに不確定性を避けるために，恣意的な選択を行なったにすぎないとみられるにちがいない．それだけではない．価値の抗争は，基本的諸自由の間でも不可避であるにちがいない．むしろ，侵すべからざる基本的諸自由のリストを掲げれば，基本的な諸価値の間の抗争はますます増大することにもなるだろう．たとえば，人種差別的な言論の自由は，差別される側の政治的自由，身体の自由に対する侵害をともないうる．しかし，ロールズの学説を含めて，一連の諸権利を基底的なものとして主張する政治哲学は，基本的諸自由が両立不可能な要求をすることはありえないという想定のうえに立っているので，このような価値の抗争を無視するか，理論の整合性を犠牲にしても，諸権利の適用範囲を調整あるいは規制せざるをえないことになるのである．

　一つの基本的自由は，別の基本的自由や同じ基本的自由と両立しえないことがあるだけでなく，他の社会的な諸価値とも衝突しうる．その場合には，どちらの自由が重要であるかを判定しなければならないが，その判断は，善につい

ての構想の相違に応じて異ならざるをえないであろう．競合する諸自由は，選択肢として相互に排他的であるという理由からだけではなく，対立する理念を具現しているから，結びつけられないのである．諸権利間の抗争は，諸権利の体系全体を形成している諸価値に訴えなければ解決されえない．そうだとすれば，必要なのは，どの自由が侵すべからざるものであるのかを示すことではなく，多様な生活様式の間での平和的な共生の条件を求めることであろう．

ロールズとは違って，ベンサムは，「最大の平等な自由」について語るようなことはしないし，基本的諸自由のリストを掲げてそれを擁護するようなこともしない．ベンサムが課題としたのは，理想的な憲法制度を設計することではなく，立法者に対して，さまざまな自由の間の抗争に決着をつけるための指針を与えることであった．善き生［福祉］（well-being）についての構想は，特定の社会の特定の歴史的状況に適用されなければならない．ベンサムは，その時代の政治的，道徳的，宗教的な諸制約のもとに生きている人間の行為に眼を向けて，競合する自由の要求のどのような組み合わせが公共の利益にかなうものとして選択されるべきかを示そうとしたのである．

ベンサムはその時代に広まっていた「権利」という言葉の濫用に警戒心を持っていて，彼の構想した法的諸権利に言及するとき以外には，できるだけその言葉の使用を避けようとしていた．しかし，「権利」という言葉の使用に慎重だった彼は，その代わりに，「政治社会の幸福という目的」に従属する，生存（生存基盤の確立），豊富（豊かさの維持），平等（平等性の擁護），安全（安全保障）という四つの目的を柱とする民法典を構想している[30]．ベンサムが思想家として歩み始めた時期に記したその草稿は，他の草稿とともにデュモンによってフランス語訳され，1802 年に『民事および刑事立法論』という書物の一部として公けにされた．ベンサムの名が本国よりも先にヨーロッパ大陸諸国に知られるようになったのは．この書物によってであった．

民法の対象は人と人との関係である．民法においては，社会的相互行為の諸条件そのものが問題とされる．ベンサムが志したのは，彼の生きた時代の歴史的条件のもとで，生存，豊富，平等，安全を確保するためには，いかなる自由

の組み合わせが望ましいかを示すことであった．これをあらためて人間としての権利にかかわる問題としてとらえなおし，歴史的に使い慣らされてきた「権利」という言葉に新しい生命を吹き込んだのが，ミルである．ミルは，晩年の著作『功利主義』の最終章で，安全保障とりわけ生存基盤の安全，公平性，平等性を，「権利」の観念と結びつけ，それを正義論の中心問題として論じている[31]．われわれは，この対応関係を二人の思想家の理論構想の核心をとらえるための手がかりとし，そこから古典的な功利主義の基本性格を明らかにすることができるだろう．こうした視点に立って，初期のベンサムから晩年のミルへの思想の展開を跡づけることが，第2節以下の課題となる．しかし，そのためには，誤解を除く作業をさらに続けて，ロールズやその他の功利主義批判者たちによる功利性の原理の理解がいかに恣意的なものであるかを明らかにしておかなければならない．

1–4 ロールズによる功利性原理のとらえ方

まず問題にしなければならないのは，ロールズの功利主義批判が前提としている功利主義のとらえ方である．

伝統的に，功利性の原理は，道徳的責務の原理であり，行為の依拠すべき理由を与えるものであると解釈されてきた．ロールズの功利主義批判は，功利主義の実践的推理に対する攻撃を基礎にしたものであるが，そこには行為功利主義的な理論の帰結に対する批判も反映されている．彼の議論は，立法者と個人は社会全体の利益を最大化するように行為する道徳的責務のもとにあるという前提に依拠している．ロールズの理解するところでは，功利主義者は，欲求がどのようなものであれ，欲求を満足させることが善なのだから，行為は，ありうべき最大多数の人々の満足を最大化（そして不満足を最小化）するかぎりにおいて，道徳的に正しいと主張する．だから功利主義者は，最大化された満足の総和が個々人にどのように分配されるのが正しいのかを問題にしないのだ，とロールズはみる．

しかし，ベンサムの著作のどこをどう読めば，そのような理解ができるの

か．ロールズを含む功利主義批判者が「欲求」「効用」「満足」あるいは「幸福」といった言葉をいかにあいまいで恣意的な仕方で使っているかについては，ここでは触れない．「満足」と「効用」とをしばしば交換可能な言葉として用いていることを指摘するにとどめておくことにしよう．功利主義はつねに「効用（または満足）の最大化」を要求し，それ以外のどんな行為の仕方も間違いとみなすと，多くの人々が想定してきた．しかし，いかに広く受け入れられているにしても，この見方はまったく単純な見誤りから生まれたものでしかない．おそらく時代の偏見がそのような見誤りを生むもとになったのだろう．

『原理序説』における功利性の原理のよく知られた定義に立ち戻ることにしよう．

「功利性の原理とは，その利益が問題になっている当事者の幸福を増大させるようにみえるか，減少させるようにみえるかの傾向によって，あるいは同じことを別の言葉で言い換えると，当事者の幸福を促進するようにみえるか，その幸福に対立するようにみえるかによって，すべての行為を是認または否認する原理を意味する．」

「あることが，ある個人の快楽の総計を増大させる傾向を持つ場合，または同じことになるのだが，その個人の苦痛を減少させる傾向を持つ場合には，その個人の利益を促進する，またはその利益のためになると言われる．」

「そこで，ある行為が共同社会の幸福を増大させる傾向が，それを減少させる傾向よりも大きい場合には，その行為は，（共同社会全体に関して）功利性の原理に，縮めて言えば功利性に適合していると言うことができる．」[32]

ここからわかることは，ベンサムが功利性の原理と言っているのは社会的相互行為の世界全体に妥当する原理であり，さらに明確には，個人と社会の「利益のために」という行為連関にかかわる原理，言い換えると「便宜性（expediency）」の世界全体にかかわる原理である，ということである．ここには，「効用の最大化」が（道徳的に）正しいことだとみる考えや，それ以外の行為を（道

徳的に）間違っているとみる考えは，含まれていない．それに続く論述を見ても，この定義からそのような考えを導き出すようなことを，ベンサムはしていない．「功利主義者」といえども，効用を最大化する道徳的責務を負っているわけではないし，ましてそれを政治的ないし法的責務として課されることを承服するものではないだろう．「効用の最大化」は「便宜性」についての判断の領域に属し，「正しいか間違っているか（right or wrong）」についての道徳的な判断の対象とはならない．それは「好都合か不都合か（convenient or inconvenient）」による判断の支配下に置かれている．「便宜性」一般のレベルでの問題と固有の意味での「道徳性」のレベルでの問題とは，はっきりと区別されなければならないのである．

　もっとも，功利主義の理解においてこのような混同が行なわれるようになった大きな理由の一つは，道徳哲学の諸問題に関するベンサム自身の論述の仕方の粗雑さにあった．ベンサムは，自分の用いる用語の一つ一つにきわめて厳密な定義を与えたが，自分の理論の論理的な構成の欠陥にはほとんど気づかなかった．彼の道徳理論は多重的な構造をもっているはずなのだが，彼はそのことをまったく考慮しようとしていない．彼は，それぞれの概念を理論のどのレベルに位置づけるかということについての関心を欠いていた．便宜性のレベルでの問題と道徳のレベルでの問題との区別をあいまいにし，さまざまな解釈と論争をよび起した責任の一端は，ベンサム自身にあったと言っていい．

　ベンサムは『原理序説』の第5章で快楽と苦痛について，第10章で動機について，微に入り細をうがった分析と分類を行なっている．しかし，それらを並べ立てているだけである．彼は，自分の発見したことのもつ意義に，自分で気づかずにいることが多かった．『原理序説』の最初の6章，あるいはもう少し広くとって第10章までは，彼の道徳哲学の真の性格と構造のことをほとんど何も教えていない．しかもベンサムは，『原理序説』以外に道徳哲学についてのまとまった著述をしていない．功利主義の道徳哲学をまとめる仕事は，ベンサムの死後，ミルによって引き受けられることになる．ベンサムの膨大な仕事のごく一部でも知ったうえでミルの著作を読めば，ベンサムによって提供さ

れた材料がいたるところでミルの思索の対象とされ，理論的に昇華されているのを認めることができるだろう．一つの例をあげれば，固有の意味での道徳とたんなる便宜との区別を明確にしたのもミルである[33]．しかし，ベンサムの理論がすでにこの区別を織り込んでいたとみるのが，ベンサムについての正しい理解の仕方であろう．

もともと，ベンサムとミルとの関係をどうとらえるかについては意見の対立がある．その対立は，功利主義に対するロールズの見方にも関係することなので，ここでかいつまんだ説明をはさんでおくことにしよう．

ミルは，「ベンサムの訃報」（1832年）で，ベンサムを「大きな転換の最初の起動者」「道徳と法の哲学的基礎としての一般的功利性を確立した最初の人」として高く評価し，「道徳の基礎づけに関するベンサム氏の真の功績は，見かけ倒しの自然法とか自然的正義といったがらくたを，道徳の基礎から先行者の誰よりも徹底的に排除したことにある」と述べている[34]．しかしミルは，この『訃報』でもその後書かれた「ベンサムの哲学」（1833年）や「ベンサム」（1838年）でも，ベンサムの道徳哲学の視野の狭さや浅さ，一面性，そして道徳哲学の一般原理と法との関係についてのとらえ方における欠陥などについて，きびしい批判を行なっている．ミルによれば，ベンサムは「哲学に対する驚くべき天賦の才と驚くべき欠陥とを併せもつ人」[35]であった．ミルがとくに強調しているのは，ベンサムが他のすべての学派の思想家たちを軽蔑し，そこから得られるはずの材料を用いずに哲学を創造しようとしたこと，他の時代や他の国民についてのベンサムの知識が白紙に等しかったこと，ベンサムが人間の自然本性と生活についての狭い理解しかもっていなかったことである[36]．

ベンサムの死の直後の1830年代は，ミルがベンサムに対して最もきびしい姿勢をとった時期であった．ベンサムに対する肯定的な評価が見られるようになるのは，1852年の論文「ヒューウェルの道徳哲学観」以降のことである．1859年に出版された『自由論』では，彼は「功利とは無関係なものとしての抽象的権利という観念を，私は議論のために利用しない」と宣言し，「私は功利性をすべての倫理的問題の究極的な判定基準とみなす．しかし，それは，進

歩する存在としての人間の永続的な利益に基づく，最も広い意味での功利でなければならない」と述べている[37]．ミルは明らかに，ベンサムの哲学の継承と発展をめざしているのである．1861年に公表された『功利主義』は，すでに述べたことから知られるように，功利主義思想の根本問題に関するベンサムの考察を補強し発展させた論文である．（なお『自由論』と『功利主義』は1850年代なかばから同時に構想された論文である．）

しかし，20世紀後半の思想史解釈のなかでは，『自由論』と『功利主義』のミルは，ベンサムとは異なる道を歩んでいるという見方が支配的であった．ベンサムの自然権思想批判と「法的権利」の理論を高く評価したH. L. A. ハートは，ミルは「つねづね功利主義者と自称していたが，現代のわれわれの眼からすると，いろいろな仕方で，彼はもともとの功利主義の学説の言葉だけを保持し，多くの重要な点で，その精神を変えていったように見える」と述べている[38]．ハートは，ミルの自由論は「功利主義の最大化原理」から逸脱しているとみるばかりか[39]「功利主義の最大化原理に対する最初の根本的批判」であったとさえ言うのである[40]．ハートよりも早い時期に，バーリンは，ミルは「人間本性についての彼［＝ベンサム］の概念は狭すぎてまったく不十分だと断言し，……幸福――または功利性――は行為の規準としては役に立たないと述べ，ベンサムの体系が最も誇りとしている主張，まさにその中心的な学説を一気に破壊している」と言って[41]，「自由」の思想家ミルを称賛している．

ロールズも，人格の尊厳や個性の尊重について語れば功利主義から離反していることになるという考えから，自由と権利の闘士ジョン・ステュアート・ミルを称賛するこうした思想の系譜に属している．ロールズは，ミルに対しては批判の矛先を向けていない．しかし，彼は，ベンサムとミルを切り離すだけではない．驚くべきことに，彼の『正義論』第3部の内容は，ミルが考えていたことと実質的に重なっていることが多いのである[42]．

これらの人々と違って，ホランダーは，1830年代のミルはベンサムから離反したが，その後ベンサムに回帰したという見解をとっている[43]．ホランダーは30年代のミルが，「最大幸福原理」から離反したかの口ぶりをしているが，

私の知りえたかぎりでは、ミルはベンサムに対して最もきびしい論評をしていたその時期にも、「最大幸福原理」そのものを批判してはいない．むしろ、30年代から40年代過ぎまでのミルは、ベンサムの視野の狭さや掘り下げの浅さ、そして理論の論理的構成上の欠陥をのりこえるような功利主義の道徳理論を構築すべく、苦闘を重ねていたのだと見るべきであろう．

必要なのは、時代の支配的な潮流がもたらしたさまざまな先入見を離れて、最大幸福原理がいかなるものであったのかを確かめることなのである．

1-5 「最大幸福原理」

ベンサムは、『原理序説』の結末に近い箇所につけた注のなかで[44]、彼の学説の立脚点について語っている．ミルが「ヒューウェルの道徳哲学観」で、それを引用しているので[45]、その文章は両人の思索の共通の基盤を示していると見ていいだろう．ミルがベンサムの文章を直接引用するというのは、ほかにはなかったことなのである．

> 「かつて人類のかなりの部分が、奴隷という名のもとに、法によって、たとえばイングランドでのように、まったく下等動物並みに扱われていたときがあった．残念ながら、いまも多くの場所では、それは過去のものになっていない．いつの日か、この人間という動物が、専制政治の手によってでしか奪えなかった諸権利を獲得することができるときが来るかもしれない．フランス人は、皮膚の色が黒いことが、人間が救いの途を絶たれて抑圧者の気まぐれに身をまかせなければならない理由とはならないことに、すでに気づいている．足の数や毛深さや仙骨の先っぽの形が、感覚をもつ存在者をそのような運命にゆだねる理由としては、どれも不十分だということが認められる日が来るだろう．超えることのできない線を画するような基準がほかにあるだろうか．推理の能力や会話の能力が基準になるのだろうか．しかし、成長した馬や犬は、生後1日、1週間、あるいは1カ月の赤ん坊よりも、比べものにならないほど理性的だし、会話能力をもっている．だが、そうでないとしたところで、それがなんの役に立つの

か．問題は，推理することができるか，話すことができるか，ということにあるのではない．苦しみを感じることができるか，ということにあるのだ．」

近代の思想史のなかで，自然観と人間観の大きな転回をこれほど大胆に表明した文章は，ほかに例がないだろう．自然権思想の骨格を形づくっていた諸観念の支配を拒否したときにベンサムがその眼にとらえていたのは，苦痛を感じることのできる存在者が置かれている現状であった．ベンサムは，推理能力や言語能力を人間と他の動物との間の倫理的な境界線とすることさえ拒否している．この観点からすれば，最も非倫理的な行為は，最大の苦痛の原因となるような行為である．「苦しみを感じることのできる」存在である人間という動物が，「専制政治の手によってでしか奪えなかった諸権利を獲得することができる日が来るかもしれない」とベンサムは書いている．ハートやロールズのような立場の人にとっては認めたくないことであろうが，功利主義の基礎には契約論の思想が考えうるよりもさらに深い根拠からする平等な自由の思想があると考えなければならないのである．そうした思想を「功利性の原理」の核心をなすものとしてとらえるのは，決して恣意的な解釈ではない．「功利性の原理」についてのベンサム自身の説明によって，そのことを確かめることにしよう．

奇妙なことであるが，ベンサムは，1776年に『統治論断片』で「最大多数の最大幸福」という表現を用いてからあと，40年以上もの間この表現を彼の著作のなかに用いたことがなかった．その間に彼がもっぱら用いたのは「功利性の原理」という表現である．だから，もちろん，今日では彼の最も著名な著作となっている『原理序説』でも，彼は「功利性の原理」という表現を用いている．「ある行為が共同社会の幸福を増進させる傾向が，それを減少させる傾向よりも大きい場合には，その行為は（共同社会全体に関して）功利性の原理に，短く言えば功利性に適合しているということができる」と彼は書いている[46]．しかし彼は，この表現に次第に不満をもつようになって，1820年代にはふたたび「最大多数の最大幸福」という表現をひんぱんに用いるようになった．そのように表現の仕方を変えることにした理由について，彼は1822年に

『原理序説』第2版のために書かれた新しい注のなかで,「功利性（utility）という言葉は,幸福（happiness）または至福（felicity）という言葉ほどには快楽と苦痛の観念を明快に表現していないし,また,影響を受ける利害当事者の人数を,ここで問題になっている基準すなわち正しいか間違っているかの基準の形成に最も大きく関与している事情として,考慮させるものでもない」からだと述べている[47]．

　ベンサムが「最大多数の最大幸福」を基本公理とする理論を構築しようとしたのは,政府が「服従する多数者」を犠牲にして自己の利益を追求するのを見ていたからである．彼は,いま引用した注の近くに,『統治論断片』を読んで「功利性の原理」を危険視したある人物に触れたもう一つの注をつけ加えている．「ある一人の人間の最大幸福をその現実の目標または目的としているすべての統治にとっては,それは疑いもなく危険である」[48]．ベンサムにとって,最も重要な利害の衝突は,権力をもつ人々と支配される人々——普通の人民,つまり「最大多数」——との間の衝突である．幸福が最もよく推進されるのは,普通の人々の利益の推進を目指すときなのだ,とベンサムは考えているのである．

　のちに彼は,多数者による抑圧の行為が社会全体の快楽の量の増大を生む場合には,「最大多数の最大幸福」という言葉が,多数者には少数者を抑圧する権利があるという意味に理解されること,つまり多数者の専制を正当化するものとなることを恐れるようになった．

　『議員候補者の原理宣言についての提案』という1831年のパンフレットで,彼は「統治の唯一の正当かつ適切な目的」を社会の全成員の「平等な量の幸福」のことだと主張している．

　　「統治の最も包括的で唯一の正当かつ適切な目的は,……当該共同社会の成員の最大幸福である．それは,できるかぎり例外なく成員全員の最大幸福である．すなわち,少数者の幸福の一部をそれ以外の者のより大きな幸福のために犠牲にすることを必要とするという事情によって,ことがらの性質上,各人に平等な量の幸福を与えることが不可能になっているが,そ

のような場合でも，成員の最大多数の最大幸福である．」[49]

ミルの『自由論』が「多数者の専制」に対する批判を契機としたものであることは，すでに広く知られている[50]．しかし，1831 年以前に，ベンサムはすでに，のちにミルが大きくとりあげることになる問題を予感していたのかもしれない．ミルがこのパンフレットのことやこの時期のベンサムの思想のありようを知らなかったと考えるのは，かなり不自然だろう．少なくとも，ベンサムが考えていたのと同じ問題に，ミルがベンサムとは真っ向から対立する方向から取り組むようなことが，ベンサムの晩年の時期にもそれ以後の時期にも，あったとは考えがたいのである．

そのことはひとまずおいて，1831 年のパンフレットに眼を向けよう．思想史の通説では，ベンサムの功利主義は，幸福の総量の最大化をあげるが，幸福の分配における平等あるいは公正についての主張を含んでいないと言われてきた．しかし，ここに示された最大幸福原理の定義から明らかなように，ベンサムは，最適の目標が社会の全成員に「平等な量の幸福を与えること」を含み，したがって幸福の最大化は，できるところではどこにおいても，分配の平等と結びつけられるべきだ，と信じていたのである[51]．

2．ベンサムの正義観と理論構成

2–1　専制的な統治と自由への要求

ベンサムの最初の著作『統治論断片』は，当時，法学の領域で最も高い評価を受けていたブラックストンの『イギリス法釈義』序論の一般理論的な部分を批判した書物である．当時のイギリスではすでに法体系は確立されていたが，その大部分はつぎはぎだらけで，秩序への手がかりとなる部分は，はるかに古い時代から伝えられたものだけであった．法律の専門な規定は，乱用，ごまかし，不正の温床になっており，法律家たちは，純粋に技術的な手続きによって判定を下したが，それは便宜的な処置であることを装うことすらまれであるというようなありさまであったと言われている．

ブラックストンはイギリスの国制の賛美者であり，『釈義』で彼はそのよう

なイギリス法を自然法の掟と調和させるという芸当をやってのけていた．ブラックストンの講義を聴き著書を読んだ若いベンサムは，ブラックストンが改革に対する「卑劣な反感」を持ち，「あいまいでゆがんだ推理を身体中の血管にみなぎらせている」ことにいらだちを感じた．「正しいか間違っているかの尺度は最大多数の最大幸福である」[52]という『統治論断片』冒頭の言葉は，立法改革に向けてのベンサムの宣言だったのである．

　ブラックストンが完全に無視していた功利性の原理が，法の分類と配列の最良の規準を与えるにちがいないというのが，ベンサムの基本的な発想であった．「悪法の弊害は，そのような配列のなかに位置を占めることが困難なことによって，見破られるだろう．少なくとも悪法の効用は疑われることになるだろう．しかし他方［ブラックストンの提供したような］技巧的な配列は，投げ込まれた生ごみを何でもかまわず飲み込んでしまう，下水溝のようなものなのである」[53]．ベンサムは，法の観念とそのなかに含まれている一般的諸観念に付着しているあいまいさと混乱を一掃し，法を合理的な原理に従って分類すれば，その分類の過程が，現存するどの法が廃止あるいは修正されるべきか，どういう新しい法が制定されるべきかを教えてくれるだろう，と考えたのである．

　われわれはこの論文の導入部で，自然権思想に対する批判がベンサムの理論形成の出発点になっていたことを見たのであるが，『統治論断片』での議論を検討すれば，彼の自然権思想批判の内容をさらに立ち入ってとらえることが可能になるだろう．

　ベンサムは，ブラックストンの理論の骨格を形づくっている諸観念に対する批判的検討を開始するにあたって，国家ないし政治社会を次のように定義している．

　　「多数の人々（臣民たち（*subjects*）と呼んでいい）が，周知の一定の種類の一人の人物またはそのような人物の集団（統治者（*governor*）または統治者たち）に服従する習慣になっていると想定されるとき，そのような人々のすべて（臣民たちと統治者たち）は《政治社会（*political* SOCIETY）》の状態に

あると言われる[54]．」

　この定義は，ベンサム以後のたいていの功利主義者によって採用され，オースティンが『法理学講義』のなかで示した定義のモデルともなったと言われている[55]．しかし，ベンサムは，オースティンとは違って，どの国家にも法的に無制限な権力をもっている人物または集団が存在するにちがいないと主張しようとしたのではない．ベンサムがこの著書の主題としたのは，「・服・従・す・る・習・慣（habit of paying obedience）」をめぐる問題である．

　政治社会をこのように定義したベンサムは，統治についてのブラックストンの考えが，二つの矛盾する学説からなっていることを暴露していく．彼の批判の論鋒は，「最高権力の法律制定権」について論じた第4章において頂点に達する．

　一方でブラックストンは，どの国家にも絶対的な主権的権力，彼自身の言葉で言えば，「・至・高・の，・逆・ら・い・が・た・い，・絶・対・的・で，・無・制・約・的・な・権威」が存在しなければならないと信じている[56]．しかし他方で，ブラックストンは，臣民は権利を持っているだけでなく，自然法または神の法とは矛盾する法には服従しないという義務も負っている，とも主張している[57]．だが，主権の諸権利と自然法の侵害に抵抗する諸義務とから生じるこうした矛盾を解決するには，どう考えればいいのか．

　ベンサムは，功利性の原理だけがこの矛盾を解決できることを示そうとする．『統治論断片』を執筆した意図は，まさにこのことにあったのである．ベンサムは，その着想を得たのはヒュームのおかげであったと打ち明けている．そこで，彼がヒュームから何を学んだと言っているのかを見ることから，彼の議論についての検討を進めていくことににしよう．

　ベンサムは，ブラックストンがヒュームの『人間本性論』第3巻を読んだことがなかったと想定し，自分はこの書物から大きな利益を得たと述べている．「そこではわずかな例外を設けたあとで，きわめて有力な証拠をもって，すべての・徳の基礎が・功・利のうちにあることが論証されている．しかし私は，エルヴェシウス同様に，例外を設ける必要を理解できない」[58]．ベンサムは，ヒュー

ムが例外を設ける必要のない「論証」をしたとみることがヒュームに対する根本的な誤解であることに気づかずに．ヒュームから効用の概念を学んだことに感謝している．彼は，『人間本性論』の第3巻のこの主題に触れた部分を読んだときに「眼からうろこが落ちたように感じた．そのときにはじめて，私は人々を動かす原因を徳を生み出す原因と呼ぶことを学んだのである」と書き，さらにこう付け加えている．「私は，功利［効用］が忠誠を含むすべての徳の判定基準であり尺度であること，そして，全体の幸福に仕える責務が，ほかのどの責務よりもすぐれた，ほかのどの責務をも包括する責務であることを学んだ．こうして私は必要な知識を得たので，それを利用することにとりかかった．私は原始契約に別れを告げた．私はがらがら鳴る玩具を，それが必要だと思える人たちが楽しむのに任せたのである」と[59]．

　この文章にあるように，ヒュームの教えから得たベンサムの結論の一つは，原始契約に「別れを告げる」ことであった．ベンサムは，原始契約の理論が歴史的に有用だったのは，悪い王に対する民衆の抵抗を正当化するための口実が欠けていたときに，そのための理由を提供したからだと考える．しかし，人民は王が契約を破棄したことをどのようにして知るのだろうか．もし王が人民の幸福を促進することを約束していたのなら，契約に違反したのかどうかを判定する基準となるのは，功利性以外のものではありえない．そして，抵抗を支持するこの議論は，契約がなかったとしても妥当性をもつだろう．王を擁護する側の人々は，その場合に王の不法行為とされているものは抵抗を正当化できるようなものではないと主張するにちがいない．しかし，そのようなときにも，些細な不法性と重大な不法性とを判別できるのは，功利という基準だけである．約束を守る義務は，約束を守ることが社会の利益であるからこそ，納得のできるものとなるのである．したがって，契約論者の議論のすべては功利に基づく議論に帰着する．このことが理解されるやいなや，非歴史的な概念である社会契約の概念は，有用性を失うことになると．ベンサムは考える．

　「彼ら［臣民］は，服従から生じうる損害が抵抗から生じうる損害に比べて少ない間だけ服従する．……全体として見れば，服従が臣民の義務であ

るのは，服従が彼らの利益である間だけであって，それ以上は続かない.」[60]

　ベンサムがここでまず第一に確認したかったのは，少なくともこの約束の一部は「法律に従って統治すること」でなければならないということであった[61]．そのために彼は，約束の意味と約束の効果を逆にした想像上の実験を提案している．この提案は，「法律をつくる」ということがベンサムにとってどういう意味をもつことであったのかを確かめるうえできわめて重要である．

　「国王が法律によらないで，臣民の幸福を促進する目的ではなく，臣民を統治する約束をしたとする．――このことは国王を拘束するだろうか．臣民がどんなことがあっても国王に服従して，国王の意のままに統治させる，臣民が滅亡するまで統治させる，と約束したとする．このことは臣民を拘束するだろうか．約束を遵守することの恒常的で普遍的な効果が弊害を生むことにあるとする．その場合に，約束を遵守することは人間の義務なのだろうか．その場合に，法律を制定し刑罰を用いて人間に法律の遵守を義務づけるのは正しいことなのだろうか．」[62]

　ベンサムはこのような視点から「最高権力の法律制定権」について論じるのである．ベンサムによれば，最高の立法的権威は，法のなかに制限を持たないけれど，道徳的な仕方と実際上の仕方で，つねに制限されている．臣民は最高の立法府が制定しようとするいかなる法にも服従すべきであるというわけではなく，立法府が制定するすべての法が習慣的に服従されているというわけのものでもない．立法府が最高であるということは，なんぴともその法を排除したり変更したり服従しなかったりする法的権利を持たないということを意味しているにすぎない．立法府は，臣民からその法に抵抗する権利を奪うことができるという意味で，どんな法でも好むままに制定する無制限な権利を持つというわけではない．立法府は，公共の善のために立法する道徳的義務を負っている．立法府が法を制定する法的権利を持つと言われうるのは，その法の及ぶ領域内のすべての人がその法を受け入れることを法的に義務づけられるという意味においてのことでしかない．立法府は法を制定する道徳的権利を持っている

が，その権利は，それが追求すべき目的の本性――公共の善――によって制限されている．立法府が最高のものであるのは，それが順応しなければならない明示的な慣習や法が存在しないからなのであって，その意味においてのみ，立法府の権威は無制限なのだ，とベンサムは考える．

抵抗権は，ホッブズの場合には主権者がもたらす死の危険にさらされている人たちだけに限られていた．ロックの場合には，さらに高次の法への訴えによって正当化されることになっていた．しかし，ベンサムの場合にはそうではない．

「抵抗という手段をとることが，すべての人に責任としてのしかかるのではないとしても，利益（interest）のためだけでなく義務（duty）のためにも許されるのは，各人が自分のなしうる最善の計算に従って，（共同社会全体について言って）抵抗によって生じうる損害が屈服によって生じうる損害よりも少ないと思われるまさにその時であって，それ以前ではないと言っていいだろう．このときこそが，人にとって，すなわちそれぞれの人間にとって，抵抗への転機となるのである．」[63]

では，自由な統治と専制的な統治とは何によって区別されるのか．

「その区別は，さまざまに異なる複雑な状況によっている．すなわち，その区別は，――権力の総体が……自由な国家で，それに参加しているさまざまな階層の人々の間に配分される様式，――権力に対するさまざまな人々の資格（title）が継続的に引き出される源泉，――ある階級の利益が他の階級の利益と多少とも区別しがたいほど混和されるような，統治者と被治者との間の状態の変動の頻度と容易さ，――統治者たちの負うべき責任，すなわち，臣民に対して行使される権力のすべての行為についてその理由を公けに示し論議されるようにすることを要求する臣民の権利，――出版の自由，すなわち，どの階級の者であれすべての人が自分の不満や抗議の申し立てを共同社会全体に知らせることができる保障（security），――公共的な結社の自由（liberty of public association），すなわち，不満をもつ人たちが，行政権力が法的正当性を振りかざして妨害する前に，自分た

ちの気持ちを伝え，計画を協議し，実際の反乱にまで至らないすべての様式の反対行動を実践することのできる保障，によるのである.」[64]

　ミルが市民的自由について論じた著書を世に問うたのよりも 80 年以上も前に，ベンサムが自由な統治についてすでにこのような見解を提出していることにわれわれは注目すべきである.『自由論』の最初の 2 章を読めば，その問題の立て方がここに示されたベンサムの考えを継承していることを，ただちに見て取ることができるだろう．けれども，ベンサムとミルとの違いは，ベンサムが自由をもっぱら「法的権利」の問題として扱うことに固執し，考察をその方向に限定したのに対し，ミルはそれを法律の制定に先立つ「道徳的権利」の問題として論じたところにある．奇妙なことではあるが，これまでわれわれが見てきたところからすると，ミルがとった考え方のほうが『統治論断片』の議論の脈絡に忠実であると考えざるをえないだろう．なぜなら，自由を「道徳的権利」の問題としてとらえるということは，ここで引用したベンサムの言葉で言えば，「権力に対するさまざまな人々の資格（title）が継続的に引き出される源泉」を究明するということにほかならないからである．

　哲学の改革者としてのベンサムの偉大さをとらえようとすると，哲学者としてのベンサムの欠陥が見えてくる[65]．これは，抵抗権をめぐる議論の場合にも言えることである．

　「抵抗への転機」に関して，ベンサムは，各人は「（共同社会全体について言って）抵抗によって生じうる損害が屈服によって生じうる損害よりも少ないと思われる」ときについて計算しなければならない，と主張した．この計算は，各人の利得または損失に関係しているだけでなく，自分がその一部である共同社会全体の利得または損失にも関係している．そして，この共同社会の利得または損失についての計算には，他の人々による計算も含まれていなければならない．だが，そこに難問が生じる．ある人は抵抗が正当化されると思うかもしれないが，その感情と他の人々の感情や評価とを調整する決定的な方法はないからである．ベンサムは，抵抗か服従かを合図する「共通の標識」が存在することを否定した．「そのような目的のための共通の標識を，私は何ひとつ知らな

い．それをわれわれに示すことができるのは，予言者以上の者でなければならない」．存在しうるのは，「効用の残高についての自分自身の内的確信（internal persuasion）［傍点は筆者による］」だけなのである，とベンサムは言う[66]．

　公共の善に関するこの「内的確信」はどのようなものなのか．何によって生じ，内面においてどのようにはたらくのか．ベンサムはこの「内的確信」の性格や構造を省察しようとはしない．もし彼がそのような思想態度をとっていたら，彼は「共通の標識」と「内的確信」とを別のものとして切り離したり，「共通の標識」の存在を否定したりはしなかっただろう．なぜなら，「内的確信」は，「共通の標識」についての「内的確信」であったにちがいないからである．

　だが，ベンサムは，いとも簡単に「共通の標識」の存在を否定し，「内的確信」についても省察しようとはしない．にもかかわらず，彼は自分で存在を否定した「共通の標識」に眼を向けるのである．彼は自分の犯している矛盾に気づかずに議論を進めていく．

　すべての国が無制限で分割できない絶対的な主権をもっていなければならないと想定することはできないと，ベンサムは言う．なぜなら，そのような想定は，「ドイツ帝国にも，オランダの諸州にも，スイスのカントンにも，アカイア同盟にも，統治というようなものがないというに等しい」からである[67]．英国を含め多くの国には暗黙裡の取り決め（convention）というものがあって，それが絶対的な主権を制限することに役立っている．そこでベンサムは，そうした暗黙裡の取り決めのうちに「共通の標識」を見いだして，政府がこの暗黙裡の取り決めを侵害するような法を押し通せば，人々はそれを抵抗への合図としうるだろうと考えたのである．

　「神は，ある国家の構造におけるいかなる欠陥にも，治療法がないということを禁じた」[68]とベンサムは書いている．これはいかにも耳障りのよい言葉ではある．しかし，それは同時に哲学的な考察の放棄をも意味している．ベンサムは，歴史を紡ぐ暗黙裡の取り決めを積極的な基準として用いようとする．これをヒュームからの影響とみていいだろう．しかし，ヒュームなら，それぞれの行為者の「内的確信」と「共通の標識」とを事もなげに切り離すようなこと

はしないだろう．なぜなら，「内的確信」が「暗黙裡の取り決め」のなかから，いかなる性格と構造をもつものとして織り上げられていくのかを見ることに，ヒュームの哲学の本領があるのだからである．

　ベンサムは，ヒュームのような哲学者ではなかった．ベンサムの思考は，もっぱら，現存する暗黙裡の取り決めを通じて功利性の原理が具現されていくありさまを見ることに向けられた．彼は，功利性の原理は自由への要求が実現されているところでこそ最もよくそのはたらきを現わすことができると信じていた．ベンサムは，自分の抱いているその信念の様態を省察しようとはしない．彼はその信念に忠実であり続けようとしただけであった．悪法の害悪に対する市民の合理的な対応の仕方について，彼はこう書いている．

　「相争う当事者，ある法律の擁護者と反対者の間の論争は，明示的かつ恒常的に功利性の原理を参照することをためらわなければ，現在よりもはるかにうまく調整される見込みをもてるようになるだろうと，私は確信せざるをえない．この原理がすべての論争を終結させる基礎となるのは，事実そのもの，すなわち将来の事実――一定の将来に生じうるかもしれないことである．論争がこの原理の庇護のもとで行なわれると，人々は生じるかもしれないことについて合意に達するか，さもなければ，論争の真の根拠についてしかるべき討議をしても合意を期待できないことがわかってくるかの，いずれかである．彼らは少なくとも不一致がどの点にあるのかをはっきりと知るだろう．そのとき，不満をもつ側は，正当な理由に基づいて抵抗なり服従なりの決意をするだろうが，その決意は，そうするだけのねうちがあると彼らに認められることによるのであり，――論争のなかで問題の核心と思われたものによるのであり，――成功しそうかそうでないかと見られるところによるのであり，――要するに，服従の弊害が抵抗の弊害とどんな比率を持っていると考えられるかによるのである．しかし，それがたんなる情念の問題ではなく，判断の相違だということを彼らが知れば，そして，反対のどんなことを彼らが知りえようとも，争いの根拠となったものが誠実なものであったことを彼らが知れば，和解への扉はずっ

と大きく開かれることになるであろう.」[69]

2-2 道徳の原理と立法の理論——ベンサムの直面した難問

ベンサムの道徳哲学の欠陥は,「最高権力の法律制定義務」について論じた第5章で,はっきりと露呈されることになる.第4章では,彼は,「全体の幸福に仕える責務が,ほかのどの責務よりもすぐれた,ほかのどの責務よりをも包括する責務である」ことをヒュームから学んだことが,彼の思索の出発点になったと述べていた.そこでの彼の議論は,一貫して「共同社会全体」という観点から「公共の善」を基準として行なわれていた.それとは違って第5章では,彼はまず社会的相互行為一般に通じる義務(または責務)の観念を定義し,その定義を「全体の幸福に仕える責務」に適用して,そこから「最高権力の法律制定義務」のありようをとらえるという方法をとっている.

「もししなければ法によって罰せられることになることを行なうのが私の義務である.これが義務という語の最初の,通常の,本来の意味である」とベンサムは言い[70],その箇所への注のなかで,「政治的,道徳的,宗教的という3種類の義務が考えられうる.これらの義務はそれを強要する3種類の制裁に対応している.……」と述べている.それに続けて,彼はこれら三つの義務についてつぎのような説明を加えている.

「政治的義務は刑罰によってつくりだされる.あるいは少なくとも刑罰を下すことのできる人々の意志によってつくりだされる」.「宗教的義務も刑罰によってつくりだされる.すなわち,ある人格——至高の存在者の手で下されると期待される刑罰によってつくりだされる」.「道徳的義務は……不確かで変わりやすい人々——共同社会一般——の悪意から生じる多種多様な辱しめによってつくりだされる.」[71]

これら三つの義務については,その後に執筆された『原理序説』でも,同様の説明が行なわれている.ベンサムは,行為は快楽と苦痛という観点からその結果を参照して判定されるべきだと主張し,制裁(sanction)[文脈に応じて,強制力あるいは拘束力とも訳される]という「外的な」規準の適用を要求した.前

に（第1節2で）説明したように，ベンサムは，人間の行為には四つの拘束力がはたらいているとみていた．社会的行為はとくにそのうちの三つのものの影響によって左右される．ベンサムは，それらの拘束力を制裁と呼び，そこから，政治的（または法的），道徳的，宗教的という三つの責務（obligation）ないし義務（duty）の観念が生まれるのだと考えた．制裁への指示は，たんに主観的ではない方式で人間の行動を評価することを可能にする．その点に，ベンサムは，自分の道徳体系が他の道徳体系よりもすぐれている理由を見いだしたのである．

『原理序説』の第2章で，ベンサムは，功利性の原理に反する二つの道徳原理について論じている．「禁欲主義の原理」と「共感と反感の原理」と呼ばれているものがそれである．ベンサムは既存のすべての道徳体系をこれら二つの名称のもとにまとめ，それを批判することによって功利性の原理の正当性を示すという方法をとったのである．

ベンサムの眼からすると，禁欲主義は，功利性の原理を転倒された仕方で適用したものにほかならない．道徳思想家や宗教家たちが禁欲的行動を推奨するのは，これが神の是認を得て来世における幸福を最大化する道であると想定するからである．しかし，「この地球の住民の10分の1の人々にその原理を一貫して追求させてみるがいい．そうすれば彼らは1日のうちに地球を地獄に化してしまうだろう」と彼は書いている[72]．ベンサムによれば，禁欲主義の原理が一貫して追求されたことはなかったし，また，そのようなことは不可能なのである．

ベンサムが「統治の問題に最大の影響を与えている」[73]とみたのは，「共感と反感の原理」である．道徳感学派と自然法思想家の主張がそのなかに含められる．ベンサムはこれを「気まぐれの原理」[74]とも呼んでいる．なぜなら，これらの道徳体系はすべて，突き詰めていけば，これらの体系を説く人々の主観的な判断または感情から生まれたものでしかないからである．これらの人々によれば，行為が正しいか間違っているかを判定する基準は，それらの行為が，自然法あるいは正しい理性あるいは道徳感情といったものの指令と合致するか

どうかということだとされている．しかし，何が自然法の指令なのかをどのようにして知ることができるというのか．自然法には普遍的に合意された典拠はない．自然法が何を定めているかを決定する根拠として提出されてきたものは，自分たちの意見あるいは感情以外の何ものでもなかったのである．

ベンサムは，共感と反感の原理の指令は，功利性の原理と一致していることが多いと考えている．なぜなら，ベンサムによれば，その原理の擁護者たちは，無意識のうちに，何が有益で何が有害かということについての考慮の影響を受けているからである．だから，彼らは，自然の法，理性の法，正しい道理，自然的正義，自然的衡平，善き秩序といった言葉を用いずに，功利性に訴えればよかったのだと，ベンサムは主張する[75]．

ベンサムが『統治論断片』第5章の長い注で述べていることは，「共感と反感の原理」をめぐる『原理序説』の議論に対応している．しかし，この注のほうが，「内的感情」に発する主張を斥けて外的制裁の拘束力だけに眼を注ぐ彼の立場をはるかにはっきりと言い表している．

「……これら三つのうちのいずれかの意味で，ある人が行為のある特質のことを義務であると主張するとき，その人が主張しているのは，ある外的な出来事，すなわち，義務違反の結果としてこれらの源泉のいずれかから生じる刑罰が，現実に行なわれそうだということである．その出来事は，話題にのぼっている当事者の行為や話している人の感情に対して外的であり，それらとは区別される．もし，行為のある特質が義務とみられるのはこれら三つの説明のうちのいずれかによると考えられなければならないと言おうとせずに，それを義務であると主張し続けるとすれば，その場合にその人が主張していることはすべて，その人自身の内的感情である．すなわち，その場合にその人が言おうとしていることは，問題になっている行為の特質について考えると，なぜなのかを語ることはできないが，快さや不快を感じる，ということに尽きる．この場合には，その人は，それは義務であると言い張るにしても，それを神の声とか法の声とか人民の声とかと称することによって，自分の賛意に不当な威光を放たせようとしてはな

らないのである.」[76]

　以上のことからわかるように,ベンサムにとって,義務ないし責務を負うということは,行為者が自分に要求されていることをしなかったときに他の人(あるいはなんらかの理性的存在者,つまり神)が自分に加える罰を恐れて,行為する(あるいは行為しない)ように強制されるというのと同じことを指している.ベンサムはこのような定義に照らして,国家の最高の統治者たちが義務をもつかどうかという問題を論じるのである.統治者たちは政治的(これはベンサムでは法的という意味である)義務をもちえないが,神の下す刑罰は免れえないし,民衆の悪意の的になることもあるのだから,宗教的義務と道徳的義務をもちうる,というのがベンサムの結論である[77].

　けれども,ベンサムは,この結論を下したのと同じ箇所で,義務についての別の説明も行なっている.彼は,最高の統治者が「法をつくる」のを見るのは喜ばしいことであると言い,その理由についてこう述べているのである.「なぜなら,私は,彼ら[統治者たち]がそうすることが共同社会の利益になると確信しているからである.このことは,私の見解では,統治者がそうすべきであると私が言うことの正当性を十分に保証するものであろう(傍点は筆者による).」[78] この文章が言っているのは,統治者が法をつくるべきであるというベンサムの主張が正しいのは,政府による立法が共同社会の利益になると彼が確信しているからである,ということである.この文章では,「法をつくる」ことが,「全体の幸福に仕える責務」とされている.前項で見たように,「全体の幸福に仕える責務」は「ほかのどの責務よりもすぐれた,ほかのどの責務をも包括する責務」であると言われていた.しかし,この責務の観念と定義で言われている責務の観念とは,果たして接合されうるのだろうか.

　定義では,義務または責務とは処罰への責めを負うことであった.処罰が存在しうるためには,人々が服従を要求されるなんらかの行動規則が存在しなければならない.ベンサムが「義務という語の最初の,通常の,本来の意味」と言っているのは,「もししなければ法によって罰せられることになることを行なうのが私の義務である」ということである.しかし,これは「法的義務」の

定義でしかない．この定義からすれば，「法律をつくる」国家の最高の統治者たちが政治的（これはベンサムでは法的という意味である）義務をもちえないのは当然のこととなる．とすると，「最高権力の法律制定義務」つまり統治者たちが「法律をつくる」義務は，宗教的義務でなければ道徳的義務であるということにならざるをえないだろう．しかし，それは，彼が定義で認めているような道徳的義務ではない．

　先に見たように，ベンサムは道徳的義務を「不確かで変わりやすい人々――共同社会一般――の悪意から生じる多種多様な辱しめによってつくりだされる」ものとしている．『原理序説』に従えば，それは，「共同社会のありきたりの人々の手中にあって，彼らが一定の一致した規則に従ってではなく，各人の自然発生的な性向に従って，人生の経過のなかでたまたまかかわりあった」制裁――すなわち「大衆による制裁（popular sanction）」[79]，あるいは「ある人の隣人がその人の道徳的性格を好まないために，その人に援助を与えないことから生じる」制裁[80]に対応する義務として説明されている．慣習的道徳のもつ強制力に対応する義務もそこに含まれる．「全体の幸福に仕える義務」は，それとはまったく種類を異にする「道徳的義務」である．「最高権力の法律制定義務」についての説明のなかでベンサムが言おうとしているのは，政府による立法が共同社会の利益になるとすれば，政府が法をつくるべきだと彼が考えるのは正しい，ということであろう．しかし，公共の善を促進する責務は，彼が定義している意味での責務ではない．公共の善を促進する責務についての彼の説明からは，制裁の概念がすっぽりと抜け落ちているからである．

　ベンサムは，そのような難問を抱えていることに気づかずに，自分の定義による義務の概念から，「法的権利」の概念を導き出した．法的権利の概念を確立し「法典化」への道を準備したということだけに眼を向けて，これをベンサムの最も重要な功績として評価するハートは，ベンサムが「全体の幸福に仕える責務」[81]や「人間の義務」[82]について語っている箇所を指して，これをベンサムのうかつな言い間違いだと言い立てている．「ベンサムは，すべての形態の責務を制裁によって定義しているのを明らかに忘れて，ときどき，功利性の

原理の要求のことを責務であると語っている」[83]．こうしたとらえ方の延長線上で，ハートは，ミルが非・法的な道徳的権利の概念を導入して，それを「自由」の概念にとって本質的なものと考えたことをとらえて，ミルの『自由論』は「功利主義の最大化原理」から逸脱していると言う[84]．けれどもハートは，彼の言う「功利主義の最大化原理」なるものがいかなるものであるのかについては一言も説明しておらず，したがって，その原理と法的権利との関係を彼がどう考えているのかについても，まったく口をつぐんでいる．しかし，われわれの見てきたところでは，ベンサム自身が，「権利」という語の使用を避けながらも，功利性の原理に基づく非・法的な道徳的権利の思想を基礎にして議論を進めているのである[85]．

『統治論断片』でベンサムが課題としたのは，功利性の原理が法の分類と配列の最良の規準を与えるという基本構想を理論化することであった．そのためには，法的責務，道徳的責務，宗教的責務を「全体の幸福に仕える責務」のもとに包摂するという手続きを踏まなければならなかったはずである．しかし，彼は責務という語についての自分の定義が受け入れられるために必要な説明を与えることができなかった．プラムナッツが言うように，ベンサムは，ブラックストンの欠陥を暴露しただけでなく，自分の欠陥までもさらけ出してしまったのである[86]．彼は，「法的権利」の観念を定義し，「法典化」への道を切り拓くことができたということだけで満足したのかもしれない．実際，彼は，自分が道徳哲学上の問題を考察する手立てを持たないことを告白するかのように，彼の目的は「自分自身の強さにもっと確信を持ち，有名人の無謬性を信じないようにすること」を読者に教え，「権威の束縛から自分の判断を解放するのを助け，……言葉にとらわれないように警告すること」にあったという文章で，『統治論断片』を締めくくっている．

2-3 「全体の幸福に仕える責務」と同胞感情——ミルのベンサム解釈

しかし，ベンサムの道徳哲学の理論構成上の欠陥は，自分が発見したものの持つ意味を自分で気づかなかったことから来ていたとみるべきであろう．この

ことをはじめて見抜いたのは J. S. ミルであった．ミルは，『功利主義』の第2章「功利主義とは何か」で「幸福」について述べたあと，第3章で「功利性の原理の究極的強制力（ultimate sanction）」について論じている．そこでは，彼は制裁を外的制裁（強制力）と内的制裁（強制力）とに分けて考察を進めていく．ベンサムの場合にも実はそうだったのだが，ミルの場合には，サンクション（制裁）という語を「強制力」あるいは「拘束力」と訳したほうが理解しやすいので，以下においてはこの訳語のほうをひんぱんに用いることにしよう．外的制裁（強制力）というのは，ベンサムの言う3種類の制裁（強制力）のことであって，ミルは，ベンサムの定義による責務の概念をそのまま継承している．ミルが新たに導入したのは内的制裁の概念である．ミルは，ベンサムが定義した意味での法的義務，道徳的義務，あるいは宗教的義務に違反したときに感じる強弱さまざまな苦痛の感情が，利害を離れ打算をこえた「義務」の観念と結びつくときに，「良心（conscience）」の本質が形づくられると言い，「すべての道徳の究極的な強制力」つまり究極的な道徳的制裁は「人類の良心から発する感情である」と主張する[87]．つまり，ミルは良心を，他のさまざまな感情との連合によって複雑にされた外的強制力の内面化されたものとしてとらえるのである．このことによって，ベンサムの言う「全体の幸福に仕える責務」——「ほかのどの責務よりすぐれた，ほかのどの責務をも包括する責務」——が一挙に内面的な領域の問題として考察されうることになる．ベンサムは，圧制や悪法に対する抵抗によって生じる損害と屈服によって生じる損害とを比較考量するときの「効用の残高についての自分自身の内的確信」について語っていたが，この場合に比較考量されるのは，個々人の個別的な利害ではなく「共同社会全体について言っての」利害なのだから，この「内的確信」は，ミルの考え方からすれば，利害を離れ打算をこえた「義務」の感情に属するものとして位置づけられることになるであろう．こうして，ミルにおいては，責務について評価するうえでの外的な基準は保持されたまま，さまざまな責務が内的な視点から一つの連関のなかでとらえられることになり，それと同時に，人々の織りなす社会的な相互行為の連関が見えてくるようになるのである．

だが、このようなとらえ方はいかにして生み出されえたのか。ミルの思索の歩みは、ベンサムの基本構想を活かすための苦闘の歴史とみることができる。ベンサムの提起した問題にミルほど長い年月にわたって真剣に取り組んだ思想家は、ほかにはいない。ミルが父親のジェームズに奨められてベンサムの『立法論』を読んだのは、1821年から22年にかけての冬、彼が15歳のときのことであった。この本を読んだことが「私の生涯に一つの時期を画し、私の精神史上の転回点の一つとなった」と、彼は『自伝』に書いている。

　「それほど私に感銘を与えたのは、《自然の掟》《正しい道理》《道徳的感覚》《生まれながらの正義感》等々の慣用句から導き出された道徳や立法についての広く普及した論の立て方をベンサムが批判して、それらを独断論が姿を変えたものと決めつけ、自分の感情を大げさな表現に隠して人に押しつけるものにすぎず、そういう表現では、ただそういう感情があるからあるのだという以外になんの説明にもなっていない、とやっつけている章であった。ベンサムの原理がこういう考え方の息の根を止めたことを、このとき私は初めて気がついた。従来の道徳思想家はみんなお払い箱にされ、ここに思想の新しい時代が始まったのだという気持が私を襲った。この感銘は、ベンサムがさまざまな種類の行為の結果を分析して、幸福原理の適用に科学的な形態を与えていくやり方に接して、さらに強められた[88]。」

ミルはこの時期に、ロックの『知性論』、エルヴェシウスの『精神論』、バークリー、ヒュームの『論文集』、リード、デュガルド・ステュアート、トマス・ブラウンを読んだと書いているが、とくに注目しなければならないのは、1829年までの数年間、父ジェームズが執筆を続けていた『人間の精神現象の分析』をその執筆の進行中に読んだことであろう。ミルは父親による「観念連合の心理学」にこだわりを持ち続け、晩年に友人のベインの協力を得て、詳細な注解を付して1869年にこの書物を再刊している。ミルが自分の著書と論文で行なった心理学的考察で最もよくまとまっているのは、1843年に出版された『論理学の体系』第6巻「道徳科学の論理学」での論述である。ミル父子が観念連

合の心理学に強い関心を持ち続けたのは，ベンサムの学説の欠陥を意識していたからであっただろう．ベンサムは，彼が理論のなかに取り込んださまざまな複雑観念については，微に入り細にわたって観察した結果を記述し分類したが，それぞれの複雑観念の組成を分析し，あるいは複数の複雑観念間の構造連関を解明する能力を持ち合わせていなかった．彼の理論構成が脈絡を欠き，道徳哲学上の問題に関する彼の重要な洞察のほとんどすべてが，注のなかで断片的に述べられるにとどまったのは，そのためであったとみていいだろう．ベンサムと結びついた人たちのうちでも，ミル父子のように広範な社会事象の連関を考察しようとした人間にとっては，複雑観念間の構造連関を解明するための理論を構築することは，必要不可欠のことであったにちがいない．

　1825年から27年にかけて，ミルはベンサムの依頼で膨大な草稿を整理して，大著『法廷証拠の理論』5巻を編集し，ベンサムの称賛を受けている．しかし，その編集中に，ミルは「精神の危機」に襲われて，ベンサムから距離をとるようになっていた．『自伝』によると，この危機の経験によって，ミルはそれまでとは違った「人生の理論」を採用するようになった．

　　「幸福がすべての行動規則の判定基準であり，人生の目的であるという信念は微動だにしなかった．けれども，この目的はそれを直接の目的としないときにだけ達成されるのだと，私は考えるようになった．自分自身の幸福ではない別の目的に精神を集中する者だけが幸福なのだ（と私は考えた）．」[89]

　この時期に彼が受けたもう一つの重要な変化は，「人間の幸福に必要なもののうちで，個人の内的教養に，しかるべき位置づけを与えたことであった」と彼は書いている[90]．

　この時期から，ベンサムが世を去った1832年をはさんで10年あまりの間は，ミルがベンサムの学説に対して最もきびしい態度をとった時期であった．すでに見たように（第1節4），33年の「ベンサムの哲学」でも，38年の「ベンサム」でも，ミルは，ベンサムの道徳哲学の視野の狭さや浅さ，一面性，そして道徳哲学の一般原理と法との関係のとらえ方における欠陥などについて，

辛辣な批判を行なっている．とりわけミルが繰り返し指摘したのは，性格形成や人間の自然本性の内面的なはたらきに関してベンサムの知識が不足していることであった．しかし，その間にも，ミルは，最大幸福原理を放棄しようとはしていない．むしろ彼は，最大幸福原理を第一原理と呼び，立法の原理を二次的原理と呼んで，両者をどのようにして結びつけるかということを最も重要な課題として，そのための取り組みに苦闘し続けている．

33年には，ミルはベンサムを「一般的功利性という一つの大きな公理ないし原理からの直接的で体系的な推論によって，法のいっさいの二次的で中間的な諸原理を規則的に演繹しようとした最初の人」[91]と呼んで，ベンサムが法学を一つの科学として創造したことを称賛しながらも，道徳哲学における欠陥が最大幸福原理の適用に関する議論における誤りから来ていることを指摘している．

38年の『ベンサム』では，ミルは，ベンサムが成功を収めたのは実務（business）の領域においてだけであったという見方をとっている．

「それ［ベンサム流の哲学］は，社会的な取り決めのうちのたんなる実務の部分を組織し規制する手段を教えることはできる．精神的な影響との関係なしに理解され，あるいは処理される事がらに関しては，どんなものに対しても，彼の哲学は有効な答を与えることができる．しかし，精神的な影響が考慮に入れられなければならない場合には，それはたちまち欠陥をあらわにする．彼は，実務の部分が人と人との間に起こる事象（human affairs）の全体であると考え，少なくとも立法者と道徳思想家の取り扱うべき事がらのすべてであると考える誤りを犯したのである．もっとも，彼は，精神的影響に気づいたときにもそれを無視したというわけではない．ただ，彼には想像力が欠けており，人間の感情についての経験が乏しく，感情相互間の派生関係や結びつきについて無知であったために，精神的影響に気づくことが稀だったのである．」[92]

こうした観点から，ミルは，第一原理と二次的原理に対する人々のとらえ方について，つぎのように述べている．――われわれは，功利性とか幸福とかと

いうものはあまりにも複雑で不確定な目的なので，さまざまな二次的目的を媒介としなければ求めることができないと，考えている．これらの二次的目的に関しては，究極的な基準について意見を異にする人々の間にも一致がありうる．人類は，ほぼ同じ自然的性質を持っているのだから，第一原理に関してよりも，ベーコンの言うように，「中間的諸原理（intermediate principles）」「あの真の媒介的諸原理（vera illa et media axiomata）」に関して同意するほうが容易なのである．さまざまな行為の究極目的に対する関係を，中間的な諸目的に照らして説明される以上に明瞭にしようとしたり，さまざまな行為の価値を幸福と直接に照らし合わせて評価したりしても，その結果は，最も容易に個別的に確認できるような効果を最も重視するようなことで終わってしまう．要するに，功利性を規準として採用する人々は，二次的諸原理を媒介としないかぎりは，それを正しく適用することはほとんどできず，他方，功利性を拒否する人々は，一般的には，これらの二次的諸原理を昇格させて第一原理とすること以上のことはしていないのである．なんらかの第一原理に直接訴えることが必要になるのは，二つないしそれ以上の二次的諸原理が衝突するときである．そのときにこそ，功利主義論争の実践的な重要性が始まるのである[93]．

　ミルにとっては，配列や論理的な従属関係の問題は主として純科学的な問題であるにすぎず，道徳哲学の体系的な統一性と一貫性にとっては大して重要なことではない．重要なのは，原理的な問題におけるベンサムの仕事を継承し発展させることである．ベンサムは功利性の原理を発見し，彼の他のすべての学説をその論理的な帰結としてそれに付加させようとした．彼は，自分の知性の力を信頼するためには，体系的統一をはかることを不可欠の条件であると考えていた．そうだとすれば，「幸福が道徳のめざすべき目的であるにせよないにせよ，——道徳がなんらかの種類の目的を目ざすものとされて漠然たる感情や説明できない内的確信の領域に放置されないこと，また理性（reason）と熟慮（calculation）の問題とされてたんなる感傷（sentiment）の問題とはされないこと，このことこそが道徳哲学の観念そのものにとって本質的なことであり，事実，道徳の問題に関する論究と討議とを可能にしているものである」[94]という

ことを銘記すべきであると，ミルは考える．

　そのうえで，ミルはベンサムの欠点と彼の犯した誤謬を指摘している．欠点とされているのは，ベンサムが，「性格の形成についても，行為が行為者自身の精神構造に及ぼす結果についても」評価する能力を欠いていたことである[95]．誤謬とされているのは，ベンサムが行為や性格を道徳的な見地だけからとらえようとしていることである．ミルによれば，人間の行為には三つの側面がある．第1の側面は，道徳的側面，すなわち行為が正しいか間違っているかという側面であり，第2の側面は，美的側面，すなわち行為の美しさの側面であり，第3の側面は，共感を呼ぶ側面，すなわち行為が愛すべきものとされる側面である．第1の側面はわれわれの理性と良心に訴え，第2の側面はわれわれの想像力に訴え，第3の側面は，われわれの同胞感情に訴える[96]．ミルは，人間に対するわれわれの感情は，これら三つの側面からの影響を受けていると考える．たとえば，嘘をつくことは，不正とも卑怯ともみっともないとも見られるだろう．これら三つの側面は切り離すことができないものなのである．われわれが道徳的判断を下すときには，他の二つの側面からの影響も無視できないにちがいない．

　のちにミルは，『論理学体系』の第6巻第12章で，広い意味での「道徳（Moral）」という言葉の説明をしている．（本来は，英語でいうモラルの説明として読まなければならないのだが，ここでの議論の連関の問題があるので，「道徳」というか慣用の訳語で通すことにする．）ミルによれば，「道徳的知識（Moral knowledge）」あるいは「道徳科学（Moral Science）」と呼ばれるもののなかには，「自然の過程の研究」すなわち「科学」と，命令法またはそれと等しい形で表現される研究とが含まれている．「義務についての知識（knowledge of duties）」「実践的倫理学（practical ethics）」あるいは「道徳学（morality）」と呼ばれるものがそれである．ミルは，事実に関する主張のかたちではなく規則（rule）や指令または戒律（precept）というかたちで述べられるものを「技術（art）」という言葉のもとに包摂し，倫理学（ethics）あるいは道徳学（morality）は，人間の自然本性と社会に関する科学に対応する技術の一部である，と言う．そのほかに人間と

社会に関する科学に対応する「技術」に含まれるものとして，彼は「実践上の思慮（prudence）」または「政策上の思慮（policy）」と「教育上の技術」をあげている[97]．彼はまた別の箇所で，目的に関する学説に属するものとして「生活の技術（Art of Life）」とも言うべきものがあるとも述べている．それは，道徳学（Morality），実践上の思慮（Prudence）ないし政策上の思慮（Policy），美学（Aesthetics）の3部門からなっていて，「人間の行為といとなみにおける正しさと便宜と美しさまたは気高さ」を扱うものだとされている[98]．

このようにして，ミルは，人間の自然本性と社会に関する科学と「生活の技術」とを互いに対応するものとしてとらえ，そうした展望のなかで，功利性（最大幸福）の原理を第一原理として位置づけ，法の諸規則だけでなく実践上のあらゆる規則，準則，格率を二次的原理という呼称のもとに包括して，それらすべてのものと功利性（最大幸福）の原理との結びつきを軸として議論を展開していくのである．

1852年に，ミルはヒューウェルの功利主義批判に対する反批判の筆をとった．そこでのミルは，それまでとは違って，功利性または最大幸福の原理そのものの問題をとりあげている．彼は，人間の自然本性と生活に関するベンサムの見方には欠陥があったとしつつも，ベンサムが最大幸福原理を「二次的ないし中間的諸原理」の基礎として用いたことを，あらためて高く評価している．そこでの彼の論調がそれまでとはかなり違っているのは，彼の視野が大きく広げられたことから来ているとみることができるだろう．それと同時に，ベンサムに対する評価の仕方も，過度といってもいいほど温かいものになっている．

> 「……そのような中間的諸原理がなければ，科学においても道徳学においても，普遍的原理は，疑問に決着をつけるための手段の宝庫ではなく，疑問について討議するための決まり文句の宝庫として以外の役にはほとんど立たない．……［ベンサムは］それ［＝最大幸福原理］と衝突するすべての学説の直接間接の影響を避けて，一群の従属的通則を功利性だけから演繹した最初の人であった．この偉大な貢献が行なわれる以前には，功利性を基礎とする科学的な倫理学説は不可能だったのだが，その貢献が，ベンサ

ムによって（道徳の必要よりも立法の必要のためにではあったが），現に行なわれているかぎりでは，きわめて卓越した仕方で，計画を完成させる方途をはっきりと指示するようなやり方で，なしとげられたのである.」[99]

ヒューウェルは，道徳感学派と自然法思想家たちの主張に対するベンサムの批判を，度をこした嘲笑にすぎないと言って片付けようとした．しかし，それらの道徳体系をたんなる主観的な判断または感情から生まれたものでしかないとみるベンサムの主張は決して誤りではない．それらの道徳体系を信奉する人たちは，「自分たちの是認と非難を正当化するために何かを言うことを要求されると，是認または非難の事実以外のなにものをも意味しない語句を生み出すことになる」[100]．ヒューウェルは，人々が訴える道徳感情は普遍的な人間本性の一部であり，全人類に属するものに訴えているのだと言うにちがいない．しかし，ある感情が正しいということは立証されえない．感情というものは正当化される必要のないものである．ある感情を持つ人は，それを自分のなかで意識しているだけでなく，他の人々のなかにもそれを見いだすことを期待している．その人は，「私が」とは言わず，「あなたも私も」と言うだろう．これは，その感情が普遍的なものであるということを意味するものではない．「……すべての経験は，それらの感情がすぐれて人為的（artificial）なものであり，文化の産物であることを示している」[101]

ベンサムは，行為の判定に関して制裁という「外的」規準の適用を要求した．つまり，行為の社会的諸条件を行為に関する判定基準としたのである．それに対応して，ベンサムが共同社会全体の利益についての「内的確信」と呼んだものは，「あなたも私も」という言葉によって示されるような同胞感情であろう．従来の思想家たちが言ってきた「内的確信」は，いわば社会のそ̇と̇からのものであった．それに対して同胞感情は，制裁という「外的」規準とともに，社会的な相互行為の連関のな̇か̇で紡ぎ出されてきたものなのである．

ヒューウェルは，同胞の是認はさまざまな道徳観念を前提しているので道徳の基礎とはなりえないと述べている．しかし，ミルは，ベンサムが「世論」や「隣人たちの是認」を道徳の基礎としようとしていたと言うのはベンサムに対

する完全な無知を示すものでしかないと主張する．ベンサムにとって，同胞の是認または非難は徳性の構成要素なのではなかった．ベンサムはそれを，社会全体の幸福を促進する方向に各人の行為を向かわせる動機としてはたらくものとしてとらえていた．だから，「この同胞の是認が前提している道徳的諸観念とは，功利性と有害さについての観念にほかならないと，言ってしかるべきであろう」．こう述べたうえで，さらにミルは付け加えている．「人類は，幸福または悲惨さを生む行為の諸傾向に気がつくのに比例して，幸福を好み推奨し，悲惨さを嫌い非難するだろう」と[102]．

ここでミルは，ベンサムが最大幸福原理を提唱した意図を示すために，『原理序説』の結末近くの注の文章を引用している[103]．それは，行為者の自己利益を目ざすものではなく，感覚する能力をもつすべての存在者の最大幸福を目指しているのである．こうした観点から，ミルは，「外的基準に訴える道徳論」すなわち功利性の基準に訴える道徳と旧来の道徳思想の「内的確信に基礎を置く道徳論」との論争について次のような断定を下している．

> 「外的基準に訴える道徳論と内的確信を基礎とする道徳論との論争は，固定的な道徳論に対する進歩的な道徳論の論戦であり，――たんなる世論と習慣の神格化に対する道理と論究の戦いである．現存の事物の秩序が自然的な秩序であり，自然的なものなるがゆえに，それを革新しようとするすべての企ては犯罪的であると主張する学説は，今日ではついに自然学において認められているように，道徳論にとって有害であり，社会と統治にとって有害である．」[104]

『功利主義』におけるミルの議論は，ベンサムの道徳哲学の欠陥をとらえ，ベンサムの基本的な構想の体系的で整合的な把握のために苦しんだ彼の思想の歩みを知れば，いっそう深く理解できるようになるにちがいない．『功利主義』第3章に盛り込まれたミルの見解は，「ヒューウェルの道徳哲学観」での議論と直接に結びついている．こうしたことを踏まえたうえで，ふたたび『功利主義』に眼を転じることにしよう．

そこでミルが述べているところによれば，道徳感情は，自然権の思想のなか

で言われているように生得的なものではなくても，自然的なものでなくなるわけではない．道徳能力は，他の諸能力と同様に，人間の本性から自然に生成したものである．道徳感情の自然的な基礎は，「同胞と一体になりたいという欲求」であり，この欲求は，とくに教え込まれなくても文明が進むにつれて強くなる傾向をもつ．この一体感が道徳の拘束力を構成するのだと，ミルは言う．長い文章であるが，ミルが「功利性の原理の究極的強制力」について述べていることの一部を見ていくことにしよう．（読みやすくするために，段落を四つに分けて引用する．）

「社会状態は，人間にとって自然でもあり，必要でもあり，習慣にもなっているので，異常な状況のもとにあったり意識的に抽象を試みたりしないかぎり，人間は自分を団体の一員としてしか考えることができない．そして，この連想は，人類が野蛮な孤立状態から遠ざかるにつれて，ますます強固になる．だから，だれもが，社会状態に不可欠な条件は，どれも，各人がそのなかに生まれてきた，人間にとって宿命的な状態であると，ますます強く考えるようになる．そうなると，人間の社会的な交わりは，主人と奴隷でないかぎり，明らかに，すべての人の利益が考慮されるような関係を基礎としなければ成り立たなくなる．平等な者の社会は，全員の利益が平等に尊重されるべきだという了解があって始めて成り立つ．そして，すべての文明状態では，絶対君主以外はだれもが対等な人々と向き合っているのだから，だれもがいっしょに平等の条件で生活せざるをえない．

どの時代も，これ以外の条件ではだれとも長く生活を続けられないような状態に向かって，少しずつ進んでいる．人々は，（自分を保護するためであっても）侵害をできるだけ慎み，侵害に絶えず抵抗しながら生活していかなければならない．他の人々と協働し，個人の利益ではなく集団の利益を行為の（少なくともさしあたっての）目標として掲げることも，日常的なこととなる．協働しているかぎり，人々の目的は他の人々の目的と一致する．そこには，一時的にせよ，他の人々の利益は自分自身の利益だという感情がある．社会的な連帯が強まり，社会が健全に成長すれば，だれもが他

の人々の福祉にますます強い人格的関心を実際に抱くようになり、そればかりか、少なくとも、他の人々の善に実際上ますます考慮を向けるようになる。だれもが、まるで本能的に、自分は当然他の人々に配慮する存在だと意識するようになる。他の人々の善が、だれにとっても、人間の生存を支える物質的諸条件のうちのどれかと同じように、自然的かつ必然的に留意されるべきものとなる。

　こうした感情を持っている人は、利益と共感という二つの最も強力な動機にせきたてられて、みずからこの感情を示し、他の人々のうちにあるこの感情を、力の及ぶかぎり奮い立たせようとする。この感情をまったく持たない人も他の人々がこれを持つことに対しては、だれにも劣らぬ大きな利害関心を持つにちがいない。その結果、この感情のほんのわずかな萌芽でも、共感の感染力と教育の感化力によって保持され育成されるようになる。そして、その周囲には、この感情を強化する効果を持つ連想の完全な網の目が、外的強制力の強力なはたらきによって張りめぐらされる。

　文明が進むにつれて、われわれ自身や人間の生活をこのように見ることが、ますます自然なことと感じられるようになる。政治が改革されれば、それがさらに推進される。利害の対立がなくなり、個人間や階級間の法律上の特権による不平等が取り除かれるからである。こういう不平等があるから、人類の大部分がいまだに幸福を無視されるような事態が存在するのである。人心が改まっていけば、その影響力は絶えず増大し、各個人のなかにあらゆる人との一体感が生まれるだろう。一体感が完全になれば、自分にとってどれほど有利な条件でも、他の人々の利益にならないものは、考えたり望んだりしなくなるだろう。」[105]

この引用文を、ベンサムの言う「全体の幸福に仕える義務」や「人間の義務」についての説明とみるのは、決して無理な解釈だとは言えないだろう。人間の社会的な相互行為の連関をこのようにつかまえる点で、ミルはベンサムよりもはるかによくヒュームの視点を活かしているとみていい。彼は、このようにして、ベンサムが自分で気づくことのできなかった責務の概念をめぐる難点を取

り除き，ベンサムの思想に生命力を与えることができたのである．

　ここに述べられた「一体感」からくる「道徳的責務」の観念に対応するものが，ミルの言う「道徳的権利」である．それは，人間が人間であるかぎりにおいて持つ権利，人間としての資格（title）に基づく権利であり，だれかがその権利を侵害されと，同胞としての「一体感」から「正義の感覚」が生じるのだと，ミルは考える（『功利主義』第5章．この点については本稿第3節で説明する）．したがって，ミルにとっては，功利性の原理と正義の観念は切り離すことのできないものとなるのである．

　以上，私は，ミルをベンサムの基本構想の一貫した支持者としてとらえ，ミルの思想的発展を，ベンサムが生み出した道徳哲学上の立場に体系的な統一性を与えようとする企ての歴史として解釈してきた．ベンサムが実際に従事した仕事との関係に的を絞って言えば，ミルは，道徳哲学な観点から見たときのベンサムの概念構成の欠陥を補修することによって，ベンサムの立法の理論に，いっそう堅実な土台を与える役割を果たしたのである．

　そこで，ベンサムの基本構想そのもののことに簡単に触れておくことにしよう．

2-4　ベンサムの理論的視座

　『原理序説』はベンサムの最もよく知られた著作であるが，大変読みづらい書物である．その読みづらさは事細かな分類と説明がこの書物の大きな部分を占めているせいであるだけではない．そのわかりにくさの最も大きな理由は，この書物が，題名の示しているところとは違って，道徳の原理への導入をはかるような体裁をとっていないばかりか，立法の原理についても十分な説明を与えていないことから来ているとみていいだろう．倫理学についての議論は，第17章の付け足しに，主として私人の道徳を立法の領域から区別するために行なわれているにすぎない．それは立法全体への序論を欠いており，民法や憲法の原理についての議論を脱落させている．この書物の内容が書名にふさわしいものではないことは，ベンサム自身も認めていた．もともと，彼自身の構想で

は，この書物は刑法典の一試案に対する序論として役立つこと以上の目的を持つものではなかったのである[106]．

　『原理序説』の内容は三つの大きな部分に分けられる．この書物の構成は，順序を逆にして，最後の部分を第1の主要な部分としてとらえるとわかりやすくなる[107]．その第1の部分というのは，おおよそ第12章から第17章までで，この部分が書物全体の頁数のほぼ半分を占めている．この部分を起点として考えると内容全体が理解しやすくなるのは，この部分がこの著作の最初の目的である刑法典のための序論となっているからである．ここにあるのは，害悪を構成するものについての考察，すべての害悪が罰せられるべきかいなかについての考察，刑罰と犯罪との均衡についての考察，刑罰の諸側面についての説明，犯罪の分類，刑法と他の立法分野および道徳との関係についての考察である．18世紀イギリスの刑法は，不合理と矛盾の塊のようなものであって，犯罪の定義についても刑罰の種類や量についても恣意的な判断がまかり通っていたと言われている．立法の理論家としてのベンサムの功績は，そのような現状を批判して，イギリスで最初の組織的な刑法理論を生み出したことにあったのである．

　第2の部分は，第7章から第11章までで，そこでは人間の行為についての分析が行なわれ，行為の意図，意識，動機や人間の性向についての詳細な説明がされている．とりわけ動機についての章における分類は微に入り細を穿っていて，行為の多様な動機についての考察にとって重要なさまざまの材料を提供している．しかし，その分析が何のためのものなのかを，ベンサムは明らかにしていない．ここでのベンサムの態度はあいまいであって，つかみどころがない．道徳の原理を論じるためだったのだとすれば，ミルが1838年の論文で指摘しているように，ベンサムが行なった分析の範囲は狭すぎる．彼がここで，人間の行為の意図，意識，動機，性向のすべてを網羅的に説明しようとしたのだとすれば，彼の視野には限界があったと考えなければならないだろう．しかし，後続する部分，つまりわれわれの言う第1の部分とのつながりで，刑法，あるいは民法を含めた立法の理論に役立てるためのものだったとすれば，その

分析には余分なことが多すぎるのである．しかも，ベンサムの考察には，それとは別の欠陥もある．彼はさまざまな複雑観念を列挙するが，それぞれの観念の組成を分析したり，複数の複雑観念間の派生関係や構造連関を解明する能力を欠いていたとみざるをえないのである．

　第3の部分は，第1章から第6章までで，この部分は，功利性の原理，それと対立する諸原理，苦痛と快楽の四つの源泉あるいは制裁［強制力］，さまざまな快楽と苦痛の価値とその計算方法，快楽と苦痛の種類，感受性に影響を与える諸事情についての考察からなっている．この部分は，しばしば，これだけが取り出されてベンサムの功利主義学説を述べたものとみなされている．しかし，この部分は彼の基礎理論を完全に述べたものではなく，むしろこの書物のなかで「最悪」とさえ評されてもいる部分なのである[108]．多くの功利主義批判者は，この部分を拾い読みしただけで功利主義を理解したと信じ込んでいる．さらに始末の悪いことには，功利主義の亜流または傍流と目されている人々の多くも，それと同じことをしている．そのことが功利主義に対する大きな誤解を生み，その誤解がまた新しい誤解を生んできたのであった．もっとも，そうした誤解を生んだ責任は，ベンサム自身にもある．彼は，自分の拠って立つ思想の系譜についての読者の知識を当てにしすぎていたのであろうか（彼には自分の独創性についての意識が希薄であった），最も基本的な事がらをごく簡単にしか説明していないし，一貫した論理で思想を組み立てていくようなこともしていないのである．

　ベンサムの思想についての誤解のほとんどすべては，『原理序説』の第1章冒頭の文章を一人歩きさせていることから生まれているとみていいだろう．

　　「自然は人類を，苦痛と快楽という二人の主権者の支配のもとに置いてきた．われわれが何をなすべきかを指示し，また，われわれが何をするであろうということを決定するのは，苦痛と快楽だけである．一方においては正しいか間違っているかの基準が，他方においては原因と結果の連鎖が，この二つの玉座につながれている．」[109]

　このように，ベンサムは苦痛と快楽を理論の端緒に据えるのであるが，彼は

いっさいの外的制約を抜きにして自然的な苦痛や快楽を論じるというようなことをしてはいない．そうではなくて，彼が苦痛と快楽を理論の端緒にすえたのは，苦痛と快楽が，肉体的，政治的，道徳的，あるいは宗教的な源泉から「流れ出す」こと，言い換えると，肉体的，政治的，道徳的，宗教的といった外的な諸条件の制約のもとで生み出されることを，明らかにするためであった（第3章）．ベンサムは，共同社会に福祉に及ぼす効果と結びつかないような行為についての道徳的判断を，すべて無意味なものとして斥ける．ベンサムの考えからすると，功利性の原理は，人間の行為を外的な諸条件とのかかわりのなかでとらえることを可能にする唯一の原理なのである．功利性（最大幸福）の原理が正しいか間違っているかを判定する基準であるという主張は，そこから生まれている．だから彼は，それまで支配的だった道徳理論が「気まぐれな」内的確信を基礎にしたものでしかないことを明らかにしさえすれば，功利性の原理こそが道徳と立法の基礎となるべき唯一のものであるという考え方の正当性を主張することができると考えたのである（第2章）．

功利主義の解説者や批判者にはこうした議論の連関をまったく無視している人が多い．しかし，社会的な諸条件を抜きにして快楽や苦痛を論じようとする人に対しては，社会における諸個人のさまざまな利害の衝突をどのように説明し，それを調整する手段についてどう考えているのかを問わなければならないし，他方，社会全体の福祉に結びつかない道徳原理を主張する人に対しては，何を道徳の問題と考えているのかという問いを突きつけなければならないだろう．ベンサムの文章は，断片を集めたような形をとっていて，思想の内的な連関を展開して見せるというふうにはなっていない．そのことが安直な拾い読みを許す原因になっている．しかし，どの思想についても，それが何をどのように問題にしているのかを理解しようとせずに論評するようなことは，慎まなければならないのである．

ベンサムは，通説的な解釈でしばしば言われているのとは違って，功利性の原理が責務の直接的源泉として機能するとは考えておらず，人間はつねに苦痛に対する快楽の純残高を最大化しようとするものであるとか，そうすることが

正しいとか, 善いことであるとか, そうすべきであるとかとは, 言っていない. ベンサムは, 人類が苦痛と快楽の支配のもとにあるという事実を確認することから出発して, ある政府の政策は, 社会の幸福を増大させる傾向が, それを減少させる傾向よりも大きい場合には, 功利性の原理に適合しているとみる考え方を提起したのである[110]. われわれがすでに知っているように, ベンサムは, 法を人々の社会的相互行為を秩序づける主要な手段としてとらえていた. 立法者は, 各個人が他の人々と衝突せずに自分自身の目的と計画を追求することができるような諸条件をつくり出さなければならない. ベンサムは, そのような諸条件が保証されることによってはじめて, 社会全体の福祉が実現可能になるのだと考えていたのである.

　ベンサムが快楽と苦痛を行為の動機づけについての因果的説明の基礎として用い, そのさいに快楽と苦痛の量をどのようにして測定するかという問題を提起したことは, 広く知られている. 彼がそれを提案したのは, 主として, 民法と刑法のいっそう合理的な体系を構築するためであった. 彼は, 快楽または苦痛を評価するさいには, ①強さ, ②持続性, ③確実性, ④遠近性という四つの事情を考慮しなければならないと述べている. はじめの二つは, 明らかに快楽の測定に関係しているが, あとの二つは, むしろある特定の快楽または苦痛に対する個人の反応に影響を及ぼす要因と考えたほうがいいだろう. 彼がその提案のあとで行っているのは, さまざまな種類の快楽と苦痛の綿密な分類である. 彼は, 感覚, 健康, 技能, 権力, 敬虔さ, 仁愛, 悪意の快楽から, 記憶, 想像, 期待, 苦痛からの解放の快楽までの膨大なリストを掲げ (第5章), さらに「感受性に影響を与える諸事情」として, 健康, 強さ, 勇気, 教育, 気候, 血統, 政府, 信仰など, 32の事情を揚げている (第6章). ベンサムは, なんらかの快楽を計算するためのはっきりした指示を与えているわけではないし, どの種類の快楽が幸福に貢献するかに関して一般的な判断を下そうとしているわけでもない. ベンサムにとっては, 民法や刑法を定めるさいに考慮されなければならない諸事情を列挙すれば, それで足りたのである. われわれがそこから学び知ることができるのは, われわれは, 社会生活のなかでさまざまな利害

得失を絶えず比較商量しなければならないが，その計算はある限定された問題の限定された側面についてしか行なわれえないということであろう．快楽と苦痛の量の測定について提案したことは，ベンサムの思想の基本性格を示すものでは決してないのである．

以上に述べたことから知られるように，『原理序説』におけるベンサムの議論は，立法の改革者としての視座の限界を超えるものではなかった．その点をきびしく批判して，功利主義の道徳理論にさらに広い展望を与えようとしたのが，ミルである．1838年の論文「ベンサム」でミルが強調したのは，『原理序説』を道徳の原理に関する論究として読もうとすると，ベンサムの視野の狭さと理論構成の欠陥を指摘せざるをえないということであった．

ミルによれば，ベンサムは，人間が快楽と苦痛を感じる存在であり，人間の行為の一部はさまざまな形態の私利（self-interest）と利己的な情念によって支配されており，一部は他の存在者に対する共感や反感によって支配されていることを明らかにした．しかし，人間の自然本性に関するベンサムの理解はここで止まっている．人間の行為を促進したり抑制したりする原理の全体として彼が認識したものは，自愛（self-love）であるか感覚をもつ存在者に対する愛憎であるかのいずれかでしかない．ベンサムは，人間の自然本性のなかにある能動的なものを無視している．彼は，人間が，外的な源泉から生じる善悪を望みも恐れもせずに，精神的完成を目ざすことができる存在であることを認めていない．彼の著作のどれを見ても，《良心》というものが，博愛とも，神や人間に対する愛情とも，現世や来世における私利とも異なるものとして存在するということの認識が見当たらない．それどころか，ベンサムが1815年につくった『行為の源泉の表』（1817年公刊）を見ると，「良心」は「名声への愛」の同義語とされているにすぎない．彼は，われわれ自身や同胞に対する「道徳的な是認や否認の感情」の存在を無視しているし，「自尊心」という言葉も彼の著作のなかには見当たらない．また，彼は，理想的な目的をそれ自体として追求することが人間の自然本性における一つの事実であることを十分には認めていない．「名誉心（sense of honour）」や「人格的尊厳（personal dignity）」，あるいは

人格的高揚と堕落の感情，美への愛，ものごとの秩序，調和，一貫性，合目的性への愛，意志を実現させる力への愛，行為への愛といった人間の自然本性の構成要素で，ベンサムの著作のどこかの片隅でその存在を承認されていないものはないが，その承認を基礎として築かれた結論は一つもない．つまり，人間の行為の動機についてのベンサムの分類は，そうした道徳感情のはたらきを正当に評価し位置づけていないと，ミルは言う[111]．

しかし，ミルにとってまったく不可解だったのは，それらの道徳感情をベン・サム・自身が持っていなかったのでは決してなく，むしろそれらの道徳感情こそがベンサムの思索の動機になっていたにもかかわらず，彼が自分自身の思想動機となったそれらの感情を道徳理論のなかに正しく位置づけることができなかったということなのである．

「彼が若いころからもっていた道徳感情の異常な強さこそが，……彼のすべての思索の根源をなす原因であった．そして，道徳，とりわけ正義についての崇高な感覚が，彼のすべての思索を導き，それに浸透しているのである．しかし彼は，若いころから，それ自体として望ましい唯一のものとして，あるいは他のすべてのものを望ましいものにする唯一のものとして，人類（あるいはむしろ，感覚をもつものの世界全体）の幸福を眼の前に置くことに慣れていたために，自分自身のなかに見いだした利害を超越したすべての感情を，全体の幸福を求める欲求と混同してしまったのである．」[112]

ミルがここに述べていることは，ベンサムの道徳「理論」の破綻の宣告である．しかしこの文章は，それと同時に，ミルがベンサムの思想動機を強く支持していたことをも示している．ミルはこれに続けて，ベンサムの立脚点についてつぎのように書いている．

「共感（sympathy）を，ベンサムは利害を超越した唯一の動機として認めていたのであるが，彼は，ある限られた場合を除けば，共感は有徳な行為をするための保証としては不十分だと感じていた．個人的な愛情は，第三者に危害を加えがちなものなので，他のすべての感情と同様に統制のもとに

おかれる必要があることを，彼はよく知っていた．また一般的な博愛は，人類一般に影響を与える動機と考えられているが，彼は，義務の感情から切り離された場合におけるその真の価値を，すべての感情のなかで最も弱く最も不安定なものと評価していた．人類に影響を与え，人類を幸福に導くことのできる動機として残った唯一のものが，個人の利益であった．したがって，ベンサムが世界について持っていた観念は，それぞれに自分だけの利益または快楽を追求している諸個人からなる集合体という観念である．そして，人々がやむをえない程度以上に互いに争うことを防止することができるのは，三つの源泉——法律と宗教と世論——から生まれる希望と恐怖だけなのである．」[113]

すでに説明したように，その後のミルは三つの外的制裁（強制力）を内面化したものを《良心》という概念に結実させ，これを拡大された共感としての「同胞感情」と結びつけるという方向に思索を展開していった．ミルはそうしたところに社会全体の幸福を増進する能動的な契機を見いだそうとしたのである．

ミルのそのような姿勢は，ベンサムが幸福を快楽と苦痛の回避とに結びつけただけで，幸福についてそれ以上のことは何も述べていないのに対して，ミルが『功利主義』の第 2 章で幸福を増進するとはどういうことなのかという問題を大きく取り上げているところに，最もよく示されている．『功利主義』におけるミルの議論で注目すべきことの一つは，彼が道徳理論（それは『論理学の体系』では「生活の技術（art of life）」の 1 部門とされていた）[114] とその基礎をなす「生活の理論（theory of life）」とを区別していることである．「生活の理論」とは，「快楽と苦痛からの自由とが，目的として望ましい唯一のものであり，また，すべての望ましいものは，そのなかに内在する快楽のために望ましいか，快楽を促進し苦痛を防ぐ手段として望ましいかのいずれかである」ということについての理論であると説明されている[115]．簡単に言えば，「生活の理論」とは，目的として何が望ましく何が望ましくないかについての理論であり，道徳学は，生活の理論によって望ましいものとして規定された目的にかかわる技術の 1 部門として位置づけられる．したがって，幸福や不幸を促進する傾向のある

すべての行為が，道徳的に要求または禁止されるものとして行なわれるわけではない，ということになる．しかし，ここでは，この問題にこれ以上立ち入ることを断念して，ミルが「尊厳の感覚」を人間の幸福の本質的な部分をなすものと考えていることを指摘するにとどめておかなければならない．

　ただし，この問題に関連して，幸福の概念をめぐる通俗的な理解について，ひとことだけ述べておくことにしよう．ベンサムは快楽と結びつけたほかには幸福についての規定を与えていないが，ミルは『功利主義』で最大幸福原理について論じたさいに快楽の質の問題を提起している．人々の多くは，このミルの議論を，ベンサムの道徳理論の欠陥を補修する企てとは理解せずに，ベンサムとミルの功利主義の違いを示すものとしてとらえ，そこから，快楽の量にこだわるベンサムに対して，快楽の質を重視するミルという理解が広められた．そして，ミルが幸福と満足との混同を戒めていることが[116]，ベンサムとミルとの思想的な立場の違いを示すものとして解釈されて，これが，ベンサム流の功利主義に「豚向きの学説」[117]というレッテルを貼るために利用された．後年，「満足の最大化」という意味不明な言葉が用いられるようになったのも，このような解釈によるものであろう．しかし，ミルの証言を待つまでもなく，ベンサムに「人格の尊厳の感覚」が欠けていたわけではない．それがなければ，彼の立法の理論そのものが成り立ちえなかったであろう．だからこそ，ベンサムが人格の尊厳を主題化しえなかったことが，彼の道徳理論の重大な欠陥とされなければならないのである．快楽の質的差異に関するミルの議論がベンサムの学説と対立あるいは抵触すると主張するためには，実際にそのことを立証してみせなければならないが，それを立証することはおそらく不可能であろう．そもそもミルの幸福概念についても，多くの人はなんらかの心的状態を指すものとして理解しているようであるが，ミルの言う意味での「幸福」とは，特定の心的状態ではなくて，「生活の充実」あるいは「善く生きること」を指しているのである[118]．

　ベンサムの課題は，各個人が他の人々と衝突せずに自分自身の目的と計画を追求できるような諸条件をつくり出すということにあった．しかし，『原理序

説』は，より合理的な法体系を構築するための諸条件を示しただけであって，社会的な諸条件そのものについて論じるような構成にはなっていない．『原理序説』の根本的な欠陥はそこにある．功利性（最大幸福）の原理についてのベンサムの説明からすれば，この原理は分配的正義の理論をともなうものでなければならないはずであるが，『原理序説』では，そうしたことへの指示すら与えられていない．『原理序説』に民法の原理についての議論が欠落しているということは，このことを指している．道徳理論の欠陥を背景とするこうした理論構成上の制約が，ベンサムの基本思想についての理解を妨げる最大の理由になってきたのである．

　『原理序説』が刑法の原理のための序説として大きな役割を果たしてきたことは否定できないことであろうが，ベンサム自身が言っているように，刑法部門は，民法部門によって提起された諸目的を達成するための「手段」でしかない[119]．民法の原理に関するまとまった著作としては，デュモンが編集した『民法典の原理』があるだけである．しかし，ベンサムの思想の真の性格を知るためには，この著作に眼を向けることが欠かせないことになる．ここでは，その基本的な部分だけを取り出しておくことにしよう．

　ベンサムは『民法典の原理』の冒頭で，「立法者が共同体の構成員に分配するように求められている対象」は「権利」と「義務」の2群に帰着できると記している．立法者の役割は権利と義務を「つくり出す」ことにあると，ベンサムは言う．彼は，「自由」という言葉も「権利」という言葉も，フランス革命の経験が示すように濫用される危険があると考えていた．「自由」という言葉には二つの用法がある．一つは好きなように行為する自由を指し，もう一つは市民的ないし政治的自由という観念を指している．市民的ないし政治的自由というのは，人々が好きなように行動して他の人々の生活や自由と衝突するのを防止するためにつくられた観念である．人は自分自身の身柄と所有物が他の人々による侵害から護られているかぎりにおいて自由であるとされる．ベンサムはこの二つの意味の混同を恐れて，モンテスキュウによる自由の説明にある「安全［安全保障］（sureté, security）」という言葉を採用し[120]，法律と政府によっ

て保証される自由に言及するときにはこの言葉を用いている．彼はまた，政治的な意味での「権利」という言葉は「悪政に対する安全保障」という言葉によって置き換えられるべきだと考えていた．

「統治の唯一の目標は，共同社会の可能なかぎり最大の幸福であるべきである．

個人の幸福は，その苦痛がより軽く，少量であり，その享受がより大きく，多量であればあるほど，それだけ大きくなる．

その享受への配慮は，ほとんど完全に個人に任されるべきである．統治の主な機能は人間を苦痛から守ることにある．」[121]

ベンサムは，「政治社会の幸福という目的」に従属する，生存（生活基盤の確立），豊富（豊かさの維持），平等（平等性の擁護），安全（安全保障）という四つの目的を柱とする民法典を構想した[122]．彼は，法律の主要な目標は「安全への配慮」にあると考えていた．

「この貴重な善は，文明の明白な指標であり，それはまったく法律の産物である．法律がなければ安全はない．したがって，豊富もなければ確実な生存さえない．そのような状態で存在しうる唯一の平等は，不幸の平等である．」[123]

安全，とくに期待の安全は，ベンサムにとって，人間と他の動物との区別を可能にするものであって，彼はそのことをつぎのように書いている．

「安全の原理に与えられるべき範囲全体についての明瞭な観念を形成するためには，つぎのことを考慮する必要がある．すなわち，人間は，喜びにおいても苦しみにおいても，今という時に限られている動物とは違っていて，予感によって快楽と苦痛を感じることができる．そして，現実の損失に対して身を護るだけでは十分でなく，自分の所有物を将来の損失に対してできるだけ保証しなければならない．その人の安全という観念は，その人の想像力が測ることのできる見通し全体に拡張されなければならない．

人間の条件にいちじるしい影響を及ぼしてきた，この将来を考える性向

は，期待——将来の期待——と呼ばれうる．このことによって，われわれは一般的な行動計画を形成することができるのであり，このことによって，生活の持続を構成している継起する瞬間が，隔離された独立の点のようなものではなく，連続的な全体の部分となるのである．期待は，われわれの現在の生存と将来の生存とをつなぐ鎖であり，われわれをこえて次の世代へ通じていく．個人の感受性は，この連鎖のすべてに延長されていくのである．」[124]

　ベンサムは，「安全」を幸福の最大化のための必要条件とする考え方を基礎にして，法律と統治機構のみならず社会政策のさまざまな分野にわたって，いくつもの改革提言を行なった．しかし，彼の分配的正義の理論そのものは，それにふさわしい理論的評価をほとんど与えられることなく今日にいたっている．その大きな理由の一つは，ベンサムが「自由」という言葉の使用にきびしい制限を設け，「権利」という言葉を法的権利のためだけに限ろうとしたことにあった，とみることができなくはないだろう．彼が著作家として活動した1776年から1832年までのヨーロッパは，「自由」と「権利」をめぐる大きな歴史的転換のただなかにあった．そこから生じた思想的混乱を終息させるために，ベンサムが言葉の濫用によってひき起こされる害悪にきびしい態度をとったことが，かえってベンサムの理論そのものを論議の場から遠ざけるような結果を生むことになったと言えるからである．

　それと同じことが，「正義」という概念についてもいえる．ベンサムは，「正義」という言葉に強い神学臭を嗅ぎとって，この言葉を忌避していたようにみえる．『原理序説』では，わずか1箇所，注のなかで，正義の命令は「功利性の命令」にほかならないと述べているだけである．

　「……しかし正義とは，それが持つ唯一の意味では，論議の便宜のためにでっち上げられた想像上の人格であって，その命令は，ある特定の場合に適用された功利性の命令にほかならない．したがって，正義とは，ある場合にある手段によって仁愛の目的を促進するために用いられる，想像上の道具以上のものではない．正義の命令とは，ある場合に，ある一定の対象

に対して,すなわち,ある一定の行為に対して,適用される,仁愛の命令の一部にほかならない.」[125]

「自由」も「権利」も「正義」も,ベンサムが思想家としての歩みを始めるよりも1世紀以上も前から,思想論争のなかで中心的な地位を占めてきた概念である.というよりもむしろ,17世紀以来の思想の流れそのものを生み出してきた概念である.それらの概念は,すでに文化の産物として,社会における人々の暗黙裡の取り決めのなかに織り込まれている.その事実に背を向けて,概念的な精確さのためにそれらの言葉の使用を制限しようとするのは,一種の暴力であると言っていいだろう.ベンサムは,偏見を排除しようとしながら,かえって促進すべき思想の動きをみずから抑え込むような結果を生まざるをえなかったのである.

3.功利性と正義──ミルの正義論

3-1 『功利主義』の構想

功利主義に対して今日最も広く行なわれている批判は,功利主義は個人の諸権利についての適切な説明を提供することができず,したがって人格を尊重する立場と調和しえないというものである.この種の批判は新しいものではなく,ミルが生きていた時代には,すでにかなり広く行なわれていた.もっとも,19世紀後半と今日までの間には,思想状況に大きな変化があって,批判する口先は同じでも,批判者自身の立場は互いに逆であることが多いようである.1861年にミルが『功利主義』を発表したのは,当時行なわれていた功利主義批判に反論するためであった.『功利主義』と『自由論』は,1850年代の半ばに同時進行的に構想された論文である.ミルは,最初,「自由」,「功利性」,「正義」を主題とする三つの論文にまとめるつもりであった.しかし,『自由論』をまず1859年に出版し,「功利性」についての論文と「正義」についての論文を一つにまとめたものを,『功利主義』という表題でその2年後に発表したのである[126].

ベンサムが他の哲学思想に対する関係をまったく無視して議論を進めたのと

は違って，ミルは功利主義を人々の日常的な意識と思想の歴史的な展開の脈絡のなかでとらえようとする．ベンサムに欠けていたそうした視点をとることが，功利主義に対する誤解を解くために必須であると考えたからであろう．

ミルは「正義と功利性との結びつき」を論じた『功利主義』第5章を，つぎのように書き出している．

「思索が始まって以来どの時代にも，《功利性》または《幸福》が正しいか間違っているかの判定基準であるという学説の受容を妨げてきた最大の障害の一つは，《正義》の観念から来ている．」[127]

彼が下した結論は，正義の観念は「功利主義の倫理にとってのつまずきの石」ではなく，「正義はあくまでも一定の社会的功利性を表わす適切な名称である」[128]というものである．しかし，ミルの論文は，功利主義に対する攻撃を沈黙させる役には立たなかった．しかも，今日にいたるまでその状況は変わっていない．それは，この論文で論じられている問題があまりにも多岐にわたり，議論が複雑になりすぎているせいでもあるにちがいない．ミルは，おそらく，ベンサムの遺したさまざまな問題にこだわりすぎていたのであろう．そのために読者は，論旨に一貫性がないような印象を持たされ，いちばん肝心な論点がどこにあるのかをわからなくさせられてしまうのである．

そこで，ミルの議論の筋道を示すために，まず彼が功利主義に立場をどのように特徴づけているかを，第1章「総説」に述べられているところに従って，見ていくことにしよう．

ミルは功利主義を「《功利》または《最大幸福》の原理を道徳の基礎として受け入れる信条」として定義している．この信条に従えば，「行為は幸福を促進する傾向に比例して正しく，幸福の逆を生む傾向に比例して間違っている」とされる．「幸福とは，快楽，および苦痛の不在を意味し，不幸とは，苦痛，および快楽の喪失を意味する」．この定義はベンサムのものとまったく同じである．しかし，ミルはこれに続けて，「この道徳理論が基礎としている生活の理論（theory of life）」は，「快楽と，苦痛からの自由が，目的として望ましい唯一のものであり，また，すべての望ましいものは，……そのなかに含まれてい

る快楽のために望ましいか，快楽を促進し苦痛を防ぐ手段として望ましいかのいずれかである」というものである[129]と述べている．ここで言われている新しいことは，功利主義が「生活の理論」を基礎とした道徳理論であるということと，望ましいものを，「目的」として望ましいものと「手段」として望ましいものとに分けていることとである．目的と手段との区別は，ベンサムもすでにあちこちの議論のなかで行なっていた．しかし，功利主義を「生活の理論」としてとらえる視点は，ベンサムにはないし，ミルにもそれまで見られなかった新しい視点である．ミルは，この拡大された視野のもとで，功利主義の理論と，一方では数学や科学，他方では既存の他の倫理学説との比較を行なっている．

　数学や科学の細部の学説は，その第一原理から導き出されるものでも，第一原理によって証明されるものでもない．科学においては個別的な真理が一般理論に先立っている．しかし，「道徳や立法のような実践的技術（practical art）」においては，個別的な真理と一般理論との関係は科学の場合とは逆である．

　「すべての行為はなんらかの目的をめざしている．だから，そうした目的が行為の諸規則の性格と色合い全体を決めているはずだと想定するのが自然だろう．われわれがなにかを追求するときには，追求しているものの明瞭で正確な概念は，われわれの求める最後のものなのではなく，われわれが必要としている最初のものであろう．何が正しく何が間違っているかの判定基準は，何が正しく何が間違っているかを確かめるための手段でなければならず，すでに確かめられた結果であってはならないと考えられるのである．」[130]

　正しいか間違っているかの判定基準を見いだすことの困難を回避しようとするところから，われわれには生まれながらにして，何が正しく何が間違っているかを識別する能力——感覚または本能の一種——がそなわっているという俗説が生まれたと，ミルは考える．そうした考えがなぜ俗説とされなければならないのかというと，われわれには，光を見分けたり，音を聞き分けたりするときとは違って，個々の場合に何が正しく何が間違っているかの判断を下すこと

はできないからである．われわれの道徳能力は，道徳的判断の一般的諸原理を提供するにすぎない．道徳能力は理性に属するのであって，感覚能力に属するのではない．だから，具体的な道徳的判別を道徳能力に求めることはできないのである．

そうしたことから，倫理学における直観主義も帰納主義も，一般法則の必要を強調し，個々の行為の道徳性は，直接的な知覚の問題ではなく個々の場合への法則の適用の問題であることを認めている．両者の違いは，直観主義者が道徳の諸原理をアプリオリに明証的だとみるのに対し，帰納主義者はそれを観察と経験の問題だとするという点にあるだけである．両派とも，道徳は原理から演繹されなければならないと考え，道徳科学の存在を肯定している．しかし両派とも，道徳科学の前提となるアプリオリな諸原理を列挙しようとすることはほとんどなく，ましてそれらの原理を「一つの第一原理あるいは責務の共通の土台」に還元したり，それらの間の優先順位を確定したりすることもない．倫理学説の歴史を調べればわかるように，こうしたことが，人類の道徳的信念を損なってきたのだと，ミルは言う[131]．

こうした批判がどんな意味をもつのかは，正義の感情に適用すればいっそう明瞭になる．大多数の思想家は，正義の感情を，ものごとに内在する性質を指し示すものだと思い込み，正義は絶対的なものとして自然のなかに存在しているにちがいないと考えてきた．正義は，われわれの日常生活のおける社会的相互行為のさまざまな連関――それらの連関をミルは「便宜的なもの（the Expedient）」と呼ぶ――のなかに織り込まれていて，それと切り離すことはできない．しかし，観念のなかでは，正義はそうした便宜的なものと対立しているものとみなされている．正義の感情は，たんなる便宜的なものについての感情とは違って，それよりもはるかに強く命令としての性格を持っている．そのために人々は，正義の感情の持つ強い拘束力は，日常的な生活を支配している功利性とはまったく別の起源から来たものだと考えるようになるのだと，ミルは言う[132]．しかし，正義についての信念を含めてさまざまな道徳的信念が確固不動のものとみえるのは，認識されていないある基準が暗黙のうちにはたらいて

いるからなのだ，と彼は考える．

　では，その暗黙のうちにはたらいている基準とは何なのか．「すべての行為はなんらかの目的をめざしている．だから，そうした目的が行為の諸規則の性格と色合い全体を決めているはずだと想定するのが自然だろう」[133]．人間の感情は，ものごとが自分たちの幸福に及ぼす効果とみられるものによって大きく支配されるものである．そうしたことから考えると，暗黙のうちにはたらいている基準というのは，功利性の原理にほかならないだろう．倫理学は，公認された第一原理がないために，人々が現に抱いている感情を神聖化するようなことをしてしまった．しかし，功利性の原理が道徳の根本原理であり道徳的義務の根源であることを認めようとしない倫理学者でさえ，細部にわたる問題を考えるときには，行為が幸福にどういう影響を与えるかを考慮することがもっとも重要であることを認めているではないかと，ミルは言う．

　「すべての行為はなんらかの目的をめざしている．だから，そうした目的が行為の諸規則の性格と色合い全体を決めているはずである」ということは，道徳と立法のような実践的技術が成り立つための基本的な前提条件なのである．だから，アプリオリな道徳の代表的な思想家であるカントでさえ，このことを認めていたではないかと，ミルは主張する．カントは，「あなたの行為の準則（rule）が，すべての理性的存在者によって法則（law）として採用されるように行為せよ」という原理を道徳的責務の根拠として設定した．しかしカントには，この戒律から現実の道徳的義務を演繹するときに，すべての理性的存在者が不道徳な行動規則を採用するのは背理であるということを示すことができなかった．ミルによれば，カントが明らかにしたのは，せいぜい，だれもが不道徳な準則を採用した結果は，だれ一人として望まないようなものであろうということでしかない．つまり，カントは実践的技術の基本的前提を受け入れているのである[134]．

　ミルのカント解釈が妥当であるかどうかについては，いまは問わない．ここでは，ミルがカントをこのような視点からとらえていたということを確認しておきさえすればいいのだからである[135]．

ミルによれば，功利主義の学説は通常の意味では「証明」されえない．
「究極目的に関する問題は，直接に証明できるものではない．善であることが証明されうるものは，証明抜きで善と認められるものの手段であることが示されなければならない．……だから，もし，それ自身で善であるすべてのものを含む包括的な公式が存在し，そのほかの善であるものはどれも目的ではなく手段なのだと主張されるとすれば，この公式は，受け入れられるかもしれず拒否されるかもしれないが，普通の意味での証明の対象とはならないのである．」[136]

ミルは，「人間の感情は，好感も反感も，ものごとが自分たちの幸福に及ぼす効果と思われるものによって大きく影響されているので，功利性の原理，ベンサムの後年の呼び方では最大幸福の原理が，それを斥ける人々が道徳学説をつくるときにも，大きな役割を果たしてきた」ということを示すことができれば十分だ，と考えたのである．

ここで，功利性の原理の「証明」について，若干の補足的な説明を付け加えておくことにしよう．

ベンサムは，功利性の原理の証明が不要であるとともに不可能である理由について，つぎのように述べていた．

「人間の生まれつきの構造によって，人々は生涯のたいていの場合に，それと考えることなしに，この原理を受け入れている．自分自身の行為を秩序づけるためにではないとしても，他の人々の行為を検討するためだけでなく自分の行為を検討するためにも，この原理に訴えているのである．」[137]

こう述べたうえで，ベンサムは，他の倫理学説は自分自身の主観的感情を表現したものにすぎず，それらの学説に行為についての判定基準を求めることはできないということを指摘しさえすれば，自説の正当性を示すことができると考えた[138]．しかし，ベンサムを読んだ人たちの多くは，ベンサムはやみくもに自説を述べたのに続けて，他の諸学説に嘲笑の言葉を浴びせたにすぎないと受け取っただけだったようである．それとは違って，ミルの書き方は，簡単す

ぎてうっかりすると見逃されそうなほどではあるが，誤読されるおそれがないようになっている．

にもかかわらず，古い時代から，証明してからでなければ神の存在を信じてはならないと思い込んでいる人がおり，近代には，証明してからでなければ外界の存在を信じることはできないと考える人が出てきたのと同じように，証明されなければ功利性の原理を受け入れるわけにはいかないと言う人が，引きも切らないようである．そのような人たちは，ミルは『功利主義』第4章で，功利性の原理の証明を企てたが，少なくともその証明のうちの一つは失敗していると言い立てている．しかし，そのような議論にかかずらう必要はない．

ミルがその箇所で述べているのは，だれもが（その表現の仕方がどうであれ）自分自身の幸福を望んでいるということと，幸福が目的として望まれる唯一のものであるということとである．ここで重要なのは，ミルが，金銭欲，権力欲，名誉欲を例として，もともとは手段であるものが，それが奉仕する目的との連想によって，それ自体として望まれるようになり，そこに目的と手段との転倒が生じるという問題を論じていることである．そのほかにミルは慣習道徳の問題を取り上げているが，ここではその内容には触れないで，この項で述べてきたことを整理して置くことにしよう．

ミルが功利性の原理に関して論じたことの一つは，功利主義と他の倫理学説との関係の問題である．これは，功利性の原理と他の倫理学説が説く道徳的な規範や規則との関係の問題であると言い換えることができる．ミルは，功利性の原理を第一原理，それ以外の道徳的な規範や規則を二次的原理として位置づけていた．ここではミルは，この問題を目的と手段との関係の問題として論じているのである．それとの関連でここで論じられたもう一つの問題は，さまざまな道徳的規範または規則と人々の意識との関係の問題である．どの倫理学説も第一原理をとらえることができず，自分たちの根本信条を第一原理であるかのように言い立てたので，人々は，それらの学説によって基本的なものとされている規範または規則を第一原理であるかのように思い込み，それらの規範または規則を神聖化する．しかし，それは，実は自分たちの感情を神聖化したも

のにほかならず，第一原理の観点からすれば，目的と手段との転倒によってもたらされたこととしてとらえられなければならないと，ミルは言うのである．——『功利主義』におけるミルの議論は，おおよそ以上のような論点を軸として展開されているとみていいだろう．

3-2 道徳の領域と便宜性の領域

正義に関する考察を，ミルは，正義の感情がどのような特徴をもっているかを明らかにする作業から始めている．われわれの日常生活はさまざまな政治的，法的および道徳的制約のもとで営まれており，そこにはさまざまな道徳感情がはたらいている．そうした生活のなかで，正義の感情は他の道徳感情よりもはるかに強い拘束力をもつものとしてはたらいているので，たいていの思想家は，正義の感情を，ものごとに内在する性質を指し示すものだと思い込み，正義は絶対的なものとして自然のなかに存在しているにちがいないと考えてきた．

しかし，仮に正義の原理への信念が自然的な感情であることを認めたとしても，正義の感情に導かれた判断にはまったく誤りがないということになるわけではないだろう．正義についての自然的な感情を持っていると信じることと，それらの感情を行為についての究極的な判定規準として認めることとは，別のことなのである．それでは，正義についての感情は，他の道徳感情や日常生活における一般的な便宜についての感情とは異なるどんな特徴をもっているのだろうか．

この問いに答えるために，ミルは，まず，「さまざまな行動様式 (modes of action) と，人と人との関係についての取り決め (arrangement of human affairs)」のなかで，どのような行為が「正義にかなう (just)」とか「正義にもとる (unjust)」とかと言い慣わされているのかを明らかにしようとする[139]．そのためにミルは，「正義にもとる」という観念は社会的な相互行為のどのような脈絡のなかに現われるかを調べるという方法をとる．

「第1に，だれかの個人的自由，財産，そのほか法によってその人に属し

ているものを奪うことは，たいていは，正義にもとると考えられている．
……だれかの法的諸権利を尊重するのは正義にかなっており，侵害するのは正義にもとっている．……

不正の第2の事例は，道徳的権利の対象をその持ち主からとりあげたり差し押さえたりすることにある．

第3に，各人が（善であれ悪であれ）自分に見合った報い［自分にふさわしいもの］を得ることは，一般に，正義にかなっていると考えられており，不当な利益を獲得したり，不当な害悪を押し付けられたりするのは正義にもとると考えられている．……

第4に，人の信頼を裏切るのは，明らかに正義にもとる．表明した約束だろうと暗黙の約束だろうと，約束を破るのは正義にもとることである．また，われわれ自身の行為によって生み出された期待を裏切るのも，少なくとも承知のうえで意識的にそうした期待を抱かせたのなら，やはり正義にもとることである．……

第5に，一般に承認されているところによれば，不公平（partial）であることは正義に反する．えこひいきや選り好みを控えるべきときに，ある人だけを引き立てたり優先させたりするのは，正義にそぐわない．……

［第6に，］公平の観念と密接に関連しているものに，平等の観念がある．平等は，しばしば正義の観念のなかにも正義の実践のなかにも，その構成要素として入ってくる．」[140]

正義という言葉は，これら六つの脈絡のなかで多種多様な用い方をされている．しかし，そうでありながら，この言葉はあいまいだとは考えられていない．だから，そうしたさまざまな用い方をつなぐなんらかの精神的なきずながあって，それがこの言葉にまつわる道徳感情の本質的な拠りどころになっているにちがいないと，ミルは考える．そのよりどころになっているものが何であるかを知るためには，歴史のなかに沈積されている言葉の意味を明るみに出すよりほかはないだろう．ミルは，ヨーロッパの諸言語における「正義」という言葉の語源を調べて，「正義」の起源が法の遵守という観念にあることを突き

止める.しかも,法とその命令という観念は,現行の法が正義の基準とは認められなくなっているようなときにさえ,依然として正義についての考えのなかで支配的な地位を占めている.このことは,人類が,正義とそれが負わす責務[拘束力]という観念を,法によって規制されておらず規制されることが望まれてもいない多くの事がらに適用できる,と考えていることを示すものであるにちがいない.法が私生活の隅々にまで干渉することを望む人はいないだろうが,日常的なすべての行為において,人は正義にかなうかもとるかのいずれかであるということは,だれもが認めていることである.だから,法による規制になじまない圏域のなかにさえ,「あるべき法」という観念が形を変えて残っていて,われわれは,不正は,法によってではなくても,公衆の非難によって,罰せられてしかるべきだと考えるのである.こうしたところからすると,古い時代においてだけでなく,進歩した社会状態のもとでも,法による強制――刑罰ないし処罰――という観念が,依然として正義についての考えを生み出すものであり続けていると,みなければならないだろう.

けれども,これだけではまだ正義の拘束力について説明したことにはならない.というのは,以上の説明だけでは,まだ正義の拘束力と道徳的拘束力一般との区別がつけられないからである.処罰という観念は「不正(injustice)の概念のなかだけでなく,どんな種類の間違い(wrong)の概念のなかにも入り込んでいく」[141].だから,処罰という観念をともなっているかどうかということによっては,正義の観念と道徳的観念一般との区別はつけられないのである.

ミルは,正義の観念と道徳的観念一般との区別を明らかにするためには,まず,道徳一般の特徴をはっきりととらえておかなければならないと考える.そこで彼は,制裁または処罰の観念を手がかりとして,道徳と日常的な社会的相互行為一般,あるいは道徳の領域と便宜性(expediency)の領域とのあいだの区別に眼を向けていく.

「われわれは,どんなことについても,ある人がそれをしたためになんらかの仕方で罰せられるべきだと言うつもりがないときには,それを間違い(wrong)とは呼ばない.なんらかの仕方でというのは,法によってでなけ

れば世論［同胞の意見］（opinion of his fellow creatures）によって，世論によってでなければその人自身の良心の呵責（reproaches of his own conscience）によって，ということである．これが，道徳とたんなる便宜との真の分岐点であるように思われる．」[142]

ミルの考えでは，道徳の領域とは責務または義務の領域にほかならず，そこには処罰という観念がはたらいている．どんな形態の義務であれ，義務の観念のなかには，「それを果たさせるためなら人を強制してしかるべきである」ということが含まれている．「人に強制されうると考えなければ，われわれはそれをその人の義務だとは言わない」．実際には強要に手加減が加えられることがあるかもしれないが，その人自身に「不平を言う資格」はない．それとは逆に，人々がすることをわれわれが願っているものごとについては，われわれは，人々がそれをすれば好きになったり尊敬したりし，それをしなければ嫌いになったり軽蔑したりするけれど，人々にそれを行なう義務はない．この場合には，われわれは人々を咎めない．つまり，処罰の対象になるとは考えない．こうしたことから，ミルは，「処罰にあたいするとかあたいしない」という区別が，「正しいか間違っているかということについての考えの根底にあることは疑いない」という結論を下す．

ミルによるこの説明は，彼が，われわれは道徳的な言語を用いずに，つまり，その行為は「間違っている」と非難することなしに，行為を否定的に評価することができる，と考えていたことを示している．ある行為は，便宜にそぐわなかったり，不都合であったり，望ましくなかったり，遺憾なものであったりするけれど，制裁にふさわしくなければ，それは「間違い」とはされない．しかし，「間違い」とはされないときにも，すなわち道徳の外部においても，行為はなんらかの根拠に基づいて評価されなければならないだろう．ミルが行為の便宜性を判断するために「効用」の概念を用いていたことは，疑いえない．彼は，選択しうる行為をその「道具的」価値すなわち効用に従って順序づけたいと考えていた[143]．

『功利主義』におけるミルの議論，とくに第5章におけるそれは，不明確な

ことが多い．わき道にそれ，細部にこだわりすぎるところがあると思えば，大まかすぎるところもある．話を飛躍させているような場合もある．しかし，以上のように議論を跡づけてくると，ミルが判断の三つの次元の区別を問題にしようとしているのだということが，おぼろげながらわかってくる．①正義にかなっているか正義にもとっているか（just and unjust）についての判断，②正しいか間違っているか（right and wrong）についての判断，③便宜にかなっているか便宜にそぐわないか（expedient and inexpedient）についての判断，がそれである．ミルがここで問題にしているのは，行為の道徳性についての判断と便宜性についての判断との区別である．行為の便宜性については，われわれは効用の概念を用いて判断し，選択しうるさまざまな行為をその効用に従って順序づけ，便益の少ない行為よりも多い行為のほうを優先させるという考え方をとる．しかし，効用を最大化できないという理由だけである行為を「間違い」と決めつけることはできない．なぜなら，ミルの見解からすれば，ある行為が「間違い」とされるためには制裁にあたいするものでなければならないからである．

　道徳の領域と便宜性の領域とは，直接的には結びつかない．それでは，社会的相互行為の世界全体のなかで，この二つの領域を結びつけるものは何なのか．ミルは，正義の観念とそれにともなう感情の分析から，その答を見いだそうとする．

3-3　正義の観念とそれにともなう感情

　正義と道徳一般との違いはどういう点にあるのか．ミルは，この問いに答えるための手がかりになるものとして，「正義には，するのが正しく，しないのは間違っているものという意味だけではなく，ある個人が自分の道徳的権利としてわれわれに請求できるものという意味が含まれている」[144]ということに着目した．彼は説明を容易にするために，カントが行なった完全義務と不完全義務との区別を用いている．そのやり方が妥当であるかどうかは，ここでは問わないことにしよう．カントは，「傾向性に好都合な例外を許さない義務」のこ

とを完全義務と呼んでいる[145]．ミルは，このカントによる区分に依拠して，慈善や恩恵のような道徳的義務は，「行為そのものは拘束のもとにある（＝すべきである）が，それを遂行する機会はわれわれの選択に任されている義務」であり，それに対して正義の義務は「完全な拘束力をもつ義務」であると言う．そして，これに付け加えて，「完全な拘束力をもつ義務」とは「ある人または人たちに，それに対応する権利をもたせるような義務」であるという説明を与えている．このことによってミルが言おうとしたのは，彼の言う「道徳的権利」が「正義の義務」に対応するものであるということであり，「正義」という言葉には「個人の権利」という観念が含まれているということである．

「個人の権利とは，法が所有権その他の法的権利を付与するときに与えるような，一人または複数の個人の側における資格［請求権］（claim）のことである．」

人から所有物を奪うのは不正であり，信義を破るのは不正であり，人に対して不当にひどい扱いをするのも，同じ権利を持つほかの人たち以下に扱うのも不正である．このいずれの場合にも，「行なわれた間違い」だけでなく「はっきり指摘できる被害者」が想定されている．正義の観念には，これら二つのものが本質的な構成要素として含まれている．しかし，寛大さや恩恵の場合にはそうではない．寛大さや恩恵に対しては，だれも道徳的権利を持たない．なぜなら，われわれは，そうした徳目を特定の人に向けて実践しなければならないような道徳的拘束を受けているわけではないからであるとミルは言う[146]．

このような説明を行なったうえで，ミルはつぎに，正義の感情は，「自然の特別な摂理」によって正義の観念に付属しているものなのか，それとも社会全体についての考慮つまり「一般的な便宜（general expediency）についての考慮」から生まれたものでありうるのか，という問いを立てている[147]．アプリオリな道徳思想家たちを説得する必要を感じていなかったら，ミルはおそらくこのような説明の段階を踏まなくてもよかっただろう．今日のわれわれにとっては，ベンサムが『統治論断片』でのブラックストン批判のなかで悪政に対する抵抗権の問題を提起したときのことを思い起こして（第2節1），ミルの議論を

それとつなげたほうが，話の主旨がずっと理解がしやすくなるにちがいない．実のところ，『功利主義』でのミルは，ベンサムの問題提起を念頭において議論を進めているのだからである．

ベンサムのブラックストン批判の根底を支えていたのは，「全体の幸福に仕える責務」という観念であった．ベンサムがそれを出発点として，功利主義の理論を構想したことについてはすでに述べたとおりである．ミルは，ベンサムが理論の前提とし出発点としながら理論そのもののなかで理論的に昇華させようとしなかった正義の感覚と「道徳的権利」の観念とを，まさにベンサムが論じたのと同じ問題連関のなかで，理論の対象としようとしている．ミルが『功利主義』で「道徳的権利」という観念を導入した箇所が，このことをはっきりと示している．

正義の観念が社会的な相互行為のどんな脈絡のなかに現れるかを調べるさいに，ミルは，正義にもとる法が存在するかもしれないという問題に突き当たった．ミルが下した結論は，法は正義の究極的な判定基準ではありえないというものであるが，そのさいに彼はつぎのような検討をしている．悪法を侵害するのは正しいことなのかどうかについては，人々の間に意見の相違がある．ある人々は，いかなる悪法であれ，法は侵犯されるべきではないと主張して，その法に反対するのなら，正当な権限を持つ当局に働きかけるだけにすべきであると言っている．この意見を支持する人たちがあげるのは，便宜[得策](expediency)という理由である．(ミルは，この意見は人類の最もすぐれた恩人の多くを非難するものであり，多くの場合，有害な諸制度を打倒する道を拓きうる唯一の武器を取り押さえて，有害な諸制度を保護するものとなるだろうとして，この意見を批判している．)別の人々は，それとは反対に，いかなる法も悪法と判断されれば違反して差し支えないと主張する．これに対してさらに別の人は，違反が容認されるのは正義にもとる法の場合に限られると主張するだろう．しかし，便宜にそぐわない(inexpedient)とみなされるような法はすべて正義にもとっていると言う人もいる．どの法律も自然的自由になんらかの制限を加えるものであって，この制限は，人類の利益につながることによって正当化されないかぎり正義に

もとるとされるのである.このように意見はさまざまに分かれるが,つぎのことは一般に承認されているとみていいだろうと,ミルは考える.それは,正義にもとる法が存在するかもしれないから,法は正義の究極的な判定基準ではなく,ある人には利益を与え別の人には害を及ぼすかもしれないのであって,そのことを正義は非難するのだということである.こうしてみると,人々がある法律を正義にもとると考えるのは,その法律がだれかの権利を侵害するからであるにちがいない.だが,この場合の権利は法的権利ではありえない.そこでこの権利を,ミルは「道徳的権利（moral right）」と呼ぶことにしたのである[148].

悪法に対する人々の意見を分かっているのは,「便宜性」に対するそれぞれの人の態度のとり方である.そこで問われているのは,正義の感覚と便宜性の領域とのかかわり方の問題であり,個々人の利益だけに関心を持つか道徳的な感情に従うかという問題である.

このような観察を踏まえて,正義の感情を主題とした箇所では,ミルは,正義の感情そのものは便宜性の観念から生まれるのではないが,正義の感情のなかにある道徳的なものはそこから生まれていると言う.正義の感情のなかには,「害をなした人を罰したいという欲求」と「害を蒙った単数または複数の特定の個人がいるという知識または信念」という二つのものが,本質的要素として含まれている.罰したいという欲求は「自己防衛の衝動」と「共感の感情」という二つの感情から自生的に生まれたものとみていいだろう.そこからミルは,つぎのように議論を展開していく.

生き物が自分自身や子供たちを防衛するのは,自然なことである.しかし,他の生き物とは違って,人間は「全人類からすべての生きとし生けるものにまで共感することができる」.「人間は,自分にかかわる感情にしろ共感の感情にしろ,感情全体に他の動物よりも広い範囲を与える,より発達した知性を持っている」.そのことを別としても,「人間は,自分と社会との利害の共同性を理解することができる」.知性のこうした卓越性が人間全体への共感力と結びつくと,人間は,自分の種族や祖国や人類という集団に有害な行為があれば,「共

感の本能を目覚めさせて抵抗に立ち上がるようになる」[149]．正義の感情の要素の一つである処罰への欲求は，仕返しまたは復讐という自然的な感情である．しかし，その自然的な感情は，「社会的な感情によって道徳化されれば，全体の利益（general good）に合致する方向にだけ作用するようになる」とミルは考えるのである．

> 「正しい人たちは，自分にとっては取り立てて害はなくても，社会にとって有害なものに憤慨する．そして，自分の損害については，それを阻止することが社会との共通の利益になるようなものでなければ，どんなに苦しくても憤慨しないのである．」[150]

本当に道徳的な感情から憤慨している人は，自分自身の利益になるだけでなく，他の人々の利益のためにもなる準則を主張しているのだと感じているにちがいない．その人がその行為を自分一個に影響するだけのものとみなしているのなら，その人は自分の行為の正しさに関心をもっていないのである．行為の道徳性をこのようにとらえるところに功利主義の立場があるのだ，とミルは主張する．ミルはあえて，行為の道徳性がそうしたところにあることは，反功利主義の道徳思想家によって・さ・え認められているではないかと言ってのけている．ミルによれば，カントが「あなたの行為の準則が，すべての理性的存在者によって法則として採用されるように行為せよ」ということを道徳の基本原理として提案したときに，彼は，事実上，「行為の道徳性を良心的に決定するときには，人類全体の利益，少なくともだれかれの差別のない人類の利益が，行為者の精神のなかになければならない」ということを認めていたのである．だから，「カントの原理に意味を持たせようとすれば，われわれは，すべての理性的存在者が採用すれば彼・ら・の・集・団・的・利・益・に役立つような準則によって，われわれの行為を定めるべきである，という解釈を与えなければならない」とミルは提案する[151]．

ミルは正義の観念とそれにともなう感情についての議論を，つぎのようにまとめている．

> 「正義の観念は，二つのことを前提している．行為の準則とその準則を是

認する感情とがそれである．前者は全人類に共通で，人類の善を目ざすものと想定されなければならない．後者は，準則を侵害する人々を処罰したいという欲求である．それに加えて，そこには，その侵犯によって被害を受け，……その侵犯によって権利を侵害されている特定の人という概念も含まれている．そして，正義の感情とは，自分自身または自分が共感する人々の受けた損害または損傷に反撃し仕返ししたいという動物的欲求が，人間の共感能力の拡大と人間の知的好奇心とによって，すべての人を包含するまでに広がったものだと，私には思える．この知的好奇心を構成する諸要素から，正義の感情はその道徳性を引き出し，拡大された共感能力を構成する諸要素から，人を感動させる独特の力とエネルギーを引き出しているのである.」[152]

通常の場合には，道徳の領域と便宜性の領域とは直接的には結びつかない．便宜性の領域を支配しているのは効用の観点であって，そこでは都合がいいか，望ましいか，便利であるかといったことを基準とした判断が下される．そこでは，選択しうるさまざまな行為がその効用に従って順序づけられ，便益の少ない行為よりも多い行為のほうが優先されるが，便益が少ないとか効用を最大化しないといったような理由だけでは，ある行為は「間違いだ」とはされず，制裁の対象とはならない．便宜的なものについての判断の基準と道徳的なものについての判断の基準とは，別の次元に属していて，便宜的なものの領域における事象は，道徳とは独立した論理によって展開されていく．しかし，悪政が行なわれて，一般的な便宜が損なわれたような場合には，正しい人たちは，自分にとっては取り立てて害はなくても，悪政による権利の侵害に対して憤慨して，これに反抗する．このような場合には，人々の感情は全体の利益に合致する方向にはたらいているとみなければならない．ミルは，一般的な効用（general utility）あるいは全体の善（general good）に向けて便宜性についての判断と道徳性についての判断がはたらくときには，両者は一つに縒り合わされて，そこに通常の道徳感情とは異なる正義の感情が生み出されると考えるのである．

3-4 権利と功利性

ミルは,正義の観念と感情を構成する二つの要素である「ある特定の人または人々に対して加えられた損害」と「処罰への要求」が一つにまとまって現われるときに,権利の観念が生まれるのだと考える.

「あるもののことをある人の権利と呼ぶときにわれわれが言おうとしているのは,その人がそれを所有することについて,法の力か教育や世論の力によってその人を保護することを社会に向かって請求する正当な資格［請求権］(valid claim)を,その人が持っているということである.その人が,どんな理由に基づいてであれ,社会によってその人に保証されるべきものを所有する十分な資格と考えられるものを持っていれば,われわれは,その人がそれに対する権利を持っていると言う.」[153]

「だから,ある権利を持つということは,私の思うところでは,私が所有するのを社会が擁護すべきものを持つということである.」[154]

ここにあるのは,権利の「宣言」ではない.この文章が述べているのは,「権利を持つとはどういうことなのか」ということである.ミルがここで考えているのは,権利の根拠となっているものは,それぞれの人が社会に向かって承認を求めることのできる資格であり,その社会的な承認であるということである.人間が「譲り渡すことのできない諸権利」を「生まれながらに」与えられていることを「自明の真理」であると考える哲学を斥けたからには,われわれは何を根拠にして権利を持つと主張しうるのかということが,あらためて問われなければならない.その問いに対するミルの答が,この文章なのである.

ヨーロッパの思想史をもう少し広い眼で見ると,ドイツ思想の文脈のなかでは,ベンサムの壮年期に当たる時期に,人格的価値の社会的承認に関する問題が哲学の主題とされていた[155].イギリス思想の歴史のなかでは,社会的承認の問題を取り上げたのは,おそらくミルが最初であろう.しかし,ミルの考えとヘーゲルのそれとの間には,大きな隔たりがある.

なぜ社会は各人の権利を擁護しなければならないのか,という問いに対して,ミルは,「一般的功利［効用］(general utility)という理由をあげるほかはな

い」¹⁵⁶⁾と答えている．この答え方によってミルが言おうとしているのは，かいつまんで言えば，各人の基本的諸権利を尊重することが社会全体の利益を増進させるための基本条件であるということである．この認識が，ドイツ観念論の哲学とは異なる功利主義の基本的な立場を示しているのである．

　そこで，こうしたことを踏まえて，ベンサムからミルへの理論の展開のあとを，あらためて振り返ってみることにしよう．

　ミルは，功利性（最大幸福）の原理の「証明」について述べた『功利主義』第4章の始めに，「功利主義の学説は，幸福が目的として望ましく，しかも望ましい唯一のものだというものである．これ以外のものはどれも，その目的のための手段として望ましいものでしかない」¹⁵⁷⁾と書き，その主要部分を仕上げたときにこう記している．「そうだとすれば，幸福こそが人間の行為の唯一の目的であり，幸福の増進は，すべての人間の行為を判断する判定基準である．そこから必然的にこう結論することができる．幸福こそが道徳の基準でなければならない．部分は全体に含まれているからである」¹⁵⁸⁾と．この文章は，ベンサムの基本的な考え方を再確認したものとみることができるだろう．この考え方からすると，さまざまな社会的相互行為の連関は，この究極目的へのかかわりを基準として評価されなければならないということになる．ミルがここで企てているのは，この考え方をさらに掘り下げていくことなのである．

　ベンサムの主要な関心は，人々の社会的相互行為を調整するための手段としての法に向けられていた．彼は統治の唯一の目標を共同社会の可能なかぎり最大の幸福において，その目標に従属する，生存，豊富，平等，安全という四つの目的を柱とする民法典を構想した．立法者の視点に立つベンサムの場合には，正義の命令は「ある特定の場合に適用される功利性の命令」としてとらえられ，正義は「ある場合にある手段によって仁愛の目的を促進するために用いられる想像上の手段」として位置づけられていた¹⁵⁹⁾．それとは違って法的権利に先立つ道徳的権利を軸とする理論を構想したミルは，社会的相互行為の成立条件そのものを問題にする．この場合には，正義は，社会の存立そのものにかかわる問題としてとらえられることになる．ミルにとって，権利を持つとい

うことは，社会が擁護すべきものを持つということである．そして，社会が擁護すべきものとは何かといえば，それは，人々の生活の安全を保証することであり，人々の生活基盤を確保することであり，人々の間の平等性を保証することである．生活の豊かさは，この三つの柱との結びつきのなかで問題にされるべきこととして位置づけられることになるであろう．このようにして，ミルは，ベンサムが法的権利の問題として提起した問題を，人々の相互行為の連関のなかであらためてとらえなおそうとするのである．

このようなとらえ方を説明するために，『功利主義』の最終部分では，ミルはまず，安全，とりわけ生存の基盤そのものの安全が，絶対的と言ってもいい重要性を持つことを強調している．すべての人の感情にとって最も重要な利益は「安全保障の利益」である．そして，この安全保障の利益を獲得するためには，それを提供する機構が間断なく活発に活動していて，いつでも有効な手だてを講じることができるようになっていなければならない．「したがって，われわれは自分たちの生存の基盤そのものの安全を図るために同胞に協力を求める資格を持っているという考えは，普通の場合の効用にかかわる感情よりもはるかに強い感情を集め，その感情の強さの差は……実質的な種類の違いとなる」[160]とミルは言う．

個々の行為や事象について正しいか間違っているかを判断したり，便宜にかなっているかそぐわないかを判断したりするときには，人によってさまざまな意見の相違があるのが普通である．しかし，「生存の基盤そのものの安全を図るために同胞の協力を求める資格」については，他の人々も同じように感じるにちがいない．普通の場合に利害得失について考えるときとは違って，安全保障の利益について考えるときにわれわれがもつ感情は，相互の承認によって裏打ちされているという確信をともなっている．ミルによれば，このことによって，この感情は「物理的必然性に劣らない拘束力」[161]をもつようになるのである．

そこでミルは，安全保障，とりわけ生存基盤の安全保障を含む正義の諸原理が絶対に欠かせないものとして認められるのは，それらの原理が功利性の原理

と直接に結びついているからであると考える．しかし，そこから先へ進むさいに，ミルは，一般に行なわれている正義観と功利性の原理との関係についての説明を長々と続けている．この説明は，議論を先へ進めていくために不可欠だったにはちがいないが，その長さのために，かえって，議論の展開への展望を妨げるようなことになっている．彼がそこで行なっている説明は，つぎのような問いに答えるためのものである．すなわち，普通の場合の効用についての判断は，外的な諸条件の制約を受けているので，人により，時と場合によって，さまざまに意見が分かれることになるが，何が正義にかなっているかについても多くの見解の相違があり，数多くの矛盾する正義の原理があるのはなぜなのかというのが，その問いである．ミルは，処罰の正義についての論争，犯罪と刑罰とのつりあいに関する論争，労働の報酬をめぐる論争，適正な課税をめぐる論争について，一々その論点を取り上げている．ミルがそこで与えている答は，正義をめぐる論争においてもさまざまな意見の対立が生じるのは，二次的諸原理のなかでのことであって，そこに対立や矛盾が生じた場合には，功利性の原理に訴えるほかはない，というものである[162]．ミルがそこで言おうとしているのは，そのような論争の過程を通じて，功利性の原理は，いつでも暗黙のうちに基準としてはたらいているということであろう．われわれは，第一原理である功利性の原理に直接訴えることはできないのである．

しかし，直接に訴えることができないというのなら，功利性の原理というのは空想的なものでしかないのではないか．このような疑問に対してミルが用意していた答は，それぞれの人の生活と権利を侵害から護ることが，判断の絶対的な基準となるというものである．

「人間が互いに傷つけあうこと（相互の自由に対する不当な干渉をそのなかに含めることを忘れてはならない）を禁じる道徳的諸規則は，人間の善き生［福祉］（human well-being）にとって，どんな格率よりも切実なものである．それらの格率は，重要ではあっても，せいぜい人と人との関係（human affairs）の一部を処理する最善の方式を教えてくれるだけなのである．また，互いに傷つけあうことを禁じる道徳的諸規則は，人類の社会的感情全

体を決定する主要な要素という特性をもっている．それらの規則を遵守しなければ，人々の間に平和を維持することはできない．もし，それらの規則の遵守が規則となっておらず，例外的にしか違反する人がいないのでなければ，だれもが他のすべての人を敵と見て，絶えず自衛しなければならないだろう．……正義の拘束力［責務］を構成するのは，主にこれらの道徳である．不正が最も顕著で，この感情の特徴である嫌悪感が高められるのは，だれかに対する不当な侵害行為や権力の不当な行使が行なわれる場合である．これに次ぐのは，ある人が当然受け取るべきものを不当にもその人に与えない場合である．どちらの場合にも，その人は直接的な被害という形でか，その人が期待しうる正当な，自然的または社会的な種類の理由をもつ利益を奪われるという形でか，積極的な害を蒙っているのである．」[163]

ミルによれば，道徳の第一原理は，各人の権利を侵害しないこと，各人の自由に干渉しないことにある．これと密接に結びついているのが，応報の原理，すなわち，各人が自分に見合った報い［自分にふさわしいもの］を与えられることである[164]．ミルはさらに，この応報原理と結びつくものとして，平等と公正の格率をあげている．ミルによれば，公平性と平等性は「正義のその他の義務を果たすための必要条件」であり，「社会的かつ分配的な正義の最高の抽象的基準」である[165]．だから，「すべての制度とすべての善良な市民の努力は，できるかぎり，この基準に収斂されていかなければならない」．なぜなら，平等の実現に向けての道徳的義務は道徳の第一原理から直接に流出したものだからである，と彼は言う[166]．彼は，「幸福に対する各人の平等な請求権は，幸福を実現するためのすべての手段に対する請求権を含んでいる」という見解に賛意を表している[167]．しかし彼は，この平等性の格率が現実には社会的便宜についての各人の考えによる制約を受けていることをと認め，それは，適用できると思われるかぎりにおいて正義の命令として考えられるのだと述べている．

「……社会的便宜として公認されているものが逆のことを要求しないかぎり，すべての人は，平等の待遇を受ける権利を持つと考えられる．だか

ら、もはや便宜にかなう（expedient）とは考えられなくなったすべての社会的不平等は、たんに便宜にそぐわないこと（inexpediency）ではなく不正（injustice）という性格を帯び、きわめて圧制的に見えてくるので、人々は、どうしてこれまでそのような不平等が許されてきたのかと不思議に思いがちになる。しかし、その人たち自身も、おそらく同じように便宜という観念を誤解していて、別の不平等を許していることを忘れている。この誤解を正せば、いま自分たちが是認しているものも、社会改革のすべての歴史は移行の連続であり、社会的存在にとって何よりも必要なものと考えられていた慣習や制度が、次から次へと、すべての人から不正と圧制の烙印を押されていく。奴隷と自由人、貴族と平民の区別がそうであった。皮膚の色、人種、性による差別の体制もやがてそうなるだろうし、また一部はすでにそうなっている。」[168]

ベンサムとミルにとって、功利性（効用）とは幸福を生む傾向を意味し、功利性の原理とは、最大幸福を生む行為を是認する感情である。功利性の原理のもとでは、幸福は、公共の福祉のなかにあって、社会が変化し発展するにつれて変化し発展するものとして理解される。功利主義の道徳理論にとって最も重要なのは、幸福を生む基本的な条件として、各人の諸権利を擁護することである。ミルは、権利を持つ資格とその資格の相互承認に光をあてて、同胞感情が幸福を生む基礎であることを明らかにした。便宜的なものの領域における人と人との関係はつねに社会的な諸制約のもとにある。人類の歴史は正義への要求による社会改革の連続としてとらえられなければならないだろう、功利性の原理は、そうした過程全体を貫徹している原理なのである。

お わ り に

ミルが『功利主義』の最終部分で述べていることは、『自由論』のテーマと直接につながっている。諸価値間の抗争で分裂している現実のなかでミルが求めたのは、平和的な共生であった。ミルは、この要求を「人間がその最も豊かな多様性のもとで発展することが本質的に重要なことである」という認識と結

びつけた[169]．自由に関する彼の議論はこの認識を基礎として展開されている．彼が自由を要求したのは，「最も豊かな多様性のもとにおける人間の発展」を望んだからである．「人類がその成員のうちのだれかの行動の自由に，個人的にせよ集団的にせよ干渉することが正当化されるのは，自己防衛を目的とするときだけ」であり，「文明化された社会のどの成員に対しても，その人の意志に反して権力を正当に行使しうるのは，他の人々に対する危害の防止を目的とするときだけ」であると，ミルは主張する[170]．彼は，抑圧と強要からの自由という考えが功利主義にとって本質的なものであることを疑わなかった．そこから，「個性」が「人間の幸福の枢要な構成要素」「個人と社会の進歩の主要な構成要素」であるという主張が生み出される．

　「人類が不完全なものである限りさまざまな意見があることが有益であるのと同様に，さまざまな生活実験があること，他の人々への危害がない限り自由な活動の場が多種多様な性格に対して与えられていること，また，さまざまな生活様式を試みることが適当だと思う人があれば実際にやってみてその価値を明らかにすることが有益である．つまり，第一義的に他の人々に関係するのではない事がらにおいては，個性が自己を主張することが望ましい．その人自身の性格ではなく他の人々の伝統や慣習が行為の規則になっているところには，人間の幸福の枢要な構成要素の一つであり個人と社会の進歩の主要な構成要素をなすものが欠けているのである．」[171]

ロールズが「功利主義は個人間の区別を真剣に考えない」[172]と宣言したとき，功利主義に対する悪評が再確認されたと感じた人が少なくなかったようである．ロールズは，個性の発展に関するミルの主張を功利主義の本旨から逸脱したものとみたのであろう．しかし，それは，ミルの学説の論理的展開を無視したときに生じうる理解でしかない．ベンサムの場合ほどではないが，ミルの議論の論理構造も複雑でとらえにくい．ミルを功利主義から切り離そうとする解釈は，断片的な読み方しかしていない場合が多いのである．けれども，上の引用文に関して言えば，ミルがもっぱら功利主義の言葉で語っていることは，明らかであろう．

ミルが考える自由の原理は，ロールズが主張する自由の原理とはまったく別のものである．ミルは，「功利とは無関係なものとしての抽象的な権利の観念から私の議論のために引き出しうる利益を，私は放棄する」と宣言している[173]．ロールズの意図は，伝統的な契約論の理論を一般化し高度に抽象化することによって，生活様式を異にし善についての異質の概念を持つ人々に受け入れられうるような憲法制度を設計することにあった．それとは違って，ミルは一連の基本的諸自由のリストを提出してそれを擁護するようなことはしない．ミルが主張したのは，自由は他の人々への危害を防止するためにのみ制限されるということである．しばしば指摘されるように，ミルが，他の人々に対する危害がない場合の自由に対する制限を除外していることには問題があるだろう．彼は，どの自由が護られるべきかについては何も言わない．しかし，彼は，正当化される制限についての必要条件を示すことによって，自由を擁護しようとしたのである．

ミルは「人間の自由にふさわしい領域」として，つぎの三つを挙げている．

1. 最も包括的な意味での良心の自由，思想と感情の自由，実践的あるいは思弁的な問題，科学的，道徳的，あるいは神学的な問題のすべてについての，意見と感情の絶対的な自由．
2. 嗜好と目的追求の自由，われわれ自身の性格に合った生活を設計する自由．
3. 諸個人の間の団結の自由[174]

ミルがこれらの項目を挙げたのは，これらのことが，幸福を増進するための必要条件であると考えられたからである．

「これらの自由が全体として尊重されていない社会は，その統治形態がどのようなものであろうと，自由ではない．また，これらの自由が絶対的かつ無条件に存在しない社会は，どれも完全に自由だとはいえない．その名にあたいする唯一の自由は，われわれが他の人々から彼らの幸福を奪おうとしたり，幸福を得ようとする彼らの努力を妨げない限り，われわれ自身の幸福をわれわれ自身のやり方で追求する自由である．」[175]

諸権利を基底的なものとして主張する立場が諸価値の抗争をどこまで和らげることができるかは疑わしい．それとは違って，功利主義的な立場の基本性格は，多様な生活様式が共存しうるための必要条件を求めようとするところにある．多様性のもとでの人間の発展を望むことは，普遍的な諸価値の存在を否定することではないし，普遍的な人権への要求を排除することでもない．それは，普遍的な諸価値が，「理性的な人間」とされているものの合意に基づくある一つの憲法制度のもとでのみ完全に実現されうるのだということを否定するのである．思想の自由を主張するさいにミルが基礎としたのは「無謬性の仮定」に対する批判であった．

「われわれの意見に反論し反証する完全な自由を認めることこそが，行為の諸目的のためにわれわれの意見の真理性を仮定することを正当化する条件なのであって，それ以外のいかなる条件をもってしても，人間的な諸能力をもった存在としては，自分が正しいことについての合理的な保証をもつことはできない．」[176]

人間の知識は，原理的に完成されることがなく，いつであろうと，誤りを免れない．したがって，歴史の過程は，承認をめぐる闘争の過程，無限に続く討議の過程として展開されざるをえないであろう．ベンサムとミルにとって，幸福は，苦しみを感じることのできる存在としての人間の公共的な利益のなかに存在するものであり，固定的なものではなく，社会が変化し発展するにつれて変化し発展するものなのであった．

以下において，ベンサムの著作からの引用には，現在刊行中の *The Collected Works of Jeremy Bentham,* Methuen / Clarendon Press, 1968―，（*CW*と略記）以外には，*The Works of Jeremy Bentham,* collected under the Superintendence, John Bowring, 11 vols., Tait, 1838-1843，（*Works*と略記），*Jeremy Bentham's Economic Writings,* critical edition by W. Stark, The Royal Economic Society, 1952．（*EW*と略記），*Jeremy Bentham Œvres,* par Dumon et Laroche, Bruxelle, 1829（*Œvres* と略記）に収められているテキストを用い，*CW* 版で公刊されている著作のうち多用したものについてはつぎの略号で示すことにする．

F 『統治論断片』（*A Fragment on Government, in : A Commentary on the Commentaries and A Fragment on Government*）

R 『権利・代表制・改革——「空威張りのたわごと」とフランス革命に関するその他の著述』(*Rights, Representation, and Reform : Nonsense upon Stilts and other Writings on the French Revolution*)

IPML 『道徳および立法の諸原理序説』(*An Introduction to the Principles of Morals and Legislation*.『原理序説』と略す)ただし,この著作については,CW 版のテキストと H. L. Hart の解説に F. Rosen の新しい序論をつけて 1996 年に Clarendon Press から出版されたペーパーバック版を用い,邦訳(山下重一訳『ベンサム・J. S. ミル』中央公論社,1967 年,所収)のある部分(全 17 章中第 10 章まで)については,そのページを付記する.ただし,訳文は邦訳書のそれに必ずしも従っていない.

 J. S. ミルの著作からの引用には,*The Collected Works of John Stuart Mill*, University of Tronto Press, 1963-91 (CW と略記) 所収のテキストを用い,それぞれの著作はつぎの略号で示すことにする.テキストのページと並べて,おもに参照した邦訳書のページを示したが,この場合にも,訳文は邦訳書のそれに必ずしも従っていない.

B 「ベンサム氏の訃報」「ベンサムの哲学」「ベンサム論」("Obituary of Bentham" (1832), "Remarks on Bentham's Philosophy" (1833), "Bentham" (1838), in *CW* X) 泉谷周三郎訳『J. S. ミル初期著作集』第 2・3 巻,御茶の水書房,1980 年.

S 『論理学』(*System of Logic*, 1843, in *CW* VIII),大関将一訳『論理学体系 (6)』,春秋社,1959 年.

W 「ヒューウェルの道徳哲学観」("Whewell on Moral Philosophy", 1852, in *CW* X)

L 『自由論』(*On Liberty*, 1859, in *CW* XVIII),早川忠訳『自由論』,中央公論社,1979 年.

U 「功利主義」(*Utilitarianism*, 1861, in *CW* X),伊原吉之助訳『功利主義論』,中央公論社,1979 年.

A 『自伝』(*Autobiography*, 1873, in *CW* I),朱牟田夏雄訳『ミル自伝』,岩波文庫,1960 年.

 『自由論』と『功利主義』の場合には,数多くの版本が流布されているので,参照の便宜のために,ページの前に [ ] でくるんで,章をローマ数字で,パラグラフのナンバーを算用数字で,示すことにした.例:[IV, 3].

1) H. L. A. Hart, "Utilitarianism and Natural Rights," in : *Essays in Jurisprudence and Philosophy*, Clarendon Press, 1983, p. 196:小林公・森村進訳『権利・功利・自由』木鐸社,1987 年,55 ページ.

2) *The Correspondence of Jeremy Bentham*, (*CW*) I, 343.

3) 「空威張りのたわごと,別名,開かれたパンドラの箱,または 1791 年憲法の前文とされたフランス人権宣言の正体 (Nonsense upon Stilts, or Pandora's Box opened, or the French Declaration of Rights prefixed to the Constitution of 1791 laid open and exposed,)」.この論文は,従来「無政府主義的謬論 (Anarchical Fallacies)」という題名で知られていたもので,ベンサムの生前には,'sophisme anar-

chiques' という題でベンサムの草稿からの仏訳がデュモン版全集第1巻（1829年）に収められたが，英語での公刊は，バウリング版全集第2巻の出版をまたなければならなかった．この論文の内容については，深田三徳「ベンサムの一八世紀人権文書批判」（『近代法思想の展開』有斐閣，1981年，所収）と『法実証主義と功利主義』（木鐸社，1984年）第1章が詳しい紹介と分析をしている．

4) Nonsense upon Stilts, *R* 330.
5) *Ibid.*, *R* 401.
6) Observation on the Draughts of Declarations-of-Rights, *R* 181.
7) *Ibid.*, *R* 183.
8) Nonsense..., *R* 319/20.
9) Observation..., *R* 187.
10) *F* 393.
11) Hart, "Legal Rights," in:*Essays on Bentham,* Clarendon Press, 1982, p. 163：小林公・森村進前掲訳書101ページ．
12) Supply without Burthen, *EW,* I, 333.
13) Pannomial Fragments, *Works,* III, 221.
14) Codification Proposal, *Works,* IV, 545.
15) IPML 34–37：訳108–12ページ．
16) John Rawls, *A Theory of Justice,* Harverd University Press, 1999^2, p. xviii：矢島鈞次監訳『正義論』紀伊國屋書店，1979年，xiページ．
17) *Ibid.*, p. 20：訳17ページ．
18) Fred R. Berger, *Happiness, Justice and Freedom,* University of California Press, 1984, p. 209. ロールズは，彼の告発がすべての「古典的」功利主義者を取り押さえようとするものだと言っているが，バーガーはこの書物で，ミルの理論がロールズの餌食になるようなものではないことを明らかにしようとしている．しかしバーガーは，ベンサムについてはロールズと似たような見方をしているように見受けられる．
19) *Ibid.*, pp. 24–25：訳20ページ．
20) *Ibid.*, p. 25：訳20ページ．
21) *Ibid.*, p. 23：訳19ページ．cf. "Distributive Justice," in *Collected papers,* Harverd University Press, 1999, 131：田中成明編訳『公正としての正義』木鐸社，1979年，122–23ページ．
22) Rawls, *op. cit.*, p.54：訳49ページ．
23) *Ibid.*, p.266：訳232ページ．
24) たとえば，ibid., p.107：訳97ページ．
25) *Ibid.*, p.220：訳194ページ．
26) *Ibid.*, p.53–54：訳48ページ．
27) *Ibid.*, p.55：訳49ページ．
28) Hart, "Rawls on Liberty and Its Priority," in：*Essays in Jurisprudence and Philosophy,* pp. 223–247：訳221–259ページ．なお，ここでの議論は，John Gray, *Two Faces of Liberalism,* Polity Press, 200, pp. 69–104：松野弘監訳『自由主義の二つの

顔』ミネルヴァ書房，2006年，111-166ページ．からの示唆を受けている．しかし，そのミル理解には同意できない．

29) Rawls, *op. cit.*, p. 53：訳48ページ．
30) Principles du code civil, *Œvres*, I, 56-57：*Principles of the Civil Code, Works*, I, 302：長谷川正安訳『民事および刑事立法論』勁草書房，1998年，293ページ．
　　ベンサムの民法典構想の内容と意義については，ベンサムの未公刊の民法関係草稿を初めて検討した，P. J. Kelly, *Utilitarinism and Distributive Justice : Jeremy Bentham and the Civil Law,* Clarendon Press, 1990．がある．筆者は，ベンサムの立法の理論の理解仕方について，そこから多くの教示を得た．この著作を紹介してくれた同僚音無通宏教授に，ここで感謝の意を表しておきたい．
31) とりわけ *U*［V, 25, 36］251, 257-78：訳517, 525-26ページをみよ．
32) *IPML* 11-13：訳82-84ページ．
33) *U*［V, 14］246：訳511ページ．
34) *B* 497/98：訳II, 159-61ページ．
35) *B* 93：訳III, 254ページ．
36) *B* 91-97：訳III, 252-62ページ．
37) *L* 224：訳226ページ．
38) Hart, "Utilitarianism and Natural Rights," p. 187：訳44ページ．
39) *Ibid.*, p. 193：訳52ページ, cf. pp. 187/88：訳44/45ページ；および "Natural Rights : Bentham and John Stuart Mill," in : *Essays on Bentham,* p. 100 f.：同訳書88ページ以下．
40) Hart, "Utilitarianism and Natural Rights," p. 192：訳50-51ページ．
41) I. Berlin, John Stuart Mill and the Ends of Life, in : *Four Essays on Lierty,* Oxford, 1969, pp. 180/81（小川晃一・小池銈訳「ジョン・ステュアート・ミルと生の目的」（『自由論』みすず書房，1971年　所収）405-6ページ）．
42) ロールズは，ミルと同様に，フンボルトの文章を援用して論を進めている．なお，ミルの思想とロールズが『正義論』第3部で展開した思想の実質的内容が同じであることについては，Henry R. West, *An Introduction to Mill's Utilitarian Ethics,* Cambridge, 2004, pp. 164-68における指摘をみよ．
43) Samuel Hollander, *The Economics of John Stuart Mill,* Blackwell, 1985, II, 602 ff.
44) *IPML* 283 n.
45) *W* 185-86.
46) *IPML* 12/13：訳83-84ページ．本稿17ページをみよ．
47) *IPML* 11 n.：訳82ページ．
48) *IPML* 14/15：訳85-86ページ．
49) *Parliamentary Candidate's proposed Declaration of Principles : or say, A Test proposed for Parliamentary Candidates,* Office of the Westminster Review, 1831, p. 7.
　　その内容は，1827年までには書き上げられていたと思われる『憲法典』第7章の文章から採られたものである．ただし，『憲法典』（1830年）の文には「平等な量の幸福」という文言はない（See, *Constitutional Code,* I (*CW*), p. 136）．このことは，ベンサムが晩年になればなるほど平等性の要求への傾斜を深めていったこ

とを示しているとみていいだろう．この文章に最初に注意を促したのは，F. ローゼンである．See, F. Rosen, *Jeremy Bentham and Representative Democracy,* Clarendon Press, 1983, pp. 211-20. なお，『憲法典』における「自由」「平等」「最大多数の最大幸福」「最大幸福原理」ということばの豊富な用例は，新全集巻末の事項索引を利用して調べることができる．

50) 『自由論』におけるミルの問題提起のもつ意義については，拙稿『ミル《自由論》再考』(中央大学経済研究所年報　第 36 号，2005 年) 580 ページ以下を参照されたい．

51) ベンサムの思想の発展と「最大幸福」という表現の使用をめぐっては，John Dinwiddy, *Bentham,* Oxford, 1989, pp. 25-27, 84-86 (永井義雄・近藤加代子訳『ベンサム』日本経済評論社，1993 年，41-45, 137-140 ページをみよ．
　　P. J. ケリーは『功利主義と分配的正義』(注 20) で，ロールズが指摘したような功利主義理論の難点の多くをベンサムはすでに承知していたという見解を，民法草稿に関する研究から引き出している (同書，p. 2).

52) *F* 393.
53) *F* 416.
54) *F* 428.
55) この点については，John Plamenatz, *English Utilitarians,* Blackwell, 1966, p. 65：堀田彰他訳『イギリスの功利主義者たち』　福村出版，1974 年，105 ページ．
56) *F* 480.
57) *F* 482-83.
58) *F* 440 n.
59) *F* 440-41 n.
60) *F* 444-45.
61) *F* 445.
62) *F* 445.
63) *F* 484.
64) *F* 485.
65) ミルは，1838 年に書かれた『ベンサム』のなかで，「彼は，偉大な哲学者ではなくて，哲学における偉大な改革者であった」と述べている (*B* 83：訳Ⅲ，238 ページ). 1830 年代におけるミルのベンサム評価は，こうした見方を基調としている．以下において明らかにしていくように，道徳哲学の構築に向けてのミルの苦闘は，ベンサムに対するそのような評価を出発点にしていたと見るべきであろう．ミルは，ベンサムによって発見されたものを哲学的な思索の主要な対象としているのである．
66) *F* 484.
67) *F* 489.
68) *F* 490.
69) *F* 491.
70) *F* 496.
71) *F* 496 n.

72) *IPML* 21：訳 94 ページ.
73) *IPML* 21：訳 94 ページ.
74) *IPML* 21 n.：訳 94 ページ.
75) *IPML* 27–29：訳 101–5 ページ．禁欲主義に対するベンサムの批判は IPML 17–24：訳 89–94，共感と反感の原理に対する批判は IPML 24–33：訳 94–108 ページ．
76) *F* 496 n.
77) *F* 497 n.
78) *F* 497 n.
79) *IPML* 35：訳 110 ページ.
80) *IPML* 36：訳 111 ページ.
81) *F* 441：前出，p. 27 および注 59.
82) *F* 445：前出，p. 28 および注 62.
83) Hart, Natural Rights : Bentham and John Stuart Mill, p. 87 n. 28：訳 96 ページ.
84) 前述，p. 20.
85) ディヴィッド・ライオンズは，（ミル以外の）功利主義者は道徳的権利──なんらかの社会的承認や強制を前提しない権利──を排除し，法によって付与された諸権利についての規範的理論を提供するものだと考え，ベンサムをその代表者としてとりあげている（David Lyons, Utility and Rights, in : *Rights, Welfare, and Mill's Moral Theory,* Oxford University Press, 1994, p. 147 ff. esp. pp. 151–55）．ミルに関するライオンズの諸論文は，非常にすぐれたもので，私は多くの教示を得ているが，ベンサムについてのこの見方には異論を唱えざるをえない．ベンサムはもちろん，明示的には道徳的権利を彼の理論から排除している．しかし，それを隠れた前提としなければ，彼の学説そのものが成り立ちえなかっただろうと，私は考える．
86) Plamenatz, *English Utilitarians,* p. 70：訳 112 ページ.
87) *U*〔III, 4–5〕228–29：訳 489–90 ページ.
88) *A* 68：訳 63–64 ページ.
89) *A* 145：訳 127–28 ページ.
90) *A* 147：訳 129 ページ.
91) *B* 10：訳Ⅱ, 175 ページ.
92) *B* 99–100：訳Ⅲ, 205 ページ.
93) *B* 111：訳Ⅲ, 282 ページ.
94) *B* 111：訳Ⅲ, 282 ページ.
95) *B* 112：訳Ⅲ, 283 ページ.
96) *B* 112：訳Ⅲ, 284 ページ.
97) *L* 943：訳 (6) 196 ページ.
98) *L* 949：訳 (6) 208 ページ.
99) *W* 173.
100) *W* 178.
101) *W* 179.

102) *W* 184.
103) 前掲, pp. 21–22.
104) *W* 179.
105) *U*［Ⅲ, 10］231–32：訳 493–94 ページ.
106) *PML* 1：訳 71 ページ.
107) F. ローゼンが, この書物の構成を三つの部分に分けて, 最終部分からさかのぼっていくアプローチをとっている. *IPML* xlix–l.
108) *Plamenatz, The English Utiritarians,* p. 73：訳 117 ページ.
109) *IPML* 11：訳 81 ページ.
110) *IPLM* 13：訳 84 ページ.
111) *B* 94–96：訳Ⅲ, 257–59 ページ.
112) *B* 96：訳Ⅲ, 260 ページ.
113) *B* 97：訳Ⅲ, 261 ページ.
114) *S* 949：訳 (6) 208 ページ. 本稿 p. 45 をみよ.
115) *U*［Ⅱ, 2］210：訳 467 ページ.
116) *U*［Ⅱ, 6］212：訳 470 ページ.
117) *U*［Ⅱ, 3］210：訳 468 ページ.
118) ミルの「幸福」概念についての最も行き届いた考察として, David O. Brink, "Mill's Deliberative Utilitarianism," in : Lyons ed., *Mill's Utilitarianism Critical Essays,* Rowman & Littlefield, 1997. がある.
119) *IPML* 3：訳 73 ページ.
120) Montesquieu, *Œuvres completes,* Seuil, 1964, p. 598：野田良之他訳『法の精神』上, 岩波文庫, 1989 年, 342 ページ.
121) *Œvres,* I, 56 : *Works,* I, 301：訳 291 ページ.
122) *Œvres,* I, 56–57 : *Works,* I, 302：訳 293 ページ.
123) *Œvres,* I, 63 : *Works,* I, 307：訳 308 ページ.
124) *Œvres,* I, 63–64 : *Works,* I, 308：訳 309 ページ.
125) *IPML* 200 n.：訳 201 ページ.
126) M. Robson, Textual Introduction to *CW* X, p. cxxii–cxxiv.
127) *U*［Ⅴ, 1］240：訳 503 ページ.
128) *U*［Ⅴ, 38］259：訳 528 ページ.
129) *U*［Ⅱ, 2］210：訳 467 ページ.
130) *U*［Ⅰ, 2］206：訳 462 ページ.
131) *U*［Ⅰ, 3–4］207：訳 463 ページ.
132) *U*［Ⅴ, 1–2］240：訳 503–4 ページ.
133) 前出, *U*［Ⅰ, 2］206：訳 462 ページ.
134) *U*［Ⅰ, 4］207：訳 464 ページ.
135) カントは,「義務の普遍的命令」をつぎのように定式化した.「あなたの行為の格率［規準］(Maxime) があなたの意志によって普遍的な自然法則になるべきであるかのように, 行為せよ」(Kant, *Grundlegung zur Metaphysk der Sitten, in : Kant Werkausgabe in zwölf Bänden,* Suhrkamp Tashenbuch, VII, S.51：篠田英雄訳『道徳

形而上学原論』，岩波文庫，64 頁）．これが，ミルの引用した文章の原文である．ここでカントが問題にしているのは，ルールではなく，マキシム（格率ないし信条）すなわち「行為するための主体的原理」（ibid.）である．ミルは客観的な原理としてのルールと主体的な原理としてのマキシムとの区別を明確にはしていない．

136) *U* 〔I, 5〕207-8：訳 464 ページ．
137) *IPML* 13：訳 85 ページ．
138) 第 2 節 2, pp. 34-35 をみよ．
139) *U* 〔V, 4〕241：訳 505 ページ．
140) *U* 〔V, 5-10〕241-43：訳 505-8 ページ．
141) *U* 〔V, 14〕246：訳 511 ページ．
142) *U* 〔V, 14〕246：訳 511 ページ．
143) 『功利主義』のなかでは，*U* 〔II, 23〕223：訳 483-84 ページ；*U* 〔V, 35〕257：訳 525-26 ページ．
144) *U* 〔V, 15〕247：訳 512 ページ．
145) Kant, *Grundlegung*, S.52 Anm.：訳 64 ページ．
146) *U* 〔V, 15〕247：訳 512-13 ページ．
147) *U* 〔V, 16〕248：訳 514 ページ．
148) *U* 〔V, 6〕242：訳 506 ページ．
149) *U* 〔V, 20〕248：訳 514 ページ．
150) *U* 〔V, 21〕249：訳 515 ページ．
151) *U* 〔V, 22〕249：訳 515-16 ページ．
152) *U* 〔V, 23〕249-50：訳 516 ページ．
153) *U* 〔V, 24〕250：訳 516 ページ．
154) *U* 〔V, 25〕250：訳 517 ページ．
155) ドイツ観念論哲学の発展の文脈のなかでのこの問題の展開を跡づけたものとしては，Ludwig Siep, *Praktische Philosophie im Deutschen Idealismus*, Suhrkamp, 1992：ジープ／上妻精監訳『ドイツ観念論における実践哲学』，哲書房，1995 年；初期ヘーゲルにおけるこの問題への取り組みを扱ったものとしては，Siep, *Anerkennung als Prinzip der praktischen Philosophie*, Alber, 1979；この問題を現代に及ぶ広い歴史的展望のもとで論じたものとしては，Axel Honneth, *Kampf um Anerkennung*, Suhrkamp, 1992：ホネット／山本啓・直江清隆訳『承認をめぐる闘争』，法政大学出版局，2003 年，がある．
156) *U* 〔V, 25〕250：訳 517 ページ．
157) *U* 〔IV, 2〕234：訳 496 ページ．
158) *U* 〔IV, 9〕237：訳 501 ページ．
159) *IPML* 120 n.：訳 201 ページ，注〔1〕．
160) *U* 〔V, 25〕251：訳 517 ページ．
161) *U* 〔V, 25〕251：訳 518 ページ．
162) *U* 〔V, 28-31〕252-55：訳 518-23 ページ．
163) *U* 〔V, 33〕255-56：訳 523-24 ページ．

164) *U* [V, 34] 256–57：訳 525 ページ．
165) *U* [V, 36] 257：訳 525–526 ページ．
166) *U* [V, 36] 257：訳 526 ページ．
167) *U* [V, 36] 257–58：訳 527 ページ．
168) *U* [V, 36] 258：訳 528 ページ．
169) ミルは，『自由論』のエピグラフとして，ヴィルヘルム・フォン・フンボルトのつぎの文章を掲げている．「本書で展開されるすべての議論が，直接にその一点へと集中する偉大な指導原理は，人間がその最も豊かな多様性において発展することが絶対的かつ本質的に重要であるということである」
170) *L* [I, 9] 223：訳 224 ページ．
171) *L* [III, 1] 260–61：訳 279 ページ．
172) Rawls, *A Theory of Justice,* p. 24：訳 20 ページ．
173) *L* [I, 11] 224：訳 226 ページ．
174) *L* [I, 12] 225–26：訳 227–28 ページ．
175) *L* [I, 13] 226：訳 228 ページ．
176) *L* [II, 6] 231：訳 235 ページ．

第 2 章

ベンサム功利主義の構造と初期経済思想の展開

はじめに──従来の功利主義解釈の問題

　本章では,ベンサムの初期経済思想のひとつの集約点ともいうべき『政治経済学便覧 (Manual of Political Economy)』(1793-95 年) に焦点をあて,彼の初期経済思想の構造と特質を解明することを試みることにしたい.その意味で,本章は筆者の前稿「ベンサムにおける『立法の原理』と初期経済思想の形成」[1)] の発展を意図されている.筆者の狙いは,もちろんベンサムの経済思想の構造と特質の検討をとおして,それらの経済学史上の位置と意味を明らかにする点におかれている.しかし,周知のように,ベンサムは何よりも近代法の体系化を目指した法学者であり,また同時に社会改革を志向した改革者でもあった.そして,それらを支えていたのは,いうまでもなく功利主義思想であった.したがって,彼の経済思想も,それら功利主義思想との関係を考慮することによってのみより深く理解することができると考えられる.むしろ,それらとの関係を考慮することは,彼の経済思想の解明にとっても必須の作業といわねばならないだろう.本章では,そうした作業をつうじてベンサムの初期経済思想とともに,政策論をもふくめて彼の経済思想全般の解明への道筋をつけると同時に,彼の功利主義思想そのものについても,従来の解釈を大きく変更することを意図されている.

ところで，従来，功利主義は，功利の原理すなわち「最大多数の最大幸福」（ないし「最大幸福」）原理を人間の行為や社会生活のあらゆる面にわたって唯一の価値判断基準とするものと解釈されてきた．そして，そうした功利主義理解（一元的な直接的功利主義理解）にもとづいて，功利主義は「最大多数の最大幸福」（ないし「最大幸福」）の名のもとに，少数者または少数者の権利を犠牲にすることを正当化するものとして批判されてきた．こうした理解にたって，その対極をなすものとして主張されているのが「権利」にもとづく政治哲学であり，そのもっとも徹底した代表者としてR. ノージックをあげることができる[2]．彼によれば，各人の権利はいかなる外的要因によっても制約ないし犠牲を課されてはならず，その意味で「最大多数の最大幸福」の名のもとに少数者とその権利の犠牲を正当化する功利主義は容認することができない．また，ノージックの主張とは内容は異なるにしても，基本的には同様の功利主義理解にたちつつ，功利主義批判を媒介として現代正義論を展開しているのがロールズである[3]．ロールズの場合，「正義の2原理」を基軸として全体が構成され，「平等な自由」（つまり権利の平等）としての第1原理が辞書的に優先するものとされている．そして，権利や利害の調整は，第2原理(a)の格差原理をつうじてなされる構成となっている．すなわち，有利な立場にいる人びとの状態の改善は，もっとも不利な立場にいる人びとの状態の改善をともなう場合にのみ，受けいれられるとされている．これに対して，ノージックでは，権利や利害が事実的に調整される制度的側面についての言及はなされているにしても，それらの権利や利害を調整する原理そのものが必ずしも明確でなく，論理の構成と展開に問題が残されているといわなければならない．

　以上のような少数者犠牲説にたつ功利主義理解と批判に答えるかたちで，功利主義を擁護する立場から，新たな展開を試みたのがR. M. ヘアの「二層理論」であった．彼は人間の認識レヴェルを直感レヴェルと批判レヴェルの二層に区分し，前者は事実問題にかかわり，後者は価値判断にかかわるものとした．そして，功利主義がかかわるのは後者のレヴェルであり，その際，行為の当事者はそれぞれ相手の立場に自己をおきかえる（「相手の立場にたつ」）ことに

よって，利害を普遍化し，そのうえでどの行為が全体としてより大きな幸福に寄与するか，したがってどの行為を選択すべきかを判断する．こうしたヘアの理論が，従来の功利主義解釈に対して一定の寄与をなすものであったことは明らかである．なぜなら，当事者間での（想像上での）立場の交換と利害の「普遍化可能性」を媒介とすることによって，人間が社会生活を営むうえで必要とされる利害の相互調整の論理が提起されているからである[4]．「権利」にもとづく政治哲学が，そのような利害の相互調整とそれにともなう自己抑制をも権利の犠牲として理解するとすれば，人間の社会性ないし社会的存在を提示する独自の論理を示さなければならないだろう．そうでなければ，権利論は，個々人の利害と権利の尊重を強調することによって，逆にそれらの対立が生じた場合，弱肉強食的な人間関係を容認し，人間の社会性そのものを否定する結果となるだろう．

　これに対して，ロールズの場合，体系の出発点では，諸個人間での権利や利害の衝突は排除されている．そして，そうした衝突が発生しうる段階でも，上記のように格差原理によって社会的調整がなされるメカニズムが考慮されるとともに，さらに人びとにおける正義感の育成をとおして，第1原理の優先性が維持される構成となっている．しかし，他面，制度設計以前の「原初状態」では，「無知のヴェール」という論理操作によって，事実上，諸個人間の相違や区別が捨象され，高度に抽象的な人間像が設定されている．そして，そのような諸個人によって構成される段階で採択された第1原理が，制度設計以後の段階でも貫かれるとされている．そうした方法的手続きによって，権利や利害の対立と衝突はむしろ後景にしりぞく構成となり，その意味で，「原初状態」の仮説による彼の契約論的正義論は，きわめて人為的な性格をもつものとなっているといわざるをえない．ノージックの場合，ロールズの格差原理に見られるような，権利や利害の衝突が生じた場合，それらを調整するより高次の原理は必ずしも明瞭ではなく，さらに権利や義務も人間の社会的存在としての相互作用から発生するという認識が希薄であり，しばしば指摘されるように，彼の強調する権利それ自体の発生根拠が問われることになろう．いうまでもなく，人

間が社会的存在であるかぎり，そして，とりわけ私有財産制度のもとでは，権利や利害の衝突は避けてとおることのできない問題であるとすれば，それらの衝突を調整する原理やメカニズムが初発から体系の展開に組みいれられていなければならない．その意味で，ロールズの場合，人為的で抽象的な論理構成であるといわざるをえないし，またノージックの場合は，政治哲学としても重大な欠陥をもっているといわざるをえないだろう．

　以上のような権利論的立場からの功利主義批判に対して，ヘアの「二層理論」が一定の応答となりえていることは前述のとおりである．なぜなら，それは権利や利害の衝突に焦点をあて，その調整のメカニズムを提示しているからである．しかし，ヘアの場合も，功利主義の理解そのものは，やはり依然として一元的な直接的功利主義理解を克服するものではなかったといわざるをえない．もしヘアの功利主義理解が従来の解釈に変更を迫るものであったとすれば，上記の人びとをはじめ，少なからぬ人びとが当然それに十分考慮を払ったはずである．しかし，事実，例えばヘアの理論が提起されてから28年を経過したのち，初版以来のさまざまな批判を考慮して出版された『正義論』改定版（1999年）においても，「二層理論」への言及はいっさいなされていない．近代哲学史にもつうじたロールズにとって，ヘアの理論がそれまでの功利主義解釈を変更するものであったすれば，当然それにも何らかの言及がなされたと思われる．

　問題は明らかである．功利主義を批判する側も擁護する側も，功利主義そのものの解釈としては，いずれも常識化した一元的な功利主義理解，つまり「最大多数の最大幸福」（ないし「最大幸福」）原理のみからする直接的功利主義理解であったということができる．そうした一元的な直接的功利主義理解にたてば，権利論の立場からする批判＝少数者犠牲説も一定の正当性をもちえよう．そして，もしつねに「最大多数の最大幸福」（ないし「最大幸福」）原理のみを唯一の価値基準として行為しなければならないとすれば，個人の私的利益の追求は，そうした結果をもたらすことが明白でないかぎり，たえず制約され抑制されざるをえないこともまた明らかであろう．

しかし，ベンサムの経済学草稿に着目するとき，個々人の私的利益の追求は，それらの個人がそれぞれの状況と事情についてもっともよくつうじ，判断しうる主体であるから，各人にゆだねられるべきであって，政府ないし立法者がみだりに介入すべきではないことがくり返し強調されている．これらの個人は，社会全体の最大幸福を基準として行為するのではない．私的利益のみを追求する．そうであるとすれば，経済学草稿におけるベンサムの主張は，従来多くの人びとに共通して見られる前述のような功利主義理解とどのように整合するのだろうか．もし諸個人が「最大多数の最大幸福」（ないし「最大幸福」）のみを判断基準として行為しなければならないとすれば，人びとは自分自身の利益に反してでも行為しなければならないだろう．しかし，それはベンサムの主張ではない[5]．

それにもかかわらず，従来「最大多数の最大幸福」（ないし「最大幸福」）原理のみからする一元的な功利主義理解が支配し，そうした理解そのものについての反省がなされてこなかったのは，ベンサムの場合『道徳および立法の諸原理序説』のみから彼の功利主義について理解されてきたことにくわえ，功利主義研究そのものが主として倫理学や法思想および政治哲学の分野でなされ，それらの研究に経済学研究の視点が十分反映されてこなかったことが大きな理由のひとつをなしてきたように思われる．そのため，功利主義理解がきわめて単純化され矮小化される結果となってきた．近代思想史，とりわけ19世紀において功利主義が占める大きな位置と役割を考え合わせるとき，功利主義理解の矮小化は近代思想史そのものの矮小化をもたらす結果となることは明らかであろう．こうした問題は，J. S. ミルの場合についても指摘することができる．ベンサムについては，草稿の多くが今日なお未整理・未公刊であり，資料的にやむをえないともいえよう．しかし，ミルの場合，すでに決定版ともいいうる『全集』が存在しており，彼の功利主義思想については体系的な再検討が可能であると思われる[6]．ベンサムについても，資料的制約があるとはいえ，経済学草稿等をふまえつつ再検討をすすめるべきであり，またある程度まで可能である．本章で意図されているのは，そうした試みのひとつである．

1．民法関係草稿の位置と意義

ところで，初期ベンサムを代表する著作のひとつが『道徳および立法の諸原理序説』であり，前述のようにベンサム功利主義理解の多くもこの著作（のみ）に依拠してきたといっても過言ではない．しかし，本書は，周知のように1780年に印刷され，出版されたのはようやく1789年になってからであった．ベンサム自身が，この著作に大きな不満をもっていたためである．事実，彼は出版に際してかなり長文の「序言」[7]を新たに付し，印刷ののち出版が遅延した理由を記している．ベンサムによれば，本書はもともと刑法の「序説」を意図して書かれたが，現行のままでは多くの「欠陥」をもっている．とりわけ重大なのは，本書には民法に関する諸事項が欠落している点である．なぜなら，財産権その他の権利の確立や配分を規定することなしに，それらの侵害について論じることは，論じるべき前提と根拠を欠くことになるからである．したがって，刑法や刑罰について記すまえに，民法について論じるべきであった．

こうして，ベンサムは改めて10部門からなる自らの法体系の構想を示しているが，そこでは「民法」が「第1部」におかれ，次いで「第2部」として「刑法」がおかれている．また，「第8部」「第9部」として「財政」「経済」がおかれ，ベンサムがすでに体系構想の最初の時点からこれらの分野をも視野にいれていたことを示している．さらに，「第10部」として「普遍的法学（universal jurisprudence）」がおかれているが，それは以上すべての部門にわたる基本的な用語と理念のリスト，およびそれらの相互関係を示す予定であった[8]．事実，この「普遍的法学」の内容と類似した内容をもつ後期の草稿断片が"Pannomial Fragments"としてバウリング版『ベンサム著作集』第3巻に収録されているが，それは初期の「民法典の諸原理」と重複する内容を多くふくみ，ベンサム本来の功利主義思想の構造を知るうえでも貴重な手がかりを与えてくれる[9]．

"Pannomial Fragments"についてはのちに取りあげるとして，上記の「序言」の記述から，民法部門は刑法部門および刑罰論の基礎をなすばかりでなく，ベンサム法体系全体の基礎をもなすものと考えられていたことを確認できよう．

事実，彼は『道徳および立法の諸原理序説』を印刷したまま，その後 1780 年代をつうじて民法と刑法の区別と関連，およびそれらと法一般（Jurisprudence）との関係について苦闘をかさね[10]，刑法および刑罰部門に関する草稿とともに，民法部門に関する多数の草稿を書いている[11]．その後のベンサムの生涯は，それぞれの時期の時事問題への取りくみを別とすれば，基本的にはここに示された法体系の構想を実現する過程であったといってもけっして過言ではないだろう．

　ベンサムの初期の民法典草稿は，フランス語でも執筆され，刑法典その他の草稿とともに，スイス人デュモンに託され，彼の手によって 1802 年パリで *Traités de legislation civile et pénale*（3 巻）として出版された[12]．バウリング版『ベンサム著作集』第 1 巻に収録されている「民法典の諸原理」も，「刑法の諸原理」とともに，デュモンによるこの仏語版から英訳されたものである[13]．しかし，ベンサムは 1810 年代後半から 1820 年代にかけて再び，今度はおそらく『憲法典』との関連で刑法典に関する草稿とともに，民法典に関する草稿を執筆している．これらの草稿は，今日なお未公表であるが，それらをも利用してベンサムの功利主義を「分配的正義」論として特徴づけたケリーによれば，民法の 4 つの目的とされた「安全」「生存」「豊富」「平等」の関連のとらえ方において，初期ベンサムとのあいだに変化が見られる[14]．本章でも，上記 "Pannomial Fragments" その他に再現されている後期の民法草稿をも視野にいれつつ，検討をすすめることにしたい．

　さて，以上からベンサムの法体系における民法部門の基礎的重要性が理解されたことと思う．前述のように，民法は所有権をはじめ諸個人の権利と義務の確立と配分を規定し，たんに刑法および刑罰論の基礎をなすばかりでなく，彼の法体系全体の土台をもなすものであった．「民法典の諸原理」のベンサムによれば，立法者の職務は，社会の構成員のあいだに権利と義務（ベンサムは責務と呼んでいる）を配分することであるが，ここで権利といい義務といっても，同じことがらの表裏にすぎない．一方に権利を与えることは，他方にその権利を守る義務を課すことを意味する．この点について，ベンサムは，次のように

書いている．

> 「権利と責務は，それらの性質では異なり反対であるとはいえ，それらの起源においては同時発生的であり，それらの存在においては不可分である．事物の性質によれば，法律は，同時に他の誰かに負担を課すことなしに，いかなる人にも利益を与えることはできない．言いかえれば，ある人に権利が作りだされるということは，必ず他の人に対応する責務を課すことである．」[15]

したがって，統治の目的は，これらの権利と義務の確立と配分をつうじて社会の最大多数の最大幸福を目指すことであって，自ら直接それを実現することではない．ベンサムによれば，その場合，個人の「享受を提供する配慮は，ほとんどもっぱら各個人にゆだねられるべきであり，統治の主たる機能は彼を苦痛から保護することである．」[16]

立法ないし立法者のなすべきことは，諸個人に配分される権利を確定し，それを尊重する義務を課すことによって，侵害を防止することである．前者が民法部門に属し，後者が刑法部門に属することはいうまでもないだろう．ベンサムの功利主義思想を理解する場合，何よりもこうした諸個人の権利の尊重（権利論）とその侵害の防止（正義論）が根底におかれている点が理解されなければならない．言いかえれば，ベンサムの功利主義が「最大多数の最大幸福」（ないし「最大幸福」）を最終目標とするといっても，その実現は諸個人への権利の付与とその侵害の防止をつうじてなされるということである．

それでは，諸個人への権利の付与とは，より具体的には何を意味しているのだろうか．その問題こそ，「民法典の諸原理」が主たる対象としているものであった．ベンサムは，次のように書いている．

> 「権利と責務の配分において，すでに述べたように，立法者は政治体の幸福をその目的としてもつべきである．とりわけいっそう，この幸福が何に存するかを研究するに際して，われわれは4つの従属的目的を見いだす

　　生存（subsistence）

豊富（abundance）
平等（equality）
安全（security）

　これらすべての点での享受がより完全であればあるほど，社会的幸福の総量，とりわけ法に依存する幸福の総量は大きいのである．」[17]

　見られるように，社会全体の幸福量の最大化は，より具体的には「生存」「豊富」「平等」「安全」という下位諸目的をとおして実現される．したがって，「最大多数の最大幸福」（ないし「最大幸福」）は，これらの下位諸目的が諸個人のあいだでどれだけ実現されているかに依存する．ベンサムは，これら下位諸目的について，さまざまな機会に言及しているが，『政治経済学便覧』では「生存」「享受」「安全」「増大」とし，「平等」は脚注であげるにとどまっている[18]．また『政治経済学綱要』（1801-04年）では，「生存」「安全」「享受または富裕と人口稠密」「平等」とされているが，編集者スタークによれば，草稿では「生存」「安全」「享受」「人口稠密」「自由」「平等」の6つが記されている．しかし，同じ日に書かれたつづく諸パラグラフでは，5つをあげている場合もあれば，4つのみを記している場合も見られる．5つの場合は，「享受または富裕」と「人口稠密」はともに「豊富」におきかえられている．これに対して，4つの場合は，「自由」が「安全」にふくまれ，最終的には上記のように「生存」「豊富」「平等」「安全」とされるにいたっている[19]．これらの事実から知られるように，4つの目的それぞれにも，さらに下位の諸項目がふくまれていることが推測される．しかし，これら4つの下位目的そのものは，"Pannomial Fragments" や『憲法典』等の後期の諸著作でも堅持されており，「民法典の諸原理」で設定された4項目こそ，ベンサムが生涯をつうじて「最大多数の最大幸福」（ないし「最大幸福」）原理に次ぐ基本的な下位諸目的として維持しつづけたものであった[20]．

　したがって，ベンサムの功利主義は，「最大多数の最大幸福」原理のみからではなく，これらの二次的諸目的にそくしてより具体的に理解されるべきものである．「最大幸福」原理は，むしろこれら二次的諸目的間に対立が生じた場

合，それらの対立を調整し決済する原理にすぎない．その意味で，それは下位諸目的との関連抜きに主張される場合，抽象的な原理にすぎない．諸個人の日常的な行為は下位諸目的に関連づけて理解されるべきものであって，直接「最大幸福」原理によって判断されるわけではないことに注意しなければならない．先のような常識化した功利主義理解は，この点の無理解に起因しているといってよい．諸目的間に対立や衝突が生じた場合，それらのあいだに優先順位を決定し，それらの対立や衝突を決済し調整する究極基準としての役割をはたすものこそ，「最大幸福」原理にほかならないのである．ベンサム（およびミル）の功利主義思想は，何よりもまずそうした構造をもつものとして理解されるべきであり，その点についての理解が欠落してきたところに，従来の功利主義解釈に共通する欠陥があったといってよい．そして，そうした従来の功利主義解釈を大きく訂正するものこそ，ベンサムにおける民法関連草稿にほかならない．

2．下位諸目的間の関係

2-1 「安全」──「期待の安全」の概念

「民法典の諸原理」において提起された二次的諸目的のうち，ベンサムがもっとも重視しているのは「安全」である．「安全」とは，「人格」「財産」「名声」および「生活状態」の安全を指し，広義の所有権を意味している[21]．「人格」「財産」「名声」「生活状態」それぞれにおける権利と義務の確立が所有権の内容であり，その意味での所有権の安全とその諸個人への配分こそ，近代社会の基本的枠組をなすものだからである．そして，民法が上記の諸事項における権利と義務の確立と配分を規定し，近代社会の基本的枠組ないし条件を提供するものであるとすれば，刑法および刑罰論はそれらを侵害の側面から対象とする．したがって，民法を欠如したまま，刑法への序説を意図して執筆された『道徳および立法の諸原理序説』は，ベンサム自身が記していたように，基本的な点で欠陥をもつものであったといわなければならない．ベンサム功利主義を『序説』（のみ）から理解する場合，十分注意しなければならない点である．

ところで，初期の「民法典の諸原理」では，「安全」の諸項目のうち「財産」について主として論じられ，1820年代の民法草稿が合体されたと考えられる"Pannomial Fragments"では，4つの目的すべてについて論究され，とりわけ「人格」が重視されるにいたっている点が注目される．しかし，そうした相違にもかかわらず，両者に共通して見られるのが「期待（expectation）」と「期待の安全（security of expectation）」の重視である．「民法典の諸原理」では，「財産」そのものが「期待」に結びつけられ，「財産の観念は，確立された期待にある」[22]ことが強調されている．すなわち，財産の有用性とは，それを使用するか交換することによって獲得される利益の期待をその実質的内容としているということである．したがって，財産の「安全」とは「期待の安全」にほかならず，「安全」の概念にとって「期待」および「期待の安全」こそ，本質的な要素をなすものであった．ここで，「期待」とは，人間としての諸個人の人生計画にかかわる概念であり，ベンサムが「期待の安全」という場合，そうした人生計画を可能にする枠組の保証を意味している．ベンサムによれば，「期待」の概念は将来にまでわたる時間の契機をふくみ，人間を人間たらしめるものである．たんなる動物とは区別される人間の生活にとって，「期待」の概念がもつ本質的重要性について，ベンサムは次のように強調している．やや長文だが，重要な点であるから引用しよう．

「安全の原理に与えられるべき範囲全体について明確な観念を形成するには，次の点を考慮する必要がある．人間は野獣と異なって，享楽においても苦痛においても現在に限定されるものではなく，予測によって快苦をこうむるということ，また現実の喪失に対して彼を保護するだけでは十分ではなく，将来の喪失に対しても彼の占有を可能なかぎり保証すべきであるということである．人間の安全の観念は，人間にその想像力がおよびうる範囲全体にわたって延長されなければならない．」

「人間の状態に対してきわめて著しい影響をおよぼす，この将来を見る気質は，期待——将来への期待——と呼ぶことができる．私たちが行為の一般的計画を形成しうるのは，このことによってなのである．つまり，人生

の持続性を構成する継起的な諸瞬間が孤立し独立した点のようなものではなく，ひとつの継続的な全体の諸部分となるのは，このことによるのである．期待は，私たちの現在の存在と将来の存在とを結びつけ，私たちをこえて私たちに続く諸世代へと橋渡しする絆である．個人の感受性はこの絆の連鎖すべてをつうじて延長されるのである．」

それゆえ，「安全の原理は，これらの希望すべての維持をふくんでいる．つまり，安全の原理は，それらの希望が法律に依存するかぎり，法律が生じさせた期待に，できごとが合致させられるべきであることを指示するのである．」[23]

ベンサムにとって，「期待」の概念は人間生活に特有な本質的要素をなすものであり，「期待の安全」こそ人間生活の継続性と全体性を保証するものであった．「期待の安全」がなければ，諸個人にとっても，世代間にとっても，合理的で一貫した人生計画をもつことができない．したがって，「期待の安全」こそ，人間生活にとってもっとも本質的な要素をなすものであり，動物の生活とは異なる人間生活を可能にし，諸個人の自由な人格としての一貫性や統一性をも保証するものであった[24]．

こうした主張との関連で，とりわけ注目されるのは，ベンサムが早い時期から2種類の「功利」を区別していたことである．ケリーによれば，ベンサムが快苦の源泉ないしは功利の型の区別を導入したのは，1774〜76年に執筆された「ブラックストーン評註」においてであった[25]．その区別は，その後ベンサムによって十分展開されることはなかったけれども，ベンサムの功利主義思想を理解するうえできわめて重要である．「ブラックストーン評註」において，ベンサムは「始原的功利（original utility）」と「期待功利（expectation utility）」とを区別したうえで，前者の例として「打つこと beating」にともなう肉体的苦痛をあげ，後者の例として財産の剥奪による落胆（disappointment），つまり財産の喪失にともなう期待の挫折をあげている．前者は自然的・物理的快苦ないし功利を意味し，後者は社会的快苦ないし功利を意味している．前者は動物一般に共通する快苦または功利であり，後者は人間の社会的条件に依存する快苦ま

たは功利である[26].「民法典の諸原理」からの先の引用文における期待の強調は，それらの功利のうち後者の展開であることはいうまでもないであろう．ベンサム自身は，制裁論や刑罰論から明らかなように，自然的な快苦ないし功利を否定しているわけではない[27]．しかし，彼が決定的に重視しているのは後者であり，社会的条件に依存する「期待功利」であった．「民法典の諸原理」において強調されている「安全」の概念が，後者の考え方の展開であるとすれば，「期待の安全」こそ，所有権をめぐる権利の確立と義務の配分，すなわち近代社会の基本的枠組をつうじて保証されるべきものであった．

　「生存」の概念にすすむまえに，次の点を再度，強調しておかなければならない．すなわち，広い意味での所有権をめぐる権利の確立と義務の配分は，ベンサムにおいて，諸個人にとって自由な人間（＝人格）としての権利の確立を意味すると同時に，正義の諸規則の確立をも意味しているということである．この点の無理解が従来のベンサム功利主義解釈の重大な欠陥であったことはすでに指摘したとおりであるが，民法が彼の法体系の基礎をなす意味は，広い意味での所有権をめぐる権利論と正義論がベンサム功利主義思想の根幹をなしているということである．民法諸草稿における「期待の安全」の概念は，諸個人への権利の付与（権利論）と諸個人が社会生活において遵守すべき正義の諸規則（正義論）とが近代社会における人間生活（市民としての生活）にとってもっとも基礎をなすものであることを強調したものにほかならないのである．

2-2 「生存」の概念

　ベンサムによれば，二次的諸目的のうち「安全」と「生存」が順位としては優先し，「豊富」と「平等」はそれらより下位に位置する．なぜなら，「安全」は，上述のように近代社会の基本的枠組を提供するものだからであり，また「生存」は，それが失われるとすれば，比較を絶する幸福量のマイナスをともない，幸福計算そのものを無意味にするからである．しかし，ベンサムによれば「生存」は法律によって提供されるものではなく，むしろ基本的には「必要（needs）」と「享受（enjoyments）」という自然的動機によって支えられている．

この場合，法律がなしうることは，所有権の安全を提供することによって，間接的に生存に寄与することである．ベンサムは，次のように書いている．

> 「生存に関して法律は何をなしうるだろうか．直接的には何もなしえない．法律がなしうるすべては，動機を作りだすことである．すなわち，その影響によって人びとが自らに生存を提供するように導かれる報償と刑罰を確立することである．」[28]

ここで言われている「動機」とは，もちろん肉体的必要からくる自然的動機ではなく，法的動機，すなわち所有権を侵害した場合に生じる法的制裁のことである．「生存」に関して，法律がなしうることは，勤労の成果の所有を保証することによって，勤労への動機を促進することである．その点について，ベンサムは，さらに次のように書いている．

> 「法律は人間に『働け，そうすれば君に報償を与えよう』とはいわない．そうではなく，法律は彼に次のようにいう，『働け，そうすれば君からそれらを取りあげようとする手を阻止することによって，君の労働の果実，私なしには君が保持することができない，労働の当然かつ十分な報償を保証してあげよう．』勤労が作りだすとすれば，保存するのは法律である．すなわち，最初の時点では，われわれはあらゆるものを労働に負うとすれば，第2の時点およびそれに続くあらゆる時点では，われわれはあらゆるものを法律に負うのである．」[29]

ベンサムが，このように主張する前提には，人類は法律の観念が形成される以前に，「必要」に迫られて勤労へと駆りたてられ，あらゆるものを作りだしてきたとする考えがある．法律は，そうした前提のうえに，所有権一般を保護することによって，各人に労働の成果の取得を保証し，いっそう勤労を促進することに寄与する．したがって，法律が勤労への直接的動機となるわけではなく，あくまでも「期待の安全」という近代的所有権の枠組を提供することをつうじて，間接的に勤労を促進することに寄与する．ベンサムによれば，法律は勤労への動機としては形式的な保証を提供するのみであって，勤労への真の動機となるのは自然的必要と享受である．これらの点について，彼はさらに次の

ように述べている．

　「……自然そのものが，これらの動機を作りだし，それらに十分な活力を与えてきた．法律の観念が存在する以前には，その点で，必要と享受が，もっとも調和のとれた法律がなしうるすべてのことをおこなっていた．あらゆる種類の苦痛，死そのものによってさえ武装した必要が，労働を命じ，勇気を奮いたたせ，予見を鼓舞し，人間の能力すべてを発展させた．充足されたあらゆる必要の不可分の随伴物である享受が，障害を克服し，自然の目的を実現する人びとに対して報償の尽きせぬ源泉とった．」したがって，「生存」の場合には，「物理的制裁の力で十分であるから，政治的制裁の使用は余計」である[30]．

　こうして，ベンサムによれば，人間を勤労へと駆りたててきたのは「必要」という自然的動機であって，法律という人為の結果ではない．したがって，「生存」もまた，そうした自然的動機によって支えられてきたのである．しかし，法律が存在しない場合，そうした勤労の成果の取得と安全を保証しえないだろう．強者が弱者から奪うことを防ぎえないからである．その場合には，勤労への動機を阻害し，人類は未開人（the savage）のままにとどまり，能力の発展も改善も生じえないだろう．法律が提供する「安全」によって，勤労への動機が強められ，人類はあらゆる能力を開発し，障害を克服するとともに，社会生活を向上させ文明社会へと歩んできたのである．法律が間接的に「生存」に寄与するのはこのようにしてであり，法律が提供する所有権の安全という枠組によってはじめて，発達した生活様式や文明も可能となるのである．これがベンサムの基本的な考えであった．

　しかし，所有権の安全が与えられ，「期待の安全」が保証されたとしても，勤労によって「生存」を維持しえないことが生じうる．窮貧民（the indigent）の場合がそれである．「民法典の諸原理」のベンサムは，人生の両極にあって保護を必要とする幼児と老齢者以外に，勤労に従事し自らの生活を維持している人びとの場合も，「不慮のできごと」「商業の諸変革」「自然災害」「病気」等によって，たえず窮貧民に転落する可能性におかれていることを指摘したの

ち，その対策として，次の3つの場合を検討している．―― 1）勤労貧民（the poor）自身による「節約」，2）「自発的な醵金」，3）「恒常的な醵金」．そして，3）以外は，不確実で不十分であることを論じている[31]．しかし，彼は3）についても，具体的な方法は論じておらず，次のように記すにとどまっている．

> 「……窮貧民としての窮貧民の資格は，余剰の所有者としての所有者の資格より強力である．無視された窮貧民に最後にふりかかる死の苦痛は，余剰の限定的な部分が取り去られることによって富者にふりかかる，落胆させられた期待の苦痛より，つねにより大きな悪であろうからである．」[32]

この文章からは，富裕な財産所有者の「余剰」への何らかの課税をつうじて，窮貧民の救済基金にあてることが考えられていたことを推測させるにすぎない．同時に，富裕な所有者の「余剰」に対する所有権より，窮貧者の生存への資格（生存権）が優先するとされている点が注目される．しかし，「民法典の諸原理」の時点では，生存権をふくむ「平等」よりもむしろ所有権の「安全」に強調点がおかれていたといってよい．

しかし，その後，ベンサムは貧困問題の重大性をいっそう深く認識していったと考えられる．18世紀をつうじてくり返された戦争のなかで，ヨーロッパ全体として下層階級の生活状態は劣悪化していた．とりわけ，イギリスでは産業革命の進展にともなう社会構造の変化とフランス革命からナポレオン戦争へとつづく激動のなかで，凶作および食糧価格の高騰とも結びついて，貧困問題が深刻化し，きびしい財政状態にもかかわらず救貧対策が重大な課題となっていた．そうしたなかで，ベンサムは1795～97年に大部の救貧法草稿を執筆し，有効な救貧対策を考案することに精力を注いだ．そこでは，救済を必要とする窮貧民（the indigent）と，日々の労働によって生存手段をえているたんなる貧民（the poor）とを区別したうえで，前者の詳細な分類がおこなわれ，従来の救貧政策にかわる独自の対策が検討されている．その過程で，ベンサムは，窮貧民の増加は所有権の安全という近代社会の枠組そのものを無効にしかねない脅威となりうるとする認識を深めたように思われる．

事実，1801～04年（実質的には1801年）に執筆された『政治経済学綱要』で

は，明らかに強調点に変化が見られる．『綱要』で，ベンサムは再び立法の4つの下位目的について論じたのち，社会的「安寧（well-being）」という「究極原因（final cause）」にとって重要さの点で「生存」を第1順位にあげ，「安全」に優先させさえしている[33]．もちろん，この記述は政治経済学内部の記述であって，ベンサムの法思想全体のなかでは所有権の「安全」が優位をしめると考えられるが，「民法典の諸原理」段階に比べて「生存」により重点がおかれていることは明らかである．その他，救貧法草稿の執筆まえとあととでは，ベンサムの経済思想内部でも変化が見られる．例えば，彼は紙幣増発によって経済成長を刺激するとともに，ナポレオン戦争のなかで累積債務の増大に悩まされていたイギリス政府に対して，紙幣の発行権をイングランド銀行その他から政府の手に移し，財源調達の有力な手段とする提案を検討していたが，救貧法草稿執筆ののち，そうした考えを撤回することになった．その理由は，紙幣の増発と過剰発行が年金生活者や下層階級の生活状態に大きな打撃を与える可能性があることを認識したからであった[34]．

その後，ベンサム自身は救貧問題について議論を発展させることはなかったにしても，ケリーによれば，彼は晩年になるにつれて窮貧民の増大と社会秩序の安定との関連をいっそう重視するにいたっている．事実，1828年に書かれ，"Pannomial Fragments" に合体された民法草稿では，生存手段の欠如にともなって生じうる社会秩序への脅威が，次のように強調されている．

> 「それ［生存手段の欠如—ケリー］を経験しつつある諸個人は，この苦難のもとで労働しつづけるよりも早く，その機会を彼らが見いだすに比例して，当然かつ必然的に彼らをそれから救いだす手段を他の人びとの負担で取得することに向かって，彼らに依存していることがらをおこなうだろう．そして，この意味での努力がなされるか，なされることが意図されていると信じられるに比例して，財産の安全は確実に減少させられ，おそらく他のすべての人びとの側での人格の安全は減少させられるだろう．」[35]

見られるように，生存を維持できない人びとは，他者の所有物を奪うことによって，自らの生存を確保しようとする可能性が指摘されている．したがっ

て，そのような人びとの増大は，財産と人格の「安全」を脅かし，社会秩序の不安定化の要因となりかねないことが強調されている．この場合，ケリーは言及していないけれども，"Pannomial Fragments" では，ベンサムはつづいて，上記の脅威を解消する手段として，富裕な所有者の「豊富」（生存をこえる「余剰」）から租税によってまかなわれる以外にないことを述べている．富裕な所有者にとっては，租税という強制によって取り去られるかぎり，「豊富」が削減され，それだけ彼らの財産の「安全」が減少したことを意味するとしても，所有権一般という近代社会の基本的枠組そのものは維持することができる．彼は，次のように書いている．

「相対的に富裕な人びとによって保有されている豊富の素材の量の削減による以外に，ましてや彼らの側での財産の安全の多かれ少なかれ対応する削減をともなうことなしには，立法者の強制的権威によって，窮貧民に対して対策がなされることはありえない．」[36]

他方で，ベンサムは，生存が保証されているかぎり人口は増えつづけるから，上記のような「豊富」部分からの強制的移転を上回わって人口が増加しつづけることを指摘している．そして，その場合，一方では移民が有効な手段になりうるとしつつ，他方では居住可能な地域は遅かれ早かれ人口で満たされるだろうから，あらゆる社会は結局，次のような3つの部類の人びとから構成されるようになるだろうと論じている．すなわち，

「1. 多かれ少なかれ豊富の素材の追加とともに，生存の素材が死および急速に死に向かう病気に対して，生命と健康の維持に十分な量で所持されている人びと，2. 生存の素材の不足のために滅びつつある状態におかれ，急速に死へと向かいつつある人びと，3. 差し迫った死から自らを救うために，富者と闘うことに専心し，すべての人の安全およびすべての人の手にある生存と豊富の素材とを犠牲にして，自らのために生存手段を提供する人びと．」[37]

こうした指摘は，ベンサムが，移民は一時的な方法にすぎないと考えていたことを示している．上記の3の部類の人びとが社会的秩序の安定にとって脅威

であることは明らかである．そして，2の部類の人びとも潜在的脅威である点では同様である．社会がこれらの部類の人びとによって多数を占められるとすれば，所有権を基礎とする近代社会の秩序の安定を維持することがきわめて困難になることは明らかだからである．しかし，ベンサムは近代社会の秩序と枠組のなかで過剰人口と窮貧民の問題にどのように対処するかについて明確な処方箋を示さないまま，これらの問題を解決するには「人間の慈愛」以外にないことを指摘するにとどまっている[38]．「人間の慈愛」によって何が意味されているかは不明であるが，彼はそのまま「豊富」の問題に移っている．

2–3 「豊富」と「平等」の概念

「豊富」とは，「生存の素材」をこえる「富の素材」と定義される[39]．そして，その意味での「豊富」の実現こそ，社会秩序の安定と窮貧民の救済問題とをバランスさせるうえで重要な課題となる．ベンサムによれば，「豊富」は，法的見地からは，2つの目的に役だつ．第1に，そのなかから「生存の素材」を供給し，「生存」に寄与する．第2に，軍備・司法をはじめとして，内外の「安全」に貢献する．そのことによって，「豊富」は近代社会の枠組と「期待の安全」を維持するのに寄与し，諸個人の自由な「人格」としての人生計画の遂行に有利な条件を提供する．しかし，いかにして「豊富」を実現するかは，もはや民法の範囲をこえる課題であり，政治経済学に属している．むしろ，ここでより重要なのは，「平等」の問題である．

「民法典の諸原理」段階でのベンサムは，「安全」に絶対的な優先権を付与し，「平等」の実現は不可能であることを強調していた．例えば，

> 「平等は，安全を侵害しない場合以外は，支持されるべきではない．その場合とは，法律が生じさせた期待を妨げない場合，実際に確立されている配分を乱さない場合である．」[40]

> 「安全と平等が対立する場合は，躊躇すべきではない．平等が譲歩すべきである．前者は，生命―生存―豊富―幸福の基礎なのである．平等は幸福のある部分を生みだすにすぎない．」

「平等の確立は幻想（chimera）である．なされうる唯一のことは，不平等を減少させることのみである．」[41]

　抽象的に考えれば「平等」は望ましいにちがいない．なぜなら，社会を構成する諸個人のあいだでの「平等」が大きければ大きいほど，全体としての幸福量は大きいからである．しかし，上の引用からも推測されるように，「民法典の諸原理」では，「平等」の役割は他の下位諸目的――「安全」「生存」「豊富」――に比してむしろ消極的な地位におかれているとさえいうことができる．確かに，「安全」が「平等」に優先し，「平等」に関してなされるべきこととしては不平等を減少させることであるとする基本的見地は，ベンサムが生涯をつうじてもちつづけたものであり，その点は後期の民法草稿においても本質的には変化していない．そして，不平等を減少させる方法としては，「漸進的（gradual）」にすすめられるべきであるとする点でも同様である．

　しかし，それらは，社会秩序の安定性を維持する条件たる所有権の「安全」という視点から主張された場合である．この点でも，先の救貧法草稿の執筆が大きな意味をもっていたと考えられる．事実，後期のベンサムは，ますます「生存の普遍性」，すなわち生存への平等な権利を主張するようになった．なぜなら，「生存」の喪失は，比較を絶した苦痛と幸福量のマイナスをともなうからである．ケリーの指摘によれば，ベンサムは後期の草稿で，生存手段，したがって生存への平等な資格について，次のように書いている．

「生存に関しては，事実は次のとおりである．すなわち，〔生存の―音無〕平等は本質的に豊富とは別に考えられ，豊富にともなわれ，豊富の概念そのものにふくまれているということである．というのは，この場合，その仮定には，いかなる人も他の人より生存手段をより多くもつことはできないということが一貫してふくまれているように，その生存（existence）には，いかなる人もより少なくもつことができないということが一貫してふくまれているからである．」[42]

さらに，草稿の次頁には，以下のように記されている．

「厳密に理解された生存，この場合には，平等の階梯にはさまざまな程度

の余地はない．というのは，仮定によって，この場合にはいかなる不平等
の余地もないからである．」[43]

　第1の引用文は，「生存」は「豊富」とは別であるにしても，あらゆる人に
対する「生存」の保証は「豊富」の実現と結びつけて考えられていることを示
している．その場合でも，「生存」に関するかぎり，すべての人が平等である
と考えられていることが読み取れる．第2の文章には，さらに明確に「生存」
に関しては，平等における「程度の余地」はなく，したがって「不平等の余地
はない」という考え方が明確に示されている．すなわち，生存手段，あるいは
生存の最低限に関しては，すべての人が平等な資格と権利をもつとされている
ということである．救貧法問題の検討をとおして，「民法典の諸原理」の段階
より，生存への平等な権利（生存権）の主張が強められていることは明らかで
あろう．

　確かに，先のように，生活必需品をこえる過剰人口と窮貧民の増大傾向に対
してどのように対処するかについて，一見するとベンサムは具体的な解決策を
示しえていないように思われる．しかし，移民をおこなっても，居住可能な地
表すべてがやがて人口でおおいつくされ，結局，それぞれの社会が前述のよう
に3つの部類ないし階級の人びとから構成されるようになるとする主張は，む
しろ長期 in the long run の視点からする，その意味で究極的な社会像を描いた
ものと考えられる．1820年代の民法草稿が合体された"Pannomial Fragments"
では，むしろそうした究極的な世界にいたるはるか以前に，いわば短期・中期
的にとるべき政策について強調されているといってよい．そうした見地から理
解するとき，"Pannomial Fragments" の最終段階で，立法目的の他の諸項目に
比して，やや長く論述されている計算例――富と財産の再分配が幸福総量にお
よぼす影響の計算例――は，上記のような生存の最低限への平等な権利の主張
を背景において考えれば，ベンサムにとってきわめて現実的な政策であったと
見ることができる．ベンサムは，それらの結論として次のように述べている．

　「上述のことを考えると，次のことが見いだされるだろう．富の素材に適
　用され，幸福の普遍性に，したがって言いかえれば幸福の最大化に，もっ

とも好都合である配分計画とは，以下のようなものである．すなわち，もっとも富裕な人——その状況が階梯の頂点にある人——の財産が最大である一方，富裕さの最低の人の財産ともっとも富裕な人の財産とのあいだのさまざまな程度が，もっとも多数である——言いかえれば，もっとも規則正しく，感じられないほど漸進的なもの（gradual）である場合である．」[44]

ベンサムの考えでは，封建制社会ではすべてを所有する領主と，何も所有しない奴隷としての農民にわかれていた．文明がすすむにつれて，そうした極端な所有制度はくずれ，所有規模の漸進的な構造が徐々に形成されてきた．イングランドは，まだしもそうした意味ではもっとも文明化しており，その点でそこでは，それぞれの所有者の「豊富」部分から最低限の「生存」への権利を保証する再分配が可能である．しかし，近代社会になっても文明化の程度が低く，財産の大部分が少数者によって所有され，所有規模の格差が大きい社会では，そのような再分配は大きな困難に直面せざるをえない．ベンサムは，上記の引用文につづいて，それと対比しつつ，次のように論じている．

「もっとも富裕な人の財産が大きいほど，その高い水準に財産が近づく人びとの数はいっそう少ないだろう．したがって，その財産額から可能性として最大の削減をなしうる人びとの数はいっそう少ないだろう．——そして，さらに，それらの財産が大きいほど，彼らの負担で，事態の性質がおこなう可能性を排除しないような削減を獲得することに関して，立法者が経験する困難はそれだけいっそう大きいだろう．」[45]

ここで論じられている社会がいかなる社会であるかについて，具体的な言及は見られない．しかし，例えば，絶対王政下の貴族制のように，巨大な財産格差が存在する社会が念頭におかれていたことは十分考えられる．そのような社会では，「豊富」部分から再分配をおこないうる財産所有者の数はきわめてかぎられているばかりでなく，再分配自体が大きな政治的困難に直面するだろう．したがって，そのような社会では，過剰人口や窮貧民の問題を解決することはできず，巨大な格差をもつ所有構造そのものが不安定とならざるをえないだろう．これに対して，イングランドでは，まだしも所有の漸進的な構造が実

現しており，多くの人びとからの「豊富」部分の再分配が可能であり，その意味で過剰人口や窮貧民の問題にもある程度まで対処しうることが可能であろう．これがベンサムの考えであった．それゆえ，彼は上記の引用文につづいて，次のように強調している．

「こうして，例えば，過剰人口の場合，一時的に飢饉を回避することは，イングランドにおいては，あるいはアイルランドにおいてさえ，英領インドにおいてよりも容易であろう．」[46]

長期的・究極的な世界像の視点からは過剰人口や窮貧民の問題を根本的に解決する明確な解答をもちえないにしても，少なくとも当面の事態に対しては，ベンサムは十分な解答をもちえていたといってよい．彼は「民法典の諸原理」の時期から，死亡に際して直系相続人ないし比較的近い相続人のいない財産については，政府に帰す政策をもちつづけていたが，それは少数者への財産の集中と多数者の極端な小規模所有ないしは無所有を回避するためであった．そしていまや，そうした考えは，「生存の普遍性」＝生存への平等な権利の尊重と結合されつつ主張されるにいたっている[47]．しかし，ベンサムによれば，「生存」に関して法律がなしうるのは以上までであって，前述のように「生存」および「豊富」の素材それ自体を生みだすことは政治経済学の対象であって，もはや民法および法律一般の範囲をこえた問題である．

以上，本章が対象とすべき時期と範囲をこえてまで論究することになった．というのも，本章で論ずべき主たる対象は，救貧法草稿以前の時期に属する初期の経済学草稿だからである．しかし，あえて以上のような論述を試みたのは，従来の功利主義批判が，功利主義思想が本来もっている構造についての著しい無理解にもとづいてなされ，また功利主義を擁護する側も一元的な直接的功利主義理解にとどまり，両者が有効かつ生産的な対話になりえていないと思われるからである．真の意味での対話がなりたつためにも，功利主義が本来もっている思想構造を正確に理解したうえでなされるべきであると考えられる．

ともあれ，以上の考察から，少なくともベンサム功利主義は，権利論と正義論を根底にもっており，ミルの「絶対的功利」の考え方とともに，平等な生存権と諸個人の多様な相違や権利の尊重を基礎としていること，その意味で「最大多数の最大幸福」の名のもとに少数者の生命までも犠牲にすることを正当化するものとする解釈とは正反対であることが理解されるであろう．

3．ベンサム初期経済思想の形成

本節と次節では，ベンサムの初期経済思想に焦点をあて検討をすすめることにする．本章で対象とするのは，『政治経済学便覧』(1793-95年，以下『便覧』と略記する)までの経済学草稿であり，それらは救貧法草稿以前に属している．救貧法草稿の執筆をとおして，下位諸目的間の関係についても力点や強調点に変化が見られることは，ケリーによっても指摘されていたところである．しかし，初期の「民法典の諸原理」と後期の"Pannomial Fragments"をより注意深く検討してみれば，前者にも後者で展開されることになる論述や論点が不十分ながらも多く存在していることが見いだされる．その意味で，彼の初期の民法思想は後期のそれを排除するものではない．ベンサムのさまざまな分野での思想や理論の展開を検討する場合，そうした彼の民法思想の性格をふまえておくことが重要である．その意味で，本章でも以下では前節までの検討を前提として，検討をすすめることにする．

さて，『便覧』そのものは，ベンサムの初期経済思想の集約点ともいうべき位置を占め，そこには，それまでの彼の経済思想の形成・発展が反映されている．そこでまず，『便覧』にいたるまでのベンサムの経済思想の形成過程について概観しておくことにしよう[48]．

ベンサムの最初の経済的著作とされるのは，『高利擁護論』(1787年)[49]である．それは，周知のようにスミスが『国富論』で擁護していた最高利子率の法的制限を批判することを意図したものであった．しかし，そこでは，利子率や貨幣価値ないし貨幣量の変動が経済におよぼす影響というような本来の経済分析らしきものはほとんど見られず，むしろ全体としては，利子率の最高限度を

規制することは，貸し手の利益を借り手のために犠牲にすることを強いるものであり，貨幣所有者の所有権の安全（すなわち期待の安全）を侵害するという法的見地から論じられている．そして，スミスが資本蓄積を妨げるものとして一括して非難した「浪費家と企画家」のうち，後者こそ革新と経済発展の担い手であることを強調している．ベンサムによれば，発明や発見をつうじて生産力の発達に寄与し，人間生活の改善をもたらしてきたものも最初はすべて，「企画（project）」であり「企画家（projector）」であった．したがって，スミスが「浪費家」とならべて「企画家」を非難しているのは誤りであり，むしろ「企画家」こそ経済発展の推進力たるものである．高利を法的に禁止することは，「企画家」にとって資金調達を困難にし，「企画」を抑制することになり，人類の発展を妨げるものといわなければならない．これがベンサムの結論であった．しかし，そうした論究はいまだ経済分析としての内容に著しく乏しいものであった．

それに対して，ベンサムの初期経済思想において大きな前進が見られるのが，『高利擁護論』第2版のために準備され，1790年に執筆された「あとがき」[50]においてである．この「あとがき」における最初の項目「利子率の強制的引下げの不当性と不得策に関する簡単な考察」において，ベンサムは自らの経済分析をすすめるうえで決定的ともいえる基本原理を定式化している．すなわち，「資本以上の交易（経済活動）はない（No More Trade Than Capital）」または「資本は交易を制限する（Capital Limits Trade）」という原理がそれである．そして，高利を禁止することと国富増進との関連を検討するなかで，国富の増加は労働による以外にはなく，雇用労働量の増加は，1)資本量の増加，2)資本量を一定とすれば，資本をより有利な方向で用いること，によってもたらされるとしている．そして，2)の方向として「企画」に資本を用いるのが，もっとも有利であることを強調している．したがって，『高利擁護論』で論じられた「企画家」ないし「企画」の概念は，いまや資本を用いる有利な方向性と結合され，より具体的にとらえなおされている．さらに，高利禁止は産業に用いるために借りいれられる資本の増加をむしろ抑制し，国民的富の増大を阻害する

ことが強調され，こうして『高利擁護論』の主張は，いまや資本蓄積の視点と関連づけられるにいたっている．

次の項目「『資本以上の交易はない』または『資本は交易を制限する』という原理の発展」では，上記2つの方法——1）資本量の増加，2）資本を有利に用いる方向性——は，立法者によるいかなる「規制」や「強制力（force）」によってももたらされることはできないことが強調されている．そして，ある期間の富の量は「その期のはじめに保有されている資本量の生産力が生みだしうる量以上には増加させることができない」こと，およびある部門での資本の雇用が有利であることがわかれば，人びとは強制されなくても「自らすすんで」その部門に赴くことが論じられている．こうして，経済活動においては，人びとそれぞれの判断が立法者のそれにまさることが強調されている[51]．

「あとがき」では，次いで「植民地統治，経済および平和に関して『資本以上の交易はない』という原理の実際的諸帰結」という項目のもとに，まず植民地貿易が資本を有利に用いる方向としてはむしろ農業に劣り，それだけ国民的富の増加にとってマイナスであることが論じられている．そして，植民地を維持するために軍事費その他の費用が必要となるばかりでなく，そうした植民地支配からさまざまな腐敗的な影響（新たな官職への任命権，国民的利害に関する偏見等々）が生じることを指摘し，植民地放棄論を主張している．したがって，先の2原理との関連でいえば，1）植民地貿易への資本の吸引により，国内生産に用いられる資本量の減少，2）植民地貿易が資本の使用方向として必ずしも有利とはいえないこと，が指摘されている．ここで注目されるのは，資本を有利に用いる点で農業（「土地の改良」）が重視されている点である．

上記の項目につづいて，スターク版『ベンサム経済学著作集』（以下，『著作集』と略記する）では「製造業に依存しない農業」[52]という特徴のある見出しをもつ項目が収録されているが，それはもともと「あとがき」をふくむ草稿群 UC BOX XVII の冒頭におかれていたものである．スタークによれば，「製造業に依存しない農業」は，「あとがき」と一連の草稿として書かれた．その点からすれば，前者はむしろ後者と密接に関連するものとして執筆されたはずであ

る．しかし，それは，スタークによって内容的に次の「諸植民地と海軍」と関連するものと判断され，『著作集』の現行箇所におかれた．したがって，ベンサムの初期経済思想における「製造業に依存しない農業」草稿の位置については，この時期の一連の草稿とともに，再検討する余地が残されている[53]．

それはともあれ，この時期のベンサムは，農業こそが国民経済の基礎であり，農業に資本を用いることが国民的富の増大にとってもっとも有利な方向であるとみなしていた．彼は，次のように断言している．「共同社会のために，資本に関してなされうるもっとも有利な使用は農業である．」[54] ベンサムによれば，その理由は，農業では他の産業部門と等しい利潤にくわえて，地代に相当する部分だけより多く生産されるからである．したがって，資本が「農業に用いられる場合，土地の改良は一定量の土地と労働がより大きな生産物量を生産することを可能にする．」[55] しかし，「製造業に依存しない農業」という見出しから推測されるように，ベンサムは必ずしも製造業が存在しなくても農業は発展しうることを主張しているわけではない．そうではなく，一般には農業に先だって製造業が発展すべきであると考えられているのに対して，農業こそが基礎であり，農業を基礎とすることによってはじめて，製造業の真の発展も可能になることを主張しているのである．

ベンサムによれば，「人びとは働き始めることができるまえに，生存しなければならない．製造業の原材料は加工されうるまえに，存在しなければならない．」確かに，農産物の場合，「パン用穀物」のように，特定の方法でのみ消費されるものについては，人びとは必要とするだけをえてしまうと，もはやそれ以上は購入しないから，市場は「過剰」になることがありうる．しかし，その場合でも，人びとは過剰となった部分を「より精巧な衣服や家具類」と交換するだろう．他の穀物の場合は，ビールに製造されたり，家畜用に利用されたりして転用が可能であり，けっして過剰になることはありえない．したがって，農業はつねに「それ自らに対する市場を見いだすだろう．」しかし，だからといって，農業に資本を人為的に誘引すればよいということにはならない．なぜなら，「それは借地農業者が資本の他の雇用におけるストックの利潤に等しい

利潤を見いだすかぎりで，拡大されうるにすぎない」からである．農業で資本が過剰に蓄積されるようになると，借地農業者はそこで資本を用いることを停止るだろう．そして，その資本は農業で用いられるかわりに，製造業で雇用されるようになるだろう．したがって，資本を人為的に製造業に引き寄せる余地はなく，資本は自からそこへ向かうだろう[56]．

　以上のように，ベンサムは，資本を用いる方法として農業の有利性を主張しているが，同時に資本を人為的・政策的に農業部門へ誘引すること，あるいは逆に製造業部門へ誘引することの無意味さを強調している．一見すると，他の草稿と無関係に主張されているように思われる「製造業に依存しない農業」草稿を断片的に取りだすだけでは，ベンサムの真意を十分理解することは困難である．スタークは，ベンサムの農業重視の主張を「一時的」にせよ重農主義的見解に近づいたもの，あるいは「重農主義者的偏見」に陥ったものと解釈している[57]．しかし，そうした解釈は表面的な解釈にすぎないだろう．

　スタークの場合，同断片を次の「諸植民地と海軍」草稿に関連づけて理解しようとしているため，「製造業に依存しない農業」断片が1790年前後の時期のベンサム経済思想において占める位置と意味を見失う結果となっているように思われる．そのことは，スターク自身が『著作集』の編集に際して利用した草稿に関して，『著作集』第3巻末尾に付した Appendix I，II の関連箇所を少し注意深く検討してみれば容易に読みとることができる．第1に，「製造業に依存しない農業」草稿は，「あとがき」，『高利擁護論』第2版への「序言」[58]，および「諸植民地と海軍」の一部とともに，一連の草稿として執筆されていること[59]．第2に，スタークによって，「製造業に依存しない農業」の次に「1790年頃」として『著作集』第1巻に「諸植民地と海軍」として編集された草稿の大部分は，UC XXV から取られ，それらの草稿は「製造業に依存しない農業」草稿より以前に，むしろ「国際平和の実現と植民地解放（Pacification and Emancipation）」との関連で執筆された可能性が大きいこと[60]．第3に，スタークは，『便覧』を「1793–95年」としているが，実際には1790年頃から執筆され始めた可能性があること[61]．これらの理由から，「製造業に依存しない農業」は，

むしろ「あとがき」および『便覧』とより密接に関連するものとして理解すべきであると思われる．

そうした見地からすれば，スタークの「製造業に依存しない農業」の位置づけについては問題が残されていると思われるが，それはここではおくとして，先のベンサムにおける農業重視の理解に関して，スタークが『便覧』の編集に用いた残余として『著作集』末尾に Appendix II として収録している草稿部分は，きわめて重要である．そこには，次のように書かれている．

「いずれにしても，農業は，次のいかなる意味でも，洗練された製造業（refined manufactures）（すなわち製造業によって通常意味されているもの）を必要としない．1.生存の元本として，2.市場として，3.資本の源泉として．農業生産物は，非常に多様であって，これらの形態すべてにおいて，それはそれ自体として十分なのである．」[（　）内—ベンサム]

「しかし，製造業は農業を絶対に必要とし，しかも生存，原材料，市場および資本のために，あらゆる形態で必要としている．」[62]

ここでも，農業の優先性が論じられていることは明らかである．しかし，製造業については異なっている．引用文の製造業の箇所に付したベンサム自身の脚注には，次のように記されている．

「私は製造業を粗野なもの（coarse）と洗練されたもの（refined）とに区分する．粗野な［製造業—編者］とは，必ず農業に随伴するそれ［である．—同］なぜなら，それなしには，農業はまったく営まれることができないか，当該の時間と場所とでそれが実際に営まれている仕方では営まれることができないだろうからである．」[63]

見られるように，ベンサムは製造業を「粗野な」ものと「洗練された」ものとに区別しているが，それは農業の存続にとって「洗練された」製造業を必要としないにしても，「粗野な」製造業を必ずともなわなければならないことを指摘するためであった．「洗練された」製造業とは，スミスのいわゆる「外国貿易の子孫」としての「精巧な製造業（finer manufactures）」に対応し，「粗野な」製造業とは「農業の子孫」としての製造業に対応するものである[64]．事実，

ベンサム自身も先の「製造業に依存しない農業」断片において,「製造業をともなう農業」あるいは「耕作者との交渉の範囲内で製造業が増大してきた場合,農業はさまざまな点でいっそう有利に営まれうる」ことを記している.そして,「精巧な製造業」によって提供される「精巧な衣服」や「精巧な家具」についても言及している.これらの点からも,ベンサムが単純に製造業を排除して農業立国論を主張していたのではないことは明らかである.むしろ,農業が先だち,それを基礎とした製造業という国民経済の発展経路を考えていたと考えるべきだろう.その意味で,ベンサムの主張は,重農学派的というよりも,スミス『国富論』の核心ともいうべき「資本投下の自然的順序」論を忠実に継承したものと理解しなければならない.

スミスの場合,農業に資本を優先的に投下する理由として,生産的労働の雇用量,製造業・商業に比して地代の存在,資本を用いる際の「安全」や「田園生活の快適さ」などが指摘されていたが[65],ベンサムの場合,「製造業に依存しない農業」草稿では,そうした理由は明瞭ではない.わずかに,(平均)利潤率原理にしたがって,資本が「おのずから」移動することが指摘されているにすぎない.ついでに指摘しておけば,前述のように,「植民地の統治,経済および平和に関して『資本以上の交易はない』という原理の実際的諸帰結」という項目では,農業の有利性の理由として,農業では「通常の利潤」以上に地代をもたらすことが述べられていた[66].それらの記述には多くのあいまいさが残されているにしても,ベンサムの初期経済思想は,資本蓄積と国民経済の発展にとって穀物(=基本的な生活必需品)生産の重要性を考慮する点でスミスと共通の基盤にたっており[67],そうした見地から『国富論』の基本思想たる「資本投下の自然的順序」論を継承しつつ,さらにそれをベンサム独自のアートの視点から,先の下位諸目的にそくしてより具体的に展開することを意図したものであったということができる.そして,そうした視点は『便覧』にも貫かれており,事実,そこでは穀物(生産)奨励金問題が重要な検討課題のひとつとされているのが見られるだろう.

スターク版『著作集』では,次いで「諸植民地と海軍」断片が収録されてい

第 2 章　ベンサム功利主義の構造と初期経済思想の展開　129

るが，それは UC XVII と XXV にある草稿群から編集されたものである[68]．スタークによれば，従来の整理では XXV からの収録部分は 1786 年，XVII からの部分は 1789 年と別の日付を与えられていたが，それは誤りであり，すべては同時期に短時日のうちに書かれたと推定される[69]．彼は，その根拠として，それらの議論が一連の「連鎖」をなしていることをあげている．そして，その日付としては，前述のように「1790 年頃」としている．しかし，草稿の執筆時期としては 1789 年をもふくんでいると考えられる．スタークは「頃」としているので誤りとはいえないにしても，その点とも関連してベンサムの初期経済思想における「諸植民地と海軍」草稿断片の位置についても，再考の余地が残されていると思われる．同断片の内容については別の機会[70]に詳論したので，ここでは，「あとがき」以後確立された，先の 2 原理および農業部門優先の考え方との関連で，若干触れておくことにしよう．

　この時期のベンサムは，対アメリカ戦争およびそれに関連して対仏緊張が高まるなかで，ピットの排外主義的な植民地独占政策を批判し平和を確立する見地から，植民地問題をも論じている．そして，植民地支配を維持しようとすることが戦争の原因であり，平和を確立するためには植民地の放棄が前提であることを強調している．前述のように，議論に連続性が存在するとするスタークの強調にもかかわらず，「諸植民地と海軍」断片における議論の筋道は必ずしも明瞭とはいえないが，ベンサムによれば，植民地を維持し，植民地貿易を奨励する口実となっているのは，それがもたらすと主張される利益である．そして，その場合，製造品の輸入を禁止し原材料の輸入を奨励するという方法が推奨される．あるいは「もっと良い」方法としては，製造品の輸出を奨励するという方法が取られる．しかし，その場合，忘れられているのは「製造業者が事業を営むためには資本をもたなければならない」ということであり，「そのようにして雇用されるだけの資本が他の方法で雇用されるのを妨げられる」ということである．言いかえれば，外国貿易を有利にするために奨励される製造業に資本が吸引されればされるほど，他の産業部門から資本が引きあげられ，一定量の国民的資本のもとでは，必ず他の産業部門の抑圧になるということで

ある．

　ベンサムは，そうした主張との関連で，いまやさらに産業部門を次の5つの部門に区分している．すなわち，1.農業・鉱業・漁業をふくむ原材料の生産，2.製造業，3.国内商業，4.外国貿易，5.中継貿易．これらの部門分割それ自体が，『国富論』の継承であることは明らかであろう．つづいて，フランス革命政府下の国民公会（National Assembly）によって設立された産業奨励委員会が，それぞれ奨励金を用いて産業を振興する政策について論じられている．そのなかで，ベンサムは，とくに荒地委員会や漁業委員会による荒地の改良や漁業の振興について言及し，そうした人為的政策による産業振興は，そのために徴収される租税が一部の人びとに振り向けられるだけであって，そのことによって他の産業を阻害し，むしろ国民経済全般の発展にとって有害であることを指摘している[71]．そうした指摘からも理解されるように，ベンサムは国民経済の発展にとってもっとも優先順位の高いとされる農業部門においてさえ，人為的な奨励政策は有害であるとする見地にたっている．そして，そうした見地との関連で論じられているのが，植民地放棄論である．

　ベンサムによれば，以上のような理由の他に，植民地を維持するため主張される「公然たる理由」のうち「主たるもの」は，次のものである．すなわち，植民地が母国にもたらす利益の評価として，「植民地が生産するほとんどすべてである」（植民地の）輸出品が計算される．そして，植民地を失えば，そのすべてを失うかのように主張される．しかし，それはきわめて奇妙な計算であり，植民地といえども，何らの対価物なしに諸君に与えるわけではない．そうした奇妙な計算にもとづいて植民地を維持する場合も，そのために必要な資本を他から引きあげなければならない．そして，それだけ国民経済の発展を阻害するだろう．ここで，ベンサムは再び，農業の優位性の主張へとたち返っている．そして，以下のように論じている．

　農業生産物に対する需要を作りだすのは製造業であり，したがって製造業を増大させる以外に農業生産を拡大することはできない，と主張される．前者の点は真実であるが，後者の点，すなわち製造業を増大させる以外に農業を拡大

することはできないというのは事実ではない．農業者はリボン，ガーゼ，上質綿布などの「洗練された」製造品がなくても生きていくことができるだけでなく，「いかなる製造業部門もなしに」そうすることができる．このような想定は，事実アイルランドで見られることである．しかし，誇張するのでなければ，農業者は通常の過程では，多様な製造業者の助力を必要とする．「鍛冶屋，大工，なめし皮販売人，粗製亜麻布職人および無数の他の人びと」（「粗野な製造業」）の助力がそれである．しかし，これらの人びとも，農業者が彼らに依存するように，生きていくためには食糧を求めて農業者のところへ赴かなければならない．

　したがって，農業生産物の増大を促進することによって，それに対する需要を提供する人びとの勤労への需要も生みだされるのである．それゆえ，「食糧，農業生産物は，たえずかつ必然的にそれ自身に対する市場を生みだす」のであり，一国が農業を多くもちすぎることはありえない[72]．「未耕作地，または現在よりいっそうよく耕作されうる土地が存在する」かぎり，資本を他の産業部門から引きあげて農業に雇用することによって，何らかの害が共同社会にもたらされることはありえないのである．一国が支配しうる資本の量は限定されているから，いずれかひとつの部門に資本が人為的に誘引されるなら，必ず他の諸部門から引きあげられなければならない．先の5つの部門のうち，どれひとつとして，法律によってそこに資本を誘引するに値するほど公共社会にとって有利であるわけではない．もしあえて，あげるとすれば「土地の改良と耕作」であろう．しかし，諸部門が競合しあう場合，どれかひとつに対する奨励は，必ず他の諸部門に対する抑制となる．したがって，農業以外のいかなる部門の奨励も，それに比例して農業に対する抑制となるのである．現在，植民地向けの諸商品の製造業部門に与えられている奨励は，それだけ農業に対する抑制を意味している．植民地貿易の喪失は，国民全体にとっていかなる損失でもなく，そこに雇用されていた資本が，遠隔の植民地および植民地貿易を維持するのに必要とされる膨大な費用とともに，農業に振り向けられ，それだけ農業の発展にとって有利となるだろう．

1780年代半ば以後のベンサムは,国際平和の問題に関する草稿を書いているが,そうした平和の前提として植民地放棄論を主張し,それを根拠づけるために以上のような経済論を展開していた.次の『便覧』は,先に確立された2原理を,諸政策にそくしていっそう系統的かつ具体的に展開したものと考えることができる.以下の検討をとおして,ベンサムは一方で諸個人の私的利益の追求を徹底して擁護しつつ,他方では「生存」の保障の提供をも強調しているのが見られるだろう.

4.『政治経済学便覧』と「生存」の問題

『便覧』は,スターク版『著作集』においてはじめて草稿から再現されたものである.従来,バウリング版『著作集』第3巻に同名の表題でふくまれていたもののほとんどは,ベンサムが1801〜04年に執筆した『政治経済学綱要』と題された草稿を利用したものであり,ベンサムの経済思想の形成と発展を考えるうえで重大な問題を残すものであった.スタークが『便覧』の編集に用いた草稿群は UC XVII にあるものだが,それには『綱要』の草稿群もふくまれ,前者の草稿群はおおむね前半部分に属し,後者の草稿群は後半部分に存在している.しかし,スタークが編集に利用した草稿の順序を見れば,両者の区分およびそれぞれのグループの配列は錯綜していることが知られる.先の「諸植民地と海軍」の草稿の一部も『便覧』の草稿群に混在しており[73],それらの編集がきわめて複雑な作業であったことを示している.

『便覧』は,全体が第1部と第2部に区分され,第1部は基礎的な理論,第2部は政策問題を論じている.前者はさらに5項目にわかれ,後者には政府のなすべからざることとして13項目の政策,なすのが適切とされる事項として2項目が扱われている.スタークによれば,これらの区分と見出しは,草稿に残されているベンサム自身の書込みにしたがっている[74].第1部から見ていくことにしよう.

4–1 基 礎 理 論

(1) 『便覧』と『国富論』

『便覧』の前半部は「第1部 一般的考察」と題され，ベンサム経済学の基礎理論ともいうべきものが示されている．まず「序論」において，政治経済学に関して，次のように規定されている．「政治経済学は，科学（science）またはアート（art）として考えることができる．しかし，この場合も，他の場合と同様，科学が有用なのはアートの導きとしてのみである．」[75) ここには，「科学」としての政治経済学と「アート」としてのそれを区別したうえで，前者は後者に従属する（すべきである）とするベンサムの基本的な考え方が明示されている．ここで「アート」といわれているのは，行為を目的に向ける活動ないし作用一般を意味し，アートとしての政治経済学とは，統治者の行為を経済的にもっとも有利な目的に向けさせることを意味している．ベンサムはつづいて，次のように述べている．

> 「一国民の統治を手にしている人びとによって行使されるアートと考えられる政治経済学とは，国民の勤労をそれがもっとも有利に向けられうる諸目的に向けるアートのことである．」[76)

以上のように，科学としての政治経済学と統治（ないし立法）のアートとしての政治経済学を峻別したうえで，後者が前者に優越するというのがベンサムの基本的立場であり，そうした立場がスミス『国富論』に対する彼の態度をも規定しているといってよい．したがって，彼の経済思想は理論志向的であるより，理論を前提としつつも，むしろ目的志向的，つまり「富裕」を実現し「生存」を保証することに向けられている．

しかし，ベンサムによれば，上記のような主題はすでにスミス『国富論』において「詳細に」論じられているとして，いまさら『便覧』のような著作を書くことに対して「異論」が提出されるだろう．そうした「異論」が予想されることに対して，彼は次いで，『国富論』の欠陥と思われる点として10項目を列挙している．主要点のみ記せば，その欠陥とは，第1に，スミスの場合には，「あること（το ον）」にのみかかわる科学が主たる目的であり，「正しい（適切

な）こと（το πρεπον）」にかかわるアートは「偶然的・断片的にのみ」触れられているにすぎない．第2に，スミスは法とは何であるべきかという見地をもたず，法の状態に関して「検閲的（censorial）」（批判的）ではなく，事物自然の実際的過程に関して「説明的（expository）」である．しかし，「政府の干渉なしに何がなされ，何が生じるかに関する知識」あるいは「自然発生的に生じることがらに関する知識」が有用なのは，「政府によって何がなされるべきであり，何がなされるべきでないか」を示すことに役だつからにほかならない．科学の有用性は，「アートの基礎として役だつこと」であり，そうでなければ，それは「好奇心の対象」にすぎない．第3に，スミスは「資本の制限によるインダストリーの制限」という命題を著作全体の基礎として用いなかった．もし彼がその命題を用いていたならば，「不一致」や「誤り」から彼を免れさせただろう．そして，議論を小さな範囲にとどめ，最初に主題全体を明確な見地のもとにおくことができただろう[77]．

とはいえ，『国富論』は，ベンサムにとっても政治経済学の権威であった．したがって，彼は『国富論』については詳細な点まで熟知していたといわれる．ベンサムの経済思想は，すでに触れたように『国富論』を基礎としていたということができる．それにもかかわらず，あるいはまた，それゆえに，立法の見地にたつベンサムにとって，『国富論』の分析は「ある（to be）」ことがらに関してであって，「あるべき（ought to be）」ことがらに関してではなかった．ベンサムの視点は，統治の技術（アート），すなわち法の見地から「安全」「生存」「豊富」「平等」を提供することにおかれていた．そうした視点の違いが，ベンサムの経済思想を特徴づけるとともに，『国富論』の不十分さや「欠陥」を強調させることにもなった[78]．

（2） 富，資本の定義と基本原理

以上のように，スミスの立場からすればやや奇異とも思われる仕方で自らの立場を強調したのち，ベンサムは富の定義に移っている．富とは，まず一般的に，次のようなあらゆる対象と定義される．「人間の欲求の範囲内にあって，

人間の占有の届くところにあり，そのようなものとして人間の使用に実際に役だつか，役だつようにさせられうる」対象である．より具体的には，「土地と労働の共同の ……生産物」とされる．ベンサムによれば，「富は消費されるのでなければ」役だたないのであるから，「ある所与の期間に存在するストック」の量は，継続的に増大させられなければ維持されることはできない．富のうち，ストックの増大のために用いられる部分が「資本」である．

ベンサムによれば，「土地」も「資本」の項目にはいる．彼は，「資本」の定義に付した脚注で，次のように書いている．「土地は，……とりわけ勤労からそれが受け取ってきた改良に関するかぎり，資本の項目のもとにはいるものとして考察することができる．本源的な改良されていない土地は，自然によって提供された資本の一部である．」[79] つまり，「土地」は「改良された」部分も「本源的な」部分もともに，「資本」にふくまれるものとされている．したがって，富＝「土地と労働の共同の ……生産物」とされる場合，「土地」は事実上「資本」とみなされているといってよい．

資本は，ベンサムによれば，「固定（fixed）」資本と「流出（outgoing）」資本に区別される．「流出」資本とは，1)労働者用の食糧その他の生存手段，2)労働者が働きかける原材料，3)労働諸手段のうち，生産物が完成される以前に消費しつくされてしまう部分，である．それら以外の部分は，「固定」資本である．「固定」資本は，1)耐久的な労働手段，2)労働者が「働く場所」，すなわち作業用建物とその土地，3)労働者が「働いていないときに居る場所」，すなわち労働者用住居からなるものとされる．

次いで，ベンサムは前節で見た基本原理を再度，確認し強調している．すなわち，

「労働はいかなる場合にも，資本なくしては，何らかの大きな量ではいかなる対象にも投下されえないのであるから，何らかの対象に投下されうる労働量は，それに投下されうる資本の量によって制限されるだろう．」
「共同社会で雇用される資本の量は与えられているから，一定期間に富のストックに与えられる増加は，その資本が用いられる有利さの程度に比例

する，言いかえれば，それに与えられる方向の有利性に比例するだろう．」

「したがって，いかなる共同社会でも一定期間になされる富の増加は，次の2つのことに依存する．1.資本の量，2.それに与えられる方向の有利性．」[80]

『便覧』が，「あとがき」以後の諸草稿と同一の視点にたって論じられていることは明らかであろう．そうした視点から，ベンサムは上記2原理を立法機関ないし行政当局が人為的に実現することは不可能であることを，いっそう具体的に論じている．彼によれば，資本量を一定とすれば，資本が雇用される方向の有利性は，事業そのものの選択とそれを営む様式の選択に依存する．そして，それらの選択は，1) 人びとがそれらに対してもつ利益の程度，および 2) そうした選択を可能にする知識と判断力，に依存する．後者はさらに，事業への人びとの「関心（concern）」と「注意」の程度によって左右され，またそれらの「関心」や「注意」の程度は，それを営むことによってえられる利益の程度によって左右されるから，知識や判断力も，結局のところ利益の程度に依存することになる．

しかし，いかなる他人も，ある人が自分のことがらにおいてもつ関心ほど，そのことがらに関心をもつことはありえない．大蔵大臣，商務大臣あるいは立法府のいかなる議員も，借地農業者が農耕に，醸造業者が醸造に向けるほど，それらに関心と注意を向けるとは思われない．したがって，彼らが幾千と存在する事業のうちで，資本を用いる有利な方向としてある特定の事業を選択し，しかもその事業を遂行する最良の様式を選択できるとは考えられない．彼らがたまたま，ある特定事業ないしは特定事業を営むある様式が有利であることを知る機会があるかもしれない．そして，何らかの偶然によって，為政者がそれらの点で事業を営む本人より，その事業の利益につうじているということがありうるかもしれない．しかし，その場合でさえ，彼らが事業を営む本人より，その人の利益により配慮するとは考えられないし，ある個人ないし諸個人がその事業に乗りだすように誘引するように政府の力を用いる保証を彼らに与える

ものではない.なぜなら,そのような場合には,政府は力を行使するのではなく,情報を与えるだけで十分だからである.このようにして,ベンサムは,いかなる場合にも,立法府ないし行政当局が事業を営む当事者より,その利益への配慮,注意と関心,知識と判断力すべてにおいてまさることはありえず,資本を特定事業ないし部門に誘導することは正当化されえないことを強調している.

資本量の増加に関しては,その点はいっそうあてはまることを前提したうえで,ベンサムは,次のように論じている.

「ある時期の終りに世界に存在する資本の量は,その時期までに生産された富の量にではなく,生産された総量とそのうち消費された部分との差に依存する.」したがって,

「世界における資本の量は,節約(frugality)によるただひとつの方法でのみ人間の配慮によって増加する.」[81]

すなわち,資本の増加は富の絶対量によるのではなく,生産額と消費額との差に依存し,それゆえ「節約」のみが資本の量を増加させることができるとされている.そして,一国規模ないし国単位で資本増加を論じる場合には,「節約」の他に,資本の「輸入」をもつけくわえる必要があることが指摘されている.資本蓄積の要因として,インダストリーの担い手による「節約」を重視し,立法府等による介入を否定している点で,ベンサムは古典派経済学と同一の地平にたっているといってよい.

(3) 経済領域に作用する政府権力の諸様式

以上ののち,ベンサムは法的見地から,経済領域において作用する場合の政府権力の性質や意味について論じている.それらの性質や意味は,組合せによってさまざまに異なりうることはいうまでもないだろう.しかし,要約すれば,経済領域に作用する政府権力の性質は,基本的には1)強制的か,2)誘導的である.そして,前者はa)命令か,b)禁止,後者はc)直接的奨励か,d)間接的奨励の形態を取り,それぞれ単独で作用する場合もあれば,複合的に作用

する場合もあるとされる．例えば，奨励金はそれが与えられる事業ないし事業部門に対して直接的な奨励の性質をもつが，他方，ある特定事業(A)を抑制することによって他の特定事業(B)を促進しようとすることは，後者に対して間接的奨励の性質をもつ，などである．ベンサムによれば，いずれの性質をもつにせよ，政府権力が用いられる場合，それは1)産業一般を増加させるか，2)特定産業を増加させるためである[82]．『便覧』では，こうした分類にもとづいて，のちに政策分析がなされているが，それらの分析がむしろ『便覧』の主要部分をなしているといってよい．

(4) 「交易は資本量に依存する」原理と政府による作用の限界

この項目のもとでは，上記いずれの様式によるにせよ，産業に従事する諸個人にかわって，政府が資本量を増加させることを意図しておこなうことはすべて，有害無益であることがくり返し強調されている．ベンサムによれば，その点で，スミスもシェフィールド卿もきわめて「奇妙」であった．なぜなら，スミスは「交易は資本の量に依存する」という原理を一度も明確に述べていないにもかかわらず，事実上，一貫して同原理にしたがっているからである．それに対して，シェフィールド卿の場合は，同原理の「至上性」を明確に是認しておきながら，ことごとくそれに反する議論を展開している．しかし，後者のように「一見して明白な真理」に反する主張をおこなう根拠となっているのは，要するに「交易一般を奨励すべきである」という「卑俗な」意見ないし慣行以上のものではないのである．確かに，もし「為政者が，個人自身がなすよりも真の利益をよりいっそう追求しそうである」とすれば，政府の干渉に反対する理由はないだろう．しかし，そのような事実は考えられないばかりか，政府が現に「存在するより多くの資本を作りだす」ことはけっしてできないのである．

一方，政府は，すでに存在する資本に有利な方向を与えることがありうるかもしれない．ベンサムによれば，「もし……新たに奨励される事業が新たな資本なしに営まれうるとすれば，また立法者が全能の神のように，無から……

資本を作りだすことができるとすれば，……彼の干渉に反対する」根拠はないだろう．しかし，そうでないとすれば，ある特定事業への資本の誘引は，必ず他の事業から資本を引き去ることとなるだろう．彼は，次のように論じている．

> 「自然は，もっとも有利な部門に勤労を用いることに対して報償を与える．……もし人為的な報償が自然的な過程と同じ過程をとるとすれば，それは不必要である．もし異なったものであれば，それは誤用されているのである．」[83]

ベンサムの立場と主張は明白であろう．すなわち，資本量を増大させるうえでも，資本に有利な方向性を与える点でも，政府が介入する余地はないということである．ベンサムがこの箇所に付した脚注には，注目すべき記述がふくまれている．それは，「一見すると神秘的である諸真理も，交易の資本への依存という原理によって説明される」として，3つの場合について記している．とりわけ注目すべきは，「1. 労働がもっとも高価であるところで，交易は最大である」とされている点であり，それについて，ベンサムは次のような説明をつけくわえている．

> 「一般的富に比例した資本の豊富は，雇用の豊富を作りだす．雇用の豊富は，人手の豊富を必要とするので，競争によって労働を高価にする．」[84]

すなわち，資本の豊富が大きな労働力需要を生みだし，その結果，人手＝労働力に対する競争の激化が高賃金を生じさせる．これに対して，「労働の安価な国」では，労働は豊富に存在しても，資本が欠乏しているのである．ベンサムによれば，「労働の高価」は交易ないし生産の規模が大きいことの原因ではないし，それが存続するかぎり，ひとつの障害であることは確かである．しかし，「労働の高価」は，交易の規模が資本の豊富に依存し，それに比例するという事実の結果である．ここで「労働の安価な国」と対比された「労働の高価な国」が，4つの下位諸目的のうち「豊富」の具体的内容であり，その実現と考えられていることは明らかである．そして，ここに，ベンサムの経済思想に貫かれている高賃金論の考えを読みとることができる．

（5） 変化に対する既得利益の保護

　本項は，スタークがこの時期のベンサムの保守主義を特徴づけるものとして着目している箇所である．しかし，そのように断定するだけでは，ベンサムの真意を十分とらえているとはいえないだろう．

　ベンサムはまず，これまでの議論を，以下のように要約している．

> 「[したがって―編者] 所与の社会で一定期間に生みだされる富の量は，[その社会の資本―同] に依存する．すなわち，一部は雇用される資本の価値に，一部はその資本に対して与えられる多かれ少なかれ有利な方向性に依存するだろう．」[85]

そして，つづいて次のように書いている．

> 「政府は，情報を提供することによって，間接的な方法による以外に方向性を改善する点で何もなすことはできない．」[86]

　情報を収集するうえで，政府はいかなる個人よりも有利な立場にあるとするのがベンサムの一貫した考えである．したがって，政府がなすべきことは，直接に介入することではなく，収集した情報を公開することであり，そのことによって，いかなる産業部門が有利であるかを諸個人が判断する材料を提供することである．確かに，ベンサムによれば，富の量を増大させるために政府がなしうる「ただ一種類の作用」がある．税を課し，それによって生じた財源を産業に用いられる資本に追加することである．言いかえれば，課税による「強制蓄積（forcing accumulation）」という方法である．しかし，それもまた「市民社会（civil society）」の目的とは両立しえない抑圧的な方法であることには変わりないだろう．

　それにもかかわらず，ベンサムによれば，資本の量を増大させ，資本に有利な方向を与えるために，政府によって多くのことがなされてきた．しかし，それらはすべて「完全に無益」であり，「有害」である．しかし，だからといって，それらの方策をただちに廃止することを宣言してはならない．なぜなら，それらの方策は「最初の設立のときには，多かれ少なかれ誤って判断され有害であったとしても，その廃止が即座かつ無条件であるならば，一時的な悪い結

果をともなわない場合はほとんどない」からである．そして，「それらの結果は，……　廃止の利益　……　を上回わる以上のものであろう．」こうして，ベンサムによれば，「改革によって影響をうける関係する諸個人の，存続する利益に払われるべき配慮」の問題が生じる[87]．

　前述のように，これらの箇所は，スタークによってベンサムが既存の制度や利益を尊重することを主張したものであり，ベンサムの保守主義を証明するものと解釈されている．しかし，ここでベンサムは，改革それ自体を否定しているわけではない．それにもかかわらず，ベンサムが既存の制度や政策の急激な廃止に反対しているのは，そのような廃止が，長期にわたって培われてきた諸個人の既得利益を無視する結果となり，近代社会の基本的枠組たる所有権の「安全」――「期待の安全」――を侵害することを防止することに主眼をおいているためにほかならない．こうしたベンサムの基本的な思想を理解しなければ，彼の主張の一貫性を把握しえない結果となることは明らかであろう．

4-2　政　策　論

　『便覧』後半部分は，「第2部　政治経済学の見地からする政府の諸活動」と題され，I．不適切な方策　(a)直接的奨励，(b)間接的奨励，II．適切な方策，に区分されている．上記の「第1部　一般的考察」で論じられた基礎理論を前提し，それを適用しつつ具体的な諸政策について検討がなされている．前項4-1の(3)で見たように，経済領域に作用する政府権力の性質として，強制的と誘導的に区分されていたが，第2部では主として後者の性質をもつ奨励策が，直接的と間接的とにわけて論じられている．そして，最後に政府がおこなうのに「適切な方策」として2項目のみ取りあげられている．しかし，のちに述べるように，スタークによって『著作集』に編集されたのは，ベンサムが考えていた一部にすぎないことが知られるだろう．もっとも，その点はスタークの責任とばかりいうことはできない．ベンサム自身の草稿が未完成であったことに起因していると考えられるからである．しかし，ベンサムの思想をより正確に反映するためには，新『ベンサム経済学著作集』の編集に際して，そうした未

完成状態の草稿をふくめて，草稿により近いかたちで再現される必要があるだろう．その点はひとまずおくことにして，以下ではスターク版にそって見ていくことにしよう．

（1） 不適切な政策 (a)直接的奨励
① 資本の貸付

この様式は，ベンサムによれば，国民的富を増加させる目的で，「特定の産業部門」に資本として用いることを条件に政府によってなされるものであり，政府による直接的奨励様式としては「もっとも異論の少ない」ものである．しかし，その財源となるのは租税であり，貸付けられるまえに，あらかじめ徴収されていなければならない．その方法は，2通り考えられる．ひとつは支出から取りたてられる場合であり，他は資本から徴収される場合である．前者は納税者の「現在の享受」から取りだされ，後者は「将来の状態を改善する手段」＝資本から取りだされる．したがって，貸付によって国民的資本の量に追加されるか，追加されることを意図されているのは，前者の場合（支出に対する課税）だけであるということになる．ベンサムによれば，このようにして徴収され貸付けられる貨幣が確実に返還されるならば，そのような政策にともなう過酷さと不正は徴収される期間のみに限定されるだろう．しかし，いずれにしても，このように用いられる貨幣は，既存の事業の奨励か新しい事業の設立に充当されるかのいずれかであるが，その貸付は対象となる産業に有利であると想定される方向性を与えることを意味している．

2つのどちらの方法で貨幣が貸付けられるにせよ，この種の「強制的節約（forced frugality）」は，市場への貨幣供給を増大させ，市場利子率を人為的に引下げることになるだろう．したがって，それは財産が貨幣からなる人びとに対する租税，しかも貨幣を借りる人びとに譲渡される租税として作用するだろう．その財産が大金であれ小銭であれ，たまたま現金という形態を取っているあらゆる人びと，その意味で貨幣階級（moneyed men）といわれる人びとの所得の漸次的な減少は，社会の発展と「不可分」であり，「避けられない悪」で

あることは認めなければならない．しかし，そのことは立法者が，それを加速し増大させるのを正当化する理由となるものではけっしてない．

さらに，徴収される貨幣が，偶然によってもっとも有利な方向をとることがありうるかもしれない．しかし，そのこともまた，上記の政策に長所をもつという資格を与えるものではない．なぜなら，資本にもっとも有利な方向を与えるには，その方向とはいかなるものかを人が知りさえすればよいからである．望まれるのは貨幣ではなく，情報なのである．政府がその方向を告げることができないとすれば，政府は貨幣に有利な方向を与えることはもちろんできないだろう．もし告げることができるとすれば，告げること（情報を与えること）が政府のなすべきすべてなのである[88]．

以上が，弊害が「もっとも少ない」とされる強制的節約による資本の貸付の場合である．ベンサムの主張は明瞭であり，貨幣を資本として用いる方法や方向は，私人にゆだねられるべきであるとするのが彼の基本的立場である．そうであるとすれば，弊害がより大きいとされる以下の諸政策についても，彼の態度は基本的に同一であるといってよい．しかし，問題は，批判の根拠である．以下，その根拠を中心に簡潔に見ていくことにしよう．

② 貨幣および現物での贈与，無償の貸付

「贈与（gift）」と「貸付（loan）」が並列され，やや理解しにくい表現であるが，『著作集』第3巻末尾に付された Appendix II に収録されたベンサムの草稿では，この項目は「資本の供与（grants）」または「資本の贈与（gift）」となっていた[89]．スタークが内容から判断して，このような見出しを付したものと考えられる．

本項目は，次のように書き始められている．「資本の形態で用いられる貨幣の贈与が，われわれの考察にあらわれる次の奨励様式である．」[90]．この記述から，「資本の贈与」が主題と考えられていることを確認できる．そして，つづけて次のように記されている．「この場合，不適切さはまえの場合と種類において同じであり，規模において異なるにすぎない．」つまり，「贈与」の場合は，財源として必要となる「不正な」課税がくり返され，それだけ規模が大き

くなるということである．ベンサムは無利子ないし通常より低利での貸付，さらには貨幣ではなく「現物」での贈与にも言及しているが，いずれの場合も，「不正」と「弊害」の規模がより大きくなることが批判の根拠として指摘されている．

③ 生産奨励金

生産奨励金に対するベンサムの批判の根拠は，究極的には上記2つの場合より「不合理」がさらに大きいということである．ベンサムによれば，まえの場合はいずれも，目的の達成が保証されておらず，それゆえ十分な根拠または理由のない費用ないし危険を意味した．しかし，生産奨励金の場合，「目的が達成されないまさにその理由のために生じる費用」[91]が批判の根拠とされている．ベンサムによれば，生産奨励金の弊害がもっとも重大なのは，古い既存の事業の場合である．というのは，そのような事業は一般に広範囲であり，その広範さが奨励金によって維持されなければならない口実とされるからである．

それに対して，新事業の場合は，その方策は無益である．なぜなら，この場合，口実となるのは，その事業が設立されるならば，それは利益があがり広範なものになるだろうということだからである．つまり，奨励金が直接的な目的としているのは，新事業を設立することである．しかし，新事業を設立する場合，人びとは奨励金が作用するまえに，すでに必要な方策すべてをとってしまっているが普通である．そのような事業に対して与えられる奨励金は，利益があがるどころか，事業の成長とともに負担が増大するのみだろう．なぜなら，「最初は利益をえるために」与えられた奨励金は，「いまやそれを失う恐れのために」つづけられなければならないからである．新事業の設立を奨励するためなされる資本の前貸は，実験としてのみなされるだけでよく，小規模でなされる以外に必要がないのである．そして，その場合は，少額の奨励金は取り戻すことができる．しかし，大規模に与えられる奨励金の場合は，「再び戻ってくることはありえないか，戻ってくると期待することさえできないのである．」[92]

奨励金によってある品目がその額だけ安価になる場合，人びとは価格の下落

第2章　ベンサム功利主義の構造と初期経済思想の展開　145

によって租税により失うのと同じだけ節約するから，奨励金は役だつことも害を与えることもないと考えられるかもしれない．このことは，次の場合，事実であろう．第1に，納税する人びとと価格下落によって救済される人びととが同じである場合，第2に，各人の納税額と救済される額が同じである場合，第3に，租税を支払うと同時に救済を受け取ることができる場合，そして第4に，これらすべてに必要な労働を無償でまかなえる場合，である．しかし，ベンサムによれば，これらすべては事実ではない．市民すべてに平等にかかる租税はありえないし，租税はつねに，奨励金として払い戻される以前に支払われなければならない．そして，これらのために必要とされる費用はきわめて大きいのである[93]．

次いで，ベンサムは，奨励金が与えられる生産物の生産が増加し，豊富ないし富裕が実現するかどうかを検討している．ベンサムの論述は明晰とはいえないが，本章の主題とも密接に関連するので，やや詳しく見ておくことにしよう．彼は，まず次のように書いている．

「以上述べてきたことから，次のことは明らかである．つまり，生産に対する奨励金は，ある品目の価格をどれほど引下げるにせよ，長期的にはその豊富（plenty）を最小程度にすら増大させることはけっしてできないということである．…… 奨励金がなければ，その便益を享受する人びとだけがその品目の価格を支払うにすぎない．奨励金がある場合，彼らは直接には［価格の―音無］一部のみを支払い，残りの部分は …… 公衆一般，すなわちそれから何の利益もえることのない大多数の人びとによって……支払われるのである．」[94]［引用A］

前半部分はともかく，後半部分は明瞭である．奨励金が与えられる場合，対象品目の価格をそれだけ引下げるから，同品目を購入する人びとにとっては利益となる．しかし，奨励金の財源となる租税は，それを購入しない人びとをふくむ公衆一般の負担となるということである．これに対して，前半部分はそのままでは理解するのは困難であり，その含意を理解するためには，さらに先まで読みすすめたうえで，再構成してみなければならない．

つづくパラグラフで，ベンサムはスコットランドにおいて「からす麦（oat）」の生産に奨励金が与えられ，そして，その財源として「からす麦」から醸造されるアルコール飲料に課される租税があてられる場合を仮定して，次のように論じている．その仮定のもとでは，アルコール飲料は高価になるが，奨励金が与えられる「からす麦」とそれから作られる他の製品は安価になる．この場合，労働者は以前と同じ賃金でより多くの「からす麦」を購入しうるが，アルコール飲料はより少なくしか購入しえなくなる．ここまでは，むしろ常識的な議論といってよい．しかし，その議論そのものは，奨励金によって「からす麦は以前より，より豊富［に生産される—編者］ことはないだろう」という一文につづいてなされている．つまり，仮定とそれにもとづく議論とのあいだに，奨励金によっても対象となる品目は豊富に生産されることはない，とする文章が挿入されているのである．ところが，次のパラグラフになると，今度は一転して，先の引用文にある「豊富」とは「相対的な豊富」のことであり，「通常の（ordinary）需要」と比較した「余剰（superfluity）」であるとしたうえで，次のように述べられている．

「それ［からす麦—音無］が他の諸物に比して安価にされればされるほど，からす麦を買うか他のものを買うかを選択する人びとのあいだで，からす麦がより多く需要されるだろう．そのため，からす麦がより多く生産されるだろう．」[95]　［引用 B］

すなわち，奨励金によって「からす麦」が安価になり，それに対する需要が増大するから，「からす麦」はより多く生産されるようになると明言されている．先のパラグラフでは，奨励金によっても「からす麦」の生産は増加しないかのように主張されていたが，今度はそれが増加するとされている．一見すると，正反対のことが主張されていると思われるこれらの文章におけるベンサムの真意を理解することは必ずしも容易ではないが，つづいて，次のように記されている．

「しかし，それに先だったのは需要であるから，需要される量をこえて，以前より多くは生産されないだろう．ある目的に関して，余剰が望まれる

とすれば——余剰，すなわち生産される通常の量をこえてつねに自由にしうる量が望まれるとすれば——，そのためには他の諸方策が取られなければならない．」[96)] ［引用C］

　この最後の文章もまた明晰とはいえないが，ここまできてようやく，先の引用文［A］前半におけるベンサムの真意を推測することが可能になる．いましがた引用した文［C］とつなげてみれば，次のように理解できる．——奨励金によって価格が下落するから，需要は増大する．そして，生産も拡大する．しかし，需要をこえてまで生産が拡大することはなく，余剰を生じるにはいたらない．したがって，（長期的に見れば）奨励金によって豊富が増大することはありえない．

　問題を理解するカギは，「豊富」の概念にあることは明らかである．より具体的にいえば，ベンサムにおける「豊富」や「富裕」の概念は相対的な意味で用いられており，この場合は，需要との相対的な関係において用いられているということである．その意味で，ベンサムにおける「豊富」や「富裕」は，つねに「相対的」ないし相関的な概念である．そうした目で読み返してみれば，一見すると整合性を欠くように思われる上の各引用文［A］［B］［C］の文意も，それなりに一貫していることが読み取れる．要するに，奨励金によって生産は拡大するにしても，需要以上の余剰を生みだすほど生産量を増加させることはできない．したがって，その意味で豊富が実現されることはない．これがベンサムの主張である．「豊富」や「富裕」の概念が「相対的」ないし相関的な意味で用いられていること——ベンサムの経済思想を理解する場合，この点を正確に把握しておくことがきわめて重要である[97)]．

　つづいて，ベンサムは，特殊な場合に，生産奨励金が「正当化」されうるかどうかという問題に移っている．その問題は，労働貧民の問題に深くかかわっている．彼は，次のように書いている．

　　「生産奨励金が何らかのかたちで正当化されうるとすれば，それは，こうして支援される品目がもっとも一般的な（universal）消費品目の場合である．」[98)]

すなわち,ベンサムによれば,もっとも基本的な生活必需品に対する奨励金は,それらの価格を引下げることによって,労働貧民の生活に資する場合,「平等化」の政策として正当化されるだろう.彼は,そのような品目として,イングランドでは小麦,スコットランドではからす麦,アイルランドではジャガイモ,ヒンドスタンでは米,をあげている.前述のように,奨励金はその対象となる品目を最小程度にさえ「相対的に」増加させるものではない.しかし,奨励金のための財源が奢侈品その他の生活必需品以外の諸品目から徴収される場合,富裕な階級の負担で貧困階級の基本的な生活必需品を安価にするという効果をもっている[99].

そこで,問題となるのは,そうした支援によって労働貧民の状態が改善されるかどうかということである.ベンサムの答えは,否である.この場合も,ベンサムの記述は理解するのは必ずしも容易ではないが,まずベンサムのいうところを聞いてみることにしよう.彼は,次のように書いている.

「からす麦は,奨励金の額だけより少ない貨幣で貧民に販売されるだろう.しかし,彼らはからす麦を買うためにより少ない貨幣をえるだろう.貧民のうちもっとも貧しい階級が生きていくためにもつものは労働の賃金である.……しかし,賃金率はその時点での,その国の富裕の程度に依存し,そして必然的に,それによってのみもっぱら支配される.つまり,賃金率は,その労働に対して需要がある人びとの数と,資本の形態で労働の購入に用いられるように準備されている富の量との割合によるのである.そして,この富裕の程度は,両方の場合に同じであると想定されている.したがって,こうして奨励金によってもたらされる安価は,当該の階級の人びとに救済を与えないだろう.その国の富裕の程度は同じままであるから,それ[からす麦—音無]が彼らに対して安価にさせられればさせられるほど,彼らはますます少なくそれを購買しなければならないだろう.」[100]

難解な文章といわざるをえない.奨励金によって基本的な生活必需品の価格が政策的に引下げられても,労働貧民はますます少なくしかそれを購入しえな

くなるとされている．つまり，賃金がそれ以上に減少するとされているのである．賃金が下落する理由は，富のうち労働の購入にあてられる資本部分が減少する以外にないから，奨励金によって賃金となる資本が減少すると考えられているということである．結論的に記せば，基本的な生活必需品に対する奨励金をまかなうための租税によって資本が減少し，そのために労働需要が減少して，賃金が下落すると考えられているということである．これらの主張と，富裕階級の負担によって奨励金をまかなうとした先の記述との関連が問題となるが，その点についての言及は与えられていない．しかし，この場合，奨励金は多額にのぼることから，そのための財源調達は資本の減少をも生じさせると考えられていることになる．その意味で，基本的な生活必需品に対する奨励金は正当化されえないばかりか，むしろ有害であるとされているということである．

　ベンサムによれば，労働貧民の状態を改善するには，奨励金によるのではなく，国民1人当りの富の量（「相対的な豊富」あるいは「富裕の程度」）を増大させる以外にはない．そのためには，資本を増大させる以外にはない．資本の増大によってこそ労働需要を拡大し，賃金の上昇と労働貧民の生活状態を改善することができる．こうした論理にも，「資本の量が交易を制限する」という基本原理が貫かれていることは明らかである．それゆえ，ベンサムは，次のように論じている．

　「国の富の相対的な程度を増大させてみよ，からす麦の実質的または名目的価格の引下げが生じさせられないにしても，彼らの状態は比例的に改善されるだろう．一般的富裕の程度をつねに定常的な［ままに―編者］してみよ，からす麦の価格にいかなる引下げがなされようと，彼らの状態は改善されないだろう．一般的富裕の程度を減少させてみよ，からす麦の価格の引下げがどれほど大きいとしても，彼らの状態は損なわれるだろう．というのは，彼らの労働に提供される価格の引下げがいっそう大きな率で進行するだろうからである，――からす麦の価格が低ければ低いほど，彼らは一定量の労働によって……ますます少量のからす麦をえることができ

ることになるだろうからである．あるいは同じことになるが，彼らが労働するのはからす麦の支給に対してであるとすれば，彼らはからす麦の同じ支給額に対して彼らの労働のいっそう多くを与えざるをえないだろう．」[101]

このパラグラフの記述によって，「豊富」や「富裕」の概念は，ベンサムにおいて，つねに「相対的な」概念あるいは「程度」を表現する概念であることを改めて確認できるだろう．見られるように，奨励金によって，基本的な生活必需品であるからす麦の価格が引下げられるとしても，それ以上の賃金の下落によって，労働貧民の状態が悪化することが強調されている．そして，逆に，からす麦の価格の引下げが生じなくても，「相対的な豊富」ないし「一般的富裕」が実現すれば，労働貧民の状態が改善されることが強調されている．すなわち，一国に存在する資本量の増加→労働需要の拡大→賃金上昇をつうじてこそ，真に労働階級の生活状態を改善しうるというのが，ベンサムの基本的な考えであった．言いかえれば，資本蓄積こそ，労働貧民の状態を改善する本来的な唯一の途であるということである．

④　輸出奨励金

輸出奨励金に対するベンサムの見解も，以上でやや詳細に見てきた生産奨励金に対する場合と基本的には同一であるといってよい．ベンサムによれば，この場合には，「生産奨励金の場合ほど，不合理は明白ではない」一方，弊害はむしろ「いっそう大きい．」なぜなら，生産奨励金は，特定の人びとに与えられるにしても，国内にとどまるのに対して，輸出奨励金は，実質的には輸出先の外国人に与えられ，すべてが失われるからである．その場合，輸出される品目に対する生産奨励金は，輸出奨励金とみなすことができる．輸出奨励金が輸送費をまかなうだけであれば，それは外国人の手に渡るのではなく，「海に投げ込まれる」に等しいのである．しかし，いずれの場合も，すべてが失われることに変わりはない[102]．こうして，先に主張されたベンサムの論理からすれば，輸出奨励金は，生産奨励金の場合よりも，いっそう資本の蓄積を妨げ，国民的富裕の増大を妨げることを意味している．それにもかかわらず，そのよう

な干渉的もしくは重商主義的政策を実行する為政者たちの性向の原因は，ベンサムによれば，次の3つに帰すことができる．第1に，輸出貿易の名目的価値が「一覧表（tables）」として彼らの眼前におかれる場合，他の産業部門と比較して「それが値するよりもいっそう高く評価して考え」がちであること．第2に，「彼らが彼ら自身の仕事，彼ら自身の叡智の成果であるとみなしたものを空想する際の自己満足．」第3に，与えられる奨励によって「従者を作りだすうえでの自己利益．」[103)]

ベンサムによれば，空想や思い込みは，大抵の子供の場合，大人になるにつれて克服されるものだが，上記のような「政治的人間」の場合，「もっとも賢明でもっとも真面目な人のあいだでさえ生涯をつうじてつづいてきた」[104)]ことが，その原因なのである．

⑤ 生産に対する税の免除

この種の税の免除は，生産奨励金の特殊な形態であり，特定の事情のもとで与えられる生産奨励金といってよい．2つの競合する製造業のうち，一方は課税され他方が課税されないとすれば，後者は前者との関連でいえば，奨励金を与えられたのと同じ状況にある．しかし，競争相手をもたない製造業など存在しないだろう．確かに，租税は可能ならば一般に課されない方が望ましいにちがいない．しかし，この場合の租税の免除もまた，「達成しえない目的」のために，やはりそれに対応するだけの貨幣が「投げ捨てられる」ことを意味しているのであり，そのような貨幣をまかなうため課される税は「すべての課税様式のうちでも最悪のもの」[105)]である．

⑥ 戻　　税

戻税を与えるとは，すでに課された税が払い戻される場合のことを指している．輸出奨励金が生産奨励金に対応するのに対して，戻税は生産物に対する租税の免除に対応する．これらすべてにおいて，期待される利益は「想像上の」ものであるが，戻税は貨幣を「投げ捨てる」点で，奨励金の場合よりもいっそう費用がかかる性質をもっている．なぜなら，戻税の場合は，一方の手で（租税として）貨幣を受け取り，他方の手で払い戻すために，それぞれ費用を必要

とする.そして,この公的費用にくわえ,個人が貨幣を支払い再び取り戻すために煩労と時間の損失をともない,そうした私的費用もまた実際きわめて大きいからである[106].

⑦ 職人および外国技術の輸入に対する報償金

外国から職人（workman）を獲得するために,諸個人が法外な価格を支払うだけの十分な価値があることはありうることである.例えば,ある個人が外国から職人を輸入して,まだ存在しない新事業を営むことに,他より5％多い利益を見いだし,そのために資本を用いるとすれば,その個人にとって利得となるだけでなく,彼をとおして彼の国民にも利得となる.職人や外国技術の輸入にともなう困難や費用を克服しうるとすれば,個人がそれをおこなうことが有利であり,政府が貨幣を支出することはそれだけいっそう不要である.前者の場合は,負担は利益を受け取る個人によってなされるが,後者の場合は,その利益を受け取らない人びとに転嫁されることになる.また,前者の場合は不必要な支出に対する保証は最大であるが,後者の場合は最小である[107].ベンサムが,この事項において,政府が奨励金を与えることに対して否定的であることは明瞭であろう.

以上が,政府によってなされるのが「不適切」とされる「直接的奨励」の諸事例である.それぞれに対する批判と評価は,先の2原理――1)交易は資本量によって制限される,2)資本量を一定とすれば,国富の増大は資本の有利な方向性に依存する――を基本視点としてなされ,すべてをつうじて基本的には,経済活動は諸個人の手にゆだねられるべきだとする見地が貫かれていることを確認することができる.その点は,「間接的奨励」の諸事例においても同様である.以下で,要点のみを見ていくことにしよう.

（2） 不適切な政策　(b)間接的奨励

① 競合する産業部門の禁止

本項目は,草稿 UC XVII, 45 から編集されたものだが,表題に関する議論と

第2章 ベンサム功利主義の構造と初期経済思想の展開　153

しては実質的内容に乏しいといってよいだろう．しかし，編集された内容にしたがって要約すれば，上記の政策が実効性をもつかぎりでは，それは「全体としての産業活動（trade）」に役だたないばかりでなく，有害であるということである．ベンサムによれば，すべての国内産業部門は多かれ少なかれ相互に競争相手であるから，そのような状態にある産業のある部門のために，他の部門を抑制することは，抑制される産業部門と同一の外国産業部門にしばしば大きな利益を生じさせるだろう．

　②　競合する輸入品の禁止

　この間接的奨励策も，効力がないか有害である．外国産品目が輸送費を支払ったのち，なおかつ国内産品目と同じように安価に入手しえないとすれば，輸入は生じえない．その場合，禁止は自然になされるのであり，人為的な輸入禁止政策は無意味となる．それに対して，輸入禁止措置が取られない場合，外国産品目が国内でより安価に販売されるとすれば，輸入禁止はその価格の差額だけ，われわれに課される租税を意味している．

　③　国内製造業の競合部門への課税

　競争相手と考えられる2つの事業の一方に対する課税は，禁止として作用する場合以外は，他方を有利にする効果をもちえない．課税によって抑制される商品が，租税にもかかわらず，租税なしに販売される場合と同じように販売されるとすれば，支援される商品がもつべき利点はないからである．

　課税が禁止として作用する場合，それは税が課される対象の性質によって有害であることもあり，害をおよぼさないこともありうる．一般に，禁止によっていっそう悪いものが抑制される場合は有益であるが，そうでない場合は有害である．

　④　競合する輸入品への課税

　この場合，他方を有利にする目的で課税される品目が，国内生産品であるか輸入品であるかは，何らの相違ももたらさないだろう．すなわち，そのような租税は，交易または富の増大にとって何ものも生じさせないだろう．富を生みだす原因となる資本の量は同じままであるから，有利にされる事業に追加され

るものはすべて，それだけ他から取り去られるのである．そして，そのような課税が輸入を妨げる効果をもつかぎり，それは前述のように，国民的富の増大にとって有害な作用をおよぼすだろう[108]．

⑤ 非輸入協定

非輸入協定は拡大すれば，禁止としての効果をもつ．しかし，それは広範囲でも，頻繁でも，恒常的でもなく，それほど禁止的法律としての効力をもつものではない．したがって，それが与える害が広範囲におよぶことはめったにありえないのである．

⑥ 外国への輸出品に有利な奨励を獲得する条約

本項目で意味されているのは，「関税」を課さない条約を獲得することである．ベンサムの結論は，「外国国民によって，その国民へのわれわれの輸出品に与えられるいかなる奨励も，われわれの貿易総額の増大に何ごとも寄与することはできない」ということである．ここでは，2種類の「関税」について論じられている．ひとつは輸出関税であり，例えば，ロシアがイギリスに輸出する粗亜麻布（粗リンネル）対して課している関税の場合である．それは，イギリス製造業の発展を阻止することを目的としているが，ベンサムによれば「きわめて重い」にもかかわらず，粗亜麻布はイギリスでは「かなりの消費」がある．

他のひとつは，輸入関税である．例えば，イギリスが輸出穀物に対して50％の奨励金を与え，オランダが輸入穀物に対して50％の対抗関税を課す場合である．ベンサムによれば，この場合は，「彼らにわれわれの貨幣を与え」，「オランダ人はわれわれのパンを食べ，われわれのパンに課税する」ことになる．より具体的には，穀物の輸出ごとに，イギリス側がオランダに輸出額の50％に相当する貨幣を与えることを意味し，それがもたらすものは輸出奨励金の場合と同様である．すなわち，そのような貨幣額だけイギリスにとって富の喪失を意味するのである[109]．

以上が，政府によりおこなわれるのが「不適切」とされる「間接的奨励」の

諸項目である．あいまいな点も少なくないが，ベンサムの基本的見地は，先の「直接的奨励」の場合と同様であることが確認できるだろう．しかし，ベンサムが「不適切な諸方策」として検討しようとしていた諸項目は，実際には以上で見てきたよりもはるかに多かったと考えられる．

　スタークの紹介によれば，草稿 UC XVII, 62 には，原材料の輸出禁止，用具の輸出禁止，職人の国外移住の禁止，資本輸出の一般的禁止，金・銀・地金・鋳貨の輸出禁止，職人の国内への移入禁止，同 XVII, 72 には，不在者税をふくむ資本の輸出税，資本の輸入奨励金，利子率の固定化と引下げ，資本の生産すなわち貯蓄に対する奨励金など，多数の重商主義的政策が検討項目として書き込まれている[110]．そして事実，『著作集』第 3 巻末尾の Appendix II における 1795 年 1 月 29 日の日付をもつ草稿同 XVII, 64 には，総計 43 にのぼる項目が見いだされる．それらは，ベンサムが，これまで検討してきた諸項目，すなわちスタークによって編集された諸項目より，はるかに多くの項目を念頭においていたことを推測させる．

　以上で見てきたように，これまで検討してきた項目の多くは，『国富論』で論じられていた重商主義政策批判を継承したものということができる．その意味で，『便覧』におけるベンサムの基本的立場はスミスを継承したものといってよい．しかし，上記の事実から知られるように，ベンサムはより徹底した経済的自由主義を主張しようとしていたと考えられる．それは，すでに述べたように，彼独自の下位諸目的によるアートの視点，とりわけ「安全」（「期待の安全」）と「生存」を重視する視点が貫かれていたことによるといってよい．それにもかかわらず，あるいはむしろそれゆえに，ベンサムは同時に，政府がおこなうのが「適切」とする諸方策についても論じている．

4–3　政府による適切な政策

　本項目として編集されているのは，以下の 2 項目である．この点についてもスタークによる編集には，なお検討の余地が残されているように思われる．しかし，さしあたりスタークの編集にそって，以下，見ていくことにしよう．

（1） 発明に対する特許権

ベンサムは，特許権が必要となる理由を論じることから始めている．彼によれば，富を増加するために用いられる労働は，1)たんなる肉体的エネルギー，2)技能 (skill) または精神的力 (mental power)，に区分される．前者の意味での「たんなる労働」は，等しい量の労働を費やしさえすれば模倣することができる．ところが，技能には，それとは異なるいくつかの属性がある．第1に，技能は無限に吸収し普及することができ，しかもそれを獲得するのに必要とした精神労働なしにそうすることができる．そのため，技能は，それを獲得した個人に制限する有効な方策をとることができず，無数の人びとが容易にそれを利用し利益をあげることがきるという属性をもっている．しかし，第2に，技能はいかなる場合にも，それを獲得した本人には，労苦なしに獲得することはできず，ある場合には，生涯の労苦より少ない費用では獲得できないほどである．そして，大抵の場合，実験という長い過程の終りになってようやく獲得できるものであり，その過程で材料や人手に大きな費用を必要とするという属性をもっている．

このような属性をもつ技能は，発見ないし発明と呼ばれる．ある人が発明を秘密にしておくことができるかぎりは，彼が費やした労苦と費用に対して，それから期待される利益をふくめて十分な満足を引きだすことができるだろう．しかし，発明が実行に移されると，たちまちそれは人びとに知られ，模倣されることによって期待される利益は失われることになる．また，発明には最初から秘密にしておくことが不可能な多くのものがあり，ベンサムによれば，秘密の保持を絶対に確実にしておけるものはないのである．

そうしたことから，発明の考案者に一定期間，他者を排除して，それを実施に移すことから利益を収得することを保証する必要が生じる．彼は，次のように書いている．

> 「 …… そのような排除は，法律の手による以外に誰にも課すことはできない．ここから，発明者に彼の発明の利益を保証する法律の介入の必要性と有用性が生じる．」

「こうして，発明者以外の人びとを彼の認可なしに発明を実行に移すことから排除することによって，発明の利益がその発明者に保証される手段は……特許と呼ばれる．」[111]

ベンサムによれば，特許は，発明による富の一般的ストックの増大への寄与に対する補償である同時に，勤勉と創意に対する補償でもある．そして，そうした補償として，特許は「本質的に正しいものである．」

しかし，他方では，特許は独占を取得することであり，独占は一般に有害であるから，特許もまた有害であると主張されてきた．法的形式から見れば，それらは確かに同じものだろう．しかし，それらは，共同社会の富におよぼす影響の点では，まさに正反対のものである．ベンサムによれば，独占は，それがなかったならば生産されたものを生産されないようにすることであり，特許はそれがなかったならば生みだされなかったものを生みだすようにすることである．そうした本質的な違いがあるにもかかわらず，両者について混同が生じるのは，偏見によって独占という言葉の音（sounds）に惑わされているからである．しかし，発明に対する特許を法的に保証することなしには，財産の安全は完全ではありえないのである[112]．

以上にように，ベンサムは政府のなすべき適切な方策として，まず特許権の正当性を強調している．それは，かつて人類の進歩と経済発展にとって「企画」ないし「企画家」の重要性を強調した『高利擁護論』の主張が，この箇所では富の増大論と結合されつつ，財産の「安全」，とりわけ「期待の安全」の視点から根拠づけられているといってよい．さらに，この箇所の脚注には，著作権についても言及されている点が注目される[113]．

（2）「生存」の保証——穀物貯蔵庫の設立

次いで，ベンサムは，政府がなすべき方策として，食糧に関して生存を保証する問題について論じている．特許権が財産の安全にかかわるとすれば，本項における問題はいうまでもなく「生存」の安全というもうひとつの基本的な下位目的にかかわるものである．本項は草稿 UC XVII, 66 および 73 から編集さ

れているが，その内容はほとんど穀物輸出奨励金について論じられ，食糧貯蔵庫の設立については最後の数パラグラフ，10数行で述べられているにすぎない．ここにも，将来検討されるべき問題が残されているといえよう．

さて，ベンサムによれば，穀物輸出奨励金を擁護しうるとすれば，生存の安全を確立する場合のみである．その場合，2つのことが想定される．1) 政府によって何ごとかがなされなければ，パン用穀物の量はある年々には食糧不足 (dearth) となるほど不足する傾向にあること，2) 奨励金は，それがなくても作付けされるだろう以上の作付けを欠乏の年々にも確保するだろうということ，である．このような想定にもとづく穀物輸出奨励金に何らかの利点があるとすれば，それは次のようなものである．すなわち，第1に，穀物生産量が過剰な場合，奨励金はその過剰分が市場に依存するのを防ぎ，農業者が次年度の作付けを思いとどまるのを防止すること，第2に，穀物の恒常的な輸出を促進することによって，つねに余剰を生みだすように作用すること，である．しかし，単年度の過剰が，翌年度の播種を妨げることはないだろう．なぜなら，過剰が知られるまえに，翌年度の作付けの準備がなされてしまうからである．また，輸出奨励金がないからといって，食糧不足が飢饉にまで発展することは考えられない．

確かに，食糧不足から心配される大きな害悪は不満と暴動である．穀物を没収し破壊すること，それを価格以下で販売すること，販売業者の人格や財産に対する暴行[114]——それらは所有の安全に対する脅威であり，大きな害悪である．それらはまた，販売業者に食糧供給を依存している人びとの食糧不足と困窮を増大させるだろう．しかし，暴動はたんなる食糧不足だけで生じることはありえず，暴動が生じるのは政府の過失についての観念が抱かれることによるのである．食糧不足がつづいているあいだ輸出が許されるとすれば，不満が生じるのは当然であり，輸出奨励金が欠如しているために暴動が生じることなどありえない．むしろ，そのような奨励金は多額の貨幣の消失をともない，国民的富を減少させるだろう．そして，豊作の年の輸出が他の年の豊富な作付けをもたらすといわれていることも，確実なこととはいえない．それゆえ，輸出に

よって食糧不足を解決できるとする政策は，行政区ごとに穀物貯蔵庫（county magazines）を設立する政策に遠くおよばないだろう．「穀物を貯蔵する以外に，絶対的な安全を生みだすものはない」のである．

ベンサムによれば，穀物を貯蔵することによって生存の安全が確保されるなら，穀物供給を外国に依存しても不都合はないだろう．穀物を栽培しないオランダは，多く栽培するイングランドと同じように，食糧不足に悩まされることはほとんどないのである[115]．

以上が，公共の手による穀物貯蔵庫の設立についてのベンサムの主張である．スタークによれば，UC XVII, 64 には，穀物の問題に関して次のような言葉が記されている．

「1.過剰（gluts）に対して価格が栽培者を保障するのに必要なものをこえているとき，パンの材料の輸出禁止．2.商人の投機が提供するものよりも，食糧不足が大きい時期を除いて（穀物を交換するため以外には）開けられるべきではない穀物貯蔵庫の設立．3.通常種類のパン価格の固定化．」[116]〔（　）内—ベンサム，以下同様〕

これらのうち，とくに2には，穀物貯蔵庫の機能と役割について，きわめて限定的に考えられていたことが示されている．スタークによれば，さらに草稿同66には，次のように記されている．

「貯蔵する場合，政府によって多く貯蔵されればされるほど，個人によって［より少なく—編者］貯蔵されるだろう．したがって，その唯一の利点は，個人の投機がおよぶいかなるものよりも，大きな程度の欠乏に備えることに貯蔵を限定することであろう．」[117]

先の記述とあわせれば，これらの引用文には，貯蔵庫の設立は食糧不足が（スミスのいう）商人の投機的活動によって対処しうる範囲をこえる場合がありうることをも視野にいれていること，そして，その場合にのみ貯蔵庫は開けられ，しかも穀物は「交換」すなわち販売による方法で人びとに供給されるべきであるとする条件が示されている．アートの視点から「生存」の安全を重視するベンサムの立場が，スミスにはない政策的視野の具体化をもたらしていると

いうことができる．先の引用文中の1と3は，パン用穀物価格が高騰した場合に政府の取るべき政策についての言及である．それらは，1799年と1800年の凶作とロンドン暴動を背景として執筆された"Defence of a Maximum"（「最高価格の擁護」）（1801年）において主として論じられることになるテーマであるが，『便覧』の時点でもすでに存在する考え方であったことを示している点できわめて注目される．そして，『便覧』執筆段階でも，穀物（もっとも基本的な生活必需品）問題に関して政府がとるべき政策として考えられていたのは，貯蔵庫の設立のみではなかったことを示している点でも注目される．

こうしてみると，『便覧』執筆の時期に，政府がとるべき「適切な方策」として考えられていたのは，本項で考察した特許制度と穀物貯蔵庫の設立のみではなかった可能性が大きいといえる．スターク自身はそれらを編集から除外してしまっているけれども，『著作集』第1巻に付した解説中でそれらを引用している．スタークによれば，草稿同64には，「政府が一般的福祉と富裕のためになすことができ，またなすべきである」とされる諸事項が，次のように記されている．

　「1.勤労の成果に対して安全を提供する諸法律．2.ゆるやかに平等化（一般的な）に向かう諸法律．3.過失または災害による損害に対して，人びとの人格と財産を安全にするための諸法律．4.新たな抑制の突然の適用または旧奨励の突然の除去に対して保証する契約．」[118]

そして，さらに次のような記述が存在するとされている．

　「なすべきこと（facienda）：1.合資会社（Commandite）の認可．2.新企画のための法人組織の設立．注．これはコモン・ローによる規制を廃止することにすぎない．3.教訓的教育：講義の諸課程．4.実験の諸課程．5.公開的教育：現行価格の公表．製造業または農業における実験の成功の歴史．6.発明に対する特許．特許の歴史．7.教会および荘園の諸負担の買戻しできる借地料への転換．8.資本を生産から消費へ引寄せる傾向にある諸制度の廃止．」[119]

それぞれの項目の詳細な内容は不明であるが，ベンサムが政府のなすべきこと

として，かなり多くのことを考えていたことが知られる．さらに，スタークによれば，ベンサムの草稿には，これら「奨励の適切な諸様式」に対する2つの「追加（addenda）」が見いだされる．ひとつは同64に見いだされ，そこには次のように記されている．

「[1.] 自然的な動力をいっそう有利に用いる方法を発明すること．1）人力，2）動物，3）水，4）空気，5）人工視力．2. ある事業の不健康または不快を減少させること．」

他は，同65に見いだされるものである．

「1. 製造業に対して現存の外国市場または植民地市場——競争をともなうものであれ，競争をともなわないものであれ——を確保すること．2. 新たな外国市場または植民地市場——競争をともなうものであれ，競争をともなわないものであれ——の獲得．」[120]

この後者の引用文に記されている主張が事実であるとすれば，スタークも指摘しているように，「諸植民地と海軍」での植民地放棄論との整合性が問題となるだろう．ここでの記述が何らかの条件のもとで主張されていた可能性も問題となりうるが，これらの記述に際して念頭におかれていたことと，「諸植民地と海軍」におけるそれとは次元を異にしていたことも十分考えられる．すなわち，これらの主張は，例えば，植民地放棄にともなう既得利益の保護の問題に対処するためになされたことも考えられるのに対して，「諸植民地と海軍」における記述はもっぱら国際平和の実現という視点から論じられていた可能性が考えられる．いずれにしても，将来の新『著作集』の編集に際しては考慮されるべき点である．

スタークは，さらに上記のものとともに，「奨励の諸様式」として，次のような「資本の流動化（mobilization）」に関する記述が存在することも指摘している．

「輸送不可能なものに対して輸送可能な抵当物件（security）もしくは輸送可能な徴表を作りだすことにより，輸送不可能なものを輸送可能なものに転換することによって，輸送可能な資本を増加させること．」[121]

再び，この記述だけでは何を具体的に指しているかは不明である．しかし，以上から，『便覧』執筆の時点でも，政府のなすべき「適切な方策」としてベンサムの念頭におかれていたのは，先に検討した2項目だけではなかったことは明らかである．スタークは，それらについて解説で触れるにとどまっているが，例え不完全なものであったにしても，テキストないし資料として再現すべきであったと思われる．もちろん，ベンサムが『便覧』を予定していた「半分も仕上げなかった」[122]ことを考えれば，編集が大きく制約されることは十分理解しなければならないだろう．しかし，その場合でも，少なくとも資料としてAppendixには再現すべきであったと思われる．その意味でも，スタークの編集方針は，ベンサムの経済思想の形成と発展をより正確に把握するうえで問題を残していることを指摘しておかなければならない．

4-4 追加的事項
（1） 紙幣問題

つづいて，スターク版『著作集』には，「紙幣問題と『便覧』の他の部分との関係」と題する項目が編集され，収録されている．そして，この部分は，上記穀物倉庫設立の項で検討された部分のうち，主として穀物輸出奨励金について論じられていた草稿 XVII, 73 につづく，XVII, 74 から編集されたことが記録されている[123]．この部分が，『便覧』と関連して執筆されたことは，その見出しからも推測されるが，それが正確にはいつ執筆されたかについては不明であり[124]，また内容的にも不明確な点が多く，ベンサム自身がいまだ明瞭ではなかったこと示している．しかし，注意深く検討してみれば，それなりに一貫した見地が貫かれていることが読み取れる．本項目が『便覧』とひとつづきのものとして執筆されたとすれば，それは，スタークも指摘しているように，明らかにそれまでのベンサムの経済思想の新たな展開を示している点で注目される．

すでに見たように，政府は政策的に資本を増加させたり富を増加させたりすることはできないとするのが，ベンサムの基本的見地であった．ところが，こ

の草稿には，政府が紙幣を発行することによって，資本——したがって富——を増大させることができるか否かが検討され，その問題に対してベンサムは肯定・否定両面にわたる記述をおこなっている．本稿がすでにやや長くなりすぎていることをお断りしなければならないが，ベンサムの初期経済思想の展開にとってきわめて興味ある点であるから，以下で少し見ておくことにしよう．

　ベンサムによれば，紙幣とは「貨幣を引き渡す約束」「貨幣価値の約束」である．ヒュームは貨幣が「瞬時に」2倍になったとしても，価格が2倍になるのみで富は増加しないとしている．しかし，それは「真実ではない．」ベンサムの考えでは，溶解されて皿等に製造される鋳貨を除いて，「現実の鋳貨」，すなわち実際に流通する鋳貨が2倍になるなら，価格も2倍になるだろう．しかし，現実には鋳貨の追加はそれほど大きくはならないだろう．彼は，次のように書いている．

　　「というのは，貨幣保有者が与えることができるようになる追加的な支払い（extra pay）は，労働の量を増大させることにより，販売可能な商品量を増大させるだろうからである．」[125]

　不明な点もあるが，鋳貨が増加することによって，貨幣保有者によるこれまでの支払いをこえる超過の支払いが生じ，それによって雇用労働量が増大する．その結果，商品量も増加するから，商品に対する貨幣の比率は2倍にはならないだろう，とされている．そして，つづいて，次のように述べられている．

　　「鋳貨のかわりに紙幣が追加される（その信用を破壊するほど過度でなければ）としても，結果は同じであろう．」[126]

すなわち，鋳貨のかわりに紙幣を追加発行することによって，同様の効果をもたらし，富を増大させることができるというのである．ただし，ベンサムによれば，すべてにおいて完全雇用が達成されている場合は，紙幣の追加発行は，そのような効果をもつことはできない．この点に関して，ノフォーク島を例として，次のように論じられている．

　　「ノフォーク島で発行される紙幣の結果．

　　　もしすべてが完全に雇用されているなら，それは勤労を増加させること

はできないだろう．

　もし何らかのものが雇用されていないか完全に雇用されていないとすれば，その範囲で，それは勤労を増大させるだろう．」[127]

完全雇用の場合，紙幣の追加発行は効果をもちえず，貨幣価値の下落をもたらすから「悪」である．完全雇用が実現されていなければ，紙幣の発行は，完全雇用にいたる範囲で，上記のように富を増大させることができるだろう．ベンサムによれば，後者の場合，紙幣の追加発行は，1) 雇用労働量を増加させ，2)「所与の［労働―音無］量の生産性を増大させる」ことによって，富の増大をもたらす．同じ論理でアッシニア紙幣についても論じられているが，本項は次の言葉で終っている．

「紙幣の結果．

　1. 資本に対する，すなわち …… 貨幣階級の資本に対する租税．

　2. 他の点では，それは，すべての商品の価格を騰貴させるかぎり，消費に対する租税である．

　ともあれ，それは追加的な人手を獲得するか，彼らを追加的な時間働かせるかぎり，国民的富の量への追加を現実に生じさせる．

　このことを疑わしくするのは，［現在の―編者］紙幣に対する要求が過去の支出，国民的富の合計の過去の減少から生じているということである．」[128]

見られるように，紙幣の発行に対するベンサムの態度は明らかに両義的である．紙幣の追加発行によって，たんに価格騰貴を生じさせる場合（完全雇用の場合）は，その発行は貨幣階級への租税となり，また消費に対する租税となる．その場合には，所有の安全を侵害し，生存の問題にも影響をおよぼすだろう．他方，不完全雇用の場合，それは追加的な労働の雇用を生じさせことによって，国民的富の増大に寄与するだろう．後者が，政府の人為的政策によって資本と富の量を増大させることはできないという，これまでのベンサムの主張の修正をふくんでいることは明らかである．不明瞭な点が残されていることも事実であり，『便覧』では，上記のような二面的な態度のままに終っている

が，この問題は救貧法草稿の執筆をはさんで，その後ベンサムのアートとしての経済思想の展開にとって中心的な問題のひとつとなっていくことになる．

（2） 人 口 問 題

最後に，『便覧』末尾に収録されている断片「人口」に触れておくことにする．この項は UC XVII, 58 から編集されたものであるが，ベンサム・プロジェクトによりタイプスクリプトされた草稿に照し合わせてみると，若干部分を除いて，ほぼ草稿どおりに再現されていることが確認される．しかし，おかれるべき位置については再検討の余地が残されているように思われる．この項におけるベンサムの主張は，冒頭の次の言葉に要約されている．

　「人口を増大させる特定目的のために，［政府によって―音無］何ごともなされるべきではない．」

その理由として，次のように述べられている．

　「人口の大きさは，性的交渉の欲求によってではなく，生存手段によって制限される．」

そして，この生存手段との関連で，さらに次のように強調されている．

　「子どもたちのために生存手段を見いだす容易さは，労働に対する需要に比例する．

　　そして，労働に対する需要は，すでに蓄えられている資本の相対的な量に比例する．」[129)]

これらの引用文には，人口問題に対するベンサムの基本的な考え方が示されているといってよい．人口が生存手段に依存するとすれば，後者は労働需要に依存し，労働に対する需要は資本の量に比例する，――人口問題に対するベンサムの態度は，きわめてオーソドックスな古典派経済学の態度であることを確認できる．

　次いで，ベンサムはそうした基本的見地にたちつつ，重商主義政策によってとられてきたさまざまな結婚および人口奨励政策を列挙したうえで，さらにキリスト教的倫理観にたつ法的見地から違法とされてきた同性愛および嬰児殺し

という微妙な問題についてラテン語で記述し，それらを擁護している[130]．本項の結論部分は，次のとおりである．

「勤労に向けられる資本の量は所与のままであるから，人口は富を犠牲にする以外に維持されえない．また人口を犠牲にする以外に富は維持されえない．人びとが多ければ多いほど，彼らはより貧しいだろう．少なければ少ないほど，より富裕だろう．

要するに，人が子供を多くもてばもつほど，彼は貧しく，少なくとも子供たちが自分自身の維持を完全になしうるまではそうである．」[131]

この引用文にもまた，富と人口を相関的にとらえ，富に比して人口が多ければ貧しく，少なければ富裕であるとする，豊富ないし富裕の「相対的な」考え方が明瞭に示されている．そして，人口の問題が経済的視点からとらえられているかぎり，ベンサムは，これまで見てきたのと同一の立場にたっているということができる．労働雇用の増加は資本量の増加＝資本蓄積によってもたらされる．資本の蓄積によって富の増大を実現し，人口に比して「相対的」な富裕を実現することによって生存を保証すること，――これがベンサムの初期経済思想における基本的見地であった．

しかし，ベンサムの人口問題に対する態度のより正確な把握については，救貧法草稿の執筆およびマルサス『人口論』の影響等をふくめて，より慎重に検討されなければならないことを指摘しておきたい．

お わ り に

以上，民法関連草稿をふまえつつ，『便覧』までのベンサムの初期経済思想の形成と展開について見てきた．それらの検討をとおして，ベンサムの功利主義は，従来，常識的に解釈されてきたそれとは大きく異なることが理解されたことと思う．以上の検討から知られるように，ベンサム功利主義の思想構造を正確に把握するためには，何よりも彼の法体系の基礎をなす民法について考慮することが決定的に重要である．ベンサムの思想は「安全」「生存」「豊富」「平等」という下位諸目的にそくして展開されているのであり，けっしてあら

ゆる個々の場合にも「最大多数の最大幸福」（ないし「最大幸福」）原理のみを唯一の判断基準としているわけではない．事実，本稿で検討してきた経済学関係の草稿において，同原理に言及されることはきわめて稀であった．ベンサムの功利主義思想は，「安全」ないし「期待の安全」（「期待功利」）をめぐる権利論と正義論を基礎としているのであり，これまで考察してきた彼の経済思想もそれらを前提としていることはいうまでもないところである．

　むしろそれらを基本前提としつつ，「相対的」豊富を実現し，「生存」を保証するアートとして展開されているということができる．ケリーも指摘しているように，ベンサムにおいて，後期になるにつれて「生存」ないし生存手段への平等な権利が重視されるようになったことは事実であるにしても，「生存」の喪失は幸福の無限量のマイナスを意味し，したがって「生存」の保証が，「安全」とならんで，もっとも本質的であるとする見地は，初期から一貫していたといってよい．そして，そうした見地が，救貧法草稿の執筆をつうじてより深化させられたと考えられる．

　くり返し見てきたように，少なくとも『便覧』にいたるまでのベンサムの経済思想および経済政策思想は，基本的には『国富論』の経済理論を継承しつつ，その自由主義的側面をさらに徹底させようとするものであった．その意味で，ベンサムの初期経済思想はスミスに学びつつも，よりいっそう自由主義的な性格をもつものであったということができる．しかし，その場合でも，ベンサムにはスミスとは異なる視点が存在することに注意しなければならない．その典型例が，すでに見たように穀物貯蔵庫の設立である．ベンサムにおけるその設立の必要性は，スミスが市場のメカニズムと穀物商人の活動にゆだねることによって解決できるとした食糧不足が，その範囲をこえる場合があるとする認識によるものであった．そうした認識そのものは，事実問題としては，スミス以後の 1790 年代にくり返された食糧暴動の経験にもとづいていることは明らかである．しかし，理論的には，「生存」ないし生存権の平等を重視するベンサム功利主義思想の基本的見地にもとづいているということができる．すでに見たように，ベンサムもまた，基本的には市場メカニズムと資本の蓄積による

富の増大を中心に問題解決を考える点で，古典派経済学と共通の基盤および思考様式にたっている．しかし同時に，市場メカニズムだけでは解決しえない問題をも視野にいれている点で，必ずしも古典派経済学とは同一ではない．そして，そうした相違を生じさせるものこそ，「安全」とならんで，「生存」を重視する視点であり，下位諸目的にそくして問題を把握するベンサム功利主義の基本的な思想構造にほかならない．

救貧法草稿の執筆以後，とりわけ1800年代にはいって，ベンサムの経済思想にも変化が見られる．すでに触れたように，鋳貨にかわる紙幣発行の有害性を論じる"Paper Mischief [Exposed]"（1800–01年），紙幣発行と強制貯蓄等の弊害を強調する"The True Alarm"（1801年），穀物の最高価格設定を擁護する"Defence of a Maximum"（1801年）など，それまでのベンサムの主張を大きく修正する草稿が執筆されている．こうした修正ないし変化の意味について従来十分な理解がなされていないだけでなく，さらに他の分野をもふくむベンサムの思想全般に関しても，自由放任主義か国家干渉主義かというかたちでの二者択一的な解釈がなされてきた．そうした二者択一的な解釈に対して，ベンサムはその時々の状況に合わせて彼の解決策を提案したのだとする見解がしばしば示されてきた．しかし，それでは，ベンサムはいかにも便宜主義的であったということになるだろう．そうでないとすれ，そこには一貫した原理が貫かれていなければならない．本章で見たように，その原理こそ，「安全」（「期待の安全」をふくむ）と「生存」であり，とりわけ経済の領域においては「生存」ないし生存権の平等（とそのための「豊富」の実現）であった．そうしたベンサムの基本的な見地が，1800年代にはいって本章で考察した『便覧』とは異なる経済思想および政策論を展開させることになるのである．

1) 拙稿「ベンサムにおける『立法の原理』と初期経済思想の形成」『経済学論纂』（中央大学）44巻5・6合併号（2004年3月），149–68ページ．
2) Norzick, R., *Anarchy, State, and Utopia,* New York, Basic Books, 1974. ロバート・ノージック『アナーキー・国家・ユートピア』（嶋津格訳）木鐸社，1992年．また，厳密な意味での権利論にもとづく批判ではないが，同様の批判者として有名

なのが，B. Williams である．Cf. do, "A critique of utilitarianism", in Smart, J. J. C. and Williams, B., *Utilitarianism for and against,* Cambridge, Cambridge University Press, (1973), repr. 1997. 同論文において，彼は，次のような有名な notorious 例を設定し，功利主義を批判している．南アメリカの小さな町で Jim という植物学者が，19 人の原住民（インディアン）とともに軍隊に拘束される．そして，隊長から，反政府活動への見せしめのために原住民 1 人を殺すように要求される．命令にしたがえば，残り全員を釈放するが，したがわなければ全員を殺害すると告げられる．このような状況下で，Jim が功利主義者であれば，彼は「最大多数の最大幸福」原理したがって 1 人を犠牲にすることを正しいと考えるだろう．直接的功利主義理解の典型例である．共著者スマートの論文は，Brand, R. B., *Ethical Theory,* Englewood Cliffs, N. J., Princeton–Hall, 1959 によって提起された「行為功利主義」と「規則功利主義」の区分を継承しつつ，現代功利主義論の展開を試みたものである．その後も，現代功利主義論のなかでさまざまな区別が導入されているが，そのような区分自体が「最大多数の最大幸福」原理のみからする一元的・直接的功利主義理解を前提している．ベンサム（やミル）の功利主義は，そのような区分と両立しないことを強調しておきたい．

3) Rawls, J., *A Theory of Justice,* Cambridge, Mass., Harvard University Press, (1971), rev. ed., 1999. ジョン・ロールズ『正義論』（矢島鈞次監訳）紀伊國屋書店，(1979 年)，1991 年．

4) Hare, R. M., *Moral Thinking : Its Levels, Method, and Point,* Oxford, Oxford University Press, 1981. R. M. ヘア『道徳的に考えること』（内井・山内訳）勁草書房，1994 年．なお，解説としてはさしあたり，内井惣七『自由の法則・利害の論理』ミネルヴァ書房，1968 年，第 9 章，および山内友三郎『相手の対場に立つ』勁草書房，1991 年，を参照．

5) 周知のように，ベンサムにおいては経済の領域では私的利益と社会的利益との「利害の自然的一致の原理」が成立するが，法ないし立法の領域では「利害の人為的一致の原理」が支配するとするアレヴィの古典的な二元論的解釈がある．Halevy, E., *The Growth of Philosophic Radicalism,* translated by Mary Morris, London, Faber & Faber, 1955, repr. Boston, Beacon Press, 1966, とくに chap. 1. しかし，以下に見るように，アレヴィのこの解釈は恣意的である．

6) ミル功利主義理解の再検討に向けた試みとして，さしあたり筆者稿「J. S. ミル『功利主義論』の構造と問題―功利主義の多元的・重層的理解のために―」『中央大学経済研究所年報』32 号(II)（2003 年 3 月），81–107 ページ，また関連して池田貞夫「ミル『自由論』再考」同 36 号（2005 年 10 月），とくに 592–611 ページ，を参照．

7) Bentham, J., "Preface" to *An Introduction to the Principles of Morals and Legislation,* ed. Burns, J. H. and Hart, H. L. A., *The Collected Works of Jeremey Bentham*（以下 *CW* と表記），London, Athlone Press, 1970, pp. 1–10. ベンサム『道徳および立法の諸原理序説』（山下重一訳）「序言」，『世界の名著 38』中央公論社，1967 年，71–81 ページ．

8) *Ibid.*, p. 6. 訳，76–77 ページ．

9) Bentham, J., "Pannomial Fragments"; in *The Works of Jeremy Bentham, published under the Superintendence of his Executor,* John Bowring, 11 vols., Edinburgh, William Tait; London, Simpkin, Marshall & Co.; Dublin, John Cumming, 1838-43, repr. New York, Russell & Russell, 1962, vol. iii, pp. 211-30. (以下, Bowring, iii というように略記する.)

10) この時期の法一般についての草稿が, Bentham, J., *Of Laws in General,* ed. Hart, H. L. A., *CW,* London, Athlone Press, 1970, として出版されている. それを見ると, この時期ベンサムが法とは何か, それとの関連で民法と刑法とはどのような位置をしめ, 両者の関連や境界をどのように考えるべきかに苦闘しているのが知られる.

11) この点については, *The Manuscripts of Jeremy Bentham : A chronological index to the collection in the Library of University College London, Compiled by Douglas Long for the Bentham Committee, University College London,* [London, nd.] の1780年代の箇所を参照されたい.

12) Bentham, J., *Taités de legislation civile et pénale,* par Et. Dumont, 3 tom., Paris, Bossange, Masson et Besson, 1802. J. ベンタム『民事および刑事立法論』(長谷川正安訳) 勁草書房, 1998年.

13) Bentham, J., "Principles of the Civil Code", Bowring, i, pp. 297-364, "Principles of Penal Law", *ibid.*, pp. 365-580. その他, この両者をふくむかたちで, 独立した英語版として Theory of Legislation という表題で出版されている諸版もすべて, デュモンによる仏語版からの英訳である. この点については, Ikeda, Otonashi, Shigemori ed., *A Bibliographical Catalogue of the Works of Jeremy Bentham,* Tokyo, Chuo University Library, 1989, pp. 159-66, を参照されたい.

14) Kelly, P. J., *Utilitarianism and Distributive Justice : Jeremy Bentham and the Civil Law,* Oxford, Clarendon Press, 1990, とくに chap. 5 を参照.

15) Bowring, i, p. 301.

16) *Ibid.*

17) *Ibid.*, p. 302.

18) *Jeremy Bentham's Economic Writings,* ed. Stark, W., 3 vols., London, Allen & Unwin, 1952-54, vol. i, p. 226 & n. (以下, Stark, i, というように略記する.)

19) Bentham, J., "Method and Leading Features of an Institute of Political Economy" (1801-04), Stark, iii, p. 307 & n.

20) 例えば, Bowring, iii, p. 211, および Bentham, J., *Constitutional Code,* vol. i, ed. Rosen, F. and Burns, J. H., *CW,* Oxford, Clarendon Press, (1983), repr. 1984, p. 137. また, 1821-22年頃に執筆された Bentham, J., "Codification Proposal, Addressed by Jeremy Bentham to All Nations Professing Liberal Opinions"; in *'Legislator of the World' : Writings on Codification, Law, and Education,* ed. Schofield, P. and Harris, J., *CW,* Oxford, Clarendon Press, 1998, pp. 291-92 等をも見られたい.

21) Bowring, i, p. 302. のちの "Pannomial Fragments" では,「安全」のこれら4項目に, さらに「力 (power)」と「身分 (rank)」が追加されている. 例えば, Bowring, iii, pp. 212, 25 および230.

22) Bowring, i, p. 308.
23) *Ibid.*
24) この人間諸個人の人格の統一性や一貫性との関連で「自由」が重要となることはいうまでもないところである．「期待の安全」との関連で，ベンサムにおける自由概念を分析し展開したものとしては，Rosen, F., *Jeremy Bentham and Representative Democracy : A Study of the Consitutional Code,* Oxford, Clarendon Press, 1983, および do., *Bentham, Byron and Greece : Constitutionalism, Nationalism, and Early Liberal Political Thought,* Oxford, Clarendon Press, 1992, を参照されたい．
25) Kelly, P., *op. cit.,* pp. 76–77.
26) Bentham, J., *A Comment on the Commentaries and A Fragment on Government,* ed. Burns, J. H. and Hart, H. L. A., *CW,* London, Athlone Press, 1977, pp. 230–31.
27) 例えば，Bentham, J., *An Introduction to the Principles of Morals and Legislation, CW,* chap. 3, 邦訳，前掲，第 3 章，を参照．
28) Bowring, i, 303.
29) *Ibid.*, 308.
30) *Ibid.*, 303. ただし，バウリング版とオグデン版では用語に若干の相違が見られ，バウリング版では「必要（needs）」が「欠乏（want）」となっている．ここでは，オグデン版にしたがう．Bentham, J., *The Theory of Legislation,* ed. Ogden, C. K., London, Kegan Paul, Trench & Turner, New York, Harcourt & Brace, 1931, repr. Littleton, Colorado, Rothman, 1987, p. 100.
31) Bowring, i, pp. 314–15. 行論で明らかになるように，ベンサムの場合，たんなる貧民（the poor）といわれるのは働くことによって自己の生存を維持する人びと，つまり通常の労働者（the labouring poor）を指し，労働によって生活を維持しえない窮貧民（the indigent）と区別される．
32) *Ibid.*, p. 316.
33) Stark, iii, p. 324.
34) ベンサムの紙幣発行論については，"Abstract or Compressed View of a Tract Intituled Circulating Annuities"（1800）の考察が不可欠である．この草稿での，紙幣流通の便宜と経済効果との強調から，それを否定する "Paper Mischief [Exposed]"（1800–01），"The True Alarm"（1801）等への転換については，他日改めて検討することにしたい．
35) BL Add. MS. 33550, fo. 125, in Kelly, P. J., *op. cit.,* p. 119 ; "Pannomial Fragments", Bowring, iii, p. 227. （BL Add. MS 以下は，大英図書館に所蔵されているベンサム草稿の記号，fo. 125 は紙葉番号を表わす．以下，同様．）
36) Bowring, *op. cit.*
37) BL Add. MS. 33550, fo. 126, in Kelly, P. J., *op. cit.* ; Bowring, *ibid.*
38) Bowring, *ibid.*, p. 228.
39) *Ibid.*
40) Bowring, i, p. 303.
41) *Ibid.*, p. 311.
42) UC CLX, 160, in Kelly, P. J., *op. cit.,* p. 123. （UC 以下はユニヴァーシティ・コ

レッジ・ロンドン（UC）に所蔵・保管されているベンサム草稿の番号．CLX はボックス番号，160 は紙葉番号を表わす．以下，同様．）

43) UC CLX, 161, in Kelly, P. J., *op. cit.*
44) BL Add. MS. 33550, fo. 137, in Kelly, P. J., *ibid.*, p. 125 ; Bowring, iii, p. 230.
45) BL Add. MS. 33550, fo. 137, in Kelly. P. J., *op. cit.* ; Bowring, *op. cit.*
46) Bowring, *op. cit.*
47) したがって，生存への平等な権利という見地は当然，ベンサムの生涯の完成目標でもあった『憲法典』にも反映されていると考えられる．その点についても，他日を期したい．
48) ベンサムの初期経済思想の形成過程のより詳細な分析は，前掲1)の筆者稿を参照されたい．その意味で，本章での論述は，前掲筆者稿とも重複している点があることをお断りしておきたい．
49) Bentham, J., "Defence of Usury", Stark, i, pp. 123-87.
50) Bentham, J., "Postscript", *ibid.*, pp. 195-204.
51) *Ibid.* i, pp. 201-02.
52) Bentham, J., "Agriculture Not Dependent on Manufacture", Stark, *ibid.*, pp. 205-07.
53) Stark, iii, pp. 452, 499-500.
54) Stark, i, p. 205.
55) *Ibid.*
56) *Ibid.*, pp. 205-07.
57) Stark, W., "Introduction", *ibid.*, p. 38 ; iii, p. 501.
58) Bentham, J., "[Proposed] Preface [To The Second Edition]", Stark, i, pp. 191-94.
59) Stark, iii, p. 452.
60) Long, D., *op. cit.* における 1780 年代後半から 1790 年頃にかけての箇所，また Milne, A., *Catalogue of the Manuscripts of Jeremy Bentham in the Library of University College, London,* (1931, first issued 1937), repr. London, Athlone Press, 1962, p. 10 を参照．
61) Stark, iii, pp. 452-53 ; Long, D., *op. cit.*, p. 11 ; Milne, A. T., *op. cit.*, p. 6, を参照．
62) Stark, *op. cit.*, p. 501.
63) *Ibid.*, p. 501 n.
64) 例えば，Smith, A., *An Inquiry into the Nature and Causes of the Wealth of Nations,* general editors, Campbell, R. H. C. and Skinner, A. S. S., textual editor, Todd, W. B., 2 vols., Offord, Clarendon Press, 1976, vol. i, Bk. III, chap. 3. アダム・スミス『国富論（I）（II）（III）』（大河内一男監訳），中公文庫，II，第3編第3章，同『国富論（1）（2）（3）』（水田監訳，杉山訳），岩波文庫，2，第3編第3章，を参照．
65) スミスの場合については，*Ibid.*, Bk. II, chap. 5 および Bk. III, chap. 1. 邦訳，中公文庫，I，第2編第5章および II，第3編第1章，岩波文庫，2，第2編第5章および第3編第1章，を参照．
66) Stark, i, pp. 202-04.
67) 穀物（基本的な生活必需品）重視，したがって農業重視の考え方においてスミ

第 2 章　ベンサム功利主義の構造と初期経済思想の展開　173

スとベンサムは共通している．そうした共通性をおさえたうえで，穀物輸出および生産奨励金問題などの具体的なレヴェルで，両者の異同とその含意を検討することが，ベンサムの全体としての経済思想の特質を解明するうえで興味ある重要なテーマのひとつとなる．本稿は，そのための準備作業ともいえるものである．スミスにおける穀物＝農業重視の考え方を検討したものとして，渡辺恵一氏の興味ある一連の論稿がある．さしあたり，同氏「穀物法論争とスミス地代論」『京都学園大学論集』16 巻 4 号（1988 年 3 月），43-84 ページ，「書評　星野彰男『アダム・スミスの経済思想―付加価値と「見えざる手」』」『京都学園大学経済学部論集』12 巻 3 号（2003 年 3 月），91-101 ページを参照されたい．しかし，筆者は，スミスにおける穀物重視の考え方――そこからまた，農業重視の見地が生じてくる――は，たんに労働価値論にかかわるだけでなく，戦争がくり返された 18 世紀における生存＝「必要（needs）」の問題を背景としている点を重視したいと思う．その点ですぐれた分析が見られるのが，Hont, I. and Ignatieff, M., "Needs and justice in Wealth of Nations : an introductory essay" ; in *Wealth and Virtue,* ed. Hont, I. and Ignatieff, M., Cambridge, Cambridge University Press, 1983, pp. 1-44，ホント，イグナティエフ編著『富と徳』（水田洋，杉山忠平監訳）未來社，1990 年，1-75 ページ，である．その分析は，経済学をふくむ 18 世紀思想史研究において深められるべき視点を提供していると思われる．イングランドでも 18 世紀 90 年代になってスピーナムランド制が導入されざるをえなくなるような過程が進行しつつあったことをもっと重視すべきだろう．そうした時代背景のなかで，18 世紀をつうじて暴動（riot）がくり返された．Thompson, E. P., *Customs in Common,* London, Merlin Press, 1991, repr. New York, New Press, 1993, とくに chap. 4．それに関連して拙稿「モラル・エコノミーとポィティカル・エコノミー」『経済学史学会年報』36 号（1998 年）をも参照．

68)　Stark, iii, 452.
69)　Stark, "Introduction", Stark, i, p. 46.
70)　前掲 1）の拙稿，163-67 ページを参照．
71)　Stark, *op. cit.*, p. 214.
72)　*Ibid.*, pp. 216-17.
73)　Stark, iii, pp. 452-53, 457.
74)　Stark, "Introduction", Stark, i, pp. 52-54.
75)　*Ibid.*, p. 223.
76)　*Ibid.*
77)　*Ibid.*, pp. 224-25.
78)　アートの視点から，ジェイムズ・スチュアートやスミス以後の経済学史を検討したものとしては次のものがある．Hutchison, T. W., *'Positive' Economics and Policy Objective,* London, Allen and Unwin, 1964, T. W. ハチスン『政策目的』（長善守監訳），東洋経済新報社，1965 年．方法論の視点から論じたものとして，佐々木憲介『経済学方法論の形成』，北海道大学図書刊行会，2001 年，ジェイムズ・スチュアートについては，大森郁夫『スチュアートとスミス』，ミネルヴァ書房，1996 年，とくに第 1 章，を参照．ハチスンの上記の文献について教示して下さっ

た中央大学経済学研究科博士課程門脇覚氏に感謝したい．

79) Stark, *op. cit.*, p. 226 n.
80) *Ibid.*, p. 228.
81) *Ibid.*, p. 231.
82) *Ibid.*, pp. 231-33.
83) *Ibid.*, p. 236.
84) *Ibid.*, p. 236 n.
85) *Ibid.*, p. 236.
86) *Ibid.*, p. 237.
87) *Ibid.*
88) *Ibid.*, pp. 238-41.
89) Stark, iii, pp. 503-04 を参照．
90) Stark, i, p. 241.
91) *Ibid.*, 242.
92) *Ibid.*, p. 244.
93) *Ibid.*, pp. 245-46.
94) *Ibid.*, p. 246.
95) *Ibid.*
96) *Ibid.*
97) このように，これらの箇所では，ベンサムは「豊富」や「富裕」の概念を需要＝消費との関係において表現するため，それらにしばしば「相対的な」という形容詞を付しているが，同様に「程度（degree）」という語もしばしば用いている．なお，この点との関連で指摘しておけば，本文中に引用した一文「からす麦は以前より，より豊富［に生産される］ことはないだろう（Oats will not ［be produced in］ more plenty than before）」の［　］内は編者スタークによる挿入である．しかし，この挿入は，本文で論じた「豊富」や「富裕」概念の相対的な意味を不明瞭にする結果となっている．これらの概念の相対的ないし相関的含意を理解することは，これらの箇所では決定的であり，またベンサムの経済思想を理解するうえできわめて重要であるが，挿入文はスタークの理解が必ずしも十分ではないことを示しているように思われる．ベンサム本来の含意を正確に反映するためには，むしろ 'produced' を削除し，たんに［be］あるいは［be in］とだけにすべきだろう．
98) *Ibid.*, pp. 246-47.
99) この場合，ベンサムは，脚注で，富裕な階級の負担として，奢侈品ないし奨励金が与えられる基本的な必需品ほど必要ではない諸品目に課される租税を念頭においていることを記している．*Ibid.*, p. 247 n.
100) *Ibid.*, pp. 247-48.
101) *Ibid.*, p. 248.
102) *Ibid.*, p. 248 n.
103) *Ibid.*, p. 252 n.
104) *Ibid.*, p. 252.

105) *Ibid.*, p. 253.
106) *Ibid.*, p. 254.
107) *Ibid.*, pp. 254-55.
108) 以上，*Ibid.*, pp. 255-58.
109) 以上，*Ibid.*, pp. 258-60.
110) Stark, "Introduction", *ibid.*, p. 52.
111) *Ibid.*, p. 263.
112) *Ibid.*, pp. 264-65.
113) *Ibid.*, p. 265 n.
114) ベンサムによる，これら18世紀の食糧暴動（food riots）の特徴づけは，先にあげたE. P. トムスンの分析と一致していて興味深い．暴動が，とりわけ食糧不足時における穀物輸出に対する怒りとして惹起された点についても同様である．より詳しくは，注66）の Thompson, E. P., *op. cit.*, chap. 4, および拙稿を参照されたい．
115) 以上，Stark, i, pp. 265-68.
116) Stark, "Introduction", *ibid.*, p. 53.
117) *Ibid.*, p. 54.
118) *Ibid.*
119) *Ibid.*
120) *Ibid.*
121) *Ibid.*, p. 55.
122) Stark, "Introduction", *ibid.*, p. 56.
123) Stark, iii, p. 453.
124) UC所蔵のベンサム草稿の目録を作成したミルンおよびロングともに，それを次の「人口」草稿とともに，「c. 1790-1800」とだけしている．Milne, A. T., *op. cit.* および Long, D., *op. cit.* の関係箇所を参照されたい．
125) Stark, i, p. 270.
126) *Ibid.*
127) *Ibid.*
128) *Ibid.*, p. 271.
129) 以上の引用は，*Ibid.*, p. 272.
130) *Ibid.*, pp. 272-73. より詳細には，Ogden, *op. cit.*, pp. 473-97, を参照．これらの問題についても，ベンサムの人口論および経済思想との関連で検討する必要があるだろう．
131) Stark, i, p. 273.

第 3 章

功利主義と植民地
——ベンサムの植民地論——

はじめに——問題の所在

　本章ではイングランドの功利主義者ジェレミー・ベンサム（1747 (8)–1832）の植民地論を検討する．コモンロー体系を批判したベンサムは「法典化（codification）」や「最大化（maximize）」といった言葉と並んで「国際」（international）[1]という言葉を発明した．それは「最大多数の最大幸福」[2]を統治目的として掲げたベンサムがその意味を一国内に留まらず，国家間の規模にまで広げて考えていたことと関係しているが，ここでは植民地に関するベンサムの見解を取り上げ，検討してみたい．

　ベンサムの植民地論は一見両義的なものである．彼は植民地の解放を唱えつつも，植民が過剰人口などの解決策として有益でもあると主張していたからである．これまでの研究では，①両義説，②転換説，③一貫説が提出されてきた．①両義説はウィンチの『古典派政治経済学と植民地』[3]である．ウィンチは1776年から1860年代までの古典派政治経済学における植民地論を検討し，旧植民地体制の帝国概念に対する主要な反対者であったベンサム主義者らが，1830年頃を境にして大英帝国の構築運動に参加するようになった経緯およびその変容の過程を考察した．国際平和[4]の唱道者であったベンサムが最晩年になっ

て，平和を阻害し戦争の火種になると主張していた植民地の領有を当然視し，植民の積極的な提言をするに至った点をベンサムの功利主義における「両義性（ambivalence）」という観点から明らかにしている．すなわち「ベンサムが一貫して反植民地主義の立場を保持し続けた」とは言えず，植民地統治の欠陥を指摘しているかと思えば，ブリテンの海外属領への人口や資本の移送が有益であると主張しているのは「ベンサム個人の精神活動の特質を物語っている，という面からのみではなく，哲学的急進派全体の抱いていた帝国観における両義性を集約している」とする[5]．

これに対してボラレヴィは，②転換説とでも言うべき解釈を提出している．すなわちベンサムがヨーロッパ諸国の植民地，オーストラリア，英領インドの問題を区別していたことを挙げ，ウィンチはこの点を見落としていると指摘する．これら歴史的な諸事情，地政学的な問題およびベンサムの政治思想と植民地論は密接な相関関係にあるとして，1790年代中葉のフランス革命に対する反動期にはベンサムは植民地容認的発言を行ない，民主主義的急進主義の時期には反帝国主義的主張を，そして人口問題に関する諸方策を提言した1801～4年と1831年には，植民地容認および植民地建設の提案をしていると指摘し，ウィンチの解釈はベンサムのその時々の歴史状況に対応したプラグマティズムを捉え損ねていると批判する[6]．しかしこのボラレヴィの解釈に対しては，1801～4年においてもベンサムが植民地は本国への経済的負担であり，遠隔地へ資本やエネルギーをつぎ込むことの無用さを説いていたことを挙げてホーゲンセンが反論している[7]．

最後に，③一貫説がある．スコフィールドはベンサムの植民地論の基調は植民地批判にあるとしつつ，植民地の自己統治能力如何および経済的・人口統計的状況次第で植民地建設が有益であることをベンサムは捉えていたとし，それをベンサムの「時と所の状況によって，提示可能な諸相違に気を配る不変の習慣」に求めている[8]．地理的特質，文明の達成度などによって当該国家への立法的方策は異なってくるが，基本的には植民地批判の立場であったとベンサムの植民地論をまとめている．

これらの解釈を踏まえて，最近ホーゲンセンが新しい解釈を試みている．ホーゲンセンはベンサム晩年の論考『植民協会』において，ベンサムが過剰人口などへの対策として植民地は本国の市場に財の増大をもたらすと考えている点は，資本が交易を制限するという初期の議論と矛盾しているとする．しかしこの積極的な植民への意見の変化を功利性の原理の応用の結果とみるならば，それはウィンチの両義的な解釈と同じことになるので，ホーゲンセンはここでベンサムの植民地論の根底には安全確保原理および失望回避原理があるとし，ベンサムにおいては安全の範囲と質が偶然的なものに過ぎないということが明らかになるとする．

　むろんケリーが明らかにしたように[9]，ベンサムの功利主義においては，功利性の原理を基礎に安全確保原理など様々な原理がいわば公理系として多元的な原理体系をなしている[10]．しかしホーゲンセンの解釈では，安全確保原理および失望回避原理からその時々の状況に対応しているのがベンサムの特徴であるとする点で，解釈自体はスコフィールドの見解とそれほど異なるわけではない．功利性の原理の代替物として昨今のベンサム研究で重視されている安全確保原理や失望回避原理を持ち出してきたのは有効な視点ではあったが，結局のところ状況倫理的に植民地を捉えようとしていたという結論に落ち着いているわけである．

　本章ではこれら先行研究を踏まえつつ，ベンサムが提出する植民地論に関連する経済学的な原理の変容をも視野にいれて検討する．そしてベンサムの植民地論を両義的と解釈するウィンチの研究を主軸にしながら、1790年代から1831年までのベンサムの植民地をめぐる議論を素描してみたい．

1．植民地と平和

　ウィンチはベンサムの植民地に対する初期の態度を「反帝国主義的」なものと特徴付ける．ベンサムが植民地について主題的に言及するようになるのは1790年代からであり[11]，戦争の害悪や平和に関する諸論考が1786年頃から執筆されているように[12]，彼が植民地に関心を抱くようになったのは国際的な

平和の問題を契機にしている．ウィンチが指摘するように「国際法や国際紛争の問題に」「関心が集まって植民地に対するベンサムの反感が形成された」と言える[13]．ベンサムは「普遍的かつ恒久的な平和」のための「2つの基礎的な命題」として，「1. ヨーロッパ体制を構成している数カ国が軍備を縮小するか，ないしはそれを固定化すること．2. 各国が自国の遠い属領の解放を行なう」[14]ことを挙げているが，この第2の論点がベンサムの植民地批判における重要な論拠となる．

1790年代初頭，ベンサムはフランス革命後の国民公会宛に『パノプティコン』や『政治技術論』といった諸改革案と共に1793年には『フランス国民公会宛ジェレミー・ベンサム』[15]を送っている[16]．1785年8月から1788年2月までのロシア旅行中に書かれた『高利の擁護』[17]第2版のための「補遺」も1790年に書かれ，その補遺の1つである『利子率の強制的引き下げの不当性と不得策に関する諸考察』および『「資本以上の交易はない」あるいは「資本は交易を制限する」という原理の発展』では，国富の増加は資本量の増加と既存の資本をより有効な産業部門に投下することによって引き起こされるということが主張され，政府による資本投下に関する規制は無用であることが指摘されている[18]．

『高利の擁護』第2版のための「補遺」においてより重要な著作は『植民地の統治，経済，平和に関する，「資本以上に交易はない」の原理の実際の帰結』である．ここでベンサムは一国の富が資本量によって制限されるという原理的前提から植民地の放棄は本国にとって利益になることを説いている．植民地に投下されていた資本が国内産業に振り分けられ，とくに農業部門への資本投下，すなわち「土地の改良」のための資本投下がなされるため，植民地の放棄は本国の富の増大に寄与し，生産的にもプラスの結果を生じるとベンサムは考えたのである．「同じ資本が農業に用いられるならば，資本の通常の利益は増大するし，地代も増大するであろう」が，植民地を保持するならばその資本が農業に投下されないため，利益は減少するというのである[19]．ベンサムが「農業の重要性と植民地のコスト」[20]を比較対照させている点にウィンチは「重農

主義的影響の徴しを見ることができる」という[21]．

このようなベンサムの農業重視の姿勢は同じく「補遺」に含まれている『農業は製造業に依存しない』においても示されている．国内産業に転化された資本の最も有利な投下先は農業であり，それは農業が人々の生存手段や製造業の原材料を提供することにあるからであった[22]．「農業に資本が過剰に蓄積された場合，その資本はおのずから製造業に向かう」ことで，「植民地貿易の対極をなすものとして農業を位置づけ，資本を特定の産業部門に導こうとする人為的政策の無効性を指摘したものとして理解することができよう」[23]．

さらに『高利の擁護』第2版のための補遺の中で1790年頃に書かれたと推定される『植民地と海軍』においても，植民地に投下されていた資本が国内産業に投下されるようになった場合の生産的産業を，①農業，鉱山業，漁業を含む原材料生産部門，②製造業部門，③国内交易，④外国貿易，⑤中継貿易の主要5部門に分け，資本の有効な投下先として農業の有益性が指摘されている[24]．生産的産業において農業が重視されるのは農業生産物なしに製造業従事者は生存できず，農業部門はそれ自身で市場を開拓し生存条件を確保できるからであった．この点で，この時期のベンサムはスミスに依拠して『国富論』における資本投下の自然的順序論を継承していると言える[25]．

1790年代のベンサムは「農業の重要性と植民地のコスト」という側面から植民地を検討していただけではない．植民地の領有は農業という生産的部門への資本投下を阻害するだけでなく，軍事的政治的問題もあった．『植民地の統治，経済，平和に関する，「資本以上に交易なし」の原理の実際の帰結』において，植民地の領有の問題点として本国の軍事的支出という負担が挙げられている．植民地の維持には，当時植民地争奪戦の相手国であったフランスに対して防衛するための人的経済的な支出という不経済が存在するという問題である．さらに植民地領有による軍事的な緊張状態において「政治的自由」が脅かされること，植民地政府の官職を自由に任命し得るという点での任命権（patronage）から帰結する「腐敗的影響」，本国の「国益に関する誤った見解」から生じる本国と植民地への損害・打撃などの点で植民地経営は本国にとって無

益であるとベンサムは考えていた[26]．またプロシアとオランダとの連合によるピットの反ロシア政策に対する批判から書かれた『植民地と海軍』においても「あらゆる国の貿易は資本量によって制限される」という点から，弊害のある植民地政策を問題視し，海外領有地（dependencies）を放棄すること[27]，海軍の解体，秘密外交の廃止等が主張されている[28]．このような軍事的経済的利益の側面から植民地を批判することはスミスに見られるように18世紀後半における植民地の効用について懐疑的な思想に典型的なものでもあった[29]．

ここでこの時期のベンサムの植民地批判をまとめておこう．ベンサムが植民地の領有について反対した理由は，第1に国内の生産的な産業に対する有利な資本投下を阻害し，第2に本国政府に軍事的な支出をもたらし，第3に本国政府の腐敗・汚職を招き，第4に国内的・国際的な平和を脅かすからであった[30]．

2．植民地と人口

前節で検討した1790年代における農業重視や植民地批判論とは若干異なる色調を帯び始めるのが1800年代からのベンサムの植民地論である．ベンサムは経済学的認識に関する体系的な著作として，『政治経済学便覧』（Manual of Political Economy, 1793–5）を著した後，『政治経済学概論』（Method and leading features of an Institute of Political Economy, 1801–4）をまとめている．『政治経済学概論』では政府の役割を富の産出行為という観点から①スポンテ・アクタ（統治は干渉せず，個々人の行動に委ねるべき領域），②アジェンダ（統治がなすべきこと），③ノン・アジェンダ（統治がなすべきでないこと）に分類し[31]，「静かに」（＝干渉しないこと）を政府のモットーとして掲げている[32]．

植民地についての言及はスポンテ・アクタへの阻害要因を除去する行為に限定されるアジェンダの項目にあり，そこでは前節で検討した「利子率の強制的な引き下げ」が資本の国外流出を招き，利子生活者への打撃であるとし，また「植民地経営による土地の増大」は本国に経済的損失をもたらす点で問題としている．しかし1790年代の植民地論と異なる点は，現地住民に有益な場合や，

第 3 章　功利主義と植民地　183

本国における人口問題の解決手段となる場合に植民地の保持をベンサムが正当化することである．「植民地が実際の富に与える影響はほとんど無きに等しく，せいぜい偶然的なものであるに過ぎない」のだが，「それにもかかわらず，将来のことも考慮に入れて天秤にかけてみると，植民地を建設することによって人類の福祉は全体的に増進されてきたようだ」と言う[33]．18 世紀の人口増加率がそのまま継続するならば[34]，19 世紀の末に至らずとも，増加した人口は食糧供給量を超過するであろうことを挙げて，植民地の創設が有用であると主張するようになるのである[35]．すなわちベンサムは基本的には植民地の保持を批判しつつ，或る条件下では植民地の有用性を認めるようになったと言える．

　最初の主張から，或る状況の変更でその主張の内容を変えるということは，例えば穀物凶作という歴史的背景の下に 1801 年に書かれた『最高価格の擁護』でも行なわれている．『高利の擁護』では法定利子率が与える負の影響を論じたわけであるが，『最高価格の擁護』では穀物の最高価格の設定を「飢饉（famine）」という状況においてのみ承認されるものとする[36]．そしてその措置は「穀物生産者や商人に義務を課す強制のシステム」ではなく[37]，あくまで「一時的な便宜」に過ぎないため，法定利子率を批判した『高利の擁護』の議論と矛盾するものではないという[38]．

　このように或る一定の条件が揃った場合，基本的な主張からの逸脱が見られるパターンは，ウィンチによればベンサムに特徴的な「両義性」ということになる．ウィンチの解釈には賛成できない部分もあるので，この点は後で論じたいと思うが，19 世紀に入り，ベンサムの植民地論は状況次第で批判と容認との間で揺れ動くことは確かである．

　『最高価格の擁護』末尾「不作と稀少性に対するラディカルな救済策」においても，人口と資本が植民地に流出することは本国にとって損失であるとしつつ，食糧難を緩和し，利子率の逓減が抑制される場合には植民地は「救済」になると言う[39]．この点でウィンチは「貯蓄が退蔵されてしまう可能性，すなわち不完全雇用下では貨幣量の変化によって生産と投資の水準が影響されると

いう可能性について，ベンサムは考察するようになったのである」としている．いわば「資本以上に交易はない」という原理からベンサムは離れ，「貯蓄と投資の結びつきを否定したのであるから，……，従前の利潤率の下で，資本蓄積が投資機会を上まわるという場合の検討に移」り，「植民地への資本輸出が救済手段として有効である」[40]と考えるに至ったわけである．

ここで注目しておきたいのは，ベンサムが当時のイングランドの社会政治経済の状況の変化によって植民地容認へと意見を変えたというよりも，「資本以上に交易はない」という原理的次元で，自らの主張を変え始めていることである．それは1790年代において植民地の領有を批判し，植民地への資本投下を本国に振り向けようとしたベンサムが，「資本総量の蓄積にあわせた」すなわち「製造業と同程度の」「農業への資本投下が維持できない」という認識に至り，小土地所有の統合が進み農業生産が増大したとしても，「国内の食糧供給量を越えて富と人口とが」，そしてまた製造業に投下された資本も増大するため「植民地が救済になる」[41]という主張に至ったからである．農業における資本投下の対象としての農地という制約も農業における蓄積を遅らせ，急速に資本蓄積の進む製造業の発展に対して農業は不均等な関係に立ってしまうため，植民地への資本と人口の移出は有益になるとベンサムは考えたのである．

この時期のベンサムの植民地論は，原則的には植民地の領有に批判的でありながら，植民地への過剰人口の移出による人口問題の解決および過剰資本の有利な投下先としての植民地という観点から植民地の領有が正当化される場合がある点に特徴がある[42]．

3．植民地と憲法

ウィンチも指摘するように「1804年以降になると経済問題に対するベンサムの関心は後退」[43]する．その後，ベンサムの植民地に対する関心が再燃するのは1818年からであり，同年ベンサムはスペインの植民地の解放に関して多くの草稿を残している．1820年にスペインで自由主義政府が誕生すると，ベンサムはスペイン憲法の起草を考え，法典化論を含め様々な改革案をスペイン

民衆宛に書き上げる[44]．その中の『海外植民地を放棄せよ』(Rid Yourselves of Ultramaria)[45]では植民地批判をその基調とし，海外植民地の害悪を論じている．

　ベンサムの植民地論の変遷を考える場合，スペイン民衆に宛てた諸論考の論点は多岐にわたるため，それを詳細に検討することはしない．ここでは1793年に植民地の解放を主張した『フランス国民公会宛ジェレミー・ベンサム』と，スペイン植民地の放棄について書かれた『海外植民地を放棄せよ』との間に見られる相違点に着目したい．両著作において植民地批判の論点に大幅な変更はないが[46]，ベンサムのスペインに関する考察の中で注目すべき変化は，ベンサムが「こうした論考を『憲法典』との関連で考え始めている」ことであり[47]，「最大多数の最大幸福」と「少数の支配者による邪悪な利害」[48]という多数と少数とを対比させる観点から議論を展開していることである[49]．この点，ウィンチもベンサムの議論は代議制統治の擁護とともに新たな次元に達したと言う[50]．1793年のフランス国民公会宛の『植民地を解放せよ』では植民地における失政（misrule）の原因として「判断における誤謬」を挙げていたベンサムは1820年代の『植民地を放棄せよ』では植民地行政と結びついた諸機関の腐敗などを「邪悪な利害」として問題視している．

　1820年頃以降のベンサムの植民地批判論は明白に思われるのだが，1830年以降になると議論がまた両義性を帯びてくる．ウィンチの問いはこうである．

　　「ベンサムは人口圧力によって或る条件下では『新たな国』への植民が価値ある事業であるとし，それが本国における貧困問題の解決になると様々な著作で言いながら，なぜ以前に書いた植民地批判論を1830年に再刊したのか」[51]．

ウィンチが困惑を深めたのは，ベンサムが1829年に書いた『植民地を解放せよ』の「補遺」にある文章である．植民地統治における「官職任命権」に由来する「腐敗」に備えるべきであるという点で，ベンサムは「大ブリテンとアイルランドの一市民としては同じ意見，したがって同じ願望を持っている．しかし……大英帝国（British Empire）の一市民としては，著者の意見ならびにそ

の結果生じる願望は，まったく逆のものである」と言う[52]．つまりベンサムは『植民地を解放せよ』に示された植民地統治への批判という意見を示しつつも，大英帝国の市民としては植民に賛成するというのである．

さらにウィンチが指摘している重要な問題がある．それはベンサムが1831年にウェイクフィールドの植民計画に賛成したことであり，そのことがベンサムの植民地批判の一貫性を損ない，両義的とされる所以になっていることである[53]．

ここで1831年にベンサムがウェイクフィールドの植民案にどのように関わったかを見ておこう．ウェイクフィールドは『イギリスとアメリカ』「第12稿」「2. 過剰人口の緩和」の脚注でベンサムとのやり取りを次のようにまとめている．ウェイクフィールドが植民による資本の海外流出は国内の労働雇用量を減少させないと主張したことに対して，ベンサムは最初は労働量が資本量に制約されるという原理から植民に対して反対していたようである．ところが資本の充用には種々の制限があり，労働の充用には資本による制限以外にも諸々の制限があることをウェイクフィールドによって諭され，ベンサムは植民の計画に賛同するようになる．1831年の夏，労働の充用には資本による制限だけでなく，生産や余剰生産を処分する市場などでの制限があるという問題をベンサムは検討し，「それに関してかなり長い論文」を書いたが，この論文はウェイクフィールドに送られたということである[54]．この論文の断片は現在ベンサム草稿としてロンドン大学UCLに所蔵されている．1831年の8月11日から8月23日にかけて書かれ，『植民協会』(Colonization Society) というタイトルをもつベンサム草稿 Box viii (149–192) がそれであり，主に植民を実施する株式会社について書かれているが，ウェイクフィールドの「シドニーからの手紙」や『イギリスとアメリカ』での植民計画に凡そ即した内容になっている[55]．

『植民協会』の副題は「近接最大化原理，或いは分散防止原理という全く新しい原理に基づく植民会社という名称の株式会社の設立に関する提案」[56]である．この植民の目的は6点にまとめられる．第1は植民地に人々を移送するこ

とで彼らを困窮の状態から豊富な状態へ導くこと，第2は本国における納税者の税負担を軽減し，本国に残る困窮の状態にある人々を救済すること，第3は本国における人口増大圧力に対する安全を確保すること，第4は移民の際に生存の手段だけでなく，福祉の手段としての教育も提供されること，第5に植民によって本国の生産物のための市場が拡大し，本国における富のストックが増大すること，第6に株主には出資した資本に対する利子率および利潤率が上昇するという期待が与えられることである[57]．

　ベンサムの植民会社提案には詳細な規定があり，一定数の個人が植民会社を設立し，50万ポンド以上の資本金で運営する．50万ポンドの内訳は，入植者の輸送の費用を負担する政府に支払われる12万5千ポンド，植民地での定住のために使用されることを条件に小資本家に貸付される12万5千ポンド，あらゆる通信・交通手段のために使用される25万ポンドである[58]．

　また植民会社に関わる人々について，①植民会社への出資者，②資本をもたない入植者，③資本をもつ入植者に分類し，各々の誘因や動機付け，入植の条件などが論じられている．とりわけ詳細なのは第2の資本をもたない入植者についてであり，本国から植民地までの4カ月の船旅の間，快適な衣食住，リクリエーション，医療が提供される．彼らには困窮からの脱出，土地所有者になり得る希望という誘因のほか，普通の生活と容易な結婚という選択肢が（本国では結婚できずに飢餓の状態にあるか勤労院で結婚するかの選択しかできなかったが）植民へのさらなる誘因になることが述べられている[59]．

　この植民提案に関する原理は副題にもあるように「近接最大化原理，或いは分散防止原理」であり，これは場所に関わる原理である．統治において人々が分散しているということは防衛と商業上の問題を招来する．例えば人々が政府所在地から遠く隔たって分散している場合，その個人の身体や財産の安全，交通の便利さ，原材料の確保，医療，社交，金銭の貸付などを保障することは困難になる[60]．このようにベンサムは新しく植民地を建設する場合に，場所に関する「近接最大化原理，或いは分散防止原理」(the Vicinity-maximizing or Dispersion-preventing principle) を軸に議論を展開している．

そして「統治に関して包括的な目的はすべての住民の最大幸福である」のに対して,「管理経営について会社の役割という点からの目的は当然のことながら会社に最大の利潤をもたらすことである」[61]とする．利潤の源泉は植民地における土地販売から得られる利潤と植民地で生産された生産物から得られる利潤である[62]．ベンサムは土地の価値は「土地に対する人々の割合」にしたがった「競争」の程度によって決定され，その価格が決定されるとする[63]．したがって植民会社は「土地に対する人々の割合」を適切に維持管理しなければならない[64]．

植民地の統治における問題として，ベンサムはこの著作においてもパトロネージが腐敗を生じさせる点を挙げ[65]，1830年出版（1827年印刷）の『憲法典』第1巻第6章を参照して[66]，植民地の国家構造における議会は一院制であるべきことを主張している[67]．

以上，簡単ながら1831年夏に書かれたベンサムの植民論を見てきたが，ここには植民地批判の要素は一切出てこない．植民事業を請け負う会社の組織や手段，植民地政府の構成をどうすればよいのかといった議論が見られるだけであり，その点，ウィンチが指摘するように1830年に『植民地を放棄せよ』を出版したベンサムはここにはいないように思われる．

おわりに

ここでは，前節までに検討してきたベンサムの植民地論の特質が何であるのかを考えてみることにしたい．そのためには1829年6月24日に書かれた「補遺」に立ち戻る必要がある．ベンサムは「大ブリテンの市民」としては植民地を解放すべきと考えるが，「大英帝国の市民」としては植民に賛成するとしていた．しかしその文章に続く部分で，ベンサムは，オーストラリアへの植民を認めるのは，19世紀が終わる前に入植者によって「イングランドの君主制」に依存する政府から「代議制民主主義」へと移行するであろうという理由からであると言う．つまり植民地であるオーストラリアの政府が数十年の内に代議制民主主義の統治体制になるので，イギリス本国からの植民は有意味であると

ベンサムは書き残している．スコフィールドによれば，『植民協会』でベンサムがオーストラリア植民地の利益を説いたのはイギリス本国における高い貧困率，農業不安，人口圧力，救貧法行政の危機などの歴史的背景からであったが[68]，このような憲法論的背景もあったのである．

既に見てきたように，ベンサムが1790年代前半に植民地の領有に反対した理由は，植民地を解放すれば，植民地に投下されていた資本が本国の生産的産業に投下されるからであり，また植民地は本国政府に軍事的な支出をもたらし国際的な平和を脅かすからであった．そして「一国の経済活動の水準はその国に存在する資本量によって決定され，またそれら資源の適正な配分は市場機構を通じてなされる以上，植民地経営という政府の「介入」的な政策は経済過程の攪乱をもたらすに違いない」[69]からであった．

1800年代前半のベンサムの植民地論は，原則的には植民地批判の形をとりながら，本国の過剰人口を植民地へ移出することによる人口問題の解決および過剰資本の有利な投下先としての植民地という観点から植民地の領有が正当化された．1801年の『最高価格の擁護』における経済的な側面からの植民容認論は，それまでの，市場規模ではなく資本量が交易を規定する有力な要因であるという考えから，資本蓄積が（農業への）投資機会を上回り，食糧供給を上回る富と人口の増大を結果する故に植民地への資本と労働の移出は有効な対策にされたという変化が見られた．この点で，この時期のベンサムの植民地に対する容認姿勢は当時の歴史状況を勘案したものというよりは，より原理的な次元からの植民地容認論という点で決定的に重要である．

その後，ベンサムは1820年前後には『植民地を放棄せよ』などの一連の著作を書き，植民地に批判的な姿勢は一貫していたが，それが1829年に至り，『植民地を解放せよ』の「補遺」において植民を容認することになる．しかも『植民地を解放せよ』は植民地が無用である理由を「市場規模ではなく，資本量が貿易量を決定する」というところに求め，植民地の領有による生産物の独占は本国の財政的利益になるという見解も誤ったものだとしていた点で[70]，1800年代の議論を忘却したかのようである．その上，1831年夏に植民計画の

提案を行なったのは，それまでの議論と矛盾する両義性の問題を惹起するであろうか．

ここで想起したいのはベンサムが救貧問題への対策として提案した「全国慈善会社」の構想である．『植民地を解放せよ』で植民地の領有が批判されていたのはそれが本国にとって経済的な負担になるからであった．ところが『植民協会』で提案された植民計画は株式会社による植民事業という点で国家財政への負担がない形で困窮者を救済でき，植民地への移送が可能であった．さらに資本を有する入植者が植民地について正しい知識を得られるように政府と編集者に対する「出版の自由」が挙げられているが[71]，まさにこれはベンサムにおける本国と植民地との「距離」の緩和である[72]．商品価格を操作するような不正取引を防止するために，植民地の情報を適切に本国に伝えるという公開性が重要である点も「全国慈善会社」の提案と同様である．つまり1831年夏にベンサムが『植民協会』で提案した植民案は監獄改革の一環であるパノプティコン提案や救貧財政および行政の改革を企図した「全国慈善会社」の構想と同様に植民事業の合理的な市場化という側面をもっていたわけである．

『植民協会』においては数十年後の代議制民主主義を志向した植民地政府の下で，植民会社による植民が行なわれ，本国の過剰な資本と労働が植民地に移出され，そこでの生産物を取引することで本国の富が増大される．この意味で1801年の『最高価格の擁護』末尾に出てくる文言は帝国主義的ではあるが，「反軍国主義」[73]的なベンサム晩年の姿を先取りしたものと読めるかもしれない．彼は言う，「最も優れた血筋をもつ人々が，幾世代にもわたって遠い地方に散って行く．地球はブリテンの人々で覆われ，ブリテンの富で豊かになり，ブリテンの安全保障で平安となり，ブリテンの法の果実を享受することになる」[74]と．しかも植民地の議会はベンサムが理想とした1院制であり，こうした植民計画は「組織的植民」の構想という文脈において，ウィンチが指摘するように「植民地改革運動における自治国家群の帝国という考えを押し出したベンサム」[75]という位置づけができるかもしれない．

以上，明らかにしたように，ベンサムは基本的に本国と植民地の利益という

経済的事情から植民地を論じる点で一貫している．また自由貿易の信奉者であったことも確かである[76]．植民地を論じる際のベンサムのスタンスは様々な論者が指摘するように時々の状況に対応させて，国際平和の構築および戦争の予防，本国における過剰人口と過剰資本の問題を取り扱いつつ検討されている．スペインの政治的動向に触発されて始まった憲法典に対する関心によって1820年頃からは憲法の枠組みで植民地を議論するようになり，最晩年に至って，救貧対策として提言した一種のパノプティコン・モデルである「全国慈善会社」の構想を適用した植民を提案したわけである．

1) international は『国際法原理』で使われているが，公刊された書物の初出は『道徳と立法の諸原理序説』である (Bentham, J., *An Introduction to the Principles of Morals and Legislation,* ed. J. H Burns and H. L. A. Hart, London : The Athlone Press, 1970, p. 6).
2) 参照 Dinwiddy, J. R., *Bentham,* Past Masters Series, Oxford : Oxford Univ. Press, 1989, p. 25.（邦訳）『ベンサム』永井義雄・近藤加代子訳, 日本経済評論社, 1993年, 41 ページ. Rosen, F., *Jeremy Bentham and Representative Democracy : a Study of the Constitutional Code,* Oxford : Clarendon Press, 1983, pp. 201–203.
3) Winch, D., *Classical Political Economy and Colonies,* Cambridge : Harvard Univ. Press, 1965.（邦訳）D. ウィンチ『古典派政治経済学と植民地』杉原四郎・本山美彦訳, 未來社, 1975年. ウィンチはこの著作で, ベンサムを1830年代の植民地改革運動の始祖として捉え, 18世紀後半からの自由主義と19世紀後半の帝国主義との対照ではなく, 自由主義の中に植民地を擁護する帝国主義的要素が存在していたという点を指摘している. また Winch, D., "Bentham on Colonies and Empire," *Utilitas,* Vol. 9, No. 1, 1997, pp. 147–154. 参照.
4) ベンサムは戦争を完全に否定する徹底した平和主義者ではなかった (Pitts, J., "Legislator of the World? ; A Rereading of Bentham on Colonies," *Political Theory,* Vol. 31, No. 2, 2003, p. 201). またコンウェイが指摘するように, 防衛戦争に反対するクエーカーへのベンサムの嘲笑や自衛戦争への備えとしての市民軍 (citizen militia) の提唱などもその傍証である (Conway, S., "Bentham on Peace and War," *Jeremy Bentham : Critical Assessments,* Vol. iii, London : Routledge, 1993, p. 966).
5) Winch, D., *Classical Political Economy and Colonies,* pp. 25–26.（邦訳）59 ページ.
6) Boralevi, L., *Bentham and the Oppressed,* Berlin : Walter de Gruyter, 1984, pp. 121–125.
7) Hoogensen, G., *International Relations, Security and Jeremy Bentham,* London : Routledge, 2005, p. 140.
8) スコフィールド, P.「ベンサムの植民地, 商業, 憲法論」(池田和宏訳)(『成城

大学経済研究』第 148 号，2000 年），195-196 ページ．また「功利主義の学説の政治的含意は柔軟であった」という解釈からも明らかなように，歴史状況次第でいかようにも功利主義の学説は政治的含意を変容させることをベンサム功利主義の特質と捉えている（スコフィールド，P.「法実証主義と初期功利主義思想における契約説の否定」（児玉聡訳）『実践哲学』第 21 号，1998 年）．『立法における時と所の影響』については立川潔「ベンサムは設計主義者か？―理性と偏見―」『成城大学経済研究』第 160 号，2003 年を参照．

9) Kelly, P. J., *Utilitarianism and Distributive Justice : Jeremy Bentham and the Civil Law,* Oxford : Oxford Univ. Press, 1990.

10) ベンサムにおける諸原理の体系と経済思想との関連については，音無通宏「ベンサムにおける『立法の原理』と初期経済思想の形成」『中央大学経済学論叢』第 44 巻，第 5・6 号，2004 年を参照．

11) ボラレヴィはベンサムの植民地論を 1790 年代から始まるものと考えるウィンチを批判する．すなわち 1770 年代中頃にベンサムがリンドと記したアメリカ植民地開拓者に関する議論をウィンチは見落とし，アメリカにおける反英勢力の言説は権利などに関する誤まった見解に基づいているというベンサムの批判は植民地論を考える上で考慮しなければならないとする（Boralevi, L., *op. cit.*, pp. 121-2）．しかしこの時期のベンサムの批判が主として人権宣言的な権利論の要求に対してなされていることから，ここでは 1790 年代以降のベンサムの植民地論を取り上げる．ベンサムの自然権批判については，児玉聡「ベンタムの自然権論批判」（『倫理学研究』第 32 号，2002 年）を参照．

12) Bentham, J., *Bentham papers in the Library of University College London,* Box, xxv, 22-25 (War), 26-35, 59-67 (Pacification and emancipation) を参照．

13) Winch, D., *op. cit.,* p. 26.（邦訳）60 ページ．ベンサムが「戦争の不利益（inutility）と植民地の不利益）」を学んだのはスタークの指摘によるとタッカーやアンダーソンからであった（Stark, W., "Introduction," *Jeremy Bentham's Economic Writings,* Vol. 1, London : George Allen & Unwin Ltd., 1952, p. 48）．

14) Bentham, J., *op. cit.*, 26.

15) 1830 年に出版されたタイトルは『植民地を解放せよ』（*Emancipate your Colonies!*）である．

16) フランス革命期のベンサムの思想については，小畑俊太郎「フランス革命期ベンサムの政治思想」（『東京都立大学法学会雑誌』第 45 巻第 2 号）が詳しい．

17) ベンサムの有名な円形監獄のプランである『パノプティコン』（1792 年）もこの旅行の間に書かれている．『高利の擁護』第 2 版のための補遺と『パノプティコン』はベンサムの経済学的認識の契機であり基礎である．この点について，板井広明「ジェレミー・ベンサム―利益・エコノミー・公共性の秩序学」『経済学の古典的世界 (1)』（経済思想 第 4 巻）日本経済評論社，2005 年を参照．

18) とりわけ前者の著作では利子率の引き下げが問題化され，「一国の富の蓄えに対してなされるあらゆる増加は，資本の助けによって雇用された労働の結果であり，先行する労働の結果である」として，利子率の引き下げは国富の増進を引き起こさないとしている（Bentham, J., *Jeremy Bentham's Economic Writings,* Vol. 1,

19) *Ibid.*, pp. 202-203.
20) Hoogensen, G., *International Relations, Security and Jeremy Bentham*, London : Routledge, 2005, p. 134.
21) Winch, D., *op. cit.*, p. 28.（邦訳）61 ページ．
22) Bentham, J., *op. cit.*, pp. 205-207.
23) 音無通宏「ベンサムにおける『立法の原理』と初期経済思想の形成」(『中央大学経済学論叢』第 44 巻, 第 5・6 号, 2004 年), 161 ページ.
24) Bentham, J., *op. cit.*, p. 214.
25) 山下博「ベンサムの経済理論(1)」(『同志社大学 経済学論叢』第 9 巻, 第 3・4 号, 1959 年), 59 ページ.
26) Bentham, J., *op. cit.*, pp. 203-204.
27) Bentham, J., *Bentham papers in the Library of University College London*, Box. xxv, 32.
28) Bentham, J., *Jeremy Bentham's Economic Writings*, Vol. 1, ed. W. Stark, London : George Allen & Unwin Ltd., 1952, pp. 211-212.
29) Pitts, J., "Legislator of the World? ; A Rereading of Bentham on Colonies," *Political Theory*, Vol. 31, No. 2, 2003, p. 206.
30) フランス国民公会宛の『植民地を放棄せよ』（1793 年）で，ベンサムは「正義，一貫性，政策，経済性，名誉，寛大さ」という観点から「植民地の放棄」を主張している (Bentham, J., *Rights, Representation, and Reform*, Oxford : Clarendon Press, 2002, p. 291.)．このようにこの時期のベンサムの植民地批判論はフランスを念頭に置いたものであったが，例えば東インド会社などの植民地経営は，植民地における行政や軍事上の安全といった統治費用の増大によって著しく圧迫されていた．
31) Bentham, J., *Jeremy Bentham's Economic Writings*, Vol. 3, ed. W. Stark, London : George Allen & Unwin Ltd., 1952, p. 322.
32) *Ibid.*, p. 333.
33) *Ibid.*, pp. 354-355.
34) この点，リカードウがベンサムの『物価論』を批判した文章が想起される．例えば『デイヴィド・リカードウ全集』第 3 巻，雄松堂書店，1977 年，317-318 ページを参照．
35) 『政治経済学概論』第 2 章では人口の観点から豊富の問題が考察され，人口増加が望ましい事柄であるのは財などを享受する存在が増加し，国防のための人材が増大するからであるとしている (Bentham, J., *op. cit.*, p. 361).
36) 「食糧不足が軽度な場合」などは生産者や商人の自由な経済活動により価格の高騰が引き起こされるものの，消費の落ち込みは適度にとどまり，次期収穫まで供給を存続し得る点で，最高価格の設定という政府干渉は不要とされる．しかし飢饉という「極端な食糧不足の場合」で，なおかつ穀物価格の急騰により消費が激減し，生産者や商人に膨大なストックが残り，「住民の生命と健康の保持」が困難に至る場合は，最高価格の設定によって生産者らに穀物を売り控えるという

誘引を取り払い，人々の生存手段を確保し得る点で「公衆の利益」と「生産者および商人の利益」双方の利益となる（Bentham, J., *op. cit.*, pp. 255–256）．

37) *Ibid.*, pp. 251–253.
38) *Ibid.*, pp. 293–294.
39) *Ibid.*, pp. 301–302.
40) Winch, D., *op. cit.*, pp. 31–32.（邦訳）68–69 ページ．
41) Bentham, J., *op. cit.*, pp. 299–302.
42) ウィンチが引用しているように，「かなりの量の資本を国内に投資できずに，遠い地にでも投資したがっている人々がそれを企てるのは自由であるといった形の容認がなされている」．パノプティコンとニュー・サウス・ウェールズとの対比において，「ニュー・サウス・ウェールズの流刑植民のシステム」（Bentham, J., *The Works of Jeremy Bentham*, ed. J. Bowring, Vol. 4, Edinburgh : William Tait, 1843, p. 212.）という形で，単に監獄の比較だけではなく，植民地の問題も，そこでは語られている（ウィンチ，前掲書，72–3 ページ）．
43) Winch, D., *op. cit.*, p. 36.（邦訳）74 ページ．ベンサムの急進主義への転換という問題はそれを 1776 年『統治論断片』出版の頃や，1789 年のフランス革命前後，また 1808 年の J. ミルとの邂逅などに求める見解があり，またディンウィディが整理しているように，スコットランド司法改革の挫折など様々な要因が考えられる（Dinwiddy, J. R., *Radicalism and Reform in Britain*, 1780–1850, London : The Hambledon Press, 1992）．

ただベンサムが少数の支配者に対する批判的な視座を得るようになる「邪悪な階級（sinister interest）」という用語は，パノプティコン建設計画の挫折を味わう 1803 年頃から，国王や議会への疑念，法曹界への辛辣な態度として強くなり，多数の民衆に対する少数の支配者として批判するようになる点は注目してよいだろう．
44) 戒能はベンサムの民主主義者への転向は，フランス革命を契機にした 1788〜1792 年の第 1 期，J. ミルとの邂逅を契機にした 1809〜1810 年の第 2 期に加え，「世界の立法者」として「最大多数の最大幸福」を実現する統治体制は代表制民主主義しかありえないと考えるようになる第 3 期を 1822 年の『公職に適用されるべき経済性』論文であるとする（戒能通弘「世界の立法者，ベンサム」『同志社法学』第 51 巻，第 3 号，2000 年，134–135 ページ）．
45) 「海外植民地」（Ultramaria）はベンサムの造語であり，1820 年 8 月 26 日に「Ultramarine」と「Ultramarinia」の形で使われ始めたようである（Schofield, P., "Editorial Introduction," Bentham, J., *Colonies, Commerce, and Constitutional Law*, Oxford : Clarendon Press, 1995, p. xxix）．
46) ウィンチも草稿から引用しているが，「スペイン人諸君！ この問題に関しての 1822 年現在の私の見解は，1787 年のものと同じなのだ」（Bentham, J., *Colonies, Commerce, and Constitutional Law,* Oxford : Clarendon Press, 1995, p. 4）とベンサムは宣言している．尤もベンサム本人の言葉で彼の思想傾向を判断することは早計である．
47) 永井義雄『ベンサム』（イギリス思想叢書 7）研究社，2003 年，228 ページ．

第 3 章　功利主義と植民地　195

48) Bentham, J., *op. cit.*, p. 23.
49) Hoogensen, G., *International Relations, Security and Jeremy Bentham*, London : Routledge, 2005, p. 145.
50) Winch, D., "Bentham on Colonies and Empire," *Utilitas*, vol. 9, no. 1, 1997, p. 151.
51) *Ibid.*, p. 148.
52) Bentham, J., *Rights, Representation, and Reform*, Oxford : Clarendon Press, 2002, p. 134.
53) Winch, D., *op. cit.*, pp. 37-38（邦訳）76 ページ.
54) ウェイクフィールド『イギリスとアメリカ』日本評論社，第 3 巻，1948 年．ベンサムが労働の充用は資本による制限だけであるとしていた見解を 1831 年にウェイクフィールドに誤りとされ，労働の充用には生産や余剰生産を処分する市場などの種々の制限もあるということを論されたことも重要である．
55) もっともベンサムが「農業における資本の使用への障害と，国内の食糧生産を上まわる人口成長とによって不均衡が惹き起こされることになる」と考えるのに対して，ウェイクフィールドは「長期的停滞は労働人口の増大と資本蓄積と『充用部面』との間の不均衡の結果生じるもの」と考える点で相違はある（Winch, D., *op. cit.*, p. 129.（邦訳）201 ページ）.
56) Bentham, J., *Bentham papers in the Library of University College London*, Box, viii, 149.
57) *Ibid.*, 150-152. 但しこの Box 8 の草稿の 150 では 1〜6 と箇条書きされながら，第 3 の項目がないし，151 では 6 から始まり 8 で終わっている．152 では 150 と同様に第 3 の項目が抜けている．また 150 の第 6 の項目では，オーストラリアではなく，近隣諸地域を含めたオーストラレーシア（Australasia）という言葉が使われている．またスコフィールドは人口圧力については省略して 5 点にまとめている（スコフィールド，P. 前掲論文，195 ページ）.
58) Bentham, J., *op. cit.*, 153.
59) *Ibid.*, 162-163. 資本をもたない入植者については，独身者の禁止，子供を連れて行くことの禁止，若い夫婦であることといった制限がある（*Ibid.*, 164）.
60) *Ibid.*, 154-156.
61) *Ibid.*, 177.
62) *Ibid.*, 178.
63) 「新しい土地の価格が一般に 100 エーカーの土地に対して 1 人の割合ならば，土地はわずかな価値しかもたない．或いはむしろ反対に 20 エーカーの土地に対して 1 人の割合という 5 倍の高さの価格ならば，土地は一般に多くの価値を生じさせる」（*Ibid.*, 193.）
64) *Ibid.*, 192-197.
65) *Ibid.*, 171.
66) *Ibid.*, 189.
67) *Ibid.*, 191.
68) スコフィールド，P., 前掲論文，194 ページ.
69) 市岡義章「ジェレミー・ベンサム　社会工学者—治政と管理の経済学」(『経済

思想史』名古屋大学出版会，1995 年）71 ページ．
70) Bentham, J., *Rights, Representation, and Reform,* Oxford : Clarendon Press, 2002, pp. 298–299.
71) Bentham, *Bentham papers in the Library of University College London,* Box viii,, 159.
72) 「距離」が植民地の価値を無くしていた．それは「無用であり，重荷であった」Bentham, J., *Colonies, Commerce, and Constitutional Law,* Oxford : Clarendon Press, 1995, p. 64.
73) Winch, D., "Bentham on Colonies and Empire," *Utilitas,* Vol. 9, No. 1, 1997, p. 151.
74) Bentham, J., *Jeremy Bentham's Economic Writings,* vol. 3, ed. W. Stark, London : George Allen & Unwin Ltd., 1952, p. 302.
75) Winch, D., *loc. cit.*
76) Winch, D., *loc. cit.*

第 4 章

ジェイムズ・ミルの統治思想
——共感,道徳的制裁,世論——

はじめに

　本章の目的は「共感」「道徳的制裁」「世論」という概念に照準を合わせて,J. ミルが統治機構改革を訴えた根拠を浮き彫りにすることである．公衆に対する統治者の「共感」では,なぜ社会の一般的利益を増進させうる政治を実現しえないのか．統治者に対する「道徳的制裁」や当時の「世論」の抑制力では,なぜ善政を保証しえないのか．なぜ統治システム自体の改革が必要になるのか．本章では,これらの問題に対するミルの見解を再構成したい．これは秘密投票,選挙権拡大,議員任期短縮という彼の具体的な改革プランを考察する際の前提作業をなす．その意味で,以下の論考は筆者によるミル統治論研究の序説である．

　周知のようにマコーレーは,ミルの一面的人間観への批判を立脚点として急進的改革プランに反対した[1]．彼によれば,ミルは「貨幣」と「権力」を人間行動の唯一の動機とみなす．これが事実であれば,統治者は最大限の「貨幣」と「権力」を得るために被治者を抑圧するかもしれない．しかし,ミルは「名声」という行動動機の重要性を軽視している．統治者が世評に敏感であれば,（一定の穏健的改革は必要としても）人民が怨嗟の声をあげるような悪政は,かな

り防止されうるであろう．

　リカードウも，ミルが人間の行動動機を「貨幣」と「権力」に矮小化した点を批判していた．すなわち，下院議員の「徳性」に関するミルの評価は「不当に厳しすぎ」るし，下院ほど「世論の影響下」にある機関はない[2]．「貨幣と権力」を追求する一方で「世論と公衆の共感」も尊重する以上，統治者の行動はある程度は「世論という制裁」によって規制されうる[3]．ミルの『統治論』では「世論の影響」が解明されていないが，リカードウによれば，それは悪政に対する極めて有力な抑制手段であった[4]．

　リカードウのこの指摘に関して，ホランダーは次のように述べている．

　　「リカードウは立法の分析におけるジェイムズ・ミルの過度に単純化された行動仮説（貨幣と権力の圧倒的追求）に不満をもった——彼は現実に対する申し分のない一次接近として当時のイギリス経済の分析における「最大化」原理を受け入れる用意があったけれども．」[5]

なおウィンチも，リカードウが統治者に公益を追求させる手段として，ミル以上に「世論の圧力」に期待を寄せていたと述べている[6]．

　このようにミルの人間本性論は，他者の感情や評価に無頓着で，「貨幣」や「権力」のみを欲望の対象とする自己完結的な人間把握として理解されがちであった．その反映であろうか，「共感」「道徳的制裁」「世論」という視角からミルの統治思想にアプローチする試みは，ほとんどなかったように思われる．

　確かに，近年になってこうした状況を修正する動きが出てきた．石井はミルの利己的人間像を再検討し，彼が「名声」という行動動機を決して無視していなかった点を強調している[7]．また，山下は，「共感」や「道徳的制裁」を含むミルの倫理思想の全般的検討を行った[8]．

　開拓の遅れていた研究分野に分析の鍬を入れたこれらの業績は，十分に評価されなければならない．だがその反面で，そこではミルにおける道徳論と政治論との関係，換言すれば，なぜ統治者の徳性だけでは善政を実現しえないのか，なぜ政治改革が必要なのか，という論点があまり掘り下げられていないように思われる．筆者はこの問題の究明に取り組みたい．

そこでまず，第1節ではミル統治論の起点をなす人間本性論に対象を定め，「快苦原理」と「共感」の関係を分析する．第2節では，名声欲に働きかけて人々の行為を規制する「道徳的制裁」を俎上にのせ，各階層に与えるその実際的効果を検討したい．第3節では，公衆の称賛・反感という意味での「道徳的制裁」つまり「世論」が統治機関の行動に及ぼす影響を示す．続く第4節は，「世論」が統治機構を制御しているのではなく，逆に統治者側が「世論」を誘導し悪政の維持に利用しているという彼の所説を詳論する．最後の第5節では，統治者に対するチェック機能を適切に担える「世論」の形成条件に焦点を当て，本章全体をつうじてミルの道徳論と政治論をつなぐ内的ロジックの摘出に努めよう．

1．快苦原理と共感

ミルは，快楽追求と苦痛の回避を人間行動の基本原理とみなす．そして，『統治論』では「富」と「権力」が快楽の主要原因であるとされている．

> 「人間本性に関して我々がすでに確立し，基礎と仮定する立場はこうである．人間の行動は彼らの意志によって支配され，意志は彼らの欲望によって支配され，彼らの欲望は目的としては快楽と苦痛の除去に，主要な手段としては富と権力に向けられる．」[9]

だが，ミルが欲望の対象として他にも「名声」（他人の称賛）を重視していた事実を見逃してはならない．それは，『統治論』以外の著作を参照すれば明らかである．例えば，『教育論』にある次の文章をみてほしい．

> 「人間本性において，我々が人間の好意的な目に関して感じる強い欲望以上に注目すべきものは何もない．……人々のすべての行動のうちいかに大きな部分がこれらの好意的な目でみられたいということに向けられているか，それ以外の目的に向けられていないかは，驚くばかりである．」[10]

こうして，人間は物欲・権力欲・名声欲からなる「利害関係」を追求する存在と規定される．だが，人々は自己利益だけで行動すると言い切れるであろうか．この点に関して，ミルは次のような注目すべき発言をしている．

「我々は，この主題に関するあらゆる論争点を回避し，自分たちが理解されたいと思う感覚を明白に説明することだけを望んでいる．それゆえ誰かが，人々は彼らの利害関係によって普遍的に支配されていないとか，多くの人々はその生涯の多くの行動において自分の利害関係とは対立する共感（sympathy）や徳の命令（dictates of virtue）から行動するということに固執するならば，我々は彼らの意見に異議を唱える気はまったくない，というのも，……彼らの命題が真であることに何の疑いもないからである．」[11].

ミルは，人間の行動動機の中に「共感」や「徳の命令」が含まれることを否定しない．ここで「共感する（sympathizing）」とは，「相手の苦痛と快楽から自分自身の苦痛と快楽の連鎖を連想すること」を指す[12]．自分の快苦だけを追求する場合（interest）と，相手の快苦を自分の快苦であるかのように感じる場合（sympathy）の行動様式が異なりうることは明白であろう．

では，「利害関係」＝「快苦原理」と「共感」は，どのような関係にあるのだろうか．引き続き，ミルの言葉に耳を傾けよう．

「あらゆる人に関して，彼の生涯のすべての行動のうち，断然多くのものが言葉の通常の意味での利害関係への考慮，すなわち，快楽への誘惑，苦痛の嫌悪，富，権力，名声などへの欲望によって決定されている，ということはいっそう真実である．また，何らかの種類の人々の大きな集団に関しては，彼らの行動のうち，まさにこの意味での利害関係が概して支配的原理になるだろうということも，いっそう真実である．／人々が行動集団に結合され，彼らに対して与えられる一種の統一原理をもつ時，その集団の利害関係が行動の支配原理となることは普遍的に認められている．彼らの共感はお互いに対するものであって，その利害関係が自分たちの利害関係と競合する外部の当事者たちに対するものではない．」[13]

要するに，ミルが「共感」の作用を認めつつも終局的には「利害関係」が人間行動を左右するとみなす根拠は，次の3つであった．第1に，確かに「共感」に根差す行為もありうるが，大部分の人間行為は「利害関係」に起因してい

る．第2に，集団内には「共感」から行動する例外的存在もいるかもしれない．だが，集団を全体としてみれば，その行動は当該集団の「利害関係」によって支配されると考えるのが妥当であろう．そして第3に，「共感」は自己が属する集団内部の人々には作用するが，外部の人々には作用しない[14]．したがって，「共感」は人間行動の規制原理として普遍性をもちえない[15]．

ミルは，『マッキントッシュ断章』の中でも自説を擁護している[16]．マッキントッシュによれば，ミルは理性と情念のうち前者に偏向した一面的人間観に基づいて統治論を構築した．だが，人間は自己利益を正しく理解しえないかもしれないし，正しく理解した場合でも感情的な行動に走るかもしれない．

ミルの反論はこうである．哲学者や立法者の仕事は，「例外」ではなく「一般法則」に注意を払うことである．確かに，人間が情念から行動する場合もあるかもしれない．だが，それは「例外」として処理すべき現象であろう．実際，自己愛を人間行動の一般法則とみなす自分の手法は，バークリー，ヒューム，ブラックストーンも採用している．特にヒュームは，人間の有害な行動に対する強力な抑制物として「名誉」を挙げたが，その抑制力は集団になると顕著に弱まるという見解を示した．つまり，集団内にはあえて「名誉」のために所属集団の利益に反した行動をとる個人がいるかもしれない．だが，そうした個人はあくまでも少数派であり，集団全体としてみれば，その行動は当該集団の「利害関係」に支配されるであろう．つまり前述のミルと同様に，ヒュームも集団全体を考える場合には利己心を本源的な行動原理とみなせる，と考えていたのである[17]．

さらにミルは，外的環境に応じて人間の共感力が変化することも示唆した．極度の貧困のもとで辛い労働に従事する人々は，次第に他人も自分と同じように不幸になればよいと思うようになる．しかも彼らは，享受可能な欲望に対しては後先を考えずにその充足をはかろうとするので，不節制に陥りやすい．

「労働は，それがもたらす苦痛の諸観念にほとんどもっぱら注意力が限定され，慢性的な食物不足とほぼ同じ結果を伴って精神に作用するほど厳しいものとなるであろう．その作用はおそらく，共感（sympathy）を忘却さ

せ,残虐性と不節制を吹き込み,諸々の観念の受容を不可能にし,精神の諸器官を麻痺させることにより,なおいっそう急速なものとなる.」[18]

みられるように,過度の労働を強いられる貧者は,概して「共感」能力に乏しい.だが他方で,過度に富裕な者も「共感」に欠ける傾向があった.

「権力は自分自身を非常に尊重し,その他すべてを非常に軽蔑させる傾向をもつ.〔財産の――筆者〕正当な影響力を有する人々は,人民は彼らのために造られたのであり,自分たちは人民に命令するために造られたのだと考えることになる.」[19]

こうしてミルは,「共感」の主要な作用範囲が自己の集団内部にとどまること,また「共感」感情の強度は人間の外的環境次第で変化することを指摘し,人間の普遍的な行動原理を「利害関係」に求めたのである[20].

2. 階層社会における道徳的制裁の効力

前節の結論により,ミルの場合に,統治者が被治者への「共感」や思いやりから善政を敷くことは原理上ありえない.一般の人々と同様に,統治者も自己の「利害関係」で動く.

とはいえ,ミルの想定する人間は,快楽を得る手段として「富」や「権力」だけでなく他人の「名声」を求める存在でもあった.人間が他人の尊敬や好意を獲得したがる存在であるならば,称賛への愛や反感の恐れという動機に働きかけて,その行為を方向づけることも可能になる.その結果,人間の利己的行動の範囲・程度は,社会的に許容される一定の枠内に抑えられるであろう.これが「道徳的制裁」であった.特に,他人の反感を買うのではないかという懸念は,悪政などの有害な行為の防止に絶大な効果を及ぼす.

では,この反感の源泉は何であろうか.ミルはここでも「利害関係」に訴える.人間は一般に,自分に利益をもたらす行為には称賛を与え,自分に害を及ぼす行為には反感を抱く[21].そこで,出版の自由の保証などをつうじて,各人が自己利益に関して正しい観念を形成できる環境が整備されなければならない.

だが，ここで次の疑問が湧いてくる．道徳的制裁が統治者に完全に作用するならば，急進的改革プランを実行しなくても善政は十分に可能ではないだろうか．道徳的制裁の効果を十分に認めながら，統治者の倫理的行動だけでは社会の一般的利益は増進されえない，とミルが考えた理由は何であろうか．

　この問題を考える際に，筆者が特に強調したいのは次の点である．ミルによれば，道徳的制裁の効力は，あらゆる社会・あらゆる人々に対してつねに均等に作用するわけではない．むしろ，権力や富の点で地位や階層が異なるにつれて，道徳的制裁が人々の行動に及ぼす効果は違ってくる．

　まず，平等社会から検討してみよう．この場合，道徳的制裁は大きな効果を発揮しうる．平等社会では誰も圧倒的な権力や富をもっていない．それゆえ，他者から害を加えられたくなければ，まず自分が他者に害を加える気がないことを態度や行動で示す必要がある．さらに，自己の力だけでは残りの構成員の力の総計に対抗しえない以上，個々人は彼らの好意を獲得し反感を避けることに注意を払わざるをえない．したがって，平等社会における道徳的制裁の効力は極めて大きく，しかも各人に均等に作用する．

　次に，不平等社会ないし階層社会の場合はどうであろうか．結論から言うと，このような社会では，道徳的制裁は階層ごとに異なった影響を及ぼす．

　第1に富者について．彼らは，他人が自分に有害な行為をしないように権力や富で強制または自衛しうる．また，公衆の評判がどうであろうと，彼らの生活水準はあまり影響を受けない．むろん，同一集団内の人々には「共感」が作用するので，彼らも仲間内の評判には敏感であろう．だが，集団外の人々には「共感」がほとんど働かないし，概して富者は彼らのことなど歯牙にもかけていない．そのため，富者に対する社会の大部分の人々が抱く評判（＝道徳的制裁）の効果は，非常に弱くなる．

　第2に貧者について．彼らは権力や富に頼れない以上，他人に害を加える意志がないことを態度や行動で示す以外に，有害な行為を他人に抑制させる手立てがない．また，周囲の人々の好悪の感情は，彼らの境遇に決定的な影響を及ぼす．例えば，地主や雇用主に嫌われてしまえば，明日からの生計手段すら失

うかもしれない．こうして道徳的制裁は，貧者に対しては絶大な効力を発揮する[22]．

　以上をミル自身の言葉で要約しよう．

「人々がほぼ対等である時には，自分が他人に何らかの点で害を与えるのを自制する以外に，自分に害を与えることを他人に抑制させる可能性を誰も決してもたない．彼は，自分から同様の有益な行為を受けるという彼らの期待による以外に，彼らに何らかの有益な行為を自分に対してさせる手段を何も有していない．それゆえ彼は，自分が他人を害することを注意深く慎み，つねに他人に役立つことをする用意があるということを一般的に信じさせることに強い利害関係をもつ．／ある人が他人よりも高位にあるところでは，事態は著しく異なっている．その場合，彼は他人の有害な行為に対して強力な防御手段をもっており，彼の行為とはまったく無関係に，また，彼らを害するのを抑制するか，彼らに役立つことをするかのいずれかの彼の性向とはまったく無関係に，彼らの奉仕を得る強力な手段を有している．」[23]

このように，社会階層が上になるほど，道徳的制裁をつうじて善良な行為を行わせる保証は弱まる．この原理は，さらに次のように応用された．

「例えば，富の大きな不平等がある貴族制の国では，多額の財産所有者たちは，彼らの同国人の大多数である下層階級が自分たちのことを好ましくないと考えるがゆえに不利益を受けたり，何らかの利益を奪われる状態となる可能性の及ばないほど非常に高い地位にある．彼らは疑いもなく，自分自身の階級の人々が自分たちについて考えることに相当程度依存する．したがって，その階級にとって有益な資質や行為がある特定のつまり貴族的な道徳規範を形成し，それは貴族集団の好悪の感情によって非常に効果的に承認されるが，同時に，それは最大多数の幸福が依存し，道徳的という形容語句がそれだけに正当に属するヨリ広範かつ包括的なかの規範とは著しく異なっている，ということがわかる．」[24]

ミルによれば，≪富者の道徳観≫と≪社会一般の道徳観≫は必ずしも一致し

ない．しかも，社会に浸透する道徳規範を実際に左右するのは，少数者の道徳観であって多数者のそれではなかった．

「あらゆる国の指導的階級，権力と富のために最も目立つ階級が社会の残りの者たちに風潮を与えることはよく知られている．彼らを真似ることが野心の的であり，彼らに似ることが名誉な卓越性の原因となる．彼らの意見が尊重される意見となり，彼らの作法が上品な作法ということになり，彼らの行動原則が洗練された道徳となる．」[25]

なぜ上層階級の道徳律が社会全体の道徳律として浸透するのであろうか．消極的理由としては，それを受容しなければ上層階級の不興をこうむるからである．もちろん，野心的な人々は進んでそれに迎合するという積極的理由もあるだろう．さらに，意見表明の場はごく最近まで上層階級に独占されてきた，という制度的理由もあった[26]．

以上のように，「世論」が主として富者＝統治階級の価値観の反映ならば，物事の善悪に関する「世論」の判断もつねに正しいとは言い切れない．統治階級の倫理観が社会の倫理観を規定する以上，被治者を犠牲にして統治者の利益をはかる行為は社会的にも是認ないし黙認されがちであろう．他方で，社会の一般的利益を増進させる行為であっても統治者の利益を損ねるならば社会的に否認ないし非難されうる．この場合，「世論」は統治階級の行動を適切に抑制しうるとは言えない．この点に関する立ち入った考察は第4節で行う．

だが，その前に，社会の状態が異なる場合と同様に，統治機関が異なれば「道徳的制裁」の一形態である「世論」の影響力も異なることをみておきたい．

3．統治機関の抑制手段としての世論の効果

ミルは，富者と貧者の場合と同様に，下院と内閣の場合にも世論の影響力に格差が生じると考えていた．

「内閣は，立法府を構成する世襲貴族よりも比較にならないほど世論に依存している．」[27]

換言すれば，大臣は下院議員よりも世論＝公衆の評判を考えて有害な行為を

自制する強い傾向をもつ．

　このようなミルの認識を支えていたのは，第1節でみた彼の「共感」概念と第2節で論じた「道徳的制裁」論であった．以下，この点を詳述しよう．

　当時の下院は，主として有力貴族自身やその指名を得て議席を獲得した人々で構成されていた．ただし，ミルは「貴族（aristocracy）」という言葉を独特な意味で用いる場合があるので注意を要する．実際，彼の言う「貴族」とは，爵位をもつ高貴な人々という通常の意味よりも広いものであった．「我々は，単に有爵貴族という意味でそれを用いないし，多額の財産を有する一族という意味でも用いない．……自分たちの間で政治権力を共有しており，失政の利益をも共有しているこの集団を我々は貴族集団と呼ぶ．」[28]

　しかも，「我々自身の国では，貴族は雑多な集団である」[29]．結局，イギリス貴族とは，①「広大な地所の所有者たち」，②「貨幣資産家たち」，③「教会関係者」，④「法律関係者」の混成集団であった[30]．

　通常，これらの「貴族」議員は，一般大衆とは所属階層を異にしている．「共感」の作用範囲は同一集団内の人間に限られる以上，彼らが公衆への「共感」から行動することは極めて稀であろう．また，彼らの地位は有力貴族の意向にかかっていた．そのため彼らは，パトロンの好意・反感には神経を尖らせるけれども，公衆の評判にはあまり敏感ではない．つまり，大部分の下院議員の場合，公衆に是認されるように行動し，否認される行動を慎むという道徳的制裁＝世論は，かなり限定的にしか作用しえないと言えるだろう．

　他方，内閣を束ねる首相の選任者は憲政上国王であったが，国民的人気のない政治家を首相の座に据えることは実際上困難であった．また，当時の主要閣僚の多くは，実績を積み重ねて閣僚にまで登り詰めた職業政治家であった．生まれという先天的な武器のない彼らにとって，公衆の評判は行政の遂行過程において無視しえない要因となる．その結果，内閣は下院以上に世論の動向を意識せざるをえない．

　以上により，世論という抑止力は下院よりも内閣に強く作用するというミルの見解が，同一集団内に稼動領域が限定される彼の「共感」概念と，富裕度や

社会的地位の上昇につれて効力を弱める「道徳的制裁」論によって下支えされていたことは明白であろう．

　こうしてミルは，次のような現状認識を示す．

「定期的に自分自身や他者を指名することによって下院を占めている者たちは，共感（sympathy）または権力の最終的喪失の見込みによるものを除いて，公衆の意見にほとんど依存していないが，彼らは公衆よりもあまりにも高い地位にいるので共感を抱くことができないし，権力の最終的喪失の見込みはあまりにも遠方にあって，大きな影響を生み出すことができない．内閣の状態，その権力の安定性だけでなく権力の総量は，国民の抱く好悪によって強く影響を受ける．……／その結果は注目すべきものである．以前は，下院が国王の大臣たちに対する抑制手段だと考えられていた．現在では，下院に対する抑制手段となっているのは国王の大臣たちなのである．」[31]

　下院と内閣の関係を語る場合，下院が内閣の行動を監督するとみるのが常識であろう．こうした一般通念に馴染んでいる者には，両者の関係はむしろ逆転しているというミルの所見に違和感を覚えるかもしれない．だが，一見奇異に思える彼の主張は，当時の通商・外交政策という現実的裏付けをもつものであった．

　第1に，通商政策について．当時の議会の活動を概説したミルの論文の中には，次のような章句がある．

「注目することが最も重要な商業に関しては，制限政策から自由政策への，すなわち，隣国からのある一定の諸商品の供給を阻害し多くの場合には禁止する政策から，それが最も安価に得られる場所から我々の必要物を受け取る政策への，隣国が我々の発明を利用することを抑え込もうとする政策から，自分自身の判断の命令のもとに自己利益を顧慮することを諸個人に認める政策への，大きな変化があった．我々はここに，本稿の始めの部分で言及した事実，つまり，大臣たちは議会よりも世論の行動になおいっそう敏感であるという実例を有している」[32]．

周知のように，リヴァプール内閣は 1820 年代の前半以後，政策運営の基本方針を自由主義の方向に転換した．こうした中で，同内閣の閣僚であるハスキッスンは綿製品・絹製品・羊毛などの保護関税の引下げをはかっていく．彼は，イギリス本国と植民地との貿易に関して第三国の船舶を排除する航海条例の緩和にも尽力した．帝国特恵関税の維持を認めるなどの点で完全な自由貿易論者とは言いがたいとしても，彼の一連の政策が自由化への扉を開くのに一定の貢献をしたことは否定できない．また，1824 年には機械の輸出問題が起こり，議会内でもその後一定の討論が行われた．この時には，パーネルや J. ヒュームらが機械の禁輸措置解除に賛成する論陣を張ったとされている[33]．

第 2 に，外交政策について．ミルによれば，この時期にはカニングが外相として活躍しており，国内利益優先の立場から平和的外交を展開していた[34]．神聖同盟からの離脱をはじめ，中南米の独立運動への不干渉政策，ギリシア独立戦争の支援，スペインの牽制をつうじたポルトガルの自由主義運動への寄与は，その一例である．

こうしてミルは，「世論」に規制されているのは下院よりもむしろ内閣であるという興味深い見解を示した．この現状分析が彼の「共感」概念と「道徳的制裁」論を理論的基礎とし，リヴァプール政権下の通商・外交政策を実際的基礎としていたことは，本節で強調したとおりである．

ミルによれば，当時の政界で被治者の意向を一定程度反映しえたのは，公衆の評判＝「世論」に敏感な内閣の政策運営のためであって，下院の行政監督機能が適切に発揮されたからではない．だが，内閣の行政だけでは善政を完全に実現しえないであろう．というのも，被治者の利益を究極的に左右しうる立法権は下院が握っているからである．そこで，「世論」の声を下院に投影させるような経路を確立し，下院と内閣がともに被治者の利益を追求しうる制度的仕組みの確立が急務となる．その実現手段が議会改革であった．

ただしミルは，「世論」による下院の統御という形式条件を満たすだけで悪政（被治者を犠牲にした統治者の利益追求）が根絶できると考えたわけではない．実際に彼は，下院が当時すでに「世論」の一定の影響力をこうむっていたに

かかわらず悪政の基盤は維持されていた，という注目すべき見方をもっていた．

次節では，このミルの見解を詳細に考察し，「世論」と悪政の温存メカニズムとの関係を分析していくことにする．

4．世論誘導と真の政治的弊害

当時の反改革派は，下院はすでに世論の統制下にある以上，議会改革は不必要であるという立場をとっていた．これに対してミルは，世論の一定の影響力を承認したうえで，次のような興味深い見解を示す．

> 「世論が下院に対して何らかの影響力をもっていないわけではない，ということは真実である．……このことから，このような政府はよい政府であると推論するのは恥ずべきことではないだろうか．イギリスのように，政治権力がある特定の利害関係者によって振るわれているところでも，もちろん政府は世論を観察しなければならない．政府は，世論を欺いたりかわしたりする技術を研究しなければならないし，世論の目を逃れるために，時にはそれに従わなければならない．」[35]

ここでは，世論に制御されているというポーズをとりながら公益よりも邪悪な利害を追求するために，少数の統治者が様々な術策を弄することが示唆されている．

その際に彼が注目したのは，「武力」と「詐術」の巧妙な併用であった．

> 「少数者が彼らに特有な仕事を実行しうるには諸方策に関する複雑な制度が必要である，さもなくば彼らは成功を収めないであろうし，ヨリ強力な党派の多数者はその作用に屈しないであろう，ということは明白である．彼らが案出した制度は，武力と詐術――人民の部分的な反乱を鎮圧し，また刑罰を科して残りの者たちに恐怖を植えつけるために十分な量の武力，その過程の結果は全部自分たちのためなのだと彼らに信じ込ませる詐術，の興味深い混合物である．」[36]

建前上，武力は外敵から自国民を守るためにある．だが，実際の武力は国内

の不満分子を牽制・鎮圧する手段として支配層が掌握していた．その場合，少数者＝統治者の悪政は十分に可能であろう．また，詐術は次のような形態をとっていた．

　第1に，服装・邸宅・馬車などに代表される統治者の贅沢な生活様式，および彼らが有する高貴な称号は，それだけで貴人に対する公衆の尊敬を喚起する．彼らはこのような外観に目が眩み，支配階級の正体をほとんど見抜けない[37]．

　第2に，当時の支配層の一角を形成していた聖職者たちは，みずからの宗教的権威を振りかざす一方で，教育の仕事をほぼ一手に引き受けていた．この結果，一般大衆には幼い頃から服従精神が刷り込まれ，善悪に関する誤った観念が植え付けられてしまう．

　第3に，複雑な法制度は，支配階級の一員である法律家だけに理解可能なものであった．こうして，統治者に有利な法律の運用がまかり通ってしまう．

　さらに，ミルの意を汲むならば，第2節で言及した統治階級による言論機関の半独占的な状態も，彼らに好都合な見解の流布に一役も二役も買っていたことは言うまでもない．

　このように，当時の統治階級は「武力」と「詐術」を巧みに利用して世論を操り，人民を犠牲にした利益追求を可能にする環境を維持していた．その格好の具体例としてミルが挙げたのが，腐敗選挙区からの選挙権剥奪問題である．以下，この問題の分析から浮かび上がってくるミルの世論観を明らかにしていこう．

　最初に，彼は選出方法を基準として，下院議員を，①「永続的な影響力」によって議席を獲得した者，②「一時的な影響力」によって当選した者，③人民の意向に基づいて選ばれた者，という3つのタイプに分類した[38]．ここで，「永続的な影響力」とは名門貴族による指名を意味し，「一時的な影響力」とは貨幣による買収を指す．

　次に，ミルはこの両者を単に「富者の影響力」として一括りにせず，富者の間の内部対立に着目した．

「直接的に与えられる貨幣によって影響力を生み出すことは，貴族にとってめったに好都合なことではない．それは，彼らの競争相手の手段である．それは，でしゃばり屋たちが彼らの独占を侵害することである．それゆえ，それを非難することが彼らの利益となる．そして，彼らが世論に対してこれまで行使してきた権力は，その成功によって極めて明白となっている．／非常に賢明なことに，彼らは名称という強力なやり方から事を始めた．彼らは，金銭的な動機が敵対者たちによって用いられる方法——直接的方法に不快な名称を与え，彼ら自身によって用いられる方法——間接的方法には立派な名称を与えたのである．彼らは第1のものを"買収（Bribery）"と呼び，第2のものを"財産の正当な影響力（Legitimate Influence of Property）"と呼んだ．」[39]

　貴族は，金銭授受をつうじた集票行為を「買収」と呼ぶ．この言葉が人々にマイナスの印象を抱かせ，それを非難すべき行為と思わせることは必定である．他方で彼らは，従属的立場にある有権者の投票行動を暗黙の圧力によって間接的に支配する自分たちの手法を「財産の正当な影響力」と呼ぶ．この言葉は，その内実とは裏腹に貴人への自然的な尊敬の念を連想させ，それを是認すべき行為と考えさせてしまう．

　こうして貴族は，政治的弊害の源泉が「財産の正当な影響力」ではなく「買収」にあるかのように世論を誘導していく．

「永続的な影響力が確立されている場所ではすべて，貴族の利害関係が確保されている．だが，一時的な影響力をこうむっている場所は，確実に貴族の支配下にある場所というわけではない．そして，一時的な影響力によって選挙に勝利する富裕な人々のうち，ヨリ多くの者たちは確実に自分を貴族の旗印のもとに加えるけれども，違ったふうに行動する何人かの人々，またつねに違ったふうに行動するヨリ多くの人々もいる．こうして，影響力の分野で一時的な部分を限定し，永続的な部分を拡大させることが明らかに貴族の利益になる．これがグランパウンドの選挙権剥奪のような出来事の結果であり，唯一の結果なのである．」[40]

当時，コーンウォール州グランパウンドで選挙時の買収行為が発覚し，当該選挙区がもつ議員選出権（2議席）の剝奪問題が起こった．その際に提出された是正策は3つである．

　ウィッグのラッセルは，選挙権剝奪分を新興都市のリーズに与えることを主張した．これに対して，与党側はカッスルレーが当時の腐敗防止策の慣例に応じてグランパウンド近郊の郡への選挙権拡張，カニングはリーズを含むヨーク州への選挙権移転を訴えた．採用されたのはカニング案である．また，ペンリン選挙区でも同様な選挙腐敗が起こっていた．

　さて，ミルはこの買収問題をどう考えていたのであろうか．彼によれば，悪政の根本原因は「買収」よりもむしろ「財産の正当な影響力」にあった．新興富裕層による「買収」は，金銭という具体物が絡むだけに露見した場合は非難されやすい．他方，「財産の正当な影響力」の実体は，社会的・経済的に依存関係にある者に対して自己の推す候補者に票を投ずるように貴族階級がかもし出す無言の圧力である．これは，雰囲気や素振りをつうじて作用するだけに目にみえないが，貴族の権力支配に絶大な効果を発揮していた[41]．

　したがって，「買収」を槍玉に挙げて声高に非難する貴族の行動動機こそが問われなければならない．それは，悪政の真の発生源から公衆の目をそらす行為に他ならないからである．

> 「選挙権剝奪推進派の人々は，1つか2つの腐敗選挙区から選挙権を剝奪することによってのみ国民の信頼を得ようとするように議会に推奨した．我々は確実な論証をもって，1つか2つの選挙区からの選挙権剝奪は10倍も多い他の選挙区における買収の量を減らすのに最小の効果もないし，この国の政治の現状では，買収は最もわずかな程度においてさえ，国民が悩み苦しんでいる悪政に伴う多くの諸弊害の原因ではないと考える，ということを示した．そうすると，1つか2つの選挙区から選挙権を剝奪し，買収に対して時々非難の声を上げて国民の信頼を得るように求めることを議会に推奨することは，国民に奉仕することではなく，議会の用語を使えば，国民を"だます"ことによってその信頼を得ようと忠告することであ

第4章　ジェイムズ・ミルの統治思想　213

る.」[42]

　しかも，貴族階級の世論誘導は意図的に行われていた.
　「彼らの行動過程が示しているように，その真の目的は下院への不信を防止して，議会改革を阻止することにある.」[43]「献身的な選挙区（devoted borough）の選挙権剥奪によって処罰されるのは買収ではない．それは政体のスケープゴートなのである.」[44]

　以上のように，貴族によって誘導された世論によれば，政治的弊害の源泉は選挙時の「買収」にあった．その結果，土地貴族よりも新興富裕層が批判の標的となる．ミルが強調する「財産の正当な影響力」の弊害，その解決手段としての秘密投票は，議論の俎上にすらのぼらない．これが当時の一般的論調であった.

　そこで，急進的改革プラン（秘密投票，選挙権拡張，議員任期短縮）の制度化に加えて，正しい世論が形成され，それが統治階級に対する真の抑制手段として機能するような保証も必要になる．ミルはそれを出版の自由に求めた．この点を次節でさらに考察しよう.

5．出版の自由による真の世論形成

　前述のように，少数の統治者が多数の被治者を犠牲にして悪政を行う際の伝統的手段は「武力」と「詐術」であった．だが，ミルによれば，活版印刷術の発明という技術的要因を契機として，今や「知識」と「理性的説得」による統治の時代が到来しつつある[45]．このような歴史的趨勢を推し進め，統治機関に対する世論のチェック機能を適切に作用させるためには，一般の人々も物事の正邪を見極める能力を身につけなければならない.

　そもそも，人民はなぜ判断を誤るのであろうか．ミルは，①誤った選択を行うことが人民の利益だから，②正しい選択を行うための知識が不足しているから，という2つの理由を挙げる[46]．このうち，①は明らかに論理矛盾である．誤った（人民の利益に反した）選択が人民の利益になるはずがない．したがって，人民が誤りを犯す理由は②に絞られる．この時，正しい判断に必要な知

識・情報を人民に提供する手段が出版の自由であった．

　また出版の自由は，ミルの政治改革プランを真に有効ならしめる前提条件でもあった．彼は言う．統治者を平和的に解任できる手段（選挙権の行使・頻繁な選挙）が保証されていれば出版の自由は不要である，と考える人々がいるかもしれない．だが，実際には逆である．出版の自由が保証されなければ，投票権や選挙自体が人民の利益になるかどうかさえ疑わしいであろう．

　ミルはこの点を次のように説明した．出版の自由には次の2つの利点がある．

　第1に，それは有権者を正しい選択に導く手段として役立つ．つまり，選挙権の適切な行使には出版の自由が不可欠であった．

　第2に，それは議員の行動を人々に広く伝え，再選という動機で彼の行動を規制しうる．逆に，当選後の議員の活動が報じられなければ，いくら改選期間を短縮しても，彼は再選の鍵を握る有権者の目を逃れて私腹を肥やせるであろう．この意味で，議事録や議会内の採決の結果一覧などに関する自由な出版は，選挙権拡大や議員任期短縮という彼の改革プランの威力を真に発揮させるための制度的保証であった[47]．

　だが，ここで次のような疑問が浮かぶ．正しい選択に必要なのは出版の自由による知識の獲得だけであろうか．むしろ重要なのは，錯綜する多くの情報の中から適切なものを選び取る能力ではないだろうか．

　もちろんミルも，正しい認識に到達するにはその2つがともに必要なことを十分理解していた．

> 「知性（intelligence）の構成要素は知識（knowledge）と明敏（sagacity）の2つである．……一方は手段として何を用いることができ何ができないかを我々に知らせ，他方は特定目的ごとに最適な手段であるものを特定時点ですべて把握して組み合わせるものである．」[48]

　「知識」は出版の自由で得られるとしよう．では，他方の「明敏」はどのように会得されるのだろうか．

　ミルは，この場合にもやはり出版の自由に活路を見出す．

「望まれることは，すべての，またはできる限り多くの人民が彼らの代表者によって提案・遂行された行為の諸結果を正しく判断し，また最善のものが提案されないとしても，ヨリよい結果を伴うどんな行為が提案されうるかを知ることである．十分に啓発された人々が誤りを犯す危険のある人々に真の結論を示すならば，この目的は最も完全に達成されるであろう．」[49]

ミルによれば，ある人が叡智や誠実性を有しているか否かを外から確実に判断できる指標はない．したがって，どの人物が「十分に啓発された人々」であるかを適切に判定できる者は誰もいないであろう．では，「誤りを犯す危険のある人々」を正しい見解に導く役目は誰に託されるべきであろうか．定義上，「誤りを犯す危険のある人々」自身がその役割を担えないことは明白である．また，統治者も適任ではない．統治者にその役目を委ねるならば，彼らは阿諛追従の徒しか選任しないからである．その結果，被治者の利益に反するが統治者の個人的利益に資する政策提案が，公益増進策として普及・実施されかねない．

こうして，人々に正しい意見を伝達する役割を果たすべき適任者の選別は不可能であるという結論に達する．だが，そうであるならば，誰にでも自説を発信する自由を認めるべきであろう．

「考えられる選別機関は決して存在しないので，いかなる選別も行われるべきではない．いかなる選別も行われるべきでなければ，そうしたいと思うあらゆる人が許可されるべきである．」[50]

このようにミルは，完全に正しい知識を有する者は存在しないという人間の認識能力の限界をふまえていたがゆえに，出版の自由を唱えた．

各自が自己の信念を自由に表明しうる時，当初は真実と謬見の玉石混淆となるに違いない．だが，自由な討論によって，各自の信念を支える根拠の妥当性が徹底的に問われることになる．その結果，説得性をもたない主張は次第に廃れていく．こうして，最終的には謬見が淘汰されて真理が残るであろう．というのも，謬見を支持することに利害関係をもたない限り，真理と謬見の両方が

提示されるならば,大部分の人々は,いずれは真理を受け入れるようになるからである.

「いかなる意見が真実であるか,またいかなる意見が誤りであるかをあらかじめ決定しうる指標は何もない.それゆえ,真実であれ誤りであれ,あらゆる意見を言明する平等な自由がなければならない.そして,真実も誤りもあらゆる意見が平等に言明される時,ヨリ多数の者の同意はつねに,彼らの利害関係が自分たちに反しない場合には,真実に対して与えられると期待しうる.」[51]

以上のように出版の自由は,正しい選択に必要な「知識」を提供すると同時に,真の知識と偽りの知識を見分ける「明敏」の涵養にも役立つものであった.では,ミルは実際の世論にどの程度の知的レベルを要求していたのであろうか.

ミルは,世論があらゆる問題に対してつねに正しい意見を形成し,適切な諸政策を策定しうるとは決して考えない[52].それは,人民自身が統治者よりも賢明だと仮定することであろう.実際の人民は統治に関する専門知識を有していないし,そもそも代議制ではそうしたことを期待していない.人民に要求されるのは,誰が統治者として適任かを識別する能力である[53].

そして彼は,人民が(決して完全にではないが)その種の能力を備える蓋然性は高いと確信していた[54].

「人民はあることに対して知識が不足しているかもしれないし,別のことに対しては何も知識が不足していないかもしれない.他のすべての種類の政治組織に対する代議政府の優越性の根拠を形成するのはこれである,と我々は考える.各々の場合に,政府の方策として採用されるべき最善のものは何かを理解するためには,最高度の知識を要する.だが,価値と理解力によって最高の尊敬に値する人々が誰なのかを知るためには,何らかの適度な文明状態にある人民の知識を越える知識を何ら要しない.」[55]

おわりに

　ミルの場合,政治家の徳性や彼らに対する公衆の評判だけでは,なぜ善政を実現しえないのか.それらの主観的抑制手段に加えて,統治者の利益追求と被治者の幸福増進が連動するように客観的制度機構を改革・整備することがなぜ必要なのか.この問題を解明するために,本章では「共感」「道徳的制裁」「世論」という3つの概念に着目し,ミルの所説の分析を試みた.最後に,その結果の要約と意義を以下に掲げよう.

　ミルは,人間を富,権力および名声を追求する利己的存在とみなす.むろん,他者への「共感」や思いやりから人間が行動する経験的事実は無視されていない.だが,それは例外と位置づけるべきものであった.①行動の大部分は「利害関係」への顧慮から生じる,②個人から集団になるほど「利害関係」で動く傾向が強まる.③「共感」の作用範囲は自己と同一の集団内に限定される.しかも,④外的環境の違いによって人間の「共感」力には格差が生じる.ゆえに,「共感」は人間の普遍的行動原理になりえない（第1節）.

　こうして,公衆に対する「共感」から統治者が善政を行う可能性が原理上否定された.だが,人間の「利害関係」には名声欲も含まれる.そして,人によくみられたいという動機に働きかけて有害な行為を自制させることを「道徳的制裁」と呼ぶ.これが完全かつ適切に機能すれば,統治者も公益促進に邁進するかもしれない.だがその効果は,社会の状態および階層間で異なっていた.

　平等社会の場合,「道徳的制裁」は各人に均一な影響を与え,有害な行為の防止に大きな役割を果たす.これに対して,階層社会では社会的地位が上がるほど「道徳的制裁」の効力が弱まってしまう.周囲の人々（特に雇い主）の反感は貧者の生活維持にとって死活問題となりうるが,同一階層内以外の他人の評判は,富者の境遇にあまり影響しないからである.したがって,階層社会（当時のイギリス）において,富者＝統治者に対する「道徳的制裁」だけで善政を実現することは困難であった（第2節）.

　ところで,公衆の称賛・反感を「世論」と呼ぶならば,「世論」は「道徳的

制裁」の一種と考えられる．だが，この「世論」も悪政防止の決め手にはなりえなかった．

　ミルによれば，世評が他者に対する有害な行為を自制させる程度は，階層間（富者と貧者）だけでなく統治部門内（下院と内閣）でも異なる．当時の下院議員は概して一般民衆よりも上の階層に属し，その大部分は名門貴族の指名で議席を得ていた．彼らは階層の違う大衆への「共感」をほとんど抱かない．また，議員の地位が民意よりもパトロンの意向に依存する場合，下院に対する「世論」の抑止力は著しく弱まる．他方，内閣の指導力・安定性は，大衆の人気に負う部分が大きかった．そのため内閣は，下院よりも「世論」の動向に配慮するであろう．だが，立法権は下院にある以上，それだけでは善政の保証になりえない（第3節）．

　では，下院を「世論」の統制下に置けば，それで善政を実現できるのだろうか．ミルの答えは否であった．当時の統治階級は表面上「世論」に服しているように装っていたが，この「世論」自体が彼らによる誘導の産物だったからである．その典型例が腐敗選挙区問題であった．

　ミルにとって，真の政治的弊害は「財産の正当な影響力」（社会的・経済的に従属した地位にある者に自己の望む候補者に投票するようにかける無言の圧力）であり，「買収」ではない．にもかかわらず，地主貴族は新興富裕層の「買収」行為の有害性を殊更に喧伝し，悪政の真因から世間の目をそらそうとしている．そこには，腐敗をスケープゴートにして議会改革の必要性を暗に否定し，みずからの権力基盤の温存をはかろうとする貴族階級の思惑が見え隠れしていた．

　それゆえ，急進的改革プラン（秘密投票，選挙権拡張，議員任期短縮）だけでは，被治者の利益を完全に保証しうる政治制度は構築しえない．「世論」の動向を政治に反映させる形式的な仕組みをいくら整備しても，その「世論」自体が誤った方向へ誘導されるならば，事態はかえって悪化するからである．（第4節）．

　そこで，出版の自由の確立によって正しい世論が形成される条件も確保しなければならない．政治家の理念や行動に関する情報の自由な発信は，有権者が

統治の適任者を選択する際の不可欠な手段となる．確かに，出版の自由のもとでは真理と謬見が入り混じった状態で人々に提供されるかもしれない．だが，自由活発な討論は諸々の意見を支える根拠の妥当性を絶えず検証させ，謬見の残存を許さないであろう．

しかもミルは，一般の人々が統治の専門知識を有しているとか，適切かつ精妙な政策運営をみずから行えるだけの知性を備えていると考えていたわけではない．代議制下の人民に求められる資質は，最適な統治者を選任・監督しうる程度の知識および判断力だけであった（第5節）．

要するに，統治者が所属階層の違う大衆への「共感」から善政を行うことは原則的にありえない．また，公衆の称賛・反感という「道徳的制裁」ないし「世論」が統治者に悪政を自制させる効果も，イギリス的な階層社会では極めて限定されてしまう．確かに，「世論」の悪政防止機能は内閣にはそれなりに作用しえたが，立法権をもつ肝心の下院に対してほとんど無力であった．それどころか下院は，「世論」に掣肘されているという擬態を演じながら，実は「世論」を誘導して悪政の継続をはかっていたのである．以上の意味で，「共感」「道徳的制裁」「世論」によって善政を実現する可能性は，低いと言わざるをえない．そこで，統治者と被治者の利害が一致しうる制度設計を行う必要性が出てくる．

こうして筆者は，「共感」「道徳的制裁」「世論」に焦点を合わせ，統治機構の改革を要請するミルの内的論理を検出しえた．

ミル統治論に関する従来の研究は，彼の改革プランの意義・性格という論点（特に知的エリート主義vs民主主義）に集中して行われてきたといっても過言ではない．しかもその際，ミルには「共感」「道徳的制裁」「世論」という要素が稀薄であるという通念が，（一部の研究者を除いて）明示的ないし暗黙裡に前提されていた[56]．

だが，ミルの統治思想を正確に理解するためには，まず彼が「共感」「道徳的制裁」「世論」という点にも目配りをしていたことを再認識しなければならない．次に，それにもかかわらず統治者のモラルや名声欲だけでは善政を実現

できず機構改革が不可避である，と考えたミルのロジックを掘り起こすことが必要であろう．そのうえで，彼の具体的な改革プランの本質や歴史的意義の解釈に進むべきではないだろうか．本章は，こうした問題関心に立って，従来の研究の空隙を埋めようとしたささやかな試みである．

1) Macaulay, T. B., "Mill on Government", *Edinburgh Review,* 49, March, 1829, pp. 164-69 ; pp. 185-89.
2) *Works,* Ⅵ, p. 263. なお，以下リカードウからの引用は，Ricardo, D., *The Works and Correspondence of David Ricardo*（*Works* と略），P. Sraffa and M. Dobb (ed.), 11 vols., Cambridge : Cambridge University Press, 1951-73（堀経夫他訳『リカードウ全集』第Ⅰ-Ⅺ巻，有松堂，1969-99 年）から行い，巻数（ローマ数字），原文ページ数を示す．
3) *Ibid.*, Ⅶ, pp. 238-39.
4) *Ibid.*, Ⅷ, p. 211.
5) Hollander, S., *The Economics of John Stuart Mill : Theory and Method,* 2 vols., Oxford : Basil Blackwell, 1985, vol. 1, p. 24.
6) Winch, D., "The Cause of Good Government", in S. D. Collini, D. Winch and J. Burrow (ed.), *That Noble Science of Politics : A Study in Nineteenth-Century Intellectual History,* Cambridge : Cambridge University Press, 1983（永井義雄・坂本達哉・井上義朗訳『かの高貴なる政治の科学──19 世紀知性史研究──』ミネルヴァ書房，2005 年) p. 109, 訳 91 ページ．
7) 石井健司「ジェイムズ・ミルの政治理論における利己的人間像の再検討」(『日本大学大学院法学研究年報』24，1994 年) 399-402 ページ．
8) 山下重一『ジェイムズ・ミル』研究社出版，1997 年における第 2 章の 5，第 3 章の 5．山下重一「ジェイムズ・ミルの連想心理学と倫理理想（上）」(『國學院法学』41(4)，2004 年 a，山下重一「ジェイムズ・ミルの連想心理学と倫理理想（下）」(『國學院法学』42(1)，2004 年 b．
9) Mill, J., "Government", in *Essays from the Supplement to the Encyclopoedia Britannica,* Repint, London : Routledge/Thoemmes Press, 1828 a［1992］（小川晃一訳『教育論・政府論』岩波書店，1983 年) p. 14, 訳 139 ページ，傍点はミル．なお，ミルが当初『エンサイクロペディア・ブリタニカ』に寄稿した諸論文（後出の Mill 1992 b～e も含む）については，Essays（1828 年）のリプリント版を用いた．
10) Mill, J., "Education", in *Essays from the Supplement to the Encyclopoedia Britannica,* Repint, London : Routledge/Thoemmes Press, 1828 e［1992］（小川晃一訳『教育論・政府論』岩波書店，1983 年) p. 44, 訳 108 ページ．ゆえにミルが支持する教育とは，他人の好意的な評価を得られる行為を習慣化させ，反感を買う行為を避けるように教えるものであった．ミルの教育論については，Burston, W. H., *James Mill on Philosophy and Education,* London : Athlone Press, 1973 ; Fenn, R. A., *James Mill's Political Thought,* New York & London : Garland Publishing, 1987 の第 3 章を

参照.

11) Mill, J., "Summary Review of the Conduct and Measures of the Seventh Imperial Parliament", *Parliamentary History and Review,* 2 (2), 1826 a, p. 772, 傍点筆者.
12) Mill, J., *Analysis of the Phenomena of the Human Mind,* 2 vols., Repint, London : Routledge/Thoemmes, 1829 [1992], vol. 2, p. 184.
13) Mill, J., 1826 a, *op. cit.*, p. 772. ただし, ／は段落の変わり目を示す.
14) この点は, 山下, 2004 年 b, 前掲論文, 54–55 ページ；58–59 ページ；91 ページでも指摘されている. またアレヴィは, 中高年者は息子の利害関係を自己のそれと同一とみなすので 40 歳未満の男性を選挙権から排除しうるとした『統治論』の議論に, このようなミルの共感概念が関係していたことを暗示している (Halévy, E., *The Growth of Philosophic Radicalism,* Translated by M. Morris, Reprint, Clifton : A. M. Kelly, 1928 [1972], pp. 422–23).
15) なお, ミル伝を著したベインは, 利己心原理を奉じるミルとその一面性を攻撃した批判者の見解を論じた後, 利己心と利他心に加えて「悪意の快楽」という第 3 の行動動機とでも言うべきものに読者の注意を向けている.「統治理論を形成する際に人間の共感や無私の愛情を説明から除外しているという非難に関して, 私はここで自分自身の意見を付け加えるであろう. 我々の本性にはある程度このような動機が賦与されており, それらが作用する時は, 純粋な自愛の発揮を制限することは確かに真実である. だが, このことでさえも, 人間の動機の範囲を網羅していない. 我々はさらに, 悪意の快楽に対して強い感受性をもっており, それも統治の諸関係において一定の役割を演ずる. 統治者たちによって加えられてきた最悪の苦痛は勢力拡大への愛ばかりでなく, 残虐への積極的な喜びによっても命じられてきた. 野蛮な生活ではその快楽は習慣的なものである. 文明国ではそれはいっそう稀なものになっているが, 欠如しているわけではない.」(Bain, A., *James Mill : A Biography,* Reprint, London : Routledge/Thoemmes Press, 1882 [1992], p. 230).
16) Mill, J., *A Fragment on Mackintosh,* Repint, London : Routledge/Thommes Perss, 1835 [1992], pp. 275–84. なお, 従来は, マコーレーの批判論文に対してミルは明確な反論をしなかった, と考えられてきた. これに対してボールは,『マッキントッシュ断章』の中でマッキントッシュへの反駁の形をとりながらミルが事実上マコーレーへの反論を行っていた, という新解釈を唱えている (Ball, T. (ed.), "Introduction", in *James Mill : Political Writings,* Cambridge : Cambridge University Press, 1992, pp. xxv–xxvi). このボール説については石井が詳細な紹介と検討を行い, ボール説に同意している (石井健司「ジェイムズ・ミルとマコーレーの論争」(『日本大学大学院法学研究年報』23, 1993 年), 309–15 ページ).『断章』(特に Mill, J., 1835 [1992], *op. cit.*, pp. 276–77) を読む限り, 筆者もボールおよび石井の見解を支持したい.
17) この点は, 石井によっても注目・指摘されている (石井, 1993 年, 前掲論文, 320–21 ページ).
18) Mill, J., 1828 e [1992], *op. cit.*, p. 30, 訳 77 ページ. なおミルは, 人間が労働から完全に解放されうるとは考えていない.「2 つのことは絶対確実である. すなわ

ち，人間の大部分の肉体労働がなければ，人類の幸福は得られない．しかも，人間の大部分の肉体労働が一定程度を超えてなされるならば，知性も道徳も幸福も地上で繁栄しえない．」(*Ibid.*, p. 30, 訳77ページ)．したがって，適度な労働によって生存手段を獲得すると同時に，余暇時間が知的・道徳的改善のために充てられる状態こそが理想となる．この意味で，立川が主張したように，ミルが批判したのは労働自体ではなく，労働者が過度の貧困にあえぐ状態であった（立川潔「ジェイムズ・ミルにおける中庸な財産と陶冶」『経済研究（成城大学）』，1996年b, 41ページ）．

19) Mill, J., "Constitutional Legislation", *Parliamentary Review*, Sessions of 1826–27 and 1827–28, 3, London: Baldwin & Cradock, 1827, p. 341.

20) 最後に，ごく簡単にではあるが，ミルとスミスの「共感」概念を比較しておこう．新村によれば，スミスの「共感」概念のポイントは，「同胞感情としての共感」と「是認としての共感」の区別にある．その明快な主張は次の文章に凝縮されている．「観察者は，①当事者の境遇（感情の原因・対象）を観察し，②想像上の境遇の交換によって，共感感情を知覚する．以上が＜同胞感情としての共感＞の成立過程である．同時に観察者は，③当事者の表情・声・行為（感情の結果）を観察して，④当事者の本源的感情を認識する．そして，⑤共感感情と当事者感情との一致を知覚するときに，⑥＜共感する快＞を是認感情として感じ，⑦当事者の本源の感情を適正として是認する．②の共感感情と⑥の＜共感する快＞との両者が広義の是認感情を構成し，①〜⑦の全過程が，「ついてゆく」，「完全に共感する」などと表現される＜是認としての共感＞である．」(新村聡『経済学の成立—アダム・スミスと近代自然法学—』御茶の水書房，1994年，133ページ)．この解釈にしたがえば，ミルの「共感」はスミスの「同胞感情としての共感」に相当するとみなせるであろう．ただし，ミルの場合にそうした「共感」が生ずるのは，基本的には同一集団内に限られる．つまり，ミルの「共感」はスミスの「同胞感情としての共感」をさらに限定した概念と言えるかもしれない．だが，以上はあくまでも大雑把な比較であり，両者の「共感」概念は（ヒュームのそれも含めて），さらに検討の余地が残されている．本章の問題設定を大きく外れるため，この問題を詳論することはできないが，まず参照されるべき一次文献として，Mill, J., "Stewart's Philosophy of the Human Mind", *The British Review*, 6 (11), August, 1815, pp. 194–97 を挙げておく．

21) Mill, J., "Jurisprudence", in *Essays from the Supplement to the Encyclopoedia Britannica*, Repint, London: Routledge/Thoemmes Press, 1828 b [1992], p. 22. つまり，ミルの場合，ある行為に対する是認・否認の源泉ないし根拠は≪共感（ついて行けるか否か）≫ではなく，≪それが自分自身にとって有益か否か≫にある．この点に関する限り，ミルの所説はスミスとは異なっていたと言えるであろう．

22) ただしミルは，貧困が過度になると道徳的制裁は逆にほとんど作用しなくなると考えていた．絶えず苦痛に悩まされている人々は次第に同胞への「共感」を失い，他者の快楽よりも苦痛を望むようになる．その反面で，彼らは刹那的な欲望充足に狂奔し，そのためには不法行為に手を染めることも厭わない．そのうえ彼らは，概して他人の尊敬や反感にも無頓着になる．というのも，他者の目を意識

した自己抑制は，一定の生活レベルに達して初めて可能だからである．まさに
≪衣食足りて礼節を知る≫である．この結果，貧窮者の行動に対する政治的制裁
や道徳的制裁は効果を失っていく（Mill, J., *The History of British India,* Abridged
and with an Introduction by W. Thomas, Chicago : University of Chicago Press, 1817
[1975], pp. 574–78）．なお，以上の点はウィンチによっても言及されている
（Winch, D., *op. cit.*, p. 119, 訳100ページ）．

23) Mill, J., "Law of Nation", in *Essays from the Supplement to the Encyclopoedia Britannica,* Repint, London : Routledge/Thoemmes Press, 1828 d [1992], pp. 7–8, 傍点筆者．

24) *Ibid.*, p. 8.

25) Mill, J., "State of Nation", *The Westminster Review,* 6 (12), Octorber, 1826 b, p. 255. 立川はこの点について次のように述べている．「それゆえ，ミルにとって，人々を狭い利己的な利益に執着させているのは，商業社会一般の傾向ではなくイギリスの貴族による支配であったのである．」（立川潔「ジェイムズ・ミルにおける中間階級と議会改革―余暇と陶冶―」『経済研究（成城大学）』133, 1996 年 a, 111 ページ，傍点筆者）．

26) 支配階級の価値観が一国の価値観を規制するという主張の具体例をミルの諸論文から拾い出せば，差し当たり次の5つが挙げられる．①政治的弊害の核心は議会の構成ではなく選挙時の買収にあるという一般的論調（Mill, J., "Periodical Literature—Edinburgh Review", *The Westminster Review,* 1 (1), January, 1824, pp. 212–13 ; pp. 220–21），②言論機関をつうじた≪人民は無力で無価値である≫という意見の喧伝（Mill, J., "The Articles in the Edinburgh Review Relating to Parliamentary Reform", *The Westminster Review,* 4 (7), July, 1825, p. 222），③秘密投票は投票者の約束違反を助長し，虚言という悪徳を蔓延させるという見解の流布（Mill, J., 1827, *op. cit.*, p. 367 ; Mill, J., "The Ballot", *The Westminster Review,* 13 (25), July, 1830, pp. 13–14），④不必要な年金や閑職に対する俸給などの多額の浪費的支出の背後にある，他人の労働に頼って暮らしたいという気質の蔓延とその帰結である重税（Mill, J., 1826 b, *op. cit.*, pp. 255–57），⑤「公平な調整」という美名のもとに国家の債権者の所有権侵害を実行しかねない風潮（*Ibid.*, pp. 271–76）．このうち①は第4節，②は第5節で検討を加える．残りについては，別稿で改めて論じたい．

27) Mill, J. 1826 b, *op. cit.*, p. 266.

28) Mill, J., 1824, *op. cit.*, p. 211.

29) *Ibid.*, p. 212.

30) *Ibid.*, pp. 212–15.

31) Mill, J., 1826 b, *op. cit.*, p. 266, 傍点筆者．ハンバーガーによれば，ミルは1832年に出版の自由をつうじて革命勃発に対する統治者の恐怖を煽り，それをテコにして政治機構改革に向けた有効な譲歩を引き出そうとする自己の戦略を（立法府よりもむしろ）当時のウィッグ内閣に適用した（Hamburger, J., *James Mill and the Art of Revolution,* New York and London : Yale University Press, 1963, pp. 52–53）．これまでの議論をふまえると，そのようなミルの行動の背後には，下院よりも内閣のほうが世論の動向に敏感であるという認識が横たわっていたように思わ

れる.
32) Mill, J., 1826 a, *op. cit.*, p. 791.
33) ハスキッスンの関税改革については，Smart, W., *Economic Annals of the Nineteenth Century*, 2 vols., Reprint, New York : A. M. Kelly. 1910–17 [1964], vol. 2, pp. 271–90；真実一男「リカード周辺の議員経済学者―W. ハスキッソンと H. ブルーム―」(『彦根論叢（滋賀大学)』300, 1996 年) 28–30 ページを参照. なお, ヒルトンによれば，1820 年代の自由貿易化は「自由主義の覚醒」という思想傾向の産物ではなく,「経済理論の独断的応用」でもなく,「食物供給, 貨幣的および経済的安定性」という実際的な政策目標を達成するための柔軟な対応策の結果であった (Hilton, B., *Corn, Cash, Commerce : The Economic Policies of the Tory Governments 1815–1830*, Oxford : Oxford University Press, 1977, pp. 173–84). 機械の輸出禁止問題の概略については, 東田雅博「イギリス自由貿易思想の展開, 1820–1846 年」(『史学研究（広島大学)』150, 1981 年) 36–41 ページを参照. ちなみに, 機械の輸出禁止法が最終的に撤廃されたのは 1843 年である.
34) Mill, J., 1826 a, *op. cit.*, pp. 798–99.
35) *Ibid.*, p. 783, 傍点筆者.
36) Mill, J., "The State of the Nation", *The London Review*, 1 (1), April, 1835, pp. 6–7.
37) ここには, 富者は他人の好意を獲得しやすいという原理が背後で働いている.「人間の好意的な感情は富に対して強力に喚起されるので, 人は自分の階層を低下させるほどその財産が減少する時には, 大衆的制裁をつうじて苦痛をこうむることになる.」(Mill, J., 1828 b [1992], *op. cit.*, p. 22).
38) Mill, J., 1826 a, *op. cit.*, p. 789.
39) *Ibid.*, p. 790, 傍点筆者.
40) *Ibid.*, pp. 789–90, 傍点筆者.
41) 実際, ミルによれば, 人間を服従させる動機としては（買収に応じたことへの報酬という)「希望（hope)」よりも（有力者の意向に逆らえばどうなるかという)「恐怖（fear)」のほうが格段に強力な作用をもっていた (Mill, J., 1829 [1992], *op. cit.*, vol. 2, p. 166).
42) Mill, J., 1827, *op. cit.*, pp. 354–55, 傍点筆者. 同様にミルは,「国王の影響力」の減少を改革の本丸と位置づける『エディンバラ・レビュー』の議論も国民の目から真の政治的弊害を覆い隠すものであると断罪した. ウィッグは, 国王の影響力（官職叙任権）が原因で下院が堕落したかのように論じているが, そうではない. 真実はむしろ逆であり, 下院の堕落が国王の影響力の濫用を招いたとみるべきであろう. というのも, 下院の構成が正しければ, 国王の官職叙任権の行使を適切に監督・制御しえたはずだからである (Mill, J., 1825, *op. cit.*, pp. 204–6).
43) Mill, J., 1827, *op. cit.*, p. 350, 傍点筆者.
44) *Ibid.*, p. 351.
45) Mill, J., 1830, *op. cit.*, pp. 2–3 ; Mill, J., 1835, *op. cit.*, p. 9.
46) Mill, J., 1825, *op. cit.*, pp. 222–25 ; Mill, J., 1835 [1992], *op. cit.*, p. 250.
47) なお秘密投票は,（出版の自由とともに）選挙権拡大の効力を完全に引き出すための前提条件をなす. というのも, 秘密投票なき選挙権拡張は, 選挙時に貴族

が行使する無言の圧力をさらに強化する方向に作用するからである（Mill, J., 1826 a, *op. cit.*, p. 782）．
48) Mill, J., 1828 e [1992], *op. cit.*, p. 15, 訳 43 ページ．
49) Mill, J., "Liberty of the Press", in *Essays from the Supplement to the Encyclopoedia Britannica,* Repint, London : Routledge/Thoemmes Press, 1828 c [1992], p. 21.
50) *Ibid.*, p. 21.
51) *Ibid.*, p. 23.
52) Mill, J., 1825, *op. cit.*, p. 227.
53) ミルゲイト＝スティムソンによれば，ミルは各人が適切な政治判断を下せるか否かを選挙権の付与条件とみなした（Milgate, M. and S. C. Stimson, "Utility, Property, and Political Participation : James Mill on Democratic Reform", *American Political Science Review,* 87 (4), December, 1993）．そこで，この条件をいつクリアーできるのかという点に関する論者の解釈次第で，ミル思想はエリート主義的にも民主主義的にもみえることになる．なお彼ら自身は，ミルが一定の知識水準の達成という資格設定を行い，それに達しない者には選挙権よりもまず教育を与えるべきだとした点で，彼を民主主義者と規定することは困難である，と主張した．彼らのミル解釈の妥当性に関しては，いずれ詳細な検討を加えたい．
54) 従来の『統治論』研究は，冒頭の人間観（他者を犠牲にしてでも自己利益追求を行う人間本性）と末尾の中産階級賛美論（公共精神あふれる賢明かつ有徳な人々）との間の矛盾を指摘してきた．だが，フェンはミル思想の中にさらに深刻なジレンマを見出す．ミルは過度の富と過度の貧困という両極端な状態に置かれた場合，人間の知的・道徳的向上は非常に困難であると主張した．このため，大貴族と人民の最下層部分は健全な判断力をもちえない（つまり正しい世論形成は困難であり，多数者の専制も起こりうる）．にもかかわらず，ミルが人民の政治参加と社会秩序の維持は両立しうると主張するのは「矛盾」ではないだろうか（Fenn, R., *op. cit.*, pp. 129-33）．フェン自身も暗示しているように，この問題を解く主要な鍵はミル経済学の解釈にあると思われるが，これはいずれ別稿で検討したい．
55) Mill, J., 1825, *op. cit.*, p. 223.
56) こうした傾向は，例えばトーマスの次の所見にも潜んでいると言えないであろうか．「改革の建設的提案に関しては，これらの3つの論文〔Mill, J., 1825；1826 a；1827, *op. cit.* 筆者注〕の中にミルが『統治論』の議論から進歩したことを示すものはほとんどない．」（Thomas, W., *The Philosophic Radicals : Nine Studies in Theory and Practice 1817-1841,* Oxford : Clarendon Perss, 1979, p. 130）．このように，ミルの統治思想を解説する際に，トーマスは1820年代後半の諸論文を重要視しなかった．具体的な改革プランに限れば，確かにトーマスの主張するとおりかもしれない．だが，これらの諸論文では，ミルが統治問題の核心を統治者の道徳心よりもむしろ客観的機構のあり方に見出し，制度改革を提唱するに至る経緯が『統治論』よりもはるかに明瞭に読み取れる．その意味で，ミルの改革プランのみに限定せず，いっそう広い視野から彼の統治思想をとらえなおすためにも，『統治論』以降の諸論文は再評価に値するように思われる．

第 5 章

J. S. ミルと L. ワルラスのレジーム構想
―― 所有構造の変容を中心に ――

はじめに

　J. S. ミル (1806–1873) と L. ワルラス (1834–1910)[1] は，いずれも J.–B. セイの販路説をコアとする市場理論の彫琢に努めると同時に，それと矛盾するかのようにどちらも社会主義者を自称し，とくに土地についてはそれぞれ独特の国有化案を提案した．周知のとおり今日の価格理論では，生産要素すなわち土地・資本・労働の私的所有は自明のものとして研究の対象外とされる．つまり，自由競争市場が前提する私有財産制は，法的には近代的所有権として，処分・使用・収益からなる構造と三者の包括性を基本原理とし，経済学ではこの包括された状態が与件とされているのである．だが社会問題が顕在する19世紀，ミルとワルラスは共に，この与件としての私有財産制に社会問題の原因を認め，社会改革を志す．そのために彼らは，市場が社会を全面的に覆いつくす以前の財産制度にまで研究の視野を広げ，その構造にまで踏み込んだ分析をした末に独特の改革案を提案する．

　結論を先取りすれば，一口に私有財産制といってもそれは決して自明ではない．これを裏返しに言えば国有や共同所有も自明ではない．慣習や市場といったフロー分配機構の違いや国や地域の違いなど，レジームの総体の中において

所有形態を見れば，私有財産制と共同所有にはどちらにもさまざまなヴァリエーションが存在することをミルとワルラスは理解していた．それゆえ，市場理論の完成を志すと同時に社会主義者でもある彼らの改革プランを，20世紀以降の通念である過度に単純化された二項対立図式（市場対国家，私有対国有）の鋳型にはめ込もうとすれば，それは著しく整合性を欠いた理解しがたいものに見える[2]．

本章では市場（または慣習）と国家と所有，それもとくに土地所有の構造に重点を置いてミルとワルラスのレジームを比較する．ワルラスの土地所有論では，ミルへの批判と同時に彼と共通する所有構造への理解からなる国有化案が構築されており，ここに両者の直接の接点を見出せるからである[3]．以下第1節では，相対立する当時の自由主義と社会主義の間で展開された財産をめぐる議論から，彼らのレジームの分配原理といえるものを取り出す．そこではストックとしての土地所有の配分とフロー諸収入の分配システムのあり方が課題となり，それと同時に個人の領域と国家（または共同体）の領域，あるいは平等と不平等のリミットの画定が検討される．第2節では，ミルとワルラスにおけるさまざまな土地所有形態の構造分析を検討することで，私有財産制の射程の長さと変容を明らかにする．この課題は主に生産と所有の分離の視座から検討される．そして第3節では，彼らの土地公有化論に即して，第2節の視座をふまえながら，いかにして第1節の分配原理が一つのレジームにおいて実現し得るのかを，改革の漸進的プロセスも含めて明らかにする．

1．レジームの基本原理

ミルにはかつて諸学説の折衷論者というネガティヴな評価が与えられてきた．ワルラスであればこれをポジティヴに総合（synthèse）とよぶ．つまり論理的な一貫性があるとはいえ，その一貫性ゆえ教条的でもあった当時の自由主義者と社会主義者の欠陥を克服し，両者の正しい原理を一つの定式に総合したと彼は自負するのである．そこでここでは，対立する諸学説の比較と総合から両者のレジームの基本原理を取り出すことにしたい[4]．

1–1 ミル「平等な条件」と「衡平の原理」

『経済学原理』[5] 第2篇分配論の第1章と第2章でミルは，既存の私有財産制すなわち大土地所有と資本家的雇用労働と，既存の社会主義への批評を行い，さらに双方への両面批判を通じて自らの私有財産の原理を呈示する．

まず，現状私有財産制擁護論者は，その主張の根拠を「各個人の労働に対して彼ら自身の労働または制欲が生む果実を保証する」[6]ことに求める．しかし大土地所有や雇用労働の現状を見れば，彼らの主張とは正反対の事態が起きている．ミルは労働と報酬の間の反比例関係を指摘して，「労働生産物がほぼ労働に反比例して割り当てられる．最大の部分がまったく労働しない人々に与えられ，ほぼ名目だけの仕事しかしない人にこれに次ぐ多くの部分が与えられ，……もっとも過酷で不快さの度を増すに従って受け取る報酬は少なくなり，最後に最も精根をすり減らす肉体労働者に至っては，労働して生活必需品を得ることすら確実に期待することはできない」[7]と批判する．

次に，社会主義には二種類ある．第一は絶対的平等論者であるオウエン，ルイ・ブラン，カベの共産主義である．第二は，偶然的不平等は否定しても正義による不平等は是認するサン–シモン主義者とフーリエ主義者の社会主義である．ミルは，共産主義は実行不可能な制度ではないとする．しかし自由の問題，すなわち個性抑圧や世論の専制，すべての人間の思想と感情と行動の均一化を危惧し，人間の多様な発展，趣味や才能の多様性，ヴァラエティに富む知的見解と共産主義との両立に疑問が残ることから共産主義には懐疑的である．社会主義についてミルは，サン–シモン主義には集団の指導者による絶対的専制の危険を指摘する．最終的に彼は，社会主義の中ではフーリエ主義に最高の評価を与える．その理由として，私有財産と相続の存続，各人の労働・資本・才能に比例した受け取り，魅力ある労働があげられる[8]．

ここから私有財産制と社会主義双方に対する，ミル自身の私有財産制の理想的原理を取り出してみよう．第一に相続法への批判として，ミルは共産主義者の重視する平等を「条件の平等」に限定し，これによって社会主義側の批判か

ら私有財産制を守ることができると考える．

> 「財産法について，私有財産を正当化する原理にのっとっているものはいまだ一つもない．これらの法は断じて財産としてはならないものを財産としてしまい，単に制限的所有のみが存在するべきときに絶対的所有を設けている．これらの法が，人類の間でフェアに均衡を保っていたことはなかった．……すべての人がレースにおいてフェアなスタートをすることを妨げているのである．もちろんすべての人が完全に平等な条件でスタートすることは，どのような私有財産法といえどもなし得ないことである．しかし，もしもその原理の自然の作用から生じる機会の不平等を悪化させるために払われた努力と同じだけの努力を払って，その原理そのものを破壊しない方法によって，この不平等を緩和しようとしたならば，……ほとんどすべての社会主義的著述家の主張とは反対に，個人所有の原理は必ずしも物的社会的弊害を伴わないことがわかったであろう」[9]．

次に，不労所得批判として，ミルはフーリエ主義の長所である努力（勤労や制欲）に応じた報酬あるいは自己労働生産物に対する所有権を呈示する．

> 「所有の制度というものは，その本質的要素に限ってみれば，各人が自らの努力によって生産した物品，または暴力や詐欺などによらずに贈与または公正な契約によって生産者から受け取った物品はこれを少しも妨げられることなく排他的／絶対的に処分してよいという権利を個人に認めることに存在する．制度全体の根本となるものは，生産者が自ら生産したものについて有する権利である」[10]．

正当な私有財産弁護論は自ら生産したものに対する権利であり，これをミルは，「報酬と努力の間に比例があるという衡平（equitable）の原理」[11]とよぶ．ここから派生する対等な個人間の自由交換は，共産主義やサン-シモン派社会主義に起こりうる個人の多様性の抑圧や専制の弊害を取り除くだろう．ミルはこの「衡平の原理」に反する事情を是正した上で，あらためて私有財産制度と社会主義を比較すべきだと考える．その是正策として彼は土地改革を志向する．なぜ土地が対象なのか．それは，動産の「衡平の原理」とは別に，不動産

第5章　J.S.ミルとL.ワルラスのレジーム構想　231

所有の正当性が共同体利益や一般的便宜によって与えられるからである．すなわち，土地をつくった者はだれもいない以上，「衡平の原理」から言えば土地はだれのものでもないはずである．土地は「全人類の相続財産」である．土地私有に正当性があるとすれば，その根拠は「人類一般の便宜である」．土地私有が人類に便宜を与えないのであれば，それは不正とされる[12]．そこで土地所有には次のような条件がつけられて，はじめて正当化されることになる．

　「地主がその土地を耕作するつもりのない場合には，一般にその土地を私的所有としておく十分な理由がない．ある人がこの土地は自分の所有物であることを許されている（permitted）場合，その人は次のことを忘れてはならない．自分がこの土地を保有するのは，共同体がそれを黙認する／大目に見る（sufferance）からであり，また自分の土地所有が共同体に対してなんらかの利益／善（good）を積極的にもたらさない以上，せめて自分がこの土地を領有していなかった場合にその土地から受けられるはずであった利益／善だけは取り上げないことを条件としていることである」[13]．

ミルは，「土地を農業に使用するにあたっては，その使用はさしあたり必然的に排他的でなければならない」[14]という．だがそれは，「共同体に対するなんらかの利益／善」，すなわち所有者が土地を耕作するという社会的利益への寄与を条件に，権利が「黙認」または「許される」．「黙認」「許される」「さしあたり」という言い回しから伝わるように，ミルの場合，土地所有権はやむを得ぬ特権または必要悪として消極的に与えられるものである[15]．

ここで再び現状に戻ると，現行法の下では地主が自ら耕作を行うことは見込めないし，所有制度の自生的変化が不正を正す方向に向かうとは限らない．それゆえミルは，土地私有の権利は共同体に対する耕作の義務を伴い，地主がこの義務を履行しない場合には，「国家には彼らを免職する自由がある」[16]，「国家は社会の一般的利益が必要とするように土地所有権を自由に処理でき」ると，功利主義の見地から国家の土地収容の可能性を示唆する[17]．ただし私的所有の原理を破壊しない方法による不平等の緩和や，物的社会的弊害を伴わないと，自ら留保をつける以上，私有財産の全面廃棄や暴力と専制によらぬ国有

化の具体的手法の考案がミル自身の課題となる．

1–2　ワルラス「条件の平等，地位の不平等」と「狩人の道徳」

　ワルラスの見るところ，フランスでは1789年革命以来，長年にわたり富の分配をめぐって，二つの学説が対立していた．その第一はプルードンをはじめとする平等論者の説である．彼らによると，すべての人間は絶対的かつ生まれつき（absolument et naturellement）平等なので，すべての富は平等に分配されるとする．そこで，条件の平等と地位の平等が彼らの分配原理である．第二の説は自由主義経済学者すなわち不平等論者の説である．彼らは，人間は絶対的かつ生まれつき不平等であると見て，富も不平等に分配されるとする．それゆえ，条件の不平等と地位の不平等が彼らの分配原理である．両者に対してワルラス自らは，平等論者は進歩的精神をもつ人々の共感を獲得し，不平等論者は太古からの慣習にとらわれている人々によって支持されていると整理する[18]．

　この両者の原理を批判し総合する形でワルラスは，父オーギュスト・ワルラスから受け継いだ独特の自然権思想に依拠した解決策を呈示する．それが「真の社会の定式」，すなわち「条件の平等，地位の不平等」である[19]．ワルラスによれば，人間は平等であると同時に不平等な存在である．すなわち，人間は人格としては法／権利の下に平等であるが，成功するしない，あるいは幸か不幸かなど，各人が社会において演じる役割において不平等である．この定式は財産論として具体的にどのような形をとるのか．『講義』[20]所収の「財産の道徳理論」には次のように記されている．

　　「社会における人間間の社会的富の配分について言えば，条件の平等の原理にもとづく双務的正義（justice commutative）は，自然が全員に与えた価値の平等な持分を全個人が各々保有することを要求し，あるいはいわば，自然が全員に対して共通に与えた価値を全個人が共同で保有することを要求する．

　　　地位の不平等の原理にもとづく分配的正義（justice distributive）は，自然

が個人にのみ与えた価値を各人が固有に保有することを要求し，あるいは，みずから諸能力を自由にかつ忍耐強く，運よく発揮することで彼自身に与えられた価値を各人固有に保有することを要求する．

　この結論を正確なタームに翻訳するために経済学と哲学の定義と分類に従うなら，次のように言うことができるだろう．

　人間諸能力は個人所有の自然的対象であり，賃金は個人の自然的収入である．土地は集団所有の自然的対象であり，地代は国家の自然的収入である」[21]

ワルラスは国家にも個人と対等かつ独自の自然権を与える．そして彼の定義によれば，自然的な社会的富とは人間と土地である．

「各人は自分自身に属し，それゆえ次のように言うことができる．──自然権からして個人は，自らの道徳的諸能力と労働用役と賃金の所有者である．自然的社会的富の中には，人間的諸能力のほかに土地がある．それゆえ，利益の見地はまったく考慮せずにただ正義の見地のみから，……われわれが人間諸能力と労働用役と賃金の財産の理論をつくり出すのと同じように，土地と土地用役と地代の理論をつくり出すことにしよう．」[22]

ワルラスは，以上二つ引用した分配と所有の正義の定義をもって，ア・プリオリな科学的定式とする．彼はミルのように人類一般の便宜や共同体の利益を条件に土地私有を大目に見たりせず，「土地に対する個人所有権の合理的根拠は存在しない」とストレートに言いきる[23]．この定式に照らすと，現状の土地私有は個人による国家の自然権の侵害であり，双務的正義の実現を阻んでいる．逆に国家課税は国家による個人の自然権の侵害であり，分配的正義の実現を阻んでいる．そこで現状から本来の自然権を回復するために，条件の平等化策としての土地国有化とその地代収入による公共サーヴィスの無償提供，それと同時に地位の不平等化策としての課税廃止による私有財産の完全化をもって，ワルラスは社会問題の最終的解決策とする．

　ワルラスにおいてミルの「衡平の原理」に相当する原理はもはや明らかである．それは，地位の不平等すなわち分配的正義であり，これをワルラスは「わ

れわれの道徳とは狩人の道徳である」[24]とよび，その原理が純粋に現れる社会を次のように描き出す．

　「鹿狩人によれば，各人は《自らの賜りものに従って》行動しなければならない．すなわち造物主が各人に分け与えた能力（aptitudes）や資質（qualités）に従う行動をしなければならない．かくして，インディアンが狩や漁をし，全員が火を囲んで座り，戦場へ行進し，斧を投げ，頭皮を剥ぎ取るなど，彼らの賜りものに従う行動をとることは善である」[25]．

　これは，ロック『市民政府論』の所有権論において例示される鹿狩人の箇所の模倣であろう．現状社会のさまざまな夾雑物を取り除いて純化した後に残る定式は，想像される未開社会の分配原理と同じであり，複雑化した近代社会の中でワルラスは「狩人の道徳」を回復しようとする．つまり科学とは，時代や場の特殊性を越えて普遍的に適用可能な法則であることを彼は示すのである．

1–3　自由主義と社会主義の総合

　不労所得廃止と競争条件の平等化を目的とする土地国有化，そして「衡平の原理」または「狩人の道徳」が貫徹するレジームをミルとワルラスは共通して構想する．それでは出発点さえ平等であれば，競争がもたらすその後の貧富の格差は，社会主義者を称する彼らにはもはや問題になりえないのだろうか．これについて両者は，競争の長期的作用が自然に解決すると考えている．ミルは遺稿の「社会主義論集」において，社会主義者が競争について不完全で一面のみの理解しか持ち合わせていないとして，競争の別の一面を次のように述べる．

　「［社会主義者が忘れていることとは，］競争が低価格または低価値だけでなく高価格または高価値の原因でもあること，労働と商品の売り手だけでなく買い手も互いに競争していること，労働と商品の価格を現在のように低く抑えているのが競争だとすれば，これらの価格がより一層下落するのを防ぐのも競争だということである．実際に競争が双方に完全に自由な場合には，その傾向は商品価格を特に上昇も下落もさせず，等しくさせるの

であり，報酬を平準化させ，すべてのものを一般的平均に落ち着かせる．その結果は，……社会主義の原理に立っても望ましいものである．」[26]

労働市場がより完全になれば，労働者間の供給競争だけでなく，資本家間の需要競争も激しくなる．それゆえ賃金が常に下落するとは限らないし，市場自体が賃金下落の抑止装置でもある．これに対して利潤は，資本輸出や技術進歩がなければ，競争の進行につれて下落傾向にあり，最終的には定常状態が待っている．それゆえ長期的に見れば，労資二階級の報酬は平準化に向かって接近してゆくことになる．定常状態を除けば，ワルラスもミルに近いことを考えている．彼は，完全自由競争モデルの「進歩する社会」の傾向として，賃金は目立った変動をせず，地代は著しく上昇し，利子は下落するという結論を引き出しているのである[27]．

競争が完全に自由であれば，資本家と労働者の関係は，社会主義者の危惧とは逆に，むしろ彼らの望む平等化に向かう傾向をもつ．しかし地代だけは増加傾向にある．しかも前二者の節欲と労働に対する報酬は正当でありかつ社会的利益の増大にも貢献している．これに対して地主は，なにもせずに土地を所有するだけで，資本家と労働者の貢献による社会進歩にただ乗りしてその恩恵に与る存在である．そこで土地改革を実施すれば，長期的に競争は，諸階級間の格差を増幅させるのではなく，むしろ強制によらずして自動的に不平等を縮小するメカニズムにもなり得ると両者は見る．そしてそれは，単なる所有に対する報酬から，「衡平の原理」「狩人の道徳」に依拠した報酬を可能にするレジームに向けた改革でもある[28]．

ミルとワルラスに共通する思想とは，まず競争参加のスタートラインが平等になるところまでは共同体すなわち国家が土地を配分する（ミルの場合には相続の規制もこれに含まれる）．その後の競争において現れる結果は，純粋に労働や制欲を根拠にした排他的権利が個人に認められる．社会主義的とも見なされる条件の平等化によって彼らは私有財産制を擁護し，逆に，自由主義者が私有財産制擁護の根拠とする応報分配の原理を条件に，社会主義を擁護するのである．すなわち私有財産制と社会主義は，互いに相手側の原理を導入することで

その弊害が是正され，本来の原理が回復されれば，「社会主義者の主張とは反対に」とか，「社会主義の原理に立っても望ましい」とミルが言うように，現在の対立は最終的に一つのレジームに総合されるのである．

2．土地所有諸形態の評価

ここで，彼らの原理に照らして，土地所有諸制度に対する評価を概観することにしよう．抽象的には私有財産と一括りに呼ばれる場合にも，土地所有の具体的形態は，国・地域・慣習によって多様なのが実際である．ミルは多様な地域的慣習に即して，ワルラスは抽象的かつ普遍的原理である市場理論と財産論の一般定式に即して評価を行う．

彼らは共に，生産論では効率の観点からこれを大規模耕作と小規模耕作の比較の問題として位置付け，分配論では正義の観点から財産制度の問題として位置付ける．つまり彼らの分配論は，地代・賃金・利子のフロー収入よりも，交換論では捨象される土地・身体・資本の初期状態における配分のあり方に主題の重点が置かれている．ここで両者が共通して取り上げる土地所有形態の具体例とは，エンクロージャーで消滅したイングランドのヨーマン（自作農），フランスやイタリアの分益農である．

2–1　ミルの土地所有諸形態の評価

ミルは「社会主義論集」の最終章「私的所有の観念は固定的ではなく可変的である」において次のように述べる．

> 「人間界における最大の実践上の誤りの源泉である誤りの一つは、同じ名称が常に同じ諸観念の集合を表すと考える誤りである。財産という言葉ほどこの種の誤解の主題とされてきたものはない。それはすべての社会状態において、法が認可するまたは慣習が社会のその状態において容認する、物事に対する排他的使用または排他的支配の最大の諸力をさすのだが、排他的使用と支配のこれら諸力はきわめて多様であり、様々な諸国と様々な地域において大きく異なる」[29]．

抽象的権利としては，処分・使用・収益の包括性がリジッドに規定される私有財産も，具体的形態を仔細にみれば，国や地域ごとの社会慣習によってその構造は可変的 variable すなわち多様 variety で広範な射程をもつ．ミルは，さまざまな土地所有形態の比較にあたり，大規模耕作と小規模耕作の生産性と，私的所有の構造の内実という二つの視座から考察を行っている．

(1) 大規模耕作と小規模耕作の比較

『原理』第 1 篇生産論においてミルは，自由競争における協業と大規模生産の利益が，マニュファクチュアと同程度に農業においてももたらされるとは限らないとする[30]．まず協業についていえば，農業では，大人数で種まきや耕作や刈り入れなど同じ作業を同じ土地で一斉に行うので協業に特別の利益はなく，家族でも同じことはできるとする[31]．

次に耕作面積についていえば，たしかにフランスでは，革命後に貴族と教会の財産が国有化された後に売却され，長子相続廃止と無遺言平等相続に法律が変わった結果，生産性向上を阻害するほどの過度の土地細分化が進んだ．だからといってミルは，フランスが革命前よりも窮乏化したとはいえないとする．レオンス・ド・ラヴェルニュの調査研究によれば，1789 年以後のフランスでは，人口が 30% 増え，農産物量と賃金はほぼ 100% 上昇し，地代は 150% 上昇したのである[32]．一方イングランドの耕作面積は，たとえ零細と呼ばれる規模の耕作であっても，それは最大の生産性を発揮するのに十分な程度の広さであるとミルは見なす[33]．

また，大規模耕作を行う資本家的農業に比べて小農は技術や知識の点で劣るという批判について，ミルは一般的事実としては正しくないとする．すなわち小農には改良の精神に欠けるところはあっても，緻密な観察の結果として経験的技術を蓄積している．これに対して大規模耕作では高度な耕作が行われない．小農は努力を鼓舞する十分な動機をもち労働生産性も高いが，大規模耕作では同じ技術と知識をもっていても小農と同じだけの生産物を生産することはないのである[34]．

こうしてミルは,「土地の生産物は,他の事情を一定とするならば,小規模耕作のもとにおいて最も大きく,したがって一国はこの制度においてより大なる総人口を養うことができる」[35]とし,小農の弱点である改良については,「大農と小農を共によく知る人々の一般的意見によると,2つのシステムが適度に混在している場合に農業上の改良が最大である」[36]と結論する.

(2) 自 作 農

『原理』第二篇分配論における土地所有形態の検討に入ることにしよう.ミルは,「自作農レジーム (regime of peasant properties) においては,奴隷レジームと同じく,生産物全体が一人の所有者に帰属し,地代,利潤,賃金の区別は存在しない」[37]と,簡単な定義を与えた上でさまざまな所有形態の中で最も高い評価を与えている.その理由を,以下に引用する自作農の所有構造を解き明かすことで考察してみる.

> 「所有の観念は,必ずしも地代を伴ってはならないということを含んでいるわけではない.……これが含意するものとは,単に,地代が固定的な大きさの負担でなければならず,占有者 (possessor) 自身が行った改良によって,または領主 (landlord) の意志によって,占有者の利益に反して地代が引き上げられてはならないということである.免役租 (quit-rent) を支払う借地人 (tenant) は,あらゆる点から言って所有者 (proprietor) である.……いわゆるコピーホルダーもフリーホルダーに劣らずそうなのである.必要とされるのは,固定された条件にもとづく永代占有 (permanent possession) である」[38]

賃金・地代・利潤の区別のない独立自営農民は,私的所有の典型的モデルに見える.しかし,その所有権の構造を歴史的にたどると,彼らは実は借地人 (possessor または tenant) なのであり,所有の観念の変容の結果,土地所有者に見えるようになったのである.封建制経済では,農奴が領主に対する労働地代と現物地代すなわち賦役と貢納の義務を課せられ,身体の自由も束縛された.だが,14世紀以降の商品経済の浸透につれて,領主が貨幣を必要とするよう

になると，賦役を免れるかわりに貨幣での地代支払いが農奴に認められる（免役租）．それとともに農奴は人身的束縛からも解き放たれ，上層はフリーホルダー，下層はコピーホルダーと呼ばれ，彼らと領主の間の力関係も変化する．フリーホルダーが占有 (hold) する借地権は，貨幣地代が支払われる限り，領主の許可がなくても自由に相続・売買すらされ，生産物の自由売買も可能になったのである．さらに，16世紀以降のアメリカ大陸からの銀流入とインフレは，慣習によって固定されていた地代を領主には不利に，隷農には有利に作用させ，地位向上をとげた隷農の中からヨーマンが誕生する[39]．

つまり，領主がもはや恣意的に地代をつり上げることができなくなり，借地権売買すら失った時点で，慣習的な固定地代を支払うだけの永代借地農は，法的権利の帰属先はともかく，事実上は土地私有者と変わらないとミルは見なすのである．そしてこれこそが，「衡平の原理」が妥当するケースといえる．すなわち，永代保有の権利を保証されれば，地主から契約を解除されて突然土地を追われる心配はなくなる．こうして借地人とはいえ彼らは完全な所有者意識をもつようになり，安心して労働と資本を投下して土地改良に励み，これに応じた報酬を得るだろう[40]．この所有者のメンタリティこそが労働へのインセンティヴとなり，結果的に社会全体の生産性も向上する．それゆえ，「排他的所有が全人類に幸福をもたらす」という共同体利益の観点からも自作農は高く評価されるのである．

(3) 分 益 農

分益農 (metayers) は，借地農と地主の間の二階級分配制度であり，一定割合の現物地代を前者が後者に支払う．資本は，その時々の状況や地域ごとの慣習に応じて，両者の一方が提供するか，または双方が提供しあう．いわば資本家の役割は，農民か地主のいずれかまたは両者が共同で兼務するので二階級なのである．ミルは次のように分益農の所有構造を分析する．

　「契約を破った場合以外に分益農を追い出すことはできないということになれば，彼が持つ努力への動機は，借地契約をもたないあらゆる借地農民

(tenant farmers) の動機よりも強力である．少なく見積もっても分益農は地主のパートナーなのであり，また共同利益を折半する相手でもある．また彼の土地保有権 (tenure) が，慣習によって永代性を保証されている場では，彼はその地方に愛着心を抱き，また所有者感情を多分に抱くようになる．」[41]

地主の所有権よりも借地人のテニュアをミルが強調する理由は，先に説明した自作農の論旨とほぼ同じである．テニュアの強化により，借地人の地位が地主と平等に近づけば，両者の関係は対等のパートナーとすら呼びうる．ただし，「衡平の原理」がその半分しか実現しないこと，すなわち「勤労の成果のすべてではなく，わずかその半分のみが自分自身のものになるだけなので，努力への動機が自作農より小さい」[42]ことから，分益農は自作農に比べてそのメリットが小さい．それでもミルは，解雇の不安におびえる日雇労働者に比べれば，慣習的権利によって守られている彼らの努力への動機は強いとする．

自作農においても分益農においても，ミルは地主の所有権よりも借地人の慣習的権利を一貫して重視する．それは「衡平の原理」による報酬の「安全」を保証する程度の長期的借地権が，農民の土地改良への意欲をかき立てて労働と資本の投下を促し，ひいては国全体の生産性を向上させると考えるからである．この因果系列をミルは次のように述べる．

「安全 (security) の度合いが増す場合に，そこからもっとも間違いなく生ずる結果の一つは，生産ならびに蓄積の一大増加ということである．大体，勤勉や節欲というものは，労働し節約する人々にその成果を享受することを許されるという強い可能性が存在するところでなければ存在しえない．そしてこの可能性が増大して確実性に接近すればするほど，勤勉と節欲はますます国民に広く普及する資質となるものである．」[43]

2–2　ワルラスの土地所有諸形態評価
(1)　市場モデル

ワルラスは，利益を規範とする応用経済学においてミルの『原理』第2篇を

取り上げる．彼はこれを大規模耕作と小規模耕作の比較の問題として扱うのである．そこでまず，比較の参照枠となるア・プリオリに演繹される純粋経済学モデルが呈示される．次に農業・工業・商業・信用の生産論のうち，農業生産の問題としてイングランドの自作農（propriétaires-cultivateurs）すなわち所有者が即耕作者である形態とフランス分益農（colonage partiaire ; métayage）を検討した後，彼のモデルと利益の見地に合致する形態として，大規模耕作を行う最新の資本家的借地農（bail à ferme）形態に最高の評価を与えて次のように述べる．

「この形態が，一般的または科学的な形態である．すなわちこれが生産の一般的かつ科学的定式に最も完全にあてはまる形態なのである．この形態によれば，企業家は，地主から土地を，労働者から身体諸能力を，資本家から資本を借り入れ，生産物を完成させるために土地用役と労働用役と資本用役を結合する．フェルミエは真の意味の企業家であり，実践される農業は真の意味の産業である．自作農と分益農の状態は，多少進歩した社会状態に関わるものであれ，特殊な状況に関わるものであれ，いずれにせよ例外にすぎない．」[44]

『応用経済学研究』所収の農業論においても，ワルラスはまず純粋経済学の分析ツールと理論的枠組の説明から始めている．市場は生産要素市場と生産物市場の二つからなる．土地・労働・資本（ワルラスはこれを広義の資本と呼ぶ）を有する家計部門は，生産要素市場に土地用役・労働用役・資本用役を企業家に供給し，地代・賃金・利子（＝企業家の生産費）を受け取る．三用役を結合してできた生産物を企業家は生産物市場に供給し，これを需要する家計部門から生産物価格を受け取る．生産物価格が生産費を上回れば企業家に利潤が，逆の場合には損失が発生する．そして両者の価格が等しくなる理念上の均衡状態では利潤も損失も発生しない[45]．

ここで留意すべきは，イギリス古典経済学では階級概念が不可欠の理論分析ツールであるのにに対して，フランスではセイを代表に，分析ツールとして固有の階級概念は存在せず，一個人が複数の階級を機能的に兼務可能とすること，そしてワルラスはフェルミエを企業家と見なして，地主，労働者，資本家

のいずれとも概念上区分していることである[46].

(2) 自作農批判

ミルは自作農を一階級の分配，分益農を二階級の分配とするが，ワルラスはすべての農業形態を自らのモデルに合わせて分析する．ここからワルラスは自作農を次のように定義する．

> 「土地所有者は資本家である．これに加えて彼は農業企業家であり，彼の企業の中の労働者でもある．彼が保有する資本とは別の資本を借り入れることもあり，仮説上ではそれ以上に容易にそうすることも可能である．言うまでもなく，彼自らが行う労働とは別に，彼は別の労働者を雇用することもありうる．この状態が望ましいものであることは明らかであり（それは原則的に，彼が農業生産において用いることのできる大量の資本によるものである），このような時自作農は裕福である．その結果，多数の著者がこれを強く勧めたのである．」[47]

純粋経済学のカテゴリー分類に従って一階級に見える自作農を概念的に見れば，それは地主，資本家，労働者の機能を企業家が一人ですべて兼務しているのであり，彼の収入も機能に応じて区分可能である．ワルラスは，自由放任派経済学者H.ボードリャールが，すべての地主は自ら耕作も行うという前提から不労大地主の特権を擁護しているとする．そして，不労大地主を小自作農と分けつつ，次のように批判する．

> 「いくつかの国では，模範的企業と認められる名誉の特典をめぐって，土地を所有しないフェルミエが存在するにも関わらず，彼らに対して有利な競争をする耕作者兼所有者というものも存在する．しかし，すべての所有者の事情がこれと同じであると期待しうる可能性は半々である．……なにゆえ彼らは，所有者が耕作者でもあるという根拠のない仮定に依拠して特権的所有者を擁護せよと要求するのだろうか？」[48]

地主には不労地主だけでなく企業家的耕作者も兼務する自作農も存在し，彼らは専業のフェルミエを擁する資本家的大規模耕作に十分伍するだけの競争力

をもちうることもあるとワルラスは一部譲歩する．しかしそのような自作農は一般的ではなく，あくまで可能性として考えられる例外である．つまり純粋な自作農というよりは，資本調達力があり労働者も雇用するというワルラスの借地農モデルに近い自作農に限定されるのである．ここで，ミルに即したワルラスの自作農批判を見ることにしよう．

ワルラスは，「ミルによって様々な著者から取り入れられた主張は，科学的性格を根本的に欠く」[49]と断じる．すなわち，耕作システムや地代・賃金・利子の分配率や，固定資本と流動資本の大きさなどの理論分析がミルには皆無だとワルラスは批判するのである．ここでのワルラスは，自作農のメンタリティに関するミルの叙述のみを見て批判している．すなわちワルラスは，ミルが「所有の魔術」としてあげる，勤勉への刺激，知的教化，先見性と自制心などの叙述だけを取り上げて，「自作農階級が一般に，彼らの道徳的資質によって推奨されている」と批判するのである．ワルラス自身は，「道徳的性格をもつこれらの考察を無視」し，「農業における生産者諸用役の様々な結合の様式の経済的価値」[50]を研究していることを自負する．結果的にワルラスは，自らのカテゴリー分類と利益の規範に照らして，総じて自作農に否定的評価を下す．

利益すなわち生産性の面から見ると，たしかに自作農の勤勉なメンタリティは，狭小な土地には向いている．しかし資本集約型の大規模耕作のためには，彼らは大量の資本ももたず前貸も受けられない．たとえ資金面で実行可能だとしても，蒸気草刈機や脱穀機や播種機のような大型機械を狭い土地に導入するのは非効率である．これに対して先進国のイングランドでは，利益をあげるために，穀物耕作では大規模にしかも完成度の高い大型機械が採用されている[51]．こうしてワルラスは，「自作農の状態はあるケースに例外的に適した方法としては無理なく認めることができるが，それと同時に，科学は可能なすべてのケースに応用可能な一般定式を研究しなければならない」[52]と結論する．

（3） 分益農から資本家的借地農への移行

次に，分益農論を見ることにしよう．いわゆる資本家的借地農との比較か

ら，分益農は次のように定義される．

「分益農は，地主がみずからの土地と一部の資本を提供するシステムである．分益農と呼ばれる耕作者は，みずからの労働と残りの資本を提供する．粗生産物は決められた比率によって両者間で分割され，その比率のほとんどは同一比率に従っており，この比率に応じて地主と分益農は固定資本と流動資本を供給する．……［折半の］この半分という比率は，分益農は粗生産物の半分以下を受け取ることが多いが，半分以上を受け取ることは決してないという意味で一つの上限をなしている．……地主に分けられる粗生産物が半分を割り込むときが来れば，その時は分益農システムを脱して借地農形態に入ったということである．

この後者のシステムでは，フェルミエは本来の意味でいう地代と利子とからなる分け前を地主に支払う真の企業家である．しかしその分け前とは，あらゆる場合において生産用役市場内の契約で決定される．それゆえこれが経済的生産の一般定式である．分益農システムでは事情はまったく異なる．ここには本来の意味の企業家は存在しない．すべてのことが現実に市場メカニズムの外で行われる．《競争によってではなく慣習によってことが解決される》．」[53]

ここでは，分益農から借地農への移行も語られている．いわば，身分から契約への，あるいは慣習から市場経済への移行といえよう．この過程は，分益農民がフェルミエに取って代わられ，地代分割比率がフェルミエに有利になる過程でもある．ワルラスは，分益農の欠陥をスミスがすでに示しているのにミルは様々な地域例を列挙して分益農に好感をもつとして，ミルが，「正確さを欠く上，狭い範囲に限られる事実だけを示している．より正確かつ一般的ないくつかの事実は，経験の諸結果がいかにして理論が表すものに合致するかをしめすだろう」[54]と批判する．普遍的な市場モデルに照らせば，ミルの分益農擁護は自作農擁護と同様，局地的な例外でしかない．分益農は，自らの理論と一致する方向に歴史が進行するにつれて，その姿を消しつつある存在なのである．

ワルラス自身はフランス分益農の実状をどのように把握しているだろうか．

アルジェリア植民地や，農民が簡単な農具と家財程度しか提供できないコルシカ島の例を出した後，これよりは先進的であるフランス本土の状況について次のように述べる．

「そこでは折半小作，すなわち農業レジームとして分益農が支配的である．地主はコルシカよりも広大な開墾地面積を提供し，より多くの家畜と収穫物，すなわちより多くの家畜，藁，飼葉，堆肥，耕作器具を収容する建物を提供する．しかしその一方で分益農側も，コルシカよりも大量の固定資本と流動資本を保有しており，生産活動に積極的に協力する．彼は責任を負い，担保を提供する．彼は地主のアソシエ（協力者）である．」[55]

アルジェリアやコルシカに比べて，本土では借地人が地主と平等に近い関係にまで地位を向上させている．ワルラスはミルと同様に，対等に近いこの両者の関係をアソシエと呼ぶ．しかしここからワルラスはミルから離れてゆく．分益農はミルの考えるような固定した慣習的関係に留まることなく，契約関係によって純然たるフェルミエにまで地位を向上させてゆくのである．それは，収入面から所有構造を変容させる過程でもある．

「1ヘクタールあたりの粗生産物が100フランを突破するや，分益農は借地農の前にその姿を消してゆく方向に向かう．このとき地主は，もはや地主兼土地に投下された資本の資本家以外の何者でもない．耕作企業家は，すべての担保を出すゆえ全責任を負うフェルミエであり，彼の役割が完全に支配的となる．彼は耕作資本をほぼすべて保有する．彼は粗生産物と自らの利潤を増やすために資本自体を増やし，それも時として急速に増やす．」[56]

ワルラスのカテゴリーに従ってこの文章を整理すると，地主は，生産要素市場に土地用役と資本用役の一部を供給する地主兼資本家である．借地人は，生産要素市場に労働用役と残る資本用役を供給し，それと同時に彼は生産用役を結合して生産する企業家でもある．このとき機械などを用いて実際に耕作を行う借地人が，その土地の事実上の支配者に見える．つまり収入から見ると，借地人は事実上の所有者も兼務するといえるのである．土地面積一単位あたりの

収穫が増大し，一定額（100フラン）をこえると，地主と借地人の間の収入から見た所有構造にも変化をきたす．ワルラスは，数値例によってこれを説明する．粗収入が150フランの場合，地主は3分の1（50フラン）を受け取り，借地人が残る3分の2を受け取る．粗収入が300フランから400フランまでの場合，前者は4分の1を受け取る．粗収入が500フランから600フランの場合には，地主は5分の1のみを受け取る．さらにベルギーのように，粗収入が1000フランにも達するほど生産性の高い分益農では，地主は7分の1しか受け取ることができない[57]．

この例からわかるとおり，借地人と地主間の収入の分配比率は借地人に有利に変化している．このプロセスにおいて，耕作を行う企業家への収入比率は，流動資本と固定資本使用が大規模になるにつれて大きくなっている．最終的に地主と借地人の立場は逆転する．企業家は大量の資本を用いて耕作を行うにつれて土地に対する実質的な支配者となる．借地人は利潤・利子の増加だけでなく，それと相関する損失のリスクも増すことから，より一層土地に対する関心を膨らませ，勤労に励むようになる．これがさらに生産性向上につながるという好影響を生む．これに対して地主にとって，「残りの1/5，1/6，1/7のためにアソシエでいることは，彼にとってどうでもよいことである」[58]と，ワルラスは述べる．

収入を収入率で割る資本還元によって地主が土地に投入した土地用役と資本用役を合わせた総資産価値を評価すると，生産性の向上に反比例して地主の資産評価額は3分の1，4分の1，5分の1，7分の1と低下している．つまり法的所有権は従来どおりであっても，経済学的に見れば，経済的進歩につれて地主の財産の空洞化も進み，分配率の低下に応じて地主のアソシエとしての事業関心も薄れてゆくと考えられるのである．ここで利子と地代を合わせた地主への収入分配比率は下がっても，その絶対額の増加または悪くても不変が保証されると仮定すれば，地主はフェルミエに事業を一任して身を引き，利子と地代を年金と見なすようになる．利子はともかく，地代には自然増加傾向があるのでこの仮定の実現性は高い．一方フェルミエは，事業が成長すれば，それは彼

に有利な分配率の変化となって反映されるので，より一層事業意欲を強める．自由主義経済学者の大土地所有擁護論である所有と耕作の一体性は，ここには当てはまらない．両者に直接の関係はない．問題はフェルミエの資本利子と耕作に対する利潤であり，耕作が借地で行われるか所有地で行われるかは，生産性の点から見れば問題ではないのである．

3．土地公有化プラン

ミルとワルラスは，私的所有の変容をとらえる独自の視座をもつ．ミルの場合には借地権の強化からの所有構造の変容，そしてワルラスの場合には，借地人の収入分配率上昇からの所有構造の変容である．それゆえ彼らの改革案にもそれぞれの視座が活かされている．両者に共通するのは，地主の所有権を有名無実化して耕作者に土地の実質的支配権を与えることであり，そのための土地収容は国家がイニシアチヴを握るとはいえ，そこには市場も組み込まれる点である．

3–1　ミルの「土地改革協会綱領」

再度くり返すと，ミルにとって所有の本質は，「衡平の原理」すなわち生産者自身の自己生産物に対する権利である．ただし土地は本来人類全体の相続財産であり，人類一般の社会的便宜の点からのみ個人の排他的使用が容認される．この原則はどのようにミルの案において実現させられるのだろうか．ミルが晩年の1870年より携わった土地改革協会（Land Tenure Reform Association）綱領から，この論点に必要な条項を要約しておこう．

第一に土地売買の自由に対する障害の除去（Ⅰ～Ⅲ条）．すなわち，土地移転の法的障害の除去，とくに長子相続と継承権付不動産設定の廃止．第二に地代の将来の不労増加分への課税（Ⅳ条）．ただし課税は強制ではなく，この立法が採択された時点の地価で土地を国家に売却する選択肢も地主に与えられる．第三に国家の土地収用．現存する王室や公共団体の所有地や荒地などの現状以上の私有化を止め，市場を通じてこれらの土地を国家が収用して，労働者

階級の宅地に充当するか，小耕作者や農業協同組合に永続的利益を保証して賃貸する（V～Ⅷ条）[59]．

第一点目は，封建的な財産制度を近代的な私有財産として市場経済に接合するものといえる．「もし法が土地に私的所有を認めれば，それは市場の商品である」[60]と端的に述べられるように，従来の継承権付不動産制度では，実は地主自身も土地の処分の自由を否定されており，土地を売買することも世襲順位の変更もできない．すなわち地主の従来の私的所有権は市場経済ともマッチしていなかったのである．自由な売買を禁じられた土地は，怠惰と乱費，無能な者の手中で停滞するが，売却が可能になれば，熟練者や熱意ある者や企業心のある者に手放すことを余儀なくされる[61]．そのメリットとして綱領は次の点をあげる．まず市場に供給される土地が増えることで地価下落の傾向が生まれる．土地購買者にとっては地価下落によって入手は容易になり，彼らが土地改良を行うことで生産性が向上し，私有財産制が国民全員にとって有用なものとなる[62]．その一方で，改良意欲に欠けかつ固定地代よりも売却益にメリットを感じる地主にとっては，旧来の法的束縛を解かれて処分の自由を得ることから，立法化時点で将来の地価下落を見込む地主には土地売却の動機付けを与えるだろう．

第二点目の不労増加地代課税は，現状の土地私有において「衡平の原理」に接近するための政策といえる．これについてミルは，「課税の平等」の原理を外れるが，正義に則る例外としてその正当性を次のように述べる．

「国家がこのような富の増加が生じるたびに，その全部または一部を収容するとしても，それは私有財産がその根拠を置く原理をいささかも侵さないだろう．これは誰一人からも何物をも取り上げることにはならず，四囲の事情によって創造された富の増加／相続（accession）を，特定一階級の富に対する不労追加分にする代わりに，社会の利益に充当するだけであろう」[63]．

地代は「所有者側の努力または犠牲によらず絶えず増加傾向にある所得」であり，「地主は自然のなりゆきによって累進的に富裕になりつつある」[64]．た

第 5 章 J. S. ミルと L. ワルラスのレジーム構想　249

だしこの政策においてミルは，国家の一方的かつ強制的な課税を提案しているわけではなく，「地主は将来の地代増加分への課税に従うよりも，国家に土地を譲渡することを選ぶならば，国家は売却価格をその土地に支払うべき」とか，地主に「認められた選択肢によって，国家の課税権の不公正かつ過剰な行使から地主を永久に守る」[65] と，地主に対して最大限ともいえる配慮を見せる．

　第三点目は，国家の土地収用である．ただしこれは全面国有化ではないし地主を強制するものでもないとして[66]，ミルは次のように述べる．

　「土地がさらなる市場取引の対象となることで労働者階級の利益になるとすれば，それは完全に別の方法による．たとえば，しかるべき借地保証のある小ファーマーや労働者協同アソシエイションに土地をリースするという方法が十分試みられる程度に，公共の会計によって市場に入ってくる土地を折にふれて購買するのである．これは，その土地の生産物を減少させずに増大さえさせる方法であり，これによって土地占有の直接の利益を，耕作地を保有し鋤を使用する人に帰属させることになる」[67]．

　公有化の対象地とは，現在残されている公共団体や共有地であり，そこのエンクローズを認めないということである．過去に手放された（囲い込まれた）土地の地主には売却を強要せず所有権を認めつつ，市場のルールに従って地主と国家の間では対等の立場で土地売買が行われた後，国有地は土地改良家に貸し付けられる．すなわち国有ではあっても国営ではない．デューイの論文タイトルにならえば，ここで考えられているのは，消滅したヨーマンの市場経済の中での復活 (Rehabilitation) であろう．第一にあげた土地の自由取引だけでは，結局それは一般に富裕者への販売だけを意味し，しかも新たな所有者が土地を貸し出す可能性は低い[68]．これでは富裕地主の新旧が交替するだけで結局事態に変化がない上，資力のない小農や労働者はそもそも市場に参入できない．これに対して，国家が買い上げた土地が，借地人の永続的利益を保証して固定地代で貸し出されれば，借地人は事実上の所有者と変わらないし，しかもこの所有者は勤勉である．さらに，資本家的企業において労働に反比例する賃金しか受け取れず，従属依存の状態に置かれる労働者であれば，小口の資金を集め

て協同組合を設立し，彼らが共同で借地することも可能である[69]．

3-2 ワルラスの土地国有化論

ワルラスは土地国有化論者としても知られている．だがその具体的手続きにまで踏み込んだ研究はほとんど存在しない[70]．ここでは現状の私有財産制下で所有者の耕作企業家の機能分離のコンセプトを活かした制度改革から出発し，漸進的に全面国有化に至るプロセスを検討する．これは，四つの段階から論じられていると思われる．

第一に，生産論の大規模耕作と小規模耕作，分配論の大所有と小所有との組み合わせを多様にすることにより，社会的利益につながる大規模耕作と小規模耕作の混在状態の地域が現在のフランスにもすでに存在している．

> 「耕作と所有は，理論的にも科学的にも相互に独立している．現在ではアソシアシオン形態によってもたらされる改良による大規模耕作が見られ，そこでは結集した小所有によって大規模耕作が利益を引き出している．複数の小所有者は，彼らの土地を集めなおした後に，それをただ一人のフェルミエに貸し出せばそれで十分なのである．さらに，大土地所有が集められて利益を生み出す小規模耕作というのも見られる．すなわち一人の大地主が，彼の土地を複数のフェルミエに耕作させるために，土地を貸し出せばそれで十分なのである．これを完全になし得るのが，共同体すなわち国家なのである」[71]

これは，フランスの地域的現状を，ワルラスが自らの経済理論で用いる企業家（フェルミエ）と地主の機能区分の目を介して現実を解釈したものである．自由放任派の経済学者からは一概に土地私有と見えるものであっても，カテゴリーに従って様々な形態に分類することでその射程を広げることができる．ここでは，複数の小地主と一大企業家による大規模耕作の組み合わせと，それとは逆の一大地主と複数の小企業家による小規模耕作の組み合わせが述べられている．さらにワルラスの推奨する大規模耕作も，典型的な資本家的借地農に限られることはなく，そのヴァリエーションとして，労働者が資本家または企業

家を機能的に兼務するアソシアシオンもその中に含まれる．これは賃金から少額を天引きした貯蓄を元手に設立されるものであり，資力のない労働者が資本家的借地農から独立する手段の一つである．このように既存の状態において，しかもワルラスの市場モデルの仮説に合致する形で，不完全ながら条件の平等と地位の不平等の定式に接近することは可能である．そしてこの定式を完成するエージェントとして国家の土地収容が最後に示唆されている．

　第二に，ワルラスはイギリスの永代借地権を例にあげながら，耕作と所有の機能分離による長期借地の活用も考慮している．

>「われわれが強調する権利を持つ点は，土地所有者の機能と農業企業家の機能とを完全に分離し，両者を完全に独立のものと見なす可能性である．…土地所有者がだれであれ，ただ借地を十分長期のものにするだけで農業は最高の条件のもとで行われるだろう．ロンドン市の一画は，いくつかの大家族の譲渡不可能財産の上に建てられている．そこに住居を建てた投資家は，土地については永代借地権しかもっていないのである．この借地権は難なく更新される．さらに100年で一軒の住居の償還がなされる．フランスでは，40年から50年で土地を国家に償還しなければならぬ鉄道が建設された．かくしてその最終期日が償還に十分足りるとわれわれは計算した．そしてまた，土地所有者でない限り耕作はできない！　と言う経済学者全般，とくにティエール氏が，このような見解を支持するには高度な知識を持たなければならない．本当の真理を言えば，15年から20年の借地によって農業事業の大部分は実行されている．格別の事業のためには借地権がより長期のものとなるだろう」[72]

　これは長期不況時の1880年のテキストであり，ワルラスも自らの国有化プランが実行される見込みのないことを承知している．このような場合には長期借地が効力を発揮する．販路説に従って彼も，不況であっても一般的過剰生産は存在しないと考える．そこで彼はその原因を，生産物市場における工業生産物の過剰とそれに対応する農業生産物の不足の不均衡に求める．そして需要超過の農産物市場では食料品価格が法外に上昇し，国民は困窮している．そこで

産業部門間の均衡を回復するために，ワルラスは，生産要素市場において都市部の工業労働者を農業生産に振り向ける必要があると考える[73]．

たしかに長期借地は，土地用役市場の円滑な機能を阻害する．しかし市場自体が存在しない状態よりはベターであると彼は考えるのであろう．ことに農業や鉄道の場合には，各生産要素の投下が大規模であり，収穫や利潤を得るまでの期間や固定資本償却期間が工業や商業部門に比べて長い．それゆえ，企業家が確実な利潤を見込んで安心して資本用役と労働用役を投下するためには，長期間の土地使用が保証されていなければならない．そして土地用役が市場を経て不労地主から農業企業家の手に渡るようになれば，食物生産量は増大し価格も下落するだろう．

このとき国家は何をなし得るのだろうか．端的に言えば，国家は直接みずからが農業生産を行ったり再分配による所得平等化や市場介入を行うのではなく，個人のイニシアチヴを引き出す自由競争の完成をリードするのである．当面可能な国家事業の例としてワルラスは，質の高い農業生産者を育成する農学校設立，農業信用機構整備，工業資本を農業に振り向けるための投資促進（これは，競争激化で利子率が低下している工業部門から，資本不足で高利子率が見込める農業部門に資本をすみやかに向かわせる証券市場整備の意味だろう）をあげ，さらに土地所有の諸条件の是正として，やはり最終的な土地国有化を示唆している[74]．

こうして見ると，資本家的借地農の大規模耕作を推奨するワルラスの構想においても，さまざまな生産と所有が組み合わされ，規模も大小さまざまな形態が混在する状態である．そしてこのような多様な組み合わせを媒介するのが，生産要素市場すなわち土地用役市場であり，そしてまたこのような構想には，「集約型耕作の大きな障害となっているのが，所有者＝耕作者という条件である．必要なこととは，地主と農業企業家の機能を分離することであり，利益の見地より，農業企業家をフェルミエにし，地主はだれであれ構わぬようにすることである」[75]と言うように，土地所有権の存在理由を失わせるねらいが込められているのである．

第三にワルラスは地代税を土地国有化への第一歩と見なす．分益農から借地農への移行において見たとおり，地代の分配比率がフェルミエに有利になるにつれて，地主の所有権は空洞化した．これと同じことは地代税についても言える．すなわち分益農のフェルミエをここでは国家に置き換えて，地代税率分すなわち国家への収入分配率分だけ，国家がその土地元本の所有者になると見なすのである．つまり地代税は，税というよりも部分的な土地収用と同義である．これをワルラスは，地主と国家が同じ地所を不可分に (indivisément) 所有する共有 (co-propriété) とよぶ．具体例をあげてみよう．

「地代税は租税ではなく，国家による土地の共有であるとひとたび認められるならば，そしてその結果，初代の地主によってこれが資本として支払われ，後の者が何ものも課せられないならば，そしてそれがこの国の地主と不可分に国家に帰属するべく，土地について国家に対して支払われる地代を構成するならば，第一に，原則としてこの共有は比例的でなければならない．すなわちすべての所有者に対して共通かつ同一の比率によって決定されなければならないとわれわれは規定するであろう．……国家がピエールの土地の 1/10，ポールの土地の 1/8，ジャックの土地の 1/12 の共有者となることには，いかなる不正もないだろう．……一言で言えば，ピエールとポールとジャックそしてその他すべての地主の土地に対して国家が 1/10 の共有者になってしまえば，事はよりシンプルかつ実践的になる」[76]

土地税制がワルラスの言うとおり，全員同一の定率課税に改革されるとどのような事態が生じるだろうか．ピエールの地代は 3000 フラン，地価の現在評価額 10 万フラン，収入率を 3％ とする．この地代に対して 10％ すなわち 300 フランの税が課せられる．このとき国家は自ら，「《自分がこの土地の 1/10 の永代共有者 (perpétuité copropriétaire) である》と宣言する」．この時点から土地は，地主に残される 10 分の 9 の土地評価額 9 万フランで売買される．このときの 2700 フランの地代にも 10 分の 1 の地代税が課せられると地代は 2400 フランとなり，地価は自動的に 8 万フランに下落する．またこれとは逆のケース

として，地代が 3600 フランに上昇し，地価が 12 万フランに上昇すると地代税が 360 フランに上昇するという試算もワルラスは出す．「進歩する社会」では，人口の増加傾向に対して土地用役供給量は不変なので土地希少性が高まり，後者のケースとなる可能性が高い．これにより国家の財源は増え続けるので，公共サーヴィスの無償提供，すなわち条件の平等整備に足るものとなるだろう[77]．

最後に，土地全面国有化の手法をワルラス自身の要約から概観しておこう．個人に人格諸能力・労働用役・賃金を完全に帰属させ，国家に土地・土地用役・地代を完全に帰属させるには，まず間接的かつ不完全な方法としての上述の共有が，そして直接的かつ完全な手段としての土地の全面国有化があることを指摘して，ワルラスは次のように述べる．

> 「この 2 つの政策は相伴って採用され，農業社会から工・商業社会に移行しつつある現在の社会に応用される．このような社会では，粗放耕作は，固定資本と流動資本を大規模に採用する借地農形態が実施する集約耕作によってとって代わられなければならない．……国家は地代税を根本的に変えずに地代に土地共有の形態を与える．これに続いて，自らの持分を手に入れた国家は，地主から彼らの持分を買い戻し，債券によってこの持分に支払いをする．最終的に，国家は自らのものとなった土地を，土地用役消費者すなわち農業・工業・商業の企業家に貸し出す．」[78]

全面国有化の出発点では，国家が地主に支払う債券利子の方が，企業家から受け取る地代を超過している．しかし進歩する社会であれば，収容した土地の用役を国家が生産要素市場に供給する際，企業家との借地契約を更新するごとに，地代額は上昇している．それゆえ，地代額が利子を上回り黒字となる時が来る．この時点で，地代収入から利子を支払って残る余剰をすべて公共支出に充当することが可能になり，租税廃止も可能となる．留意すべきは，正義の点からすれば土地は自然権からしてア・プリオリに国家のものであるとしても，ミルと同様に現存する地主の犠牲をワルラスも求めない点である．全面国有化とはいえ，その収容方法は強制ではなく，国家は土地資本市場の評価額を模し

た売却額を地主に示して，売却の是非の選択権を地主に与える．永続的収入さえ保証されるのであれば，不労地主にとっては，収入源が個人か国家かは，どちらでもよいことである．個人との契約よりも国家の保証を信頼するのであれば，地主は後者への売却を選択するだろう．

　身体・労働用役・賃金の包括的かつ絶対的な私有財産権は，それと同じ国家の土地・土地用役・地代の共同所有権と両立させられる．しかしこの定式だけをもって，ワルラスの土地国有化案を完全な国有＝国営形態や市場廃絶と見なすのは早計なのである．土地所有権は国家に一元的に帰属しても，その用役は土地用役市場に供給されて，様々な形態の企業家が借地利用する．そしてまた身体は完全に個人に帰属し，労働用役は労働用役市場において国家または個人の企業家に供給され，自らの能力に応じて企業家から賃金収入を得る．そして，それぞれ独自の財源をもつ個人と国家は，互いの自然権を侵害する必要もなくなる．このように，耕作と所有の機能分離と市場メカニズムは，土地国有化の途上とその完了時において，ヴァラエティに富む企業形態を可能にする．社会問題が解決した社会をワルラスは次のように描く．

　「もし社会問題が解決済みであると仮定するならば，アソシアシオンは農業を変革しているであろう．もし，地主でありかつ地代で存続する国家が，合理的賃貸の後に土地を大・中・小規模耕作企業に貸し出すならば，そして証券市場において灌漑や牧草地と土地造成に必要な資本をこれらの企業と競うことを国家が控えるならば，農業は，牛乳やバターや鶏肉や卵や果物や野菜の生産だけに専心するために，小麦やおそらくは牛肉の生産を放棄するだろう．かくして都市人口から農村への再流出が起こり，大利益が実現し，安価な生活がわれわれのものとなるだろう．」[79]

　企業家はすでに述べたとおり，資本家的借地農のほか，株式会社や協同組合などのアソシアシオンがありうる．また小麦や牛肉など需要の多い主食には大規模耕作が向いているが，中小規模耕作に適している農産物もある．これらは大規模耕作による主食の生産過剰を防ぐ役割も与えられており，それはワルラスが例外と評価する長期借地のフェルミエすなわち事実上の中小自作農によっ

て担われる．大規模耕作が農業部門で支配的になることを期待するとはいえ，ワルラスの構想は柔軟である．彼はフランスを大規模耕作だけのモノカルチャーの国にするつもりはないし，中小規模耕作は，彼が不況の原因と見る，工業と農業の部門間不均衡を均衡化する役割も担う．しかも大規模耕作と小規模耕作の振り分けや工業と農業の部門間分業は，いずれも国家の指揮や計画や集団化によるものではなく，市場の自己調整機能によって達成されるのである．

　お わ り に

　ミルとワルラスは共に市場と国家と私有財産というレジームの中で，スタート地点の条件の平等と，努力や資質に比例する報酬を可能にするレジームを構想した．その際に，私有財産を自明の前提あるいは所与のままにせず，その構造の分析からレジームの可変(variable)性とオルタナティヴを呈示するに至った．

　ミルは，従来の経済学が，制度や習慣などの前提条件を内在的必然としたために，賃金・地代・利潤も人間の力では変更不可能な必然性によって決定されると論じていたとする．これに対して彼自身は，『原理』がこの前提条件を最終的なものと扱わないとした[80]．これは，純粋経済学では与件とされる土地所有形態を，社会経済学と応用経済学において，正義と利益の規範から扱うワルラスにも通じる方法である．

　かつて20世紀社会主義が，資本主義の無政府性に由来する非効率性を批判して私有財産と市場経済を廃棄し，効率的な経済システムと称して国有化と統制的な計画経済を一元的に導入した．だが，その危機と崩壊を経験した今，これを反転させるかのように，効率的な経済システムを理由に，再び民営（＝私有）化と市場原理の社会への一元的導入が進められている．両者には共通して，市場・国家・財産を自明視した上での二者択一的な思考が伺える．だがミルもワルラスも，経済学者として市場経済の理論化に努めながらも，このように単純化された図式の一方の陣営に自らを位置付けることはなかった．彼らは

当時の自由主義と社会主義の固定観念の縛りにとらわれることなく，市場と国家そして多様な所有形態からなるレジームの中で平等と不平等あるいは公正と効率の問題の解決を目指したのである．ミルとワルラスが取り組んだ課題には現在に至るまで確たる回答が出ていない．そしてこれからの経済システムがこれらの課題にいかに取り組むのかを考える際に，自明とされるもの，前提とされるものを問い直すことから始めるならば，19世紀の彼らの構想や態度から学び得るものは今なお多く残されているといえよう．

1) 以下ミルについては *Collected Works of John Stuart Mill*（CW と略），Toronto, University of Toronto Press から，ワルラスについては，*August et Léon Walras Œuvres économiques complètes*，（OEC と略），Paris, Economica から引用を行う．邦訳がある場合には原文ページの後に記す．なお訳語は筆者が適宜変更している．

2) リュジナのワルラス解釈が代表例である．「地主への補償なき国有化は，社会問題を解決せず，逆に深刻な食糧不足を，それも今までになかったような食糧不足を引き起こした」「彼のプロジェクトの行政は，巨大で費用のかかる非効率的ビューロクラシーを必然的につくりあげるだろう」「今世紀の共産主義革命がそうであったように，最大のネガティヴな結果とは，土地国有化が近代社会のきわめて重要な社会グループ，すなわち小農を破壊したことである」．Rugina, A. N., "Léon Walras : the pure Scientist versus the Social Reformer," *International Journal of Social Economics*, vol. 9(3), 1982, reprinted in J. Cunningham Wood(ed.), *Léon Walras Critical Assessments*, London and New York, Routledge, 1993, pp. 255-256. 米ソ冷戦が特に緊張した1982年のこの解釈は，土地国有化という言葉だけをもって，ロシア革命と同一視している．研究者の多くが信頼するクリティカル・アセスメンツであるからこそ，本章ではこれらの批判がすべて教条的な社会主義観からの論難であることを明らかにする．

3) ごく簡単な比較研究として，Cirillo, R., "J. S. Mill's Influence on Léon Walras," *Revue européenne des sciences sociales*, t. XV, n° 41, 1977. ワルラスは，名声を博していたミルを当然読んでいるが，地代論を除いてその名を明示することはなかった．両者の類似点として，生産論と分配論の分離，土地所有，労働組合と協同組合があげられる．土地改革論においてワルラスは，父オーギュスト，J. ミル，ゴッセンの名をあげる．しかし，政策については J. S. ミルの強い影響が推測される．*Ibid*., pp. 251-260. 本章はシリロの推測を具体的に明らかにする．また，ミルのアソシエイション論にもワルラスとの共通性を多く見つけることができる．Potier, J.-P., "Les économistes libéraux anglais," Chretien, M.(éd.), *Libéraux et anti-libéraux Royaume-Uni, XIXe siècle*, Paris, Economica, 1994, p. 34.『ワルラス父子全集』Ⅵ巻のアソシアシオン論の編集者であるポティエは，エディター・ノートにミルのアソシエイション論から抜粋を行っている．なお両者の協同組合論につい

ては筆者も若干の考察を試みた．髙橋聡「J. S. ミルと L. ワルラスのアソシエイション思想」，『大学院研究年報　経済学研究科篇』（中央大学），第 27 号，1998 年．

4) デューイは，ミルの土地改革案には独創性がほとんどなく，R. ジョーンズの農業論とソーントンの自作農論の総合（synthesis）だとする．Dewey, C. J., "The Rehabilitation of the Peasant Proprietor in Nineteenth-Century Economic Thought," *History of Political Economy*, vol. 6, 1974, no. 1, p. 22 and p. 33.

5) Mill, J. S., *Principles of Political Economy with Some of their Applications to Social Philosophy*, *CW*, vol. II and III, 1965，末永茂喜訳，『経済学原理』(1)～(5)，岩波書店　1959-1968 年．

6) *CW*, II, p. 208, 訳 (2) 30 ページ．

7) *Ibid*., p. 207, 訳 (2) 28 ページ．

8) ミルの社会主義評価については，*Ibid*., pp. 203-214, 訳 (2) 22-45 ページ．

9) *Ibid*., pp. 209-210, 訳 (2) 29-30 ページ．

10) *Ibid*., p. 215, 訳 (2) 46 ページ．

11) *Ibid*., p. 208, 訳 (2) 30 ページ．

12) *Ibid*., p. 230, 訳 (2) 74 ページ．

13) *Ibid*., p. 232, 訳 (2) 78 ページ．

14) *Ibid*., p. 227, 訳 (2) 68 ページ．

15) 「土地の場合，その性質そのものによって，必ず他人の享受を妨げるものである．そしてこの特権，あるいは独占が弁護され得るのは，それが必要やむなき必要悪である場合のみである」*Ibid*., p. 232, 訳 (2) 77 ページ．

16) *Ibid*., p. 230, 訳 (2) 75 ページ．

17) *Ibid*., p. 231, 訳 (2) 76 ページ．収用に際して，現在の地主自身またはその先祖が，労働または制欲の結果として地所を買ったのなら地主は賠償を受ける権利を有し，「共同体が利益を受けるべきあることを行うために，その一部の利益を犠牲にすることは決してあたりまえのこととは言えない」(*Ibid*., p. 231, 訳 (2) 76 ページ) と留保することをミルは忘れない．ミルは，一般利益を理由にした国家の権力濫用または少数者への権利侵害を認めないし，全体の幸福の実現は個人の幸福を犠牲にするものではない．

18) Walras, L., *L'économie politique et la justice*, *OEC*, V, 2001, p. 170.

19) *Ibid*., p. 171.

20) Walras, L., *Cours*, *OEC*, XII, 1996.

21) *Ibid*., pp. 234-235. 傍点は原文ではイタリック体．

22) *Ibid*., p. 184.

23) *Ibid*., p. 103.

24) *Ibid*., p. 99.

25) *Ibid*., p. 184.

26) Mill, J. S., *Essays on Economics and Society*, *CW*, V, 1967, p. 729，永井義雄，水田洋訳「社会主義論集」，『世界の大思想 II—6 ミル』，416-417 ページ．[　] は筆者の挿入．

27) Walras, L. *Élements d'économie politique pure*, *OEC*, VIII, 1988, p. 597, 久武雅夫訳『ワルラス純粋経済学要論』,岩波書店, 412 ページ.『要論』では賃金一定の理由がわかりにくい.ワルラスもミルと同じような事態を想定していると見られる.「企業家は全員互いに競争状態にある.彼らは全員で一斉に販売価格水準を引き上げるのではなく,それとは逆に彼ら側の一人一人が自らの商品供給競争によってこの水準を引き下げようとしているのである.これと同様に,合意によって彼らは生産費額を引き下げようとするのではなく,彼らは個別に,自らの産業に必要な原料と土地と資本と労働の需要競争ゆえに,この額を引き上げようとする」(OEC, XII, p. 581).

28) ただし『原理』第4篇の定常状態論によれば,ミルの「衡平の原理」は現状における暫定的な原理とも思われる.「成功しようと奮闘している状態こそが人間の普通の状態であると考える人々が抱く理想,すなわち,現在の社会生活の特徴である,互いに人を踏みつけ,押し倒し,追いつめることが人類の最も望ましい運命であり,産業的進歩の一段階における忌むべき性質ではないと考える人々の理想には魅力を感じないのである.それは文明の進歩の途上における必要な一段階ではあろう」.*CW*, III, p. 754, 訳（4）105 ページ.すなわち,出発点が平等に是正され,かつ衡平の原理による私有財産制度が支配する社会になれば,メリトクラシーが支配的なメンタリティとなり,競争に遅れた者は自らの境遇の不当性を訴える原理を持たない.しかしミルは,メリトクラシーが無条件に肯定される社会を望むわけではない.また,「財産の分配とは,個々人の思慮と節倹と,個人の勤労の果実（その大小は問わない）に対する個人の請求権と矛盾しない範囲内における財産の平等を促進するような立法の一体系との共同作用によって到達し得ると考えることができる」(*Ibid*., p. 755, 訳（4）107 ページ)とも彼は述べる.つまり機会の平等と「衡平の原理」では,短期的に目に見える結果としては不平等の拡大が予想される.ここで,不平等が再生産されぬように条件の平等を回復するための立法措置（たとえば次の代の不労所得を抑える相続規制や固定資産税など）をミルは容認するといえる.ただしそれは,「勤労の果実に対する個人の請求権と矛盾しない限り」とあるとおり,平等化政策から利益を得る側の勤労意欲喪失を引き起こさない程度の規模であろう.

29) *CW*, V, *op. cit*., p. 750, 訳 438 ページ.

30) *CW*, II, *op. cit*., p. 142. なおマニュファクチュアにおける協業と規模のメリットの例には次のようなものがある.1 事業経費（工場の照明,会計や書記の人件費など）が事業規模拡大につれて節約可能,2 従業員の適切な配置による節約がもたらす生産性向上,3 高額機械導入による生産性向上と維持管理費の節約,4 資本家自身の監督労働の節約.*Ibid*., pp. 131-135, 訳（1）252-259 ページ.

31) *Ibid*., p. 143, 訳（1）273 ページ.

32) *Ibid*., p. 152, 訳（1）286 ページ.

33) *Ibid*., p. 143, 訳（1）273-274 ページ.

34) このほかミルは土地保有(land tenure)制が小規模耕作の勤労に好影響を及ぼす利点にも簡単に言及している,これについては後述する.

35) *Ibid*., p. 148, 訳（1）279 ページ.

36) *Ibid.*, p. 152, 訳 (1) 286 ページ
37) *Ibid.*, p. 252, 訳 (2) 113 ページ.
38) *Ibid.*, p. 278, 訳 (2) 162 ページ.
39) ミルにこの経緯を説明させると次のようになる.「土地が統治者に属するという原則,そして政府支出が土地によって賄われるという原則は,わが国の旧制度の理論において認められている.わが国の法律が知るうちで,絶対的所有に最も近いのがフリーホルダーであり,それは王室の借地人であり,本来は農耕による自らの奉仕を義務付けられている.そしてこの義務が免除されたとき,その条件は義務に見合う地代であった.国家側の奉仕の請求権は過去のものとなり,また地代請求権は二世紀の間うまくすり抜けられてきた」.末尾の地代請求権の「すり抜け」について編集者は注を付している.それによると,封建的土地保有 (feudal tenure) は 1660 年に廃止され,地租としての地代が 1692 年に課せられる (* 前者が労働地代,後者が貨幣地代であろう).「すり抜けられた」(evaded) という意味は,増加してゆく地代を評価基準にして地価が算定されずに,エドワード一世時代の評価で算定された地代がそのまま固定されたことを指す.首相ピットは 1798 年に一括払いによる地代支払いを認め,土地からの財源はますます少なくなる. Mill, J. S., *Newspaper Writings*, CW, XXV, 1986, p. 1233.
40) 「彼 [=自作農] の心労は,収穫が多いか少ないかという日常平凡な増減である.彼が気にすることは,彼の生業のフェアな分け前を得ることである」. *CW*, II, *op. cit.*, p. 281, 訳 (2) 167 ページ.
41) *Ibid.*, p. 299, 訳 (2) 203 ページ.
42) *Ibid.*, p. 299, 訳 (2) 203 ページ.
43) *CW*, III, *op. cit.*, p. 707, 訳 (4) 12 ページ.
44) *OEC*, XII, *op. cit.*, p. 560.
45) Walras, L., *Études d'économie politique appliquée*, *OEC*, X, 1992, pp. 222-223.
46) 機能分離は,バーリとミーンズ以来,株式会社における「所有と支配(コントロール)の分離」「経営者支配」などの言葉によってよく知られるが,フランス経済学には 18 世紀からすでに,土地または資本所有者と企業家との機能分離の概念が存在する.指揮労働が他の労働と別であることが認識されたことが,企業家の独自性を表現させることになった.1755 年のカンティヨンの経済論において,企業家(フェルミエや親方)が賃金労働者(肉体労働者または職人)を指揮するとされている.そのほか 18 世紀に企業家の指揮労働を認識した人物として,チュルゴー,ボードー,コンディヤックがいる.19 世紀では,J.-B. セイ,サン-シモンとその主義者(アンファンタン,M. シュヴァリエ,ペレール兄弟),ワルラスなどがあげられる.Fontaine, P. et Marco, L., "La gestion d'entreprise dans la pansée économique française aux XVIIIe siècle et XIXe siècle," *Revue d'économie politique*, 103(4), 1993, pp. 580-598. 所有者と企業家の機能分離をイギリスに導入した先駆者が,フランスの経済学と社会思想に通暁するミルと思われる.彼は undertaker という言葉がイギリスではなじみがないのに対して,フランスでは les profits de l'entrepreneur [企業家利潤] という語を経済学者が日常的に用いていると指摘するからである. *CW*, II, *op. cit.*, p. 401, 訳 (2) pp. 391-393 ページ. ミ

ルの利潤論では，資本家から資本を借入れ，リスクを引き受け，指揮労働する人物を企業家（undertaker）と呼び，その報酬を資本家の利子と区別する．総利潤から利子を差し引いた残額が，リスク負担と指揮労働に対する企業家の利潤とされる．

47) *OEC*, XII, *op. cit*., p. 553.
48) *Ibid*., pp. 553–554.
49) *Ibid*., p. 555.
50) *Ibid*., p. 555.
51) *Ibid*., pp. 555–556.
52) *Ibid*., p. 556.
53) *Ibid*., p. 556.《 》はワルラス自身の欄外書き込み．*Ibid*., p. 875.
54) *Ibid*., p. 557.
55) *Ibid*., p. 558.
56) *Ibid*., p. 559.
57) *Ibid*., p. 559.
58) *Ibid*., p. 560.
59) *CW*, V, *op. cit*., p. 689–695. 条項全文の翻訳は，四野宮三郎，『J. S. ミル思想の展開II　土地倫理と土地改革』，御茶の水書房，1998年，第二部第三章を参照．綱領はすべてがミルの考えによるものではなく，特に第一の点についてはブルジョワとの妥協と見られる．
60) Mill, J. S., *Journal and Debating Speeches*, *CW*, XXIV, 1988, p. 418.
61) *Ibid*., p. 418.
62) *CW*, V, *op. cit*., pp. 689–690.
63) *CW*, III, *op. cit*., p. 819, 訳（5）55–56ページ．
64) *Ibid*., p. 819, 訳（5）55ページ．
65) *CW*, V, *op. cit*., pp. 691–692.
66) 「協会は私的所有者の土地を減らすことを提起しているのではないし，強制的な売却によって，保有者がすでに獲得済みの価値を奪うものでもない．われわれは現在の占有を妨害しない．しかし現在の土地所有が生じてもそれを尊重する義務はない」．*CW*, XXIV, *op. cit*., p. 422.
67) *CW*, V, *op. cit*., p. 683.
68) *Ibid*., p. 683.
69) 本項の論旨は以下の見解を参考にした．――ミルは自作農を二つに分類している．すなわち自ら土地を所有する自作農と固定地代で政府から借地する自作農である．自作農が自生的に育たない理由とは，市場が実際には自由でも効率的でもないからである．つまり自由市場であっても，勤勉であっても貧しい労働者は，市場経済のもとでは貯蓄も資本調達も困難であること，土地の独占的性格ゆえ地主は何もせずとも利得を得るので応酬（desert）原理に反するなど，現状土地所有は最適資源配分を妨げており，それゆえ政府介入による自作農創出が必要となる．Kurer, O., *John Stuart Mill The Politics of Progress*, Garland Publishing Inc., New York and London, 1991, pp. 124–133. 自作農（占有テナント，準地主 quasi-

262　第Ⅰ部

　　　proprietor) 創出が譲渡自由と矛盾する場合，ミルは譲渡自由の方を放棄する用意がある．それは，市場メカニズムの機能不全というコストを支払ってでもテニュアの安全の方が切実だからである．Dewey, *op. cit*., p. 33. また現状は，個人が効率的パフォーマンスが不可能な状態なのではなくその意欲を喪失している状態である．それゆえこれを促進するために，意欲を失わせる障害物を取り除くために政府干渉がなされるのであり，「コレクティヴな利益のための自生的行動」の開花をミルは期待していた．*Ibid*., pp. 40–41. ミルは，地主の補償に必要な元本を国家が集める蓋然性はきわめて低いと考えたため，システマティックな国家土地収用政策を考えておらず，実際に試算してこれを試みたゴッセンやワルラス父子の土地収用策にまでたどり着かなかった．Potier, *op. cit*., p. 39.

70)　土地買戻しの数学的理論を解明した研究として，立半雄彦「L. ワルラスの土地国有化論」，『経済研究』（大阪府立大学），第 15 巻第 1・2 号，1970 年．

71)　*OEC*, XII, *op. cit*., pp. 293–294. なおミルも，フランスのノルマンディー地方ウール県の耕作と所有の関係について，ワルラスと同じ趣旨のことを 1847 年に述べている．「大耕作と小耕作の間の比率変動はまったく認められなかったし，土地所有の分割が農場の分割を促したということもまったくなかった．小農場に最大の利益をもたらす土地では，大土地所有が小借地農に貸し出され，逆の場合には一人のファーマーが時として複数の土地所有者の土地を借地する．そしてこのような調整は，財産再分配が進むにつれてますます拡大してゆく．パッシーによれば，人口一人あたりの食物消費は 37 パーセントの比率で大幅に増大した．また彼の評価によれば，ウール県農業の富は 54 パーセント増大したのに対して，人口は 5 パーセントしか増えていない．」．*CW*, XXIV, *op. cit*., p. 1056. これは，大所有と小耕作，小所有と大耕作の 2 つの組み合わせが混在するレジームが，ウール県を豊かにしたという文脈である．

72)　*OEC*, XII, *op. cit*., p. 326.

73)　*Ibid*., p. 326.

74)　*Ibid*., pp. 325–326.

75)　*Ibid*., p. 109.

76)　Walras, L. *Études d'économie sociale*, *OEC*, IX, 1992. pp. 379–380, *OEC*, XII, *op. cit*., pp. 372. なお訳は後者のテキストのものである．

77)　*OEC*, IX, *op. cit*., p. 381, *OEC*, XII, *op. cit*., pp. 373–374.

78)　*OEC*, X, *op. cit*., pp. 424–425.

79)　*Ibid*., p. 431. ワルラスは，国営にも公社形態以外に認可制や入札制など多様な形態があることを指摘した上で，個人企業家形態の多様性について次のように述べる．「これらコレクティヴな活動とは別に，この他に個人的活動が存続するだろう．その多様な介在の形態とは次のようなものである．個人が所有する企業，組合／会社 (société) が所有する企業，生産物消費者または消費協同組合が所有する企業，生産用役所有者または生産協同組合が所有する企業」*Ibid*., pp. 427–428.

80)　Mill, J. S., *Autobiography and Literary Essay*, *CW*, I, 1981, p. 257, 朱牟田夏雄訳『ミル自伝』，岩波書店，1960 年，214 ページ．

第 6 章

ヴェブレンと功利主義
―― 人間行為論を中心に ――

はじめに

　経済学は，18世紀から19世紀にかけて，一つの学問分野へと成長していった．その立役者は，スミス（Adam Smith, 1723–1790）であり，その後この科学を自立した学問として洗練させていったのがリカードウ（David Ricardo, 1772–1823）やマルサス（Thomas Robert Malthus, 1766–1834）であった．新たな学問が成立し発展していく過程で，当然のことながらその学問の方法そのものを自覚的に解釈する必要性が生じてくる．経済学の方法論という研究分野は，19世紀の前半のシーニア（William Nassau Senior, 1790–1864）およびJ. S. ミル（John Stuart Mill, 1806–1873）による研究にはじまり，ケアンズ（John Elliott Cairnes, 1823–1875）によって定式化されたともいわれている[1]．またその後の経済学の方法論をめぐる激しい論争についてはよく知られているところである．こうした問題意識の高まりに関しては，ヴェブレン（Thorstein Veblen, 1857–1929）も例外ではなく，彼もまた，経済学が科学であるということはどのような意味においてかという問題について，生涯考え続けた経済学者であった．

　ヴェブレンの経済学の方法論に関する論考は，主として経済学批判という形式を取っていた．彼が精力的に研究を進めた19世紀から20世紀へ向かう転換

期といえば，クラーク（John Bates Clark, 1847-1938）の『富の分配』（1899）の出版が示すように，アメリカ限界主義論が確立される時期にあたっており，当然のことながらヴェブレンの批判の矛先も，古典派および新古典派経済学に向けられた[2]．ところがヴェブレンの批判は，これらの正統派経済学のみを対象にしていたわけではなく，ドイツ歴史学派やオーストリア学派など，ほぼすべての学派に対して行われたため，彼の立場そのものの位置づけに関しては，未だに意見の一致をみていないのが現状である．

しかしながら，あらゆる学派の方法を批判するということが，どの学派の方法をも拒否することを意味するわけではない．それは，ヴェブレンが引用しているマーシャル（Alfred Marshall, 1842-1924）の言葉からもうかがい知ることができる．

「……知識の究極的見地あるいは根拠は，つねに形而上学的な性格を帯びている．それは，前提観念という形のものであり，無批判的に受け入れられるが，科学が関係する他のすべてのことの批判および立証に適用される．……現在の世代は，科学に関して，初期の古典派政治経済学の観点を決定している形而上学が突然痕跡もなく消失するとは見てこなかった．……『連続する科学の発展のうちに，真の断絶など存在したことはない』，とはマーシャル教授の言葉である．」[3]

マーシャルの言葉を引用することでヴェブレンが言おうとしたのは，経済思想史とは，突如として新しい科学的観点が発生してくるようなものではなく，過去の科学的観点が引き継がれ，ゆっくりと進化していくようなものであるということであろう．というのもヴェブレンは知識体系の進化について次のように考えていたからである．

「必然的にそうなるのであろうが，いつでも経済学者の観点は，大部分において，その時代の啓蒙された常識（enlightened common sense）の観点であった．それゆえに，ある世代の経済学者の精神習慣は，大部分において，自分の周りにある世界に通用している，特有の諸観念や前提観念の副産物である．」〔I, 86〕

「……知識の規範は，思考習慣という性質を帯びており，習慣は過去と絶交することはないだけではなく，習慣に現れる遺伝的な傾向は，些細な時の流れとともに根拠もなく変化することはない.」〔III, 148-149〕
このようにヴェブレンは，過去の思想とまったく関わりをもたないようなまったく新しい観点が突如として出現するとは考えていなかった[4].

　本章の目的は，ヴェブレンが展開したイギリス経済思想史を取り上げ，彼の功利主義解釈を読み直すことにある．これまでにこのテーマは，主としてヴェブレンの古典派および新古典派経済学批判として論じられることが多かったが，本章ではあえてその論点を切り離してみたい．ヴェブレンの経済学批判という論点が，彼の経済思想を理解する上で極めて重要であることには異論はないが，他方でこのような批判的論点をあまりにも強調しすぎることは，彼がそれらの経済思想に対して示したであろう肯定的評価を覆い隠してしまう危険をはらんでいるからである．経済思想もまた思考習慣の一部であり，決して突如として古いものから新しいものへおきかえられていくのではなく，それが少しずつ継承されていくのだというヴェブレンの考え方を尊重するならば，彼の方法論的立場に接近するために，各々の経済思想に対して彼が示した肯定的評価をすくい上げることにもそれなりの意義があるように思われるのである．

　1899 年から 1900 年にかけて，当時シカゴ大学に所属していたヴェブレンは，*The Quarterly Journal of Economics* に三編の論文「経済科学の前提観念」[5] (The Preconceptions of Economic Science, Pt. I–III) を寄稿した．この論文は，その前年に発表された彼の有名な論文「経済学はなぜ進化論的科学ではないのか」(Why is Economics Not an Evolutionary Science, 1898) につづいて発表された論文であった[6]．前者は，批判的に展開されたイギリス経済思想史であり，後者は，古典派および新古典派にはじまり，歴史学派，オーストリア学派に至る既存の経済学のほぼすべてを批判した内容であった．その批判はあまりにも辛辣であったために，ホブソン (John A. Hobson, 1858-1940) によって，ヴェブレンの露骨な快楽主義の拒否は修正されるべきであると牽制されたほどであった[7]．また，ヴェブレンは，この後者の論文において，「進化論的経済学」という一

つの枠組みを提示し，二つの論点——経済学が目的論的であってはならないということ，それと同時に人間行為を主題としなければならないということ——を提示した．しかしながら，この論文においてヴェブレンは，上記の二つの論点がどのような意味において結びつくのか，そしてそれらがどのような意味において科学的であるのかという問題については十分な説明をしていなかった．

本章においては，この問題に焦点を当て，①ヴェブレンは，功利主義を露骨に拒否していただけではないということ，②「進化論的経済学」の二つの論点——目的論的であってはならないこと，人間行為を主題にしなければならないこと——はいかなる関係にあるか，という点を明らかにする．

1．大陸的思考とイギリス的思考

ヴェブレンは，三編の論文「経済科学の前提観念」の第一部において，重農主義とヒューム（David Hume, 1711–1776）とを比較する．

重商主義と比べるなら，重農主義は，経済的自由を重視するという意味において，スミスにはじまる後の経済学の系譜に対して連続性をもっている．しかしながらヴェブレンは，その点を認めながらも，それでもなお重農主義とスミスとの間には，大陸的な観点とイギリス的な観点という意味において実質的な相違が存在していると考える．

ヴェブレンによれば，「重農主義経済学は，経済学的な意味において，自然法（Law of Nature, *loi naturelle*）の精緻化の理論である〔I, 87〕．」彼は，ケネー（Francois Quesnay, 1694–1774）の『自然権』における自然法についての定義を引用しながら，諸事実が人類の最大幸福へ向かう道筋という観点が重農主義者の究極的な見地であり，彼らの「実体性の試金石（touchstone of substantiality）」であったと述べる．その意味で，自然秩序の偉大な法則は，目的もしくは目的の達成を助ける傾向を帯びている．したがって，このような観点から定式化される重農主義の経済理論は，「自然的秩序の作用因が，その基礎をなす自然法則——人類の最大幸福を達成するために自然に内在している性向——によって導かれながら，秩序正しく展開する系列にどのように作用するのかに関する理

論」であり,「人間の最大幸福という定められた目標を達成するために,これらの自然法によって人間の行為に課せられた諸条件に関する理論〔強調―ヴェブレン〕」となる〔I, 89-90〕.

しかしながら「それら〔重農主義者の説明―引用者〕は,落下する物質や反射角の法則のような,現象の経過に関する経験的一般化ではない.それらの作用の内容の多くは,もちろん理性の光のもとで観察された事実の解釈に助けられながら,観察と経験のみによって決定されるべきなのである〔I, 88〕.」したがって,ヴェブレンによれば,重農主義が到達する帰結は,真実(reality)を表したものであるが,必ずしも事実(fact)を表したものではない.

それに対して,この時代のイギリス的思考の特徴を最も体現している人物として,ヴェブレンはヒュームを挙げる.

「もちろんヒュームは第一に経済学者というわけではなかったが,それでもなお,その平静沈着な懐疑論者は,18世紀の経済思想の一覧表における巨大な項目である.」ヴェブレンによれば,「ヒュームは,彼の世代の精神習慣を形成していた共通遺産を気軽に受け入れるような才には恵まれていなかった.はっきりいえば,彼は,十分に認められているすべてのことに関して,いくぶんわざとらしいとはいえ,油断のない懐疑主義の才に恵まれていたのである.」その意味で,ヒュームは,「あまりにも近代的であったために,きちんと時勢に遅れずにいた彼の同時代人からはとうてい理解されえなかった.彼は,イギリス人を越えてイギリス的なのである(out-Britishes the British)〔I, 96-97〕.」

ヴェブレンによれば,ヒュームは,「あるべきこと(what ought to be)」という点から,あるいは,「事物の経過の目的点」という点から事物の知識を定式化することに満足しなかっただけではなく,現象の目的論的説明に,事物の通常の経過に関する経験的,叙述的一般化を付け加えることだけで満足することもなかった.というのは,「彼〔ヒューム―引用者〕は,一連の現象における作用因を提示することをつねに主張したが,原因から結果への事実に即した,段階的な議論の範囲を越える知識の定式化の必要,あるいはその利用に関して

は，懐疑的――不遜にも懐疑的――」であったからである[8]．その意味において，ヒュームの観点および方法の特性は，「時には批判的態度，また時には帰納的方法，そして時には唯物論的もしくは機械的方法，さらにあまり適切ではないけれども，歴史的方法と呼ばれてきた．その特徴は，事実に即した問題の強調である〔I, 96-97〕．」

ヴェブレンは，以上のように，重農主義を例に取り大陸的思考の特徴を概観しながら，つづいてヒュームを例に取りイギリス的思考を特徴づけた．しかしながらこのような特徴づけは特に目新しいものではない．実際，ヴェブレン自身も，上記のような重農主義の解釈も，イギリス的思考の特徴づけもよく知られたことであると述べている．またヴェブレンは，この比較が，あくまでもそれぞれに見られる大まかな傾向を特徴づけたものにすぎず，イギリス的思考と大陸的思考との間に，このような境界線を単純素朴に引くことなどできないことも十分に承知していた．そのことは，次の第2節において見ていくように，ヴェブレンがスミスの思想に，この二つの思考形式の混在を捉えていたことからも読み取ることができる．

ともかくも，このヴェブレンの比較には，どのような意味が込められていたのであろうか．その点を明らかにするためには，ヴェブレンが社会科学における人間と自然との関係について論じている部分が問題になるように思われる．

重農主義者の認識においては，自然の法則への一致が「実体性の試金石」であった．したがって，その経済理論も，自然の法則，すなわち人類の最大幸福を達成するために自然に内在している性向によって導かれるし，この最大幸福を達成するために人間行為に課せられた条件の理論となるのであった．それに対して，ヒュームに体現されているようなイギリス的思考においては，事実に即した問題の強調が重視され，それによって相対的にその範囲を越える定式化，あるいは，自然のうちに目的を帰属させるような定式化は不可能になる．したがって，自然の法則が人間に対して作用する力は相対的に弱まり，人間そのもののうちに作用因を想定する余地が生まれる．この点に関してヴェブレンは，以下のように論じている．

「事象の傾向に関する教義は，一連の事象に目的を帰する．すなわち，それは，自由な裁量の性格，目的論的な性格（discretionary, teleological character）をこの連鎖に授けるのである．そしてそれは，想定された目的点が達せられるような連鎖のなかにある，その段階のすべてにわたる制約のうちに現れてくる．しかしながら，ある与えられた目的に関する自由な裁量権（discretion）は，一つでなければならないし，その目的が達せられるあらゆる作用を単独で担わなければならない．……ますます多くの目的論的活動が人間に帰せられるようになればなるほど，それによって事象の複合体に与えられるそれは少なくなる．あるいは逆の言い方をするとこうなる．事象の経過に帰せられるようになる目的論的な連続性が少なくなればなるほど，それによっていっそう多くのそれ〔目的論的な連続性―引用者〕が人間の生活プロセスに帰せられるようになる．……この変化は，想定された人格（personality）の座を，生命に関わりのない現象（inanimate phenomena）から人間へと（部分的に）変化させることとなった〔III, 157-158〕．」

ヴェブレンは，経済思想における人間と自然との関係をこのように捉えていた．この説明を，これまでに見てきたようなイギリス的思考と大陸的思考との比較と重ね合わせるなら以下のようになるだろう．大陸的思考は，一連の事象に目的を帰属させる傾向が強いがゆえに，人間の生活プロセスそのものは扱いにくくなる．それに対してイギリス的思考は，一連の事象に目的を帰属させる傾向が弱いために，人間の生活プロセスそのものを問題にしやすくなる．そしてヴェブレンは，後者のイギリス的思考の傾向の一因として事実に即した問題の強調を挙げ，ヒュームの科学的立場をその典型であると考えていた．このことは，自然中心の定式化よりも人間中心のそれに対して，ヴェブレンが意義を認めていたことを示唆している．

2．スミスの経済思想と人間本性

ヴェブレンは，イギリス的思考の代表者としてのヒュームと，重農主義に見られるような大陸的思考を比較することによって，社会科学における人間と自

然の関係が経済学の定式化に対して与える影響を考察しようとしていた．しかしながら上記のような対比は，あくまでも一つの特徴づけにすぎず，実際にイギリスの経済思想と大陸のそれとが必ずしも明確な対照をなしているわけではない．確かにヒュームは，イギリス的であった．しかしながら，「ヒュームはイギリス人を越えてイギリス的である」というヴェブレンの評価には，裏を返せば，イギリスの経済思想全般は必ずしもそうではなかったという意味が込められていたと解釈すべきであろう．

ヴェブレンのスミス解釈を見ていく場合，このようなイギリス的思考と大陸的思考という対比は，むしろ一般的傾向であり，イギリスの経済思想そのものを直接に言い当てた特徴ではないことに注意する必要がある．むしろ実際には，スミスの経済学に見られるように，この二つの思考様式は，イギリス的思考のなかに混在していた．したがってイギリス的および大陸的という形容の混乱を招くであろうから，この文脈においてはこの対比を，ヴェブレンに従って，アニミスティックあるいは目的論的な思考と，事実に即した思考という形容におきかえるのが良いであろう．

ヴェブレンは，イギリス的思考と大陸的思考の特徴づけを経て，つづいてイギリスの経済学，その代表者であるスミスの経済学において，この二つの思考様式が混在していることに目を向ける．

「イギリス経済学への導入に関連して経済的教義の歴史家の誰もが出合うこの事実に即した態度（matter-of-fact animus）は，初期の経済思想のイギリス的枠組みの，最大というわけではないにしろ大きな特徴である．それが人目を引くのは，そのことが，この特徴が相対的に欠如している同時代の大陸の思索とは対照をなしているからである．イギリス的根拠に基づいた初期の経済教育の発展に関して，最も有力で最も形成的な思考習慣は，より多くのアダム・スミスの同時代人に最もよく見られるし，スミスにおいて最も有効な要因は，重農主義者の思索に一貫性を与えていた傾向と実質的には同一の傾向である．アダム・スミスでは，この二つは，混合されたとは言えないまでも，適切に結合されている．しかしながらそのアニミ

スティックな習慣は，強力な要因であるとはいえ補助的なものとしての事実に即した問題に対して，それでもなお首位を保っている〔I, 98〕．」[9]

ヴェブレンは，スミスの経済学の議論にかなりの紙幅を割き，そのアニミスティックもしくは目的論的な側面を列挙していく．それは，「スミスにおいて最も有効な要因」であり，「重農主義者の思索に一貫性を与えていた傾向と実質的には同一の傾向」についての解説である．ヴェブレンは，『道徳感情論』および『国富論』における事物の自然的経過の健全な傾向，あるいは自然的自由の擁護に見られる楽観的な論調，利己的な経済人が自然機構の一部として据えられ，社会の一般的福祉を達成するための手段とされている点を列挙していく[10]．しかしながら，それでもヴェブレンの論点は，スミスが重農主義に見られる大陸の思考と一線を画しているのはどのような意味においてかという問題へと戻るのである．

例えば，スミスは，労働をすべての商品の交換価値の真の尺度と考えたが，ヴェブレンは，この実質価格（real price）に関する議論には，重農主義との決定的な相違が存在していると見ている．彼は，このスミスが用いた「リアル」という概念が，事実的（actual）ではないという意味において，スミスの理論における「事実」とは異なる「実体性」，あるいは「事実」を超越する「実体性」の想定を読み取る[11]．これは，重農主義の議論に対してヴェブレンが見ていた「真実と事実の相違」に通じる視点である．しかしながら，ヴェブレンは，スミスが商品の価格を人間の生活に関わる価値として把握した点に注目する．

「商品のリアルな価格（"real" price）は，人間生活に関わるそれらの価値である．この点に関して，スミスは重農主義者とは違う．重農主義者は，価値の究極的な条件が，非情な自然の機能の一産物と解された人間の日々の糧によって与えられると考えていた．それらの相違の原因は以下の通りである．一方で重農主義者は，人間の物質的福祉に向かって邁進する自然的秩序を想定し，人間とは関わりのない環境（nonhuman environment）だけを構成したが，他方スミスは，この自然的秩序という概念に人間を含め，実

際に人間を生産のプロセスにおける主人公にした．重農主義者にとって，生産は自然の仕事である．だがスミスにとって，それは人間と自然の仕事であり，人間が全面に押し出されている．それゆえにアダム・スミスにおいては，労働が価値の究極的な条件である〔II, 119〕．」

ヴェブレンによれば，アダム・スミスは，重農主義者と同じく，自然の秩序の目的という感覚を強くもっていた．しかしながら，それだけではなく，スミスの経済理論は，「あるべきこと（what ought to be）に関する定式化をはるかにこえるもの」であった〔II, 125〕．確かにアダム・スミスの人間本性の概念は，斉一的であり，その経済理論を貫くアニミスティックもしくは目的論的な傾向に適合するように正常化されている（normalising）〔II, 128-129〕．とはいえヴェブレンは，そのような一般的な性向以外にも，富をめぐって闘争する人々の様々な努力についてスミスが論じていたことに注目し，この点を高く評価しようとする．したがって，ヴェブレンは，イギリスの経済思想史において注目されるべきであるのは，むしろ「その後のスミスの継承者たちが，この正常化をしっかりと受け継ぎ，ともかくもアダム・スミスが気にとめていた原則を和らげるような例外（mitigating exceptions）については，ほとんど何も言及せずにそれを利用したという事実」であると述べる〔II, 129-130〕．

アダム・スミスの「経済人」が，いっそう極端に無矛盾な「経済人」として引き継がれていったこと，ヴェブレンはこの問題こそが注目されるべきであると考えていた．そして彼は，このことの一因が功利主義哲学の台頭に関わっていると考える．

ヴェブレンは，イギリス的思考と大陸的思考を比較することによって，自然に重きをおく思考と，それとは対照的に，事実に重きをおく思考との違いに注目した．その比較は，人間がいかに扱われうるかという問題が，経済学の科学性を問う場合に極めて重要であるとヴェブレンが考えていたことを示唆している．しかしながらヴェブレンは，上記のように，スミスが事実に即した問題に目を向け，人間の生活プロセスそのものを考察することに対して一定の意義を見いだしたものの，次の第3節において見ていくように，そのことが人間と自

然のどちらに重点をおくかというような単純な二者択一的問題ではないという困難にも気づいていた．つまり，確かにヴェブレンの言うように，経済学が事実に即した問題を重視するとき，それは人間の問題を扱えるようになる．しかしながら，人間の問題を扱えば，事実に即した理論を構築できるというわけではないのである．このことは，経済学と功利主義との関わりを論じるときにヴェブレンが直面した問題であったように思われる．

3．ポスト・ベンサム経済学と人間

経済学の定式化の歴史を人間と自然との関係という視角からながめるとき，「人間の物質的福祉に向かって邁進する自然的秩序を想定し，人間とは関わりのない環境だけを構成した」にすぎない重農主義と，目的論的な傾向に適合するように正常化されているとはいえ，「自然的秩序という概念に人間を含め，実際に彼を生産のプロセスの主人公にした」スミスとは，ヴェブレンにとって，同じアニミスティックあるいは目的論的な思考様式を共有しているとはいえ，「あるべきこと」ではなく「事実に即した」定式化を目指していたという意味において異なる思考法として捉えられていた．ヴェブレンの論理に従うならば，自然に重きをおく重農主義は，その経済理論のうちに人間を捉えることができなかったのに対し，スミスは，自然に重きをおきながらも，人間をその経済理論に組み込むことができた．しかしながら，ヴェブレンによれば，ベンサム（Jeremy Bentham, 1748-1832）に代表されるような功利主義哲学の台頭とともに，経済学の定式化におけるこの人間と自然との関係に関する論理は崩れる．

> 「スミスにとって，経済の真実性の究極的根拠は，神のデザイン（Design of God）であり，目的論的秩序である．しかし彼の功利主義的一般化は，その経済人の快楽主義的性格[12]とともに，この自然秩序を解明する方法ではあるが，その本質的根拠および自己正当化の根拠（self-legitimating ground）ではない．……厳密な意味での功利主義者については，もはやここでは徹底的な一貫性が存在しているというわけではないけれども，逆の

ことが当てはまる．その本質的な経済的根拠は，快楽と苦痛である．すなわち，その目的論的秩序（それが認められるところでは，神のデザインでさえも）が，それの解明の方法なのである〔II, 131-132〕．」

これを経済学に照らして考えると，このようになる．

「ポスト・ベンサム経済学（post-Bentham economics）は，実質的には価値の理論である．これは完全にこの教義体系の主要な特徴であり，それ以外はこの中心的領域から得られるか，もしくはそれに適合させられる．その価値の教義は，アダム・スミスにおいても極めて大きな重要性をもっていたが，アダム・スミスの経済学は，生産の理論であるとともに，物質的な生活手段の配分の理論であった．アダム・スミスにとって，価値は生産の観点から議論される．功利主義者にとっては，生産は価値の観点から議論される．前者は，価値を生産プロセスの結果と見なし，後者は生産を評価プロセスの結果と見なす〔II, 132〕．」

スミスから「ポスト・ベンサム経済学」への移行は，生産論から分配論への移行を示すとともに，その主題も，生産のプロセスから価値を引き出す視点から，価値評価のプロセスから生産を引き出す視点へ移行した．すなわち経済の真実性の究極的根拠を，快楽および苦痛ではなく，その目的論的秩序においていたスミスは，生産の観点から価値について論じていた．それに対してポスト・ベンサム経済学は，その究極的根拠を快苦におき，価値の観点から生産を論じることになる．ヴェブレンによれば，このような観点の移行の一因は，ベンサムによる道徳の諸原理の修正にある．

近代イギリスの文化状況について，ヴェブレンは次のように分析している．

「イギリスの宗教的な生活や信念は，忠義――人格的な・任意の統制や従属――の要素が少なかったが，運命論（fatalism）の基調はより強かった．イギリスの市民的制度は，フランスのそれほど豊かな人格的内容を含んではいなかった．そしてイギリスの臣民は，目上の人（person of a superior）よりも，むしろ非人格的な法（impersonal law）に忠誠を認めた．強制的要因としての身分の意識は，相対的に，イギリス社会においては一時的に不

在だったのである．……〔イギリス社会とは対照的に——引用者〕，好戦的な諸社会および諸階級は，必然的に，人格的な力や人格的な目的から諸事実を解釈する傾向がある．

……環境および文化というこれらのすべての国民的特殊性の帰結は，大陸に広まっていたものとは異なる生活図式が，イギリス社会で通用してきたということであった．結果的にそこでは，異なる思考習慣の体系，および，事実を扱うときの異なる態度の形成を招いた．因果的連鎖という前提観念（preconception of causal sequence）は，知識に役立てるための諸事実の相関関係により広い余地を認めるようになった．したがってアニミスティックな前提観念（animistic preconception）が頼られるところでは，つねにより高尚な学問の領域においてそうであったように，たいていそれは，いっそう弱い種類のアニミズムであった〔I, 111-112〕.」

ヴェブレンによれば，ベンサムの思想史的意義は，知識を正常化するさいの根拠を，「目的の達成から，快楽主義におきかえた」ことであり，そのことは，道徳に関する思索において決定論（determinism）を普及させた〔II, 133〕．このベンサムの道徳の原理の修正は，以上のように，運命論の基調が強かったとはいえ，人格的な統制や従属の要素よりも，むしろ非人格的な法に忠誠を誓う傾向が強かったゆえに，知識に役立てるための諸事実の相関関係により広い余地を認め，アニミスティックな傾向はいっそう弱かったイギリスにおいてこそ達成されたということになるだろう[13]．このような文化的環境にあったために，イギリス社会は，大陸に広まっていたものとは異なる思考法——事実の相関関係の方が，アニミスティックな前提観念よりも好まれる傾向——を有するに至った．

しかしながら，ヴェブレンは，功利主義的人間観の浸透とともに，社会科学における人間観が抽象化されていったと解釈している．

「……人間行為は，環境の因果的諸力という点から解釈された．人間主体は，良くても変換器（mechanism of commutation）と解されたからだ．それは，環境の衝撃力によって生じる感覚的効果（sensuous effect）が，強制的

な価値評価のプロセスによって，量的な矛盾を生じさせずに，その場合に応じて道徳的行為あるいは経済的行為に変換される．倫理学においても経済学においても，その理論の主題は，同じく行為に現れる価値評価のプロセスである〔II, 133-134〕．」

したがって，「ポスト・ベンサム経済学」においては，「人間本性は，実質的には感覚的感情（sensuous affection）に関する人間の能力という点から見て，斉一的（uniform）であり，受動的（passive）であり，不変的（unalterable）である〔II, 134〕．」すなわち，アダム・スミスの場合には，多義的でありえた「経済人」が，いっそう極端に無矛盾な「経済人」として徹底されていったのである．

ここで，第1節の最後に述べた問題を振り返ってみたい．功利主義的もしくは快楽主義的な人間観が経済学に導入されることによって，経済学は，スミスと重農主義の相違に見られるように，自然のプロセスよりも，いっそう人間の生活プロセスそのものを扱うようになった．ここでヴェブレンは，大きな問題に直面している．経済学が事実に即した問題を重視するとき，それは人間の問題を扱えるようになるのであった．しかしながら，人間の問題を扱えば，事実に即した理論を構築できるというわけではないということである．

経済学が功利主義および連合心理学を受け入れたとき，経済学に一つの観点の移行が生じた．スミス以降の古典派の系譜について，ヴェブレンは次のように述べている．「スミスに最も近かったマルサスを除けば，次世代は，神聖な力によって制定された秩序という観点から彼らの主題に迫ることはなかった[14]．また彼らは，眼前の神を恐れながら研究を進める経済学者につきものの，穏やかで楽観的な従順の精神をもって人間の利害を論じることもなかった〔II, 130〕．」この移行は，「予め考えられた目的にかなう有用性という根拠」とは対照的な，「因果的連鎖という根拠」への移行である．このことにより，功利主義的経済学者は，「社会の物質的福祉に対する産業の貢献というよりは，むしろ交換価値を彼らの諸理論の中心的特徴にした〔II, 136〕．」

つまり，経済学は，功利主義的人間観の導入によって，重農主義的な，もしくは部分的にはスミス的な，目的論的な根拠から離脱し，人間の行為を扱う理

論となった.それは一面では,(目的論的な連続性ではなく)因果的な連続性を根拠に理論を定式化する道を開いた.もちろんヴェブレンは,それによって目的論的な根拠から完全に離脱したといっているわけではない.しかしながら,「アニミスティックな前提観念は失われていないが,それは基調を失った.そしてそれは,特にその明言に限れば,部分的に中断したのである.……彼ら〔古典派の経済学者―引用者〕は,経済現象の因果的連鎖に関する研究に,極めて堅実に従事してきたという明白な事実があるにもかかわらず,絶対的な経済的正常性という観点に到達したせいで,いわゆる『演繹的』学派になった〔II, 145-146〕.」

ヴェブレンによれば,功利主義的人間観は,決定論的な功利主義もしくは快楽主義の心理学に基づいていた.したがって,それは,自然のプロセスから人間の行為を扱う理論に移行したにもかかわらず,事実に即した問題を取り上げにくくなってしまった.繰り返しになるが,経済学が事実に即した問題を重視するとき,それは人間の問題を扱える余地が生じるのであった.しかしながら,人間の問題を扱えば,事実に即した理論を構築できるというわけではなかった.

これらの議論からわかることは,ヴェブレンが,経済学の定式化における重要な要素として,事実に即した問題の重視と人間行為論の展開をともに実現できるような定式化を目指していたということである.次の第4節において論じるように,ヴェブレンは,ミルによる功利主義の修正によって,そして同時代の思想家としてのケアンズの議論によって,多少なりとも「ポスト・ベンサム経済学」が陥った困難が克服されていった側面を描き出している.やはりその論点は,経済学は事実に即した問題を扱わなければならないということ,そしてその上で,経済学に人間行為論がいかに組み込まれるべきかという問題である.

4．功利主義の修正と経済学の変容

4–1　J. S. ミルと功利主義的心理学の修正

　ヴェブレンによれば，19世紀の中葉には，経済学の心理学的諸前提は，もはやベンサムおよびジェームズ・ミルの時代のように，均斉の取れた簡明なものではなくなってしまった．そして，ベンサム流の素朴な量的快楽主義は，J. S. ミル（およびベイン）の手によって，洗練された快楽主義に取って代わられつつあった．ミルの快楽主義は，行為の動機を生じさせる種々の快楽のうちに，多くの質的な多様性を仮定している．ヴェブレンは，このミルによる快楽主義的ドグマの修正が，「厳格な快楽主義的根拠からの離脱」であり，連合心理学における一つの改良であると見る．

> 「この理論〔連合心理学―引用者〕の新たな項目の観念連合の妥当性を擁護するために，あらゆる創意工夫が費やされたが，それは，一つの新機軸であり，古びた観点からの離脱である．……そのことは，改良された快楽主義に当てはまるように，新しい観念連合の理論についても当てはまる．もはやそれは，それが論じるプロセスを，単に純粋に機械的なプロセス，諸項目の連結と解することはできない．〔III, 151–152〕．」

　ヴェブレンは，功利主義の修正を以上のように評価している．そしてこの新たな項目というのは，観念間の結合の根拠としての「接近（contiguity）」を補助するために導入された「類似（similarity）」であるという[15]．印象の類似というのは，連合が生じるときの精神による印象の比較を含意している．したがって知覚者（perceiver）は，構成的な作用（constructive work）をもつ主体と想定されているのであるから，知覚のプロセスを決定する観点や目的をもたなければならない〔III, 152〕．

　ここで上記のヴェブレンのミル解釈を手掛かりにして，ミルの言説を少し追っていきたいと思う．

　ミルは，論理学者たちが試みてきた実体（substance）および属性（attribute）の定義を振り返りながら，カント（Immanuel Kant, 1724–1804）およびサー・ウィ

リアム・ハミルトン（Sir William Hamilton, 1788-1856）に言及し，物それ自体の不可知を強調している[16]．したがってミルによれば，物のそれ自体を知ることは不可能であるのだから，「すべての物は，精神が意識する感情（feeling）」であり，すなわち「私たちは，物体が私たちに，あるいは，属性に引き起こす感覚以外には，物体について少しも知らないし，また知り得ない．」[17] ミルによれば，この属性は，質（quality），量（quantity）および関係（relation）の三つに分けられるが，この「関係」の議論を補い，「関係」の多様性[18]を捉えるためには，「同一」の関係と「類似」の関係とを区別しなければならない[19]．

ミルは，「類似」の関係について説明するにあたって，人間の感情あるいは感覚について次のように論じている．彼によれば，「感情あるいは意識の状態（state of consciousness）」には，感覚（sensations），思考（thoughts），情動（emotions）および意志（volitions）が含まれるが[20]，ミルは，この「感覚」という概念に対して，従来それが受動的なものと捉えられてきたこと，そしてそのことが批判の対象となってきた歴史を振り返っている．ミルによれば，そもそもこの問題は，感情についてなされた身体と精神の区別に由来しているが，「しかしながら哲学的にいえば，こうした区別自体には何の根拠もない．感覚でさえも，感じる精神の状態（states of the sentient mind）なのであって，それとは区別される物体のそれではない．」[21]

「知覚（perception）」は，精神の自発的活動（spontaneous activity）から生じた精神の作用（act of the mind）と説明される一方で，他方「感覚は，外部の対象から単に作用を受けるだけであるから，受動的（passive）である」と考えられてきた[22]．精神が能動的であるか，受動的であるかという議論は，現象の背後に，神や精霊等の超自然的対象（hyper-physical objects）を想定するかどうかという問題と深く関わっており，ミルは，精神の能動性を強調し現象の連鎖の一環としての「知覚」を認める人々と，いかに距離をおくかに苦心しているように見える．

ミルの結論は，こうである．「知覚と名付けられたこれらの作用は，その本性に関してどんな結論が生じようとも，感情や精神の状態の種々の相のなかの

一つと見なされるべきものと私は思う.」したがって「私たちの知識の起源の基礎（original groundwork of our knowledge）を研究するのではなく，起源ではない部分のそれの一部を獲得する仕方を探求しようとする」ミルにとって，「精神の状態が能動的か受動的かという相違は，副次的な重要性をもつにすぎない．……私は，受動性（passivity）を示唆するつもりはまったくない．そうではなくて，それらは単に心理学的事実であるにすぎないのである．それは，精神に生じる事実であり，それらが結果として，もしくは原因として結合されるかもしれない外的事実あるいは物理的事実とは注意深く区別されなければならない．」[23]

確かにミルは，精神の状態が受動的か能動的かという問題自体が副次的な重要性をもつにすぎないと述べている．しかしながら，上述のミルの言葉——「感覚でさえも，感じる精神の状態なのであって，それとは区別される物体のそれではない」，精神に生じる事実は「物理的事実とは区別されなければならない」，「私は，受動性を示唆するつもりはまったくない」——は，ヴェブレンが主張するように，人間精神の能動性（超自然的対象を想定する人々の主張する能動性とは区別される）の想定を思わせる．

　　「統覚（apperception），別の場合では自由な裁量は，外界の諸要因によって強いられる，単純かつ人格的に無色な置換の連鎖を記録するだけでは終わらない．そこには知覚者の精神的（spiritual）—すなわち能動的（active）—『目的論的』（teleological）連続性が含意されている〔III, 152-153〕.」

以下，ミルおよびケアンズに対する評価について論じていくように，ヴェブレンは，このように「人間の精神的—能動的—目的論的連続性」が導入されることによって，経済学が人や階級の多様性，また伝統や習慣という制度的要因を考慮するようになったと考えている．ここに，事実問題の重視と能動的な人間行為論の両立というヴェブレンの課題の輪郭を見ることができる．

4-2　経済学における制度的要因

ヴェブレンによれば，経済学が，上述のように人間の「精神的—能動的—目

的論的」連続性を扱えるようになったのは，J. S. ミルらによる功利主義あるいは連合心理学の修正と関わっている．ヴェブレンは，その一例として，ケアンズの非競争的集団（non-competing group）に関する議論を取り上げている．彼によれば，経済学が，価値を決定するものとして，より初期の生産費の教義に対して修正を加えることができたのは，この修正——より厳格な快楽主義の諸前提からの離脱——によっている．

ケアンズの議論においては，「職業や住居の選択をするときに人々を導く動機は，程度においてだけではなく，種類においても，人によって，そして階級によって異なると考えられており，伝統や慣習という変化する先行事例も，人々の生活様式の選択において様々に影響を及ぼしている」．したがって，価値が，単なる量的な金銭的刺激だけで決定されるというような結論は引き出されない．様々な階級や社会の金銭的刺激への反応には差異が存在しているので，その階級や社会は非競争的である．それによって，生産費の公式は，相互需要（reciprocal demand）の公式へ修正された．このように修正されることによって，非競争的集団の形成および持続性が関係している金銭的環境に目が向けられるようになる．実際には，ケアンズのこの修正は，あくまでも修正にすぎず，生産費の公式の否定ではないとしても[24]，少なくともヴェブレンは，このことにより，「結局のところ金銭的なもの以外の要因（extra-pecuniary factors）が，不本意とはいえその理論のなかに組み込まれていった」と考えていた〔III, 153〕．

ヴェブレンによれば，ミルによる快楽主義の修正は，社会科学における人間の位置づけに大きな影響を与えた．

> 「〔修正された快楽主義においては——引用者〕，程度において異なる動機と同様に，より高級な動機およびより低級な動機，より高級な快楽およびより低級な快楽が存在しているわけであるから，導きのない反応（unguided response）が単なる量的な金銭的刺激に対して起こるとしても，それは多様な方向へ向かうだろう．したがってそれは幅広く様々な結果を生じる活動となるだろう．このように，より高級な動機およびより低級な動機を通

じて引き起こされる活動は，一つの慈悲深い完成に向かう自然法の制御のもとで作用しながら，機械的に妥当であるにすぎない刺激の効果を表すようにはもはや思われない．したがって正常な金銭的刺激によって引き起こされる活動であっても，その結果は，社会にとって役立つかどうかはわからない形態を取るだろう〔III, 154〕．」

このように，功利主義あるいは快楽主義の修正が経済学に導入されることによって，ミルの議論を引き合いに出して論じられたように，その人間行為論は，初期の素朴な快楽主義，すなわちポスト・ベンサム経済学のそれのように，単なる機械的な刺激に対する反応だけを想定するのではないし，重農主義やスミスが考えていたように，一つの慈悲深い完成に向かう自然法的な制御に支配されるわけでもない．またそのような人間行為論に基づく経済学は，ヴェブレンがケアンズの議論に見たように，人や階級の多様性，そして伝統や慣習という可変的な要素を考慮するようになり，金銭的なもの以外の要因を経済学に組み込んでいった．このことは，経済学が相対的に事実に即した問題を扱いつつある，もしくは扱いうる可能性を示唆しているように思われる[25]．

経済学が事実に即した問題を重視するとき，それは人間の問題を扱える余地が生じたが，人間の問題を扱えば，事実に即した理論を構築できるというわけではなかった．しかしながらミルの人間観およびケアンズの議論には，部分的とはいえ，より事実に即した定式化が実現され，制度的要因への関心の高まりを見ることができる．ヴェブレンは，そのことが，「精神的―能動的―目的論的」な人間行為論の展開とともに達成されたと見ていた．

おわりに

本章においては，主としてヒューム，スミス，ミルおよびケアンズに対するヴェブレンの肯定的と思われる評価を取り上げてきた．もちろん筆者は，これらの評価を，必ずしも各々の思想家に対する正しい解釈と主張するつもりはないし，それは本章の課題ではない．また筆者は，これらの肯定的側面を引き出すことによって，ヴェブレンが，例えばミルおよびケアンズの経済思想をもっ

て「進化論的経済学」の完成を見ていたと主張するつもりもない．その肯定的側面が部分的なものであることはいうまでもなく，それぞれの思想家が表明している方法論的立場が妥当であるかどうかと，それが実際にその経済理論のなかに活かされているかどうかは別の問題であるからである．とはいえ，こうした側面に光を当てる試みも，ヴェブレンが「進化論的経済学」と呼んだ科学的観点に接近するための足掛かりとなるのではないだろうか[26]．

　本章の目的は，①ヴェブレンは，功利主義を露骨に拒否していただけではないということ，②「進化論的経済学」の二つの論点――目的論的であってはならないこと，人間行為を主題にしなければならないこと――はいかなる関係にあるか，という点を明らかにすることにあった．

　まず第一の点について考えてみよう．本章で取り扱った議論に限るなら，ヴェブレンがイギリス経済思想全体に認めた意義は，事実に即した問題の重視，そして人間行為論としての経済学の展開であったといえる．経済学の定式化は，人間と自然の関係をどのように捉えるかという問題と深く関わりあっているということ，そしてそのことが，事実に即した科学的観点の強調と関係していることが，イギリス的思考と大陸的思考の比較から引き出されていた．また，事実に即した問題の重視は，人間行為論へ向かう傾向と結びついていたにもかかわらず，経済学に功利主義的人間観が導入されることによって抽象化，精緻化されていった人間行為論は，反対に，事実に即した理論から遠ざかる傾向をもっていた．しかしながら修正された功利主義のそれは，経済学に人間の多様性および伝統や慣習といった制度的要因が組み込まれていく契機を与えた．

　これらの議論からわかることは，必ずしもヴェブレンが，功利主義思想を露骨に拒否しようとしていたわけではなかったことである．ヴェブレンは，事実に即した問題からの乖離はともかくとして，自然に重きをおく目的論的な定式化から，因果の連鎖を扱う人間行為論への移行は，功利主義哲学と軌を一にして出現してきたイギリスの経済思想が達成した論点であった．さらにヴェブレンは，多様な制度的要因に目を向ける余地を与えたという意味において，ミル

やケアンズによる功利主義的人間観の修正に一定の意義を認めようとしていたからである．

もともとヴェブレンにとって，事実に即していることと素朴なリアリズムの境界線がいかに引かれるべきかということは極めて重大な関心事であった[27]．その点を考慮するなら，ヴェブレンにとって経済学の定式化における重大な課題は，いかにして素朴なリアリズムに陥らずに，事実に即した人間行為論を展開するかという問題であったということがわかる．

第二の点について述べるなら，これまでに整理してきたヴェブレンの議論は，彼の人間行為論としての経済学という構想がいっそう掘り下げられたものといえる．それは，本章において取り上げた三編の論文の前年1898年に，ヴェブレンが論文「経済学はなぜ進化論的科学ではないのか」のなかでいくぶん曖昧に提示したにすぎなかった構想であった．ヴェブレンは，そこで，人間行為に注目しなければならないということを強調するような経済思想史上の新しい局面を，素朴にダーウィンにはじまる進化論的な科学観の普及との関連で言及したにすぎなかった．しかしながら実際には，それは，単にダーウィン的あるいは進化論的なアナロジーとしての意味だけではなく，本章において取り上げた範囲に限っても，ヴェブレン自身のイギリス経済思想史観に裏付けられていたということができる．

この前年の論文において，ヴェブレンは，経済学が「進化論的科学」であるならば，人間行為が主題とされなければならない，経済学がいやしくも作用について研究するのなら，経済発展のプロセスの原動力が研究されなければならないのであり，その原動力こそ人間という素材（human material）であるということを強調していた[28]．

しかしながら，この説明だけでは論理は飛躍しているのである．「進化論的」であること，人間行為が問題とされなければならないこと，そして目的論が説明原理として不適切であること，これらの論点はいったいどのように結びつくのか．これらの論点の関係は，このように前年の論文では十分に説明されていなかった．

しかしながら，ヴェブレンのイギリス経済思想史観において展開されている功利主義解釈を念頭におくならば，これらの論点の関係を理解することができる．というのは，ヴェブレンがイギリス的思考と大陸的思考の相違のなかに見ていたように，自然中心の目的論的説明から脱却すること自体が，人間行為論への移行，しかも能動性を帯びた人間の行為論を含意していたからである．ヴェブレンが，慣習や習慣，すなわち彼の言葉でいうなら「制度」の分析を繰り返し強調していたことは周知のことであるが，これもその論点と密接に関わっていることがわかる．というのは，ヴェブレンの「進化論的科学」の観点においては，人間の能動性を経済学に組み込むことが，より事実に即した社会分析という論点と密接に結びついているからである．そのような意味で，ヴェブレンの「進化論的経済学」の二つの論点――目的論的であってはならないこと，人間行為を主題にしなければならないこと――は重なり合っていたといえるのである．

1) 佐々木憲介『経済学方法論の形成―理論と現実との相剋 1776–1875―』北海道大学図書刊行会，2001 年，i ページ．ちなみにヴェブレンは，イギリス経済思想史の先行研究として，シーニア，ミル，ケアンズに言及しているほか，経済学の方法に関する歴史――ヴェブレンの言葉では，「経済学研究者の精神態度」の概観――を扱った先行研究として，ハスバッハ（Wilhelm Hasbach, 1849–1920），オンケン（August Oncken, 1844–1911），ボナー（James Bonar, 1852–1941），キャナン（Edwin Cannan, 1861–1935），マーシャル，J. N. ケインズ（John Neville Keynes, 1852–1949）の研究を挙げている．
2) 例えば，田中は，ヴェブレンを創始者とするアメリカ制度学派の成立とその歴史的背景についてこのように述べている．「制度派経済学は異端の経済学である．それは一貫して伝統的経済理論（古典派および新古典派）とその諸前提，およびそれがもつ資本主義的制度要因の普遍性の主張に反対した．アメリカにおいては，J. B. クラークが『富の哲学』で独自に限界効用理論を構成し，さらに限界原理を分配面に拡充し 1899 年の『富の分配』において限界生産力的分配論を展開することで，アメリカ限界主義論が確立されたのであった．しかし制度主義者たちに共通する主張によれば，このような伝統的経済学は，進化・発展する経済，とくにアメリカ経済とその新たな諸問題を理解し処理する有効な分析道具を提供することができない．」田中敏弘『アメリカの経済思想―建国期から現代まで』名古屋大学出版会，2002 年，113–114 ページ．
3) Veblen, Thorstein, "The Preconceptions of Economic Science", Pt. I, *The Quarterly*

Journal of Economics, Vol. 13, No. 2, January 1899 in *The Place of Science in Modern Civilization and Other Essays with a New Introduction by Warren J. Samuels,* New Jersey : Transaction Publishers, 1990, pp. 149–150. 本章においては，主として，このヴェブレンの三編の論文「経済科学の前提観念」を取り上げるが，以下〔I, II, III, ページ数〕という形式で略記する．なお，本章での訳出に関しては，邦訳がある場合にはそのページ数を記すが，必ずしも邦訳には従っていない．ちなみにマーシャルは，『経済学原理』の「序文」の冒頭において，経済状況は絶えず変化するのであるから，それぞれの世代はそれぞれの経済的課題を抱えているのだと述べ，経済学がゆるやかで絶え間ない成長を続ける科学であると考えていた．したがってマーシャルは次のように述べている．「確かに，現世代によってなされた最高の研究のなかには，一見すると初期の著者たちと対立するように思われるものもあるが，しかしながらそれが適切に位置づけられる時間を経て，そのでこぼこした角がとれたときに，その科学の発展の連続のなかに，真の断絶が含まれることはないのだということがわかってきた．」Marshall, Alfred, *Principles of Economics,* 9th (variorum) ed., in *The Collected Works of Alfred Marshall,* Bristol : Overstone, 1997, p. v.〔邦訳，1ページ〕「初版序文」．

4)　ある一つの経済思想が過去の思想と何らかの関わりをもちながら継承されていくというヴェブレンの思想史観は，彼の経済思想の方法論的立場に接近するための一つの鍵を与えている．ヴェブレンは，「経済学はなぜ進化論的科学ではないのか」と問うが，ここで問題となるのは，彼のいう進化論的経済学が，古典派および新古典派経済学とはまったく何の接点ももたない枠組みであったのかということである．従来のヴェブレン研究におけるように，彼の方法が，新古典派とはまったく異なる枠組みであったと考えれば考えるほど，かえってその内容は捉えにくいものとなっていったように思われる．この点に関して，例えば高は，ヴェブレンおよびコモンズ（John Rogers Commons, 1862–1945）の経済人観を取り上げ，従来の研究史においては，進化論的経済学と経済人との関係を考察する場合に，彼らの経済人に対する批判的態度にばかりに重点がおかれてきたことを指摘し，その再考を迫っている．Taka, Tetsuo, "The Place of Economic Man in Evolutionary Economics : Veblen and Commons Reconsidered", *Annals of the Society for the History of Economic Thought,* No. 44, November, 2003, p. 17. ヴェブレンの継承者による「ヴェブレン解釈」の傾向については，「進化論的経済学」の解釈史に関する興味深いサーベイとしてローソンの研究がある．Lawson, Tony, "Should Economics Be an Evolutionary Science? : Veblen's Concern and Philosophical Legacy" (Clarence Ayres Memorial Lecture), *Journal of Economic Issues,* Vol. 36, No. 2, June 2002.

5)　「前提観念」の原語は，preception である．この語は，これまでに「先入観」もしくは「先入見」と訳されることもあった．ヴェブレンは，既存の経済学を批判するために，その経済理論の心理学的あるいは形而上学的な preconception を検討するという方法をとったのであるから，その限りでは，偏見や偏向という意味を連想させる「先入観」および「先入見」という訳語は的を射ている．しかしながら，ヴェブレンは，そのような批判的な意味においてこの語を用いていただけ

ではなく，科学の定式化にとって不可欠な観念という意味においても用いていた．そのことは，彼の「進化論的科学」の定義から読み取ることができる．「進化論的科学の主要前提，つねにその研究の基礎をなす前提観念（preconception）は，累積的因果関係の概念である〔III, 176〕．」またヴェブレンは，1908年に執筆した論文「科学的観点の進化」においては，科学的知識の定式化についていっそう本質的な議論を展開している．ヴェブレンによれば，近代科学の主要前提は，「連続的変化」（最終項をもたない因果関係，累積的因果関係を指す）である．「これは，これまでに証明されていない前提であり，証明不可能な前提である．——すなわち，これは，一つの形而上学的な前提観念（metaphysical preconception）なのである．」Veblen, Thorstein, "The Evolution of the Scientific Point of View", *University of California Chronicle*, May 4, 1908 in *The Place of Science in Modern Civilization and Other Essays with a New Introduction by Warren J. Samuels*, New Jersey : Transaction Publishers, p. 33. したがって本章においては，ヴェブレンの用いるpreconceptionという用語を，それぞれの科学的観点が予め（pre）依拠せざるを得ない構想あるいは観念（conception）という意味で「前提観念」と訳出した．

6) またこの論文の執筆時期は，彼の処女作である『有閑階級の理論』（*The Theory of the Leisure Class*, 1899）とも同時期であり，その関連性が問題となるだろう．この点に関して，中山は，この三編の論文におけるヴェブレンの関心が，（本章でも後に論じていくように）人間行為に向けられているのは，『有閑階級の理論』の執筆時期と重なることによると指摘している．中山大『ヴェブレンの思想体系』ミネルヴァ書房，1974年，160-161ページ．

7) ホブソンがこのように述べているのは，ヴェブレンの経済学批判，特に古典派および新古典派に対する批判は，その心理学的前提を検討するものであったためである．ホブソンは，これに対して次のように述べている．「……粗野な快楽主義は明らかに擁護しがたいとしても，J. S. ミルならびに後日の若干の経済学者の提唱するような功利主義まで拒否すべきであるということにはならない」．Hobson, John A., *Veblen*, New York : A. M. Kelley, 1991 [1936], pp. 36-37.〔邦訳，20-21ページ〕

8) ヒュームは，因果の必然的結合を，習慣による主観的確信に基づく結合と考え，その客観性を認めなかったと言われている．カントによれば，リード（Thomas Reid, 1710-96），オズワルド（James Oswald, 1727?-1793），ビーティ（James Beattie, 1735-1803）およびプリーストリー（Joseph Priestley, 1733-1804）らは，このヒュームの懐疑論に対して反対した．カントは，このヒューム批判に対して，「ヒュームが形而上学を改善するために与えた示唆を見損なっている」と断じる．カントは，ヒュームの因果律批判が，因果そのものを疑ったのではなく，経験の対象だけに限定されずに使用されることに対して向けられたものであると解釈するのである．カント『プロレゴメナ』岩波書店，1977年，「序文」，特に16-18ページ．この因果論の問題に限れば，ヴェブレンの「原因から結果への事実に即した段階的な議論の範囲を越える知識の定式化」には懐疑的であったものの，「一連の現象における作用因の提示を主張した」というヒューム解釈は，カント的な解釈であったといえるだろう．ヴェブレンは，原因—結果のプロセスを

第一原因にまでさかのぼる説明を，目的論的説明として批判したが，進化論的科学は，そうではなく，プロセス——累積的な因果関係——を対象にしなければならないと主張した．これらのことを考慮するなら，ヴェブレンの「進化論的経済学」の因果概念は，ヒュームに対する好評とともに，彼の社会・経済思想史観とあわせて考察されなければならないだろう．

9) ヴェブレンは，この一節の最後で，「彼〔スミス—引用者〕は，演繹と帰納を結合したと言われている」と付け加えている．ヴェブレンは，初期カント研究（1884）およびアドルフ・ワグナーに関する論考（1892）において，単にリアリズムの追求を目指そうとするのではなく，理論的定式化の重要性を十分に認識した上で，事実に即した知識体系の実現という方法論的議論を展開していた．この点に関して論じたものとして，拙稿「ヴェブレンと経済学の方法—19世紀末における方法論的議論を中心に—」（『大学院研究年報』，第34号，2005年）を参照願いたい．19世紀後半以降のアメリカの知的状況の一側面として，演繹と帰納とが相反する科学的方法としてではなく，次第にそれらを結合させる（例えば，ジェームズの「プラグマティズム」の定義），あるいは，仮説の形成という視点を導入することによって，それらを再定義する（パースの「アブダクション」の定義）があったということも考え合わせなければならない．

10) ちなみにヴェブレンは，スミスの思想が，『道徳感情論』（1759），『法学講義』（1763頃，出版1895）を経て，『国富論』（1776）が執筆される過程のなかで，このような目的論的傾向が次第に弱まっていったと考えていた．この点は，第二部の前半において論じられている〔II, 117–118〕．しかしながら，これらの三つの著作がそれぞれ別の領域を対象にしている可能性に関しては問題にされていない．

11) 暗黙に目的論的な自然的秩序に信頼をおくことによって，スミスの論理には「事実」を越える解釈が加わっているとヴェブレンは見るのである．ヴェブレンは，スミスの理論において，人間の二つの活動が捉えられていることに注目する．その一つは，「物質的な生活手段の形成に向けられる人間の努力」であり，もう一つは，「金銭的利得に向けられる人間の努力および思慮（discretion）」である．それらは，生産効率に関わる人間本性と，交換による金銭的利得に関わる人間本性である〔II, 127–128〕．ヴェブレンは，生産のカテゴリーであるリアルな価値（ヴェブレンによれば，スミスが real value および natural value として説明した価値を指す）の決定と，分配のカテゴリーである交換価値あるいは市場価値の決定には何の因果関係もないことを指摘している．すなわち，彼は，このスミスの価値論の二面性は，彼が描いた人間本性の二面性に由来しており，それらを一元化する過程において目的論的な説明が用いられると解釈している．そしてそのことを，「事実」とは異なる「実体性」，あるいは「事実」を超越する「実体性」の想定と言っているのである．また高は，この生産および分配のカテゴリー分けが，ヴェブレンに特有の「産業」と「企業」の区別と関わっていること（ヴェブレンのフィッシャー論（1909）から）も示唆している．またこのことは，松尾博およびダグラスF. ダウドによってもすでに指摘されてきた論点でもある．高哲男「ヴェブレンとスミス—進化論的経済学との関連で—」（『経済論究』第35号，1975年），56, 58 n ページ．

12) 「快楽主義（Hedonism）」の定義の一つとして，心理学的ヘドニズムと倫理学的ヘドニズムという区別がある．「ギリシャ語の *hedone* に由来する pleasure は，二つの異なる論点で使用されている．一つは，動機づけ（motivation）に関する心理学的な論点（心理学的ヘドニズム）であり，もう一つは，人間の生活において本質的に価値のあることについての論点（倫理学的ヘドニズム）である．心理学的ヘドニズムは，ある人が単独で彼自身の快楽を促進するように行為するという主張に注意を向ける．……倫理学的ヘドニズムは，快楽だけが本質的に価値を有するという主張，したがって価値のあるその他すべてのことは，快楽の手段としては道具的（instrumentally）であるにすぎないという主張に注意を向ける．」Griffin, James and Derek Parfit, "Hedonism", in John Eatwell, Murray Milgate, Peter Newman (ed.), *The New Palgrave: A Dictionary of Economics,* London: Macmillan, 1987, p. 634.
　　この区別に照らせば，ヴェブレンの功利主義理解は，前者に近いといえるだろう．つまりそれは，多分に認識論的・心理学的側面に重点をおいていたという意味において偏ったものであったといえるかもしれない．このことは，一面では彼が，倫理あるいは道徳の領域と科学の領域とを明確に区別していたことに起因しているように思われる．またヴェブレンのベンサム思想そのものに対する分析はあまりにも少ない．したがってヴェブレンが論じているのは，あくまでも彼が「ベンサミズム」として大まかに捉えた思潮全体であったと考える必要がある．

13) この文脈における人類学的考察とともに，前節におけるイギリス的思考と大陸的思考の特徴づけからわかるように，ヴェブレンは，それぞれの社会の思考習慣，諸制度の相違に起因する知識理論の相対的特徴を描き出すことをまず念頭においている．この点は，すでに佐々木晃によって強調されてきたことである．佐々木晃『制度主義者たちと古典派経済理論』東洋経済新報社，1982 年，34 ページ．

14) ヴェブレンは，この点に関する参照文献としてボナーの『哲学と政治経済学』を挙げている．ボナーによれば，「マルサスは功利主義者であった．しかしながら功利主義者としては十分ではなかった」．ボナーは，これがアメリカの経済学者である S. N. パッテン（Simon N. Patten, 1852-1922）の見解であることに言及している（ただし引用文献等は明記されていない）．ボナーは，「マルサスが，彼の価値論に対して満足のいく心理学的基礎を与えられなかったにもかかわらず，道徳的抑制の教義および生活水準の議論において，倫理学と心理学に直接に向き合っていることを思い起こさせる」という意味において功利主義者であるが，旧世代のそれであるとしている．Bonar, James, *Philosophy and Political Economy in some of their Historical Relations,* New York: Macmillan, 1893, pp. 212-213.

15) ヴェブレンは，ミルに関する言及に関して，具体的にミルのどの議論を指しているかは明示していない．しかしながらヴェブレンがミルによる功利主義の修正との関連で論じていたのは，「類似」という概念であることから推測する限り，『論理学体系』（1843）の第 1 編「名称と命題」第 3 章「名称によって示される事物について」§11．「類似（Resemblance）」，および，第 3 編「帰納」第 24 章「残りの自然法則について」§2．「科学の主題として考察される類似（Resemblance, considered as a subject of science)」と関係するように思われる．しかしながら，ヴェブレンのミル解釈が直接ミルの著作に由来するものであるかどうかは疑わしい．

その理由は次の諸点である．一つは，「類似」に関して，ヴェブレンの用いた用語が similarity であるのに対して，ミルが表題として用いているそれは resemblance である（だが similarity をまったく使っていないわけではない）．また，ヴェブレンが認識主体を知覚者（perceiver）と表現しているのに対して，ミルは，知覚（perception）という概念の使用にかなり慎重になっている．さらに，ヴェブレンは，ミルが人間の能動性を捉えていると主張しているが，必ずしもミルは『論理学体系』においてそのことをはっきりとは主張していない．

16) Mill, *A System of Logic, Ratiocinative and Inductive : Being a Connected View of the Principles of Evidence and the Method of Scientific Investigation,* in *The Collected Works of John Stuart Mill,* Volume VII, Toronto : University of Toronto Press, 1973–74, pp. 55–62〔邦訳（I），91–102 ページ〕．また，物それ自体の不可知，目的論的な説明の不可能については，ヴェブレンの初期におけるカント哲学研究の主題でもあった．この点に関して論じた研究として，拙稿「ヴェブレンのカント解釈および彼の進化論的経済学」（『経済学論纂』（中央大学）第 44 巻，第 5・6 合併号，2004 年）を参照願いたい．

17) *Ibid,* pp. 51, 65〔邦訳（I），82, 104 ページ〕．

18) *Ibid,* §§10–11〔邦訳（I），§§10–11〕．ミルによれば，「関係」の項目で論じられてきたのは，比較的に単純な場合，例えば，前件（antecedent）および後件（consequent），さらに同時性（simultaneous）であった．「関係」は，二つの感情を同時にもつ「同時性」の場合と，第三の感情が加わる「継起性」の場合とに区別される．この後者の「同時性」とは区別される「継起性」が「類似」の項目で論じられる．

19) *Ibid,* p. 606〔邦訳（Ⅳ），566 ページ〕．ここでミルが念頭においているのは，「類似」という関係を科学の主題として考察してこなかったロック（John Locke, 1632–1704）（およびコンディヤック派）に対する批判である．ミルによれば，「ロックの知識や推理に関する定義は，類似に関する私たちの知識と推理とに限定される必要があり」，一致や不一致というのが問題になるのは，「量や延長に関する科学」であり，これは必ずしも「すべての探究に当てはまるわけではない」．そして「現象を直接の視察（direct inspection）によって検証できない場合，十分に正確な方法で検証できない場合」には，「類似や非類似から推論することによって判断しなければならない」のであって，私たちは「自然の法則からの推論」，「類似や非類似の事実に観察されうる斉一性（uniformities）から推論をしなければならない」．*Ibid,* p. 607〔邦訳（Ⅳ），567 ページ〕．

20) *Ibid,* p. 55〔邦訳（I），90 ページ〕．

21) *Ibid,* pp. 52–53〔邦訳（I），85–86 ページ〕．

22) *Ibid,* p. 53〔邦訳（I），85–86 ページ〕．

23) *Ibid,* pp. 53, 54〔邦訳（I），87, 88 ページ〕．

24) 佐々木憲介によれば，ケアンズは，ウィリアム・ヒューウェル（William Whewel, 1794–1866）の科学史研究を援用しながら，経済理論が，より少数の前提から体系を演繹しうるという意味において，より進歩した理論であると考えていた．そしてケアンズは，シーニアの四基本命題を経済学における究極的事実

(ultimate facts) と捉え，経済学の範囲は，究極的原因と説明すべき経済現象との間を因果的に結合することに限定されると考えていた．したがって，ケアンズは，ヴェブレンが説明したように，生産費の公式を修正したが，その仮定の修正はあくまでも修正であるにすぎず，より一般的な法則の否定ではなかった．これらのケアンズの人間本性観，経済法則観に関しては，佐々木憲介「J. E. ケアンズによる古典派経済学の方法論的定式化」（『研究年報経済学』Vol. 49, No. 3, 1987 年）に詳しい．

25) ヴェブレンは，この点——経済学が，金銭的なもの以外の要因に目を向け，社会にとって有益であるかどうかはわからない人間行為を捉えるようになっていったこと——に，経済学における一つの分岐点を見る．ヴェブレンによれば，それは，「快楽主義的な信念および連合心理学の崩壊」であるとともに，必ずしも「レッセ・フェール」が「社会の弊害に対する確実な治療薬」とはいえないことを，まさに経済学が受け入れたときであった〔III, 154-155〕．本章においては立ち入らなかったが，具体的には，ヴェブレンは，ケアンズのバスティア（Claude Frederic Bastiat, 1801-1850）批判（1870 年に *Fortnightly Review* に発表された「バスティア」，およびユニヴァーシティ・カレッジで行われた講演「政治経済学とレッセ・フェール」）を例に取りながら，経済学の治療薬としてのレッセ・フェールの終焉を，快楽主義および連合心理学の崩壊とが連動していると考えている．

26) ヴェブレンがいかにして経済学を批判したのかという視角ではなく，ヴェブレンが特定の経済思想に相対的に肯定的な評価を下すとき，その意味するところは何か，また，それが彼の「進化論的経済学」といかなる関係をもつのかという視角からのヴェブレン解釈として，以下の中山の一節がある．「スミスにおいては，人間と自然の関係において，自然の秩序が経済的実在であって，人間はそれに従属するメカニズムにすぎなかったのに対して，『功利主義的古典経済学者たち』において，人間の感覚的反応である快楽および苦痛が経済的実在であると認められたことは，人間と自然の関係が転倒したことを意味しており，ヴェブレンの経済思想の発展に関する基本的視角から見るならば，『進化論的経済学』にさらに一歩前進したことを意味していると理解されるだろう．」中山，前掲書，135 ページ．しかしながら，中山は，この人間と自然の関係の転倒，生産論から分配論への移行を捉えて，ヴェブレンは，「快楽主義的経済学以後，価値は生産の観点から論じられるのではなくて，『生産が価値の観点から論じられる』という誤った転倒が生じたことを強く批判した」のであるから，「その批判を裏返して考えるならば，ヴェブレンは，価値を生産の観点から把握すべきであると考えていると解釈される」という結論に導かれた．後半の言及は，ヴェブレンが生産論的視点から経済学の再構築を意図していたとも読めるが，この点に関してはさらに議論の余地があるように思われる．それに対して，高は，ヴェブレンのスミス評価を中心に取り上げ，『生産』と『分配』のバランスという点に注目している．高によれば，「スミス以後の古典経済学は，アダム・スミスにおける『生産』と『分配』という二要素のうち，『分配』を重視してスミス体系を組み立てた」が，ヴェブレンは，「結局それは，スミス体系をこえるものではない」と考えていた．ヴェブレンは，「『没人間的』自然観に立って経済をアニミスティックな自然に還元し

てしまったフィジオクラートではなく,『効用』(utility) の視角にもとづいて功利主義的人間像をつくり上げ,さらには『分配論』の視角から経済学を再編成してしまった功利主義的経済学でもなく,まさに先に指摘したように,理論の面でも,人間観においても,『生産』と『分配』との両側面をともあれ統一的に把握していたアダム・スミスを『偉大な経済学者』と評価したのではないだろうか.」高哲男「ヴェブレンとスミス―進化論的経済学との関連で―」(『経済論究』第35号,1975年), 60-61 ページ.

27) ヴェブレンの経済学の方法論的立場は,単にリアリズムの追求を目指そうとするものではなく,理論的定式化の重要性を十分に認識した上で,事実に即した知識体系の実現を模索していた.この点に関して論じたものとして,拙稿「ヴェブレンと経済学の方法―19世紀末における方法論的議論を中心に―」(『大学院研究年報』,第34号,2005年) を参照願いたい.またホジソンは,制度主義者たちが新古典派の理論に対して,それが「非現実的」であるという無意味な批判を続けてきた状況について以下のように論じている.ただしホジソンによれば,ヴェブレンは,無意味な批判を行ってきた制度主義者には含まれない.「制度主義がいかにして行き詰まったかを理解するのは難しくない.それは,制度,ルーティンおよび習慣の重要性を周知させた後,政治経済的諸制度の性質および機能に関して,主として叙述的な研究の意義を明確にした.このことはもちろん意義のあることであったが,それは,制度主義の著述家たちの支配的なほぼ排他的な慣行となってしまった.制度主義者は,飛び抜けて優れたデータ収集者となったのである.ここに見られる誤りは,主として方法論的および認識論的なものであり,ヴェブレン自身とその他の数名を例外として,多くの制度主義者によって犯された誤りである.いっそう多くのデータを集めること,もしくは,特殊な経済諸制度のいっそう詳細な実態を描くことによって,叙述による『リアリズム』をがなり立てたことは,決定的な過ちであった.というのは,私たちは,観察やデータを収集するだけでは,正確に,あるいは適切に,経済の現実を理解することは決してできないからである.……科学は,そうした経験主義者の見解とは裏腹に,理論的枠組みをもたずに進むことはできないし,いかなる現実の観察も理論や概念から自由ではないのである.」Hodgson, Geoffrey M., *Economics and Institutions : A Manifesto for a Modern Institutional Economics,* Cambridge : Polity Press, 1988, p. 22.〔邦訳,20 ページ〕

28) Veblen, Thorstein, "Why is Economics Not an Evolutionary Science", *The Quarterly Journal of Economics,* Vol. 12, No. 4, July 1898 in *The Place of Science in Modern Civilization and Other Essays with a New Introduction by Warren J. Samuels,* New Jersey : Transaction Publishers, 1990, pp. 71-72.

第 7 章

J. A. ホブソンの厚生経済学とその政策的展開

はじめに

　J. A. ホブソンは，過少消費説を唱えた「異端」の経済学者として，また，その過少消費説をもとに帝国主義を先駆的に分析した人物として社会・経済思想史にその名が銘記されている[1]．ホブソンに関して書かれた多くの論稿では，J. M. ケインズや V. I. レーニンがホブソンを賞揚したという事実が必ずといっていいほど紹介されている．しかし，そのホブソンの社会・経済思想の根幹に彼独自の厚生経済学が据えられているという事実は，これまであまり検討されてこなかったといってよいであろう[2]．

　従来，ホブソンの厚生経済学があまり検討されてこなかったのは，その彼の厚生経済学が非科学的なものと見なされてきたからであった．我々は，こうしたホブソンの厚生経済学を非科学的とする見解の典型を E. E. ネマーズに認めることができるであろう．ネマーズは，ホブソンの経済学への貢献は，①過少消費説，②帝国主義論，③租税理論，④厚生経済学の四つの領域に及ぶとしながらも，「ホブソンのアプローチは彼の厚生経済学によって色づけされてはいるものの，最初の三つの領域（すなわち，過少消費説，帝国主義論，租税理論［一引用者］）は，彼の厚生に関する議論との論理的必然性なしに結びついている．したがって，今日の研究範囲には，ホブソンの厚生経済学に関する十全な考察

は含まれない。それは，オーソドックスな経済学の定義では，経済学よりも哲学の領域に入れられるものである」と述べている[3]。このネマーズの見解にみられるように，従来，ホブソンの厚生経済学はあくまでも「価値判断」を含むものとされ，「科学」としての経済学の範疇には含まれないと考えられてきたのである。

しかし，J. S. ミル亡き後，19 世紀末葉から 20 世紀初頭におけるイギリスの社会変動と思想的変化のなかで，ホブソンは過少消費説や帝国主義分析のみならず，H. スペンサーの有機体説や社会進化論，J. ラスキンの近代産業文明批判等々を摂取しつつ，独自の厚生経済学を構想していった。そして，その厚生経済学にもとづいて，ホブソンは近代産業組織の病弊を剔抉し，その再建のための政策論をも講じていたのである。しかし，こうしたホブソンの議論は，A. マーシャルや A. C. ピグーといったケンブリッジ正統派の「科学的」な経済学の陰に隠れて，あまり考究されてこなかった。そこで，本章では，このホブソンの厚生経済学と近代産業組織の再建に関する政策論を検討の対象としたい。

1. 経済的厚生への限定

ヴィクトリア朝最盛期，イギリスは「日の沈むことなき帝国」と形容されるほどの広大な植民地を擁し，世界の経済的覇権をその掌中にしていた。しかし，19 世紀も後半になると，アメリカやドイツといった後発資本主義国の国家主導による経済発展によって，イギリスはその覇権を喪失していった。ピグーは，こうした事態を受けて，20 世紀初頭に『富と厚生』(1912 年)，そして，『厚生経済学』(1920 年) を出版した。これらの著作を通じて構築された彼の厚生経済学は，当時のイギリスが直面していた貧困や社会的不平等といった問題を解決する方途を模索する試みであったということができるであろう。

周知のように，ピグーはその厚生経済学において，経済学の究極的な目的を社会改良に求めている。そして，彼は科学研究に求められるのは「光明」(light) か「果実」(fruit) かのいずれかであるが，経済学という科学は果実を摘み取らなければ意味がないものと主張した[4]。ここでいう果実とは，具体的

には人間の厚生を意味するものである．彼の厚生経済学において目的とされたのは，社会におけるこの厚生の増大を達成する方法を明確化するということであった．

まずもって，厚生の増大を目指すうえで問題となるのは，当の厚生という概念それ自体が如何なるものなのかということであろう．ピグーは，人間の全般的な厚生，すなわち，社会的厚生それ自体を直接的に摑み出して把握するという試みを回避して，あくまでも「経済的厚生」(economic welfare) のみに研究の対象を限定した．彼は，社会的厚生という概念は捉えどころのないものであって，科学としての経済学がそうした漠とした概念を考察することは不可能であると考えた．そこで，彼はその社会的厚生のうち，その構成要素の一つである経済的厚生のみに検討の対象を限定するという方法を採ったのである．彼は，経済的厚生であれば，科学としての経済学の検討対象となり得るとしたのである．

では，ピグーの考えるこの経済的厚生とは如何なるものなのか．それは，社会的厚生のうち，「貨幣」という尺度によって計測し得る厚生であるとされる．ピグーは，この点に関して以下のように述べている．

「しかし，厚生とは，非常に範囲の広いものである．その内容について，ここで一般的な議論に立ち入る必要はない．……それ故に，我々の対象を限定する必要がある．限定するにあたって我々の注意を引く分野は，科学の方法が最もよく利用されそうに思われる領域である．それができるのは，何か測定し得るものがある場合であって，その上に立って分析用具は確実な拠り所を捉えることができる．社会生活において利用し得る測定用具の一つの明白なものは貨幣である．したがって，我々の研究範囲は，社会的厚生のうち，直接，または間接に貨幣の尺度と関係をつけることのできる部分に限られることになる．この部分の厚生は，経済的厚生と呼ぶことができるであろう．」[5]

こうしたピグーの厚生へのアプローチは，その師マーシャル，そして，H. シジウィックからJ. ベンサムにまで遡り得るものであろう[6]．ピグーは，政府

の実施する経済政策は人々の厚生の増大を目的とするものであると考えた．そして，その経済政策に科学的な基準を提供する際にピグーが着目したのは，数量でもって把握することができる貨幣という厚生の尺度であった．こうしたピグーの厚生経済学の基礎には，ベンサム的な功利主義の一側面，すなわち，「量的功利主義」（quantitative utilitarianism）の価値理念が据えられていると考えることができる．ピグーは，こうした貨幣を通じた厚生の量的把握に関して以下のように述べている．

> 「経済学は，自らその理想と考えているものに僅かでも近づいている一原理を現在の発展段階において既に供給することができると自認するものではない．実践の指導を十分にするには，マーシャルの言を借りれば，単に質的（qualitative）だけではなく，量的（quantitative）な分析をも行なう能力が必要である．……個々の問題に一般的法則を適用して量的な結果を生み得るに先立って，これらの法則それ自体が量的叙述を許すことができるものでなければならない．」[7]

こうした貨幣によって量的に把握し得る経済的厚生のみに分析の対象を限定したピグーの厚生経済学に対して，ホブソンはどのような見解を抱いていたのであろうか[8]．ホブソンは，人間の厚生を取り扱う厚生経済学という領域において，ピグーの厚生経済学が採用した厚生へのアプローチ，つまり，経済的厚生だけに分析を限定するアプローチでは不十分であると考えたのではなかったか．そして，ホブソンはピグーの「量的功利主義」にもとづいた厚生経済学に対して，「質的功利主義」（qualitative utilitarianism）を基礎とする厚生経済学の確立が急務であると考えたのである．端的にいえば，ホブソンは全面的にそれを否定したというわけではないにせよ，貨幣でもって量的に把握し得る経済的厚生のみに分析の対象を限定したピグーの厚生経済学を不十分なものと見なし，それを自己の厚生経済学によって乗り越えようとしたのである．つまり，量とともに質をも考慮し，経済的厚生のみならず人間の生活全般における厚生のトータルな把握に基礎をおいた独自の厚生経済学の確立をホブソンは目指したのである．こうした意味において，ホブソンの『仕事と富』（1914年）はピグー

の『富と厚生』(1912年) を補完するものであり，ホブソンの『富と生活』(1929年) はピグーの『厚生経済学』(1920年) を乗り越えることを企図した著作であったとも解釈し得るであろう．P. ケインは，この点に関して以下のように述べている．

　「ホブソンは，……経済行動はより広範な社会における人間の生活に関する考察なしに有意味に理解することができるとする正統派の見解を不埒なものと見なした．そして，こうした意味において，ホブソン自身の著作（厚生経済学に関する著作 ［－引用者］) は，マーシャル経済学の基礎を使用して厚生概念を分析する『厚生経済学』(1920年) におけるピグーの古典的な試みに対するラディカルな反論と見なすことができる．」[9]

2．ベンサム主義に対する見解

　先述したように，ホブソンはベンサム主義における「量的功利主義」をその基礎に据えているという点で，ピグーの厚生経済学を不十分なものと見なした．そこで，まずはピグーの厚生経済学の基礎に据えられたベンサム主義に対するホブソンの見解をみておくこととしよう．

　ホブソンは，1926年に社会科学方法論に関する著作『社会科学における自由思想』を出版している．その著作においてホブソンは，ベンサム主義について論じている．ホブソンは，ベンサム主義の不十分な点として，その「快苦原理」，ないしは「功利性の原理」と呼ばれるものを第一に挙げている．周知のように，ベンサム主義においては，人間の行動への衝動の源泉は「快楽」の追求と「苦痛」の回避に求められている．『道徳および立法の諸原理序説』(1789年) の冒頭において述べられているように，ベンサム主義においては，人間は快楽を求め苦痛を回避するように行動する主体であるとされるのである．しかし，ホブソンは現代の心理学の諸発見を根拠にして，人間を行動へと駆り立てる衝動は必ずしも快苦によって直接的に決定されるのではなく，その多くはより不合理で本能的なものによって決定されると主張している．そして，ホブソンは快苦はもはや個人の行動の必然的な動機であるとは見なされ得ないとす

る．ホブソンは，快苦というものは「原初的な衝動」としてよりは，むしろ，「付加された誘因」として理解されなければならないというのである[10]．

　第二に，ホブソンはベンサム主義が社会全体の厚生と各個人の厚生の総計とを同一視しているとし，この点に批判の矛先を向けている．ホブソンは，社会全体の厚生と部分としての個々の厚生の総計とは必ずしも同一とは限らず，相違するかもしれないと考えた．ホブソンは，その方法論に関する議論において，全体から個を切り離して個のみを分析しようとする科学上の立場を「分離主義」(separatism) と呼び，それに批判を加えている．ホブソンは社会全体の厚生を単なる個々の厚生の総計と見なすベンサム主義に分離主義的な姿勢を認め，これを批判したのである．そして，補足的にいえば，ホブソンのこの分離主義に対する批判および全体の利益と部分としての個々の利益の総計とは相違するという考えは，「貯蓄のパラドックス」，「合成の誤謬」に対する批判の基礎ともなったのである．

　第三は，「功利性の原理」と「立法者」との間の問題である．先述したように，ベンサム主義の基礎には，全ての人間は快楽追求と苦痛回避という原理によってのみその行動を動機づけられるという仮定がおかれていた．そこで，立法者もこの功利性の原理のみにもとづいて行動する主体であるとするならば，つまり，立法者も自己の快楽を求め苦痛を回避する主体としての人間であるならば，何故，立法者だけが他の社会成員の快楽の増大を目指して「最大多数の最大幸福」を達成しなければならないのかという問題が生起する．ベンサム主義には，こうした立法者の問題が残されることとなる．ちなみに，ホブソン自身は人間を本質的に全体の善のために利己主義を抑制し得る「社会的本能」(social instinct) を有する主体と見なすことによって，この問題をクリアしようとしたということを付言しておく．

　上記以外の点としては，ホブソンはベンサム主義が人間の利己的行動を容認し，物質主義的傾向を有する点に批判を加えている．そして，理想主義者T. H. グリーンや直観主義者G. E. ムーアがなしたと同じように，ホブソンもベンサム主義における「望まれる」(desired) ということと「望ましい」(desirable) ということとの同一視をも批判している．ホブソンは，この二つのもの，すなわち，「存在」と「当為」は必ずしも同一のものではなく，相違する可能性があると考えていたのである．

　上記のように，ホブソンはベンサム主義的な功利主義に対していくつかの批判を加えたのであるが，ピグーの厚生経済学との関連で最も重要であると思われるホブソンのベンサム主義に対する批判点は，次のようなものであろう．すなわち，ホブソンはベンサム主義における快苦計算が快楽（厚生）の質を問うことなく，ただ単にその量のみを対象とするものであるが故に不十分なものと見なしたのである．ホブソンは，こうした快楽の量のみを問題とするベンサム主義を批判するなかで，自己の批判がJ. S. ミルによってなされたベンサム主義に対する批判と共通するものであると述べている．周知のように，J. S. ミルはその『功利主義論』（1863年）において，量的には把握し得ない快楽の質的な差異を問題とし，ベンサム主義における「量的功利主義」の修正を試みていた．ホブソンは，このJ. S. ミルの試みを高く評価している[11]．

　ホブソンは，ピグーの厚生経済学において採用された厚生へのアプローチ，すなわち，人間の全般的な厚生を問うことなく，貨幣でもって量的に把握し得る経済的厚生にのみ議論を限定するその方法論を不十分なものと考えた．そして，ホブソンはそうしたピグー的なアプローチの背後にベンサム主義的な「量的功利主義」の影をみたのである．D. H. ロバートソンは，ホブソンの『社会科学における自由思想』に対する書評のなかで，ホブソンの厚生経済学と対比して，ピグーの厚生経済学における経済的厚生への分析の限定に関して以下のような批判を加えている．

　　「故に，ピグー教授にとって，彼の主要な犯罪の一つは，粗く漠然とではあっても，経済的厚生と非経済的厚生との境界を定める試みであり，そして，前者（経済的厚生［－引用者］）を量的で測定可能なものとして扱ったことである．」[12]

　貨幣によって量的に把握し得る経済的厚生だけではなく，科学としての経済学の範疇において，人間の非物質的で質的な厚生をも考究する方途を確立する

ことがホブソンの厚生経済学，すなわち，彼自身のいう「人間的厚生の経済学」（economics of human welfare）の課題であった．そのホブソンの厚生経済学は，快楽における質的差異の存在を主張したJ. S. ミルの功利主義と類縁性をもつものであるともいい得るであろう．

それでは，ベンサム主義的な「量的功利主義」およびそれを基礎としたピグーの厚生経済学を不十分なものと考えた当のホブソンの厚生経済学とはどのようなものなのであろうか．次節以降では，この点に関して検討を進めていくこととしたい．

3．先行思想からの影響

まずは，ホブソンが自己の厚生経済学を構築する途上でどのような先行思想から影響を受けたのかという点からみていくこととしよう．第一に，ホブソンの厚生経済学にはラスキンの影響を認めることができる[13]．周知のように，ラスキンの業績とその影響は，ホブソンの『ジョン・ラスキン―社会改良家―』（1898年）や『仕事と富』等において論じられている．

オックスフォード大学で教鞭を執り，その美術史に関する研究や美術評論で名高いラスキンは，他方では，近代の産業文明と経済学に対する批判者でもあった．ホブソンによれば，ラスキンは全ての具体的な富は富の生産の「生命費用」（vital cost）と富の消費の「生命効用」（vital utility）との関係において評価され得るものであるとし，経済学は「人間的厚生の科学」（science of human welfare）であらねばならないと主張したという．ラスキンは，正統派の経済学は商業的な富の科学であるに過ぎず，真の意味での経済学ではないと論難した．ホブソンは，このラスキンの経済学の解釈の意義を高く評価している．要するに，ホブソンは消費や生産といった経済の領域を他の人間の活動領域と峻別せずに，人間の生活に根ざした価値基準に照らして分析し評価しようとするラスキンの経済学へのアプローチを高く評価したのである．ホブソンは，こうしたラスキンの試みについて以下のように述べている．

「事物の真の価値は，それに対して支払われる価格ではなく，また，それ

が消費者に対して与える当面の満足の量でもなく，その正しい使用によってそれが与え得る本質的な貢献なのである．商業的な財，あるいは如何なるその他の種類の財についても，健全な人類の必要を充足する能力のあるものが富であり，下劣な，あるいは有害な人間の欲望を煽るものが害悪なのである．こうして，彼（ラスキン［-引用者］）は消費者の当面の主観的な評価ではなく，健全と不健全，正義と不正義の永久不変の原理を基礎とする生活の基準を経済学の始点においたのである．」[14]

量的のみならず，質的にも人間の厚生を把握しようとするホブソンの厚生経済学は，こうしたラスキンから影響を受けたということができるであろう．ラスキンの影響の下，正統派経済学における富や厚生の貨幣的把握とそれを基礎とした数理的方法の援用を，ホブソンは経済の領域と人間の他の領域とを分離して研究する分離主義的な方法であると見なした．そして，ホブソンは人間の経済活動をも含めた全ての活動の価値は，「生活」（life）の見地からのみ評価され得るものであると主張するにいたる．

しかし，ホブソンはラスキンにおいては進化思想の深化が行なわれておらず，したがって，ラスキンは人間の倫理や価値基準を，上記の引用文にもあるように，「永久不変」の絶対的なものと見なすきらいがあったという．そこで，ホブソンはラスキンを超えて，自己の有機体説および進化思想を援用しつつ，独自の厚生経済学の構築を目指したのである．そのホブソンの有機体説と進化思想自体は，同郷ダービーの先達，スペンサーからの影響にもとづくものであった．

周知のように，19世紀後半から第一次世界大戦勃発以前の大英帝国においては，失業の発生が大きな社会問題となっていた．そうした帝国内の社会的変容のなかで，スペンサーの社会進化論が台頭した．スペンサーは，独自に社会進化論の着想を得ていたが，J. B. ラマルクやC. ダーウィンの生物学からも影響を受けて自己の社会進化論を構築していった．スペンサーの社会進化論においては，社会は一種の有機体であると観念され，その有機体としての社会は進化していくものと考えられた．つまり，社会は自由競争によって適者のみが勝

ち残り，劣等なものが淘汰されていく「適者生存」の過程を通じて，単純な形態から複雑な形態へと進化していくものと考えられたのである．このスペンサーの社会進化論は，結果として，自由放任主義を擁護するためのイデオロギーと化していった．

ホブソンは，こうしたスペンサー的な有機体説と進化思想を自己の科学方法論の基礎に取り入れていった[15]．例えば，ホブソンは『近代資本主義の進化』(1894年)において，近代の産業組織，すなわち，企業形態や機械生産等々の発展過程を有機体説と進化思想を援用しながら一つの歴史論として描き出している[16]．ホブソンは，近代の産業組織を一つの進化する有機体として把握していたが，『近代資本主義の進化』において特に彼が注目したのは，近代の産業組織への機械生産の導入であった．彼は，この点に関連して以下のように述べている．

「それ故，我々が主に注意を向けるのは，機械の発展とそれの産業への影響であり，それは以下の研究方法を採用することによって行なわれる．第一に本質的なものは，……産業の構造，あるいは全体としての産業有機体 (industrial organism) とその構成諸部分の明確な理解を得ることである．」[17]

ホブソンは，人間の生産や消費といった諸活動は相互に関連し，依存し合いながら進化していく有機的なものであると見なしていた．彼は，社会を有機体として観念することの重要性に関して，『仕事と富』のなかで以下のように述べている．

「生産と消費，費用と効用，物理的厚生と精神的厚生，個人的厚生と社会的厚生，これらの間の諸矛盾は全て，最も適切な一致と調和の様式を有機体としての社会 (society as a organism) の取り扱いのなかに見いだすのである．」[18]

ホブソンは，有機体説と進化思想から自由放任主義を帰結するスペンサー的な議論とは逆に，自己の有機体説と進化思想から「社会の共同性」を抽出したのである．そこで，次にホブソンがこうした独自の社会哲学，方法論である有機体説と進化思想をその基礎に蔵しつつ，どのように自己の厚生経済学を構想

していったのかという点を考察していくこととしよう．

4．人間的効用と人間的費用

前述したように，ホブソンは人間の厚生を貨幣によって量的に把握し得る経済的厚生に限定するのではなく，人間の生活における厚生をトータルに把握し分析することを目指した．彼は，人間の生産や消費といった活動は相互に関連し，依存し合いながら進化していく有機的なものであると考えた．具体的には，彼は人間の生産過程と消費過程を「人間的価値」（human value）に照らして，総合的および有機的に把握しようとしたのである．彼の厚生経済学において，この「人間的価値」は「望ましい人間的生活」（desirable human life）にとっての価値であると規定されている．

ホブソンの見解によれば，正統派経済学は生産を単なる「費用」（cost）としか考えず，消費をただ「効用」（utility）を増大させるものとしか見なさないものであるという．彼の仕事と富，生産と消費に関する人間的評価を解くにあたって重要な点として，この費用と効用に関する正統派の規定への拒絶を挙げることができる．彼は，生産と消費という経済活動を「人間的価値」に照らして質的に評価するに際して，「人間的効用」（human utility）と「人間的費用」（human cost）という価値理念を自己の分析の中心に据えている．端的にいって，この「人間的費用」とは，不快で有害な人間的活動による不満足や苦痛を指すものである．そして，「人間的効用」とは，快適で有用な人間的活動による満足や快楽を意味している．彼は，この「人間的費用」と「人間的効用」に関して，『仕事と富』において以下のように述べている．

「今や，産業の有機的解釈は，生産と消費の機能に関するこの（正統派経済学の［－引用者］）様式を受け入れることはできない．産業の有機的起源に関する考察は，生産は全て費用であって何らの効用ももたらさず，消費は全て効用であり，何らの費用ももたらさないという仮定には支持を与えない．反対に，経済過程に関する我々の人間論的分析においては，むしろ，全ての生産過程と消費過程において様々な程度で混合された苦痛と快

楽および有機的損失と有機的利得と同じような意味において，費用と効用とを見いだすことを期待するのである．」[19]

ホブソンは，基本的に生産活動には「人間的費用」がともなうということを認める．しかし，彼は生産活動のなかでも，個性的で創造的な活動には「人間的効用」が存するとする．これに対して，一般的な労働者の行なう単調で反復的なルーティン・ワークや単純労働には「人間的費用」のみがともなうとしている．そして，彼の考えでは，芸術は仕事のうちで最も創造的なものであるとされる．何故なら，それが個性の最も自由な表現を含んでいるからである．芸術的な仕事における「人間的費用」は，ほとんどないと考えられ，創造的で芸術的な仕事は多様で，面白く，快いものとされる[20]．他方のルーティン・ワークは，人間性を鈍化させるものであり，機械的で人間性の品位を下げるものとされる．ルーティン・ワークは，労働者が他の生産的能力を実践する機会を奪い，単調な反復を労働者に過度に強いるものであるとされ，創造性を欠いたその模倣的な労働は大きな「人間的費用」を与えると考えられている．

ホブソンは，こうした人間の生産過程における活動の理念型を確立し，それらを資本主義システムにおける生産活動の価値評価の基準として使用している．彼は，完全に創造性を欠いた人間の生産活動というものは存在しないが，単調で反復的なルーティン・ワークが有する創造性の程度は非常に僅かなものであるに過ぎないと考えていた．

労働それ自体が単調で反復的であるということ以外にも，その労働が自発的に行なわれるか否かによっても，その労働の創造性の程度は異なる．下級のホワイト・カラー，販売員，看護師，秘書等々は，活動それ自体の内容は全く異なるが，そのほとんどが創造的な要素を奪われているという点で共通している．つまり，それらは他者からの命令によって行なわれるという点で創造性を欠いているというのである．ホブソンは，この点に関して以下のように述べている．

「個人秘書，店員，ないしはその他の専門職，あるいはより上位の管理職に従属している仕事は，細部，あるいは種類においてさえ，目新しさを含

んでいるかもしれない．……しかし，その従属者は仕事の過程を自分で決めることがないが故に，これら個人的な利益の要素を得ることはないのである．その仕事の本質は，他者の知性と意志によって彼に押しつけられる．つまり，実行の計画と様式は彼自身のものではないのである．それ故，彼の仕事は，単なるルーティンから成り立っているというわけではないが，……彼に残される細部に付着しているような断片を除いて，それは正しくは「彼の」仕事でも，「彼の」個性の表現でもなく，全ての創造の質を奪うものであるというのが事実である．」[21]

ところで，最も過重な「人間的費用」は，工場労働における機械化傾向によってもたらされるものとホブソンは考えていた．彼は，機械が生産過程に導入された工場におけるルーティン・ワークは，最も単調で反復的なものであり，他のものと比べて著しく創造性に欠けると見なしていたのである．

次に，ホブソンは，消費は基本的には「人間的効用」をもたらすものであるとする．しかし，全ての消費活動が人間に「人間的効用」をもたらすというわけではなく，例外も存在することを彼は指摘している．例えば，煙草の消費は「人間的効用」をもたらすものではないとされる．また，大量生産方式によって生産されている規格的な消費財は，「人間的効用」を与える真の富ではないとされる．彼は，各消費者の個性に応じた個性的な消費財の消費によって「人間的効用」が与えられ，その個性的な消費財を生産するための創造的な生産活動は「人間的効用」をもたらすものであると主張している．

ホブソンの厚生経済学は，生産と消費という人間の活動において，この「人間的効用」をできる限り人間に与える方法の確立を目的としたものであった．彼のこうした厚生経済学のアプローチは，ある意味では，功利主義的なものであるということができるであろう．しかし，それは先述した「量的功利主義」の系譜に連なるものではなく，あくまでも「質的功利主義」を基礎とするものであった[22]．

ホブソンは，その厚生経済学において，何らかの絶対的で不変的な価値を提起しようとはしなかった．この点は，先に言及したラスキンとは異なる点であ

る．ホブソンは，「人間的価値」の相対性を認めていた．また，ホブソンは有機体自体の進化を前提し，それにおける価値の可変性をも前提していた．価値の相対性と可変性を前提することによって，ホブソンは価値の絶対的で不変的な基準の提起を回避したのである．なお，ホブソンの厚生経済学においては，こうした相対的で可変的な価値は，極く普通の社会成員によって把握され看取され得るものであるということが前提されている．多くの著作でホブソンが言及しているように，「人間的価値」の基準は，具体的には，死亡率，罹患率，賃金・雇用統計，衛生統計，幼児の体重，識字率，アルコール支出，労働時間，余暇時間等々の統計による厚生基準によって表されるものであった．彼は，これらの統計数値から得られる厚生の指標を「人間的価値」の客観的基準と見なすことができるとし，したがって，「人間的価値」を科学的に取り扱うことができると考えたのである．

ホブソンの厚生経済学において，人間は有機的統一体と見なされるものであった．そして，このような有機体としての人間が構成する社会は，正統派経済学が前提するような原子論的個人によって構成される社会ではなかった．彼は，正統派の経済学は貨幣を価値の基準とし，人間を金銭的利得のみを追求する機械，つまり，「経済人」としてのみ把握するものであると考えていた．彼は，こうした正統派経済学における人間観や社会観を論難するとともに，「経済」と「倫理」を切断して，価値判断を排除するその「科学的」な方法論をも否定したのである[23]．

次節では，上述したような独自の厚生経済学をもとに，如何にホブソンが近代の産業組織の病弊を剔抉し，それの再建を企図する政策論を如何に構想していたのかという点を検討していくこととしたい．

5．産業組織の再建に関する議論

まず，ホブソンは近代の資本主義的な産業組織の病弊をどのように診断していたのかという点からみていくこととしたい．彼の分析によれば，近代の産業組織において生産力の圧倒的な増大をもたらしたものは生産過程への機械の導

入であった[24]．彼は，そのことが資本主義システムの進化にとって非常に重要なものでもあったと認識している．彼は，『近代資本主義の進化』において，この点に関して以下のように論じている．

「資本主義の進化における主要な物質的要因は，機械である．製造業と運輸の目的と採取産業（extractive industries）に適用された機械の量と複雑性の増加は，近代産業拡張史における非常に特別な要素なのである」[25]

ホブソンによれば，人間は生産過程への機械の導入によって，人間と自然の動力エネルギーの節約を可能にし，それを効率的に使用して機械導入以前の生産量に比して，画一的な生産物を大量に供給し得るようになったという[26]．その機械生産の特徴は，その正確性や反復性にある．しかし，その機械の導入によって人間の労働時間が短縮されて余暇時間が増大するどころか，利潤原理に突き動かされた人間はそれの飽くなき追求のために労働時間を延長し，自らの仕事と生活から「人間的価値」を消失させていった．彼は，機械が生産過程における人間の仕事を単調で受動的なルーティン・ワークへと変質させ，人間が機械に従属せしめられるような逆倒した事態が発生し，そのことが「人間的費用」をもたらすものとなったという．

ホブソンは，近代の産業組織における生産の拡大が生産過程において「人間的費用」をもたらすものとなったと考えた．彼は，特に機械生産によってもたらされる過度の疲労，倦怠，精神的および倫理的退化等々が近代の産業組織における病弊であるとしている[27]．しかし，彼は機械によって可能となった規格品の大量生産とその供給をただ単に全面的に批判するのではなく，生産過程への機械の導入によって人間はそのエネルギーを節約することができるようになったという事実を是認し評価している．つまり，生活必需品の大量生産を可能にした機械生産の利益を彼は認め，なおかつ，それが生産過程における人間の肉体的苦痛や負担をも軽減した事実を評価しているのである[28]．

しかし，大量生産を可能にし，人間の生産過程における苦痛や負担を軽減したとはいえ，機械生産には以下のような二つの弊害が内包されていた．第一の点は，それが過少消費状態をもたらすということであり，第二の点は，それが

人間から仕事の価値を奪い去るということである．

　ホブソンは，理性と合理的な生産様式の進化によって，人間は生存に必要な部分を超えた剰余を創造し得るようになったとする．しかし，本来，人間はその「有機的なエネルギーの剰余」(surplus of organic energy) を自己の生活の質的改善や自我実現のために使用し得るにも拘らず，資本主義システムの下で，それは資本家階級によって不正に取得されてしまう．そして，その不正に取得された剰余は過剰貯蓄の原因となり，過剰生産を惹起して不況および失業を生起させる[29]．しかし，彼は剰余は本質的には有機体的な協同社会の産出物であって，究極的には個人にその所有が帰せられるものではないとする．しかも，近代の資本主義システムにおいて，それは不正に蓄積されて機械等の生産設備へ投資され，不況および失業の原因として作用するのであってみれば，これを国家による再分配政策を通じて是正しなければならない．このようにして，彼の有機体説および厚生経済学は過少消費説および剰余分析と接合され，構造化されているということができるであろう．

　一方で，生産物の過剰供給により過少消費状態をもたらして失業を発生させる機械生産は，他方では，人間の仕事を単調で受動的な労働へと変容させる．生産活動において，人間の仕事が本来的に有しているはずの価値，すなわち，その仕事の自発性や創造性を機械生産は奪い去り，人間がその仕事に従事することによって得られる「人間的効用」を消失させてしまう．ホブソンは，単に長時間労働と低賃金労働に反対したのみならず，機械操作にともなう過度の精神的緊張やそれがもたらす倦怠と疲労によって，人間の精神が退化していくことに危惧の念を抱いた．そこで，彼は人間的な生活に必要なものを超過する規格的な商品を大量に生産し販売しようとする近代の産業組織には何らかの規制が必要であると考えた．そして，人間の人格的成長と能力の発展にとっては，余暇時間の延長が必要不可欠であると結論している．彼は，自己の厚生経済学における「人間的費用」と「人間的効用」という概念にもとづいて，人間の創造的な価値ある仕事への従事が「人間的効用」をもたらし，「人間的費用」を減じるとした．人間にとっての富とは有機的剰余であり，それが各個人に再分

第7章　J. A. ホブソンの厚生経済学とその政策的展開　309

配されるとき，それは個性的で質的な消費を可能とするものとなる．そして，この個性的で質的な消費の需要が，創造的な仕事の需要を拡大させていく．つまり，量的消費から質的消費への転換が，創造的な仕事の需要を拡大させるというのである．彼は，この点に関して以下のように述べている．

　「このこと（人々の嗜好が量的なものから質的なものへ向かうということ〔－引用者〕）は，過酷で退屈，危険で単調である，非教育的な労働を機械に割り当て，反対に，楽しく価値のある，面白く教育的な仕事を人間のために確保し，各機械産業に純芸術を移植する，個人的な嗜好の陶冶の始まりにはならないであろうか．……社会全体の進歩は，消費の量的方法がその質的方法へと代わることに依存しているといっても過言ではない．諸個人が，その増大した消費力を以前に消費したのと同じ物品の増加量を需要するために，または個人的必要あるいは個人的嗜好と決して適合しない流行している財の見掛け倒しの多様性を需要するために用いている限り，彼らは機械の領域を拡張していたのである．彼らが満足の量よりは，むしろ，個人的嗜好やデリカシーを発展させる限り，彼らは意識的な人間の熟練を具現化し，芸術の名に値する仕事へより広い範囲を与えるのである．」[30]

お わ り に

　ホブソンは，近代の産業組織が抱える問題の源泉を機械生産の発展のうちに見いだし，人間にとって本来的に価値ある仕事と生活の在り方を模索した．機械によるエネルギーの節約によって，人間は余暇や発明，教育といった生産活動以外のものへエネルギーを使用することができるようになり，そのことによって人間の生活はより価値あるものへと向かうことができるはずであった．しかし，現実には機械生産はその特性である反復性や正確性によって，人間に倦怠や精神的疲労をもたらすものと化し，機械に人間が従属するようになってしまった．彼は，自己の厚生経済学を基礎に，こうしたいびつな状態を改善する方途を模索していった．すなわち，彼は生産過程と消費過程における「個性化」（individuation）を諸施策を通じて実現させることによって人間の仕事の本

来的な価値を回復させ,「人間的価値」の増大を図ろうとしたのである．こうした彼の議論は，19世紀末葉から20世紀初頭にかけての正統派の経済学者達の議論と比して，極めて特異なものであったと評価することができるであろう．

1) 過少消費説と帝国主義論以外に，近年，ホブソンが19世紀末葉から第一次世界大戦勃発以前の時期におけるリベラル・リフォームの思想的基礎を提供したイギリス新自由主義の代表的思想家であったということが注目されるようになった．この点に関しては，Freeden, M., *The New Liberalism : An Ideology of Social Reform,* London, Clarendon Press, 1978, Allett, J., *New Liberalism : the Political Economy of J. A. Hobson,* Toronto, University of Toronto Press, 1981，八田幸二「J. A. ホブソンの新自由主義と過少消費説」(『経済学史学会年報』第40号，2000年)，姫野順一「J. A. ホブスンにおける経済認識の形成と新自由主義」(『長崎大学教養部紀要人文科学篇』第27巻第1号，1986年)を参照．

2) ホブソンの厚生経済学を検討の対象としたものとして，Allett, J., *New Liberalism : the Political Economy of J. A. Hobson,* Toronto, University of Toronto Press, 1981, ch., 2, Long, D., *Towards a New Liberal Internationalism : the International Theory of J. A. Hobson,* Cambridge, Cambridge Toronto, University Press, 1996, ch., 2, Lutz, M. A., *Economics for the Common Good : Two Centuries of Social Economic Thought in the Humanistic Tradition,* London, Routledge, 1999, ch., 5, 磯部浩一「J. A. ホブソンに関する一試論―かれの厚生経済学を中心として―」(『明治学院論叢』第20号，1950年)，八田幸二「J. A. ホブソンにおける人間的福祉と産業組織の再建」(『東京都立大学 Research Paper Series』第31号，2002年)，尾崎邦博「J. A. ホブスンにおける人間的経済学の構想」(『愛知学院大学論叢商学研究』第45巻，1・2合併号，2004年がある．また，アメリカ制度学派のW. C. ミッチェルによるホブソンの厚生経済学に対する批判を論じたものとして，斎藤宏之「W. C. ミッチェルのJ. A. ホブソン厚生経済学批判」(『経済集志』第74巻第3号，2005年がある．

3) Nemmers, E. E., *Hobson and Underconsumption,* Amsterdam, North Holland Publishing, 1956, pp. 3-4. 本文中における引用文の出典は，原典のページ，邦訳があるものは邦訳のページの順で示す．なお，邦訳があるものでも，本文中の引用文は必ずしも邦訳のままではない．

4) Cf., Pigou, A. C., The Economics of Welfare, 4th edition, Macmillan, 1952, pp. 3-7, 気賀健三他訳『厚生経済学』東洋経済新報社，1970年，3-8ページ．

5) *Ibid.*, pp. 10-11, 12-13ページ．

6) ピグーの厚生経済学と功利主義との関係については，千種義人『ピグー』日本経済新聞社，1979年を参照されたい．そして，特にシジウィックからピグーへの影響に関しては，Myint, U. Hla., *Theories of Welfare Economics,* Cambridge, Mass, 1948 および O'Donnell, M. G., "Pigue : An Extention of Shidgewickian Thought" in

History of Political Economy, 11 (4) Winter, 1979 を参照.
7) Ibid., pp. 8, 9 ページ
8) ホブソンによるピグーへの言及は, Hobson, J. A., *Free-Thought in the Social Sciences,* London, George Allen & Unwin, 1926 a, ch. 2 を参照.
9) Cain, P., "Introduction" in *Work and Wealth : A Human Valuaion (J. A. Hobson A Collection of Economic Works),* London, Routldge/Thoemmes Press, 1992, pp. v–vi. なお, 原文では Economics of Welfare (1912) と記されているが, これは『厚生経済学』の出版年である 1920 年を『富と厚生』の出版年である 1912 年と取り違えて誤記したものと思われる. したがって, 本文中の引用文では, この点を正して「『厚生経済学』(1920 年)」とした.
10) Cf., Hobson, J. A., *op. cit.,* (1926 a), pp. 167–168.
11) Cf., Hobson., J. A., "John Stuart Mill" in *Speaker,* 26 May 1906, p. 178.
12) Robertson, D. H., "Review of Hobson's Free Thought in Social Sciences" in *John A. Hobson Critical Assessments of Leading Economists* vol. Ⅲ, ed., Wood, J. C. & R. D. Wood, Routledge (source, *Economic Journal* 36, 1926, pp. 451–455), 2003, p. 413.
13) この点に関してフリーデンは,「この (厚生経済学の [−引用者]) 研究の方向において, ホブソンへ最大の影響を与えたのは J. ラスキンであった」とし, その意義を強調している. Freeden, M., *op. cit.,* (1978), p. 100. なお, 有効需要論史という観点からラスキンとホブソンの関係を論じたものとして, 笹原昭五「ラスキンからホブスンへ—19 世紀後期の有効需要論—」(『経済学論纂』第 37 巻第 5・6 合併号, 1997 年がある.
14) Hobson, J. A., *John Ruskin : Social Reformer,* J. Nisbet & Co., 1898, p. 79.
15) ホブソンは,「スペンサーの最も革新的な業績は,進化思想の人間諸科学領域への拡張」であると述べて, スペンサーの業績を高く評価している. しかし, ホブソンは, スペンサーは「社会的感覚 (social sensorium) といったものは存在しない」という誤った結論を導き出し, 集団の厚生といったものは考察されるべき目的ではないと結論したとして, 批判を加えてもいる. Cf., Freeden, M., (ed.), *J. A. Hobson : A Reader,* London, George Allen & Unwin, 1988, pp. 60–64. また, フリーデンは「進化と有機体のモデルを完成するために, ホブソンは人間の活動と社会的活動の物理的側面に関する深遠な理解を付加した. このことは, 人間本性とその生活に関する豊かで十分な理解から生じたものである. 彼の人間の生活に関する総合的な見解は, スペンサー主義者の偽りによるものではなく, 多くの不整合があるとはいえ, 一貫したトータルな体系の構築を通じてのものである」と述べている. Freeden, M., *op. cit.,* (1978), p. 100.
16) 従来, *The Evolution of Modern Capitalism* は『近代資本主義発達史論』, ないしは『近代資本主義発展史論』と訳されてきた. しかし, 本章では原語のニュアンスを考慮して,『近代資本主義の進化』とした.
17) Hobson, J. A., *The Evolution of Modern Capitalism : A Study of Machine Production,* 4 th edition, George Allen & Unwin, 1926 b, p. 27, 住谷悦治他訳『近代資本主義発達史論』改造出版, 1932 年, 上巻 62 頁.
18) Hobson, J. A., *Work and Wealth : A Human Valuation,* (J. A. Hobson A Collection of

Economic Works), Routledge/Thoemmes Press, 1992, p. 17.
19) *Ibid.*, p. 34.
20) Cf., Ibid., p. 44.
21) *Ibid.*, p. 53.
22) J. タウンゼントは，ホブソンの有機体説と進化思想をもとにした「人間的厚生の経済学」は，ベンサム以来の功利主義と「共同善」を唱えるグリーン的な理想主義との一種の妥協の産物であると評価し，それをホブソンの用語法に倣って「新功利主義」（New Utilitarianism）と呼んでいる．Cf., Townshend, J., *J. A. Hobson,* Mnchester, Mnchester University Press, 1994, pp. 31–34.
23) ホブソンにおける「人間的価値」とは，「望ましい人間的生活」にとっての価値であった．それは，単なる経済的価値とは相違するもので，それを包摂するものであるとされる．しかし，こうした彼の「人間的価値」の定義に問題がないわけではなかった．不快，有害な人間的活動，不満足・苦痛である「人間的費用」も，快適，有用な人間的活動，満足・快楽である「人間的効用」も，諸個人によって相違するものである．また一個人においても時間と状況の変化によってそれらは異なるものとなるという問題がある．また，これらを如何に計測するかという問題が，そこに生起してくる．ここで，ホブソンの厚生経済学はピグーの厚生経済学と同様に個人間効用比較の可能性および効用の可測性如何という根本的な問題に逢着する．
24) ホブソンの機械に関する議論は，『近代資本主義の進化』を考察の対象にホブソンの機械生産に対する評価を論じた尾崎邦博「J. A. ホブスンにおける機械と経済学」（『社会思想史研究』第 22 号，1998 年）を参照されたい．
25) Hobson., J. A., *op. cit.*, (1926 b), p. 27. 邦訳上巻 62 ページ．
26) Cf., Hobson, J. A., *op. cit.*, (1926 b), ch., 4, Hobson, J. A., *op. cit.*, (1992), ch., 6.
27) Cf., Hobson, J. A., *op. cit.*, (1926 b), Ch., 13, Hobson, J. A., *op. cit.*, (1992), ch., 5.
28) こうした点は，ホブソンとそれに先行するラスキンや W. モリス等との著しい相違点であろう．ホブソンは，人間性に対する分業の負の効果に関しては，ラスキンやモリスよりも社会学者 M. タルドにその多くを負っていると考えられる．Cf., Hobson, J. A., *op. cit.*, (1992), p. 40, p. 62.
29) ホブソンの過少消費説に関しては，Nemmers, E. E., *Hobson and Underconsumption,* Amsterdam, North Holland Publishing, 1956 および Schneider, M., *J. A. Hobson,* London, Macmillan, 1996, そして，笹原昭五「J. A. ホブソンの過少消費説の展開過程」（『経済学論纂』，第 13 巻第 2 号，1972 年）を参照．
30) Hobson. J. A., *op. cit.*, (1926 b), pp. 428–429, 邦訳下巻 520–521 ページ．

第Ⅱ部

第 8 章

アリストテレス『ニコマコス倫理学』における応報

はじめに——「応報の正義」をめぐる問題

「応報の平等性がポリス（国家）を維持する」[1]，「ポリスが維持されるのは，『比例関係に基づく』応報をなすことによる」[2]とアリストテレスは言い，「応報」の重要性を強調している．分配の正義や是正の正義については同様の発言がないことを考え合わせると，正義論の中で「応報」が特に重要な意味を持つように思える．ところが，正義論を展開している『ニコマコス倫理学』第5巻では，応報の正義は微妙な位置に置かれている．アリストテレスは第2章において正義を「全体的な正義」と「部分的な正義」に区別し，さらに後者の正義を，「名誉や財貨，その他およそ国制を共有する人々に分け与えられうる限りものに関する『分配』」（すなわち，ポリスの共有財産の分配）に関する正義（いわゆる「分配の正義」）と「さまざまな取り引きにおける」正義（いわゆる「是正の正義」）とに区分し，是正の正義についてはさらに自発的な取り引きの場合と非自発的な取り引きの場合とに分けることができると説明している[3]．そこでは応報の正義についての言及はない[4]．そのことから，応報の正義を分配の正義あるいは是正の正義の特殊なバージョンと見る解釈も見られる[5]．いずれの場合もテキスト上の根拠はなく，「応報というのは，『分配の正しさ』にも『是正の正しさ』にも適合しない」とアリストテレスが明言していることと矛盾す

るゆえにそのような解釈は支持しがたいが，第5章の議論は，分配の正義や是正の正義と並ぶ第3の正義を提示しようとしたものというより，それらの正義では適切に扱えない社会的事象を扱う正義原理として補足的に述べられたもののように見える．アリストテレスは応報の正義に対してどういう位置付けを与えているのであろうか．

　アリストテレスの正義論における応報の正義の位置付けという問題を考えるためには，「応報の正義」ということでアリストテレスが何を論じているかを明らかにする必要がある．多くの解釈者は，この章の中心的テーマを商業的交換，特に「市場における価格の決定（the determination of prices in the market）」[6]について述べられていると考えている．マルクスも『資本論』第1巻第1章で商品価値について論じる際にこの議論に言及している．岩田は「アリストテレスの議論の内容をできるだけ分かりやすく表すために」[7]ということで「交換的正義」という用語を採用している．岩田だけでなく，この章をアリストテレスの経済思想が述べられたものとして扱う論者は少なくない．たとえば，第5章でアリストテレスは，当時の活発な商業活動を背景として「交換的正義を財産取引きに関する民商事法の基本的原理として究明しようとした」[8]のだ，と説明される．

　アリストテレスは1133 a 5–b 28で商品の交換の問題を取り上げ，商品価値の通約可能性の問題，貨幣の役割などについて論じている．そこだけ取り出し，『政治学』第1巻第8章〜第11章での「財獲得術」に関する論述と重ね合わせて，最初期の経済学的考察として検討することは十分可能であろう．確かに第5章の中で大きなスペースを占めているのはそのような商業的な交換をめぐる論考であるが，一種の経済学的な議論と解する論者は往々にして，冒頭の1133 a 21–1133 a 5の議論を無視しがちである．商業取り引きが取り上げられるまでの議論のプロセスがどのような意味を持っているかを確認することなく，第5章は商業的交換の問題を扱っているとして冒頭部分を無視するのは問題である．

　また，この問題と関連して注目に値するのは，次の第6章において「ポリス

的正義」について論じるに際して,「ところで,応報が『正しいこと』とどのような関係にあるかは,先に述べられた」[9]と言われている点である.「応報の正義がどのようなものであるか」という問いの形ではなく,「応報が『正しいこと』とどのような関係にあるか」という問いの形で第5章の議論がまとめられている.第5章の記述は直接そのような問いに答える形にはなっていないが,アリストテレスは応報を単純に正義の一種として捉えていないことを見て取ることができるであろう.後で第5章の記述に即して確認することになるが,応報ということは,悪に対して悪で報いるということ——ただし,受けた同じだけの悪をそのまま返すことだけが応報であるとはアリストテレスは考えていない——もあるが,さらに善に対して善で報いるという形を取る場合もある.特に後者の場合には単純に「正義」という枠内だけでは扱えない.「応報 (reciprocity)」という考え方自体は古くからあるものであり,古代ギリシアにおける応報概念に関する研究もいくつもある[10].そうした伝統の中でアリストテレスは応報を論じており,それが明確に現れているのは,友愛 (philia)[11]論においてである.アリストテレスによれば,友愛の基本は「友に対して,友のための善を願う」ということであるが,それだけでは十分ではない.「このような仕方で善を願う人たちは,相手からも同じ願望が生じない場合には,相手にただ『好意を抱いている (eunous)』と言われるだけである.なぜなら,友愛とは,『応報』が行われる場合の『好意』(eunoian ... en antipeponthosi) だと考えられているからである」[12]と言う.このような相互性によってはじめて友愛が成立しうる.友愛関係は,応報関係が適切に維持されていないと,壊れてしまうかもしれない.本来期待されるような応報がいつも為されず,何か良いことをしても感謝の意が何らかの形で示されないことが続けば,相手が自分のことを軽く見ているように感じられて,結局友愛関係が破綻してしまうということは,現代の我々も経験することであろう[13].けれども,そのような場合に常に「不正なこと」として糾弾しなければならないというわけではないだろう.こうした点を考慮するならば,応報ということを単純に正義論の枠内で論じるわけにはいかない.そのことを意識した上で,アリストテレスは「応報の

正義」を論じているのであろう．

　確かに，第 5 章には「友愛」についての言及はないが，それを連想させるものとして「感謝（kharis）」に触れられている．「親切を示してくれた人に対してはお返しに奉仕をしなければならず，今度は自分の方から率先して感謝を示さなくてはならない」[14]とアリストテレスは述べており，このことから友愛における応報を連想することは不自然ではないだろう．第 5 章における応報の正義について検討する場合には，そうした応報概念の広がりを視野に入れた上で検討する必要がある．

　以下の論考では，『ニコマコス倫理学』第 5 巻第 5 章のテキストを，その記述に即して検討する．まず従来詳しく論じられることが少なかった冒頭部分を詳細に分析し，そこで明らかになった「応報」概念が，アリストテレスの経済理論が展開されている箇所と解される 1133 a 5–b 28 の議論においても反映していることを確認する．そのことを通じて，この章でのアリストテレスの主たる意図が，経済活動の分析にあるのではなく，広くポリスにおける人間関係（すなわち市民的友愛）の秩序をささえる原理としての応報の解明にあったことを示す．

1．応報の正義の導入

　何かについて議論を行うに際して，それについて語られている先人や通説を紹介し，検討することから始めるのは，アリストテレスの常套手段である．正義について一般的なことを述べるに際しても，「不正である」と考えられるものがどのようものだと考えられているかを見ることによって，「他よりもより多くを取ること」「法に違反していること」という論点を導き出している．しかし，分配の正義，是正の正義という特殊的正義について論じるに際しては，これまで明示的に論じられることがなかった視点であるためか，そのような通説（endoxa）の提示は為されず，すぐに本題に入っている．それに対して応報の正義では，いわゆる通説の紹介から議論が始まる．

　「他方，ある人たちには，「応報（ト・アンティペポントス）」もまた無条件

に正しいものと考えられている．たとえばピュタゴラス派の人々が主張したように．なぜなら彼らは，「正しいこと」とは他者との応報関係である，と無条件に定義したからである．

　しかしながら，応報というのは，「配分の正しさ（ネメーティコン・ディカイオン）」にも「是正の正しさ（ディオルトーティコン・ディカイオン）」にも適合しないのである——とはいえ，人々は「ラダマンテュスの正しさ」も少なくとも応報のことを言っていると受け取っている[15]．

　　人は自分がなしたことを身に受ければ，真っ直ぐな正義（ディケー）が実現されるだろう[16]．

　——なぜなら，多くの場合，応報[17]は，それらの正しさと不整合をきたすからである．」　　　　　　　　　　　　（EN V, 5. 1132 b 21-28）

スカルトゥサス[18]が指摘しているように，ここでアリストテレスは，「正義が応報によって尽くされている」と考えている人たちがいることを指摘し，それが分配の正義や是正の正義とは別のものであることを指摘することによって，応報があくまで正義の1つにすぎないことを示そうとしている．

　「応報」を正義とする見解は，「ある人たち」の見解として導入され，その一例としてピュタゴラス派の人々が挙げられている．彼らが考える「応報」は，「同害報復（lex talionis）」という意味での応報のことであり，そのように応報を狭く捉えることをアリストテレスは後で批判しているのである，と解する者は少なくない．ピュタゴラス派の正義概念については，資料の不足もあり，断定的なことをいうことは難しい．アレクサンドロスの報告によれば，ピュタゴラス派の人々は「応報（antipeponthos）ないし等しさが正義に固有なものであると考え，数の内にこれが存在するのを発見し，これゆえに等しいものに等しいものを掛けた最初の数が正義であると彼らは言った」[19]と言う．これは，アリストテレスが『形而上学』第1巻第5章において，ピュタゴラスが数をあらゆる存在の原理と考えたと指摘していることについて付けられた注解の一部であり，ガスリーが指摘しているように，ここでの「antipeponthos は，『逆比例的（reciprocally proportionate）』を意味する数学用語として用いられている」[20]と見る

ことができ，ここから直ちに具体的な内実を引き出すことはできないかもしれない．一つの可能性として，後でアリストテレスが「対角線に基づく組み合わせ」と呼んでいる関係に対応することが想定されていると考えることもできるかもしれない．

多くの解釈者がここでの「応報」として，「目には目を，歯には歯を」という「同害報復」を想定しているが，その根拠として挙げられているのは，偽アリストテレスの『大道徳論』第1巻第33章の次のような記述である．「応報もまた正しさである．もっとも，ピュタゴラス派の人たちが言うような意味においてではないが．というのは，彼らは，ある人が為したそのことをお返しに被ることが正しさであると考えていたからである．しかし，そのようなものがすべての人に対して当てはまるわけではない」[21]．「ある人が為したそのことをお返しに被ること」というのは，先の引用にある「自分が為したことを身に受け」ることと同じであり，まさに「ラダマンテュスの正しさ」，すなわち同害報復のことである．この『大道徳論』の記述からすれば，ピュタゴラス派の言う「応報」は同害報復のことであると言えそうだが，『ニコマコス倫理学』の記述では，同害報復の意味での応報について言及する際にピュタゴラス派に言及せず，「ラダマンテュスの正しさ」という表現を用いているのは，ピュタゴラス派の応報概念については，それを同害報復と同一視できるほど自明なことではなかったことを示唆しているのではないか．『大道徳論』のようにピュタゴラス派の応報概念に対して批判を行おうとしているならば，このような論述の仕方を取らなかったのではないかと推測される[22]．もちろんピュタゴラス派の中には応報すなわち正義を同害報復と理解していた者もいるかもしれないし，ピュタゴラス派としての正義概念は同害報復であるという可能性を否定することはできない．しかし，第5章の冒頭では，同害報復の意味での応報に限定して話が進められているのではなく，特に限定を加えることなく「応報」が語られ，それと他の特殊的正義との違いが問題とされているのであって，同害報復に「応報」という概念を限定することに対する批判は，直接の主題とはなっていない．そもそも冒頭での「応報」という語が，「同害報復」という意

味での応報であるとすれば,「応報というのは,『配分の正しさ』にも『是正の正しさ』にも適合しないのである」という指摘は,限定された意味で応報を使うことに対する批判であって,アリストテレスの理解する意味での応報についてこれが当てはまるかどうかは保留されることになるが,大部分の解釈者は,ここで,第5章で論じる正義が分配の正義とも是正の正義とも違うものであることが指摘されていると解しているのである.

同害報復はa25で「ラダマンテュスの正しさ」として取り上げられるが,それが挿入されたのは,スカルトゥサス[23]が指摘しているように,応報が分配の正義とも是正の正義とも適合しないというアリストテレスの主張に対して,応報を同害報復と理解する論者が,それは是正の正義に適合するではないかと反論するかもしれないからである.是正の正義に基づくならば,たとえば誰かが誰かを殴ったとき,「その被害と加害の損益は双方に不公平に分けられている」[24]と考え,「裁判官は罰によって,加害者から利得を剥奪しながら,それを被害者との関係で公平にするように努める」[25].アリストテレスの説明は,算術的比例に即するようにかなり単純化したものであるが,加害と同量の罰を加害者に科すことによって,お互いに損得なしの状態に持っていこうとしているとすれば,同害報復と同じと見ることもできる(もっとも,是正の正義は,たとえば商業取り引きにおいて不平等が発生した場合に,より多くの利得を得た者から多すぎる利得分を取り去って,より少ない利得しか得られなかった者に対して損失分を補填することによって平等を回復するというような場合にも適用されるので,その適用可能な範囲は,同害報復が適用可能な領域よりもずっと広い).したがって,是正の正義との違いを示すことによって,アリストテレスの考える応報を同害報復と区別することも同時に達成することになるだろう.

2.懲罰における応報

アリストテレスは,「多くの場合,応報は,それらの正しさ(i.e.『分配の正しさ』と『是正の正しさ』)と不整合をきたす」というが,明らかに是正の正義との対比を意図したと思われる説明は,1つの例を挙げるだけですましてい

る．それは次のような殴打をめぐる例である．

　「たとえばもし官職についている者[26]がだれかを殴ったとしても，その役人は殴り返されてはならないが，だれかが役人が殴った場合には，その人は殴り返されるだけではなく，懲罰も受けなければならないのである．さらにまた，行為が自発的な場合と非自発的な場合とでは大きな違いがでてくる．」　　　　　　　　　　　　　　　　　　（EN V, 5. 1132 b 28–31）

　第4章の是正の正義の説明によれば，「たとえば品位ある人が低劣な人からだまし取った場合でも，低劣な人が品位ある人からだまし取った場合でも，そこにはまったく違いがない……．法というのは，ただ損害の差異だけに注目し，……その当事者たちを差別なく等しいものとして扱う」[27]．「品位ある人がだまし取る」というのはおだやかではないが，それは講義室でのジョークと見るとして，是正の正義では，どのような人物が加害者であるかということは問題とされず，ただ為された加害がどのようなものかという点だけが問題となるとされている．富者が貧者を殴った場合も，貧者が富者を殴った場合も，殴った程度が同じであるならば皆同じように扱われ，同じような罰や補償がなされることになる．しかるに，上の引用では，役人が役人でない人を殴った場合と，役人でない人が役人を殴った場合とでは量刑の違いがあることが示唆されている．そこで，この箇所において是正の正義の基本的考え方が修正されていると解釈される．たとえば岩田は，上の引用箇所によるならば，「罰を決定するために考慮される被害量とは，たとえば殴った回数や程度というような物理的な被害量のことではなく，どのような人間に対してどのような状況のもとにその行為が行われたのかという社会的状況を考慮に入れた被害量であることが解る」[28]と説明している．

　しかし，スカルトゥサス[29]が指摘しているように，応報が分配の正義とも是正の正義とも違うものであることを示すという文脈の中で上のような説明が為されていることを考えるならば，単純に是正の正義の修正と見るのは適当ではないだろう．ここでは是正の正義の場合とは違った論理が働いていると見るべきである．第4章では，「品位のある人がだまし取る」という，読者をはっ

とさせるような例を用いてまで「等しい者として扱う」という点を強調したのに[30]、ここになってそれを修正するのは不自然である．第4章で指摘されていたのは，人がどのような性格の人であるかが是正の正義では問題にならないということであるが，ここで問題となっているのは，「官職（arkhê）」についているかどうかである．テキストでは明示的に述べられてはいないが，官職に伴う職務の遂行に関わっているという点が，刑罰において違いを生じさせるのであろう．この点は，『政治学』において「応報（antipeponthos）」という語が用いられる唯一の箇所が傍証となる．

アリストテレスは『政治学』第2巻第2章において，プラトン『国家』においてポリス（国家）全体が可能な限り1つにあることが最善であるとされている点を批判して，ポリスが多様な人間から成り立っていることを強調する．その議論の中で，次のように言う．「しかし，複数の要素から1つのものが出現すべきだとすれば，それらの要素は種類が異なるのである．まさにそれゆえに応報の平等性がポリス（国家）を維持する．それはさきに倫理に関する論述のなかで述べられたとおりである．というのは，自由人で，平等な人びとの間でさえも，この原則が存在しなければならないからである．なぜなら彼らのすべてが同時に支配することはできない以上，1年の任期，あるいは，なんらかの他の順位か時期に従って支配の任につくからである」[31]．ここでは，応報の平等が特に重要となるのは，支配－被支配の関係が，たとえ自由で平等な人からなる社会であっても成立していなければならないからである．平等な人からなる社会であれば，本来はそれぞれ等しいものとして扱われるべきであろう（それも応報の平等であろう）．しかし，現実にはそうすることがかえって不平等を生み出すことがあり，それにゆえに支配の立場にある者に対する扱いとそうでない者に対する扱いとに差異を設ける必要がある．その際にポイントとなるのが，地位に比例して扱いに差をつけることであろう．

支配－被支配というと，王と臣民というような固定的な身分関係の社会を連想してしまうかもしれないが，民主主義国家でも特定の時間で切り取れば，そのような関係が成立する．国民によって国民が治められるのが民主主義国家の

原則であろうが，すべての人が同時に支配する立場に立つことはできず，現代の国家では代議員制によって（国民の信任を得た）代議員が支配者の立場に立つ．直接民主制をとっていたアテナイにおいては，あらゆる事柄について皆で話し合って決定し実行するというわけにはいかないので，籤などの選抜手段を通じて一定期間役職につく人が決められ，その人が定められた期間支配者の立場に立ち，普通の人にはない一定の権力を持つことになる．むろん支配者の立場に立つということは，全くのフリーハンドの権力を握ることではないが，職務に関係する限りでは，他の人とは違う権限を持ち，他の人とは違う扱いを受けなければならない．現代の日本でも，国会議員にはその役職に益するように（あるいは不都合な事態が生じないように），国会会期中の不逮捕特権などさまざまな特権が与えられている．職務に関わる事柄である限りにおいて，役人と私人とは非対称的であり，私人が役人を殴った場合には，「その人は殴り返されるだけではなく，懲罰も受けなければならない」[32)]ということになる．

ここで「懲罰も受けなければならない（dei ... kai kolasthenai）」と言われている点は注意する必要がある．是正の正義に従うならば，単に「殴り返される」だけであろうが，この場合には加えて懲罰を受けなければならないのである．

是正の正義の論理では，「裁判官は罰によって加害者から利得を剥奪し，それを被害者との関係で公平にするよう努める」[33)]とされる．これは，応報刑論に見られるような，「刑罰は，（法を犯すことによる）便益と（法への）服従の間の適切なバランスの回復を目標としている」[34)]という論理による刑罰の正当化理論につながる考え方であると見ることもできる．この考え方には「懲らしめる」という要素は含まれない．ただ不均衡の解消ということだけが意図されている．

それに対して「懲らしめる（kolazein）」ということは，為したことが悪行であることをその当人に思い知らせるために行われる．その人が思い知ることによって，そのようなことを行わないようになることが期待されている．「立法家たちは，邪悪なことを行う者たちを，その行為が当の行為者自身に責任のない強制や無知によるものでないかぎり，懲罰し（kolazousi）罰する（timôrountai）

が，……．つまり，立法家たちがそのようなことをするのは，……前者の劣悪な者たちの行為を抑止することができると考えてのことだからである」[35]．しつけられず甘やかされた子どもの過ちには放埒（akolasia）（懲らしめられていないこと）という名前が適用される．「その名前の転用の仕方は，悪くないように思われる．それというのも，懲らしめを受ける必要がある（kekolasthai gar dei）のは，醜いものを欲求しながらどんどん成長してゆくたぐいのものであるが，とりわけ欲望や子どもはそのような性質を持っているからである」[36]．

ただ，応報において「懲罰」によって思い知らされる事柄は，一般に人を殴ったのは悪いことだから今後はやらないようにということだけではなく，役人を殴ることが特別な意味を持っていることである．つまり，支配－非支配というポリスの秩序が成立するためには，両者は常に等しい扱いを受けるべきではない．人によって扱い方を変えることによってその当人たちを等しくする（isazein）のが応報であり，それによってこそポリス（国家）の秩序が維持されると考えていたのであろう．

バーネット[37]は，当該の箇所と「その当事者たちを差別なく等しいものとして扱う」と言われていたこととの間に不整合がないことを，次のように説明する．すなわち，不平等（inequality）は役人と私人との間ではなく，加えられた殴打と被った殴打との間にある．役人が私人を殴ったなら，それは単なる殴打ではなく，懲戒（dicipline）の行為でもありうる．私人が役人を殴ったなら，それは単なる殴打ではなく，反乱（mutiny）の行為でもありうる．つまり，人としてはどちらも等しい者として扱うのだが，前者の場合と後者の場合とでは状況が違うがゆえに，扱い方の違いも正当化されると解するのである．スカルトゥサス[38]は，このように状況の違いによる正当化の非対称（asymmetry of justification）を想定することは，テキスト上の根拠がないとする．役人と私人とで科せられる刑罰に違いがあるのは，バーネットの解釈によれば，加害行為に含意されている社会的意味ゆえにであるということになるが，そうではなくて，刑罰を加えることから期待される，社会にとっての効用と不効用（the utility and disutility）という功利主義的な理由ゆえにであるとする．役人も私人も，人あ

るいは国家に対して罪を犯したという点では同じでも，両者を等しく罰することが国家にとって有益であるわけではない．是正の正義にはこうした功利主義的な要因が入る余地はない．だからこそ異なるタイプの正義が区別されたのである[39]．

　刑罰の正当化理論として見た場合，是正の正義は応報主義（retributionism）に近い立場であるということができるのに対して，応報の正義は功利主義（utilitarianism）に近い立場であるということができるだろう．スカルトゥサスは「国家にとっての効用」としか言わないが，すでにテキストの分析から確認できるように，その効用は，支配－被支配関係というポリス（国家）の秩序の維持にある．アリストテレスが支配の地位にいる者にどれだけの特権が与えられるべきだと考えているかは明らかでない．また，殴打の例も，あくまで例にすぎないので，それだけですべてを推測することはできない．その例では役人が有利な扱いを受けることになるのだが，スカルトゥサスも検討しているように，その逆の場合もありうるかもしれない．いずれにしろ支配－被支配の関係にある場合には，すべて等しい扱いを受けるべきだとしたのではかえって秩序が乱れる可能性があり，その重要性を教え込ませることにこそ，応報の原理に基づく刑罰があると言えるだろう．

3．カリス（感謝）

　これまで述べてきた応報は，悪に対して悪で報いる――ただし，同害報復ではなく，何らかの比例関係に基づいて報いる――という負の応報（negative reciprocity）であったが，応報はそれだけではなく，善に対して善で報いるという正の応報（positive reciprocity）もある[40]．前節で検討した箇所に続く箇所においてアリストテレスは，その両方のパターンがありうることを明示し，議論を正の応報の方へと移す．その議論の中でアリストテレスが持ち出す図式が，商業的交換における応報関係であり，しばしば「交換的正義」として論じられるものである．「貨幣」についても言及されているので，商業取り引きを行う場合が問題になっていると早合点されるかもしれないが，第2章で「さまざまな

取り引きにおける (en sunallagmasi)『是正的なもの』」[41]の例として売買だけでなく，非常に多様な関係が挙げられていたように，決して商業取り引きに限定されるものではない．実際アリストテレスは，商業的交換の話に直ちに入るのではなく，カリス（感謝）という，さまざまな社会活動に関わるような事柄を持ち出していることにも注意を払うべきである．

「とはいえ，交換のための共同関係において人々を結びつけるのはこの種の正しさ，すなわち「比例関係に基づく」応報（to antipeponthos kat' analogian) であって，「等しさに基づく」応報ではないのである．なぜなら，国家が維持されるのは，「比例関係に基づく」応報をなすことによる（tôi antipoiein . . . analogon）からである．すなわち，人々は，悪に対しては相応の悪を返すことを求めるのである．もしそれができなければ，人々は奴隷状態におかれていると考えられるであろう．あるいはまた，人々は，善には相応の善を返すことを求めるのである．もしそれができなければ，互いに対する事物の分け与え（metadosis）も成立しないのであり，相互分与によってこそ，人々の結びつきは維持されるのである．

それゆえ，彼らは「優美の女神たち（カリテス）」の神殿を目立ったところに建てて，返報（antadosis）[42]が行われるように促すのである．なぜなら，返報というのは，「感謝（カリス）」[43]に固有のことだからである．実際，親切を示してくれた人に対してはお返しに奉仕をしなければならず，今度は自分の方から率先して感謝を示さなくてはならないのである．」

(EN V, 5. 1132 b 31–1133 a 5)

この箇所においてアリストテレスは「比例関係に基づく」ということの重要性を示し，「ラダマンテュスの正しさ」として示されていた同害報復という意味での応報を，「等しさに基づく応報」としてしりぞける．「等しさに基づく」のは，或る意味では 1:1 という特殊な比例関係とも言えなくもないが，何らかの意味で「等しいもの」同士ではない人間関係において善悪の交換が為される場合が問題とされている．そもそもポリスは異なった人々からなる共同体である．異なった人々を結びつけるものとして応報がある．

そして，負の応報に関して，もし「悪に対して相応の悪を返す」ということができなければ，「人々は奴隷状態におかれていると考えられるであろう」と言われる．アリストテレスは友愛論の中で奴隷を「生きた道具」と呼び，「奴隷であるかぎりの奴隷に対しても，友愛や正しさはありえない」[44]．悪に対してそれ相応の悪の返しができないのならば，一方的に害を被るだけであり，対等なものとして扱われておらず，むしろ道具として扱われたことになる[45]．害を被ったという事実そのものから生じる悪に加えて，同時にまた，共同体における適切な人間関係の秩序が破壊されるという側面もあることが，これによって強調されている．是正の正義はまさに是正を目指しているのであって，加害者に罰を与えることも被害者に対する補塡であると理解されうるのであるが，応報の正義では，人間関係の秩序が壊れた（あるいは，壊れそうになった）ことに対する秩序の修復という意味合いがあることが，「奴隷状態」への言及からも示唆されている．

このように，負の応報が比例関係に基づいて為されるべきことの重要性が指摘された上で，次に「善には相応の善を返す」という正の応報のことへと話が進んでいく．さすがにこれが実現されなければ奴隷状態になるとまでは言わないとしても，人々を結びつける「相互分与（metadosis）」が成立しないと言われる．フィンリーは，「『倫理学』においてアリストテレスは，商い（trade）や商人（trader）を表す普通のギリシア語の語を（『政治学』において冷淡な調子で使用しているように）用いてはおらず，『交換（exchange）』という中立的な語に執着している」[46]とし，そうしたことを根拠として「彼は市場価値の理論を追求してない」[47]と主張している．

アリストテレスがここで商業取り引き，特に価格決定についての理論的考察そのものを目的としているのではないことは，「交換」に関連して「カリス（kharis）（感謝）」に言及していることからも確認できる．

カリスは，「相手に対して善いことをする」場合の気持ちを表現するものとしては「親切」と訳すのが適当であろうが，「相手から善いことをされたことに対するお返しとして善いことをする」場合の気持ちを表現するものとしては

「感謝」と訳すのが適当であろう．その両方を一語で表現できる日本語があればそれが望ましいのであるが，適当な語が思いつかないので，どちらが文脈に即しているかということで判断しなければならない[48]．ここでは，善いことをされたことに対して善いことを仕返すという返報がなければ交換が成立しないということが言われているのであるから，「感謝」と訳す方がよいであろう[49]．同様の用法は『ニコマコス倫理学』の他の箇所でも確認することができる．

たとえば，第4巻第1章では，気前の善い人にふさわしいことは贈与行為であって，単に受け取るべきでないところから受け取らないという消極的行為ではないことを説明して，「感謝（kharis）は，財貨を受け取らない者にではなく，それを贈与する者の方に与えられる」[50]と言っている．ここでのカリスは贈与に対するお返しのことで，応報的な交換関係の場合が想定されている．さらに，友愛論では，第9巻第7章において，一般的な見解として，「相手からよくされる人たちは，借りている立場にあり，他方，よくする人たちの方は，貸している立場にある」という考え方が紹介され，相手に親切をした者と親切をされた者との相手に対する気持ちの違いを次のように説明している．「相手によくした人たちもまた，相手から感謝を返してもらえること（komioumenous tas kharitas）を期待して，恩を受けた人たちが存在することを望むけれども，よくされた人たちの方は，感謝を返すことにはあまり関心を持っていない，と一般に思われているのである」[51]．「感謝」という訳語では，ただ気持ちだけのことのように思われてしまう恐れもあるが，その直前には債務者と債権者の例が類比的な事例として引かれているように，大多数の人たちの考えとしては，もう少し具体的な形になったものがお返しとして期待されている．

恩を与える側と恩を受ける側での意識の違いを指摘したものとして興味深いのは，トゥキュディデス『歴史』での有名なペリクレスの戦死者葬送演説の一節である．そこでは，カリスが相手のために善いことをする側と仕返す側の両方について用いられている．人から善いことをされることによってではなく，善いことをすることによってこそ友が得られることを説明しこう述べる．

「我々は親切を受けて (paskhontes eu) ではなく，こちらから親切を実行して (drôntes) 友人を得るのである．恩恵を施す者 (ho drasas tên kharin) の方が，施した好意を持ち続けて，相手から感謝の念を保持しようとするが故に，ますます信頼される友となる．他方，恩義を受けた者の方は，親切を返す場合にも，好意にはならず (ouk es kharin)，当然の恩返し (opheilêma) と見られることを知っているがゆえに，むしろ粗略になってしまうものである」[52]．ミレットは，この箇所と上で引用した『ニコマコス倫理学』第5巻第5章の箇所とを並べて，それらにホメロスに見られた意味でのカリス，すなわち「世話になったことへのお返しの感謝 (gratitude in return for a service)」が現れているとし，さらに同様のカリスの用例を挙げている[53]．

このように，カリスは最初に親切を行う者の好意を指すものとしても使われるが，そのようにされたことに対するお返しとして使われることも少なくない．しかし，ペリクレスの演説に見られるように，カリスは「当然の恩返し (opheilêma)」ではない．この opheilêma は「債務」とも訳せるし，むしろそう訳した方が，対比がより明確になるだろう．『ニコマコス倫理学』第9巻第7章では，恩返しが債務者による債務の返済になぞらえられていた．債権者は債務の返済を，法をバックにして債務者が当然為すべきこととして迫る．人から善いことをされることによって，それが負い目となることがあり，恩を受けたということで，債務を負って返済を迫られているかのように感じる人もいるかもしれない．しかし，返報としてのカリスは，（少なくとも建前上は）自発的なものであり，強要されることなく何らかの善いことを相手に対して行うことである．親切をした方も，あたかも債権者のように振る舞い，相手に対して返報をあからさまに要求するとすれば，それはカリスを相手に施したとはいえないだろう．そして，お互いが相手に対して善きことをしようとする相互関係が成立するところに「友愛」も成立する．

さらに，されたことと同じことを相手に対してお返しをしなければならないわけではないだろう．お金がなくて好意でお金をもらったときには，もし金銭的にゆとりができていつか返せるようになればそれが一番善いだろうが，それ

第8章　アリストテレス『ニコマコス倫理学』における応報　331

がかなわなければ，感謝の気持ちを表す別の行為でもいいだろう．アリストテレスは，優越性に基づく友愛，選りすぐれた人とより劣った人との間の友愛に関して，こう述べている．「どちらにも友愛に基づいて，より多くのものを分配すべきであるが，しかし実際には，同じものを分配すべきではなく，まさっている者には名誉をより多く，困窮している者には利得をより多く分配すべきなのである．なぜなら，名誉は，徳と善行の報償なのであり，利得は，困窮の補助だからである」[54]．

　このようにカリスということを手がかりに検討を進めていくと，アリストテレスが第5巻第5章で問題にしている応報が，友愛と深く結びついていることが明らかになってくる．先に述べたように，アリストテレスは友愛の説明の中で，友愛が成立し維持されるためには「友のための善を願う」ということが重要だが，「このような仕方で善を願う人たちは，相手からも同じ願望が生じない場合には，相手にただ『好意を抱いている』と言われるだけである．なぜなら，友愛とは『応報』が行われる場合の『好意』(eunoian . . . en antipeponthosi)だと考えられているからである」[55]，と述べている．

　すでに見たように，友愛において求められる応報がどのようなものでなければならないかは単純には決められない．友人相互の関係が具体的にどのようなものであるかによって違ってくる．単純にこれでなければということは言えないが，お互いの関係の中で，望ましいと考えられる応報関係というものが想定されるであろう．また，この応報は，債務を負ったのに対してそれを返すというものとは違い，それぞれ自発的に為されることによってはじめて成り立つ．そして，もし相手がそのお返しに満足しないのであれば，裁判に訴えたりすることなく，友愛関係を解除することになるだろう．そう考えるならば，友愛関係における応報は，単純に正義と置き換えられるものではないことが明らかになる．双方が納得し満足できるような「適切な」応報の関係を想定することはできるだろうが，それを「正義にかなった」応報の関係というと，友愛関係に含まれている，自発的で情感を含んだ人間関係が何か冷たいものになってしまうように感じられる．

こうように，応報を正義に適うか適わないかという形でストレートに扱うことを避け，望ましい応報関係がどのように決まってくるかを，財の交換を例として図式的に示したと考えるべきであろう．こうした視点から次に，一般に価格決定のプロセスを論じた経済学的な議論と見られている 1133 a 5 以下を見直してみよう．この箇所は，経済学的な議論が為されている箇所としてさまざま論じられているのであるが，本論文では主として，「応報」という第 5 章のテーマの中で，この交換の問題がどういう意味を持っているのかという点から論じる．

4．交換における応報

商業的な交換（commercial exchange）は「応報（reciprocity）」とは区別される．商業的な交換という売買の場面に入るのは自発的な事柄であるが，何かを購入したことに対する支払いは，厳密な意味では自発的ではない．商品を受け取ったならば，それに対して「支払い」は義務として課せられるのであり，それが履行されなければ，裁判に訴えられるなどするであろう．それに対して親切に対して感謝を具体的な形で相手に返すという行為は，そうした法的な義務までも含意されるような強いものではない[56]．また，商業的な交換は，商品の取り引きであって，人と人との関係は，応報関係の場合に比べて希薄で，一時的なものですまされうるものである．そのような違いがあるのだが，アリストテレスはカリスについて言及したすぐ後で，やや唐突のようにも思えるやり方で，商業的な交換の問題を持ち出す．

　「ところで，「比例関係に基づく返報（antidosis）」をつくり出すのは，「対角線に基づく組み合わせ」である．今，A を家職人，B を靴職人，C を家，D を靴としよう．ここで，家職人は靴職人から彼の作品である靴を受け取り，自分の方は彼に自分の作品である家を返し与えなければならない．

　　その場合まず，(1)比例関係に基づく等しさ（to kata tên analogian ison）が成立しているとすれば，そして次に，(2)その条件下で応報が行われるとすれば，そのとき，ここで言われている「比例関係に基づく応報」が達成

されることになるだろう．しかし，もしそうでなければ，その取り引きは等しいものではなく，頓挫してしまうだろう．なぜなら，一方の者の作品が，他方の者の作品よりも価値がある，ということは当然ありうるからである．だから，これらの作品の価値は「等価にされる（isasthênai）」必要があるのである．」 (EN V, 5. 1133 a 5–14)

1162 b 32–33 において，「等しさに基づく応報」ではなく「比例に基づく応報」こそが「交換のための共同体」において重要であることが述べられていたが，ここで「比例に基づく返報」の具体例が示される．「交換のための共同体」というのは商業的な取り引きが行われる経済共同体のことを言っているように思われるかもしれないが，先の節で見たように，それに限定されるわけではなく，広い意味での交換関係が問題になっていると見るべきであろう．また，商業的交換が問題になっているといっても，上の例に見られるように，1対1の取り引き，引用した箇所だけを見れば，あたかも物々交換のような場合が想定されているように見える．もちろん，物々交換というのではあまりに現実的ではない．家と靴との物々交換であるなら，家職人は使い切れずに置き場に困るほどの多量の靴を手に入れることになるだろう．「貨幣」というものが議論に導入されることによって，より現実的になるのだが，1対1の関係に限定されて議論されていることは注意しておくべきである．

さて，ここで論じられている交換関係はそれほど複雑なものではなく，容易に理解できるものであるように思える．我々は1人ないし1つの家族において生活に必要なものすべてを供給できないのであるから，自分が所有していないものを手に入れるために，自分が所有しているものと交換しなければならない．そのためにも，自分とは違う仕事をして，違う作品を作っている「一般に異なった，等しくない人たち」[57]を必要とし，そういう人を相互に必要とするがゆえに，共同体が成立していると言える．そして異なる人たちの作る作品の1つあたりの価値は等しいものではないがゆえに，どのような比例関係で交換が為されるかが問題となる．

交換前には次のような所有の関係が成り立っている．

```
    A（家職人）――――― C（家）
    B（靴職人）――――― D（靴）
```

そして，交換によって所有の移動が生じるから，これは次のような関係で表される．

```
    A     C
     \ /
     / \
    B     D
```

もちろん，この場合家 1 軒について靴 1 足というわけにはいかないから，A が受け取る D は，家（C）1 軒に対応する靴（D）n 足ということになる．つまり，「C：D＝1：n」という関係が成り立つことによって，適切な応報関係が達成されることになる[58]．

「応報」と訳された antipeponthos は，数学用語としては「逆比例」という意味もあることから，「比例に基づく応報」という場合の比例を，「A：B＝D：C」と解釈する者もある[59]．この解釈のテキスト上の根拠として，1133 a 22–24 で「一定数の靴と一つの家との関係，あるいはそれだけの食料との関係は，家職人の靴職人に対する関係に対応していなければならない」と言われている点を挙げることができる．しかし，そこでは「一定数の」靴と言われている点を見のがしてはいけない．家職人と靴職人との関係に対応するのは，一定数の靴と一つの家との関係である．だから，比例関係を想定するとすれば，「A：B＝nD：C」とでもしなければならないであろう．

どのような比例式を想定するにせよ，ここで問題になっているのは，「nD＝C」という等式が成り立つ n を見つけることである．そうすることによって，「これらの作品の価値は『等価にされる』」．そのような n を見つけるためには，C と D との価値を何らかの共通の尺度によって計ることが必要である．C と D とは本来性質の異なるものなのだが，何らかの仕方で「比較可能なもの（sumblêma）」[60]でなくてはならない．まさにそのために「貨幣（nomisma）」が登場したとアリストテレスは言う．「なぜなら，貨幣はすべてのものを計り，したがって，超過と不足を計り，どれだけの靴が，家や食料と等しいかを計るからである」[61]．もっとも，貨幣がすべてを計るといっても，物の長さを計る定

規のように，それを当てれば直ちに価格が決まるということはない．物はそれぞれ性質の異なるものであり，そのままでは価格は決まらない．物とその価格とをつなぐ尺度となるものがなければならない．その役割を果たすのが「必要 (khreia)」である．「何か『1つのもの』によって，すべてのものが計られねばならないのである．その『1つのもの』とは，真実には『必要』なのであって，この必要があらゆるものを結びつけるのである」[62]．

さて，こうしたアリストテレスの議論をどう理解すべきであろうか．まず比例関係そのものの意味について考えてみなければならない．「$A：B = nD：C$」という比例式を先に示したが，この比例に関して，ゴーティエとジョリフは，「その（CとDの価値の）確定は，応報の正義の場合のように，人物との関係によって行われるのではないことに注意するのが重要である」[63]，と指摘している．特に交換のための価格決定が問題となっているとすれば，ここで問題になるのはCとDとの比例関係であり，$nD = C$という関係が成り立つようなnを見出すことである．つまり，アリストテレスはただ，「AがBにCを，BがAにDを譲渡する前に，CとDの量を，それらが等価になるように調整しておかなければならない」と言っているにすぎないことになろう．分配の正義においては，分配を受ける人A，Bの功績が，比例関係の成立にとって重要な要因になっており，その功績の差異が比例で表されていたが，ここでは交換を行う当事者ということ以上の意味はないようにも見える．しかし，アリストテレスは，「これらの作品の価値は『等価にされる』必要がある」[64]と言うだけでなく，「これらの人々は『等価にされる』必要がある」[65]とも言っているのである．作品の間で成立している「$C：D = 1：n$」のような比例関係だけが問題とされているわけではないことは明らかである．では，交換を行う当事者，生産者は比例の図式においてどのような意味を持っているのだろうか．

これを説明するために，「労働」という要因を導入して説明することがしばしば為される[66]．つまり，生産物を生産するのに要した労働量が価値を決めるのであり，その点で人と物とは連関すると言うのである．これに対して岩田は，「$A：B = D：C = 100：1$」のような反比例の図式を想定した上で，このア

リストテレスの図式の哲学的意味を次のように説明している.「先ず,交換を成立させるための等価値化の確定において,生産者がどのような者であるかはとりあえずは全く考慮に入っていない.すなわち,等価値化はひたすら産物の等価値化に基礎をおいているのである.しかるに,量や質のはなはだしく異なった諸産物が等価値化されるとき,それらを測る共通の尺度がなければならない.この尺度が需要なのである.『先に述べられたように,すべてのものはなにか1つの尺度によって測られなければならない.この尺度は真実には需要である.』従って,産物の価値とはその産物に対する市場における需要の変装形態であり,交換的正義はひたすら市場における需要を基礎にして成立するのだ,といえる」[67].このように述べた上で,生産者の価値は,それぞれが生産するものが市場において付けられる価格によって決定されるという.このことを,大工と靴屋の例を取り上げて,市場で家1軒が靴100足と等価であるとされたという想定で,次のように説明する.「いま議論を単純化するために時間という条件のみをとりあげるとすれば,もし大工が50日で1軒の家を建て,靴屋が100日で100足の靴を縫い上げたとすれば,大工の価値は靴の価値の2倍になる」[68].

　このような解釈を経済学の用語を用いて説明するならば,スチュワートなど従来の解釈者は,いわゆる投下労働価値説(「さまざまな物を獲得するのに必要な労働量のあいだの割合が,それらの物を相互に交換するためのなんらかの基準を提供しうる唯一の事情である」[69]という考え方)に類似した考えをアリストテレスに帰しているのであるが,それに対して岩田は支配労働価値説(「彼の財産の大小は……その財産によって彼が購買または支配できる他人の労働の量,あるいは同じ事であるが他人の労働の生産物に比例する」[70]とする考え)に類似した考えをアリストテレスに帰していると言えるであろう[71].これらのどちらの立場を取るにしろ,解釈の妥当性を主張するためには,「労働」というテキストには出てこない概念を持ち込むことになるので,さまざまな状況証拠を積み重ねる必要がある.けれども,いずれの論者もそのような手続きを適切に行っていないゆえに説得力を欠くことになってしまっている.特に,「労働が価値を生み出す」という

考えがアリストテレスに見られるということが確認される必要があるが，価値の根拠として労働を持ち出すようなことはどこでもしていないのではないだろうか．

　特に岩田の場合，市場における価格決定を前提した上で議論を展開しているのであるが，ここで市場の存在は前提されているのであろうか．そのような前提を，特に論じることなく立てているのは，「クレイアー（khreia）」を「需要」と訳していることに由来しているのではないか．「クレイアー」をロスやラッカムは「demand」と訳し，労働価値説を読みこむ解釈者はその訳を用いている．それに対してアーウィンは，その訳は誤解を与えるものだとして批判し，「need」と訳すべきであるとしている．「need を demand と同一視すべきではない．A が C の靴に対して持つ need は，C が生産量を減らしたり，競争者の会社を買収したりして，彼の靴に対する demand を増大させたとしても，変化しない」[72]．アリストテレスは，「もし人々が互いに何も必要として（deointo）いなかったり，あるいは同じ程度に必要としていなかったとすれば，そもそも交換というものはありえないか……」[73]と述べている[74]．交換は，何か必要なものがある，つまり自分に不足している（deisthai）ものがあるということに基づいて成立する．そして，そのような必要ゆえに交換の共同体が形成されるのである．

　アリストテレスは，どこかの店に買い物に行くような場面を考えているのではない．1 対 1 で，それぞれ異なるものを持ち寄り，それを交換しようとする際に，どのような比で交換すればよいのかを問題としている，いわば原初的な交換状況ともいえる場面を考えている．それぞれの作品にすでに価格が付いていて，その価格によって交換比率を決めようというのではない．もしそうなら，性質の異なるものがどうして通約可能である（commensurable）のかという問題に頭を悩ませる必要はない．価格を比べればいいのである．いわばそれが成立する以前の原初的な状況が想定されているからこそ，通約可能性が問題となるのである．

　必要は人と物との関係の中で成立する．同じ物が，ある人にとっては必要で

あるが，別の人にとっては必要ないということはありうる．ある物がどの程度必要であるかは，必要とする人が誰かということと無関係に，一律に決まるものではない．靴職人と靴職人との間では，どちらももう一方が所有している靴を必要としない（だから，欲求も起こらない）．だから交換の関係も成立しない．それに対して，大工と靴職人の場合には，お互いに欠けているものを相手が所有しているがゆえに，それぞれのものに対する必要によって，交換の共同体が成立することになる．そのときどのような比率で交換するかを決めるのが，それぞれの人にとっての「必要」なのである．個々人が持つ必要性との相関で，交換比率も決まってくる．だから，「対角線に基づく組み合わせ」には人が登場しなければならないのであり，必要ということを手がかりに交換が成立することによって，作品が「等価にされる」のであるし，これらの人々も「等価にされる」と言われるのである．

5．交換における応報と友愛における応報

アリストテレスは，具体的な交換の比例関係の決定は，交換が為される前に為すべきであるとして，次のように言う．

「したがって，それぞれのものが等価にされて，その結果，農夫の靴職人に対する関係が，靴職人の，農夫の作品に対する関係とちょうど同じものになるとき，そのときにはじめて，応報関係が成立することになるだろう．しかし，農夫と靴職人が交換を済ませた時点で，それぞれのものを比例関係の「図式」へと導いてはいけないのであって（さもなければ，一方の極端が両方の超過を持つことになるであろう），比例関係の図式へと導くのは，彼らがまだ自分のものを持っているときでなくてはならない．このようにしてこそ，彼らは互いに等しい者（isoi）となり，共同関係を結ぶ者（koinônoi）となるが，それは求められている等しさが，そのときにはじめて彼らの間に実現されうるからである．」　　　　　　　　（EN V, 5. 1133 a 31-b 4）

交換を済ませた後で比例の図式へと導いてはいけない理由を説明している箇所は分かりにくいが，おおよそ次のようなことであろう．交換が終了した段階

第 8 章 アリストテレス『ニコマコス倫理学』における応報 339

で，比例関係の図式が設定され，たとえば家 1 軒に対して靴 100 足というような比が適切だということが明らかになれば，すでに行った交換において，一方が他方に対して（適切な数量よりも）超過したものを得ていることが判明する．当然，相手の方はその分だけより少ないものしか得ていないことになる．そこで，得をした方は，相手に対して，適切な数量より超過した分の 2 倍を所有していることになる[75]．

このような事態が起こらないように交換の前に比例を確定しておくべきだというわけであるが，自発的な交換が終了した後で，その交換は不適切だったと是正することが難しいという実際上の注意でもあるだろう．不均等があることが判明すれば，より多くのものを得た者が相手に超過分を渡せばよいわけだが，お互い納得ずくで交換した以上，強制的な是正はやりにくい．加えて，一旦交換がすみ，両方ともそれでお互いの必要が満たされていると思っているのであるから，その判断をあらためて修正し，交換の前の自分自身にとってのその必要性がどの程度のものであったかを判断することも難しい．あるいは，適切な比例で交換が為されたとお互い判断したはずであっても，こんなはずではなかった，もっとたくさんもらうべきであったのに，などと思ってしまいがちである．アーウィン[76]はこの箇所の注で，第 9 巻第 1 章末尾の，「おそらく，品物は，受け取る人がそれを手に入れたときに自分自身の目に映る価値によってではなく，それを手に入れる前に，その人が見積もった価値で見積もるべきであろう」[77]とアリストテレスがアドバイスしている箇所を参照させている．

第 9 章第 1 章が扱っているのは，「形態の類似していない友愛」，つまり互いが相手に対して異なる種類のものを期待して結ばれるような友愛である．たとえば，竪琴歌手と，それを雇って歌わせる人との関係などである[78]．先に述べたように，友愛には応報という要素が含まれており，特にこうした関係では，適切な応報関係が人間関係を円滑にし，さらに広くは社会秩序の維持にも役立つだろう．したがって，友愛においても上で見たような応報の図式が問題となりうる．もちろん，上で考察した商業的な交換の場合には通常，それぞれが持っている作品を相手に与えるのは同時的である．それに対して，友愛の場

合には，時間差があることが多いし，またあらかじめ交換比率が決められた上で親切とそれに対する返報が為されるとは限らない．しかし，商業的な交換と同様に，してもらったことに対する返報がどれだけのものであるのがよいか，ということは問題になる．

アリストテレスは，事前の合意がある場合とない場合とを分けて論じる．後者の場合について，「奉仕行為について双方で合意が行われていないような場合には，……それを提供した人の選択の価値に応じて（kata tên proairesin）為されなければならないであろう」[79]と説明し，前者については次のように説明している．

> 「与える行為（dosis）が，……何らかの条件に基づいている場合には，返し与える行為（antidosis）の方は，おそらく，与えられたものの価値に最大限対応している当事者双方によって判断された（malista . . . dokousan amphoin kat' axian einai）ものでなくてはならないが，もしその点での合意が無理ならば，先に奉仕を受け取った者の方が，相手に返し与えるものを査定することが必要であるばかりか，さらには正しいことでもあると考えられよう．なぜなら，先に受け取った者が得ただけの利益を，あるいは彼の得たであろう快楽に提供されただけのものを，相手の方が受け取るならば，相手は，先に受け取った者からしかるべき値（tên para toutou axian）の見返りを得ることになるからである．」 (EN IX, 1. 1164 b 6–12)

どれだけの返報をすべきか判断するためには，為された事柄の価値（axia）の評価が不可欠であるが，その評価は誰がするか．もちろん事前の合意がある場合には，それに従って返報すればよいだけだが，そうでない場合には，しばしば価値評価の食い違いが生じる．ここでアリストテレスは，与えた者ではなく，受け取った者の方がそれをするべきであると言う．そうすることによって，与えられたものの価値に応じた返報が可能になると言う．上の引用のすぐ後でアリストテレスは売買の場合に同じことが起こることを紹介し，品物を受け取った側の査定の方が重視される理由として，「実際，自分の所有するものや自分が与える者については，どのような種類の人であれ，自分たちにとって

は多大の価値があるように見えるのである」[80]という指摘を行っている．人はあらゆるものを所有することはできないのであるから，何か不足がある．商業取り引きの場合には売買によってそれを入手するのであるし，親切な行為によって何らかの利益を得たとするならば，それはまさに自分に不足しているものが——有形のものであれ無形のものであれ——与えられたからで，だからこそそれをしてくれた人に感謝し，その感謝を何らかの形によって表す．それはしてもらったことの価値に相当するものでなければならないのであるが，その価値とは，利益を受けたその当人にとって，為された事柄が有する価値でなければならない．だからこそ，アリストテレスは受け取った者が評価すべきであるというのであろう．ここでは「必要（khreia）」という言葉は出てこないが，価値は受け取った者がそのことによって満たされた必要性の度合いによって評価されると言ってもよいだろう．もし何の必要もないことをされたならば，それはその当人にとっては「善きもの」ではなく，余計なお世話とでもいうものになってしまい，感謝の対象とはならない．

　この議論は，第5巻第5章の交換における応報の議論と重なり合う．純粋に2人だけでお互いに所有しているものを適切な比によって交換しようというわけだが，たとえば家職人と靴職人との間の交換の例で考えるならば，考慮すべき点は，家職人の，彼が現在所有していない靴に対する必要性の度合い，靴職人の，彼が現在所有していない家に対する必要性の度合いの比較による．もちろんそのままでは必要性の比較は難しいので，貨幣を「いわば必要の代替物」[81]として用いなければならないが，2人の間で交換比率を決めるためにはそれで十分であろう．先の友愛の議論の中で見られたように，それぞれの人が自分の所有していないものに対する必要性を主張し，そのことによって交換比率が決められる．逆に，一旦所有してしまったならば，交換の際の必要の度合いの評価をあらためて判定するのは困難になる．だからこそ，交換関係を比例関係の図式へと導くのは，それぞれの人が「自分のものを持っているときでなくてはならない」[82]とされるのである．

おわりに

　第5巻第5章での中心的な議論とされる1133 a 5–b 28 は，商業取り引きのことが論じられていると解されることが多い．しかし，それは友愛関係において見られるさまざまな応報の1つの例にすぎないのであり，すぐ直前に取り上げられた，親切に対しでどれだけの感謝という返報をするのが適当かといった問題ともつながる議論である．商業取り引きの場合は貨幣によって必要を数量化し，図式的に示すことが容易であるがゆえに，そこに特化した議論が展開されたが[83]，そこで明らかにされたことは，むろん商業取り引きの場合にしか当てはまらない点も含むが，基本的にはさまざまな形態の応報について考えるための手がかりとなるものであったと考えるべきである[84]．

　プラトン『国家』第2巻において，ポリス（国家）「をつくる要因となるのは，われわれの〈必要〉ということになるようだ」[85]という指摘が為されており，アリストテレスが「必要」という概念を議論に持ち出した背景になっていることが指摘されている．必要を満たすためにお互いに自分の持っているものを交換しなければならないが，それが適切な応報関係と為るためにはお互いの必要を適切に評価し合うことが重要である．そうした相互の配慮の中で共同体は維持される．ポリスにおいて市民に「ともに生きることを選ばせるのは友愛である」[86]．しかし，ポリスは多様な人々の集まりであり，同じ者同士の間で成立するような友愛がポリス全体において成り立ちうるとは考えられない．そこで，異なった立場の人同士の友愛，（アリストテレスの言い回しを使うと）「形態の類似しない友愛」について考える必要がある．アリストテレスは「形態の類似していないあらゆる友愛において，友愛を等しいものにし，保全するのは，……比例関係なのである．たとえば，『社会的な友愛』においては（en têi politikei），靴職人は自分の提供する履き物のかわりに，履き物の価値に応じた見返りを手に入れ，織物職人やその他の職人たちの場合もこれと同様である」[87]，と説明する．そのようにして形成され維持されていく人間関係，友愛関係の秩序の中でさまざまな形での正義も議論され，実践されて，ポリスが安

定したものとなる．その意味では，応報は正義と重なり合うところが多いが，「正義」という言葉ではカバーできない広い領域に関わっており，正義の基盤を形成していると見ることができよう．

    アリストテレスのテキストの略号は以下の通り．
    EN = *Ethica Nicomachea* (『ニコマコス倫理学』)
    Pol. = *Politica* (『政治学』)
    MM = *Magna Moralia* (『大道徳学』)

1) Pol. II. 2, 1261 b 30–31. (『政治学』からの引用は，アリストテレス（牛田徳子訳）『政治学』（西洋古典叢書），京都大学学術出版会，2001年による．ただし，「国家」を「ポリス」とするなど，本章での表記の統一のために若干の修正を加えた箇所がある．)

2) EN. V. 5, 1132 b 33–34. (『ニコマコス倫理学』からの引用は，アリストテレス（朴一功訳）『ニコマコス倫理学』（西洋古典叢書），京都大学学術出版会，2002年による．ただし，「国家」を「ポリス」に，「配分」を「分配」に変更するなど，本章での表記の統一のために若干の修正を加えた箇所がある．なお，テキストの解釈に関わる変更はその都度注記した．)

3) EN. V. 2, 1130 b 30–1133 a 9. (自発的な取り引きとしてアリストテレスは「販売，購買，貸与，担保入れ，融資，委託，賃貸など」を例として挙げ，非自発的な取り引きとして「窃盗，姦通，毒物使用，売春斡旋，奴隷誘拐，暗殺，偽証」のような密かに行われるものや，「暴行，換金，殺害，強盗，傷害，中傷，虐待」など暴力的なものを挙げている．)

4) 第4章の冒頭でも，「他の一つ (to loipon) は，『是正的なもの』であり」（1131 b 25）と言われており，是正の正義が残りの一つ (to loipon) であって，さらに何か別にあるわけではないことを示唆するような言い方が為されている．

5) Cf. Gauthier, R.A. & Jolif, J.Y., *Aristote : L'Éthique à Nicomaque*, Louvain : Nauwelaerts, 1970, v. 2–1, pp. 329–371 は，分配の正義の一種と見る解釈者としてStewartを，是正の正義の一種と見る解釈者としてRitchieを挙げ，それぞれ批判を加えている．

6) Hardie, W. F. R., *Aristotle's Ethical Theory*, 2nd ed. Oxford : Clarendon Press, 1980, p. 196.

7) 岩田靖夫『アリストテレスの倫理思想』，岩波書店，1985年，285ページ．

8) 小沼進一『アリストテレスの正義論――西洋民主制に活きる法理――』勁草書房，2000年，186ページ．

9) EN V. 6, 1133 a 24–25.

10) Cf Millett, P., *Lending and Borrowing in Ancient Athens*, Cambridge : Cambridge University Press, 1991 ; Gill, C., Postlethwaite, N., & Seaford, R. (eds.), *Reciprocity in Ancient Greece*, Oxford : Clarendon Press, 1998.

11) 本章でも philia の訳語として「友愛」という語を採用したが，古代ギリシアに

おいて友愛はさまざまな親しい者同士の相互関係を表すのに用いられる．アリストテレスのいう「徳ゆえの友愛」は我々が思い描く（真の）友愛（friendship）に近いものかもしれないが，親子，兄弟のような血縁関係，市民間の相互関係にもphilia が成立していると言われる．「市民的友愛」については，濱岡剛「ポリス市民の友愛」（『アルケー　関西哲学会年報』13 号，2005 年），195-208 ページを参照のこと．

12)　EN VIII, 2. 1155 b 32-34.

13)　特にポリスの市民相互においてそうした相互関係が広い範囲で壊れてしまったならば，ポリスの運営は困難をきわめることになる．だからこそ「応報の平等性がポリス（国家）を維持する」（Pol.II, 2. 1261 a 30-31）とも言われるのであろう．

14)　EN V, 5. 1133 a 4-5.（朴訳では「親切」と訳されている kharis を，アリストテレス（加藤信朗訳）『アリストテレス全集 13　ニコマコス倫理学』，岩波書店，1973 年に従って「感謝」と変更した．この点については後で詳しく論じる．なお，朴は EN V. 4. 1120 a 15 では kharis を「感謝」と訳している．）

15)　朴訳では，「人々は『ラダマンテュスの正しさ』でさえ，このような見解を言おうとしたものだ」となっている．「このような見解」と言われているのは，直前の「応報というのは，『配分の正しさ』にも『是正の正しさ』にも適合しない」という見解のことであろうが，それと「ラダマンテュスの正しさ」との関連がはっきりしない（これと同様の訳をつけているのが Broadie, S. & Rowe, C. (tr. & commentary), *Aristotle : Nicomachean Ethics,* Oxford : Oxford University Press, 2002, p. 165 で，"even though people give this interpretation to Rhadamanthy's notion of the just too" と訳している）．「ラダマンテュスの正しさ」がいずれの正義とも適応しないと人々が考えている，ということの指摘だとするならば，それは，直前の見解が人々に支持されているということであり，「とはいえ（even though）」という語で直前とつなげられているのは不自然ではないか．むしろその見解に一見したところ反するような主張を人々がしているという指摘でなければならないだろう．

　Irwin, T. (tr.), *Aristotle : Nicomachean Ethics,* 2nd ed. Indianapolis : Hackett Publishing Company, 1999, p. 74 は，"though people take even Rhadamantys' [primitive] conception of justice to describe rectificatory justice :" と訳している．この場合，touto が「是正の正義」を指すと解されている．この touto の部分に「この意味」という訳を当てている Dirlmeier, F. (tr.), *Aristoteles : Nikomachische Ethik* (*Aristoteles Werke in Deutscher Übersetzung,* Band 6), Berlin : Akademie-Verlag, 1983 や Tricot, J. (tr.) *Aristote : Éthique à Nicomaque,* 4th ed., Paris : Librairie Philosophique J. Vrin, 1979 も同様に考えているのであろう．確かに，後で見るように，「ラダマンテュスの正しさ」すなわち「同害報復（lex talionis）」は，刑罰に関しては形態上，是正の正義と同じだといえなくもない．もし同じだとするとどういう問題が予想されるのか，これでははっきりしない．確かに，「ラダマンテュスの正しさ」＝「応報の正しさ」という想定に基づくならば，それが是正の正義と同じだと言うことは，応報の正義が是正の正義と等しいと言うことと同じであり，アリストテレス自身

の見解と食い違うことになり,話の筋は通ることになる.しかし,以下の本文で示すように,冒頭での「応報」の意味が「同害報復」に限定されて用いられると解するのは適当ではない.それゆえ,Scaltsas, T., "Reciprocal Justice in Aristotle's *Nicomachean Ethics*", *Archiv für Geschichte der Philosophie,* Vol. 77, No. 3, 1995, pp. 251-253 に従い,touto が「応報」を指していると解する.

16) ヘシオドス断片 286.
17) 朴訳では,原文で明記されてない主語として「無条件的な応報」を補っている.「無条件に」という語がこの章においてすでに 2 回用いられているが,いずれも「応報」を直接修飾するものではなかった.また,「なぜなら」は「応報というのは,『配分の正しさ』にも『是正の正しさ』にも適合しない」という主張に対応するものであるから,ここで特に「無条件的な」という限定を付ける必然性はない.
18) Scaltsas, *op. cit.*, pp. 249-253.
19) Alexandri Aphrodisiensis *in Aristotelis Metaphysica Commentaria* (*Commentaria in Aristotelem Graeca* I, ed. Hyduck, M.), Berlin : Georg Reimer, 1891, 38. 10-12.
20) Guthrie, W. K. C., *A History of Greek Philosophy,* Vol. 1, Cambridge : Cambridge University Press, 1962, p. 303, n. 2.
21) MM I, 33, 1194 a 28-31.
22) Hardie, W. F. R., *Aristotle's Ethical Theory,* 2nd ed. Oxford : Clarendon Press, 1980, p. 272 も,ピュタゴラス派の正義の定義における antipeponthos によって同害報復が意味されているというのはほとんど正しくないと指摘している.
23) Scaltsas, *op. cit.*, p. 254.
24) EN V, 4. 1132 a 8-9.
25) EN V, 4. 1132 a 9-10.
26) Irwin, *op. cit.*, 74 は,この箇所を"a ruling official [exercising his office]"と訳している.exercising office と付加することによって,ここでの arkhen ekhôn (1132 b 28) という語句で,単にある官職についているということだけでなく,その官職に伴う職務の行使であるということも含意されていることを明確にしている.
27) EN V, 4. 1132 a 2-5.
28) 岩田,前掲書 263 ページ.
29) Scaltsas, *op. cit.*, p. 253-257.
30) アリストテレスは特に説明を加えていないが,そのように等しい者として扱われるのは「ポリス市民」に限られ,奴隷の場合も同じ原則が適用されるとまでは考えていないであろう.
31) Pol. II, 2. 1261 a 30-34.
32) EN V, 5. 1132 b 29-30.
33) EN V, 4. 1132 a 9-10.
34) Murphy, J. G., "Marxism and Retribution", Simmons, A. J. et al. (eds.), *Punishment* (*A Philosophy & Public Affairs, Reader*), Princeton : Princeton University Press, 1985, p. 14 (引用中のカッコ内の語句は私が補ったものである).Cf. 濱岡剛「刑罰における応報と道徳教育——刑罰の正当化に関する社会哲学的考察の試み」(『社会哲

学研究資料集 II　21世紀日本の重要諸課題の総合的把握を目指す社会哲学的研究』（平成14年度　科学研究費補助金（基盤（B）（1））研究成果報告書）），2003年（http://philosophy.cs.kyoto-wu.ac.jp において公開），157–159ページ．（もちろん，これ以外にも，応報刑を正当化する議論にはさまざまなタイプがある．）

35) EN III, 5. 1113 b 23–26.
36) EN III, 12, 1119 b 3–5.
37) Burnet, J., *The Ethics of Aristotle,* London : Methuen & Co., 1900, p. 224.
38) Scaltsas, *op. cit.*, pp. 255–257.
39) *Ibid.*, pp. 254–255 は，役人だからこそ私人よりも重い罰を受けなければならない場合を，パットン将軍を例に使って検討してもいる．
40) 応報の二種類の区別については，Gill et al., *op. cit.*, p. 2 を参照した．
41) EN V. 2. 1131 a 1.
42) 朴訳では「応報」と訳されている antadosis を，antipeponthos ではないことを明確にするために，「返報」とした．
43) 朴訳では「親切」と訳されている kharis を，「感謝」に変更した（注14を参照）．
44) EN VIII, 11. 1161 b 2–3. 念のために付け加えておくと，アリストテレスは，「奴隷である限り，奴隷に対する友愛はあり得ないが，しかし彼が人間である限り，彼に対する友愛はありうる」（b 5–10）ということも指摘している．
45) Stewart, J. A., *Notes on the Nicomachean Ethics of Aristotle,* Vol. 1, Oxford : Clarendon Press, 1892, p. 450 は，「人が合法的なビジネスの中で競争相手にたいして自らを主張することができず，自分を不当に扱うものに対して法の助けに訴えることによって自らを守ることができない限りにおいて，彼は本当にはポリスの「メンバー」ではなく，奴隷のように，その外にいるものである．本当に市民であるためには，そのポリスにおいて自らの立場を保持できなければならない」，と説明している．
46) Finley, M. I., "Aristotle and Economic Analysis", *Past and Present,* 47 Vol. 47, 1970, p. 14.（Finley が考えている商人を表す「普通のギリシア語の語」というのは，kapelos であり，アリストテレスのこの箇所と内容的に関連しているプラトン『国家』371 B–C ではその語が用いられていることを注記している．
47) *Ibid.* p. 14.
48) 英訳では，grace（Ross），gratitude（Broadie & Rowe），独訳では Dankbarkeit（Dirlmeier），仏訳では grace（Tricot, Gauthier & Jolif）などと訳されている．
49) もちろん，kharis に対応する動詞である karizesthai が a 5 において用いられており，それは「感謝を示す」ではなくて「親切を示す」と訳すべきであるのは明らかであるから，kharis には（最初に行われる）「親切」という意味が含まれていないとまでは言えない．
50) EN IV, 1. 1120 a 15–16.
51) EN IX, 7. 1167 n 23–25. 朴訳で「親切」となっているものを，「感謝」に変更した．
52) トゥキュディデス（藤縄謙三訳）『歴史　1』（西洋古典叢書），京都大学学術出

版会,2000 年.II, 40. 4.
53) Millett, *op. cit.*, pp. 123-126. デモステネスの演説では,自分がポリスのためにやってきたことを挙げることによって陪審員にカリスを求めるという論理が見られるという.また,テオプラストス『人さまざま』9 では,風呂屋で湯の番人に湯をかけてもらったお礼に渡す心づけの意味でカリスが用いられていることも紹介している.
54) EN VIII, 14. 1163 b 1-5. また,アリストテレスは EN IX, 1. 1164 b 2-6 で,哲学を教わったことのお返しについて,「哲学と釣り合うような名誉というものはありえないが,神や親たちに対する場合と同じように,哲学を学んだ場合にも,自分にできるものを返し与えれば,おそらくそれで十分だろう」と述べている(もちろん,哲学へのこの言及は講義の中でのジョークのようなものであろう).
55) EN VIII, 2. 1155 b 32-34.
56) Gill et al., *op. cit.*, pp. 2-3.
57) EN V, 5. 1133 a 18.
58) この関係をアリストテレスは「対角線に基づく組み合わせ」と言い,分配の正義が次のように表されるのと対比していると考えられる.

   A ——— C
   B ——— D

この分配の場合,A と B とはそれぞれの価値に応じて分配されるものを受け取る.そこで比例関係は,A:B=C:D となり,それは $(A+C)/(B+D)=A/B$ とも表記される.このような比例関係をアリストテレスは「幾何学的な比例」と呼んでいる.
59) Joachim, H. H., *Aristotle : The Nicomachean Ethics*, Oxford : Oxford University Press, 1955, p. 149. 岩田 前掲書,268 ページ.これに対して Heath, T., *Mathematics in Aristotle*, Oxford : 1949, p. 275 は否定的である.
60) EN V, 5. 1133 a 19.
61) EN V, 5. 1133 a 21-22.
62) EN V, 5. 1133 a 25-27. Meikle, S., *Aristotle's Economic Thought*, Oxford : Clarendon Press, 1995, pp. 34-35 は,アリストテレスはここで「必要(khreia)」に,結合する(holding-together)という役割を与えているだけで,それ以外の,尺度の役割は与えていないとする.岩田靖夫「経済と倫理―アリストテレスの経済思想―」(『思想』第 962 号,2004 年 6 月,以下「経済と倫理」), p. 52 もこの見解に従っている.確かに必要は厳密には数量化できるものではないから,すぐ直前に言われているように,貨幣によって数量的に示されなければ交換の場面で役に立たないであろう.しかし,「必要」は「何か『一つのもの』によって,すべてのものが計られねばならない」という要請に応える形で導出されたのであるから,「結合する」役割だけであるというのは無理がある.
 また,Meikle, *op. cit.*, p. 34 は,必要が事物を通約可能にするものであるという指摘をアリストテレスは 1133 b 19-20 を除いてはしておらず,しかもその箇所では,「真実には」通約不可能であるが,「必要との関連では,そうしたことは十分(hikanôs)ありうる」と言われていることから,必要によって通約可能性の問題

を解決することにアリストテレスが納得しているわけではないことが示唆されているとする．このMeikleの解釈についてはまず，彼が「通約可能（commensurable）であること」と「（共通の）尺度があること」とを区別した上で，前者があってはじめて後者が成り立つ，と解している点が問題であると思われる．確かに両者は異なる概念ではあるが，AとBとを計る共通の尺度はないけれども，AとBとは通約可能であるというのは考えがたい．「共通の尺度」が何か，ということが明らかになっていないということはありうるが，尺度の存在を想定せずして通約可能性を論じることはできない．commensurableという言葉の中にmensura（measure）という語が含まれていることから示唆されるように，両者は切り離すことができない．たとえば，Wiggins, D., *Needs, Values, Truth*, 3rd ed., Oxford : Clarendon Press, 1998, p. 359 は，commensurableの暫定的な定義を提示する際に，次のように「尺度（measure）」という概念を使って定式化を行っている（その定式化自体はかなり長い文になっているが，ここではそのcommensurableの定義そのものを問題としているわけではないので，関連する最初の部分だけを抜き出す）．"Option A is commensurable with option B if and only if there is some valuational measure of more and less and . . ."

　また，b 19–20 の解釈についても，そもそもアリストテレスは，それぞれの学が対象とするものの性質によって，求められる厳密さが異なることをさまざまな箇所で指摘しており，ここでも，学問知（エピステーメー）で求められるような厳密性が成り立たないとしてもその解答が決定的に不適切であるとは考えていなかったのではないだろうか．

63) Gauthier & Jolif, *op. cit.*, p. 377.
64) EN V, 5. 1133 a 13–14.
65) EN V, 5. 1133 a 18–19.
66) Stewart, *op. cit.*, pp. 453–454.
67) 岩田『アリストテレスの倫理思想』，268–269 ページ．
68) 前掲書, p. 269. この例に則して比例式を説明するとどうなるか．p. 270 の表によれば，「A：B」というのは，同じ額の産物を生産するのに要する労働量の比であり，「A（大工の労働量）：B（靴屋の労働量）＝1：2」ということになる．さらに，生産物の間に成り立っている比「C：D」は，同じ労働時間で生産される産物の総額の比であり，「C（大工の作品：家 2 軒）：D（靴屋の作品：靴 100 足）＝2：1」ということになる．そうすると，反比例の関係が成り立ち，「A：B＝D：C」という関係が成り立つことが確認される．ただし，そうすると，p. 268 で確認された比例式「A：B＝D：C＝100：1」とどのように整合性を確保できるのか，疑問である．二種類の比例式が想定されているということになるのだろうか．そもそも問題となっているのは，交換の際に，たとえば家一軒に対して，靴何足ならば適正な取り引きになるか，ということであろう．家と靴というまったく違った性質のものの価値をどのように比較することができるか，ということをアリストテレスは問題とし，いわゆる通約可能性の問題を提起し，その問題を解決するために，「貨幣」，「クレイアー（「必要」または「需要」）」という装置を持ち出したのである．すでに家と靴のそれぞれの価格が確定している段階での議論をして

いるわけではない．ところが，岩田の議論では，それぞれの価格が確定していることを前提として，それに基づいて大工と靴屋の労働の価値の比を確定するのは，本末転倒というべきことであろう．仮にそういう分析が可能だとしても，それは第5章でのアリストテレスの議論の主要課題とは無関係な思弁にすぎない．

69) A・スミス（水田洋監訳，杉山忠平訳）『国富論 I』，岩波書店，2000年，p. 91.（スミスはこれが，「初期の未開発」の状態にある社会についてのみ当てはまるものとしている．）

70) スミス，前掲書，p. 64.

71) 岩田，前掲書，270–271 ページは，こうした分析に基づいて，アリストテレスの正義論の根底に「能力主義」があることを主張する．岩田は明言してないが，もし能力が一般に「交換的正義」のように計られるものだとするならば，その能力主義は，「市場の評価」によって各人の能力は測られるという市場主義的なものだということになるだろう．

72) Irwin, *op. cit.*, p. 232.

73) EN V, 5. 1133 a 27–28.

74) 岩田「経済と倫理」60 ページは，「必要」を「人間の生にとって必要不可欠な物財（たとえば，食料や衣服）への欲求」と理解し，khreia の訳語としての「需要」は「自然的な必要から無際限な欲望までをも包含する概念として」khreia を「需要」と訳したのだと説明している．しかし，そもそも「必要」というのは「欲求」の一種なのだろうか．何かの仕事に飲食を忘れて没頭している人は，休憩や食事が必要であるにも関わらず，そのようなものに対する欲求を持っていないということはありうる．だから，「必要」を「欲求」の一種と見るのは適当でない．

さらに，pp. 60–61 では，khreia を「需要（demand）」と訳すことを批判している Meikle の議論を，「筆者の見るところ，その主張には説得力がない」という一言で片づけている．岩田は「需要の主観性」ということをその論文における主要な論点としているようだが，「主観性」を強調した場合，「効用」という概念につながる考えをアリストテレスの理論に帰すことになる可能性がある．その場合，Meikle, *op. cit.*, pp. 110–128 が批判の対象としている，アリストテレスのうちに新古典派経済学的な要素を見出そうとする解釈に対してどう対処するか，という問題が生じてくる．そうした解釈をどう評価しているのか，論文では明確ではない．

75) Cf. Stewart, *op. cit.*, pp. 464–465. 朴，p. 221.

76) Irwin, *op. cit.*, p. 232.

77) EN V, 5. 1164 b 20–21.

78) 現代の我々の感覚からすれば，このような関係を友愛とは呼ばないかもしれない．「友愛（friendship）」と通常訳される philia が，その訳語から推測されるよりもはるかに広い領域の人間関係を包含していることを示す一つの例である．堅琴歌手と雇用者とは，サービスとそれに対する賃金との交換の関係というこれまで見てきた商業的な交換の一例とも言える．

79) EN IX, 1. 1164 a 33–b 2.

80) EN IX, 1. 1164 b 17–18.

81) EN IX, 5. 1133 a 29.
82) EN IX, 5. 1133 b 1–2.
83) その図式は，かなり単純化されたものであるから，実際の価格決定のプロセスを説明するものとしては不十分であるのは明らかであり，アリストテレス自身そのことを了解した上で，応報の説明に図式に合うように条件を単純化したと考えられる．たとえば，『政治学』第 1 巻第 11 章末尾では，タレスがオリーブの豊作を見込んでオリーブ搾取機をあらかじめ予約しておくことによって大きな儲けを得たという，先物取り引きの先駆ともいえる事例が紹介されているが，そこでは希少性によって価格が上昇することが示唆されている．
84) アリストテレス（高田三郎訳）『ニコマコス倫理学(上)』，岩波書店，1971 年，pp. 278-9 も，「交易とか商取引の場合は，本来，たまたまその一つの場合（結果的にきわめて重要な）として導入されたのであり，そこから，示唆に富んだ彼の交易論・貨幣論の展開を見るにいたったと解するべきであろう」と注記している．
85) プラトン（藤沢令夫訳）『国家』（岩波文庫），岩波書店，1979 年，369 C．
86) Pol. III, 9. 1280 b 38–39.
87) EN IX, 1. 1163 b 32–35.

※ 本論文は，平成 17 年度科学研究費補助金（基盤研究（C））（課題番号 17520026）の助成を受けた．

第 9 章

アダム・スミスの資本主義観

はじめに

　アダム・スミスは近代社会を，産業資本に立脚する資本主義社会として体系的に描きだした最初の人である．ところで，19世紀後半以降20世紀にかけて資本主義という用語が社会主義に対する対語として使用されていたという事情からして当然ながら[1]，近代社会と言うのではなくて資本主義と言う場合の方が，よりいっそう歴史的な意味を含意するものと見ることができるだろう．近代と言えば，古代，中世，近代という過去から現在への歴史的な変遷を含意するけれども，現在から未来へかけての見方はオープンになっている．しかし，資本主義と言えば，古代奴隷制，封建制，資本主義という過去から現在への歴史的な変遷を含意するだけではなく，少なくとも19世紀後半から20世紀にかけての問題状況においては，社会主義への移行という現在から未来にかけての歴史問題が付随していた．しかし20世紀末から21世紀の現状においてはほかならぬこの問題が，曖昧模糊となって風化しているかに見える[2]．そこで本章は，そもそも近代社会を古典派的な仕方で初めて資本主義として描きだしたアダム・スミスの資本主義観が，こうした現代的な問題状況から見てどのような意味と内容を示しているかを検討してみようとするものである．

　またスミスの資本主義観といっても，彼の「自然的自由の体系」に集約され

る彼の理念的な資本主義のヴィジョンは，現実の資本主義の発展に対する批判基準でもあるという意義をもっているように考えられるが，このヴィジョンは，先進国の資本主義の発展および学説史の展開に対してどのような意義をもっただろうか，また資本主義の世界的な展開に対してはどのような意味をもっただろうか．これら2重の問題を検討して，スミスの資本主義理論が，現実の資本主義発展のなかでどのような意味をもっているのかということを考えてみたい[3]．

1．産業資本とスミス経済学

近代商業社会の最初の経済学体系の創立者はジェームズ・ステュアートであるとされているが[4]，近代資本主義の経済的機構を産業資本に立脚して最初に体系化した人としてまず名をあげられるのはアダム・スミスであろう．

スミスは，近代資本主義時代の当初から信用業や特権的株式会社や特定の商業部面で機能していた資本だけではなく，広範な生産部門での近代的な生産資本の機能を定式化したし，そのうえこの生産資本を基礎として，それに対する商業資本や銀行資本の分業論的な関係をも定式化したのである[5]．このことによって，スミスは史上初めて古典的な形で，近代社会を産業資本によって編成された資本主義社会として描きだしたと言うことができる．本章の冒頭で「産業資本に立脚する資本主義」という表現を使ったのは，このような諸資本の分業論的編成を言い表すためである．スミスが長らく経済学体系の始祖と言われてきたのはこの特徴を踏まえてのことだったろうと考えられる．このような特徴づけは少なくともスミス経済学の一面については当たっているはずである．

もちろんスミスの時代には「資本主義」capitalism という用語は存在しない．しかしスミスは capital，あるいは capital stock，あるいは単に stock という用語で，特に生産の分野での資本の投下がどのようにすばらしい生産力の向上をもたらすかを分析した．このことの基礎のうえに，生産にとっての商業の，そしてまた商業資本の役割を分析し，さらには銀行資本がどのように生産や商業の発展に寄与しうるかを分析した．こうした社会的分業の体系的な分析によって

スミスは，近代社会が資本と資本家たちによって編成されている，そのメカニズムを古典的な形で産業資本に立脚するものとして解明したのである．

　近代というつかみ方の枠内でも，私有財産制や市民的な自由や交換＝分業の発展という歴史的な特徴を表現することができるだろうが，スミスは，その分業が生産資本の投下によって著しく生産力を発展させるという資本主義の特徴を表現することができたわけである．そうすることによってスミスは，社会の基本的な分配所得を利潤と賃金と地代に区分し，これに基づいて社会が資本家と賃金労働者と地主という3つの基本的な階級によって構成されることを史上はじめて定式化した．これらの3つの所得は，それぞれ市場メカニズムによって決定されるのであって，かつての領主の収入や農奴の生活資料が封建的な習慣や経済外的な政治権力的強制によって決定されていたのとは決定的にちがっている．そのようなちがいをスミスは定式化したことになる．

　したがって，資本主義という用語が存在しなかった時代に，彼は，近代社会が実際には新しい資本主義的な時代に移行していたことを描き出したのである．スミス以前には，重農主義のケネーにおいても，重商主義のステュアートにおいても，賃金と利潤との区別は経済理論の中心基軸にはなりえなかったし，社会は資本家，労働者，地主という資本主義的な区分ではなくて，むしろ旧型の士農工商の残影を思い起こさせるような地主，農民，商工業者という区分であった．節約と奢侈という内容のちがいはあるが，社会全体の盛衰を左右する主役は地主であった．これに比べるとスミスの基本的な所得と社会階級の区分は，画期的な定式化であったと言わなければならない．そしてこのような新しい経済理論は，典型的な資本主義時代を通じてリカードウ，J. S. ミルを経て一方ではマルクスへ，他方ではマーシャルへ受け継がれたのであって，その継承がさまざまな洗練やスミス批判を含むものであったとしても，スミスはたしかに資本主義経済学のもっとも有力な始祖であった．ケインズ以降，こうした3大所得（3大階級）の区分を度外視して，それらを国民所得という形で一括し，その集計値を財政・金融当局の自由裁量的な政策の対象として問題にするようになったのは，明らかに資本主義の大きな変容を表現している．

2．スミスの歴史観と自然法

スミスが社会全体の生産や流通，さらには貨幣循環の主役が産業資本であることを明らかにしたという場合，その資本を歴史的な性質という点でどのように意味づけていただろうか．

この点ではスミスの経済思想が 17 世紀ヨーロッパ大陸の近代自然法学に強く影響されていることが，まず注目されねばならない．この点は，スミスの『法学講義』で彼自身がグロチウス，プーフェンドルフなどの名をあげて，自ら（もちろん独自性を追求しつつ）自然法学の体系化を試みようと言明していることからも明らかである．『法学講義』のポリース論の終わりでは「こうして我々は，法律（law）の最初の 3 大対象すなわち司法，ポリース[6]，公収入を終了した．我々は今や……軍備を取り上げるところに進む」（LJB. 541, 訳 408）とある．ところが軍備論が終ったところでは，「自然法（the laws of nature）について，我々が提案したとおりに，それが司法，ポリース，公収入，軍備にかかわるところを考察した，……」（LJB. 544. 訳 416）と述べている．したがってこれらの引用を重ねてみると，law と the laws of nature は同じ意味をもたされており，スミスが彼なりに自然法学の体系を構想していたことがわかる．

近代自然法学の影響を強く受けているといっても，スミスは，どちらかと言えばその特徴的な手法にならって「自然状態」や「原契約」の仮定的前提を踏襲しているわけではない．「自然状態」は未開社会への言及によって回避されているし，「原契約」は明確に否定されている．それでも私有財産権がすべての社会で守られるべき基本的な権利であるとする近代自然法学の基本的な考えを，スミスは自らの社会理論の，そしてまた経済学の基礎前提として踏まえている[7]．その場合，「自然状態」や「原契約」のかわりにスミスが論証の基礎としているのは，歴史に見られる経験的な事実の自然的な発展経路（と考えられたもの）と，スミスの眼前で中産階級の勤勉な人々の間で広く観察されたヒューマン・ネイチュアである．

『道徳感情論』では，その主題の一面をなす同感判断による自己規制は近代

商業社会のなかでこそ一番よく養成されるとされている．この認識は，同感を通じての判断力は彼の眼前の商業社会で広く一般的に観察されるということを意味する．そのような人間の感情の働きをスミスは人間の本性＝自然（human nature）とみなした．

スミスの『法学講義』は公法についても私法についても，すなわち統治形態についても私有財産権についても，未開社会から近代商業社会に至るまでのそれらの歴史的な変遷を描いている．それは私有財産権が，時代や国のちがいに応じてさまざまであるということを示すだけではなく，狩猟，牧畜，農耕，商業という経済の発展に応じて，私有財産権が拡大（enlarge＝一般化）されてきたという経験的・歴史的ないきさつを解明している．すなわち私有財産権が近代商業社会で広く一般的に認められる基本的権利として，自然に確立してきた由来が歴史的にたどられているのである．

未開社会や古代社会や封建社会，あるいは中国やアメリカ等々で，私有財産のあり方は違う．そうした違いを，その社会の生産力の違いや統治形態の違いとの関連で，スミスは，『道徳感情論』で解明した同感原理を援用しながら説明している．しかし生産力や統治の形態が変化（進歩）するにつれて，ある時代の制度や習慣は，かつては「いかに必要であったとしても，……今ではまったくの厄介物」（LJB. 529, 訳374）になってしまう．こうして私有財産の社会的な認知の仕方が変化する．というのも，「人々の間に彼らの旧習を保持することは，それらの原因が除去された時には，背理的である」からである（同上）．このような変化（進歩）の過程で私有財産権は「拡大」され，今日に至っている．スミスの評価ではこの今日の状況が自然的なのである．それはスミス眼前の商業社会の人々によって同感をもって是認されている．その権利の侵害に人々は憤慨するのが普通であり，その憤慨の感情がまた「自然的」であり，こうした感情に基づいて統治や法が成立している．そしてこのような状態は，この上なく有効に社会の産業を促進する．

「法律と統治もまた，このこと以外の目的を目指しているとは思われないのであって，それらは，自分の所有を拡大した個人の安全を保障して，彼

が平和にその果実を享受できるようにするのである」(LJB. 489, 訳 268).

『法学講義』では,自然法という言葉は多用されてはいないが,随所で「自然に」という言葉が使用されている.社会の(生産力を中心にした)発展にともなって,「自然に」近代的な所有権が確立する.この過程を『法学講義』は追っているのである.その場合,「自然的な」というのは,スミスにとってはおおよそ次のことを意味するであろう.すなわち歴史的に必然的に成立したこと,またそうあるべきこと,現在広く人々に同感され是認されていること,またそうであるべきことを意味しているであろう.そのうえに,19世紀とは違って[8],スミスの当時においては,ニュートンの自然哲学の法則にならって,「自然的」は,永久不変性,普遍的法則性を含んでいたのであって,スミスの「自然的」の用法もその枠をはずれてはいない.

以上,特にイングランドで発達した商業社会適合的な私有財産制度を自然的なものとみなすスミスの近代自然法学的な手法を振りかえってみたが,本章の主題に関連して当面次の3点を指摘しておきたい.

まず第1に,自然法はもともと実定法とはちがうものとして構想されたものである.それは実定法批判の理念を提示したものである.またそれと同時に,実定法は改訂されて当然自然法に準拠すべきものと考えられたのである.スミスにもこの考えと同じ思考が見られる.スミスは,広く歴史を反省して大ブリテンに現に実際に見られるような基本としての私有財産制度の確立を一応自然必然的なものとして見定めているのではあるが,しかしそれだけではない.ということは,この私有財産制度を基礎として展開されていた,言葉を変えれば,私有財産権の具体的な援用諸形態として実際に行なわれていた重商主義政策に対するスミスの批判を想起すれば自ずと明らかであろう.先に「自然的」の意味を説明して,「歴史的に必然的であったこと,そうあるべきこと」という表現をしたのはそのためである.すなわちスミスは,イングランドにおいて私有財産権という基本的制度は最高の発展を示すものとして肯定したが,私有財産権の実際の運用(利己主義的,貨幣追求的,利潤追求的,殖産興業的な保護主義で偏狭なナショナリズムの資本主義=重商主義)を批判することになったのであ

る.両側面の関係についてスミスは,「各人が自分の労働の果実を享受することについて,大ブリテンの法律が与えている保障は,これさえあれば,これらおよびその他20ものばかげた商業上の諸規制にもかかわらず,どの国でも繁栄させるのにそれだけで十分である」(WN. Ⅳ. v. b. 43, 訳Ⅲ-77)と見ている.この意味ではスミスの(自然法的な理念＝)理論は最初から現実の資本主義に対する批判理論的側面をもっていたことになろう.

　第2に,スミスの言う「自然的」には「そうあるべき」という意味が含まれるのであるが,このことはなにもイングランドだけについて言われているのではない.スコットランドについてもフランスについても,同じ尺度が適用される.スミスは『法学講義』その他で,時代と国が違えば事情も異なるという事実を,広い視野で描いてはいるが,それは各時代,各国が取るべき進路は,多様であるほかないということを述べているわけでも,多様な諸事情をお互い認めあってゆこうなどというのでもない.スミスにとっての「自然的」基準からは,市民革命以前の諸制度も,市民革命以後の重商主義的諸政策も,スミスと同時代の遅れた諸国の諸慣習もすべて不自然なもの,あるいは富裕の進歩を遅らせた諸事情として批判される.この見方は,後で述べるように,スミス自然法学の体系のなかで,歴史を扱う場合にある特有な(あるいはむしろ奇妙な)手法を持ち込むことになる.つまりはどこの国もスミスが「自然的」とみなしたような方向への発展が唯一「自然的」である.このような見方も人間の基本的人権をおしなべて人類全般の自然権とみなした自然法的な思考と関係しているものと考えられるが,このことは後で見るように国際関係のなかで資本主義を評価する場合に,大きな問題を惹起することになるであろう.

　第3に,不変的,普遍的な意味合いをもつ「自然的」の見方からすると,過去から現在への歴史は,より不自然な体制からより自然な体制への必然的な変化・発展・進歩として描くことができるだろうが,現在から未来への変化の問題は,もはやなんの変化も生じないだろうなどという見方がなされるほどではないまでも,なおオープンな問題にとどまるであろう.前述のように「資本主義」とは違って「近代」という発想は,過去から現在への歴史的な変化を問題

にするとしても，現在から未来への変化という問題についてその解答はオープンだと言えるだろうが，スミスの資本主義像はむしろ近代社会のイメージに近い．あるいは彼は近代社会論のイメージでもって資本主義社会を描いていたのである．

3．批判理論としての「自然的自由の体系」

周知のように，スミスは社会の富裕を増進する最有力な原因は分業に基づく生産力の向上であるという命題を，すでに『法学講義』の頃から繰り返している．ところで，分業を推し進める原理は，人々に内在する交換性向（propensity to exchange）である．自分の利益になるように他人を説得し，持ち物を交換する性向である．さらに，この交換は自由に行なわれる場合には，両当事者双方が利益をうる場合にだけ成立する．以下に述べるとおりこの最後の論点は，スミス資本主義観の理念的な軸線をなすものとして注目しなければならない．

ところで分業を成立させる条件は，人々が専業に専念している間，その人々の生活と生産とを維持しうるだけの貯え（stock）がなければならない．そうでなければ人々はある一定期間をかけて自分の専業に専念できない．ここで注目すべきは，この意味でのストックがスミスの資本概念の核である点だ．

『法学講義』には理論的に整理された資本概念はないが，それでも分業に基づく生産力の向上という点は理論的に最重要な扱いを受けている．その分業を支えるための条件としての一定の貯えを得ることができなければならないという点も明確に指摘されている．

> 「人々が……ある特定の勤労をするようになった時には，彼らはその仕事によって，それに従事している間自分たちを支えるだけのものをえなければならない．1人の矢作りは，彼がそれを作るのに時間をかけている間彼を維持するだろうだけを，余剰生産物と交換に入手することについて確実でなければならない」（LJB. 494-495，訳284-5）．

この貯えはまだ資本の名で呼ばれてはいないが，スミスが資本を考えて行く際の萌芽を示している．したがって『国富論』において本格的に資本の分析を

する場合にも表現は次のようになる.

　「織物工が彼の特定の仕事に専念できるのは,彼が彼の織物を完成するだけでなく売るまでの間,彼の生活を維持し,彼に仕事の材料を供給するに足りるだけの貯えが,彼自身の所有物としてであれ,だれか他の人の所有物としてであれ,どこかに前もって貯蔵されている場合だけである」(WN. Ⅱ-序論,訳Ⅱ-16).

　以上のようにスミスにとって「資本」は,なによりもまず生産力的な分業を支えるための貯えであり,生産者自身の手元であれ誰か他の人の手元においてであれどこかに貯蔵された貯えである.このような意味での資本は歴史的には,分業が行なわれる限り資本主義をはるかに超えて(それ以前にもそれ以後にも)存在するはずだ.このつかみ方には原始蓄積の暴力的な性格や独立生産者の資本家と労働者への両極分解,生産者からの生活手段,生産手段の分離という認識はほとんど窺えない[9].資本家と賃金労働者との関係も,自然的な意味合いでは,商品交換の原理から導き出されるべきものである.資本家と労働者は私有財産所有者として対等であるべきだ.労働者にとっての財産は彼の労働能力である.彼の体に備わった彼自身の能力である.資本家は利潤目当てで労働者に賃金を支出するだろうし,労働者はその賃金のおかげで一定の生産期間自分の生活を維持できる.商品交換の原理と同様に,雇用契約によっても当事者双方が利益を得るというわけである.

　もっとも現実にはこのような微温的な関係などありはしない.この点マルクスによって高く評価されたステュアートの描き方の方がよほど現実的・経験的であるかもしれない[10].そしてそれはそれでスミスも批判的に描写してはいる.しかし,資本主義が現実に生みだした弊害は,スミスの自然法的史観に含まれる(あるべき)理念の立場から,批判し矯正されるべき対象として描かれている.すなわち周知のことだが,——雇用契約の交渉に際しては,貯えをもった資本家の方が貯えをもっていない労働者よりもはるかに有利である.資本家はお互いに連絡して協同歩調を画策するのが容易にできる.彼らは結束しまた政府に働きかけて,賃金水準を低く押さえ込もうとし産業保護政策を実現

しようとする．重商主義政策というのはその最たる実例だ．これはどちらかと言えば物価を引き上げ産業全体の雇用力を狭め社会の富裕の増進を妨げるばかりでなく，最大多数を占める労働者階級にとっても不都合である．それだからといって労働者が結束しようとすると国家権力による抑圧を受ける．資本のもとでの分業組織に組みこまれて毎日毎日単純で同じ労働を強いられている労働者たちは，知的にも道徳的にも頽廃するだろう．だからこの状況を救済するための教育に対する財政支援が必要である——と．

彼は自身の「自然的」の基準によって現実の資本主義を批判しているのである．あるいは批判の基準としての「自然的自由の体系」を描きだそうとしているのである．資本主義のゆがんだ現実を改善し，改良するための自然的，かつ理念的な指針を描いているのである．前節で見たように，自然法の伝統に立つ「自然的」の語には，このような意図も含まれていたのである．

彼が心に描く自然的なヴィジョンのもとでなら，資本相互の自由で公正な競争によって資本の利潤率は低下するだろうけれども，社会の利潤総額は増大するという状況が生じうるであろう．このような状態のもとでは，生活資料は豊富になりその価格は安価になり（つまりポリースの目的は自由市場で実現することになり），労働需要も増大し，いっそう豊かな実質賃金が実現するだろう．このような事情のもとでは地主階級の境遇もよくなるだろう．社会の生活資料を生産している労働者は社会の最大多数を占めているのであって，そのような労働者階級の賃金が高くなり生活が改善されるということは「衡平」（equity）であるにほかならず，これに反対する人はいないであろうとスミスは言う（cf. WN. 1. 8. 36, 訳1-142-143）．ここには，スミスの資本主義の現実に対する批判の立脚点が倫理的な言葉で表現されているだけでなく，上記の教育制度の改善策などに見られるとおり，19世紀の資本主義改良思想の原点が据えられていると言えるであろう．

さて，「自然的自由の体系」に結実したスミスの理念的なヴィジョンが，敗戦直後のわが国で，「太平洋戦争」の大惨害をもたらしたわが国の封建遺制，

軍国主義，植民地収奪等に対する批判の依拠すべきひとつの古典として大きな意義をもちえたことは周知のとおりである．この事情は，スミスが封建遺制批判，重商主義的植民地政策批判という意図をこめて，自由主義への進路を示したことと共鳴しあっている．この点でスミスは敗戦後のわが国の民主化運動のなかで，思想史研究という地味な形をとったにすぎないとはいえ，それなりに大きな役割を果たしたと言うことができるだろう．

しかしスミスはわが国だけでこのような啓蒙的な役割を果たしただけではない．彼の資本主義の現実を批判する理念的なヴィジョンは，スミスの母国の経済思想史のうえでも，現実の資本主義批判ないし改良の拠り所のひとつとして，大きな意義をもっていたものと見なければならない．彼の重商主義批判はとりもなおさず資本主義の現実への批判にほかならなかったからである．このことはスミス以降ほとんど現在に至るまで連綿としてスミス思想への回顧が続いているという事実からしても明らかであろう．現実の資本主義が生み出したさまざまな弊害に対して，どのような対処の仕方がありうるかという問題意識なしには，到底このような思想史的な現象は生じえなかったであろう．この点は，イギリスにおける改良主義の祖と言われるJ. S. ミルが，19世紀の資本主義の現実の発展が産み落としたさまざまな弊害を目の当たりにして，その新しい事態にあわせてスミスの思想の再構築を目指すという意図のもとに，彼の改良主義を構築したという事実を想起すれば，これまた明らかである．そのうえで，イギリス経済思想史において，改良主義の展開のなかでのミルの，したがってスミスの重要なポジションを想起すべきであろう．

しかし，資本主義の改良，特に20世紀以降の改良は，産業政策にしても福祉政策にしても非商品経済的な様相を強めてきたのであり，それに応じて官僚制が強まったのであるから，かりに改良主義の思想的源流がスミスにまでたどりうるとしても，それを実現する手法はスミスの考えた自由主義とはむしろ対照的な政策，制度である場合が多い．かりに資本主義の原理をスミスがはじめて古典的な形で描いたと言えるのだとすれば，現在の官僚制的資本主義はずいぶんと非スミス的，非資本主義的になってしまっていると言わねばならない．

しかしその場合スミス的な自由の精神は，スミスの名をあげるかどうかにかかわりなく，官僚統制に対する警戒，批判，抵抗というきわめて貴重な市民的運動のなかに受け継がれていると言わねばならない．

それでは，先進国と後進国との相克が見られる国際的な舞台では，スミスの自由主義思想はどのような意義をもったであろうか．

4．スミス自由主義と「自由貿易帝国主義」

以上，スミスの自然法的な歴史観の概括を試みたが，このような見方に立つ場合国際的な進歩の多様性はどのように見られているであろうか．スミスの自然的基準あるいは自然法的基準から見れば，当時の大ブリテンの実際の資本主義＝重商主義は批判の対象になるという関係にあったから，フランス，ドイツ，スペイン等々の国々はそれぞれ，封建遺制を抱える国として，あるいは分立的な封建的領邦国家として，あるいは16世紀的な大土地所有制度を残したまま富裕の進歩をすっかり遅らせてしまった国として，批判の対象になっている．そこには各国の多様性を相対的に認めてゆこうとするような立場は見られない．彼の「自然的自由の体系」という理論的，理念的な基準からすれば，こうした諸国はみなできうることならば，所有の制度や統治の制度を変更し，国内的にも対外的にも自由な産業活動が可能になるようにして，富裕の自然的進歩の行程を踏まえるべきである．スミスは遅れた国々について暗にこのような示唆をあたえているように見える．タタール人のような場合には，さすがに一挙にこのような自然的行程への軌道修正が勧められているわけではないが，しかしその場合には，タタール人の遊牧生活における私有財産制度の未発達ぶりや生活の過酷さが批判がましく例示されるばかりで，そこに各地各種の歴史的事情のちがいや社会生活の相対的価値の多様性を見出そうとする観点があるわけではない．

アメリカの原住民に対してスミスは，その剛毅な気質，不屈の精神，共同体への厳しい忠誠心等々を，TMSにおいて驚嘆している（cf. TMS. 205 f., 訳，下，77以下参照）．また『国富論』においては，西欧からの入植者たちがアメリカ

の原住民に対して数々の不正を働いたという事実を指摘してはいるが，それでもスミスは，こうした原住民が西欧の進んだ入植者たちの商業に学びつつ，そのうちには西欧人と肩を並べうるほどに進歩するだろうと予想している．すなわちその地の原住民たちはこれからは「より強力になり」，「勇気と力において平等になり」，不正が行われないようになるだろう．「すべての国と国との間の広範な商業が自然にあるいはむしろ必然的にともなう知識とあらゆる種類の改良の相互交流ほど，この力の平等を確立するものはなさそうに思える」と言うのである（cf. WN. IV. vii. c. 80, 訳III-235 参照）．つまりはもっとも楽観的な資本の文明化作用を想定していたわけであろうか．（あるいは今日世界のもっとも遅れた地域で見られるような，先進国に対する激しい抵抗運動が，期せずして予想されていたと見るべきであろうか．）

　それでは各国の商業取引についてはどのように考えられていたのであろうか．スミスにとって自由な商品交換の基本は前述のように，交換の両当事者がともに利益を得るという点にあったのだから，国際的な商取引においてもそれが自由な貿易である限りは，商品交換の原理どおり，両当事国にとって利益になるはずのものである（cf. L JB. 511, 訳 325-326 参照）．このことはイングランドとフランスとの交易においてそうであるはずだというにとどまらない．イングランドとインドとの貿易も，それが自由な交易として行なわれるならば，当然両当事国にとって有益であろう．アメリカ植民地との貿易も，それが特権会社の独占的な貿易であるために，アメリカにとっても大ブリテンにとっても有害な作用を引き起こしているのが現実ではあるが，植民地貿易それ自体は，大ブリテンにとって大変有益である．スミスはアメリカ植民地貿易そのものには反対してはいなかったのであって，貿易そのものから生じる利益はその独占から生じる弊害を上回っていると言っている（cf. WN. IV. vii. c. 50. 訳III-205）．

　したがってスミスのこのような理論に立脚しつつ（あるいはスミスの権威と歩調をあわせて）大ブリテンの政治家や商人は諸外国に対して自由貿易を要求することができた．彼の自由貿易の原理は，自然的自由の普遍的に妥当すべき原理として提示されていたからである．すでに国際市場で最強の生産力を達成し

たと（スミスによっても）信じられた大ブリテンだけではなく，遅れた諸国もまた同様に自由貿易政策を採用するのが自然であるかのように，スミスは暗示しているし，少なくともそれらの国が保護主義をとることはやむをえないことだという結論はスミスの理論からは出てこない．スミスはこの（理論的な）原理に対して実際的な制限条件をつけることさえしていない．自由貿易は彼にとっては自然的であるからである．こうしたスミス的な自由貿易主義は，その後リカードウおよびJ. S. ミルなどによって国際分業論に発展させられたし，いわゆる新古典派の諸理論を経て現代の最先進国の自由化の要求につながっている．

しかしこの原理の実際的な結果は，必ずしも両当事国に有利というような楽観的な事柄ではなかった．『国富論』で分析されたような事情によって工業生産力を高めたイングランドの工業製品は，他国の市場でも販路を広げ他国の工業の発展を妨げるであろう．生産力の格差が大きい場合には，諸外国の土着の工業を根こそぎに壊滅させるであろう．スミスの啓蒙主義的な楽観的理論は自由貿易のこうしたネガティヴな側面に十分な配慮をしていないのである[11]．

今理論を離れてスミスの名と深く結びついた大ブリテン型の自由貿易主義が，現実の資本主義史においてどのような結果を生み出していったか，若干の例を想起してもらうならば，その効果が世界史的にも大きな影響をもったことは明らかである．大ブリテンとフランスの間のイーデン条約（1786年）はフランス革命のきっかけのひとつになった．大ブリテンのインドへの進出，中国に対する阿片という有害な商品に関してさえ自由な商品貿易を迫ったこと[12]，日本への開港の要求，等々．スミス自由交易論の系譜を継ぐ大ブリテン型の自由貿易政策の世界史的な意味は非常に大きい．

このような次第であるからスミス的な自由貿易主義に対しては早くから批判がある．フリードリッヒ・リストはそれを万民主義（世界主義）だとして批判した．また小林昇氏は，リストの意を汲んでスミスの自由貿易主義に上述のような欠陥があることを早くから指摘しておられる[13]．また，最先進国の自由貿易の要求が後進国に自由と繁栄をもたらすものではなくて，かえって先進国

の帝国主義的な後進国支配という結果を引き起こすという論説を展開したJ. A. Gallagher and R. E. Robinson, The Imperialism of Free Trade, in *The Economic History Review,* Aug, 1953 という衝撃的な論文およびそれにつづく数多くの諸論稿を参照しつつ，スミスにはじまるイギリス古典派経済学の自由貿易理論に期せずして（しかし不可避的に）付随した帝国圏域の拡大という問題を系統的に論じた宮崎犀一氏の業績[14]もある．

　スミスの「自然的自由の体系」がなぜに上記のように現実的先見性を欠いた楽観主義に陥っているかというと，それには大づかみにいって2つの理由があるだろう．ひとつは彼の歴史のつかみ方である．それは，本章第2節で見たように，未開から文明にかけての自然的な発展の順序を明らかにしたものである．それは古代の奴隷制を批判したものであり，封建制を批判したものである．あるいは狩猟，牧畜，農耕，商業という発展段階を経て，私有財産権が拡大され，分業の成長とともに富の貯えも行なわれるようになり，社会の生産力が著しく増大したことを描いていた．それはどこの国でもそうした発展の道行きをたどるべきものということを前提していた．その理想とする最高の到達点が彼の言う「自然的自由の体系」にほかならない．このような歴史観をスミスの時代の国際関係へ横倒しにしてみると，そこには世界各地，各国の進歩段階の差異と多様性が現れるであろう．「富裕の進歩を遅らせる諸原因」を抱えた諸地域，諸国が現れるであろう．しかし，彼は世界各地各国が，スミスの考える未開から文明への「自然的」な道程を経て進歩すべきものと暗に前提しているように見える．

　第2の理由は，前述したように彼が，自由な商品交換の原理を人間の本性によって基礎づけ（その意味ではどこの国々でも商品交換は自然的なものとみなされるであろう），そのうえで自由な交換は当事者双方に利益をもたらすものと考えた点にある．この考えに立てば，先進国の商人も政府も遅れた国々に自由貿易を求めるのになにも躊躇すべき理由を見出さないであろう．スミスの学説をこのように理解すると，実際において大ブリテンなどがインド，中国，日本に対して自由貿易港の開港を求めたという，世界史的な資本主義の現実の展開が，

古典派的な自由貿易理論と結びつくものとして理解されるであろう．資本主義のこうした世界史的な拡大を支える理論的な基礎をスミスは古典的な形で提示しているのである．

　このように見てくるとスミスの自由貿易主義は相互互恵という理念を実現するどころか大ブリテン帝国圏域の拡大という結果を引き起こしたというほかはない．彼の自由貿易主義は重商主義的な植民地主義の批判を眼目としていたのであったが，結果はもっとマイルドな形での植民地の拡大に帰着したというほかはない．あるいは大ブリテン帝国の植民地にならなかったような諸国においては，一方ではイギリス啓蒙思想を念頭におきつつ産業の近代化を推し進めると同時に，自由貿易主義とはむしろ対極的な方法で大ブリテンの自由化圧力に抵抗しようとした[15]．

　スミスは，交易当事者両国がともに利益を得るという前提で自由交易を推奨したわけであるが，今では，両国が利益を得るためには，技術移転，国際援助等々，スミス的，古典派的な自由貿易とはちがった手法によらなければならないことが，自明の常識になっている．このことは先に述べた資本主義の改良が，かりに思想史的にスミスにまでたどりうるような要素をもつにしても，改良の手法は非スミス的，非自由主義的である場合が多いのと対応している．スミスが理念的に描こうとした資本主義像が，今ではすっかりその相貌を変容してしまったことを示している．スミスが描いた自由主義的な資本主義像が，資本主義の原像だとすれば，現在の経済体制はずいぶん非資本主義的になっていると言えるのかもしれない．それでも，国際交易においては相互に利益がなければなるまいという一点だけは，スミス的な理念として変形した形で残っていると言えるかもしれない．

アダム・スミスの著書からの引用などは次のように表記する．

An Inquiry into the Nature and Causes of the Wealth of Nations, (1st ed., 1776), 2 vols., ed. by R. H. Campbell and A. S. Skinner, Oxford Univ. Press, 1976. 水田洋監訳，杉山忠平訳『国富論』4分冊，岩波文庫，2000-2001年．原典からの引用は本文中で，編，章，節，パラグラフ・ナンバーを例えば（WN. V. 1. a. 13）のように示す．邦訳は文冊数とページ数を（訳Ⅲ-353）のように示す．

The Theory of Moral Sentiments, (1st ed. 1759), ed. by D. D. Raphael and A. L. Macfie, Oxford Univ. Press, 1976. 水田洋訳『道徳感情論』，上，下，岩波文庫，2003年．原典からの引用は TMS と略記して本文中にそのページ数を示す．邦訳は分冊とページ数を示す．

Lectures on Jurisprudence, ed. by R. L. Meek, D. D. Raphael and P. G. Stein, Oxford Univ. Press, 1978. 水田洋訳『法学講義』，岩波文庫，2005年．2つの講義のうち1762-3年のものは LJA，その次の年度のものは LJB と略記して，本文中にそのページ数を付記する．あわせて LJB を訳した邦訳のページ数を付記する．

＊　　＊　　＊

1) 資本主義という用語が学史上いつごろからどのような意味で使われてきたかについては，重田澄男『資本主義を見つけたのはだれか』，桜井書房，2002年が詳細な検討を加えている．本書を読んで興味深いのは，現在の時点からは，資本主義は封建制を変容させながら16世紀以降成長したと言われるが，資本主義の呼び名が広く普及するようになったのは，やっと20世紀になってからだということである．スミスは，古典古代に対してローマ崩壊後の時代を modern の時代として一括し，そのうえで封建遺制を論難している．現在我々がすむ時代を，資本主義を変容させながら社会主義の要素が成長しているものと見るべきか（マルクス），あるいは単に官僚制が強化されているだけと見るべきか（ウエーバー），議論が分かれるだろうが，いずれにしても現体制について我々はなお資本主義以外の呼び名を知らない．
2) *New Palgrave, Dictionary of Economics* に所収の Capitalism の項（R. L. Heilbroner による）を参照．
3) 私は2004年春中央大学経済学部を定年退職するに当たり，経済学部の機関誌『経済学論纂』に退職記念号を編纂してくださることになったについて，最終講義のかわりに「経済学史における資本主義観の変遷」と題して，近年の私の経済学史の講義のいくつかの筋立のうちのひとつをまとめて，かなり長文の論稿を掲載してもらうつもりであった．その下書きまでは準備ができたのであったが，退職間際のあわただしさに追われて下書き以上に筆を進めることができなかった．
そこでこの目論みを実現するために退職後，私は「アルフレッド・マーシャルの資本主義観」，「ジェームズ・ステュアートの資本主義観」と題する論考を『経済学論纂』に発表させていただいた．本章はその試みの続編である．
4) ステュアートを最初の経済学体系の創始者とする諸見解については，山崎怜「経済学の≪成立≫問題」（『岡山商大社会総合研究所報』第24号，2003年10

5) 『法学講義』におけるスミスのストックという語の用法（意味）については水田洋氏の訳者注を参照（LJB. 訳 350）．『国富論』の叙述に比べるとややステュアート寄りのように思われる．また capital の用語については LJB. 513, 訳 331–332 を見られたい．利子を生む元本の意味も，生産を促進しうる資金の意味も，生活資料の貯えの意味も持たされている．LJA. 394 では，ストックという用語によってではあるが，資金の貸与，生産資本としてのその使用，その結果としての利潤，その一部としての利子支払いという資本循環が描かれていて，スミス的な産業資本把握への方向が窺える．

6) 水田洋氏の『法学講義』新訳は理解の困難な用語について有益な解説が随所にあって，便宜であるばかりか，その該博な知識に感嘆の念を禁じえない．しかしポリースの語に「生活行政」という目新しい訳語があてられている．ポリースは「清潔，安全保障，低価格ないし豊富」を業務とするのであるから (cf. LJB. 486, 訳 261, LJA. 5–6)，それはかつての内務行政に近いものと，私は思いこんでいたので，新しい訳語を採用するのに若干躊躇を感じる．『法学講義』の議論は，清潔と安全保障を別にして低価格と豊富を主題にするなら，大方ポリースは不要だと主張しているように思われる．ポリースないし内務行政とすれば，それがそのような意味での批判の対象だということがはっきりするが，生活行政とすれば批判の対象という語感が薄れるように思われる．

7) 古代ギリシア以降の自然法思想の歴史を田中正司「自然法思想」（『市民社会理論と現代』，御茶の水書房，1994 年所収）が手際よくまとめている．近代自然法学とスミスとの関係については田中正司『アダム・スミスの自然法学』，御茶の水書房，1988 年，新村聡『経済学の成立――アダム・スミスと近代自然法学』，御茶の水書房，1994 年が詳細に分析している．プーフェンドルフとスコットランド啓蒙との関係（継承と批判）については前田俊文『プーフェンドルフの政治思想』，成文堂，2004 年を参照．D. Winch, *Adam Smith's Politics,* Cambridge Univ. Press, 1978（『アダム・スミスの政治学』，永井義雄，近藤加代子訳，ミネルヴァ書房，1989 年）は，スミスには自然法学→経済学のほかにシヴィック・ヒューマニズムの伝統に立つ政治学的な観点のあることを強調している．I. Hont & M. Ignatieff, "Needs and Justice in the Wealth of Nations", in I. Hont & M. Ignatieff (eds.), *Wealth and Virtue*, ch. 1, Cambridge Univ. Press, 1983. （水田洋，杉山忠平監訳『富と徳』，未來社，1990 年，第 1 章）は，主としてひとつの特殊問題に焦点を絞ってスミス経済学が，シヴィック・ヒューマニズムの流れではなくて，近代自然法学の伝統の中から生まれていることを論証しようとしている．最近の論文としては田中秀夫「帝国の夢を弾劾する――アダム・スミスの商業ヒューマニズムと共和主義」（『思想』，2005 年 4 月号）は，啓蒙思想家スミスの経済思想が，シヴィック・ヒューマニズムの流れを汲む商業的ヒューマニズムや共和主義思想を含めてきわめて多様な要素から形成されていることを論証しようとしている．竹本洋『国富論を読む』，名古屋大学出版会，2005 年は，おそらくポストモダニズムの立脚点からモダニズムとしてのスミスの長短を描き出そうとしているように見える．スミス論がこのように多様な様相を呈しているということは，資本主義 vs

社会主義という問題意識が曖昧になった（前述注2）参照）ことに対応する，経済思想史におけるスミス研究の相対化にほかならないと考えられる．しかし，スミスの資本主義観と題して論を進めようとした本章では，テーマがすぐれて経済問題であることもあって，筆の自然な流れは自然法学の伝統に掉さすことになった．

8) 19世紀J. S. ミルの自然観をめぐる私見については，拙稿「スミスとミル—《自然的》という言葉をめぐって」，（『経済学論纂』第40巻第3・4合併号，2000年3月）を参照．もはやミルは，資本主義を自然的，不変的なものとは見ていない．

9) ステュアートが強調した農民の農地からの追放については，おそらくただ1箇所だけ，次のように述べられているにすぎない．大土地所有者が商業と貿易の発展に応じて奢侈的支出を増やし，それにともなって従者を解雇した．「同じ原因から，彼らは，借地人のうちの不必要な部分を次第に解雇することになった」（WN. Ⅲ. iv. 13. 訳Ⅱ-244）．これはスミスの重要な歴史認識であるが，彼は追放された借地人の再雇用の問題よりも，従者解雇による封建的大土地所有者の権力失墜の方により大きな関心を向けている．

10) 拙稿「ジェームズ・ステュアートの資本主義観」（『中央大学経済学部創立100周年記念論文集』2005年10月）参照．

11) ただしスミスはTMS第6版第6部第2編第2章（冒頭部分）で，「共通の上位者」が欠けている国際関係においては，人々が（為政者も）自然に隣国よりも自国を優先しようとする愛国的心情をもつこと，経済の相互繁栄という望ましい事柄についても自国偏愛，隣国への嫉妬という不合理な心情に傾く傾向があることを述べている．また，LJB. 512（訳328）で，スミスは，富者と貧者の取引では富者の貯えが貧者の貯えよりも大きな割合で増加するだろうし，富国と貧国との交易では富国の方が両国のうちもっとも大きな利益を得る，したがって両国間で貿易が閉ざされた場合は，両国のうち富国の方がもっとも大きな損害を受けると述べている．もしそうであるなら，大ブリテンが日本などの開港を迫った歴史上の事実は，単なる自由交易の相互利益論に立脚するよりもいっそう理解しやすくなるだろう．

12) J. S. ミルでさえ第2次アヘン戦争に際しての英海軍の広東攻撃（1856年10月）に賛成している．Cf. J. S. Mill, Collected Works, vol. 15, p. 528, 1857年3月13日付チャドウィック宛の手紙参照．1859年刊の『自由論』でもミルは，購買者の自由を侵害するという理由で，中国への阿片の輸入禁止に反対している．Cf. op. cit., vol.10, p. 293．『自由論』塩尻公明，木村健康訳，岩波文庫，1971年，192ページ参照．

13) フリードリッヒ・リスト『経済学の国民的体系』，小林昇訳，岩波書店，1970年，「訳者解説」，553–556ページ参照．（『小林昇経済学史著作集』Ⅶ，551ページ以下に所収）．

14) 宮崎犀一『英国経済学史研究』，新評論，1994年．なお宮崎犀一『スミスとマルクスからの道』，公孫樹社，2005年に所収された，同氏のスミス論についての私の論評も本章と合わせて参照していただければ幸いである．

15) 先進国の啓蒙思想には封建制批判，近代化の推進という功績がある反面，自由

貿易が後進国に与える影響について配慮が欠けているという側面がある．これに対応して後進国，例えば日本の啓蒙思想には，封建制批判，近代化の推進という功績がある反面，先進国の圧力への抵抗という側面があるように考えられる．世界史的な視野では，啓蒙思想はこうした凹凸の両面をもって向き合い，かつ展開されたと言えるかもしれない．飯田鼎『幕末・明治の士魂―啓蒙と抵抗の思想系譜』（『飯田鼎著作集』第7巻），お茶の水書房，2005年は，こうした日本の幕末・明治期啓蒙思想の両側面を精細に描きだしている．

第10章

F. リストと 1839～40 年の経済諸論文

はじめに

　前稿[1)]で F. リストの『経済学の自然的体系』(1837 年) を取り上げたときに, 『リスト著作集』の編者であるエドガー・ザリーンとアルトゥール・ゾンマーは, 主著『経済学の国民的体系』(1841 年) にいたるリストの思想的な発展を展望しながら, この『経済学の自然的体系』について, つぎのように述べていた.「自然的体系は, リストの思想を原理的に完成し体系的に総括した最初のものである. というのも, 綱要は多分に, アメリカ事情にかんする時局論文だからである. パリ草稿は, 引き続きリストを体系的な理論の概念的な形成へと向かわせる. 生産諸力の理論は, 1839 年と 1841 年までに洗練され, 深められている」と. そして, 当然のことながら前稿では,『経済学の自然的体系』に関連させて, 編者たちのこうした指摘を参考にしながら, 具体的な検討を試みてきた. しかし今回, その指摘をあらためて見直してみるとき, 前稿では見落としていた箇所があることが分かった. つまり,「パリ草稿は, 引き続きリストを体系的な理論の概念的な形成へと向かわせる. 生産諸力の理論は, 1839 年と 1841 年までに洗練され, 深められている」と, 編者たちが指摘していた箇所である. ここで編者たちが「パリ草稿」と呼んでいるのは, オイゲン・ヴェントラー氏によって近年になって発見された, "*Die Welt bewegt sich, über die*

Auswirkungen der Dampfkraft und der neuen Transportmittel auf die Wirtshaft, das bürgerliche Leben, das soziale Gefüge und die Macht der Nationalen (Pariser Preis–schrift 1837)"のことであり，もう一つは「1839〜40年の経済諸論文」と概括して呼ぶことのできる諸論文のことである．

　その点に関連して，本来の作品の発表順からすれば，順序があと先になってしまうかもしれないが，ここでは，「1839〜40年の経済諸論文」をまず取り上げてみたいと思う．というのは，「パリ草稿」は，「リストを体系的な理論の概念的な形成へと向かわせる」ことはあっても，その書かれたいきさつとも関係するが，『経済学の自然的体系』と同じ1837年の作品であり，したがって，リストの思想内容におけるさらなる進展を期待することができないのに対して，「1839〜40年の経済諸論文」は，編者たちも指摘しているように，リストの「生産諸力の理論」が「洗練され，深められている」からである．つまり，後者は，『経済学の自然的体系』以降に，リストの思想がどのように「洗練され，深められて」いったのか，ということを見るための格好の材料を提供してくれるものである，といえよう．ちなみに，本章での展開に先立って，あらかじめ諸論文のタイトルだけを紹介すれば，「1839〜40年の経済諸論文」は，つぎのような六つの論文からなっている[2]．

① 「イギリス穀物法とドイツの保護制度」（1839年3月）
　（*Die englische Kornbill und das deutsche Schutzsystem*）
② 「外国貿易の自由と制限，歴史的観点からの解明」（1839年4月）
　（*Die Freiheit und Beschränkungen des auswärtigen Handels, aus dem historischen Gesichtpunkt beleutet*）
③ 「今年のパリ全国工業博覧会，ドイツとの関連で」（1839年6-9月）
　（*Die diesjährige National–Gewerbsstellung in Paris, mit Bezug auf Deutschland*）
④ 「歴史の法廷に立つ経済学」（1839年11月）
　（*L'éconmie politique devant le tribunal de l'histoire*）

⑤「バウリング博士とドイツ関税同盟〔Ⅰ〕」（1839年12月）
　（*Dr. Bowring und der Deutsche Zollverein*〔*I*〕）
⑥「国民的な工業生産力の本質と価値について」（1840年）
　（*Über das Wesen und den Wert einer nationalen Gewersproduktivkraft*）

したがって，以下では，これらの諸論文を順次に取り上げることによって，すでに見た『経済学の自然的体系』以降，リストの思想がどのように「洗練され，深められて」いったのかを，具体的に検討することになる．

1．論文「イギリス穀物法とドイツの保護制度」

この論文はその冒頭を，つぎのような書き出しからはじまっている．「ドイツ商業協会の結成以来はじめて，経済学は保護制度にかんして，ドイツのために実践的な成果をあげた」[3)]と．つまり，リストは，この冒頭の文言に象徴されるように，彼のいう経済学である「生産諸力の理論」が，ドイツにおける保護制度の樹立を通して「実践的な成果をあげた」ことを，この論文の中で強調しようとしているのである．しかし，そのことは，どのような意味において，なにを契機としていえることであろうか．その点について，リストにそくしながら，具体的に検討してみたいと思う．

その点でまず，第一の契機になった考えられるのは，リストがこの中で，「ドイツ商業同盟の結成以来はじめて」といっていたことである．しかし，この点にかんしては，若干の補足的な説明が必要であろう．そしてそれは，「ドイツ商業協会の結成」（1819年）に先立って，ナポレオンの敗北にともなう大陸封鎖の解除後に，イギリスの安価な工業製品が大量に流入するという事態にドイツの商工業者が直面した時期にはじまる．したがって，こうした事態に悲鳴をあげた彼らは，フランクフルトの大市（メッセ）に参集した機会に，自分たちの窮状をドイツ同盟会議に「請願書」といった形で，同盟としての対応を求めざるをえなくなったのであった．そしてこの請願書，つまり『フランクフルト奏上書』を起草することになったのがリストであり，彼はそれにとどまらず，請願内容である商工業の保護・育成を目的とした「保護制度」である関税同盟

を実現するための運動体「ドイツ商業協会」の結成にも，法律顧問という資格で参画することになったのであった．しかも，この時にリストによって展開された経済理論が，のちに体系化される「生産諸力の理論」の核心部分をなす「国内市場形成の理論」であった[4]．

とはいえ，プロイセン関税法（1818年）にはじまるドイツ全土の関税統一への動きは，この「商業協会」の結成以降も，関税問題に対する領邦諸国の異なった利害関係もあって，その途上にあっては一時的にせよ，三つの関税同盟がドイツ国内に鼎立するとういう事態も起こっていた．つまり，「南ドイツ関税同盟」（1828年1月），「プロイセン＝ヘッセン関税同盟」（1828年2月）および「中部ドイツ通商同盟」（1828年9月）の三つである．しかし，こうした苦難の連続にもかかわらず，この三つの関税同盟がなんとか統合することにこぎつけ，1834年にようやく「ドイツ関税同盟」が結成されることになったのである．したがってリストが，「経済学は保護制度にかんして，ドイツのために実践的な成果をあげた」というとき，この「ドイツ関税同盟」の結成を契機にしていた，と考えることができるのである．

つぎに，第二の契機と考えられるのは，この「ドイツ商業協会」の結成から「ドイツ関税同盟」の結成にいたる過程において，ドイツでは経済学をめぐる争いが展開されていた，という事情があった．つまり，リストによれば，この当時，「通商の自由」をスローガンとする「世界主義的な理論が，ドイツで最大かつもっとも熱狂的な支持者を見出」[5]していた，ということがあったのである．したがって，そうしたドイツ的な状況の中で，1834年に「ドイツ関税同盟」が結成され，商工業の保護と育成を目的とした保護制度がドイツ国内に確立したことは，リストによれば，経済学の支配的な「学派がドイツで確かな支配権を手にする一方で，事物の本性は，反抗心の教科書のように，通商の自由とはまったく正反対の方向を取っている」[6]ことになったのである．つまり，「世界主義的な理論が，ドイツで最大かつもっとも熱狂的な支持者を見出」していたにもかかわらず，リストのいう経済学である「生産諸力の理論」は，それがまさに「事物の本性」[7]（die Natur der Dinge）にかなったものであったとい

う意味で,「経済学は保護制度にかんして,ドイツのために実践的な成果をあげた」のであった.そして,このことを裏返してみれば,「世界主義的な理論が,ドイツで最大かつもっとも熱狂的な支持者を見出」したにもかかわらず,それがいかに「事物の本性」にかなっていなかったのかを,証明したことになったのであった.

最後に,第三の契機としては,この論文が「イギリス穀物法とドイツの保護制度」というタイトルが付されていること,したがって「イギリス穀物法」をめぐる当時の国内的および国際的な動きがかかわっていた,と考えることができよう[8].この点に関連してまず,リストは,つぎのようにいう.1815年にイギリスで穀物法が制定されたのは,「大土地所有者が,戦時に国内の穀物市場を独占したために,平時でもそれを独占することを望んだからである」.とはいえ,その「真の理由は,地代の下落に対する恐れであった」.しかし,「この恐れも,一時的にのみ根拠のあるものでしかなかった」.というのも,「外国の原料と食糧品の輸入は,地代のいちじるしい継続的な上昇という結果をもたらした」からである,と.つまり,リストによれば,イギリスの穀物法は,大土地所有者の利益を守るための,いわば「保護制度」でしかなかったのである.

しかし,リストによれば,イギリスの穀物法をめぐっては,国内的および国際的には,問題はそれだけにとどまらなかったのである.彼は続けて,つぎのようにいう.「両刃の剣と同様に,穀物法は,島国帝国に二重の不利益な作用をもたらした.つまり,一方でそれは,みずからの工業規模の拡大を抑制し,他方でそれは,北アメリカ,ドイツおよびロシアでの保護制度を生み出した.その影響のもとで,これらの国々では工業力が強固になり,それらがイギリス人にとってはすでに競争相手と思われるようになった」と.ちなみに,穀物法がイギリスの国内製造業におよぼした影響について,ここでリストが展開している論理は,この論文が書かれた1839年3月に結成された「全国反穀物法同盟」の理論的な支柱となったイギリス・マンチェスター派の論理と,奇妙なことに一致しているのである.ただし,論理が同じではあっても,そこには,自由貿易を推進する立場のイギリス・マンチェスター派と,ドイツ商工業の保護

と育成のために保護制度の採用を説くリストの立場とは，明らかに異なるものがあった．したがって，リストはいう．「イギリスの反穀物法主義者の確信や議論が，イギリス国民にイギリスの国民的工業に対するあの輸入制限の不利な作用を教え，遅かれ早かれその廃止をおこなわざるをえないように仕向けることができるならば，他面で彼らの交渉は，国民的な工業力の重要性と適切な保護制度の必要性について啓蒙する絶好の機会を，ドイツ人に提供することになる」[9)]と．つまり，この点でも，リストによれば，「経済学は保護制度にかんして，ドイツのために実践的な成果をあげた」ことになるのである．

さて，ここでは，論文「イギリス穀物法とドイツの保護制度」の冒頭の文言，「ドイツ商業協会の結成以来はじめて，経済学は保護制度にかんして，ドイツのために実践的な成果をあげた」という文言に注目しながら，リストがそのことを強調することの意味を，その後に続く彼の論文の中に求めてきた．そして，それには，三つの契機が考えられることを明らかにしてきた．つまり，第一の契機と考えられたのは，1834年の「ドイツ関税同盟」の結成とそれを理論的に支えたリストの経済理論であった．しかし，この点については，その後に「生産諸力の理論」として体系化されていく過程にあっても一貫してリストによって主張されてきたものであった．ついで，第二の契機と考えられたのは，「事物の本性」という観点から見られた「実践的な成果」であった．しかし，この点についても，すでに見た『経済学の自然的体系』においてリストによって展開された主張であったといえる．

それに対して，第三の契機は，この論文の中ではじめて展開されたものである．それも，この論文が書かれた1839年3月に結成されたばかりの「全国反穀物法同盟」の動向をいち早く取り込み，自由貿易を推進する立場のイギリス・マンチェスター派の論理を逆手にとって，リストは，この「全国反穀物法同盟」の運動が，「国民的な工業力の重要性と適切な保護制度の必要性について啓蒙する絶好の機会を，ドイツ人に提供する」という結論にみちびくのである．つまり，そこには，「イギリス穀物法」をめぐる時局の動きを的確にとらえたリストの素早い，しかも「洗練され」た対応を見ることができよう．

2. 論文「外国貿易の自由と制限，歴史的観点からの解明」

　この論文には，つぎのようなリストの原注が付されている．「この論文は，パリの社会科学アカデミーによって貿易の自由について提起された懸賞問題に応募したものの概要であり，それは今年の6月に，27本あった応募作品の中でもっとも注目されたものの一つとされたものである」[10]と．したがって，リストによれば，この論文は，1837年の『経済学の自然的体系』の概要である，ということになる．しかし，この論文のタイトルが「外国貿易の自由と制限，歴史的観点からの解明」とされていることからも明らかなように，その場合にもリストは，『経済学の自然的体系』において「歴史編」と考えられていた部分に力点を注いでいることが分かる．

　そして，この点に関連しては，つぎのようなリストの述懐が，注目されることになる．「それでもこのフランス語の論文はわたしにとっては，以前の英語の論文と同様に，なかなかためになった．しっかりした体系はどうしてもしっかりした歴史という基礎をもたなければならないという，わたしのはじめの見解は確信となったし，また自分の歴史研究がまだまだ不十分だということも分かった」[11]と．ちなみに，ここでリストが「フランス語の論文」といっているのが『経済学の自然的体系』のことであり，「以前の英語の論文」といっているのが『アメリカ経済学綱要』(1827年) のことである．したがって，こうしたリストの述懐から見るかぎり，彼は『経済学の自然的体系』を書いて以降も，自分の歴史研究の不十分さをつねに自覚しており，この論文「外国貿易の自由と制限，歴史的観点からの解明」も，「自分の歴史研究の不十分さ」を補う気持ちから取組まれたものだといえよう．

　しかし，それに加えて，この論文における叙述展開の仕方を『経済学の自然的体系』の「歴史編」におけるそれとの対比で見るとき，そこには新たな，興味ある問題が生じてくるのである．というのも，この論文における各国の歴史を叙述する順序が，『経済学の自然的体系』の「歴史編」におけるそれとは明らかに異なっているからである．つまり，この論文に先立つ『経済学の自然的

体系』の「歴史編」では，①イギリス，②フランス，③ドイツ，④スペインとポルトガルとイタリア，⑤北アメリカ，⑥ロシアの順に取り上げられていた．それに対して，この論文では，①ヴェニス，②ハンザ同盟，③ベルギー，④オランダ，⑤イギリス，⑥フランス，⑦ドイツ（この中で，プロイセンとオーストリアを特別に取り上げている），⑧ロシア，⑨北アメリカの順になっているのである[12]．しかも，それだけではない．この順序を見てすぐに思いつくことがあるからである．つまり，この順序は，③のベルギーを除くと，主著『経済学の国民的体系』の「歴史編」におけるそれとまったく同一なのである．ちなみに，『経済学の国民的体系』の「歴史編」では，つぎのようになっている．つまり，①イタリア，②ハンザ同盟，③ネーデルランド，④イギリス，⑤スペインとポルトガル，⑥フランス，⑦ドイツ（オーストリアが除外されている），⑧ロシア，⑨北アメリカ，の順である．

　実は，この論文と主著『経済学の国民的体系』の「歴史編」との類似点は，これにとどまらない．「経済発展段階説」にもとづいて，当時の「ドイツの状態」についてリストが言及したものとしては，しばしば引用される「歴史編」の末尾の有名な文章がある．少し長くなるが，それは，つぎのようなものである．「最後に歴史はこう教える．最高度の富と力（Reichtum und Macht）を追求するために必要なあらゆる手段を自然から賦与されている諸国民は，彼らの企図と反する結果とならずに，彼らの進歩の程度に応じてその制度を換えることができるし，またそうしなければならない．すなわち，彼らははるかに進んだ諸国民との自由貿易によって未開状態から向上して農業を発達させ，それからは制限によって自国の製造業と漁業と海運と外国貿易との興隆を促進し，最後には富と力の最高段階にのぼりつめたところで，自由貿易と内外市場での自由競争との原理へ次第に回帰することによって（durch allmähliche Rückkehr zum Prinzip des freien Handels und der, freien Konkurrenz auf den eigenen wie auf den fremden Märkten）自国の農業者や製造業者や商人が怠惰になるのを防ぎ，既得の優越を確保するように彼らを刺激しなければならない．われわれの見るところでは，スペインとポルトガルとナポリとが第一の段階にあり，ドイツと北アメリカ

(Deutschland und Nordamerika) とが第二の段階にあり,フランスが最後の段階に近接しているようであるが,この最終段階に到達しているのはいまのところ大ブリテンだけである」[13]と.

これに対して,つぎに紹介するのは,この論文の中で登場してくる文章である.「最後に歴史はこう教える.最高度の富と力を追求するために必要なあらゆる手段を自然から賦与されている諸国民は,彼らの企図と反する結果とならずに,彼らの進歩の程度に応じてその制度を換えることができるし,またそうしなければならない.すなわち彼らははるかに進んだ諸国民との自由貿易によって未開状態から向上して農業を発達させ,それからは制限によって自国の製造業と漁業と海運と外国貿易との興隆を促進し,最後には富と力の最高段階にのぼりつめたところで,自由貿易と内外市場での自由競争を次第に導入することによって(durch allmähliche Einführung des freien Handels und der freien Konkurrenz auf den eigenen wie auf den fremden Märkten)自国の農業者や製造業者や商人が怠惰になるのを防ぎ,既得の優越を確保するように彼らを刺激しなければならない.われわれが見るところでは,スペインとポルトガルとナポリとが第一の段階にあり,ドイツとオーストリアと北アメリカ(Deutschland, Osterreich und Nordamerika)とが第二の段階にあり,フランスが最後の段階に近接しているようであるが,この最終段階に到達しているのはいまのところ大ブリテンだけである」[14]と.一読してすぐに分かるように,両者は,多少の違いがあるといっても,まったく同一内容のものといってよい.

したがって,このように見てくると,先にリストの原注にもとづいて,この論文「外国貿易の自由と制限,歴史的観点からの解明」は,1837年の『経済学の自然体系』,とりわけその「歴史編」と考えられていた部分の概要である,という先入観が間違っていたことが分かる.というよりはむしろ,この論文は,『経済学の国民的体系』の「歴史編」で展開される内容に先行する,リストの歴史認識とその叙述にかんする重要な,その意味では彼の生産諸力の理論が「深められている」論文であるということになる.そして,そのことを予見させるように,この論文の冒頭は,つぎのような文言ではじまっている.リス

トはいう.「すべての議会が年ごとの通商政策という大問題を議論し,世論がそれについて最終判断をくだす権限があると思われている時代に,経済学のすべての体系を無視して,つぎのような問題を提起することは,ふさわしいことではないかもしれない.すなわち,外国貿易の自由と制限にかんして,歴史からなにを学ぶのか？」[15]と.しかし,リストによれば,「筆者は,理論が歴史と経験に矛盾してると思われるたびに,理論の無謬性を疑うことに少しの疑念も抱くことがないくらいに,経済学のような学問では歴史と経験を確かな水先案内人と考えている」[16]と.

したがって,「歴史と経験を確かな水先案内人と考えている」リストは,すでに紹介した順序にしたがって,まずヴェニスの「歴史と経験」を取り上げることになる.彼は,つぎのようにいう.「ヴェニスは,貿易の自由で大きくなってきた.どんな手を使ってヴェニスは,船乗りたちの一村落から地中海の女王,十字軍の出先機関,中世最初の貿易大国へとその地位を引き上げたり,ジェノヴァの追撃を首尾よく撃退することができたのであろうか？ 富と力を手に入れたヴェニスは,高い関税とそれとは別の制限を採用した.人はこの措置を,ヴェニスの衰退の主たる原因と中傷するが,私たちにはまったく見当はずれのように思われる」と.そうではなくて,リストによれば,「自由を通して大きくなったヴェニスは,みずからの貴族政治が開かれた自由を侵すようになるとともに衰えはじめた.そして貴族政治が,民主主義的なエネルギーの最後の残りカスをむさぼり食ってしまったときに,生気にかわって腐朽が登場した」[17]と.一読したところでは理解に苦しむのであるが,ここでは「外国貿易の自由と制限」が中心テーマとなっているにもかかわらず,リストは,ヴェニス衰退の原因を「高い関税とそれとは別の制限」ではなく,「貴族政治が開かれた自由を侵すようにな」ったことに求めているのである.

しかし,この点については,リストのいう「保護制度」がドイツ商工業の保護と育成を目的としていたこと,つまり商工業を営む人々の自由な経済活動を保護し育成することに主眼があったことを思い起こせば,ここでの彼の真意を理解することができよう.つまり,リストは,「高い関税とそれとは別の制限」

といった通商政策よりも,「貴族政治が開かれた自由を侵すようになった」ことによって個々の人の自由な経済活動を妨げるようになったことのほうが,ヴェニス衰退の原因であった,と考えているのである.ちなみに,『経済学の国民的体系』の「歴史編」では,リストは,つぎのようにいっている.「さて,この共和国とその貿易との衰退の原因を歴史に問うならば,その原因はまず第一に,堕落した貴族政治の愚行と弛緩と臆病とに,また隷属状態に落ち込んだ人民の無関心にある」[18]と.つまり,この点にかんするかぎりでは,この論文におけるリストの歴史認識とまったく同一なのである.ただし,「歴史編」では,彼はさらに続けて,つぎのようにいっている.「さらにその原因は,イタリアの他のあらゆる共和国の衰亡の場合と軌を一にして,国民的統一の欠如に,柄にない覇権に,国内での僧侶支配に,そしてヨーロッパでの大きくて強力で統一された諸国民国家の台頭にある」[19]と.

とはいえ,これだけでは不十分なので,ハンザ同盟の「歴史と経験」についてのリストの叙述を見てみよう.この点について,リストは,つぎのようにいう.「自由貿易によって頭角をあらわしてきたハンザ同盟は,航法制限および外国における特権を根底にすえた自治的共同体である通商同盟によって,みずからの偉業を達成した.工業や自分たちが属している一国民の自由や力に無頓着であった彼らは,近年の原理にしたがって,もっとも安く買えるところで買い入れ,支払いのもっともよいところでそれを売ってきた」.しかし,その後の歩みが示しているように,「ハンザ同盟は,みずからの商売と富を失った.というのは,彼らは繁栄の時期に,自分たちの同盟をもっと一体的なものとし,皇帝の力ともっと緊密に結びつくことによって,ドイツという国の出来事にもっと大きな影響をおよぼすことに気を配ってこなかったからである」[20]と.つまり,リストによれば,ハンザ同盟は,もっぱら海上を舞台にした自由な仲継貿易によって偉業を達成した.しかし,自由な経済活動のもう一つの舞台である陸地,具体的にはドイツという地を軽視したために,同盟が仲継貿易から締め出されるようになると,急速に「商売と富を失った」というのである.したがって,この場合にも,人々の自由な経済活動を制約するものがあっ

たことが，ハンザ同盟の衰退の原因と考えられているのである．

この点について，「歴史編」でのリストは，つぎのようにいっている．「ハンザの諸都市の貿易は国民的な貿易ではなかった．それは国内の生産諸力の均衡と十分な発展とを基礎としてもいなかったし，充実した政治勢力に支えられてもいなかった」．加えて，「彼らは，自分が海上を支配していた時代には，南ドイツの都市同盟たちと結んで強力な下院を創設し，帝国の貴族と均衡を保ち，皇帝の権力を介して国民的統一を達成し，ダンケルクからガリにいたるまでの全地帯を一つの国民国家に結合し，このようにしてドイツ国民に産業，貿易，海上勢力の上で支配権を獲得し維持させることが，きわめて容易にできたことであろう．ところが彼らの手から海上の王笏が落ちたときには，彼らはすでに，ドイツの帝国会議で自分の貿易を国民的な重大事だと認めさせるだけの影響力さえもまったく不足していた」[21]と．一読して明らかなように，この場合にも，ハンザ同盟の衰退の原因については，この論文とまったく同一のことが衰退の原因として指摘されているのである．

さて，ここでは，ヴェニスとハンザ同盟の「歴史と経験」のみを取り上げたにすぎない．それに続いてベルギー，オランダ，イギリス，スペインとポルトガル，フランス，ドイツ，北アメリカの「歴史と経験」が取り上げられることになっている．しかし，それらを見るまでもなく，この二つの例を見るだけでも，この論文「外国貿易の自由と制限，歴史的観点からの解明」において，つまり1839年の時点で，リストは，主著『経済学の国民的体系』の「歴史編」の基本的な骨格部分を，叙述の順序およびその内容の面からも，すでにつくりあげていたことが分かるのである．

3．論文「今年のパリ全国工業博覧会，ドイツとの関連で」

この論文では最初に，今回の博覧会が9回目であることの紹介にはじまり，それは過去のものに比べて，「豪華絢爛である」ことにその特色がある，とリストは記す．そして，他方で，それとは対照的な光景を描写しながら，リストはつぎようにいう．「しかし，隅々まで豊かさが行きわたっている国々で，農

夫や労働者の床をおおっている安物のカーペットの中にただ一つの傑作品も，私たちは見たことがない．そうした品は，フランスでは知られてもいないし，求められてもいない．根気と忍耐力，発明精神と洗練さの十分の一でもが，こうした無価値と思われている対象の生産に向けられるならば，必需品や便益品の国民的な生産を飛躍的に改善するのに申し分ないであろう」[22]と．「必需品や便益品」といった，国民的な視野でのスミスの富の規定を継承しながら，リストは，この全国工業博覧会の国民不在性を明らかにする．そのうえでさらに，彼はいう．「要するに，この博覧会は，フランスの真実の姿とフランス的精神を提供してくれる．そこには，地方にはほとんどなにもなく，首都にはほとんどすべてのものがあるという，フランスの中央集権の精神 (der Geist der französischen Zentralization) が，そっくりそのまま投影されている．」[23]と．自治・分権論者リストならではの，まさに鋭い観察である．

とはいえ，この論文には「ドイツとの関連で」という副題がついている．したがって，こうした観点から，リストが博覧会そのものをどのように見ているかということにも，注目する必要があろう．その点について，彼は，つぎのようにいう．今年のパリ全国工業博覧会にはすでに示したような欠陥があるとはいっても，その博覧会を通して「展示品の善し悪しが思案されていくうちに，人は将来的には，国民的な工業全体に対する改善の有用性と重要性，欲望充足に対するそれらの影響と大衆の福祉の促進を考慮することになろう」[24]と．つまり，リストは，博覧会そのものの有用性を否定はしていないのである．したがって，彼は，「ドイツとの関連で」，つぎのようにいう．「こうした施設 (Institut) はすばらしいものであり，大がかりでとても重要で，公益的なものであり，工業を重んじ気高くするものであって，ドイツによって模倣されるに値するものである」[25]と．

しかも，彼の博覧会に対する期待は，これにとどまらない．その有用性の確認のうえに，彼は続けて，つぎのようにいう．「なるほど，これまでのあいだに，ほとんどすべてのドイツの諸邦で工業博覧会は開かれてきた．しかし，それまでの別々の関税制度 (Separat-Zollsystem) と事情は変わらなかった．万事

が限定されたものであり，その作用もかぎられていた」[26]と．しかし他方で，「さまざまな諸邦へのドイツの分裂は，それが概して中央集権よりは部分的な発展には助けになるように，こうした関連でも，大いなる利益を提供するであろう．というのも，それが調停のためのきっかけを与え，諸個人と同様に諸政府を有益な競争心にかりたてるからである．しかも，同盟関係が博覧会の順次開催を命じるので，その作用も全国民に均等に広がるであろう」[27]と．「ドイツの分裂」という事態を逆手にとって，自治・分権論者リストは，中央集権の場合のような「上からの開催」方式とは違った，博覧会の順次開催を通して各諸邦が競い合ってその作用を全国民に広げていくという，「下からの開催」方式を構想しているのである．

そしてまた，その実現可能性は，ドイツには大いにあった．その点については，リストは，つぎのようにいう．「フランクフルトやライプツィヒの大市（Messe）は，ドイツではこれまでずっと全国博覧会の職務を代行してきたし，今後も部分的には代行するであろう．しかしながら，ドイツの国民的な工業の新たな要請を，この点で大市だけではもはや満たすことができない．実際に，これらの諸都市は自分たちのあいだで算段することができるので，それらにベルリン，ケルン，ミュンヘンとシュトゥットガルト，アウグスブルクとニュルンベルクを加えれば，全国博覧会にもっともふさわしいものとなるといってよい．それゆえに，フランクフルトの工業協会が，ドイツ工業のこの重要な出来事で先導役を買って出ることが望まれてしかるべきである」[28]と．つまり，リストによれば，各諸邦が博覧会を順次に開催しようとする場合にも，その候補となる諸都市が，大市（メッセ）ですでに実績のあるフランククルトやライプツィヒを筆頭にして，ドイツの全国各地に存在しているというのである．そして，こうした博覧会の順次開催を可能にするためにも，諸邦の政府まかせにするのではなく，「フランクフルト工業協会」に結集する市民たちの積極的な働きかけが強く求められている，と彼は考えているのである．

「ドイツとの関連」で，リストがつぎに注目するのは，工業の発展とは不可分な農業分野の状況である．この点について，彼は，つぎのようにいう．「奢

侈工業に比べて農業は，フランスでは過去50年間に進歩に立ち遅れがあった」と．そして，さらに続けて彼は，つぎのようにいう．「とくに非難されるのは，政治が灌漑用水路の投資のためにまったくなにもしてこなかったことで，それがあれば多くの地，とくに南部で農業生産が飛躍的に高まることができた」．なるほど，「課業の促進のために，七月政府のもとで多くのことがおこなわれ，とりわけ農業の見直しと改善の普及のために多くの有益な施設が実現された．ほとんどの州に模範農場があり，比較的大きな都市には農業講座がある．工業に対する高等工業学校やパリの中央工業学校の影響は，明らかである．それにもかかわらず，フランスの聖職者たちが課業の促進にそれほど乗り気ではないこと，また硬直した中央集権制度が教育の促進に向けた市民の熱情を抑制したことは，残念といわざるをえない」．とはいえ，「中央集権制度はどこでも，農業に不利に作用する．人はパリだけに顔を向けるので，首都だけに成熟した社会や精神的な満足を見出すので，すべての知性や資本がこの中心に向かって流れ込む」ことになるからである[29]．と．ここでも，農業分野でのフランスの立ち遅れが，「中央集権制度」と結びつけて理解されている．

　最後に，「ドイツとの関連」を意識しながら，リストは，フランス工業の現状について紹介する．この点について，彼は，つぎのようにいう．「フランスの製造部門の中では，現在のところ，羊毛・絹・木綿製造業が全盛期にあり，これらの品目では外国の競争を懸念することなく許容することができる，と信じられている．それに対して，亜麻布製造業は，この時期，イギリスの機械紡糸や機械紡織によってかなり圧迫されていた」．そして，こうした事態に直面して，「内閣で自由貿易の理論のもっとも熱心な信奉者たち（パシー，ヴィルマン，デュフォール）がそのために原則を信用しなくなったことを，私は請け負ってもよいと思う．また，それはきわめて疑わしいと思われるが，この問題が今回の会期中に討議に付される見通しがなくなれば，議会の延長直後に，大臣が機械亜麻布紡糸・紡織に対する関税の約10％の引上げを決意したことを，私は確かな筋から聞いている」と．つまり，リストによれば，フランスの亜麻布製造業では，イギリスの機械紡糸・紡織によるきびしい競争に直面したため

に，議会および行政府は，自由貿易の理論の熱心な信奉者を含めて，それへの対応として保護関税の導入に踏み切らざるをえなくなったこと，したがってフランスでも保護制度の重要性と必要性が自覚され，自由貿易の理論は実践的に破綻した，というのである．

また，保護関税の継続期間に関連して，リストは，つぎのようにいう．「しかし，フランス人が機械製作でイギリス人と肩を並べるだけでなく追い越したとすれば，なんのために保護関税を継続する必要があるのか？ と問うことはできよう．こうした異論は，工業の本性を知らない人物によってのみなされることになる．すでにあるものに対して利益を付して新しい工場を経営するには，すぐれた機械だけでなく，企業家の側面からの経験，とりわけ訓練された労働者がそれに加わる必要がある．二つとも，多年の修練を通してのみ形成することができる．最後に，大きな事業に投資し，多くの蓄積を保持し，信用販売することができるためには，特段の大資本が必要である．新しい工業部門の事業に必要な知識や経験をもっている人々は，滅多にいない．また同時に，そのために必要な資本所有者も，同様である．しかも資本家が，国内工業が外国の競争とどんなにきびしい闘いをしてきたか，また新しい事業の成功がどんなに不確かなものであるかを知るならば，自分の資本を専門知識のある人々にゆだねることに十分警戒するであろう．これに対して，適切な保護関税が，労働者や資本家と同様に，技術者にも十分な保障を与えれば，必要とされる技術的・個人的諸力と資本は，早急に見出されるであろう」[30]と．いわば公式主義的な自由貿易論者に対して，リストは，「工業の本性」を知る立場から，痛烈な批判を展開しているのである．

さて，論文「今年のパリ全国工業博覧会，ドイツとの関連で」の中で展開されていた主要な論点について見てきた．そしてその中でも，これまでに見られなかった論点として，博覧会の開催方式についてのリストの見解に注目する必要があろう．つまり，フランスにおける博覧会の開催方式が中央集権的な「上から」の開催方式であるのに対して，リストは，「ドイツの分裂」を逆手にとって，博覧会の順次開催を通して各領邦が競い合ってその作用を全国民に広げて

いく，自治・分権的な「下から」の開催方式を提唱していたのであった．しかも，彼は，フランクフルトやライプツィヒにおける大市の経験とその蓄積を踏まえて，ドイツ全土における博覧会の開催可能性についても，またその先導役としての市民たちの役割についても言及していたのである．その意味でも，この論文を通して，リストの思想はさらに「洗練され，深められてい」った，ということができるであろう．

4．論文「歴史の法廷に立つ経済学」

この論文は，ここで取り上げている六つの経済諸論文の中で唯一，フランス語で書かれたものであり，そのこともあってか，分量的にはもっとも短い論文である．そして，リストは，つぎのようなフランスをめぐる最近の経済事情を紹介することから，論文を書き出している．「最近になって，ポウレット・トムプソン氏がフランスに対して，旧来の亜麻布製造業を保護するつもりでいるのであれば，イギリスの市場からワインとブランデーを締め出すと脅迫していることを聞いた」[31]と．ちなみに，ここでリストが，ポウレット・トムプソン（Poulett Thompson）と呼んでいる人物は，イギリス商務省の長官やカナダ総督を歴任したポウレット・トムソン（Poulett Tomson）の間違いであろう．彼の兄がポウレット・スクロウプ（Poulett Scrope）であり，この論文の中でもあとで登場してくるウイリアム・ハスキソン（William Huskisson）とともに植民地，とくにカナダ産穀物の特恵政策を唱えた人物である．というのも，彼らは，外国穀物への高い依存が国の安定にとってはきわめて有害なことと考えていたからであった．

ともあれ，リストは続けて，つぎのようにいう．「トムプソン氏は，以前にハスキソン氏がおこなったことをなしえていない．イギリスがアメリカ合衆国の生産物，とりわけ穀物を禁じながら，自国の製造業のための保護制度を打ち立てることによって合衆国を困らせたことは，ゆるぎない」．したがって，「イギリスでは貿易の自由を，工業製品をどこでも好きなように輸出する一方で，どこからも受け入れない自由の意味で使う．これがハスキソン氏の，いわゆる

改革全体を支配する原理である」[32]と．ちなみに，ここで，「ハスキソン氏の，いわゆる改革全体」といわれていることは，彼が商務長官時代の1824–25年におこなった関税改革と航海条例の改正といった，自由貿易的な改革のことを指している．それはともあれ，いつもは自由貿易を声高に叫びながら，自国の利益にそぐわない事態が生じると，手のひらを返したように平気で保護制度を導入する一方で，同じ目的を追求する相手に対しては脅迫まがいなことをするイギリスの身勝手さを，リストは，ここで痛烈に批判しているのである．

　こうした事態を前にして，リストはあらためて，つぎのようにいう．「世間では，つぎのようにいわれている．学問はどんな場合でも，制限が有害であって貿易の絶対的な自由が有利で有益であることを歴史と経験で証明してきた，と．学問がそうした関係にあるとすれば，おそらくしたがう必要があるだろう．というのは，歴史と経験は，経済学における唯一の指針であるだけでなく，すべての意見対立にとって最終的にはもっとも有能な裁判官だからである」[33]と．ここでリストは，先に見たリストの論文「外国貿易の自由と制限，歴史的観点からの解明」の中でも登場していた「歴史と経験」を，「経済学における唯一の指針」として，また「すべての意見対立にとって最終的にはもっとも有能な裁判官」として，その重要性を再確認している．そして，その再確認のうえで彼は，つぎのようにいう．「ところで，いわゆる経済学という学問が歴史と経験の診断をいつでもあおいできたということを，私たちは明白に否定する」[34]と．先の論文「外国貿易の自由と制限，歴史的観点からの解明」において「歴史と経験」にもとづいて，その後の主著『経済学の国民的体系』における「歴史編」の基本骨格となる部分をすでに形成していたこともあってか，リストはここで，いわゆる世間の常識となっている「学問観＝経済学観」に真っ向から立ち向かうのであった．

　そして，リストは続けて，つぎのようにいう．「歴史は，実例を通して私たちに，つぎのようなことを明らかにする．すでに文明化された近代の国民は，自国の原生産物を輸出するためにイギリスの工業製品の輸入を促進しながら，貿易の自由を導入しようと試みてきた．経験は，イギリスとそんな風に不利な

取引をすることに同意した人々に対して，災いをもたらした．例えば，1703年にメチュエンで締結された条約以降に破綻したポルトガルを，私たちは目の当たりにした．また（イギリスでイーデン条約と命名された）1786年の条約によって破綻したフランスを，私たちは目の当たりにした．また私たちは，二度にわたって同じ経験を試みたが，二度とも破綻した合衆国を目の当たりにした．最初は独立戦争後，ついでガンの講和後である．私たちは，1815年から関税同盟の結成まで，破綻したドイツを目の当たりにした」．したがって，リストによれば，「結果は実際には，貿易の絶対的な自由の原理とあまりにも一致していない」ことが分かった[35]，と．ちなみに，ここで合衆国に関連して「ガンの講和」が語られている．それは，英仏間の戦争に巻き込まれたアメリカが，ナポレオンの失脚による戦争の終結とともに，1814年にベルギーのガンにおいて，イギリスとのあいだに締結した講和条約のことである．それはともあれ，続いて彼は，すでに論文「外国貿易の自由と制限，歴史的観点からの解明」にはじめて登場し，主著『経済学の国民的体系』の「歴史編」に引き継がれた「歴史の教訓」を，ここでも再び展開するのであった．

そのうえで，リストは，この論文の総括的な部分で，つぎのようにいう．「人はこういう場合に，医学と同様にもっぱら観察と経験にもとづいた学問にあって，歴史の教えに問い合わせるのがはじめてであることを知って驚かされる．ひとたび経済学が歴史の法廷で裁かれることになれば，私たちは良識，理性および哲学の証人席 (la barre du bon sens, de la raison et de la philosophie) に経済学を同伴する」[36]と．つまり，リストは，「歴史の法廷」において，「良識，理性および哲学の証人席」の前に立っても，「貿易の絶対的な自由」を主張する経済学には，「歴史と経験」に照らしてなんらのやましさもないのか，と「洗練され」た文体で問うているのである．そして，そこには，みずからの「生産諸力の理論」こそ「歴史と経験」を踏まえたものであるという，自信にあふれたリストの姿が浮かび上がってくるのであった．

5．論文「バウリング博士とドイツ関税同盟〔I〕」

この論文についても，これまでと同様に，その書き出しから見てみよう．したがって，リストは，つぎのようにいう．「バウリング博士がマンチェスターやリーズの立派な工場主たち，つまり私たちの良き従兄弟である英国人（John Bull）に，ベルリンに自分を派遣することの有用性について自分に都合のよい見解を理解させようと努力していること，彼のドイツ工場事情の描写がイギリス的な観点からのものであって，少しもドイツ的なそれから解釈されていないことを，私たちはまさに当然だと思うし，外交手腕のある博士を決してとがめようとは思っていない．しかし，バウリングの講演がドイツの新聞にも転載されるので，私たちがそれをドイツの観点から正したり，役立つものと役立たないものとを選り分けることは，確かに無駄なことではないだろう」[37]と．ここで，リストから名指しされているバウリング（John Bowring, 1792–1872）博士については，あまりなじみのない人物であるので，"*Oxford Dictionary of National Biography, volume 6*"に依拠しながら，その人物像を追ってみよう．

それによれば，バウリングは，若くして貿易会社を設立し，フランスおよびイベリア半島のニシンの船積みとワインをイギリスに輸入する仕事にたずさわった．しかし他方で，彼は，事業展開の必要もあって各国を旅する中で，天性の語学力と如才のない人づきあいからその国の著名人とも面識をえるとともに，彼らの作品を各国語（例えば，オランダ語，スペイン語，ポーランド語，セルビア語，ハンガリー語，チェコ語など）に翻訳するようなこともおこなっている．ただし，それには多くの協力者がいたのであるが，バウリング自身は，それらすべてを強固に否定して続けた．ともあれ，こうした活動を続ける中で彼は，1829年にオランダの大学から「名誉博士」号を授与されることになった．しかも，彼のこうした資質はイギリス国内でも発揮され，その最大の成果といえば，1820年夏に友人を介して紹介されたジェレミー・ベンサム（Jeremy Bentham, 1748–1832）との出会いであった．そののちのバウリングは，事業活動の失敗による財政破綻や反トルコ活動のギリシャ人たちを支援する委員会の資金

横領疑惑といったことで，自分自身が窮地におちいったりしたときにいつでも，ベンサムを自分の最大の庇護者としたのであった．

　それだけではない．1832年6月6日にベンサムが彼の腕に抱かれながら死去する以前に，バウリングは，ベンサムからすべての草稿とそれを出版するための多額の資金を託されるほどに，彼の信任をえていた．それが今日，バウリング版の『ベンサム全集』とされている"The Colected Works of Jeremy Bentham (11 vols., 1838–43)"である．しかし，彼が「この手に終えない仕事」にまじめに着手するには，時間と能力に制約があった．つまり，1830年秋のウィッグ政府の成立にともなって政府部内に人脈をえたバウリングは，政府会計 (the public accounts) にかんする特別委員会で有給の書記をつとめることになった．続いて1831年には，彼は，イギリスとフランスの通商関係にかんする特別委員に任命され，1832年からの3年間をフランス中部と南部をくまなく走破する調査旅行に追われていたのである．そのために，彼の最大の庇護者であったベンサムの信任をえながらも，バウリングは，「この手に終えない仕事」の大半を他人にまかせっきりにしたのであった．しかし，その一方で，こうした経緯をもつ『ベンサム全集』であるにもかかわらず，それは皮肉にも，これまでに出版された唯一の全集として，したがって権威ある「バウリング版」として世に知られることになったのである．

　彼の最大の庇護者であったベンサムとの関係は，それだけにはとどまらなかった．1832年に選挙法が改正されることを見越したベンサムは，1831年4月，バウリングを下院議員候補に推薦するほどに肩入れをしてくれたのであった．その甲斐もあって1835年に，バウリングは下院議員に当選するが，2年後の選挙では再選を果たすことができなかった．それに代わって彼は，政府の重要な通商交渉使節団の一員として，エジプトおよびコンスタンティノープルに派遣され，丸1年間その地にとどまることになる．1838年9月に帰国したバウリングは，それでも時流の流れを見ることにあやまたず，翌年3月の「全国反穀物法同盟」の結成につながるマンチェスター会議の呼びかけに加わることになる．その結果，1841年に彼は，自由貿易派の候補として下院議員の選

挙に立候補することになり，見事に当選することになった．7年間の議員生活の中で，彼は穀物税の廃止，貧者救済にあたっての人道的な配慮，成人教育の拡大，隔離規制の改正，軍隊におけるムチ打ち刑の廃止，アヘン貿易の禁止，そして奴隷制の世界的な規模での廃止などの活動に加わった．また，他方で彼は，10進法貨幣制の導入を積極的にはかり，1849年銀貨の導入を下院に動議として提出したりしてもいる．

議員生活を続ける一方で，バウリングは，再び事業活動に関心をもつことになる．1843年の製鉄所への投資を皮切りに，1845年には鉄道会社の理事長もつとめることになった．しかし，この方面での才覚に彼は恵まれず，再び深刻な財政的破綻に直面することになる．そうした彼に援助の手を伸ばしてくれたのは，彼の政界人脈であった．1848年10月，バウリングは，空席になっていた広東領事のポストを1800ポンドの俸給ですすめられたとき，すでに56歳という年齢であったにもかかわらず，即座に引き受けたのであった．そして，1853年に休暇でイギリス本国に帰っていたあいだに，彼はなんと，極東における貿易の全権を賦与された筆頭支配人，香港総督，最高司令官で海軍中将に任命されたのである．しかも，こうした地位につくことによって，彼の政治的な変節が表面化することになる．つまり，バウリングは，下院議員の時代には「アヘン貿易の禁止」を唱えていたにもかかわらず，その主張を撤回することになったのである．それは，表面的には中国統治の困難さが理由とされていたが，実際には，幕末期の日本とのかかわりも深く，極東におけるアヘンの最大取引業者であったジャーディン・マディソン商会の共同経営者に，バウリングの息子がなっていたためであった．また，この商会は，バウリングへの資金提供の役割をつとめていたのである．そのこともあって，彼は，「アヘン商人に魂を売った」と非難されることになる．

1856年10月に，イギリス船籍の軽便船アロー号が航海中に中国軍船に横づけされるという，世に「アロー号事件」として知られる出来事が起こった．こうした事態に対して，バウリングは無謀にも，その権限にもとづいて，海軍の派遣・広東への砲撃・強制入港を正式に許可したのであった．このような「砲

撃外交」に反発した中国人たちは，1857年，パンの中にヒ素を混入させることによって香港在住のヨーロッパ系住民の毒殺をはかるという，報復を計画し実行に移したのである．そのために，死者こそ出なかったが，バウリングやその家族を含めて300～400人の重病者が続出する事態となった．その一方で，容疑者とされた中国人たちはただちに逮捕されたが，裁判では証拠が不十分であることを理由に全員が無罪となったのである．事件の余波はこれにとどまらなかった．この事件はイギリス本国にも伝わり，バウリングの行為と統治に対する不信任の動議が両院に提出されるという事態にまで発展したのである．そのために，政府は窮地におちいったが，争点を異にした選挙に勝利することによって，ようやくそれを脱することができた．しかし，政府は，バウリングをそのままにしておいたのでは事態をさらに悪化させると考え，彼を解任し配置換えにする措置をとらざるをえなくなったのである．

さて，こうした経歴をもつバウリングを相手に，リストは，すでに見たように，ドイツの工場事情についてのイギリス的観点からの描写に対して，「それをドイツの観点から正したり，役立つものと役立たないものとを選り分ける」作業にとりかかるのであった．したがって，まずリストは，つぎのようにいう．「バウリング博士がまったく思い違いをしているのは，ドイツ人が穀物や木材をイギリスに向けて輸出する一方で，それにともなってイギリス人の製品を当然に受け取ること以上の幸福を少しも望んでいない，と彼が確信するときである」[38]と．つまり，リストによれば，バウリングは，これまでの経済事情にしたがってドイツ人像を語っている，というのである．しかし，その一方で，リストは，つぎのようにもいう．「しかし，諸民族や諸国民のこの鋭い観察者は，ドイツ関税同盟の結成以来，国民性の精神がドイツで長足の発展をとげたこと，それ以来，工業的事情がどこでも国民的観点から考えることが教訓とされたこと，そして，こうした思考様式でそれに続く3年間のうちにさらなる発展をとげることが期待されていることを，確かに見落とすことはなかった」[39]と．つまり，1843年のドイツ関税同盟の結成以降，ドイツ人の思考様式に大きな変化が生じていることについても，バウリングの鋭い観察眼はさすが

に働いている，とリストはいうのである．

　そして，リストは，講演の中で用いたバウリングの言葉を引き合いに出しながら，つぎのようにいう．「しかも，バウリング博士自身はあの雄大なる言葉，それが今日のドイツ人の合い言葉にまだなっていないとはいえ，近年のうちにはまったくゆるぎないものとなるであろうもの——工・業・的・な・自・立・！——という言葉を述べた．発言者がドイツ人に工業の本性や工業的な自立の必要性と利点に対する十分な洞察があると思ったならば，彼は自分の同国人に，つぎのような期待をさせることはほとんどなかったであろう．つまり，ドイツ人は，穀物と木材に対する輸入関税を『引き下げる』ことがイギリスのトーリーやユンカー階級だけに歓迎されるかぎりでは，引き続きイギリスの製造業が隷属状態になることを願って『同種族のイギリス人に対する思慕』を追い求めるであろう，と．ドイツ人が他の国民以上にイギリス人に好感をもっていることは，本当である．イギリス人の道徳性と宗教性，イギリス人の法・順法感覚，イギリス人のがまん強さと力量は，ドイツ人のもとで大いに評価されている」[39]と．つまり，リストによれば，バウリングは，ドイツ関税同盟の結成以降にドイツ人の思考様式に大きな変化が生じていることを鋭くとらえていながら，実際には，依然としてドイツ人をイギリス人に対する感傷的な思慕のレベルでしかとらえていない，というのである．つまり，バウリングが描写するドイツ人像は，「ドイツの観点」からは「役立たないもの」である，ということになる．

　したがって，リストは，今日のドイツ人の実像を明らかにする意味もあって，つぎのようにいう．「しかし，ドイツ人は歴史，それもとりわけ通商政策の歴史を勉強しはじめて以来，諸国民が利益に比べたら感情を自分たちの政策に少しも取り入れることがないし，通商面でのイギリスの類縁関係がイギリスよりもっと近い関係にあるオランダのそれに比べてもドイツ人には少しも役立っていない，ということが分かるようになった」[40]．したがって，「イギリス人は，通商政策の問題で彼らが感傷的な面から私たちを理解しようとしたり，社交室向けの発言に重きをおいたりするとき，明らかに思い違いをしている．感傷の時代は，ドイツではとっくの昔に終わっており，それがこの同盟を

結成したと同様に，世論だけがドイツ関税同盟の将来の制度を形成するであろう．しかも，ドイツの通商制度には，国民の工業的な自立以外の目標は存在しない」[41]と．そして，このことを裏づける意味合いもあってか，つぎのようにいう．「穀物や木材を輸出し，製品を輸入することは貧しく，非文明的で，弱小な諸国民や植民地とってのみ好都合なことである．工業が活発で，豊かで，力があり，分別のある諸国民は，自分たちの原料や食糧をみずから消費し，外国の原料や食糧品と交換する豊富な工業製品を生産する」．そして，「バウリング博士の講演こそは，ドイツがこの目標に向かって力強く進んでいることの立派な証明である」[42]と．つまり，リストによれば，今日のドイツ人は，バウリングの鋭い観察眼がとらえたように，関税同盟の結成後は「国民の工業的な自立」という「目標に向かって力強く進んでいる」というのである．

そして，このことに関連して，リストは，つぎのようにもいう．「ドイツの工業の進展とイギリスの穀物法の愚かさについて彼が講演の中で述べたことだけが，真理にかなっている．彼はまったく正当に，つぎのように主張した．この法律がドイツの保護制度をもたらした，と．したがってイギリス国民は，ドイツ国民に離縁状を与えたことにもなる．ドイツ人は，イギリスの従兄弟とは別れなかった．離縁がドイツ人を解放することになったのは，なるほど同系の従兄弟の意図ではなかったが，いまでは事実である．自分が長時間かけてみずからの経済を繁栄させたあとで，解放された者を説得しようとするのは，明らかに愚かなことである．彼は再び，以前の未成年で依存の状態に戻ってしまうことになる．ドイツ人は，十分すぎるほど長いあいだイギリス人の木こりで，ほうき製造人で，羊飼いであった．ドイツ人は，イギリス人の召使となることを二度と望んでいなかった」[43]と．この論文の冒頭にあった「マンチェスターやリーズの立派な工場主たち」というのが，「全国反穀物法同盟」に結集した人物たちを念頭においたものであるとすれば，バウリングのいっていることは，すでに論文「イギリス穀物法とドイツの保護制度」で見たように，イギリス・マンチェスター派の主張そのものであると同時に，ドイツの保護制度の採用を正当化する論理としてリストが用いたものでもあった．その意味でも，こ

こでのバウリングの主張は,「ドイツの観点」からは「役立つもの」といえよう.

さて,こののちもリストは,バウリングの講演内容を適宜引き合いに出しながら持論を展開したうえで,つぎのように総括的に語る.「製造業は,時間をかけて成長する草木である.一世代がつくりあげてきたものは,数年ではとても根絶やしにすることはできない.ドイツの工業的な独立と偉大さを永久に基礎づけるには,いまをおいてはほかにない.そのためには,ドイツの民族がドイツの工業の現状に確固たる信頼を抱くことが,とりわけ必要である」[44].そして,その意味でも,「ドイツがみずから採用した工業化の道にそって前進するのにしたがって,ドイツ工業の絶えざる前進を目指す関税制度の必要性は,ますます明らかになる」.現実に,「どの国民も,自分たちの豊かさと力の保証をみずから求める.そして,諸国民が諸個人ほどに成長できないのは,自分自身以上に他人をあてにするときである」[45]と.「ドイツへの自分の派遣の有用性」というプロパガンダのためにおこなわれたバウリングの講演も,これまで見てきたように,リストの手にかかると最終的には,関税同盟の結成後に「国民の工業的な自立」という「目標に向かって力強く進んでいる」ドイツ人とドイツ国民経済の現状に対する応援歌に,見事に置き換えられてしまうのであった.

6. 論文「国民的な工業生産力の本質と価値について」

この論文は,1840年1月に,すでに見た論文「外国貿易の自由と制限,歴史的観点からの解明」と同じく『ドイツ四季報 (Deutsche Vierteljahrs Schrift)』に発表されたものであり,また主著『経済学の国民的体系』(1841年)にもっとも近い時期に書かれたものである.そして,この雑誌の性格とも関連するのか,この論文では,時論的というよりも理論的で体系的な展開の仕方に,その特徴が見られる.ちなみに,その展開の順序についておおまかに見てみると,つぎのようになっている.つまり,①私的経済学と国民経済学,②生産諸力の理論と価値の理論,③国民的な工業力を育成する必要性について,④工業力の

歴史的な役割，⑤国民的な工業力の本質とその価値，⑥「世界的な貿易の自由」という理念について，⑦独占について，⑧「工業資本」の役割，⑩恒久性と連続性の原理，⑪国民的生産力と国民的分業，⑫ツンフト体制と地域的分業・地方市場，と続くのである．このことを念頭におきながら，この論文「国民的な工業力の本質と価値について」の中でリストの生産諸力の理論がどのように「洗練され，深められ」ているのかを，具体的に見てみよう．

まず冒頭で，リストは，つぎのようにいう．「さまざまな諸国民の歴史と統計を考察し比較してみると，……諸国民の精神的，社会的および物質的諸事情が，互いに条件づけられているということである．豊かさの増進はいつでも，文明と社会的な諸制度の進歩をともなっている．そして，精神的で社会的な進歩がなければ，物質的な豊かさへの作用もありえない．ここからいえることは，全国民がどのようにして豊かになるのかを学ぶためには，物質的な諸財が諸個人によってどのように生産され，それらがどのように配分されて消費されるのかを探求することだけで，私たちが満足してはならないということである．それは，個々の商人や製造業者や農業者にとって十分といえる学問だが，政治家や立法者にとってはそのより高度な効能のためには不十分と思われるにちがいないものである．彼らの目的は，有益なものの蓄積を個々人に可能にすることよりも，むしろ全国民に豊かさをもたらし保証する諸力や諸制度の蓄積を可能にすることである」[46]と．つまり，ここでのリストは，これまでも主張してきたように，経済学には私的経済学だけではなくて国民経済学も必要である，といっているのである．

ついで，これを受けてリストは，つぎのようにいう．「アダム・スミス以後に大学で講じられるようになった，価値の概念から出発して個人的な特質と生産過程しか注目しない一面的な学説は，どの箇所でも国民，国民の状態，国民的諸力，政策を無視したり，目を向けようとしないのに対して，政治家や立法者はどんな場合にも，後者から出発しなければならない」．そして，続けて彼は，つぎのようにもいう．「視点が異なれば，その考え方もどのように異なるかということについて，私たちは，いくつかの例をあげてみたいと思う．イギ

リスの商人たちは大量のアヘンを広東に輸出し，そこでこの商品を紅茶や生糸と交換する．貿易は，両方の国の商人にとってはもうけとなる．価値の理論にしたがえば，こうした交通は両国民にとって有益である．というのは，それによって，両方の生産が促進されるからである．それに対して，広東の総督は，つぎのように主張する．アヘンの消費は中国人の道徳性，知性，家族の安寧および治安に言語に絶する有害な作用をもたらすし，また，この取引を続ければ大変な国民的害悪をおそれなければならないのだが，それほどに急速にアヘンの消費は進んでいる，と」．その意味では，「私たちが紅茶や生糸と交換した例の価値は，私たちの文明全体，それに加えて生産力全体を無益なものにすることにしか役立っていない」．したがって，「これこそが，生産諸力の理論を価値の理論から区別するものである」[47]と．つまり，国民全体の幸福を追求する生産諸力の理論は，利益のためにはアヘン貿易をも容認する価値の理論とは決定的に異なる，とリストは，いうのである．

　さらに，その延長線上で，国民的工業力の必要性に関連して，リストは，つぎのようにいう．「フランスは目下のところ，すべての製品を，絹製品を唯一の例外として，イギリスよりも高く生産している．ワイン生産者，港湾都市の商人，絹製造業者およびアダム・スミスとJ. B. セイの諸著作を経済学上の啓示と見なしている学者たちは，つぎのように主張する．フランスがイギリスとの自由貿易を介するのに比べたら福祉をうまく進めていない，と．彼らのいうところによれば，どんな国民も自然の恵みによるか，あるいは長い修練や特別の技能によるかにせよ，固有なものとなった特定の生産部門をもっている．例えば，イギリス人はほとんどの製造業部門で，フランス人はブドウやオリーブ栽培，養蚕および絹製造業といった具合である．したがって，双方が関税国境線を開放すれば，イギリスはフランスの生産物を，フランスはイギリスのそれをもっと安く手に入れることができるであろう．両国民の生産者と消費者は，もうけを倍加することができるであろう，と」[48]．しかし，こうした自由貿易論者の主張に対して，リストは，つぎのように反論する．「目下のところは十分に認識された真理とはいえないが，重要なのは，偉大なる国民の製造業が

個々の部分を取り除くことができない，まとまりのある全体を形成していることである」．つまり，「私たちは，製造業についてではなく，国民的な工業力について語っているのである」[49]と．したがって，製造業について考えるにしても，個別の利益ではなく国民的な利益を考えることが重要なのである，とリストはいうのである．

そして，その工業力が歴史の中で果たした役割について，リストは，つぎのようにいう．「狩猟民しかいなかったときには，だれもが製造人であった．分業は牧畜状態で最初の広がりを見せたが，それは家族内でしかなかった．奴隷と女性を担い手とした工業力は，弱小で付随的なものであった．農業を通して，土地の収益が獲得されるようになってはじめて，工業力は解放された」．そして，「土地の収益を獲得することによって生じた工業力は共同して都市をつくりあげ，都市の創設にともなって工業力は主導権を握った．工業は商業と海運，学問，技芸および発明，市民的・政治的諸制度，法律および自由，精神的・物質的資本，国内の安全と対外的な力をもたらした」[49]．したがって，「こうして商工業国家が形成されたのだが，その国家は自由に利用できる輸送手段が満たされているかぎりで，福祉と文明を国土の全域にわたって拡大し，狩猟民を牧畜民に，牧畜民を農耕民へと育て上げ，後者を市民化した」と．しかし，リストによれば，一つの国家が商工業国家に到達しただけでは，まだ不十分なのである．彼の視野は国家間の関係，国際的な関係にまで広げられる．彼はいう．「しかし，商工業国家がたんなる農業国家（Agrikulturstaat）にどんな有益な作用をおよぼしたとしても，――いつまでも後者は文明，富および力の点で前者にはおよばず，後者はいつまでも前者に従属したままであった」．したがって，「農業国家（Agrikulturnation）は，工業力をみずからの土壌で育てることに成功したときにのみ，最高度の文明と富，独立と力を達成することができる，という認識に必然的に到達しなければならなかった．こうして農業・工業・商業国家が誕生した．それは，農業国家や商工業国家に比べて，ずっと完成された共同体（Gemeinwesen）である」[50]と．

以上の論述を踏まえて，リストはいよいよ，この論文の主題である「国民的

な工業力の本質と価値」に筆を進める．彼はまず，つぎのようにいう．「農業・工業・商業国家をつくりあげ，それを完成させた最初の国民はイギリス国民であり，より高度な完成を目指して努力しているすべての偉大な国民にも存在している工業力の本質と価値を知るためにも，私たちがイギリスの歴史と統計を手に取るだけの理由がある」[51]と．したがって，これに続けてリストは，「イギリスの歴史と統計」をもとにして「工業力の本質と価値」について，論を展開するのであった．彼はいう．「イギリスがハンザ同盟やオランダに羊毛，スズおよび鉛，毛皮やバターを提供し，その代わりに工業製品を入手することで満足していたのであれば，海運も未発達のままであり，外国貿易も外国商人の手に握られ，農業も粗野であったので，食肉価格に比べて穀物価格は今日の三倍から四倍の状態にあった」．しかし，「製造業によって炭鉱と沿岸漁業が注目されるようになり，イギリスは，すべての国に商品を提供し，引き換えに原料や農産物を入手することができるようになった．製造人口の増大によって塩漬魚に対する需要が高まり，水産業が盛んになった．商船，沿岸海運および水産業はいたるところで，もっとも重要な島やすべての海洋と河川に通じる航路を制圧し，国民の製品市場の領域を拡大する強力な海軍力をつくりあげた」[52]と．つまり，リストによれば，工業力こそがイギリスを商工業国家へと進歩させたのだ，ということになる．

　しかし，イギリスの「工業力の本質と価値」は，それにとどまらなかった．リストによれば，それが文字通り「国民的な」ものであるかどうかは，国内農業との関係の中に見出すことができるのである．この点に関連して，彼は，つぎのようにいう．「イギリスの農耕や地主の今日の状態をそれ以前と比較してみれば，製造業におけるこうしたすべての進歩が地主や農業者全体を富ませることになったにすぎないことを，当然に確信するであろう．というのは，製造業と商業の改善と増大にともなって，人口は，それ以前の状態の五倍から六倍に増大したからであり，またそれにともなって同時に，農産物に対する需要，したがって価格が，それにしたがって日給，地代および土地の価格が増大したからであり，他方で，国内的な競争，資本の増大，加えて機械やその操作方法

の進歩を通して，農業者の製造業需要の価格が引き続き値下がりしたからである．道路や河川航行の改善，運河や鉄道の投資は，もっぱら製造業からの税収によるものである．しかも農業は，これらの改善を製造業以上に役立てた．というのは，それを通してさまざまな農業部門のあいだで分業が大規模に実現され，それを通してはじめて農業者は，農業の本性におおむねかなうように土地を開墾し，また島全体でこれらの生産物の消費者と交流することができるようになったからである」[53]．したがって，最後に彼は問う．「工業力がイギリスの繁栄の根源であることを，だれが否定することができようか？」[54]と．

つぎにリストが取り上げるのは，「世界的な貿易の自由」という理念についてである．この点について，まずリストは，つぎのようにいう．「ケネーによれば，『世界全体は，商人たちの世界共和国（eine Universalrepublik von Kaufleuten）と見なされなければならない』と．この結論に重農主義者が到達したのは，彼らが個人とその個人を基礎とした生産過程から出発しながら，富の原因を探求しようとし，それを大地からの純益の中に見出さねばならないと確信したこと，また，彼らが特別の事情と欲求をもった国民と国民性をまったく無視する一方で，政治家や評論家が事物の本性にしたがって国民性とその改善を自分たちの主たる根拠や自分たちの努力の主たる課題にし，そこから出発して共同体全体の精神的・物質的な安寧の原因を求めようとしたことによってである」[55]．そして，「世界主義と個人主義の二つは，アダム・スミスによって引き継がれた．生産物に代えてたんなる物質的に生産的な労働と生産物の交換価値をもってきながら，彼はなるほど製造業に生産性という性格を認めるが，それは彼が理解したように，全般的な貿易の自由の原理と一致するかぎりでしかなく，国民性の本性や状態，その目的や欲求，国民性に対する製造業の影響を評価することができない」[56]と．つまり，「世界的な貿易の自由」という理念は，ケネーにはじまってアダム・スミスに引き継がれてきたが，リストによれば，それは個人主義の世界的な規模での展開でしかなく，国民性というものがまったく無視されている，というのである．

とはいえ，リストは，この「世界的な貿易の自由」という理念を否定してい

るわけではない．彼はいう．「一般的にいって，この体系にあっては普遍的な貿易の自由という理念は正しい．同様に，個々の諸都市，郡および地方を相互に自由に交流する全体へと統合することは，すべての諸個人にとっても有利に作用するにちがいない」．しかし，「このような諸国民の連合は，大多数の国民性がほぼ同じような文明，富と力のレベルに達したのちにしか，形成することができない．しかも諸国民が自然的な自由の状態で互いに対立し合っているかぎり，国民性の維持，福祉，力の増大および独立と独立性の保証は，おのずから諸国民にとっても主要な課題である」[56]と．つまり，理念としての「世界的な貿易の自由」は間違っていないのだが，やはりこの場合にも，リストによれば，「大多数の国民性がほぼ同じ程度の文明，富と力に達したのちにしか，形成することができない」というのである．つまり，個人主義の世界的な規模での展開としての「世界的な貿易の自由」は，大多数の国で個人主義が確立される段階，大多数の国がそうした国民性の段階になるまでは実現が不可能である，とリストはいうのである．したがって，彼はいう，「今日の世界事情にあっては，無条件的な貿易の自由は，真の世界主義と矛盾すると思われる」[57]と．つまり，リストによれば，「世界的な貿易の自由」を通じて「諸国民の連合」を目指すことを決して否定するものではないが，「今日の世界事情」にあっては，それは「真の世界主義と矛盾する」ために実現が不可能である，というのである．

　ところで，これまでの議論の流れからは少し離れ，リストはつぎに，独占の問題を取り上げる．この点に関連して，まず彼は，つぎのようにいう．「アダム・スミスが保護関税は消費者に対する独占を生産者に保証するものであると主張するとき，まったく彼の言い分どおりである」．そして，「こうした経験をしてきたのは，中央および南アメリカ諸国の保護関税であって，この制度は北アメリカを手本にしてきたのだが，そのために必要な知的，社会的および物質的な諸力が，それらの国々には欠けていることが考慮されていなかった」．しかし，「まったく別の部類の独占は，知性，道徳性，勤勉性，がまん強さ，および節約性においてドイツと同様な諸国のもとで，保護制度を樹立した」．し

たがって,「このような諸国民にあっては,なるほど保護制度も独占であるが,土地所有のそれと同様に,必要で有益な独占である.それは国民全体に開かれ,個人が希望すればだれでも参加できる独占である.それは,国民全体にもっとも迅速な仕方で自立的な工業力を広げることによって,生産者と同様に,消費者(すなわち農業者)をも豊かにする独占である」.つまり,「私たちの独占は外国に対するものであって,彼らはその不当さについて文句をいうことができない.というのは,彼らはずっと以前から外国を排除して,自国の民に似たような独占を許してきたからである」58)と.多分にイギリスを念頭において語られたものであろうが,リストはここで,保護制度＝独占という図式的な批判に対して,その独占にも,それぞれが異なった役割を演じているものがあることを明らかにしている.つまり,一つは「中央および南アメリカ諸国の保護関税」であり,アダム・スミスがいうように,その「保護関税は消費者に対する独占を生産者に保証するもの」であった.それに対して,もう一つのものは,「国民の工業的な自立」のために「必要で有益な独占」と考えられているのである.

そして,この「国民の工業的な自立」に不可欠な「工業資本(Manufakturkapital)」の役割について,リストはさらに考察を進め,つぎのようにいう.「私たちが前提としていたように,教養を身につけた農業諸国民が国内で工業力を育成しようとすれば,農業生産の余剰が必要である.そうした手段と蓄えをもった農業それ自体は,もっとも主要な物質的な工業資本である.つまり,そういう農業は,家屋や水力発電所を建設するための,機械や労働者を扶養するための,そして原料を加工するための手段を提供する.工業力はさらに滝や燃料を必要とする.それらは,ほとんどの農業諸国民にあっては使いきれないほど存在し,ほとんど利用されていない.それが必要とする労働力は,余剰の農業人口から動員されなければならないし,容易に動員することができる.というのも,農業国民にあっては,大量の労働力が相応の仕事の不足から,いつでも無駄にされているからである」.「要するに,教養を身につけた農業国民にあっては,すべてが工業力の養成のために存在しているのであって,労働者の修練,

技術者の知識，企業家の信頼だけではない」[59]と．ちなみに，ここで「教養を身につけた農業諸国民」というのは，前段との関係からいえば，「知性，道徳性，勤勉性，がまん強さ，および節約性」を身につけた農業諸国民のことであろう．また，ここでリストがいう「工業資本」とは，「国内で工業力を育成しよう」とするために農業諸国民が国内で動員することができる，すべての人的・物的資源を意味していることが分かる．そして，「工業資本」の役割として考えられているのは，ひとことでいえば，「農業諸国民の工業的な陶冶だけを対象にしている」ということである．

さて，いわゆる「工業資本」の意味とその役割を明らかにしたところで，リストはつぎに，「工業資本」の国内での動員を可能にする社会的な環境である「市民的・政治制度」の影響を取り上げることになる．したがって，彼はいう．「私たちがここでさらに，工業，商業および土地の価値に対する市民的・政治的制度の影響を考慮することになれば，つぎのようなことが明らかになる．つまり，大土地所有者はつまるところ，人が国家と名づける会社（Gesellschaft）の株主であること，そして，その株券は国民の精神的・物質的生産諸力が増減するのに完全に比例して価値を上下すること，土地を所有している貴族が法の歴史，法と自由を保証する制度，工業の育成に必要な諸措置に抵抗したり，例えば免税，封建的狩猟法，領主裁判権などといった文明・文化の進展に背を向けた制度を重視したり，国民的な輸送手段の実現をあえて妨げたりすれば，みずからが不倶戴天の敵であるということである．というのは，彼はそのことによってみずからの地代や土地の価値の上昇すら妨げ，みずからの存在と繁栄のすべてが依拠している土台を掘り崩すからである．自由の欠如，したがってまた製造業の欠如が土地の価値にどのくらいの作用をおよぼすのかを知るには，アメリカの自由諸州の状態と奴隷諸州のそれ，例えばマサチューセッツのそれとヴァージニアのそれを比較してみれば，一目瞭然である」[60]と．ここでのリストは，新たな「市民的・政治的制度」に対する大土地所有者としての封建貴族の動向を念頭におきながら，歴史の流れに逆らうことが結局は自分の利益にも反するのであって，その実例として，奴隷制を廃止した自由なマサチュー

セッツ州と奴隷制を存続させているヴァージニア州における経済的繁栄の違いを指摘するのである.

ところで,独占の問題を取り上げる中で,それまでの理論的・理念的な展開から少し離れたリストは,ここで再び理論的な展開へと立ち戻る.したがって彼は,つぎのようにいう.「個人主義と物質主義に基礎づけられた思考そのものは,国民性と生産諸力の本性をまったく誤解している.今日の世界事情のもとでは,諸個人の自由と私的利益は,国民という枠内でのみ力を発揮することができる」.したがって,「農業諸国民が製造業で優位に立っている国民との自由な貿易を通して自国の農業を大いに促進することができるというは,正しい.しかし,それほどに豊かになった農業国民といえども,優位に立っている工業国民と自由競争をしながら,国内市場で自立的な工業力を育成し維持することができるというのは,間違っている.その理由は製造業の独特な本性にある.それは熟練と慣習,知識と実習,操作方法,道具類や機械,開かれた制度や経済的・市民的なつながり,および物質的資本の集積を前提にする.それらは長い時間をかけた,単調ではあるが中断することのない,世代から世代へと続く努力を必要とする.そして,そうしてはじめて,安価な製品価格という姿を取ってあらわれるのである.それは,恒久性と連続性の原理（*das Prinzip der Stetigkeit und Kontinuation*）であって,すべての人間を基礎づける場合と同様に,とくに工業や国民的な工業力を基礎づける場合にも,大変な偉業の土台となるものである」[61]と.すでに見た論文「今年のパリ全国工業博覧会,ドイツとの関連で」ではじめて言及された「工業の本性」が,ここでは「製造業の独特な本性」と表現をあらためられながら,さらに「恒久性と連続性の原理」として,リストによって定式化されている.ちなみに,この「恒久性と連続性の原理」は,主著『経済学の国民的体系』の中でも引き続き登場する.つまり,『経済学の自然的体系』以後に,リストの生産諸力の理論は,この点でいっそう「深められている」のである.

そして,この「原理」が工業力の育成を時間的な契機において考えたものであるのに対して,つぎにリストが問題にするのは,生産諸力の空間的な契機で

ある．したがって彼は，つぎのようにいう．「富の理論のすべての誤謬の源泉は，つぎのことにある．つまり，『それは富の理論にすぎないこと，それは富をつくり続ける力でなくて富を，その研究の主たる対象としてきたこと』にある．すべての諸個人の富は国民の富の集合である，というのか？　それはさておいて，この問いかけ総体で問題になっているのは，交換価値や富ではなくて生産諸力である．しかも国民全体の生産諸力は，諸個人のそれとはまったく違うものである．というのは，それは，国民的な広がりでの分業（Teilung der Arbeit in nationaler Ausdehung）や国の社会的・市民的・政治的諸制度によって規定されているからである．不思議なのは，スミスがみずから発見した，あるいはむしろアリストテレスによってすでに見出されていた分業の法則（Gesetz der Teilung der Arbeit）をさらに徹底的に追求しなかったことである．というのは，個々の製造業で労働者が，適切な作業の分割と同一目的に向けた諸個人の生産力の精神的かつ空間的な結合によって，バラバラな状態にあった以上に生産物をつくりだすように，そのことは製造業全体，農業全体，国民経済全体にもあてはまるからである」[62]と．ここでは，国民的生産諸力と国民的分業の関係や，分業の概念が，『経済学の自然的体系』以上に，明確に定式化されている．つまり，まず国民的生産諸力は，「国民的な広がりでの分業」によって規定されているということであり，また分業とは，「適切な作業の分割と同一目的に向けた諸個人の生産力の精神的かつ空間的な結合」であるとされていることである．これらはすべて，リストもいうように，スミスが『国富論』の第1編第1章「分業について」で基本的に語っていたことでもあるが，リストによってさらに厳密に定式化されているのである．したがって，リストはいう．「私たちが国際的な分業や私的な分業に対比して国民的分業（die Nationalarbeitsteilung）と呼ぶ，この分業の重要性を，富の理論はなるほど認めてこなかったし，新たに展開してこなかった」[63]と．

　そして，生産諸力の空間的な契機の問題は，リストによってさらに展開されることになる．この点について，彼は，つぎのようにいう．「最近になって人はしばしば，保護関税なしでも製造業が成功をおさめた例として，スイスをあ

げることが多い．バウリング博士はこの例を，フランクフルトやドイツでの自分のデモンストレーションのために，大いに食いものにしてきた」．しかし，「その今日的な工業力の土台は，古い文化をもつすべての国々と同様に，ツンフト・都市体制によってすえられた．その後，この国にとって好都合であったのは，何世紀にもわたって専制主義，狂信主義，ヨーロッパの革命と戦争で騒然としている中で，この国がいわば市民的・宗教的な自由の島を形成していたことである」．そして，「文明，公共心，市民的・宗教的自由は，ミツバチが蜜房に運ぶためにミツを集めるように，国内の食糧源泉が大きく制限されている中で，スイス人を諸外国へ向かわしめる進取性と企業精神を養った」．したがって，「いま，スイスの例にもとづいていえることは，つぎのようなことである．つまり，有利な事情のもとで一定の工業部門が改善されたのちであれば，一国民は，この工業部門での外国の競争をおそれる必要はないこと，しかし，その改善をはかるためには保護制度が不可欠なものであるということである」[64]と．バウリング博士によってご都合主義的に取り上げられることが多かったスイスの製造業の成功例について，リストは，その原因をスイスが「市民的・宗教的な自由の島を形成していたこと」に求める一方で，将来的な製造業の改善に向けては「保護制度が不可欠なものである」と考えているのである．

　しかも，それに続いてリストは，スイスにおける「今日的な工業力の土台」をすえたツンフト体制に目を転じる．したがって，彼はいう．「ツンフト体制に言及するにあたって私たちが明らかにせざるをえないのは，このツンフト体制が以前から地域保護制度の献身者（die Dienste eines Lokalschutzsystems）を代表し，労働者や親方の人数を制限することによってその国の工業需要のほとんどを流通規模の大きなものから守り，製造業者に一定範囲での製品市場をいわば提供し，農業者に対する独占を保証したことである．しかもその一方で，主要生産物に対する自然的独占をもっている農業者の近隣に生産物市場をつくり，加えて局地的分業（Lokalarbeitsteilung）をその国の全土に広げた」．しかし，「大工場の影響のもとでの事情は，また違った様相を呈した．競争が波及する

かぎりでどこでも，手工業者や小さな製造業者はその姿を消した」．そして，「このことがそれこそ明白に示されるのは亜麻布製造業であって，それはこの間に都市よりも田舎で営まれることが多くなった．それによって農業者は，みずからの局地的市場（Lokalmarkt）をますます失うことになる」．したがって，「全体として見れば，国民の工業力が農業国家に比べてずっと高度な文明，市民的自由，豊かさ，国民の独立と力の原因および作用としてあらわれると，否，登場するようになると，つぎのようなことを認めざるえなくなる．つまり，大工場は結果として，いろいろ大きな負担になるということ，また中世の重商主義制度は，大多数の自由で，自立的で，豊かさ・経営・人格形成の面でほぼ同等な，その存在と本質において生産を保証されている製造業者たちを共同体（Gemeinwesen）に結合することによって，大多数の非自立的で，最低限の暮らしに追いやられた，時として生活困窮にさらされ，職につくにあたってほとんど手練を修得する必要がない製造業労働者が教養も人間味もない少数の人々に屈従している新しい秩序よりも，ずっとすぐれているということである」[65]と．ここでリストは，彼の思想を占う意味で重要な論点を提示している．したがって，その点について，ここで考えてみよう．

　まず，論点の第一は，「ツンフト体制」が「地域保護制度の献身者を代表」するものである，というリストの評価に関連する．というのも，この「ツンフト体制」は，これまでは「中世的な遺物」を代表するものと考えられてきたからである．しかし，ここでのリストは，そうした「ツンフト体制」に対する一面的な歴史的評価とは違って，それが製造業者と農民を基礎とした「局地的分業」，したがって「局地的市場」の成立に貢献したばかりでなく，この「局地的分業をその国の全土に広げた」ものとして高く評価しているのである．そして，そのことは第二に，「重商主義制度」に対する評価とも関連してくる．というのも，この「重商主義制度」も基本的には，諸個人の自由な経済活動を妨げるものとして，「ツンフト体制」と同様な歴史的評価をこれまで与えられてきたからである．しかし，ここでのリストは，この「中世の重商主義制度」は，自由で自立的な「製造業者たちを共同体に結合」してきたという意味で，やは

り高く評価しているのである．もちろんそれには，大工場が出現する中で非自立的で，単純労働に従事する「製造業労働者が教養も人間味もない少数の人々に屈従」せざるをえない「新しい秩序」との比較がリストの念頭にあったことは，いうまでもない．

ともあれ，こうした「ツンフト体制」や「中世の重商主義制度」に対するリストの高い評価の意味を，これまでに展開された彼の思想とも関連させて考える必要があろう．その点でまず思い起こす必要があるのは，若きリストが中世から続く「コルポラティオン（自治的共同体）」をみずからの自治・分権的な政治構想との関連で，同様な意味で評価していたことである．つまり，彼はかつて，つぎのようにいっていた．「実に不思議なことには，国家学ではコルポラティオン（Korporation）をまったく眼中に入れようとしないので，体系的にはほとんど考察されていない」．しかし，「国家にあっての自治的共同体は，国家そのものよりも古い．あるいはむしろ，国家にあっての自治的共同体は，起源からいえば国家そのものであった．生活を共にする多くの人間たちは，共同の目的のために結合することの必要性を感じ，そこからゲマインデが生まれた．彼らは，みずからの共同の目的をこの自治的共同体を通じて実現することができず，もっと大きな交わりに結びつかざるをえなくなって，地方，さらには州が生まれた」[66]と．ここでいわれているコルポラティオンの特徴に注目してみると，リストによれば，それは多くの人間たちが「共同の目的のために結合することの必要性」から最初の基礎的な自治的共同体が誕生し，「もっと大きな交わりに結びつかざるをえなくなって」，みずからの意志で最終的には国家を成立させるにいたるわけである．したがってその特徴は，一言でいえば，自由な諸個人を基礎として，「共同の目的のために結合することの必要性」から誕生した共同体といえる．

そこで，ひるがえって「ツンフト体制」や「中世の重商主義制度」についてのリストの特徴づけを思い起こしてみると，彼は，つぎのようにいっていた．それは「大多数の自由で，自立的で，豊かさ・経営・人格形成の面でほぼ同等な製造業者たちを共同体に結合」したものであった，と．つまり，若きリスト

のコルポラティオンについての特徴づけと，ここでの「ツンフト体制」や「中世の重商主義体制」についてのそれとは，まったく一致するのである．しかし，それだけではない．リストが「富の理論」における「誤謬の源泉」に関連して，つぎのようにいっていたことがある．「不思議なのは，スミスみずからが発見した，あるいはアリストテレスによってすでに見出されていた分業の法則をさらに徹底的に追求しなかったことである．というのは，個々の製造業で労働者が，適切な作業の分割と同一目的に向けた諸個人の生産力の精神的かつ空間的な結合によって，バラバラな状態にあった以上に生産物をつくりだす」と．ここでスミスの，否，アリストテレスの分業論が再確認されているが，その場合の特徴も，分割された諸労働をになう自由な諸個人が同一目的に向けて「精神的かつ空間的な結合」しているのが，「分業」であるとされているのである．つまり，リストにあっては，「自治的共同体」論も「分業」論も，自由な諸個人の労働の主体的・能動的な結合体＝組織体を意味するということでは，まったく同一内容なのである．そして，それが大工場の出現にともなって生じた事態，リストによれば，「大多数の非自立的で，最低限の暮らしに追いやられた，時として生活困窮にさらされ，職につくにあたってほとんど手練を修得する必要がない製造業者が教養も人間味もない少数の人々に屈従している」事態に鋭く対比されているのである．

　加えて，関連した論点が登場してくる．それは，「ツンフト体制」についてリストが論ずる中で言葉としてはじめて登場してきたものである．つまり，リストによれば，「ツンフト体制」は，製造業者と農民を基礎とした「局地的分業」，したがって「局地的市場」の成立に貢献したばかりでなく，この「局地的分業をその国の全土に広げた」のであった．この点については，すでにスミスがつぎのようにいっていた．「分業をひきおこすのは交換しようとする力であるから，分業の大きさも，この力の大きさによって，いいかえると市場の大きさによって制限されるにちがいない」と．そして，この場合の「局地的分業」＝「局地的市場」が地域経済を支えるものであり，また他方で，都市ゲマインデと農村ゲマインデからなる基礎的・自治共同体である「地方」政治を支える

ものでもあった．つまり，「局地的分業」＝「局地的市場」論は，リストの自治・分権論を経済と政治の両面での基底部を支えるものでもあったのである．

しかし，それだけではなかった．大工場が出現してくるという状況の中で，リストは，つぎのようにいっていた．「大工場の影響のもとでの事情は，また違った様相を呈した．競争が波及するかぎりでどこでも，手工業者や小さな製造業者はその姿を消した」．そして，「このことがそれこそ明白に示されるのは亜麻布製造業であって，それはこの間に都市よりも田舎で営まれることが多くなった．それによって農業者は，みずからの局地的市場をますます失うことになる」と．つまり，大工場が出現してくる中で市場競争が激しくなり，その競争原理にしたがって「局地的分業」＝「局地的市場」の担い手である手工業者や小さな製造業者が姿を消し，そのために農業者も「局地的市場」を失うことになっていく．したがって，自治・分権の基底部が掘り崩されることによって，大工場＝「教養も人間味もない少数の人々」による国内市場の集権的・一元的支配が全土に拡大する状況が進展しているのである．その意味では，「ツンフト体制」や「中世の重商主義制度」に対するリストの高い評価，またこの論文ではじめて登場したリストの「局地的分業論」＝「局地的市場」論は，大工場が出現する中で「市場競争原理」にもとづいて進展してきた，経済と政治の両面での人間不在の集権的・一元的な支配の傾向に対して，自治・分権の立場から基底部のこれ以上の掘崩しを避ける一方で，人間本位の労働の結合体・労働組織についての再評価をしようとしたのであった．

さて，ここまで，大まかに分類した12の論点にそくしながら，論文「国民的な工業力の本質と価値について」の内容を見てきた．そして，この論文が『経済学の国民的体系』にもっとも近い時期に書かれたものであり，論文「外国貿易の自由と制限，歴史的観点からの解明」についで理論的・体系的な展開が見られたことから，リストの生産諸力の理論は，『経済学の自然的体系』に比べて一段と「洗練され，深められている」ことが明らかになった．その中でも特筆すべきなのは，この論文の後半に登場してきた分業論である．それは，時間的な分業論ともいうべき「恒久性と連続性の原理」がこの論文ではじめて定式

化され,そのまま『経済学の国民的体系』に引き継がれていることが一つである.また,分業の空間的な契機に関連しては,当時の「富の理論」における「誤謬」を正すことを理由にして,『経済学の自然的体系』に比べて,自由な諸個人の労働の主体的・能動的な結合体・労働組織であることの意味が一段と明確にされたことである.また,大工場が出現する中で進展してきた,経済と政治の両面での人間不在の集権的な・一元的な支配の傾向との関連で,自治・分権的な立場からの「局地的分業」＝「局地的市場」論が展開され,分業＝市場論において生産諸力の理論が一段と「深められている」ことが明らかになった.

お わ り に

1837年の『経済学の自然的体系』と1841年の『経済学の国民的体系』のあいだに書かれた六つの経済諸論文を,これまで順次に見てきた.そして,その間にリストの生産諸力の理論がどのように「洗練され,深められている」のかを見てきた.その点で,生産諸力の理論が「洗練され」ていることに注目すれば,それはとくに,論文「イギリス穀物法とドイツの保護制度」,論文「今年のパリ全国工業博覧会,ドイツとの関連で」,論文「歴史の法廷に立つ経済学」,および論文「バウリング博士とドイツ関税同盟〔Ⅰ〕」といった時論的な諸論文に明らかに見ることができた.さらに,生産諸力の理論が「深められている」ことに注目してみると,やはり論文「外国貿易の自由と制限,歴史的観点からの解明」と同じく論文「国民的工業力の本質と価値」の二つが,理論的・体系的な展開をその特徴としたこともあって,特別な関心を引く.つまり,前者にあっては,主著『経済学の国民的体系』の「歴史編」に相当する部分が基本的に成立していたこと,それに対して後者の場合には,分業論において格段の明確化が進んだことである.しかも,その分業論における明確化が,若きリスト以来の自治・分権的な思想との一体性において展開されていたことである.つまり,1839年から1840年のあいだに,リスト自身が生産諸力の理論を展開するうえで,それまでの思想的な歩みとも関連させて,総括的・集中的な深化をとげていた,ということができよう.したがって,これまで具体的に取

り上げられることがなかったが,「1839 年～1840 年の経済諸論文」がリストの思想的・理論的な成長において果たした役割は,非常に大きかったといえるのである.

1) 拙稿「F. リストと『経済学の自然的体系』」(『経済学論纂』第 45 巻第 3・4 合併号) を参照されたい.
2) この経済諸論文については,諸田實氏がその著書『フリードリッヒ・リストと彼の時代』(有斐閣 2003 年) で,そのうちの 3 編について触れているが,リストの生産諸力の理論がどのように「洗練され,深められている」かという点については,具体的な検討が不十分のように思われる.
3) Friedrich List, *Die englische Kornbill und das deutsche Schutzsystem.* in : Werke V, S. 112.
4) 拙稿「F. リストと『ドイツ商人・製造業者協会』」(『経済学論纂』第 42 巻第 6 号) を参照されたい.
5) Friedrich List, a. a. O., S. 113.
6) Ebenda, S. 113.
7) Ebenda, S. 114.
8) この点については,さしあたり熊谷次郎『マンチェスター派経済思想史研究』(日本経済評論社 1991 年) を参照されたい.なお,関連したものとして,服部正治『穀物法論争』(昭和堂 1991 年) がある.
9) Friedrich List a. a. O., S. 116.
10) Friedrich List, *Die Freiheit und Beschränkungen des auswärtingen Handels, aus dem historischen Gesichtpunkt beleutet.* in Werke V, S. 317.
11) Ebenda, S. 318.
12) Friedrich List, *Das nationale System der politischen Ökonomie,* in Werke Ⅵ, S. 158 f. 小林昇訳『経済学の国民的体系』(岩波書店 1970 年) 178–79 ページ.
13) Friedrich List, *Die Freiheit und Beschränkungen des auswärtingen Handels, aus dem historischen Gesichtpunkt beleutet.* in Werke V, S. 349.
14) Ebenda, S. 317.
15) Ebenda, S. 317.
16) Ebenda, S. 320.
17) Ebenda, S. 321.
18) Friedrich List, *Das nationale System der politischen Ökonomie,* in Wreke Ⅵ, S. 68. 小林,前掲邦訳書 75 ページ.
19) Ebenda, S. 68. 小林,前掲邦訳書 75 ページ.
20) Friedrich List, *Die Freiheit und Beschränkungen des auswärtingen Handels, aus dem historischen Gesichtpunkt beleutet.* in Werke V, S. 323 f.
21) Friedrich List, *Das nationale System der politischen Ökonomie,* in Wreke Ⅵ, S. 80. 小林,前掲邦訳書 89 ページ.

22) Friedrih List, *Die diesjährige National−Gewerbsstellung in Paris, mit Bezug auf Deutschland.* in Werke V, S. 123.
23) Ebenda, 123.
24) Ebenda, 124.
25) Ebenda, 124.
26) Ebenda, 124.
27) Ebenda, 125.
28) Ebenda, 126 ff.
29) Ebenda, 129 f.
30) Ebenda, 156.
31) Friedrich List, *L'économie politique devant le tribunal de l'histoire.* in Werke V, S. 99.
32) Ebenda, S. 100.
33) Ebenda, S. 103.
34) Ebenda, S. 103.
35) Ebenda, S. 103 f.
36) Ebenda, S. 111.
37) Friedrich List, *Dr. Bowring und der Deutsche Zollverein*〔Ⅰ〕. in Werke Ⅴ, S. 158.
38) このバウリング版『ベンサム全集』に関連しては，つぎの研究成果を参照されたい．Michihiro Otonashi, The 'Bowring edition' of *The Works of Jeremy Bentham 1838−1843*.──Its Formation, Editorial Problem and Editors──, Center for Historical Social Science Literature, Hitotsubashi University, March 1993.
39) Friedrich List, a. a. O., S. 158.
40) Ebenda, S. 158.
41) Ebenda, S. 158 f.
42) Ebenda, S. 159.
43) Ebenda, S. 160.
44) Ebenda, S. 163.
45) Ebenda, S. 164 ff.
46) Friedrich List, *Über das Wesen und den Wert einer nationalen Gewerbsproduktivkraft,* in Werke V, S. 350.
47) Ebenda, S. 351.
48) Ebenda, S. 352.
49) Ebenda, S. 352.
50) Ebenda, S. 354.
51) Ebenda, S. 354 f.
52) Ebenda, S. 355 f.
53) Ebenda, S. 357.
54) Ebenda, S. 357 f.
55) Ebenda, S. 360.
56) Ebenda, S. 361.

57) Ebenda, S. 364 f.
58) Ebenda, S. 368.
59) Ebenda, S. 370.
60) Ebenda, S. 372 f.
61) Ebenda, S. 374 f.
62) Ebenda, S. 377.
63) Ebenda, S. 378.
64) Ebenda, S. 384 f.
65) Ebenda, S. 385 ff. なお，ここで，Lokalmarkt を「局地的市場」と訳すにあたっては，大塚久雄氏が local market area を「局地的市場圏」と訳していることに対応させたものである（『大塚久雄著作集　第五巻』16 ページを参照されたい）．
66) Friedrich List, Gedanken über die würtenbergische Staatsregierung. in Werke I, S. 103. なお，この点については，拙稿「若きリストと行政組織改革問題」（『経済学論纂』第 41 巻第 5 号）を参照されたい．

第 11 章

ヴィクトリア朝中期における宗教意識と文学
――M. アーノルドと A. H. クラフの場合――

はじめに――ヴィクトリア朝時代の傾向

　文学作品に大なり小なり時代の動きによる影響が及ぶのは如何ともしがたい．しかもその現われ方は，時に露骨に，また時に微弱もしくは曖昧に，かつ錯綜的である．哲学理論，宗教論，政治社会評論，社会運動の報道などに反応し，しばしば反時代的考察を行う．その際の反撥する時代とはどんなものか．イギリス・ヴィクトリア朝時代の文化と社会は，R. D. アルティックが自著の序文でいうように，誠に「複雑多様（multitudinousness）」そのものであった[1]．これは，マシュー・アーノルド（Matthew Arnold, 1822–1888）が友人アーサー・ヒュー・クラフ（Arthur Hugh Clough, 1819–61）宛の書簡（*LC*, 97, Virginia, I, 128）の中で使った言葉で，長い目で見ると所詮自己を語るに落ちた語に外ならず，時代もそこに生きる詩人・評論家アーノルドもともに多重的，錯綜的であって，それについて単線的には語れないが，およその事情として説明する必要はある．

　19世紀は，英米の本では初頭を除いてヴィクトリア朝時代として扱うことが多い．ヴィクトリア女王の在位は 1837 年から 1901 年までであるが，「ヴィクトリアン（Victorian）」という言葉は「最近では 1830 年から 1880 年までのイ

ギリスという更に限られた一貫性のある時期の文化に対して，この用語を用いる傾向があり，1880年以後には新たな感性が形成され表現され始めていたが，歴史家はそれに対してまだ満足のゆく名称を見出していない」とW. マッデン（卓抜なアーノルド研究書の著者でもある）はいう[2]．19世紀の審美主義傾向の中心にいたウイリアム・モリス（1834–96）が社会主義への関心を進めたのが1880年代の初めであり，彼の言動が時の思潮に及ぼした影響は大きい．労働階級の勢いは一段と大きくなる．「世紀末」という言葉もあるが，これは文学，美術のそれも狭い範囲の現象で，むしろ時代の異端として話題を呼んだのであって主流というよりは表層である．またW. ホートンは『ヴィクトリア朝期精神構造』（1957）で「1830～1870年」と期間を示し，1850年において時代はまだ「融合と過渡の時代であった」といっている[3]．宗教問題での論議が喧しかったという面から見ればA. O. J. コックシャットのように「ヴィクトリアン」を1840年から1890年までに設定しているものもある[4]．これはM. アーノルドの没年1888年までを含んでいる．1880年代において一般にヴィクトリア朝的気質が著しく減少するのは確かで，M. アーノルドはラグビー校校長の父トマス・アーノルドとは少し違った形でヴィクトリア朝の代表的人士であった．

「ヴィクトリアニズム（Victorianism）」という言葉もよく使われ，これは，歴史的に19世紀中頃とそれ以後を振り返って，今と違うという意味を込めて批判的に「功利主義，実利主義，紳士気取り，道徳主義，体裁尊重（respectability），進歩気分」などの混じり合った社会，風俗面をいうことが多い．アーノルドはその主流をフィリスティニズム（Philistinism）と呼んで反撥した．この方は特に何年までという限定は含まれないが，漠然と世紀末以前の風潮を指し，マッデンの指摘するものの表層的な面をいうことが多い．このヴィクトリアニズムの日常面を好んで扱ったディケンズ，サッカレイなど小説家の活動が詩よりも目立った．賑やかで，上品であったり，猥雑であったりした反面に，ヴィクトリア朝には主に宗教をめぐってかしましい議論があり，悲観的な相貌さえ見え，それは詩の方に顕著であった．マッデンがヴィクトリア朝というその時期は，限られているだけにそれだけ特徴のある時代だったのである．それ故20

世紀の50年代60年代の怒りと新風俗の潮流は，はるばるとアンチ・ヴィクトリアンの姿勢を誇示したのである．

またイギリスの19世紀は成長と拡大の時代である．大塚久雄の「基本線」によれば，1840年代は産業革命終了期で，農村に残る自立農民と都会に出る工場労働者とへの自立中農民層の両極分解がほぼ終了する．1840年代が「飢餓の40年代」であり，1851年の大博覧会以後が好日的時代に向うという昔からの説も一応はその通りといっておいていい．ただ，状況は多層的であり，事情は入り組んでいて，複雑であって，そのこまかい事情についても様々の考察がなされてきた．T. S. エリオットは「まやかしの安定期」だとさえいう（『詩と批評の功用』1933）．ここでは19世紀中葉の社会人文的状況の限られた面へのその影響を一瞥する．

ヴィクトリア朝の人々は「貧弱で，ものが見えず，自己満足の人たち（a poor, blind, complacent people）」だというのは，ベネット（A. Bennet）の言葉で，以来よくそういわれる．また一方で，彼らは「懐疑に引き裂かれ精神的に当惑し，困難な世界で迷子になった人たち」だったのであり，「時代の真の徴候は精神的孤独であった」とラウス（H. V. Routh）はいう．また彼らは「粗野な物質主義者で，もっぱら現在に没頭し，抽象的真理，永遠の価値には全く関心がない」というのがマッシンガム（Hugh Massingham）の意見である．いや，彼らはまた「過度に宗教的で，心配なほど理想主義的で，過去に憧れる」ともラウスはいう．以上三つの見方をJ. H. バックリー（J. H. Buckley）は「ヴィクトリアニズム（Victorianism）」の中で紹介する[5]．これを政治，風俗面に立ち入って観察すると二重性格的どころか，多重錯綜である．お上品，道徳的，体裁尊重，紳士淑女気取りなどいうのはむろん鮮明なる表層であるが，深入りすれば混沌，複雑，曖昧に見えてくる．植民地拡大にともなう社会現象の変化が急速であってみれば文化，風習の変化が急速かつ複雑であるのは自然の成り行きである．帝国主義的規模で考える反面，島国根性が強く，俗物性と宗教上の軋轢が激しいとなればその複雑さは甚だしいものだ．

さて，マッデンが「ヴィクトリア朝の感情と感性（Sensibility and Sentiment）」

で扱うのは，主に宗教と文学と，それが影響し，もしくはそこに反映する家庭を中心とした社会である．その特有の「感情と感性」を形成したものとして，人口の増大，産業化の進展，人口の都市集中，富の増大をあげるが，それは多くの概説的文章でいわれてきたのと共通することである．マッデンが強調するのは，当時の人々の社会的意識に影響した最も重要なのが福音主義（Evangelicalism）とベンサム流の功利主義（Utilitarianism）だということである．前者は1830年ころが最高潮で，後者は20年おそい．アトリックも似た見方であるが（但しベンサムの倫理はキリスト教道徳と関係がないと断定する），これは確かにヴィクトリアニズムといわれる傾向の良くも悪しくも濃厚な色合いを決定付けた両極の如き大きな要素に違いない．しかし，この傾向に背を向けもしくは反撥する人々の存在もまたこのころに目立っていて，M. アーノルドは第三の道を目指し，クラフも独自の道を歩む．

ヴィクトリア朝時代は工場法改正，議会の少々の改革をへて，とりわけ1851年の大博覧会以後は実業家，中産階級が繁栄を謳歌した時代でもあるが，また一方，文学・言論界，宗教界に暗雲が立ちこめていたのであって，二つの分野が無縁なまま併存しているというわけではなく，複雑であり，性格付けるには曖昧なものが多い．20世紀のように放送によって政治経済，文芸，娯楽がのべつ解説紹介されていたわけではなかったが，新聞，雑誌は数が多く，話題が二分され棲み分けしていたわけではない．何よりも宗教がまだかなり日常生活にしみとおっていた時代で，宗教界の葛藤，論争は声高に響いていた．キリスト教の宗派間の違いはやかましく，当時初等教育がかなりの範囲で宗派別の運営であったから，それが庶民の間にも影響していた．だが，やはり葛藤の中で揉まれるのは神学者，牧師をはじめ教会関係者と諸々の学者，評論家，作家，詩人，ジャーナリストら知識人である．とりわけ懐疑を抱いて目立つのが詩人で，彼らはこういう時代の表面を動くいわゆる時代の流れ，もしくは「時代精神（Zeitgeist）」に敏感に反応するのである．ヴィクトリア朝時代がこれまた大変な時代であったエリザベス朝時代と較べられるのも，それを強調した論者——その代表的なのがM. アーノルドであるが——の個性のみに帰せられる話

ではない．その当時，感受性の強い文学者だけが当惑の中にあったわけではないのだ．社会人，知識人の多くがそうである．

　K. アロットは1847年において時代を「精神的ノーマンズ・ランド」と見るのがM. アーノルドのサークルにおいてありふれた考えになっていたという．弟トム・アーノルドがクラフに宛てた手紙で「我らの運命は悪しき時代（an evil time）に投げいれられた，我らは現在を容認できない，我らの生きているうちに未来はない，今は過渡の時代だ，悲しみと孤独のみ…」という（Allott, 306）．まるで兄アーノルドの五年後の詩的言語による発言を先取りしているようだ．だがトムはむしろロマン派的憂鬱とはあまり縁がなく，変心を経て最後にはカトリック教徒になる．彼は初めカーライルの陰鬱な面の影響を受けたが，時代思潮に敏感で内面的な深まりを経ないで動揺していたといえる．

　以上見てきたように1880年頃までのヴィクトリア朝時代はいかにもイギリスらしい特徴を持った時代である．ただ，1851年のロンドン大博覧会，1859年のダーウィン『種の起源』出版という事件があるので＜中葉＞という漠然とした意識はあり，この時代を中頃に限定してとくに＜ヴィクトリア朝中葉＞もしくは＜19世紀中期＞という言い方それ自体は珍しいものではないが，その時その時の便宜上の形容詞にとどまることが多い．政治経済史は順を追って見ていく方が時代の諸相が分かり易いが，思想と文化文学の歴史は当事者の個人的事情が複雑に入り組んでいて数十年のスパンで見る，それも通時的ではあって，相互参照で横にも縦にも行きつ戻りつ考察する傾向が強い．

　そういう一般の流れに抗してC. ドーソン（Carl. Dawson）の『ヴィクトリア朝期の正午（Victorian Noon）』（1979）が出て，これは特定の1年1850年を「枢軸的もしくは過渡の年（pivotal or transitional year）」と呼んでここに焦点を置いて問題意識を絞り込んでいた．むろん縦横に相互参照はなされる．著者ドーソンはこのタイトルは「待望されざる（unprompted and uninvited）」ものになっていたという．先行するものにヤング（G. M. Young）の「ヴィクトリア朝期正午（Victorian Noon-Tide）」（1962）という論文があって，ヤングはヴィクトリア朝時代の歴史を見るには或る特定の一年に集中するとよいという．ほかには共著

論文集『1859年・危機の時代にさしかかり（*1859 : Entering an Age of Crisis*）』とか再収録共著論文集『ヴィクトリア朝中期研究（*Mid-Victorian Studies*）』が出ていた．ドーソンはM. アーノルドとその批判者たちの研究をしているうちに19世紀中期イギリスの豊かさ，多様性に大いに興味をそそられ，1850年は1859年と同じく出版史上尋常ならざる年であると考えるに至る．1850年にアーノルドとその盟友クラフをはじめ，ディケンズ，テニスン，サッカレイ，カーライル，ニューマン，ブラウニング夫妻，マルクス，ギャスケル，C. ブロンテ，スペンサー，ラスキン，G. H. リュース，G. ボローその他重要な人びとが一斉に旺盛に執筆もしくは発表をしていたのである[6]．確かに1850年は，波乱含みの40年代が終り，ロンドン大博覧会を準備する特異な年であり，イギリスの文化と文学の歴史を見る上で一つの重要な焦点であるといえる．社会全般に新たな時代の風潮が流れていた．

　ドーソン以後には，1990年代からヴィクトリア朝時代の社会，風俗，制度，文化を細かくジャンル別に分類して考察する書物がシリーズもしくは単発で続出している．1850年に焦点を絞るドーソンの仕事が埋没した観がなくもないが，だからこそかえってそういう問題意識でいわゆるヴィクトリア朝時代を照り返す考察が生きているといえるだろう．

　本稿で扱うマシュー・アーノルドは19世紀をどう見たか．彼は初めの30年間を区別する．新規さ及び運動と本来の固有性とが結び付いた近代的精神の要素が，ゲーテやハイネの活躍したドイツにあり，またフランスにもあるのに，イギリスでは19世紀の初めの30年間における文学の爆発，つまりロマン派の活躍には，それがないという．アーノルドが近代精神というのはルネッサンスと宗教改革及びそれ以後の思想であるが，エリザベス朝時代にはその精神が生かされた．その後ピュリタニズムが200年間牢獄の鍵を維持した．イギリス貴族は本来思想に無感覚だが，貴族から出たバイロン，シェリーはくびきを破る勇気があったのに近代思想を生かすのに成功しなかった．二人の仕事は，シェイクスピア，ゲーテ，ハイネに較べると失敗であり，時代の主流たりえない．ワーズワスはその点最も優れた人だが隠遁者になってしまった．以上が1863

年の「ハイネ論」での概括である (Super, III, 119-121). ロマン派以後にはテニスンとブラウニングがいるが, アーノルドは 40 年代末期にはこの少し先輩に当たる二人を簡単に認めず, 60 年代になってようやく主流と認める. なお, 1849 年以後にはオーベルマン（セナンクール）, エムペドクレス, スカラ・ジプシーを題材にしたせいで, たんに古典期を重視するだけでなく, もう少しこまかい歴史的考察をするようになったと A. グロブは指摘する[7]. イギリス国民大衆とりわけ中産階級には思想に触れようとしない根深い根性があり, アーノルドはこれをイギリス固有の「フィリスティニズム（俗物根性）」と呼んで後半生に評論で繰り返し論難する. 若い頃はその初期の渦中にいるから「ヴィクトリアン」という意識ではなく,「現代の状況, 空虚さ, 不毛さ, 非詩的性格を分析する (Dec. 1852)」(L. C. 126, Virginia, I, 250) という意識で向っていく.

1. 宗教的懐疑と文学

大博覧会のあった 1851 年とその直前の年は, 好日性の気分が政界と社会の上層において顕著であった. ガラス張りの呼び物の大建築には「パンチ (Punch)」紙が早速「水晶宮」というラベルを貼り付ける. イギリスの上昇, 拡大の民族的大衆的気分がよく出ている. その一方で文学の多く, とりわけ詩においてはそれを明るく透明とは見ない.

1850 年 4 月にロマン派の代表的詩人 W. ワーズワスが没したのは, 事実とはいえよく符号が合っている. M. アーノルドは早速「追悼賦 (Memorial Verses)」を書き,「彼もまた冬の季節に遭遇した, この鉄の如く頑なな時代に」と書き, 1852 年版詩集に収録する際に「懐疑, 論難, 乱心, 恐怖の (ll. 42-44)」と付け加える. アーノルドは「時代が魂を縛り麻痺させ」ているときにワーズワスが「我らを涼しい花咲く大地の膝の上に, 誕生のままに置いてくれた」(ll. 48-49) と感謝をこめていう. この「涼しい花咲く大地の膝の上に」という句は, 産業成長途上の時代にワーズワスが時代思潮に逆らうように独自の自然の「癒し (healing)」という考えを表現したのを巧みに捉えた詩行である. またこの「鉄の時代」についてはゲーテに心酔したカーライルが夙に「諸特性

（Characteristics）」（1831）においてロマン派の病的傾向を諫め，懐疑の時代を分析した事情とその後の更なる進行を，またロマン派の疾風怒濤と心理的な病，産業革命の社会に及ぼした騒然の影響とを，アーノルドが踏まえている（Allott, 240–250）．1850 年はこの「追悼賦」一篇を以てしても過渡期を象徴する特異な年である．またこのころアーノルドは代表作の劇詩「エトナ山上のエムペドクレス（Empedocles on Etna）」（1852）を推敲中であった．アーノルドの友人クラフは同年 8 月から 9 月にかけてヴェニスを訪れ対話詩『ダイサイカスとスピリット（Dipsychus and The Spirit）』（1865）の初期稿を書く．この二人の詩作活動は 1848 年から数年間が最も活発であった．また当時の宗教状態をもっとも端的に示すのは，アーノルドが 1851 年に着想した詩「ドーヴァーの渚（Dover Beach）」で，その一詩連が「夜陰の戦闘（night battle）」としてよく使われる言葉のもととなった．但し，典拠は古くはツキュディデスに溯る．またクラフも『農家（The Bothie）』（1848）でこれをアーノルドに先立って使っている[8]．

　オックスフォード運動が始まったのは 1833 年である．これは簡単にいえば「当時の割合に厳格でなく非国教徒に寛大な宗教的自由主義思想に対して，教会が世俗社会に超越する高い地位と機能とを有すべきことを主張」し（研究社『英米文学事典』），「カトリック的要素を回復し，初期統一教会の教えに忠実たらんとし，国家に依存せず，十二使徒時代から連綿と続く権威と聖務を尊重」（Britannica）する英国国教会内の革新運動である．1833 年 9 月以来機関誌『時局小冊子（Tracts for the Times）』（1833–41）を出し，これをめぐってやかましい議論が行われた．中心人物はキーブル（J. Keble），ニューマン（J. H. Newman），ピュージー（E. B. Pusey, 1800–82），フルード（R. H. Froude, 1803–36）である．R. H. フルードの『遺稿集（Remains）』（1838–9）は主に日記からなるが，宗教改革の功労者を批判し，カトリック的傾向が強いもので，大きな反撥をよんだ．またニューマンの重要な著書は『教会の予言聖務講話 Lectures on the Prophetical Office of the Church』（1837）であるが，1841 年に英国国教会の信仰箇条「三十九箇条（the XXXIX Articles）」は「古代ローマ・カトリック教の教義と必ずしも矛盾しない」（『時局小冊子』90 号，1841）といって大変な反撥をよび，自

第 11 章　ヴィクトリア朝中期における宗教意識と文学　425

由主義的な立場の人は教義 (dogma) に反対し，激しい論争が起きた．トマス・アーノルドは「三十九箇条」の幾つかの点に反対意見を抱いていたが，J・キーブルから，反対をやめ，読書と議論によってでなく聖なる生活によって聖職を勤めるように勧められ，その助言を容れて，後には懐疑に悩む人に同じことを勧めるようになった[9]．ニューマンが 1845 年にカトリックに転向し，続いて何人かが追随したのち，この運動は下火になった．但し，19 世紀の末にカトリック回復の動きは出るが．

　クラフのベイリオル学寮でのチューターは数学教師 W. G. ウオードであった．ウオードは後にはニューマンの後を追ってローマに行くが，当時はトラクタリアンで，クラフを気に入り，彼を引っ張り回して心を攪乱した．1839 年クラフはウオードを中心とする「＜哲学主義と討論＞の渦巻き」にへとへとにされ，そこから逃げ出したいと思ったと手紙に書いた (LC, 17)．ウオード自身が後年次のように回顧している．「彼は古典と数学の勉強に専念すべきで，当時オックスフォードに充ち満ちていた神学論争に未熟なうちに飛び込まぬようにすべきだった，そうしていれば健全な精神の成長に害になるものから逃れただろうに．当時私は心を占める重要な疑問に全関心を集中していた．私自身の影響はそう大したものでないが，それが当時のオックスフォード社会の精神一般とニューマンが及ぼしていた影響力に強く助長された．私が若いクラフの心に無理強いしたことへの反動が現われ，知的困惑が暫く彼の精神を蝕んだ．勉強に影響し，宗教上の実践と習慣を深刻なまでに掻き乱した．今自責の念に耐え難い思いだ」(LC, 18)．これがクラフの青年時代初期におけるオックスフォードの状況であり，熾烈な宗教論争が展開されていて，M. アーノルドが「夜陰の戦闘」として後に詩で嘆く状況の一部である．ラグビー校での模範的優等生クラフの学業は低下し，恩師 T. アーノルドを喜ばせたい気持はあったが卒業成績はファーストを逸し，1841 年秋ベイリオル学寮のフェロー志願にも失敗した．ようやく 1842 年 3 月オリエル学寮のフェローに選ばれた（1848 年 10 月に辞める）．6 月に T. アーノルドは死去し，またこのフェロー審査に参加していたニューマンはこの年カトリックに転じた．M. アーノルドは 1840 年

11月にベイリオル学寮に入学し，1845年3月オリエルのフェローになる．ラグビー校でのT. アーノルドの過度に厳しい教育がクラフを傷つけたとよくいわれる（3歳年下の長男M. アーノルドは当時仮面を被り軽薄なダンディーを装っていた）．W. バジョットとH. リードがそういう意見の最たる者である[10]．H. F. ローリーは，クラフは「詩的素質と批評的洞察によって守られ」ていたのであって，「ヴィクトリア朝期の不安の悲しい肖像（the sad image of Victorian unrest）」などと勝手に思い込んでいる大方の人たちは対話詩「ダイサイカスとスピリット」に見られる批評精神を知らないのだという（LC, 6）．国教会に縛られないロンドン大ユニヴァーシティー・ホールで親しくクラフに兄事したバジョットのいうことが間違っているわけではないが，ラグビー校でのT. アーノルドの教育のせいで疲労困憊した面を大きく見すぎてはいないか．オックスフォードでの哲学宗教上の議論に攪乱された影響の方が大きいといっていい．しかし，それもクラフが自身の批評精神とユーモア感覚でしのぎかえしていて，後に触れるオーベルマンのように＜二十歳にして心朽ちた人＞にはならなかったのである．

　英国国教会の「三十九箇条」にアーノルドは不満であり，クラフはこれに反撥した．この「三十九箇条」は英国国教会の礼拝式と教理を定めたものである．もとはヘンリー八世とドイツ・ルター派諸侯との協定の土台として1538年に作られた「三十箇条」に由来し，論争を避けるため1553年に「四十二箇条」として改められた．カトリック信者のメアリ一世によって一時排除されていたが，新教徒のエリザベス一世が女王となったとき，国教会のために新しい教理の声明が必要となり，女王の命によって1563年に徹底的な改訂を加え，1571年最終的改訂を経て「三十九箇条」となり，聖職者に課せられるものとなった（Britannica）．カルヴァン的要素が多いともいわれる．そもそも問題含みの定めであるが，エリザベス一世の代に一応の決着を見ていたものが，19世紀になって燻りだしたのだ．

　クラフがオックスフォード大学オリエル学寮のフェローを続けるには，「三十九箇条」に再度同意して署名する必要があった．彼は「あれこれの点に明確

に反対するというよりも，承認すること自体に嫌悪の気持ちがあり，拘束と負担を覚え，生涯を歪められると感じ」たといっている[11]．個人の良心と教義の衝突である．いったん署名はしたが，1848 年 10 月辞職した．アーノルドもまたクラフと同じく「教義と信条（dogma and creed）に安んじない信仰の新しい意見（statement）を見出そう」としていた．1840 年にベイリオル学寮に入学したさい，アーノルドが「三十九箇条」の様々の「所説に嫌悪の気持ち」を抱いていたことは，その当時の同級生の生き残りの一人が後年証言している．アーノルドはあらゆる面での宗教的寛容をよしと考えていた（LC, 23-4）．

　1842 年クラフがフェロー兼チューターに選ばれたオリエル学寮は，ニューマンがいてオックスフォード運動の本拠地であった．ニューマンは出来の良い学生の間でカリスマ的人気があった．これを危ぶんだ新任学寮長 E. ホーキンズはニューマンらに個人指導の学生を割り当てるのを制限したのはいいが，自分が勤めていた大学全体の説教をおこなうセント・メアリー教会司祭職の後釜にニューマンが任命されるという皮肉な結果になってしまった．彼の説教は人気があり，当時あまり熱心に教会に行かなかった M. アーノルドにも，晩年まで忘れられないほど強い印象を与えた（LC, 15）．但し，内容よりも悲壮な修辞と魅惑的なその「声（voice）」が心を捉えたのである．アーノルドの回想からは思想内容の影響はうかがえないが，ニューマンの偏狭な糾弾ぶりと強い罪意識は若いアーノルドに影響を与えなかったはずはない．後述するように，その思想よりもその姿勢がやがてアーノルドが「『オーベルマン』の作者（セナンクール）を偲んで」（以後「オーベルマン」と略す）と「エトナ山上のエンペドクレス」（「エムペドクレス」と略す）を書く際に影を落としたと見るべきだろう．クラフについては，彼がニューマンに影響されたという説と，そうでなく，むしろクラフはフルードの『遺稿集』に強い印象を受けたという説と両方ある（Chorley, 50）．ニューマンは大騒動を引き起こした『時局小冊子』90 号を出した翌年 1842 年にオックスフォード大を去り，1845 年にはカトリックに改宗したが，これはクラフにとっては納得しにくい行動に見えたはずである．N. アナンは，クラフが「見捨てられてパニック状態に陥った」という[12]．こ

れは大袈裟な言い方で，チョアレイの解釈と異なる（Chorley, 63）．むろん衝撃は大きかったに違いないが，彼に屈折したものの考え方を与えたと解釈していいのではないか．クラフはむしろ皮肉な眼で見るようになったのではあるまいか．

　もう一つドイツの高等批評（higher criticism）の問題がある．伝統的に教会は多くの奇蹟，復活と昇天を超自然的なものとしてそのまま承認してきた．これを 17, 18 世紀に合理主義者たちが古代の証明に照らして自然のままに説明しようとした．こうした二つの解釈に対して D. F. シュトラウス（David Friedrich Strauss, 1808–74）は『イエスの生涯（Das Leben Jesu, kritisch bearbeitet）』（第 1 部 1835, 第 2 部 1836）において，新たに神話という概念を導入して解釈し直した．イエスの出来事の叙述は「それに先行する神話によって裏付けられて」いて，その生涯の記録には「真に歴史的な根拠が欠けて」いるというのである．この書を小説家の G. エリオット（G. Eliot）が英訳 The Life of Jesus, Critically Examined として完成させ 1846 年に出版した．この英訳は岩波哲男によれば和解的な論調に書き変えられた第 4 版に拠るもので，「初版と非常に異」なるという[13]．なお G. エリオットは非国教派メソジスト派の宗教的雰囲気の中で育ち，学校で国教会寄りの教育者の薫陶を受け，その道徳面を尊重しつつも，自由思想家の夫の影響を受け不可知論者と見なされた人であった．さらに彼女は 1854 年フォイエルバッハの『キリスト教の本質』の翻訳を出している．

　このシュトラウスの著書はドイツではむろん物議をかもした．イギリスでは多くの人がこれによって動揺した．アーノルドの『散文全集（CPW）』（以後 Super と略記）を編集した R. H. シューパー（R. H. Super）によれば，動揺が生じたのは，「イギリスが長い間ドイツからの有害な神学理論から害を受けずぬくぬくと」していて，また「教会が教育を支配し，神学研究がなおざりにされ若しくは旧態依然」としていたからであり，「起きつつある挑戦に俗界の人たちの反応の仕方が不手際」だったからだ，という[14]．また，A. スタンレイは，クラフのオックスフォード時代は，才能ある人々を難破させた「神学上の大嵐の時代」で，それが彼にとって不運であったという（Chorley, 328）．

この『イエスの生涯』を読んでクラフは「シュトラウスについての短章（Epi-Strauss-ium）」を書く．これは高等批評を扱った最初の詩とされる．その草稿は 1847 年のものと後の修正稿が残っている．原稿は友人たちに回覧されたが，出版されたのは没後 1869 年である（Phelanp. 1, 2, 235）．

And in the luster lost, invisible and gone,

Are, say you ? Matthew, Mark, and Luke and holy John.

Lost, is it ? Lost, to be recovered never ?

However,

The Place of Worship the meantime with light

Is, if less richly, more sincerely bright,

And in blue skies the Orb is manifest to sight.   (ll. 103–15)

「失われた光栄の中にすっかり消え失せてしまったのか／マタイ，マルコ，ルカ，聖ヨハネは？／失われたまま再び戻ってはこないのか？／けれども，礼拝の堂はしばし明るむ，／前よりは乏しいが，より誠のある光で／青空に太陽が姿を見せている．」

シュトラウスのお陰で四福音書の威光は失せたが，礼拝堂には前ほどではないが光がさしているという，やや楽観的な内容とも読める詩である（Phelan, p. 1, 235-56）．ところで，A. ケンニーは『神と二人の詩人』（1988）において「クラフが同時代の高等批評を歓迎していて，これがキリスト教の本質にとってなんら脅威ではないと明言している」と解釈する．クラフは，四福音書の著者を聖堂の東翼のステンド・グラスになぞらえ，これが朝信仰を支えるが，今真理の太陽が西の窓から射す，という．理性の光がさし，聖書の有難味がそれだけ減ったというわけだ．高等批評は「時代遅れの考えから宗教を解放」した，そうケンニーはいう．一見ケンニーの解釈は正しいように見える．しかし，これに対して『クラフ詩集』（1995）の編者フェランは，1849 年の詩「復活節（Easter Day. Naples, 1849)」で「キリストは昇天しなかった」と絶望的なことをいっているのを持ち出し，こちらの方は，高等批評がキリスト教にとって「何等の脅威でない」とは読めない，という．しかも，クラフは後に「復活節 II （Easter

Day Ⅱ）」（無題の遺稿に夫人が没後にこの題を付けた）で「キリストはやはり昇天した」と書き，これを対話詩「ダイサイカスとスピリット」に組み入れてしまう．だからクラフから単一の意見を指摘するのは困難だし，不毛だという[15]．

M. アーノルドもシュトラウスのイエス伝を読んだが，後にカトリックになる弟のトマス・アーノルドの方が熱心に読んだ．その弟は，この本は兄アーノルドに影響を残さなかったと証言している．後に M. アーノルドは「ドイツ聖書批評家たちにくみするなんて馬鹿げきっている．あの類のものは沢山読んだが，スピノザから恩恵を受けていなかったら，それに溺れていたろう」といっている．1850年10月23日付けのクラフあて書簡でスピノザの「能動的で生き生きさせてくれる雰囲気（the positive and vivifying atmosphere）」ということをいっていて（LC. 117），そういう要素がアーノルドをクラフの陥ったジレンマから救ったと考えていい．同じ手紙でアーノルドはそういう要素のない J. ロックを読もうとしていて，「この頃の貧弱な誇張され興奮しすぎた人たちに対する岩の如き避難所として理性を尊敬する念がますます増大している」と書く（LC, 116）．感受性を大事にする詩人が理性を尊重するという姿勢に意味がある．ここから理性と感受性の均衡という難事を考えるようになる．時代の動きに対する反撥である．この手紙でロックとスピノザと両方の名前を出しているのは，当時のドイツ流聖書批判の破壊的な面に入れあげる風潮を理性を失ったものとみる知性的な苦々しい反撥の気持ちと，スピノザの生気を与える要素への共感と，その両方が現われているのではないか．理性と生気ある宗教の均衡をアーノルドは生涯追求し「異教的中世的宗教感情」(1864) で「想像的理性」という総合的，妥協的なことまで言い出すが（Super, III, 230）[16]，その一端がここに出ている．さすがに体系嫌いでキャッチ・フレーズ好きのアーノルドもこの言葉を乱用はしなかったが，これが彼の思想の中軸となる．

後の評論「スピノザと聖書」(1863) で，シュトラウスの聖書の奇蹟を扱う著書は鋭くて知識人にも教える（instructive）ところがあるが，スピノザのような啓発薫陶（edification）の力がない，これはヴォルテールについてもいえる，

と書いている．アーノルドは啓蒙を肯定するが，ヴォルテールの嘲笑とシュトラウスの破壊的情熱に賛成しない．「神への愛と神についての知識」を重視するスピノザがよろしい．「新しい心を打つ理念と表現を以って自分の時代と後世の思想と想像力とを刺激する」ことが大事で，「荘重体（grand style）」で表現するのがよい（Super, III, 179–181）．時代から目を離さず，概念でなく，高潔な心で経験する姿勢をアーノルドは主張するが，これは若いときの考えの発展である．

2．M. アーノルドと A. H. クラフ，1848～49年

1848年9月下旬にアーノルドはスイス旅行をし，帰国後恐らく11月後半にクラフに手紙を書いた．

「二日間オックスフォードにいたが，セラー（W. Y. Sellar, 1825–90）と，あの仲間がのめり込んで喚いている＜時の流れ（Time Stream）＞なんかに一時間だって呑み込まれるくらいなら，是非もないとあれば，あの連中全部，彼（クラフ）とだって手を切ることも出来る，と思った次第さ．（連中は）ヨーロッパ的でなく，イギリス的だよ，いや，イギリス的でさえもない，アメリカ的だよ．僕は＜オーベルマン＞をもって，彼と一緒に君たちの＜時代精神（Zeit Geist）＞に抗して彼の森に避難したんだ．」（L. C, 95, 96, Virginia, I, 126）．

「時代精神（Zeit Geist）」というのは元はカーライルがゲーテから借用して使った言葉で，アーノルドは，これは，移ろい易いものだが，「世間で通用している考え（ideas）を否応なしに変えてしまうし，自分の時代から大部分の人が受け取る知的な考えは，この時代精神の支配する領域でなのである」と「スタンレイ博士とユダヤ教会」（1863）でいっている（Super, III, 77）．明確に定義したわけだが，アーノルドは若いときには，通念であれ革新の説であれ，この移ろい易い「時代精神」なるものに背を向け，これにかるく乗るクラフはじめオックスフォードの仲間にも反撥したのであるが，後に評論を書くようになってからは，個々の意見を批判しつつ，時代精神を敵視はせずに匡正して，時代の主

流となる一般的な物の見方を自らリードしようという姿勢を示すようになる．

　クラフは1848年10月にフェローを辞め，11月初めに『農家 (*The Bothie : a Long-Vacation Pastoral*)』を出した（8月下旬に読書仲間と一緒に湖水地方とスコットランドを旅行した体験をもとにしている）．セラーは古典学者として名をなす人で，当時クラフを中心とするサークル＜Decade＞の一人であり，後に『農家』は「現実の近代生活を極めて生き生きと自然に描いたもの」だったといっている．アーノルドもまたスイスの自然に触れてきたばかりであり，スコットランドの自然を楽しんだ連中の話にそれほど苛立つ理由はないはずである．＜君たちの時代精神＞というのも，ここでは曖昧な言い方であり，もっぱら時事，政治問題への強い反応というのではない．彼らには若者なりの時代への新しい姿勢はあった．それでもアーノルドから見ればそれはイギリス的で，ヨーロッパ的でなく，島国根性の匂いがし，ギリシア的古典からも離れる．しかもアーノルド自身がロマンティックで自閉的な態度を脱しきっていない．この1848年はフランス2月革命以来ヨーロッパでもまたイギリス内部でも騒然としていた年である．クラフはエマソンと一緒に5月から6月にかけてパリを訪れ革命進行の様子をみてきていて他の仲間よりは革新的関心は高い．つまり，アーノルドには当時のオックスフォード大に学ぶ若者たちとのズレがあるのみでなく，盟友クラフともズレがあった．そのズレの現れ方は論理的に鮮明ではない．アーノルドは当時猛烈にカントはじめドイツ観念哲学を読んだのに，観念的にはならず体系化を避けようとする．だから今引用した手紙には論理的に無理がある．その背後には感情面でアーノルドと仲間との間に軋轢があるのも一因となっているが，それは今は措く．

　クラフがチューターを次いでフェローをやめたのは，国教会の「三十九箇条」再署名をめぐって学寮長ともめたからである．それについてD. カラーはそれは「表向きの理由」で，アイルランドの飢饉，イングランドの経済危機，2月革命，チャーチスト運動など周囲の世界が騒然としているときに，「学究生活そのものがふやけているのに苛立った」のが内心の理由のようだという[17]．この意見は問題点をぼかしている面が少しある．確かにクラフはフラ

ンス2月革命はじめ時代の動きに興奮といっていいほど大いなる関心を抱いていた．フランスでの出来事に対してはアーノルドは冷静であったが，クラフは2月革命と限らずアーノルドより遙かに時代に敏感であり，歴史の動きに無関心でいられなかった．そこは，若くして「諦念（Resignation）」(1843-48) などという詩を書いていたアーノルドと違う．

　1848年3月ころから8月ころまで，フランス2月革命に心を動かされていたクラフにアーノルドは「共和主義者の友へ（To a Republican Friend）」から始まって四篇のソネットを送り，その一篇の題名は「宗教的孤独（Religious Isolation）」であるが，冷静忍耐を説き，自分自身の光で生きることを勧め，そんなにフランスを讃えるよりも，古代の賢人ホメロス，エピクテトス，ソポクレスを讃えるのをよしとする（Allott, 107-111）．とりわけソポクレスは「人生を着実に全体として見た」といい，この文句を10年近く後にオックスフォード大学詩学教授就任講演でも繰返す．もっとも20世紀のジョン・デューイによってそんなことが出来る人がいるものかと冷やかされることになるが．自らの恋愛上の遅まきの疾風怒濤の少し前にアーノルドは古典主義者であり，早くも諦観の人であった．動揺するクラフが解答困難な問題に悩み自分の確信に基づいて行動出来ないのを非難する．クラフがフェローを辞めるのをかならずしも決断ある行為とは見ない．クラフがフランス2月革命に心を動かされ，英国国教会の「三十九箇条」に納得せず，良心の問題としてフェローを辞めたが，これは，その時の潮流による影響，時代精神に気を取られた面が小さくない行動だとアーノルドは見た．そのアーノルド自身はストイシズムの本や哲学書を読みつつも，ベランジェの歌と女優ラシェルの演技に魅せられ，いわばダンディーの仮面を被っていて，見習い（probationary）フェローの身でパリ好きなのがクラフをあきれさせていた．アーノルドは1847年4月に生活の安定を考えロンドンに住むのを希望してオリエルを去ってホイッグの大物ランズダウン卿（国王諮問機関，枢密院議長）の私設秘書となっていた（Honan, 109-112, Murray, 65-68）．アーノルドは，かならずしもクラフのように「三十九箇条」のためにフェローをやめたのではない．また以後オックスフォード郊外のカムナー丘はノス

タルジーの源となる．

　1848年12月初めと推定されるアーノルドのクラフ宛て書簡において，詩人は「世界の錯綜的複雑多様（the world's confused multitudinousness）に押しひしがれないようにするために，世界についてのある一つの理念（an Idea of the World）をもって始めなくては」ならない，それなのにブラウニングもキーツもたんに「複雑多様」を掴んだにすぎないという（LC, 97, Virginia, I, 128）．「世界についてのある一つの理念」とは何か．アーノルド自身がその時何らかの理念を持ち合わせていたわけでは無論ない．それは探求途上にあるもので，ドイツ観念論を熱心に読みながら，体系を嫌えば，漠然たる考えを思想として集積し整理するのは易しいことではない．ドイツの体系でもフランスの知性・エスプリでもないイギリス的理念とは如何なる態度・姿勢のものか．それは後に"culture, great confederation, grand style, criticism of life, touchstone, edification"などという言葉で『教養と無秩序』『文学と教義』その他の評論において甚だまだるっこしくまとめられるのであるが，そこまでの一里程をさぐらねばならない．

　1849年2月初め「なんとひどく非詩的な時代だろうか（how deeply unpoetical the age），すべての環境もまた．深遠でないのではなく，雄大でないというのでもなく，味気ないというのでもなく，非詩的なのだ（not unprofound, not ungrand, not unmoving : –but un*poetical*）」と嘆く（LC, 99, Virginia, I, 131）．「非詩的な時代」というのは，詩を書くのが困難な，詩を書くのに向かない時代だ，という意味である．前に出てきた「時代精神（Zeit Geist）」に対する反撥の意味もある．この頃のイギリスは，自由で，進歩的で，社会的政治的動き，功利主義的傾向もあり，1851年の大博覧会に向けて明るくなりかけている時代なのだが，それに対して反時代的考察を敢えてしようとする．その次第は友人クラフ宛て書簡に，相手への批判，時流への批判と混ぜながら書き残された．

　クラフのユニヴァーシティ・ホールでの仕事は1849年10月までは始まらない．そこでクラフは4月にイタリアに向かって発ち，フランス軍に侵攻されたローマを見て（そこでの経験を利用して後に『旅路の恋（*Amours de Voyage*）』を書

く）7月にナポリにゆき，問題の詩「復活節（Easter Day. Naples, 1849）」を書く（Phelan, 256）．

> We are most hopeless who had once most hope,
> We are most wretched that had most believed.
>   Christ is not risen.   (ll. 74–76).

「かつて最も希望に満ちていた我らは最も希望がない／かつて最もよく信じていた吾らは最も惨めだ／キリストは昇天せず」

「キリストは復活／昇天せず（Christ is not risen）」という言葉はこの詩で何度も繰返される．これはまさにシュトラウス『イエスの生涯』の深刻な影響ではないのか．前に述べたように，ケンニーはこの高等批評の書はキリスト教にとって何ら脅威でなかったといい，フェランはクラフのこの箇所をさして脅威でないはずがないという（Phelan, 1-2）．クラフ没後の1862年版『詩集（Poems）』にこの詩を収録するかどうかについて，夫人に意見を求められた故人の友人の間で賛否の意見が分かれたが，そこにこの時代の宗教と表現の問題の複雑さが出ている．シェアプは「力がこもって，極めて深い感情が凝縮されているが，大変痛ましい」ものだから公表しないほうがいいといった（Chorley, 308-9）．アーノルドについては不明である．この詩は「ダイサイカスとスピリット」とともに，やはり故人の友人に夫人が相談して，1865年の私家版『書簡と遺稿（Letters and Remains）』に収録され，一部の評者の目にとまった[18]．

この詩「復活節」はアーノルドの「シャルトルーズ大僧院」──後にふれる──の「二つの世界の間を彷徨っている／ひとつは死んだ世界，もうひとつは生れる力がない」という2行と合い呼応する．J. バロー（J. Burrow）は，クラフはアーノルドと同じメランコリー及び意志の麻痺というロマンティック病を病んでいて，これはナポレオン戦争終結（1815年）以後の多くの若者たちが罹った病だという[19]．これは少しスパンの取り方が長すぎると思う．19世紀初頭の独，仏，伊の所謂感情派作家たちの罹った「世紀病」は確かにロマンティック・メランコリーの要素が多く，アーノルドは大いにその影響を受けた．クラフはむしろソクラテス的質問精神と「懐疑的メランコリー（sceptic melancholy)」の要素が初期の詩から多かった (an untitled poem, ll. 38, 49, Phelan, 33)．L. ボヌロ (L. Bonnerot) は若者たちの宗教的危機は，イギリスではシュトラウスの英訳（1846年）以後とみるべきではなく，1830年と1840年の間にまで遡るという．合理的宗教即ち宗教的合理主義をもたらそうとしたコールリッジ流の努力が続いていて，キリスト教社会主義者モーリス (J. F. D. Maurice) の『キリストの御国 The Kingdom of Christ』が出る1838年以後にこの宗教的危機はひどく目立ったというL. カザミアンの説を採るのである[20]．A. スタンレイ (A. Stanley) は，クラフのオックスフォード時代は才能ある人々を難破させた「神学上の大嵐の時代」で，それが彼にとって不運であったという (Chorley, 328)．科学とりわけC. ライエルら地質学の影響が宗教心を揺さぶったのは，ダーウィンの『種の起源』以前からであるが，まだ高等批評の影響ほどひどくはなかった．

　ところが，没後1865年発表のクラフの詩「復活節II (Easter Day II)」では「福音書でも使徒信経でも／あの人は甦った／キリストは甦った」という．前の詩「復活節」とは逆である．クラフは回心したのか．いや，そうはっきりしたことではない．これは，クラフに「前の作品でいった結論を更新あるいは訂正する傾向のある例証であり，物質的に死人が甦ったのでないにしても，ある意味で復活はありうることを暗示している」と，フェランはいう (Phelan, 2, 262)．これは，後に述べるような，アーノルドの意見に似ている．物質的歴史的事実でなくとも，復活したという言葉を使って信じたい心の動きというものがあり，磔刑と復活という構図なしにはキリスト教は成立しない．科学が発達した現代には珍しくないことだが，まだ当時は歴史的，物質的事実でなくても信じるという言い方は，教会に対してよろしくない態度であった．しかし，これはクラフが不信から百八十度回心したということではない．

　また1850年にヴェニスを訪れて着手し，主に1854年から翌年にかけて完成されたと思われる対話詩『ダイサイカスとスピリット (Dipsychus and The Spirit)』（没後1865年出版）においてダイサイカスが

　　Dong, there is no God. Dong.　(Part I ll. 14, 26, pp. 193–196)

第 11 章　ヴィクトリア朝中期における宗教意識と文学　437

「神はいまさず，ごーん（鐘の音）」と数カ所でいい，さらに

My brain was lightened when my tongue had said,

'Christ is not risen'　(Part I Scene 1, ll.25–26, p. 160. Part II, ll. 14–15, p. 200)

数カ所で神の不在をいい，「キリストは復活昇天しなかった」と前に書いた「復活節」の言葉を蒸し返す．それに対して

'Tis Easter Day, and on the Lido

Lo, Christ the Lord is risen indeed, O!'　　(Part I, ll. 234–235, p. 199)

I thought t'was in the Bible plain,

On the third day he rose again　　(Part II, ll. 18–19, p. 200)

「キリストは復活／昇天した，聖書に明らかだ」とスピリットがいうが，これは多分に混ぜっ返しと読める．ダイサイカスは聖書の奇蹟をそのまま信じないで，無神論的言辞を吐きちらす．それに対して「キリストは復活した」というスピリットは聖霊でもなく真に信仰を導く者としていっているのでもない．シュトラウスをひっくり返しただけである．二人の対話で劇は進行するが，さらに何通りもの解釈があるといってダイサイカスを冷やかす叔父なる人物もプロローグとエピローグに出てくる．

　これは葛藤をはらみ分裂した精神の自己問答である．但し，初めの構想は"Faustulus and Mephistopheles"であった．内容からいって簡単な二項対立というわけではなく，様々の発言の深層での救いが暗示はされる．チョアレイは，スピリットの科白を自己嘲笑であり，新生への約束を得ようというという深層での願望はありながら，所詮クラフは「命綱」をつかむことはできなかったと解釈する（Chorley, 359）．

　これは分裂した自我の自己問答，即ち自己ともう一つの自己との対話である．ダイサイカスは懐疑の人であり，スピリットは唆し惑わし，世俗の信仰でお茶らかすいわば魔霊であるが，外部の魔物ではなく，詩人のもう一つの自我である．後に触れるが，1853 年の詩集の「序文」において，アーノルドは自分の代表的な劇詩「エトナ山上のエムペドクレス」を不毛な自己対話として自作集から排除した理由を述べる．アーノルドは劇詩と「序文」において集中

的，分析的に宗教を突きつめて葛藤の中で秩序と統一を求めようとしてかえって二重の自己問答に陥ったといえる．クラフはファルス的要素も辞さずに時代の宗教と自分の揺らぐ信仰とを突き合わせ衝突させ，「蕪雑混沌」に簡単にけりをつけようとせず単一の結論を求めない．こういう状況についてドーソン（Dawson）は「宗教的疎外」だという．バートラムによれば，アーノルドは原稿でもこのクラフの長篇対話詩をクラフの生前に読んだ形跡がなく，没後もこれに言及していない[21]．クラフの方は，アーノルドの劇詩を読んで批判的な書評を書いていて，アーノルドの作品は文学的価値はあるが書斎くさい，もっと日常的，一般的なことを扱う方がよいと冷淡に文句をつけている[22]．この対話詩においてクラフの結論は単一ではない．従ってその時々のメッセージは単一の本心ではない．それを疎外という言葉で説明しきれないだろう．クラフが動揺していたのは間違いない．しかしその動揺は，明言の裏に反語を含み，逆転したメッセージは元の懐疑を隠し持っているというような，複雑に捻れたものであり且つ表現の振幅が甚だ広い．アーノルドの自己問答は悲愴だが，クラフのそれは悲愴ではない．

　クラフもアーノルドも英国国教会の教義に関する「三十九箇条」には納得のいかない気持ちがあったがともかく署名して，クラフは1942年に，アーノルドは1845年に，それぞれオリエル学寮のフェローになったのだったが，クラフは1848年5月に辞任して，1849年1月に開設予定のロンドン大，ユニヴァーシティ・カレッジ付属寄宿学館の館長（principal of University Hall）になった（1852年1月に辞任）．この学館は国教会に縛られないもので，当時はユニテリアンと長老派プレスビテリアンの学生のためのものだった．その短い館長時代にクラフとW．バジョット（1826–1877）が接近した．バジョットの父の家は先祖代々ユニテリアン派で，母は熱烈な国教徒で宗旨を変えず息子を溺愛し，精神を病んで息子に苦労をかけた．父がオックスフォード大学が教理に関する試験を学生に課するのに反対したため，ロンドン大学ユニヴァーシティ・カレッジに入って，1847年にB・Aの学位を取得し，1848年にM・Aの学位を取得した．バジョットはこの学館設立に尽力し，1849年から二年ほどの間，

クラフの知性的な魅力に惹かれて兄事したのである．クラフは「微妙な懐疑精神」を持ち，バジョットにもそういうものがあったが，クラフのようにそれに押され通しになることはなく，それを乗り越える「ひそかな活力」があり，理知において厳しい試練を体験しながらも「健全さと均整」を保つことができた．21歳のとき病的な憂鬱症にかかったことがある．バジョットが文芸批評を書いたのは二十歳代で1850年代の数年だけであるが，H. リードが，アーノルドを除けば最高の批評家だったろうというほどの人物である．アーノルドは後の世に認められるが，当時は「時代を動かすことができなかった」とリードはいう．おそらくバジョットの政治・経済に関する論文の方が評判がよかったろうということは想像に難くない．リードが注目するのは，むしろ父親のトマス・アーノルドが教育者としてクラフに与えた重圧をバジョットが重視したことである[23]．1857年にT. アーノルドのラグビイー校を描いた『トム・ブラウンの学校時代』が出て，その書評でフィッツジェイムズ・スティーヴンはT. アーノルドを「偏狭で騒がしい熱狂者」と評した．息子のM. アーノルドは父の性格と運営に欠点のあるのを認めたが，F. スティーヴンズは父の風貌姿勢を勝手に発明したとやりかえした[24]．T. アーノルドは個性の強い教育者で，クラフが模範的優等生だったのに，息子はかえって反抗的問題児であったけれども，スティーヴンへの反論のあたりからはむしろ父親の精神的後継者を自認するようになる．父子ともにヴィクトリア朝時代の代表的人物とみなされる．

1849年9月23日スイス，トウン発クラフ宛の書簡がある．クラフはイタリアを回っていて（その際に「復活節1849年，ナポリ」を書いた），9月下旬にジュネーヴで二人が落ち合うことになっていたが，クラフは8月末に帰国してしまい実現せずアーノルドから手紙を書いたわけだ．その中で，アーノルドは聖書から「なんじら新たに生るべしと（ye must be born again）我が汝に言ひしを怪しむな」（「ヨハネ伝」3章7）を引用する．聖書でこの少し前に「まことに誠に汝に告ぐ，人あらたに生れずば，神の国を見ること能わず」（同3章3）とある．「ヨハネ伝」の更に少し前の2章22に「イエス死人の中より甦り給ひしのち，弟子たち……憶ひ出して」という言葉もあり，書簡の末尾の「愚かなる者」

への註によって「コリント人への手紙」15 章 36 を見れば，死人の甦りを疑う者にパウロの「愚かなる者よ，なんじの播く所のもの先づ死なずば生きず」という言葉があり，間接的にイエスの復活にも言及しているのに注意してもよかろう．クラフの詩はいくつか原稿のまま友人たちに回されているが，ごく一部を除いてどの原稿がアーノルドに回されたかは判明しない．「復活節，1849年」の草稿がアーノルドに送られたか，若しくはクラフからの言及があったかは分からないが，クラフの胸中は察していたと見るべきだろう．ただし，「キリストは復活，昇天しなかった」などと言うなとたしなめているわけではない．そもそもイエスが復活したという信心に基いて原始キリスト教が成立したのだし，現在のキリスト教だってその構図なしでは成り立たないのだ．シュトラウスの影響があるにしろないにしろ，キリストは死んだ，復活しなかった，と言いっぱなしなのはよくないという考えはアーノルドにあったはずだ．考え方を変えるのを促す比喩的な表現だとはいえるだろう．そして当時書きかけの詩「『オーベルマン』の作者を偲んで」の 2 行をこの手紙のなかで引用する．

    The children of the second birth

    Whom the world could not tame ;　　　(ll. 143–144)

    「生まれ変わりの子供たち／俗世が馴致しえなかった者たち」

「生まれ変わりの子供達」あるいは「再生の子供たち」は「ヨハネ伝」にいう「新たに生れ，もしくは，生れ直した」人たちであり，それについては後でふれるが，彼らは，アーノルドが愛読したエピクテトスなど古代の哲人たちで，宗派，身分を問わぬ人たち，硬直しないで強く生きる人たちである．彼らのうちキリスト教徒でない者が多いが，その教えは部分的にキリスト教の中に取り入れられている．彼らが説を曲げたのでも回心したのでもないことは歴史的事実である．しかし彼らは物理的にではなく精神的に「世間が馴致しえなかった人たち」だ．そういう人たちの中に『オーベルマン』の作者セナンクールを入れよう，そして生きている人間だけれども，我が友人クラフも仲間に入れようと手紙の中でいう．ずいぶん飛躍した発言であり，歩み寄った言葉，見方によっては押付けがましい発言だ．いや，クラフを硬直しがちな人だとみなし，

硬さのほぐれを期待している口ぶりだといっていいだろう．これはキリスト教の教義もしくは教会の正統な教えから外れること甚だしい考え，制度やシステムから離れた考えである．

　復活など福音書にあることを歴史的事実として認めるとか認めないということに，アーノルドはそんなにこだわることはしない．それよりもイエスの行動について書かれた聖書を読んでどう感じるか，その情緒（emotion）と感受性（sensibility）が問題なのだ．情緒もしくは感受性と倫理とをここでは直接結びつけてはいないが，後年の宗教問題についての発言の源はこの辺にあった．

　1967年に「オーベルマン再び」を詩集に発表して間もなく，友人ヘンリー・ダン宛に手紙を書いて，「キリストが生きているということは，キリストが死んでいるということよりも，私自身の感情と観察にとって，遙かに真実な言葉である」と書く（Tinker, 272, Virginia, III, 190）[25]．死と復活の問題は，ドイツ高等批評による聖書の神話剝がしだけで話がすむわけがない．キリストが死んだと言ってすますのでなく，復活昇天の奇跡にこだわらずに，どのような形でキリストが人の心の中で生きているかを言葉で表すことが重要だということである．アーノルドの後半生の宗教論はかならずしも宗教論として精密なものではないが，1849年秋の心情が持ち越されているといっていい．

　「生まれ変わりの子供達」の詩行を引用した後に「僕は大きな機会に意識して自分を抑える（mastering myself）のに成功したことがない．自分を抑えるという想像的過程を通過できるはずだし，事態全体（the whole affair）をそれがあるであろうがままに見ることだって出来るはずなんだが，主帆を揚げて風まかせにしてしまうんだ．」という．考えと心情を明快にできないのだ．漠然とした言い方だが，アーノルドが考えていたことの中で大きなのは，自分のメランコリーを抑えることである．セナンクールが余りにもメランコリックな人であることは，認めている．またアーノルド自身が何をいおうとも傍から見れば遅れてきたロマン派の一人である．クラフは煩悶する人だがロマンティックな憂鬱に悩んだのではなく，矛盾を矛盾として提示する仕方が悲壮でないが，突き詰めがきつい．そこがアーノルドと違う．アーノルドは憂鬱の要素を無理に抑

えずにそれと向き合い，それと対照的な姿勢をつき合わせる，その方向だけでも示してみる，それが「『オーベルマン』の作者を偲んで」となって書かれることになる．

　書簡にはこの後「これは実にひどい時代だよ（these are damned times）――何もかもだ――知識の進展，贅沢の蔓延，体力の低下，優れた天性の不在，それに新聞や都会，軽薄な放埓ものの友人達，カーライルの如き倫理的無頼の徒（moral desperado），僕達自身など，ちっぽけな者どもとのやむなき接触，僕達の困難の嘔吐をもよおすような意識」（LC, 111, Virginia, I, 156）とある．この年の2月の手紙でいった「非詩的な時代」の具体的内容をいえば，その半分は上のようなことである．例の「時代精神（Zeit Geist）」への反撥心の強い現われである．1851年の大博覧会を前にしても，時代の趨勢を明るく前進的にばかり見ているわけにいかない．かつて尊敬したカーライルにもいまや不信の目を向けざるをえない．但し，グレイ内閣の模範囚人の植民地への配置など時事問題から目を逸らさない姿勢はあり，疑って騒ぐのは倫理的に無意味だという批判があると見てよく，大衆的動きには簡単には賛成しないいささか保守的な面があるのは否定できない．これは後年デモ行進が公園の生け垣を壊したことに批判的だったのと似ている．革新の気持ちはあっても秩序を重視する．

　「『オーベルマン』の作者を偲んで」の中から時代に関する言葉を拾ってみる．「我らの混乱の時代（our troubled day）」（l. 45）」，「凄まじい時代（a tremendous time）」（l. 66）」，「変化と恐怖と驚愕の時代（hours of change, alarm, surprise）」（ll. 69–70），「我らの時代の希望なき紛糾（The hopeless tangle of our age）」（l. 83）などである．政治社会問題だけではない．1845年にニューマンがカトリックに改宗してからオックスフォード運動は弱まるが，宗教問題はダーウィン以前から科学の進歩によって影を落とされ，揺れていたし，工場の増えた大都市では教会が不足し，またかまびすしい言論と俗論が宗教論争なみ，いやそれ以上にやかましい．象牙の塔とその周辺の者ももはやそれに耳をふさぐことはできない．アーノルドは，川上の田園もしくは森林の静寂と，都会の騒音とを対比させる．時代はまさに蕪雑混沌の様相を呈し，その中での分裂抗争の時代であ

る．ロマン派，世紀病の花が咲いた時代とは随分違う．先ほど「『オーベルマン』の作者を偲んで」から「生まれ変わりの子供たち／俗世が馴致しえなかった者たち」という書簡に引用された 2 行を読んだが，完成した作品ではその続きはこうだ．

> And with that small, transfigured band,
> Whom many a different way
> Conducted to their common land,
> Thou learn'st to think as they.
>
>
> Christian and pagan, king and slave,
> Soldier and anchorite,
> Distinctions we esteem so grave,
> Are nothing in their sight. (ll. 145–152)

「あの変貌した小さな集団，／多くの異なる道が／共通の国に導いてゆく／あの者たちと同じ考えをお前は会得する．／／キリスト教徒も異教徒も，王も奴隷も／兵士も隠遁者も／我らが重視する区別は／彼らの眼にはなきに等しい」

アーノルドの意識の内で「小さな変貌した集団」をなすのは，ソポクレス，エピクテトス，アウレリウス，スピノザらであり，階級，身分，宗派の別を越えて現代に生きる硬直しない柔軟な人たちだ．「変貌した」といってもキリストの再臨とともに復活するはずの死者たちというほどのアレゴリーは含まれない．「共通の国」は「約束の国」ではなく，アーノルドが出現を願う「荒れ野」の中の秩序と教養の国であるが，未だ漠然としていて，不可知論的だといってもいい．しかし，この「小さな変貌した集団」とか「生れ変わりの子供たち」という発想が意識の表面下の深層に埋れた水流となる．そして後に迫害者から信徒に回心した聖パウロのさらなる内面の変化への関心をアーノルドに抱かせるに至るのである．

　J. P. ファレルは，二つの勢力の間で苦労した 17 世紀の政治家フォークラン

ド（"Falkland" 1877）と北欧神話の「少数の生き残った神々（a small remnant of the Gods）」（"Balder Dead", III, l. 525, 1855）の，悲劇的体験後の柔らかい再生の姿勢と，「生まれ変わりの子供達」を並べる．彼らは抑圧，軋轢の後に「残っていて救うもの」である所が共通するのでそこが重要なのだ[26]．問題は「変貌した（transfigured）」という言葉で，ここでは単に区別を越えて理念の高いところに行った人たちという意味にとる．ここはそれでいい．しかし 20 年近い後に「オーベルマンふたたび（Obermann Once More）」を書き，これを読んだサント＝ブーヴから「これは変貌したオーベルマン（Obermann transfiguré）だ」といわれたと，先ほど引用した H. ダン宛の書簡で報告しているが，その少し前でセナンクールは「余りにも憂鬱な人」だとことわっている．そして，この世紀初頭のフランス文人から，「（性格の）厳粛，誠実さのゆえに異常なほどの強い印象を受けた」といっている．アーノルド本人も一時期かなり憂鬱症に落ち込んでいたのが真相であり，20 年近く経って自身も憂鬱から脱した自覚を持ち得た．客観的に見ればサント＝ブーヴから「これは変貌したオーベルマンだ」といわれたのは，「つまり，あんたが変貌したのだ」といわれたも同然なのである．

そこで 1849 年当時の，「彷徨う青年の師」が「青年」によってどう扱われていたか簡単に見てみる．作者セナンクールは主人公オーベルマンとほぼ同じ心性の持ち主である．旧王政時代の年金監察官の息子で，革命のため一家は没落し，聖職に就く勧めを嫌ってスイスにいき，国外亡命貴族とみなされたが，執政官時代にパリに帰った．文名を上げようという野心を持たない孤独なモラリストとして，隠者のような生涯を送った．いわゆる「感情派作家」の一人であるが，少し後の 1852 年 12 月の手紙で同じ感情派的作品の主人公でもゲーテのウエルテル，シャトーブリアンのルネなど同類の主人公（チャイルド・ハロルドやオーベルマンも）が「状況を分析する」ものとして描かれていないのにアーノルドは愛読しながら強い不満を抱く（*LC*, 126, Virginia, I, 250）．シャトーブリアンはカトリックに妥協的であるが，セナンクールはそうでない．オーベルマンは＜20 歳にして心朽ちた若者＞であった．その風貌姿勢について例を挙げ

れば,「君はさらに悲しい賢者 (thou sadder sage)」(l. 81),「君の頭脳は明晰で, 君の感情は冷たい, そして君の絶望は氷のようだ (Thy head is clear, thy feeling chill, And icy thy despair)」(ll. 87-8),「君の思想の王国は殺伐として冷たい (Thy realm of thought is drear and cold)」(l. 107)「哀しい先達 (sad guide)」(l. 130),「君は憂鬱な霊 (thou melancholy shade)」(l. 138) といった具合で, 甚だ憂鬱の極みにいる人物だ. 但し,「闘争 (strife) を見守ったが加担はしなくて勝負の如何を知っている者, 自分の人生を諦めてただ世間とともに生きる者」, つまり「凝視者 (seer)」(l. 106) なのである. オーベルマン (セナンクール) は心に廃墟を抱えたままの, 甚だ消極的な人物でありながら時代から眼を逸らしたままではいない. 一時は自殺を肯定したこともあるが, 酷寒の氷水に浸っても屈しないだけの強さを持った人物に変貌する. 政治社会上の紛糾, 宗教上の争い, 文学表現上の困難など様々な条件を潜り抜ける際に,「哀しい先達」であったにせよ, 柔らかい柔軟性を指し示した人物であったとアーノルドは見なす.

3. エトナ山上とドーヴァー渚

オーベルマンはメランコリーの人であるが,「深く宗教的な」人だと, アーノルドは 1867 年友人ヘンリー・ダン宛の手紙でいっている.「旧宗教をフランス革命家たちと同じ眼で見たが, 革命後の, 旧宗教の断片を寄せ集めただけのものに永遠性も真摯さも認めなかった」とアーノルドはいう. 信仰を失ったことが憂鬱を引き起こしたのではない. 信仰を抱きながらもなお内面の資質によって, そのうえに外部の状況に押されて, <二十歳にして心朽ちた人>になりうる. その過程を分析することは易しくない. アーノルドは一旦この詩において「哀しい先達」に別れを告げる. ロマン派的要素との決別のはずである.

  I in the world must live   (l. 137)

  Farewell ! Under the sky we part,   (l. 181)

「私は現世に生きねばならぬ／さらば, 大空のもと我らは別れる」しかし, これで憂鬱な先達と本当に決別したわけではない. 涼気の山地から降

りても俗と聖もしくは知とが混じり合う世界において，オーベルマンの内向的な資質をすぐ続いてアーノルドの代表作の劇詩「エトナ山上のエムペドクレス（Empedocles on Etna）」に受け継がす．エムペドクレスはソクラテス以前の哲学者で自然（フュシス）について考察した人であるが，エトナ山の火口に身を投じた伝説によって関心を呼び様々な解釈が下されてきた．一例はドイツのロマン派詩人ヘルダーリンの詩劇『エムペドクレス』であるが，アーノルドがこれを読んで参考にしたかどうかは決着が付け難く，作品の性質もかなり違うのでこの問題はひとまず措く．アーノルドのエムペドクレスはメランコリーの人であるだけでなく陰鬱（gloom, depression）の人であり，彼の意識は古代的というよりも近代的なものである．アーノルドが変貌させたのだ．

　17世紀は別として動乱のさして激しくないイギリスにおいても，文人が以前にないほど強く大衆を意識するのは，フランス革命以後のことで，時代の当然の趨勢で一時的現象にとどまらなくなるが，19世紀において特に目立つのはカーライルの「時代の徴候（Signs of the Times）」（1829）と，J. S. ミルの「文明（Civilization）」（1836）である．「文明の自然な発達により個人の重要性は極度に減少し，大衆が大きな存在となる」という考えで，政治運動だけに限定されない（Allott, 191, n.）．これは労働運動の発達以前に意識された早い例であり，この意識は詩人にも及ぶ．これは1850年頃には，大衆の台頭として支配的な傾向と見られてくる．それが「エムペドクレス」において「オーベルマン」以上に強く出ている．但し，まだ中産階級の世俗意識に対してであるが．ロマン派的な孤立の危うさをあえて強く出しているものの，一般の社会意識からすれば遅れた話といえなくもない．しかしこの遅れているが深い自覚と，先を見る予言的直観とが詩作品において混じり合って，その時の現在を見る時代意識となって現われるのである．それは時に反時代的考察となる．アーノルドにおいて三つの階級の問題が重要性をもつのは1870年ころからであり1850年頃には「世界の錯綜した複雑多様」として時代の動きが見られていて，これに圧倒されないために「世界についての理念」を持とうとしてなかなか実現できない．彼は遅れてきたロマン派詩人だったのであり，ドイツ観念論，ジョル

ジュ・サンド，セナンクール等などを読んで充血した頭でもって「世界を解読決する（solve the Universe）」ことを考えても成功はしない．自分の内面を断片と見る意識がますます強くなるのみで，「全体」と「均衡」を把握するにはほど遠い．

「エムペドクレス」は初めは，「ルクレティウス」として計画していたものだが，変更し，1849年の詩作計画リストに "Empedocles —— refusal of limitation by the religious sentiment" と記入した．「宗教感情による制約の拒否」とは分かりにくい言い方で，既成宗教の伝統的考えに捉われないということだけではない．むしろ宗教感情の表面的単純化による内面の複雑化をいっているのである．場面はキリスト生誕以前，古代ギリシア領シチリアのアグリゲトゥムであり，主人公はソクラテス以前の哲学者である．だがそういう歴史的状況のみに左右されない．だから執筆中の1849年6月に仲間のシェアプからクラフあてに，「火口にに飛び込んだ古代哲人のことはあまりふれずに，自分自身の思想の掛け布に哲人の名前と環境を利用している，あんな古いギリシアの形態は止めたらいいのに」と書かれる始末になる．これを伝え聞いたアーノルドはそんな表面だけの利用ではないと後に弁明している．だが，結果としては，重層する内面を表現するのにうまい選択であったといえる．「宗教感情による制約の拒否」ということは，ヴィクトリア朝中期の宗教問題を棚上げにして古代を扱うということのように見えてそうでない．

この劇詩の発表は1852年の詩集『「エトナ山上のエムペドクレス」及びその他の詩』においてである．翌1853年の『詩集（Poems）』に付けた「序文」で「私は，ギリシアの宗教的な哲学者たちの最後の一人であり，オルフォイスとムサイオスの一族の一人であり，自分の仲間の者たちより後に生き残った者，ギリシアの思想と感情の習慣が急速に変り始め，性格が卑小となりソフィストたちの影響が広まり始めた時代まで生きていた者の感情を書こうと考えた．そのような状況におかれた者の感情のなかには我々がもっぱら現代的（exclusively modern）と見なすのに馴れているものが沢山入り込んでいる……」とアーノルドは説明する（Super, I, 1）．これは四大元素を提唱して自然について説明し，

魂の輪廻転生を説いた古代ギリシア哲学史上の人に付加物が重ねられたものである.「＜医師と魔術師,詩人と雄弁家,神と人,学者と芸術家,政治家と僧侶＞のいずれとも決めかねる中間的,活動的人間」だとするニイチェの考えは[27]一般の哲学史の説明よりもアーノルドのエムペドクレスに近い.ニイチェはヘルダーリンの劇詩は読んで大いに心を動かされたが,アーノルドの劇詩を読んだかどうか分からない.アーノルドのエムペドクレスはエトナ山に昇りつつ説法し頂上で独白する.ニイチェのツァラトゥストラは山から俗界に降て説法する.アーノルドは決意をもって1849年秋にスイス高原を降りた.アーノルドもニイチェも現代的なものと自分の思いこみとを古代哲人,宗教人に注ぎ込みたがる.古代のエムペドクレスからルネ,マンフレッド,遅れて来たロマン派アーノルドのエムペドクレスを経て超人ツァラトゥストラへと流れる苦悩と下降意識は,メランコリー的内景として共通する面を持つ.シャトーブリアンもエトナ山に登ったことがある.並べて考察するのもそれほど無意味ではあるまいが今は措く.

　アーノルドの劇詩には脇役として弟子のポーセイニアスと哲人を敬愛する歌人カリクレスが登場する.弟子は師の苦悩の原因をソフィストの跳梁と見るし,また師を病を癒す魔術師とも見なす.エトナ山の森林地帯でカリクレスが「ソフィストたちは彼の敵ではない（I, i, l. 146）」という.ソフィストは時代精神を動かし,掻き回している者たちのことである.さかしらにカリクレスはさらにいう.

　　T'is not the times, t'is not the sophists that vex him;
　　There is some root of suffering in himself,
　　Some secret and unfollow'd vein of woe,
　　Which makes the time look black and sad to him （I, i, l. 150–153）
　　「彼を悩ますのは／ソフィストでもなく時代でもない／彼自身の中に何か悩みの根／なにか隠れた人に知られぬ苦悩がある」

ソフィストでも時代でもなく,内面の苦悩が哲人を苦しめるとしたら,それはまさしくロマンティックな憂鬱であり,その現われ方を「『オーベルマン』の

作者を偲んで」で描いていた．弟子もハープ弾きの歌人も間違ってはいないが一面しか見ていない．このロマンティックな憂鬱に主知的な憂鬱が重なる．

> The Gods laugh in their sleeve
>
> To watch men doubt and fear,
>
> Who knows not what to believe
>
> Since he sees nothing clear. (I,ii,ll.87–90)

「神々は人間が疑ったり／恐れたりするのを見て密かに笑う／人間は明確なものを何も見出さないが故に／何を信ずべきか分からずにいる」

これはヴィクトリア朝中期における信仰の動揺を指している．神が複数なのは古代ギリシアという設定だからである．19世紀中葉が場面なら神は単数ということになろうが，それは穏やかでない．啓蒙思想以来の合理的な思潮のなかで，この時代の人々は神学上の論争と産業進行下の社会という荒廃した状況におかれている．それを鋭敏に感知するのは，イギリスと限らず何処ででもそうだが，知識人，とりわけ詩人である．強弱の差はあれ，メランコリーの要素が詩人を際立って敏感にさせる．憂鬱は機能低下ではなく，洞察の深化であり想像力の源泉となる．信仰の動揺もしくは喪失は新しい表現美学を生む．

1853年の『詩集』に付けた「序文」においてアーノルドは自分の詩集から最大の代表作である劇詩「エムペドクレス」を削除する理由を長々と書く．そしてこれが批評家アーノルドの第一歩となる．アーノルドは先に引用した「序文」の続きにこう書いた．「初期ギリシアの天才の偉大な記念碑にのみ馴染んでいる人たちがそのような天分に特有と見なしていた特徴は消失した．すなわち，沈着，快活，公平無私な客観性が消失して，精神の自己自身との対話（the dialogue of the mind with itself）が始まった．現代的な諸問題が現われ，我々はすでにハムレットとファウストの懐疑の声を聞き，失望落胆の姿をみるのだ．」

これは1849年9月にスイスからクラフ宛ての手紙で「これは実にひどい時代だよ（these are damned times）――何もかもだ――知識の進展，贅沢の蔓延，体力の低下，優れた天性の不在，それに新聞や都会，軽薄な放埓もの云々」といったのとそう変りない．「序文」で「もっぱら現代的」という言葉でいった内容

はそういうものだ．セナンクールの描いたオーベルマンの心境はアーノルドの心境とほぼ等しいものだ．書き始めてそのままの「ルクレティウス」の延長が「『オーベルマン』の作者を偲んで」であり，それにすぐ続いて劇詩「ルクレティウス」を劇詩「エムペドクレス」に変更して書いた事情を考えれば，1849年9月の心境の冷え枯れた面がそのまま「エムペドクレス」に書かれたといってもいい．詩人アーノルドはオーベルマンに別れを告げ俗界に下るといいながらそのままだった．それに知的懐疑的憂鬱を加えさえした．そこで改めてそのような心境を反芻する．エムペドクレスの生きたアグリゲントゥムの風潮はヴィクトリア朝中期の風潮である．ならばアーノルドが古代人に自分の代弁をさせたいといわれても仕方ない．

　さらにアーノルドはいう．「状況の記述が正確であっても，そこから何等の詩的な喜びが引出しえないようなものであったら……それは詩（劇詩）に書き現わすのに全く不向きなものであるように思われる．それ故に私はこの劇詩を今度出す詩集から省いた」(Super, I, 3) という結末にいたる．古代アグリゲントゥムに生きる哲人の心的状況を正確に記述しているというのなら，ヴィクトリア朝中期に於けるアーノルド自身の心境も自ら正確に把握しているということだろう．しかし，やがて同期の詩人ブラウニングに勧められて詩集に再録することになる，そもそもこの代表作を削除するという行為そのものが，悲壮に過ぎはしないか．F. カーモードは『ロマンティック・イメジ』(1957) で，この「序文」はアーノルドの「幽霊 (spectre) が書いた」ものだといっている．魔がさしたわけではない．自己懐疑の揺れ過ぎである．詩に於ける主観的傾向から散文における客観的古典的姿勢に転換したと見られ勝ちな序文であるが，これは劇詩「エムペドクレス」と同様に主観的なものではないのか．客観的に古典的に行こうという，その意気込み過ぎた姿勢が少なからずロマン派的残滓を含んでいる．全くの混淆ではないが，そこにずれた並行残存があったと見るべきだ．

　クラフが1854年から翌年にかけて対話詩『ダイサイカスとスピリット』（没後1865年出版）を書いたことは，先に述べた．この対話劇詩はアーノルドの「序

文」を読んでから大いに推敲されたと推測される．クラフのこの詩もまた分裂した内面の自己対話であるが，このスピリットが，時にクラフと違う考えやら自分の感懐やらをしきりに手紙に書いて寄こしたアーノルドのパロディーの一面を背負わされていると見えなくもない．クラフもアーノルドも二項対立をあやつり，それにいろいろ複雑な付加物をからませる傾向がある．この二人の存在自体が宗教をめぐって二項対立的といわないまでも対照的に見えるのである．

「序文」を出す時より少し遡る．1851年に私設秘書をしていたランズダウン卿の推薦で視学官となって収入が安定し，アーノルドは一年前から求婚していたルーシー・ワイトマンとの結婚を認められる．視学官の仕事は非国教会派の運営する初等教育学校の視察である．遅れて来たロマン派的詩人が社会人となったわけだ．6月にルーシーとともにドーヴァー海岸に宿泊して，夜に海峡越しに対岸のフランス，カレーの灯を見て「ドーヴァーの渚（Dover Beach）」の着想を得た．この詩の発表は遅く1867年であるが，着想，初稿は早いと推測される．エムペドクレスの生涯についての覚書を記した紙の裏側に，初めの28行の下書きが鉛筆で書かれたものがあったからである（Tinker, 173–175）．詩「ドーヴァーの渚」の全文は34行であるが一部のみ原文を示す．

> The eternal note of sadness Sophocles long ago heard
> ……the turbid ebb and flow of human misery……
> The Sea of Faith
> Was once, too, at the full, and round earth's shore……
> But now I only hear
> Its melancholy, long, withdrawing roar,
> Retreating, to the breath
> Of the night-wind, down the vast edges drear
> And naked shingles of the world.……
> And we are here on a darkling plain
> Swept with confused alarms of struggle and flight,

Where ignorant armies clash by night.

補足して大意を述べる．

　「今宵海は静かで，フランスの海岸で光が煌めき消える，波が引き投げ返す小石の鳴り響く音を聞く．悲しみの永遠の調べ，それをソポクレスもその昔にエーゲ海で聞いた，人間の悲惨の混濁した下げ潮と上げ潮を心で聞いた．信仰の海はかつて満ちていた，しかし，今はその憂鬱な長い退いていく響きを聞くのみだ，世界の荒涼たる縁，剝き出しの砂礫にそって引いていく．ここ暗々たる平原の上に戦闘の混乱した驚愕の声が満ち，夜陰に敵味方も分からぬ軍勢が衝突する．」

この最後の「闘争の混乱した叫び声，夜陰に状況を知らぬ軍隊が衝突し」というのはよく引用される詩行である．これは，アーノルドが当時の宗教感情が衰退したことを嘆き，伝統ある大学や言論界において，確信も平安もなく，かまびすしい論争の嵐が吹きまくっているさまを示しており，前述のように「夜陰の闘争（night battle）」として流布した．これは「神々が密かに笑う」と哲人エムペドクレスが嘆いたのと同じ状況である．アーノルド自身が青年時代に教会に熱心に通ったとはいえないとしても，正統の信仰を失っていないと，大方の研究書は見なしている．信仰の薄い時期もあれば篤い時期もあったが失っていたわけではないと見るべきだろう．従って，信仰の海が引いていき，荒涼たる砂礫が露わになっているというのは──エトナ山上もまた荒涼たる場所であったが──一般の状況，時代の危機をいっているのである．それを見る詩人の内面もまた荒涼としている．科学の進歩，理性的な考えの広まり，宗教上の論争，産業革命による農村の人口減少と都会への集中による地域教会の希薄化と不足が背景にある．そういう信仰の衰退と神学論争の荒廃を，20世紀モダニズムにも通じる韻律の実験的試みの成功と視覚映像の造形をもって成し遂げた所に「ドーヴァーの渚」の特徴がある．単なる憂鬱の詠嘆にとどまらない．ソポクレスの名が出てくるが，すでにクラフに寄せたソネットにもその名があったように，夙にその「人生を着実に全体的にみる」古典的な姿勢，悲劇的運命の成り行きを見届ける眼の確かさをアーノルドは讃えている．最後に暗夜

の戦闘が出てくるが，これはツキュディデスの『歴史』にある有名な話で，同士討ちにもなる文目もわかぬ夜陰の戦いを想起させるもので，衝撃的な表現である．アーノルドやクラフの目から見れば信仰の動揺衰退の時期であるが，宗派による活動は活発で，また神学論争は自由主義の政治議論に劣らずやかましいものになっていた．まさしく蕪雑混沌である．この詩はアーノルドが外面の賑やかさに隠れた内面の荒廃を見て取って書いた作品である．そして彼自身もロマン派的要素と古典への憧憬の狭間に自身の精神的軋みを聞き取っていた．この詩の推敲過程は分からないが，1867年の詩集で発表される．

　次に問題なのは「シャルトルーズ大修道院より (Stanzas from the Grande Chartreuse)」である．1855年4月『フレイザー (Fraser's Magazine)』誌に発表された．制作は1851年7月から1855年3月と推定される．アーノルド夫妻は1851年9月7日日曜日に延び延びになっていたハネムーン旅行でグルノーブル近くのシャルトルーズ大修道院を訪れ，このときの見聞をこの詩に記した．但し，思考の内容は一部1849年のものが材料になっている（Allott, 301）．1852年に書く三篇の詩のリストに "the Chartreuse" とあり，また "world-religion stanzas" として前年のリストに上がった計画中の詩の可能性がある．アーノルドには「宗教感情，恋愛，規則的な修道院生活が人間精神に課する制約」というテーマの詩を書く計画もあって，これはその三番目のものである（Tinker, 249, 338）．この詩の次の二行はアーノルド研究以外でもよく引用される．

　　Wandering between two worlds, one dead,
　　The other powerless to be born　　(ll. 85–86)

　「二つの世界の間をさまよう／滅びた世界と未だ生れる力のない世界と」これと同じ嘆きを既にカーライルが「諸特性」(1831) で，またJ. S. ミルが「時代の精神 (The Spirit of the Age)」(1831) でのべている（Allott, 305, n）．これには宗教上の動揺はもとより，1825年工場法通過，1829年旧教徒解放令，1830年鉄道開通，パリ7月革命などの政治社会的状況が背景にある．今は過渡期だという意識を抱くのは，何か変動があるときはまま見られることであるが，場合によって強弱がある．アーノルドの場合はカーライルの感じたことを改めて痛

感したということであるが，歴史的事情に照らしてみても 1831 年よりも 1850 年前後の方が遙かに内在する精神的動揺は大きい．この詩では寄る辺ない，取り残されている気持ち，擦り切れれた憂鬱，思想の移ろいなど怨嗟と詠嘆が目立つ．

　この詩は，T. S. エリオットによれば「その最も代表的な精神によって記録された，歴史的な懐疑の一時機（a moment）を言い表している．その時機は，過ぎ去っていて，我々の中の大方の者があれやこれやの方向において越えていったものだが，この詩はその時機を永久に代表している」[28]．つまり，枢要な（pivotal）時点を現しているということである．

　　For rigorous teachers seized my youth,
　　And purged its faith, and trimmed its fire,
　　Showed me the high, white star of Truth,
　　There bade me gaze, and there aspire.
　　Even now their whispers pierce the gloom :
　　What dost thou in this living tomb ?　　（ll. 67–72）
　　「厳格な師達は私の青春を捉え／その信仰を浄め落し，その火を刈り込み／私に真理の高く白い星を示し／それを見よ，憧れよ，と命じた／今でさえ彼らの囁きが闇を貫く／「汝，この生ける墓場で何をなすや？」

「厳格な師達が捉えて信仰の火を浄め落とした」という言い方には，青年アーノルドがそれらの師に相当入れ上げたあげく，信仰上で大きな影響を受けたということだ．「厳格な教師達」としてはカーライル，ゲーテ，セナンクール，スピノザ，エピクテトス，ルクレティウスをアロットは挙げている（Allott, 304）．この人達は師といえる人たちであり，アーノルドの憂鬱を助長したが，感性を涸らすことはしなかったといえる．またシェリング，カント，ヘルダーなどドイツ哲学者の名が読書リストにあることをアロットは調査して突き止めている．特にカントをよく読んでいて，ドイツ哲学の体系が抽象的すぎるのにアーノルドは批判的であったとしても，彼らは真理を示し，知性をつぎ込んで感性を涸らせた師であったとはいえるだろう[29]．この「厳格な師たち」は

「オーベルマン」の「変貌した一団の人たち」と一部重なるが，別の人が多いと考えるべきだろう．この詩ではロマンティックな憂鬱と古典的な憂鬱とが軋みあっている．アーノルドはさして影響されなかったが，「私」が同世代者の代弁者でもあるとしたら（途中から「私」は「我ら」になる），当時の若者を捉えたシュトラウスなどもその中に入るだろう．しかし，「厳格な教師たちが」といったが，この時代遅れの隠遁者たちの居所に来たのは，その師たちの真理を否定するためではない．「私」は，中世的僧院で信仰に生きる隠者たちと同じく，寄る辺ない，世間に笑われる，時代遅れの者だ．つまり，ここでもまだ「時代精神」即ち近頃の世間の勢いを得て騒々しくいかがわしい思潮に反撥している．40年代末期の延長にいるのである．

4．オーベルマン変貌

1853年の「序文」を書きおえた11月末にクラフ宛の手紙でアーノルドは，ホメロスもシェイクスピアも「元気づける」が，自分の詩「ジプシーになった学者（the Gipsy Scholar）」はせいぜい「快い憂鬱」を目覚めさせるだけだ，と書いている．彼は創作は「快活さ」を「自然な健全と勇気」を保たせるが，「現在の時代（present age）」が迅速にそういうものを失わせているという．個人の問題と時代の問題を重ね合わせた反時代的な考えである．内在する憂鬱が表現を促し，それがまた読者に「快いメランコリー」をもたらす．しかし「快活さ」も詩の表現をもたらすものであるのが望ましい．

アーノルドは古典的な詩劇「メロピー（Merope）」に1856年10月頃に取りかかり1857年に10月に仕上げるが，これは失敗作に終った．彼はこの年1857年5月オックスフォード大学詩学教授になり，11月に「文学における近代的要素」と題して詩学教授就任講演を行う．彼はソポクレスやアイスキュロスが活躍したペリクレス（490?–429 BC）の時代は優れた時代である，といって讃える．イギリスではエリザベス時代が優れた時代だが（直後の12月に弟トム宛私信でヴィクトリア時代は優れているといい変えるが：Virginia, I, 369），それ以上にペリクレスの時代は優れている．それは，彼らの劇作品において，政治的に，社

会的に，宗教的に，倫理的に，多くの面で高度に人間性が発達していて，「真の洞察を伴う高貴な静穏さ（noble serenity）の魅力」が漲っているからだ．「静穏さ」はアーノルドのキーワードの一つである．そして「理性の成熟」が見られる点でこの世界が以前と違って新しいのであって，この点は「我々自身の」世界と似ているという．クラフに寄せた詩「一友人に（To a Friend）」においても「ドーヴァー渚」においてもソポクレスの名をだして，尊敬ぶりを示している．

　ルクレティウスは「近代的（modern）」だ，という．現代に通じるものがある，ということだろう．彼は時代の活動に共感しないし，「事物の性質」を学ぶ際に，ソポクレスにあるような「平安，快活さ」がない．このような人は「時代の適切な解釈者」ではない．そして同じ「憂鬱と倦怠」が現代（modern）の代表的諸作品の多くの特徴となっている．ウエルギリウスにも消しがたいメランコリーがあり，彼はローマの盛時の「適切な解釈者」ではない．ルクレティウスにもウエルギリウスにも「甘美な，心を動かす悲哀」があるが，これはあくまで「悲哀」にとどまる．憂鬱は魅力の源泉であるが不完全さの証拠だ．ホラティウスもしかり．要するに，「陰鬱と悲痛」に浸っていては，人は全身で自己を発達させることはできない．ギリシアの盛時より充実し意義ある古代ローマを解釈しえない．彼らは「近代的」な人なのだ，という（Allott, 565, Super, I, 31–37）．「近代的／現代的（modern）」というのは，広くいえばエリザベス朝以来，狭くいえばヴィクトリア朝の時代ということで，憂鬱を伴う近代，現代はよろしくない，という「1853年序文」でいったことに近い結論になる．反時代的な見方だが，時代に背を向けるのでなく時代と対峙して解釈しようとする．「序文」の趣旨が強調され古典古代ギリシア礼賛が増幅される．そして，「憂鬱」が作品の魅力の源であることを認める．その上で，それが時代解釈の妨げになるというわけだ．オーベルマンと訣別し，「エムペドクレス」を抹消した理論はここで仕上げをかけられたのだ．憂鬱ではなく，「快活さ」や「活気づける（fortifying）」ことが讃えられる．ロマン派的でなく，古典的でなくてはならぬ．しかし詩学教授就任を祝うべく野心をもって書いた古典的な詩劇

第 11 章　ヴィクトリア朝中期における宗教意識と文学　457

「メロピー」は魅力がなく失敗に終ったのは皮肉である．アーノルドが古代ギリシア，とりわけソポクレスを尊重したのとは対照的に，クラフは晩年にプルタルコスのドライデンによる英訳の改訂（*Plutarch's Lives,* 1855, 1859, 1860）に多くの労力をささげる[30]．ドライデンが古典的，世俗的方針で神学的衣装を剝いで英語を改革したが，クラフはそれと同じ奉仕を，ロマン派の放恣という間奏曲の後に自分がやる必要があると考えたというフェランの説は（Phelan, 30）当たってはいる．ロマン派的弱さの実践的克服という面はあろう．アーノルドは晩年に学校向けの「イザヤ書」の編集をし，クラフと対照的なようで，一筋の共通線がある．

　アーノルドの場合，「『オーベルマン』の作者を偲んで」にせよ，宿命の女にからむ＜スイス詩篇＞にせよ，確かに 1849 年まではロマンティック・メランコリーが支配的だった．だが，憂鬱はロマンティックなものばかりではない．クラシカルな憂鬱もあるはずだ．この方は "melancholy" よりも "gloom" の方がそれに当ることが多い．そしてその混淆もあるはずだ．「エムペドクレス」に見られるのは "gloom" が多く，これは論理，抽象への意志が強いからクラシカルな憂鬱と見るべきだ．ロマンティック・メランコリーに激情的映像と雰囲気の表現が多いのは，1849 年の作品についていえる．この方が作品の魅力の源となりやすい．クラシカルな "gloom" の方は悲壮であって，議論めいて書き方が単調だと魅力に乏しくなる．アーノルドの「エムペドクレス」は力作であり問題作であるが，作者本人が認める通り単調だけれども，しかしだから失敗作とはいえない．読者論からいうと，クラシカルな憂鬱，沈鬱の表現も作品の力である．魅力というよりも思考を深める柔構造なのだ．19 世紀半ばに詩におけるある種の抽象性が重要になってきて，硬質でない透明性が表現の中に出るようになってきたのである．

　なお，最近の精神病理学では，例えばアインシュタインのような分裂気質の人は飛躍的に仕事を一気に完成させるが，ボーアやダーウイン，ゲーテのような憂鬱気質の人は「大きく時代，伝統，状況などの制約を受け，父や精神的先達をモデルとして自己を形成」するという．「限界性」を意識して，あまり独

創に走らないのである[31]．このあたりの学説はかなりアーノルドに当てはまる．「理性が宗教感情を凍らせる」とか「宗教感情による制約」ということをアーノルドは意識し，「イエール草稿（Yale Ms）」にも書き記すが，それらのものを意識しても屈服しないで，歴史的知識と，好ましいものとそうでないものという二項対立の論旨で以て凌ぎ返そうとする．詩人から散文家への転身にはその辺のメカニズムが働いている．ソポクレスを生気と着実の人と見なし，ルクレティウスを憂鬱の人とみる二項対立は，両者の調和を求めるモメントとなる．しかし二つのものの均衡，断片意識からの総体化には並々ならぬ膂力を必要とし，アーノルドは生涯のうちに十分には成し遂げていない．クラフが『旅路の恋』と『ダイサイカスとスピリト』の出版に乗り気でなかったのは，懐疑の精神を以て書くことに大きな意味を見い出さなかったからで，その点アーノルドが「エムペドクレス」を引っ込める気になったのと似ていると，フェランはいう（Phelan, 30）．しかし，それは違う．アーノルドもクラフも二項対立的テーマの総合の困難さに手こずったのであって，自閉的に殻を閉じて後退したわけではない．どちらかというと，クラフは二項対立を相争うがままに提示し，アーノルドは二項対立を徹底させた上で，第三のものを探そうとするか，総合を求めるかになることが多い．

1859年8月アーノルドはパリで近代批評の父といわれる批評家サント＝ブーヴに会い，1861年1月には「ホメロス翻訳論」を出して——その中でクラフの詩に真にホメロスの響きがあると褒める（Super, I, 216）——本格的批評家としての活動に乗り出す．その年11月クラフがフィレンツエでマラリア熱のため死去した．アーノルドは夫人から追悼詩を依頼される．しかし彼は1849年に書簡でクラフの詩は「人間としての詩の表現であって，芸術としての詩の表現ではない」とか，詩で，「狭く突きつめて深く考えて」いて，「美を獲得」していない（LC, 99, Feb. 1849,）とか直接批判し，逆にクラフが1853年に「エムペドクレス」を批判して，相互に作詩の上で考えが合わないことや疎遠に似た状況もあり，アーノルドにとって追悼詩は書きにくかった．オックスフォード郊外のカムナー岡に行って想を固め，ようやく1866年4月に「サーシス

(Thyrsis)」と題してして雑誌に発表する．英文学史上三篇の傑出した追悼詩の一つに数えられる．サーシスというのはテオクリトスの「牧歌」に登場する牧人の名に託したもので，この詩の中で直接クラフにふれている部分は少ない．カムナー岡は，都市の喧噪から離れ，姿勢の違いを越えた，二人に共通の理念を求める小さな故郷である．メランコリーはノスタルジーを伴い，ノスタルジーもまた想像力の小さからざる源となる．

> He went ; his piping took a troubled sound
> Of storms that rage outside our happy ground ;
> He could not wait their passing, he is dead.　(ll. 48–50)

「彼は去った，我らの幸福な地の外で／荒れ狂う嵐のくぐもった響きを彼の笛が奏でた．／嵐の去るを待たずに彼は逝った．」

オックスフォードにいた時代のクラフの詩にすでに学内での宗教上の争いに対する「当惑と憂鬱」が反映していたのに，アーノルドが詩人らしい自由な書き方をしたというティンカーの指摘はある程度正しいが（Tinker, 217），この三行は簡潔に郷愁の中のクラフの生涯を要約している．クラフはラグビー校でもオックスフォード大学でも将来を期待された人だったが，詩人としても大学人としても不発に終った期待外れの天才（misfire）だと多くの人から見なされてきた．しかし，ヴィクトリアニズムの裏街道を行くような，その法外のユーモアと過激な諧謔が H. ハドソン，G. グリーン，J. ファウルズ，A. バージスほかかなりの人に愛されてもいて[32]，宗教的懐疑に悩まされても，ロマンティックな憂鬱や古典的陰鬱にはさして見舞われなかったが，憂鬱と無縁であったのではなく，懐疑から発した諧謔的憂鬱ともいうべき表現を拓いたのである．これは，反時代的な姿勢で出発しながら，結局はヴィクトリア朝の詩と評論の本流に乗る人になるアーノルドには分かり難いものであった．1851年以降クラフが看護制度改革者ナイチンゲール（その従妹と結婚するが）の仕事を援助する為にかなりの時間をさき，それが彼の詩作の継続を妨げる一因となったというのも，ヴィクトリア朝時代ならではの逸話であるといわねばならない．

アーノルドは1865年2月に『批評論集 (*Essays in Criticism*)』を出し，1867年7月には四番目の詩集『新詩篇 (*New Poems*)』を出す．これには1853年版『詩集 (*Poems*)』から削除した「エムペドクレス」をブラウニングの勧めに従って再録し，早くに書いたまま未発表であった「ドーヴァーの渚」，1855年雑誌発表のままの「シャルトルーズ大修道院」，1866年発表の「サーシス」などの代表作を収録している．

新作では「オーベルマン再び (Obermann Once More)」が甚だ大きな問題を含む．アーノルドは1865年9月公務でスイスに行った際にレマン湖畔のヴヴェイを訪れた．ヴヴェイのすぐ背後の山腹のグリオンの集落は，オーベルマンの終の栖イメンストローム (Imenstròm) として設定された谷間のモデルである．イメンストロームは，内面の埋もれた永遠の水流を暗示する言葉である．「オーベルマン再び」を翌1866年1月に書き始めたとも推測されている．これはアーノルドがクラフを追悼する詩「サーシス」を仕上げようとしていたのとほぼ同じ時期でもある．

" Thou fleds me when the ungenial earth,

Man's work-place, lay in gloom.

Return'st thou in her hour of birth,

Of hopes and hearts in bloom?　　(ll. 77-80)

「非情なこの世，人間の仕事場が／闇に包まれていた時に君は私から離れていった／その誕生の時，希望も心も花咲く時に，君は戻ってくるのか？」

1849年秋にアーノルドはオーベルマンに決別を告げ，つまり世紀病的心情と離別して，俗世に帰ったが，十数年後に公人となった身で再びスイス山麓を訪れ，羊飼いの服を着たオーベルマンの幻影 (Obermann redivivus ; Tinker, 263) が現われるのを見る．この羊飼いの服装は，宗徒を導く先達を暗示する．この幻影は「変貌した生れ変りの子供たち」の一人であり，ダマスコスへの道で突如回心して熱烈な使徒となったパウロへの関心を反映している．オーベルマンは過日の心朽ちた憂鬱の人のままではなく，こう説教する．フランス革命の嵐は

使い古した世界を廃墟に変え,人々は再び計画して働くが,壊れた世界の断片の上にいるのに,自分たちが分裂していることも知らず,信条も社会秩序も死んだままだ.但し,「誕生の時,希望も心も花咲く時」というのは,19世紀も60年代に入って,荒廃の時は去ってようやく明るい時代が来るということである.

" And yet men have such need of joy !

But joy whose grounds are true ;　　(ll. 237-8)

「それでも人々は喜びを求める／その根拠が本当であるような喜びを」原文が二つの引用符号で囲まれていて,時代を一度セナンクールが書いた19世紀初頭,且つアーノルドが初めの「『オーベルマン』の作者を偲びて」を書いた1849年に戻して「古い世界は時代遅れで／新しい世界は未だ生れない」(ll. 245-6) と「シャルトルーズ大修道院」でいったのと同じことを繰り返しいう.それでも尚,自分のように絶望してはいけない,いまや凍った死の時代は終った,とこの羊飼いの服を着た幻影は励まし,長々と歴史の推移を語った後に姿を消す.詩人は深いヴァレーの谷の上の方に夜が明けるのを見る.ヴィクトリア朝時代の世間一般の風潮は,初めにいったようにロンドン大博覧会を前にした1850年にすでに明るい方に向かっているように見えたのに,その表面下の神学上及び人文的内景において暗雲漂い「夜陰の闘争」が繰り広げられていた.けれども今人々がそろって信仰と教養による「喜びの真の根拠」を求めるべき時だ.父トマスの死んだ年齢に近く,時代よりもアーノルド本人が成熟する.とはいえ,夜陰ならぬ白昼の論争は避けられない.国教会内部で自由主義的傾向が現われて安心しかけると,典礼主義が出てきて気がかりとなる.

　先ほどイメンストロームというのは内面の埋もれた水流を意味するといったが,「エムペドクレス」に「真の深く埋もれた自我 (true deep-buried selves)」(II, l. 371) という言葉ががあり,また「埋もれた生 (The Buried Life)」(1852) という詩がある.十数年間視学官として非国教徒の学校を視察してきたアーノルドは評論「聖パウロとプロテスタンティズム」(1870) を書き,その中に5行詩「我らが思い感じることの／表面の浅く軽い水流の下に (below the surfacestream）…静かで朧で深い強い水勢を伴なって／我らが実感するものの中心をなす水流が流れている」(Allott, 588) を挿入した (Super, VI, 51). 内面の奥深い所に埋もれている深層の自我意識及び普遍意識を放棄せずに維持していずれの時にか再生しようという考えである. フロイトの無意識説を批判したジャック・マリタンの「霊的無意識」説に少し似ている. この引用の前後でアーノルドはキリストの復活昇天の問題を扱い, 主に「ローマ人への書」と「テモテへの書」を念頭において, 律法ではなく霊 (the spirit) の導き, 「義のための復活」に注目する. アーノルドにいわせれば, 聖書が歴史的事実でなく神話に拠るというような議論をする聖書批判家は, パウロがもっぱら身体的奇蹟としてキリストの復活を言い立てている所しか見ない. パウロが復活昇天を「身体的, 奇跡的な意味でいっているのを我々は否定しないが, しかしまた彼自身が霊的, 神秘的意味でもいっているのを我々は否定しない」とアーノルドはいう. つまり, 表面だけでなくもっと内面下に流れるものがある, それを見るべきだというのである. クラフのようにそんな表面だけの議論に拘らわない方がいい. どんなに神秘的であろうと宗教の倫理意義が重要であり, 神秘的なキリストの死は地上的律法から人を解放するものだ. 問題は義 (righteousness) なのであって, これが本当の生命である. 地上的なものの下に真実の深い層があり, これが重要なのである (Super, VI, 50–53). 「宗教の真の意味は情緒によって触れられた道徳であり, 感情によって照らされ点火され高められた道徳」だというに至った (Super, VI, 173, 176). また「詩の研究」(1880) で「今日我々の宗教の最も強力な部分はその無意識の詩である……いま宗教, 哲学として通っているものの大部分は詩に取って代られるだろう」とまでいう. アーノルドは余りにも簡単に詩 (時には教養) と宗教を混同してしまい, 後にエリオットから批判されるのもやむをえない. またこの宗教についての考えを強引に詩的表現にまで持っていくことは, 父 T. アーノルドを優れた宗教的指導者としてたたえる「ラグビー礼拝堂」(1867) を除いては, しなかったし, また以前のようなエレジアックな本格的な詩を書くこともしなかった.

　ついでに紹介しておくと, クラフと較べられる人にシジウィック (Henry Sidgwick）がいる．彼は信仰の必要と信仰への願望を捨てきれないけれども，功利主義の影響を受けていてキリスト教に確たる信仰を持てなかったので，「三十九箇条」を承認し続けることが出来ないと思って再承認署名せずケンブリッジ大トリニティー学寮のフェローをやめた．しかし倫理学の講師職を提供され，19世紀的大学の保護的雰囲気から閉め出されず，1859年から1900年までケンブリッジ大にいた．この点彼はクラフと違い幸運であった．彼は"a Victorian doubter"，あるいはケンブリッジ・アグノスティックといわれた[33]．このシジウィックが1869年10月に『ウエストミンスター』誌でクラフの『遺稿集』を書評して，クラフの考えと姿勢は1869年には，1859年ほどには特異なものでなくなっており，1849年よりは「はるかに特異でなくなっている」という．つまり1849年にはクラフの姿勢は大変目立っていたわけだ．それだけクラフは時代に先んじた人だった．さらに「我々は年ごとにいっそう内向的，自己意識的になっていった．当代の哲学は我らが思うこと感じることを綿密公平に観察分析し，遠慮無く表現させているが，我々は同時にますます真に懐疑的になっている，信仰，自信を失いつつある．希望があるとしても，それは不確定なものだ」という（Chorley, 5-6）．この懐疑を深める姿勢はアーノルドの姿勢とは反対といえるほどに違う．1859年は『種の起源』が教会を揺さぶりミルの『自由論』が教会に批判的な目を向けた問題の年である．それ以後T・ハクスリー（1825-95）が進化論の肩をもって「不可知論（agnosticism）」なる語を用い論争自体が甚だ賑やかになったのは事実である．

　1864年アーノルドはバジョットの『ナショナル・レヴュー（The National Review）』誌に「批評の機能（The Function of Criticism）」を載せ，「民数記」の言葉を借りて，アイスキュロスの時代やシェイクスピアの時代には「約束の土地」があったが，当代の「我ら」は「荒野（wilderness）」に留まるのみだという（Super, III, 285）．文学とりわけ批評は「荒野」を行くものだという意識は例えば20世紀末のG. H. ハートマンの『荒れ野の批評（Criticism in the Wilderness）』あたりにまで反映して強く伝わっている．1920年代のモダニズムの先駆けT. S. エリオットの『荒地（The Wasteland）』は，この「荒れ野」意識を受け継ぐもので

ある.アーノルドの「批評の機能」は人文評論を集めた『批評論集（Essays in Criticism）』(1865) の序論として書かれたものであり,この頃から以後いっそう評論家として時代の宗教その他の問題について喧しい活動を行うのである.ロマンティックな若しくは思索的な憂鬱の要素を「想像的理性」とか「人生の批評」,「教養」という考えで克服していく.そして詩人から文学・社会評論家へほぼ完全に転換するのである.

　この『新詩篇』刊行後まもない 1867 年 11 月 12 日付けでアシーニアム・クラブ（孤立した詩人も名声が上がって 1855 年にこの知識人クラブの会員に選ばれ,読書執筆をし易くなり,また 1861 年 3 月,このクラブで初等教育制度視察にきた訪英中のトルストイに会い後に相互の宗教論文に関心を抱くようになる）の机から友人ヘンリー・ダン宛に次のように手紙を書いた（Virginia, III, 189-190）.「私が見た一,二の宗教新聞と同じように,私がたんにエムペドクレスとオーベルマンを自分の代弁者,自分自身の意見を吐き出す口金として利用していると,君が思っているようだが,そうではない.」アーノルドには宗教界から批判が出ている.以前「エムペドクレス」執筆中に別の友人がアーノルドは古代哲人の「名前と外的環境を自分自身の思想の飾り布に使っているが,止めた方がいい」と言っているのを聞いたことがあるが,ロマンティックな主観に溺れていたのではなく,基本的には自分は時代の状況を分析していたのだ,とアーノルドはいいたい.『オーベルマン』の作者セナンクールは,「余りにも憂鬱な人だが,彼の真剣さ,真摯さ,自然に対する感情の故に,私が 25 歳で彼の著作に遭遇した時に,私に尋常ならざる印象を与え」た.これは理論や概念ではなく,感受性で捉えたことなのである.

　1849 年において,オーベルマンなる架空の人物に作者セナンクールが託した内省を,詩の形で解説し,解釈し,再表現し,それによって己の思索を深めるという作業が単純であったはずがない.27 歳までの遅れて来たロマン派らしい感情と情念と思惟がそこに渦巻いている.とうていそこに収りきらぬものが次の劇詩「エトナ山上のエムペドクレス」に持ち越された.その事情がダン宛の手紙に書かれたという次第なのだ.「代弁者」,「口金」に利用したのでな

いというのは簡単な話ではない．アーノルドは，詩作の中に批評行為があり，批評の中に詩作があるということをいった詩人批評家 T. S. エリオットより早く，同じことをいっている．これは抽象論であって，個々の詩なり評論なりを腑分けしてみなければならないが，作品におけるメッセージは，論理と感受性の両面からみないといけない．第一作の「『オーベルマン』の作者を偲んで」は論理，感受性，表現の面でよくできている．「エムペドクレス」と第二作「オーベルマン再び」は，理屈，メッセージが強く出過ぎているので，議論を呼ぶのは止むをえない．

　40 年代から 60 年代にかけての宗教界の紛糾は治ってはいなかった．既に評論家として筆を立てていたアーノルドの意見が，「オーベルマン」や「エムペドクレス」の悲観的な考えと同じものと見られ，評論の方も悲観論者の文と見下されることへの警戒心が含まれているといってもいい．そればかりでなく，これらの詩で扱う人物を実質以上に陰鬱で否定的な人物と見なされたくないという気持ちも含まれている．1867 年の『新詩篇』では 1853 年に削除した代表作「エムペドクレス」を再録し，高原の放浪者オーベルマンを再び扱う第二作を詩集の最後に据えている．たんなる遅れてきた憂鬱なロマン派的詩人ではないことを示す必要もあった．もはや放浪願望の孤立詩人ではなく，テニスン，ブラウニングと並んで，詩の方では時代の本流を行く詩人だという自信を持ち始めている．ダン宛の書簡はアーノルドのそれだけの考えあってのものと読むべきだろう．この書簡にはアーノルドの考えが評論におけるよりはるかに明確に要約されている．

　セナンクールは初め「キリスト教圏の古い宗教をフランス革命の熱狂家と同じ見方」で見た．だがアーノルドの解釈では，セナンクールの方が革命家たちよりも「心底から宗教的」であった．世間が治って固まったとき，新しい宗教といえるものはなく，「永遠性も誠実さ」もなく，「古い宗教の繕い直し」があるのみであった．「彼は，『詩篇』作者のいうように，"わが心はわがうちに曠れさびれたり"（『詩篇』143：4）という状態になったのであった．彼の心中に実際にあった深い宗教的感情について私が感じとったことに基づいて，古い宗

教についての彼の叙述に，彼自身が殆ど与えようとしなかった熱烈と崇敬とを，私は付与したのである．サント゠ブーヴ氏は（「オーベルマン再び」を読んで）パリから私に手紙で"これは変貌せるオーベルマン（Obermann transfiguré）だ"といってきた．私はオーベルマンに甚だ大いなる共感を抱く．しかし，変貌したとはいえ，彼が現実を偽らないはずだと思うが故にいうのだが，彼の言葉は乾燥と生硬さを留めている．それは，フランス革命及びその強烈な否定とは反対の精神に付き物の臭みを帯びたものであり，私が直接自分自身で書くのなら，そのような乾いて堅い臭みはまず出さない．」この書簡は思想と表現の問題について，評論より明快で論理的で簡潔である．だが，「彼の言葉は乾燥と生硬さを留めている」というのは，そこに偏り，時代に昂然と直面しない縮こまりの姿勢が少々あるということである．しかし，これは1867年という時点でいえることであって，18年前にはむしろ共感したはずのものだろう．しかし今はオーベルマンのような心が冷え枯れ錆びて絶望した人間でも，その内部には宗教を求める心情があるということを明確にいいたいのだ．作者セナンクールは父から聖職者になるよう要求され，それを嫌ってスイスを放浪し，亡命貴族とみなされたが，放浪者，隠遁者，破滅しない悲観者として尚も心底の宗教心を失わない，心が朽ちても死滅しない感受性と批評精神を持った人物である．

　ダン宛ての書簡で，そのあと行を代えていう．「キリストが生きているということは，キリストが死んでいるということよりも，世界でいま起きている出来事についての私自身の感情と観察にとって，遙かに真実な言葉である．」[34]これはクラフの詩と関連して既に述べたことでもあるが，表面の変革よりも深層の宗教性をみるべきであり，荒れ野においても光明を求める心は捨てないというのがアーノルドのこの頃の姿勢である．その宗教性，その光明をどう批評の言葉で表わすか，という仕事にアーノルドは乗り出しかけている．「変貌した」のはむしろアーノルド自身なのであり，変貌を促す人としてオーベルマンをみる．「批評の機能」には「（人間は滅びるものだ，さうかもしれぬ）しかし抵抗しつつ滅びよう」というオーベルマンの言葉が引用されている（Super, III,

第 11 章 ヴィクトリア朝中期における宗教意識と文学　467

276）．これは内面からの改革を主張する言葉である．

　アーノルドは引用しないが，この後に「そして若し虚無が我々を待ち受けてゐるにしても，それが正しいことであるようにはしまい」（市原豊太訳『オーベルマン』岩波文庫下 299 頁）という言葉が続く．日本では珍しい例であるが，この部分を，全く別の文脈で加藤周一が渡辺一夫の紹介訳文で「廃墟の思想」を現すものとして孫引きしている（「朝日新聞」2005 年 11 月）．確かにオーベルマンの心は廃墟であるが，しかしその心は「墓の中に降りて行く人」（同 253 ページ）のようなものでありながら，一度はウェルテルのように自殺を肯定して虚無の窮極の底に沈んでから最後に春の花について記述する人の心である．これはアーノルドの宗教意識の核心に持続的な影響を与え，次の 6 節でふれるが，キリストの復活をめぐって聖パウロの書簡について独特の解釈をさせる．そして遠去かろうとする信仰の潮騒を引き戻すのを助ける．

　しかし，この詩「オーベルマン再び」を書いた後には，アーノルドはあまり詩を書かなくなり，詩人から散文家にほぼ完全に転身する．社会事情，宗教事情と真正面から取り組むことになれば，詩という表現形式では感受性もしくは比喩の枠を出ず，メッセージが少ない憾みがのこる．詩人の時期と散文家の時期に別れざるをえない．といっても，完全に前期と後期に別れるわけではなく，ずれて並行してから別れる．そのほかにもアーノルドの思索における問題は矛盾，葛藤を含み，一見二項対立と見えて，かならずしもそうでない．散文家としては，まず 1853 年の詩集の「序文」で問題を投げかけたが，1857 年にオックスフォード大学詩学教授になって以来は，講演と評論の発表が晩年まで続く．『文学と教義（*Literature and Dogmas*）』（1873）を出し，批判に答えて『神と聖書（*God and the Bible*）』（1875）を出す．L. トリリングと R. H. シューパーのアーノルド研究の書の後半の方の散文時代についての 1 章に「オーベルマン再び」の 1 行「その根拠が真実である喜び」をタイトルとして取っているのは面白い．この一行は，1850 年前後のアーノルドの不毛な荒地的意識からの転進を最も鮮明かつ簡潔に示すものである．19 世紀後半も時間の経過とともに，かの「時代精神」なるものを敵視しなくなり，断片化した意識から全体性

への教養による回復，共感的総合化に向かう動き，そういうものを見出す根拠を求めるのにアーノルドは積極的になる．但し，社会評論家，文学批評家としてであって，詩人としてではないが．

歴史の過程が人間の運命を左右するのを強く感じ取り，歴史過程から後退して「聖なるものを守り，これまで考えられなかったものを付与し」ようとする傾向が，20世紀前半の作家たちに見られ，これをJ. P. ファレルは「悲劇的歴史感覚」と呼び，その19世紀版をアーノルドに見る[35]．評論家となった後もアーノルドは，幾つかのエッセイ（特に「ゲラン」，「ジューベール」，「マルクス・アウレリウス」と「スピノザと聖書」）において時おり詩人時代の感受性とモラル意識が透明に現われる柔らかい姿勢を示した．

こういうアーノルドの姿勢の出発点は1840年代の終り（恐らく1848-49年）に覚書に記した次の言葉である．「宗教的側面から私を悩ましているのは，理性の働きは感情に冷たく，宗教的心性（religious mood）に冷ややかであるという問題を避けられないことだ．感情と宗教的心性は，人間の最も深い存在，即ち，人間にとってのあらゆる喜びと偉大さの根拠である．」[36]理性と宗教心の綜合の困難で喜びのない過程は「エムペドクレス」に反映し，「喜びの根拠」は「オーベルマン再び」に甦る．

アーノルドは，他の使徒たちの根拠に頼らないパウロを尊重し，聖書の根拠を疑い矛盾をつくシュトラウスよりも，穏やかに啓示し示唆を与えるスピノザに導かれて，「主教と哲学者」（1862）以後に宗教を論じるようになっていた．彼はスピノザから学んだゲーテが，「諦観的黙従でもメランコリックな静謐主義でもなく，人間の限界内での喜ばしい活動についての教訓」によって，詩的気質を強化したことを重視する（Super, III, 177）．しかし，アーノルドは詩作よりも散文の方が主な活動となる．

おわりに——メタノイアの方法

1860年代に入ってからアーノルドの宗教界批判が増える．1860年に諸家の論集『エッセイズ・アンド・レヴューズ』が出るが，これは聖書解釈と教会構

第 11 章　ヴィクトリア朝中期における宗教意識と文学　469

造を論じた7人（その内の3人はアーノルドの友人）の論文を収録し，広教会派の立場で宗教と合理主義との調和ををはかろうとするものだが物議をかもし，正統派から猛烈な反撥を受ける．アーノルドの『散文全集（*CPW*）』(Super) の編者 R. H. シューパーは，冗漫でギクシャクした論集だが知識人の書いた学問的根拠もあるもので，さっそく「状況も分からぬ暗夜に軍隊が衝突し混乱と恐慌」を引き起こしたと「ドーヴァー渚」最終連の詩行を引いて，その混乱振りを紹介している[37]．クラフが死ぬのが1861年11月で，聖界が騒然としているさ中である．

　1862年にアーノルドは「主教と哲学者」(Super, III, 40-55) で，ナタルの主教 J. W. コレンゾが自由主義の立場で算術的に聖書の物語をぶち壊しにしているのを批判し，新しい知識に照らして精神的眼識で解釈すべきで，聖書に矛盾があるのは知識人はすでに知っているのだから，そんな騒ぎ方をしなくてよいという．「時代精神」が破壊的に振舞うところでは建設する，啓発するのが大事だというのである．アーノルドはスピノザを敬愛し，彼が示した姿勢は「知らざる者を啓発する（edifying）」ことと「知識ある者に知らしむる（informing）」ことであるとして大いに強調し，援用する (Super, III, 42)．これは大衆と知識人とに分けて考える姿勢ではあるが，アーノルドの場合，知らざる者には労働者階級のみならず，中産階級も含まれる．階級観にエリート主義が混じった見方である．「時代精神」は通用してきた思想を変えるものであるから，「三十九箇条」が変化してもおかしくないはずだ (Super, III, 42, 69-77)．つまり，批判は当然であるとして20年前の姿勢を言外に肯定する．

　既に述べたように，アーノルドは1848年にはオックスフォードの仲間の称揚する「時代精神」なるものに敵意を抱いてさえいた．もともとこの語は，ゲーテが「世の思想の流れを否応なしに変えるもの」(Super. VI, p. 454) として，批判的な意味をこめて用いていたのであり，仲間の者たちが軽い気持で時の支配的な先走りの風潮に乗っているとみなしてアーノルドが反撥したのである．アーノルドがニューマンのいた頃のオックスフォードでの，特にベイリオル学寮での宗教紛争を軽視していた面があり，友人を不審がらせたと伝えられる

(Madden, 5)．アーノルドとクラフほかの仲間たちとの感性，思想の上での違い，意志疎通の齟齬はそう小さいものではなかった．当時フランスでの改革への若者たちの関心は強く，文学では G. サンドに人気があって，アーノルドも例に洩れなかったが，彼は 1846 年 7 月にフランスのノアンにサンドを訪問し，その時直接『オーベルマン』の存在を教えられた．この『オーベルマン』に影響されたことが，アーノルドとこれを読まない他のオックスフォードのクラフをはじめとする若者たちとを分ける大きな一因となったといっていい．セナンクールの自我像であるオーベルマンは，フランス革命以来の変革の世に失望し俗世のことごとくを捨て，冷え枯れ錆びた精神でアウトサイダーとなったのであり，その諦念の姿勢にアーノルドは共感していたのだが，しかし 1849 年秋には世を捨てた隠者の瞑想には一応の留保をつけて，ロマン主義的残滓への停滞（読書詩作のみならずルネ，ウエルテルもどきの恋愛事件も含めて）から世俗との対峙の姿勢に移った．その姿勢は 1850 年春制作のワーズワスのための「追悼詩」に現れるが，さらに 1852 年の詩集『「エトナ山上のエムペドクレス」その他の詩』にこれを収録する際に「彼は冬の時候に，この鉄の時代に倒れた」という詩行に続けて「懐疑と紛糾と錯乱の／時代に (on this iron time/ Of doubts, disputes, distractions, fears)」と付け加えて，時代の混沌たる過渡的状況を強調した．この言葉は，19 世紀中頃の好日的になりながらもなおもイギリス知識人の間に嵐の止まない精神風土を誠によく現している．またこれに続いて発表された「エトナ山上のエムペドクレス」が時代と対峙する劇詩であることは既に述べた．この劇詩を除外して真に古典的なる立場を主張する 1853 年の「序文」及び 1857 年のオックスフォード大学詩学教授就任講演を経て，60 年代以後には「時代精神」をある程度必然の成り行きと見て批判しつつ容認する歴史感覚を身に付けるようになった．若い詩人時代にアーノルドは「時代精神」に批判的で，時代そのものをクラフあて書簡でしきりに「悪しき」「不毛な」「非詩的な」ものといい，就任講演でもヴィクトリア時代を，古代ギリシアはむろんエリザベス時代よりも劣る時代だといっていた．それなのに，1857 年の就任講演から 6 週間後に弟トム宛の手紙では考えが変わり「大いなる変化は必然だ

……我等の時代はファースト・クラスの時代である……但し詩を作るには適節でないが」といっているのを，カラーは指摘する (Culler, in Bloom, 116-7, Virginia, I, 396)．カラーの見るところ，アーノルドは当の時代の複雑さからの「知的開放」を摸索し，近代の「フィリスティア（俗物精神）」の荒れ野において批評を樹立する覚悟をし，教養を説く次第となったのだ．1849年にオーベルマンに留保をつけて以来の時代と対峙する姿勢を徹底し，正面から批判しかつ助言する立場に立とうとするのである．

但し，『土曜評論』が「我々の変化の時代 (age of transformation)」は終わったなどというのは，「世知にたけた」ベンサム主義者たちの安直な考えであって，イギリス国民は己の哲学の結論を掴んでおらぬ，と『批評論集』(1864) でいう．アーノルドはベンサムをあまり読まないが，その崇拝者たちを放恣と見て点が辛い．そしてオックスフォードが「この世紀の熾烈な知的活動に荒らされぬ晴朗な」場であることを願い，「その数々の塔の囁きかける中世の最後の魅力が，真の目標点，理想，完全性へ，真理にほかならぬ美へ我々を誘っているではないか」という (Super, III, 288, 290)．オックスフォードはアーノルドにおけるノスタルジーの原点であり，メランコリーの源泉であるが，また理性と啓示と情緒をともに享受しうる柔構造として，「エムペドクレス」や「1853年序文」までには見られない自由闊達な散文思考を許した．

アーノルドはヴィクトリア朝中期という時代での批判者ではあるが，早くに詩と宗教を関連させた考えを抱いていて，1852年10月にクラフ宛書簡でキーツのイメージ過剰を批判して，こう書いている．「現代詩人は内容によって存在する．即ち古代詩人がしたように，詩に宗教を含ませることによって，そして完全な 'magister vitae'（人生の師）になることによって，である．詩が詩としてのみ存在するのでなく，また宗教的願望が，詩的な力から独立して存在する力としてのキリスト教によって満たされるがままにしておくのでもなしにだ」(LC, 124, Virginia, I, 245-6)．こう書いたときソポクレスが念頭にあったに違いない．アーノルドはいわゆる宗教詩人ではないが，すでにふれたように時折宗教意識にかかわる詩をいくつか書き，それらは彼の代表作であった．ただ宗

教問題についての積極的追求はやはり評論家時代の仕事である．

B. ウイリーは，アーノルドは，宗教については，理論上は自由主義者で神話分離主義者（demythologizer）だが，歴史的な教会と祈祷書と儀式典礼を愛好する保守主義の面があり，破壊者にして保存者であるという[38]．アーノルドは視学官として非国教徒の実態を知りグラッドストンにも話しているが，彼の宗教発言はコレンゾ批判あたりからいっそう明確になる．ウイリーは，アーノルドにとって「宗教的言語は，詩と同じように，情緒的言語」である，と言い換える．但しアーノルドは「情緒（emotion）」という語はよく使うが，「情緒的（emotive）」という語は使わない．「宗教は情緒に触れられた倫理性（morality touched by emotion）である」とアーノルドは『文学と教義』で定義するが，ウイリーは，これは倫理性であって，信条や教義ではないと付け加える．抹香臭を消してしまうのである．それが，「その根拠が真実であるような宗教」だとウィリーは「オーベルマン再び」の例の言葉をもじっていう[39]．もっとも，以前にトリリングは，この定義は類語反復ではないのか，つまり倫理性にふれてこれを宗教にする情緒なるものは，まさに超越的力・助け・基準・永遠の生命などアーノルドにとって宗教を構成する外部のものについての情緒ではないのかと指摘していた．そしてアーノルドの場合，倫理性は手綱であって拍車ではなく，能動的でなく受動的，自制的であるという．さらにソクラテスの「ダイモン」とマルクス・アウレリウスの「理性の陰の役割」を引き合いに出し，これを世界全体との関係にあるものといい，神性に由来するといいたがるが[40]，しかしこういうものこそ外的宗教要素のあれこれに由来しない，純粋もしくは中性透明の倫理性ではないのか．倫理性が神性を目指すとしても，倫理性が神性に発するとは限らないのだ．宗教はやはり倫理的精神と制度的論理と両方のものなのであるからこそ神学上の論争が起こるのである．

アーノルドの考えはかならずしも論理的に整然とはしていない．「想像的理性」（Super, III, 230）という考えから，詩と批評の内面性の方法を如何に編み出すか，科学的になってきた「時代精神」に人の心を「教養」をもって如何に和解させるかが問題であった．アーノルドは『教養と無秩序（*Culture & Anar-*

chy)』(1867-69) 第 1 章で「優美と明知 (sweetness & light)」(スイフトの『書物戦争』に由来する語句 (Trilling, 268)) を「完成」の性格たらしめるという点で, 教養と詩は同じ精神のものだ」という (Super, V, 99). 彼は無秩序のはびこる現代に如何に教養が大事かを説く. この社会評論書全体の考察は別の機会に譲り, 問題を絞って言及する.「過去のオックスフォードは多くの誤りを犯し, 敗北し, 孤立し, 近代世界を掌握することが出来なくて, 手痛い代償を払った. だが我々は美しい地オックスフォードにおいて, 完全な人間的完成という本質的な真理を捉え損ないはしなかった」という. 30 年ほど前にオックスフォード運動でニューマンらトラクタリアンは「自由主義」に反対して敗れた. アーノルドはウェルギリウスの『アエネイス』から「地上のいずこに我らの苦しみの満たざる所ありや」を引用して敗残を悼む (Super, V, 106). 彼は父と同じく自由主義の立場である. ニューマンの「声」は彼の心に長く残り, 近郊にニューマンの住むバーミンガムでの講演では, 聴衆に「風貌姿勢」もしくは「文体」においてアーノルドはニューマンを髣髴させる[41]. けれども二人の考えの違いは大きい. アーノルドは終生ニューマンへの敬愛を失わず, ニューマンはアーノルドのカトリックへの改宗を日々祈ると返事に書いてよこした. アーノルドの定義は大雑把だが, ニューマンを敗北させた自由主義は, 選挙法案, 自由貿易, 産業主義, 非国教主義等など中産階級の自由主義だという. そして今や俗物主義的なこの近代主義を過去のものとする新しい力が現れた. 教養はその力に手を貸すのがよい. この新しい力をアーノルドは「ジャコバン主義の道」と呼び, F. ハリスンらコントの弟子たち, ベンサム主義者たちに目をつける. このジャコバン主義は教養を排斥するが, 教養はジャコバン主義に貢献するといって, 批判しながら教養を押し付けたがる (Super, V, 109-110). そして聖アウグスティヌスの「古い秩序は過ぎ, 新しい秩序が起こった, 夜が過ぎて, 日が出る」という言葉を引用する (Super, V, 113). これは詩「シャルトルーズ大修道院」の言葉をもじり, かつ「オーベルマン再び」の結末と同じ心境を語ったようなものである. 過渡期が終ったと見るのでなく, その中の変化の要素を重視するようになったのである. アーノルドはロマン派的

憂鬱，知的憂鬱から脱して，好日的となり，かつて敵視した「時代精神」の主流と彼がみなしたものを批判しながらもこれを応援する．それによって，彼はヴィクトリア朝中期の一握りの代表的知識人の一人となる．この書の第5章でアーノルドは，H. シジウィックがアーノルドの教養重視論を批判して「宗教は火と力を与え，世界は"優美と光明"よりも火と力を必要としている」といったのに対して，この宗教はピュリタニズムのことで，ピュリタニズムは聖パウロのいうことを勝手に狭く教義に使っていると逆襲する．大きな問題は復活で，ピュリタニズムはこれをもっぱら「肉体の物理的な死の後に再び甦る」意味でいうが，パウロは10回のうち9回は「復活を肉体の物理的死の後ではなく，その前に新しい生命に甦る」意味で考え語っている，という．「パウロにとって，物理的死の後の生命とは，このように墓のこちら側で始まる新しい生命の尽きざる活力の結果と連続に他ならない」（Super, V, 179, 183）．ピュリタニズム批判の筆の勢いとはいえ，アーノルドの独自の文学的解釈といっていい．

　これも既に一度ふれたことであるが，1849年にスイスからクラフに宛てた手紙に「なんじら新たに生るべし（be born again）と我が汝に言ひしを怪しむな」と書いた．これは疑いを抱いたパリサイ人ニコデモに向かってイエスがいった「ヨハネ伝」3章7にある言葉である．さらに「生まれ変りの子供たち／俗世が馴致しえなかった者たち」（書きかけの「『オーベルマン』の作者を偲んで」の2行）の仲間，即ち古い世の賢者たちにセナンクールを入れるとともにそこにクラフをも入れようと書いたことである．死者たちの仲間に生きている友人を入れるというのは分かりずらいことである．アーノルドの「ヨハネ伝」からのこの引用の直前に，「再び母の胎に入りて生まるることを得んや」（同3章4）というニコデモの問いにイエスは「人は水と霊によりて生れずば，神の国に入ること能はず，肉によりて生るる者は肉なり，霊によりて生るる者は霊なり」（同3章6）と答える．そこを引用しないが考えてみなさいというつもりだろう．（「新たに」について，あるいは「上より」と訳す，という注が日本語訳聖書にある．「上より」は「霊により」と解釈できると思う．）現在の自分の考え，我執を捨てて考え直しなさいというだけの単純な含みではない．ついでに付言する

第 11 章 ヴィクトリア朝中期における宗教意識と文学 475

と,「生まれ変わりの子供たち」というのは,ワーズワスの神の栄光をあびた無垢の子供が生長し変貌した後に,また生まれ代わるのを歌った詩「不滅の詩賦」,及び「マタイ伝」の「もし汝ら翻へりて幼児の如くならずば,天国に入るを得じ」(18-3) を暗示してはいるが,それを重ねて「変貌した小さな一団 (transfigured band)」(1. 145) といい変えている.それは,「マタイ伝」17 章と「マルコ伝」9 章に,高い山の上で一瞬イエスが変容しエリヤとモーゼが現れてイエスと話を交し,その後すぐにイエスが弟子たちに「蘇り」を口にする場面があり,その「変容 (transfiguration)」を受け,応用して,「馴致されない」古い世の賢人たちが一瞬「一団の生まれ代りの子供たち」に変容してスイスの山地に現れたというように比喩的に表現したと考えることもできる.ややこしく手が込んでいるが,それが当時としては「蘇り」についてアーノルド自身も十分には整理がつかないままに云いえた精一杯の事なのである.この「小さな一団」が目指す「異なった様ざまの道を経ての共通の地」は,「批評」の働きを通して至り着く教養と秩序の地,さらには詩と宗教の地である.サント=ブーヴは,この「変容」を 1867 年の方にもっていって「変貌せるオーベルマン」といったのであるが,こちらの方が変容,変貌としては明確である.但し,人物についても時代についても,まだ変容への期待という範囲に留まってはいるけれども.

　復活の問題は『聖パウロとプロテスタンティズム』(1869-70) で再び論じられる.パウロはいう「キリストは死んで生き返られた (died and rose again)」(「ローマ人への書」14 章 9) と.我らは読む「キリストは死にそして生き返りそして甦った (died and rose again and revived)」,そうアーノルドはいう.だがパウロの円熟せる神学において彼の心で第一位を占めていたのが「復活のこのような物理的奇跡的な」相であったはずがない.そんな相の下では復活は彼が練っている思想に一致しない.アーノルドは,パウロの初期の「テサロニケ人への書」,「コロサイ人への書」では復活の「物理的,奇跡的な」面が主であるのを否定しない.また「ローマ人への書」の後,「ピリピ人への書」の後,その生涯の終りまで,「物理的奇跡的な意味」でもいっているが,それだけでなく「彼

自身の霊的なまた神秘的な意味」でもいっているのかと問われたら，パウロは全的確信をもって肯定するだろうとアーノルドはいう．その確信こそが重要なので，それなくして彼の神学はない．その後に続けて先に引用した「表面の水流の下に／我らが思い感じることの主な水流が／静かに強く見え難く深く流れ…」という5行の詩を挿入するのである（Super VI, 51）．高等批評や科学精神などの時代精神が抹消した奇跡や不思議などは，「表面のいぼのような余剰物」[42]であって，内面の生命ではない．表面がすべて虚偽だというのではなく，その下に隠れて潜在するものの重要さに注目しようというのである．この箇所は『教養と無秩序』で復活を扱った箇所よりは，回りくどくあまり論理的でないように見える．「ローマ人への手紙」で繰り返しいわれるのは，信仰の根拠となる事柄は「神が死者からイエスを起き上がらせた」ということであり，復活の意味も同様である．パウロにとって，真の生命は，外的なことから我らを開放する「神秘的な死」とともに始まり，それ故イエス・キリストが「喜んで神の意思を行う気持ちになった」その時からイエスは死んだのである．パウロの問題点は「地上での生存においてイエスが霊の法に従って神にかなう実を結んだ」ことである．イエスは「（我々の）罪のために死に，神のために甦って生き」る．復活は「今現在の復活であり義のための復活」である（Super VI, 52-3）．パウロ書簡を早いものと後半生のものとに分けて，後半にパウロ神学の成熟を見るところにアーノルド自身の成熟変貌の自覚をも見ることが出来る．1840年代末にアーノルドは，批判神学と革新熱に煽られたオックスフォードの仲間の「時代精神」に反撥しつつも「生まれ変わりの子供たち」，「変貌した一団」の賢者たちについておぼろな思索をしていたが，「エムペドクレス」と「序文1853年」を書き，視学官，オックスフォード大詩学教授になり，経験を重ねる中で，「時代精神」を，一部を批判しつつも，肯定し，自らその指導原理を説こうとするようになったのであり，その過程でこの復活についての考えを捏ねくりまわし，ようやく興味ある論理を展開するに至ったのである．表面下の深い水流とはこのような変化を指すものだ．

先に引用した「ヨハネ伝」について補足する．『文学と教義』で，アーノル

ドは「水と霊とによりて生まれずば神の国に入ること能はず」(「ヨハネ伝」3章5)を「浄めと新たな影響によりて生れずば……」と言い換え,「スピリット(霊)」は神秘な「影響力」の意味であり,子供のいう「亡霊」と間違えてはいけないというが (Super, VI, 290), ここにはクラフの対話詩の相手方「スピリット」を意識しているふしがある.「ヨハネ伝」3章は難解なところであるが素直に読んでみると,「霊によりて生れずば」,というのは少し後を読めば「汝ら信ぜずば」に近いことととれる.イエスが証しイエスがいうことを信じる者は「永遠の命を得」る.「神が御霊(みたま)を賜ひ」(同3章34)たのだから,甦りの後に弟子たちが信じたようにイエスが証したことを神の言葉として信じればいいということになる.イエスが直覚したことを人間が直覚すればよい.表面の知覚,科学的証拠ではなく,内面において認識するという今日では簡単に口に出せることを当時の事情からややこしくいっている.そして,クラフに対して,要するにイエスの語ることをニコデモのようにむやみに疑わないことが肝心だといいたいのである.つまりイエスの「明白な直覚(intuition)」(*LC*, 110)を尊重すればよく,自分にも直覚が必要で,うるさい論理は棚上げしようということになる. 1849年当時アーノルドは後の評論でいったのと同じことを考えていたわけではないが,それに近いことが頭に浮かんでいて言葉にならないままになっていたと推測できる.シュトラウスの聖書批判なんかにかかずらうのはお止めなさいと,とまではいわないが,それに近いことが頭にあったのではないか.肉体の物理的な死の後に復活する奇跡の真偽に煩悶するよりも,その前に内面における復活,二度目の生誕もしくは再生(second-birth), 墓のこちら側での生まれ変わり,心の入れ替えということが大事であるといいたかったのだが,それを明確にいうのは『教養と無秩序』に至ってである.『文学と教義』において「良心」をさらに推し進めて「外貌」によらない正しい裁きとして<「方法」としての「内面化(inwardness)」>ということを強調する.原典ギリシア語「メタノイア(metanoia)」を英訳するのに「repentance (改悛)」では一部の意味にすぎない,その大きな意味は「人間の内面的変化」である,といって「内面化」を勧める (Super, VI, 288-9). たとえば「我は正しき者を招か

んとにあらで，罪人を招きて悔い改めさせんとて来れり」(「ルカ伝」5-32)，「神は異邦人にも生命を得さする悔い改めを与え給ひしなり」(「使徒行伝」11：18) ほかがある (Super, VI, 487)．つまりこれは古い自己を抹消して新たな自己に変ることである．第二の誕生，内的変貌である．そしてこの「メタノイア」即ち内省の方法と自己放棄を支えるのが「エピエイケイア (epieikeia)」即ちキリストの「柔和，寛容」(「コリント人への後の書」(II,10：1) に「離れいては勇ましき我がパウロ，自らキリストの柔和と寛容とをもて汝らに勧む」とある) もしくは「甘美な道理 (mildness and sweet reasonableness)」(Super, VI, 154) と，誤りなき「認知 (perception)」とである (Super,VI, 300, 322, 488)．イエスを信じるのはイエスにこのエピエイケイアがあればこそである．国教批判者が方法論倒れなったのは，そこまで思索を柔らかく掘り下げないためだというのがアーノルドの判決である．

　トルストイがアーノルドの宗教論を読み，この「優しい甘美な道理」をキリスト教原理を表す言葉として大いに珍重したと伝えられる (apRobert in Bloom, 103)．晩年にアーノルドはエッセイ「トルストイ」(1887) を書いて，イエスの「優しく道理ある気質」即ち「エピエイケイア」の気質を持出し，『アンナ・カレニナ』のレーヴィンがキリスト教信者として黙って「内面の変化」を遂げたのを称讃する．トルストイが山上の垂訓を「五つの戒め」として提示する教条的なやり方を批判し，レーヴィンの仮の解決をよしとする．トルストイが文学を捨ててよくやったとはいえないというあたりは，詩作を捨てて社会論，宗教論に走った自身への内心忸怩たる思いがこもっているはずである (Super, XI, 300-304)．アプロバートは「内面化 (inwardness)」がドイツの文化教養 (Bildung) の語彙 "Innerlichkeit" の訳語のように思われるという (apRobert, *Arnold and God*, 206)．アーノルドがゲーテをよく読んでいたことを思えば当らないではないが，後年エッセイ「オーベルマン」(1869) を書き，その中で「深い内面化」を強調する (Super, V, 296, 303) ところから1848〜9年まで遡って考えれば分るように，「内面化」はドイツ的教養よりももっと深層の内面意識を潜り抜けてきたもの，即ちロマンティシズムの残滓と早まった諦観の混淆を自己克

第11章　ヴィクトリア朝中期における宗教意識と文学　479

服して出てきたものだ．つまりオーベルマンの終の栖イメンストロームに由来する．1849年にアーノルドが「生れ変りの子供たち」「変貌した小さな集団」という言葉で考えた発想が，それ以来表面の下の埋れた水流として流れ続け，それがパウロをめぐる考察に結実したのである．つまるところメタノイアの方法はセナンクールによって導かれ，静かに長くアーノルド自身が実行してきた方法だったのである．

　「人生を着実に全的に見」たソポクレスについて，アーノルドは「神の力の強く働くのを感」じ取った甚だ宗教的な人だという．そしてギリシアは神の啓示に忠実すぎたがために滅び，ユダヤは啓示の偉大さを記録しながらもそれへの忠実さが足らないために滅びた，とアーノルドは考える．アーノルドは歴史主義，経験主義に立って，神学的似而非科学と哲学的自由主義を批判する．当代は「エピエイケイア（甘美な道理）」をキリストの「方法と秘訣」に適応するべきなのに，それを怠っているがためにキリスト教が損なわれている，大いに「エピエイケイア」を見習うべしという結論だけを読むと，いささか平凡の感を禁じえない（Super, VI, 178, 388-9, 396, 406）．しかしそこに至るまでに渾身の力を振り絞った聖書解釈は，素人神学というよりも文学批評として意義深いものである．

　H. ミラーは，ロマン派までは神を信じるか自分で造り出すかしていたが，ド・クインシー以後は「神が消失」し「不在」になったといい，さらにB. ブラウニング，E. ブロンテ，M. アーノルド，初期のホプキンズらヴィクトリア朝期の人を合わせて5人の文学者を『神の失踪』(1863)で論じ，その背景に産業化，都市の発達などを見る[43]．これはもっぱら論及の基本線にそって単調なまでにこれらの文学者から神が後退した様相を分析したユニークな本である．アーノルドについては詩のみを扱い，評論に及ぶ内面の展開は顧みられないが，詩における宗教上の懐疑は赤裸々に扱われ，見方は狭いがかなり正鵠を射た論理が展開される．クラフは，分裂した自我ダイサイカスともう一つのメフィスト的分身スピリットとの対話劇で復活の否定と戯画的なその肯定とを対比させたのであった．H. ミラーの言葉を借りていえば，クラフにおいて，神

が完全に「不在」になってしまったわけでも,「神が隠れ」てしまったわけでもないが, かなり「神が遠去かり」かけていた, とはいえるだろう. 宗教論争が激しくなっていく時期に, 何人かの傑出した文学者において神が遠去かる様が見られた. アーノルドは聖パウロを持ち出してキリストの「神秘的な死」や「内面性」や, 神の「霊 (spirit)」を援用して, 遠去かりつつある神を引き留めようとしたのである.『教養と無秩序』と『聖パウロとプロテスタンティズム』を書きながら, クラフの死後に夫人から渡されたこの対話詩や「復活祭, ナポリ, 1849」などを意識していたことは容易に想像しうる. このように物理的, 身体的な奇跡があったかなかったかということを超える「内面性の方法」へアーノルドを導いたのは山中放浪者オーベルマンの後年の抵抗と変貌であって, それが彼の独自の姿勢を導いたのだ.

　R. H. シューパーは, 聖書が真の霊的洞察の集成だという信念を終生抱いたニューマンの手本と, 父トマス・アーノルド (厳格すぎるトラクタリアンと自由すぎるエヴァンジェリストの両方に批判的だった) の手本がアーノルドに先入観を抱かせ, かつ多くの同時代人を襲った信仰の喪失から防いでくれたという[44]. しかし散文だけでなく先立つ詩作の過程を見ると, これはニューマンや父トマスの影響を過大視した解釈だと思う. シューパーその他のアーノルドの散文研究者は詩人時代の動揺を潜り抜けていく内面探索の発展過程を見落している.「オーベルマン再び」における変貌は水面下の埋もれた水流を抱えたまま期待する姿勢にほかならない. しかし後半のアーノルドが己の信仰の揺らぐのを心配する憂鬱の人から脱却していったのは確かである. 彼が心配したのは, 批判神学に揺さぶられる少数の知識人たちのことだけではなく, 19世紀半ば以後増大した大衆が聖書とその宗教を失いつつある時代の流れであった.『文学と教義』を書き, 批判に答えて『神と聖書』を出す.『文学と教義』の序文で, アーノルドはシュトラウスが新約聖書の中の証拠不十分な所を批判したのはいいが, 聖書の中にまだ真実が残っていて, それを扱うにはより豊かで深遠で想像的な精神が必要だと念を押す (Super VI, 158). シューパーの指摘するように, アーノルドにとって重要なのは倫理的直覚 (moral intuition) であり, また

宗教的直覚である[45]．

「文学（letters）の貴重なのは，この世で考えられ言われてきた最良のものを獲得すること」にあると『文学と教義』の序文でアーノルドはいう（Super, VI, 168）．この文学は批評であり、教養のことである．その核心に判断力と詩がある．教養は「経験と精神のしなやかさ」を備えさせるわけだが、アーノルドの定義は厳密でない．聖書を健全に扱うのは「文学批評」だとアーノルドは繰り返しいう．それは，聖書のような想像的な書の読み方を文学者が心得ているからだ，そうシューパーは要約して次の文（1879）を引用する．「宗教は，想定された事実に具体化され，その事実に情緒を付与する．詩にとって思想がすべてであり，残りは神的な幻想の世界である．宗教は思想に情緒をあたえる．思想は事実である．今日我らの宗教の最強の部分はその無意識の詩である．詩の未来は広大である．何故ならば，高い運命に値する意識的な詩の中に，時が経つにつれ我々はますます確実な支えを見出すからだ」（"The Study of Poetry", Super IX, 161）．宗教と詩を同一視しかねない飛躍した説だが，最後にそういう所にまで行ってしまう．もっとも，既にカーライルが『諸特性』（1831）において，「宗教は創造性をますます失い，最近は形而上学と堕し，干上がってしまいそうだ，文学は宗教の一分枝にすぎないが，生気を増していつか主幹になるに違いない」といっていたのをシューパーは指摘する[46]．カーライルには大言壮語の癖があるが，アーノルドには吼えるライオンの異名もあって強調の度が過ぎる面がなくもない．カーライル，アーノルドともに非論理というほどではなく，また宗教と文学を混同しているという所まではいかないが，世間へメッセージを送る強い意思であるには違いないとしても，ひたむきさの過剰といえるだろう．これはやはりヴィクトリア朝時代という枠の中での議論である．

クラフは『ダイサイカスとスピリット』の「エピローグ」で，叔父なる人物の，即ち第三者の発言という形で，ウェズリー主義（1729年オックスフォード大で始まった厳格なメソディズムで分裂を繰り返す非国教会派）で始まり，ピュージー主義（ニューマンが去った後もピュージーが中心になって続けた運動で，カソリック

寄りの高教会派として国教会内にとどまる）で頂点に達する百年間の宗教上の動きは過剰興奮だといい，これはトマス・アーノルド（広教会派）には無縁なものだが，これが「ふさわしいのは……」といいかけた所で対話詩を終らせている．これは恐らく教条的正統派論客への含みであろう．この第三者の叔父はまた，パブリック・スクールで生徒たちがみな信心深くなったが，それはトマス・アーノルドのせいだという．クラフはかつて宗教的道徳熱で押し潰してくれた師トマス・アーノルドを客観的に見て冷やかしているのだ．

　ダーウィンを支持する生物学者T. ハクスリーが，不可知論（agnosticism）という言葉をロンドンでの形而上学会の会合で初めて公に使ったのは1869年である．「私が無知なことについて，多くを知ると公言する教会史の物知り派（Gnostic）に対立するものとして閃いた，私自身の立場に相応しい呼び名として造語したもの」とハクスリーはいう（*Britannica*）．不可知論は哲学の仕事としては「最悪のもの」（W. ジェイムズ）といわれるほど定義の幅が広いが，ハクスリーの姿勢は（H. スペンサー，W. ハミルトンもこれに近い），カイ・ニールセンによれば，「なんら十分な根拠をもたないような宗教的教説に同意するのを拒みはするけれども，十分な根拠をいつか手に入れる可能性を認めるのに吝かでない」，「証明するに足る十分な根拠を見出していないならば同意すべきでない」，「重要な問題であっても経験と理性に従う」べきだ，という態度である．ハクスリーは「超自然の存在の否定を正当化するのではない，超自然のあれこれの現存形態の利益のために引証される根拠の妥当性を否定するだけだ」という．ハクスリーは有神論も無神論も汎神論も支持しない．ハクスリー以後の不可知論はややこしいが，ユダヤ＝キリスト教的信念の妥当性については「願望充足」であるとか，「究極的な実在，神については何も知りえない」と解説されるに至っている（平凡社『西洋思想史事典』4）．ティンカーによれば1852年のアーノルドの思想はアグノスティシズムに近い（Tinker, 241）．

　アーノルドは後にハクスリーと意見を異にするが，科学教育に好意的で，二人は交友関係にあった．むろん，アーノルドはすでに1849年段階の不可知論的姿勢からは抜け出ている．エリオットはアーノルドがニューマンとハクスリ

の間を仲裁しようと無理をしている,と見る(『詩と批評の功用』105-6).遡れば「使徒行伝」(17-23)に,アテネでパウロが「われ汝らが拝むものを見つつ道を過ぐるほどに「知らざる神に(agnost theo)」と刻まれたる一つの祭壇を見出せり.されば我なんじらが知らずして拝む所のものを汝らに示さん」といった,その「知らざる神」が不可知論(agnosticism)という語の起源である.但しパウロは,石に刻んだ「知らざる神」を拝むのは無知の時代であり,「我らは神の内に,生き,動き,在るなり.汝らの詩人の中の或る者どもも"我らは又その胤(すえ)なり"といへる如し.神は,今は何処でも総ての人に悔い改むべきことを告げ給ふ,先に立て給ひし一人によりて,義をもて世界を審かんために日をさだめ,彼を死人の中より蘇へらせて保証を万人に与へ給へり」と説くのである(「使徒行伝」17:28-31).ここにアーノルドのふれる問題の大半が出ている.「神の内に」,「詩人」,「義」,「蘇り」がそうであり,また彼は「悔い改め」を「内面化」として独自の解釈を下したが,その際に「使徒行伝」のこの箇所がまず強く心にあったはずである.ハクスリーらが不可知論に赴く所で擦れ違って,アーノルドは神を自己流に定義して宗教を詩の中にとりこめる方向に行ったのである.

　有神論も無神論も支持出来ない,ということになれば,これはクラフの『ダイサイカスとスピリット』の裏返しのように見える.クラフは信仰を全く失ってしまったわけでもなければ,完全な不可知論者になったわけでもない.信仰も無神論もどちらも持て余している.いや,両方を諧謔的に手玉にとっていると言えないこともない.複数の解釈を許す懐疑家である.神を知っていると信じる根拠はない等々というハクスリー流の考えを受入れながらも信仰を擁護できる人は少なくないが,クラフの立場はこれとは裏返しで,ダイサイカスに神はいない,イエスは復活しなかった,といわせても,スピリットに神はいる,イエスは復活したといわせる二重構造を取る.クラフは懐疑家であっても,不信者,棄教者ではない.棄教せずに不可知論者であるというのは哲学的には矛盾であるが,詩人クラフはそのような矛盾を生き抜いたひとであった.彼の遺体は夫人によってローマの新教徒の墓に葬られている.

アーノルドは,『神と聖書』の序文で「キリスト教の宗教なしに済ますことは出来ないが, 現にあるままのものに甘んじるわけにはいかない」という. しかし彼の宗教発言は, よくいわれるように正統派から見れば異端であり, 自由主義者から見れば保守反動である. 父トマス・アーノルドに似てきたことを自負する詩人アーノルドは社会評論, 宗教評論において宗教の道徳面を強調する言辞が甚だ多くなって, シュトラウスの英訳を完成させた G. エリオットと並べて, 後半期に篤い信仰心の人というよりも, もっぱら宗教的道徳を重んじる人になったといわれる. それも「ヴィクトリア朝中産階級家庭向けの宗教道徳」とか「黴臭いヴィクトリア朝的関心」[47]だとさえいわれることもあるが, そういう見方はいささか表面的に過ぎ, せっかくの内面性の方法を見逃している. 評論での文学的直覚, 洞察に関する発言は文学批評としても時代の先を行くもので 20 世紀の文学批評に示唆する所少なくない. リヴィングストンは, 第一次大戦迄の数十年間に宗教的危機や危険な懐疑に陥った自由主義的聖職者や一般読書人の多くが『文学と教義』によって助けられたと高く評価する[48]. 詩においては懐疑の表現が多かったけれども, それは信仰の後退を嘆く心情の現われであり, メランコリーとノスタルジーの要素が, 水面下の深いところに隠れた生命の流れを探索し, あるいは天からの啓示を待つ姿勢を促している. そのことが詩の表現を豊かにし, かつ評論での省察の深さをもたらしているといっていい. アーノルドの内面を探る方法は, その後の内なる古代や原始性を見る思想, あるいは唯美主義にも間接的に通じている. 更に, 唯美主義は洗礼者ヨハネの首を褒美にするワイルドの『サロメ』に代表されるような世紀末の冒涜的で半ば逆説的な退廃美学をもたらすが, これは分かれた枝の徒花というほかはなく, ヴィクトリア朝の宗教意識に対して意識的に叛逆したものである.

1) Altick, R. D., *Victorian People and Ideas,* Norton, 1973, p. ix.
2) W. マッデン (Madden)「ヴィクトリア朝の感性と感情 (Victorian Sensibility and Sentiment)」,『西洋思想史大事典』1, 平凡社, 1990.
3) Houghton, W., *The Victorian Frame of Mind 1830–1870,* Yale U. P., 1957, p. 9.

4) Cockshut, A.O.J., *The Unbelievers : English Agnostic Thought, 1840–1890,* Collins, 1964.
5) Buckley, J. H., "Victorianism", in *British Victorian Literature,* ed. by S. K. Kumar, The Gotham Library, 1969, pp. 4–5, 15.
6) Dawson, Carl, *Victorian Noon : English Literature in 1850,* Johns Hopkins U. P., 1979. xi, xiv.
7) Grob, Alan, *A Longing Like Despair,* Delaware U. P., 2002, p. 166.
8) Clough, A. H., *The Bothie of TOPER-NA-FUOSICH, A LONG-VACATION PASTRAL,* Cambridge, John Bartlett, 1849, cf. P. G. Scott, *The Early Editions of A. H. Clough,* Garland, 1977, pp. 50–51.
9) Houghton, W., *ibid.,* p 133.
『英文学史講座 8・一九世紀 II』研究社 1961 年，127 ページ．
ノエル・アナン中野康司訳『大学のドンたち』みすず書房 2002 年，46 ページ．
10) H. リード増野正衛訳『文学批評論』みすず書房 1958 年，312–320 ページ．
11) Clough, A. H., *Remains,* p. 91, in Houghton, *ibid.,* p. 80, Phelan p. 50.
12) アナン同書 28–31 ページ．
13) シュトラウス岩波哲男訳『イエスの生涯』II，教文館，1996 年，721, 725, 732–3 ページ．
14) Super, R. H., *The Time-Spirit of M. Arnold,* Michigan U. P., 1970, pp. 72–73.
15) Kenny, Anthony, *God and Two Poets,* 1988, Phelan, p. 1–2.
16) Super, R. H., *op. cit.,* pp. 64–65.
17) Culler, D., *Imaginative Reason : The Poetry of M. Arnold,* Yale U. P., 1966, p. 97.
18) Scott, P. G., *The Early Editions of A.H.Clough,* Garland, 1977, pp. 81–83.
19) Burrow, J. W., "Faith, Doubt and Unbelief", in *The Victorians,* ed. by L. Lerner, Methuen, 1978.
20) Bonnerot, Louis, *M. Arnold : Essai de Biographie Psychologique,* Didier, 1947, pp. 127.
21) Dawson, C., *ibid.,* p. 83.
22) Bertram, James, "Arnold and Clough", in K. Allott ed. *M. Arnold,* G. Bell, 1975, pp. 191, 194.
23) Read, H., *Essays,* Kenkyusha, 1935, pp. 193–201；H. リード著増野正衛訳『文学批評論』みすず書房 1958 年，312–320 ページ．
24) Honan P., *M. Arnold : A Life,* McGRAW-HILL, 1981, p. 296.
25) *The Letters of M. Arnold,* vol. 3, 1866–1870, Virginia U. P., 1998, pp. 189–190.
26) Farrell, J. P., "M.Arnold's Tragic Vision", in DeLaura, *M. Arnold,* Spectrum, Prentice-Hall,1973, p. 116.
27) 斉藤忍随「エムペドクレス」『世界大百科事典』平凡社，『幾度もソクラテスの名を』I，みすず書房，79–104 ページ．
28) Eliot, T. S. ed., *A Choice of Kipling's Verses,* 1941, p. 7, in Allott, p. 302, Fraser, Prentice-Hall, 1973, p. 140.
29) Allott, K., "M. Arnold's Reading Lists in Three Early Diaries", *Victorian Studies*

(March 1959), in Frazer, p. 137, n., pp. 147, 258.
30) Scott, P. G., *ibid.*, pp. 54-61.
31) 飯田真, 中井久夫「躁鬱病圏の科学者と創造性」『現代のえすぷり』88号, 1974.
32) 井手弘之「A. H. クラフ『旅路の恋』―ヴィクトリア朝の詩的言語（上）」, 東京都立大学人文学部『人文紀要』283号, 1997, 9-12ページ.
33) "A Victorian Doubter", the anonymous book review of D. G. James : *Henry Sidgwig, Science and Faith in Victorian England,* Oxford U. P., 1971, in TLS, 16. 4. 1971.
34) *The Letters of M. Arnold,* vol. 3, 1866-1870, Virginia, U. P., 1998, pp. 189-190. Tinker, p. 271. Allott p. 569.
35) Farrell, *ibid.*, p. 101.
36) Ullmann S. O. A. ed., *The Yale Manuscript, M. Arnold,* Michigan U. P., 1989, p. 160. Tinker, pp. 8-10, p. 270.
37) Super, R. H., *ibid.*, p. 73.
38) Willey, B., "M. Arnold and Religion", in K.Allott ed. *M. Arnold,* G. Bell, 1975, p. 239.
39) Willey, B., *ibid.*, pp. 245, 251.
40) Trilling, L., *M. Arnold,* Harcourt Brace, 1939, 1954, pp. 340-342.
41) Murray, N., *Life of M. Arnold,* St. Martin's Press, 1996, p. 264.
42) Willey, B., *ibid.*, p. 236.
43) apRobert, R., *Arnold and God,* California U. P.,1983, p. 206.
44) Miller, Hillis, *The Disappearance of God,* Harvard U. P., 1863.
45) Super, R. H., *ibid.*, p. 86.
46) Super, R. H., *ibid.*, pp. 67, 89.
47) apRobert, R., *ibid.*, p. ii.
48) Livigston, J. C., *M Arnold and Christianity,* South Carolina U. P., 1986, p. 7.

Key to Abbreviations（本文括弧内著者名等略記と書名との照合）

Allott : Miriam & Kenneth Allott ed., *The Poems of Matthew Arnold,* Longman, 1979.
Bloom : H. Bloom ed., *M. Arnold,* Chelsea House, 1987.
Choreley : K. Chorley, *A. H. Clough : The Uncommitted Mind,* Oxford, 1962.
LC : H. F. Lowry ed., *The Letters of M. Arnold to A. H. Clough,* Oxford U. P., 1932.
Madden : W. Madden, *M. Arnold* (A Study of the AestheticTemperament in Victorian England), Indiana U. P., 1967.
Phelan : J. P. Phelan ed., *A. H. Clough : Selected Poems,* Longman, 1995.
Super : R. H. Super ed., *The Complete Prose Work of Matthew Arnold (CPW),* 11 vols, Michigan U. P., 1960-1977.
Tinker : C. B. Tinker and H. F. Lowry, *The Poetry of M. Arnold : A Commentary,* Oxford U. P., Russell & Russell, 1940, 1970.
Virginia : C. Y. Lang ed., *The Letters of M. Annold,* Virginia U. P., 6 vols, 1996-2001.

第 12 章

初期マーシャルの認識論と思想形成

はじめに

アルフレッド・マーシャルは，19世紀末から20世紀初頭代（J. S. ミルの死後から J. M. ケインズの登場）まで英米の経済学界において主要な位置を占めた人物であった．マーシャルの主著『経済学原理 Principles of Economics』は当時経済学の主要なテキストとして使用され，今日でも経済学を学ぶ者なら誰しも一度は耳にする人物である．

従来マーシャル研究といえば，いわゆる「理論家」マーシャルとしての研究が盛んであったが，しかし1990年の『経済学原理』出版100周年を契機としてその研究アプローチは様々な観点から試みられるようになってきた．本章で私が展開する，「初期マーシャルの認識論と思想形成」もまた今日のこういった研究の流れと軌を一にするものである．

本章では初期マーシャルにおける哲学草稿を，その中でも彼がケンブリッジの知的討論サークル，グロート・クラブ Grote Club にて最初に読み上げた「節約原理 The Law of Parcimony」（1867）と「フェリエの第一命題 Ferrier's Proposition One」（1867）を中心に詳細に検討するものである．

マーシャルは，学究生活の当初から経済学者になることを志していたのでは

なく，彼の研究遍歴は紆余曲折を辿る．最初彼は分子物理学を研究しようと思っていたのだが，しかしグロート・クラブに入会したことを契機として，分子物理学から哲学(形而上学)→心理学(倫理学)→経済学へと研究を移していった．本章では，この過程の最初の部分，すなわち，分子物理学から哲学(形而上学)→心理学へと推移していった過程を追うものである．とはいえ，心理学の内容については別稿にて詳細に論ずるつもりであるので，ここではそこまでに至る経緯の説明を行うこととする．

マーシャルがなぜ分子物理学から哲学（形而上学）研究，そして心理学へと足を踏み入れていったのかについての研究は数が少ない．私は本章において，先に挙げた初期マーシャルの哲学草稿を中心に検討することにより，彼の思想の遍歴の一端を解明することができると思っている．彼の哲学に関する思索の全体像は，資料が限られていることもあり，やや茫漠としている部分もある．そこで，まずはマーシャルとグロート・クラブの説明を行い，さらに当時のイギリスにおける哲学上，神学上大きな問題であった不可知論についての説明を行い，さらにその上でマーシャルの哲学研究を詳細に検討するという手順で論を進めていこうと思っている．本章はマーシャルの哲学研究を取り扱うものであるが，しかしこのことが後のマーシャルの思想に大きな影響を与えていることは，間違いないように思われる．

1．マーシャルとグロート・クラブ

1865年1月，マーシャルは数学科卒業試験を受験し第2位優等者となった．この年の首席は，後に第2代キャベンディッシュ研究所所長となり，1904年に不活性元素アルゴンの発見によりケンブリッジ初のノーベル物理学賞を授賞した，ジョン・ウィリアム・ストラット John William Strutt，後のレイリー卿 Lord Rayleigh であった．マーシャルは当初分子物理学を専攻しようと考え，光波動説の権威であった第13代ルーカス講座教授ジョージ・ガブリエル・ストークス George Gabriel Stokes の下で研究しようと考えていた．しかし，マーシャルはフェローに選出される1865年11月まで数学の臨時教員として勤務し

た，ブリストルのクリフトン・カレッジ Clifton College での二人の同僚，ヘンリー・グラム・デイキンズ Henry Graham Dakyns とジョン・リチャード・モズリー John Richard Mozley との出会いによって，大きな転機を迎えることとなった[1]．

デイキンズは，ヘンリー・シジウィック Henry Sidgwick とラグビー校以来の友人であった[2]．この当時シジウィックは39箇条に署名し，ケンブリッジのトリニティー・カレッジのフェローになっていたのだが，61年の時点で既に聖職者になるつもりはなく69年には「教義上の義務から免れるために」[3]フェローを辞職する．特に65年頃シジウィックはオックスフォード大学の神学者ヘンリー・ロングヴィル・マンセル Henry Longueville Mansel によってなされたバンプトン講義 Bampton Lectures（これは翌年に『宗教思考の範囲 The Limits of Religious Thought』として出版）の再読と聖書研究に取組んでいたため，デイキンズとシジウィックとの間の往復書簡は，信仰と神学の問題を中心に議論が交わされ，マーシャルもデイキンズからその話題について直接聞かされていた[4]．デイキンズによるマーシャルへの影響は二つある．その一つは，その年65年に出版されたばかりのジョン・スチュアート・ミル John Stuart Mill の『サー・ウィリアム・ハミルトンの哲学の検討 An Examination of Sir William Hamilton's Philosophy』を読むこととを薦められたということであり，もう一つは，コントについての手ほどきを受けたということである[5]．

デイキンズを通じてモズリーを紹介されたマーシャルは，1867年11月にケンブリッジのセント・ジョンズ・カレッジのフェローとして戻ってすぐに，モズリーとともにマーシャルは知的討論サークル，グロート・クラブへと入会する．

グロート・クラブについて，ケインズは以下のような説明を行っている．「1855年から1866年その死に至るまで道徳哲学ナイトブリッジ教授であったジョン・グロート師 John Grote のトランピントン牧師館における晩餐のあとの討論から生まれ」，「最初からの会員は，グロートのほか，ヘンリー・シジウィック，オールディス・ライト Aldis Wright，ジョセフ・ビッカースティ

ス・メイヤー Joseph Bickerstith Mayor，およびジョン・ヴェン John Venn であった」と記されている．また，キングス・カレッジのモズリーとセント・ジョンズ・カレッジのジョサイア・ブラウン・ピアソン Josiah Brown Pearson は，少し遅れてこれに加わったことも伝えられている[6]．

　マーシャルは入会当時を振り返ってこう論じている．

　「1867 年に私が入会を許されたときには，活動的な会員はモーリス教授，シジウィック，ヴェン，モズリーおよびピアソンであった．……1867 年ないし 1868 年以後，クラブはいささか不振に陥ったが，しかし間もなくウィリアム・キングドン・クリフォード William Kingdon Clifford とジョン・フレッチャー・モールトン John Fletcher Moulton の出現によって，新たな活気がこれに加えられた．1,2 年の間はシジウィック，モズリー，クリフォード，モールトン，それに私自身が活動的な会員であった．そしてわれわれはみんな決まって出席した．クリフォードとモールトンとはその当時，哲学についてはほとんど発表したことがなかった．そこで彼らは，討論の最初の半時間ほどは黙って他の者の，特にシジウィックの述べるところを熱心に聞いていた．それから彼らは口を開いたのであるが，その話振りたるやすさまじいものがあった．仮に私の聞いた最もすぐれた 10 ばかりの討論について逐語的な報告をするとすれば，シジウィックとクリフォードとが主な発表者であった夕べのうちから，2,3 を選ぶことになるであろう．もう一つはきっと，グロート・クラブの会合でのお茶の時の談話ということになるであろうが，これについてはあいにく私になんの記録もなくて（それは 1868 年の初め頃であったように思う），そのさいモーリスとシジウィック以外はほとんど誰も話をしなかった．シジウィックはもっぱら，イギリスの 30 年代，40 年代，および 50 年代の社会生活や政治生活についてのモーリスの思い出を引き出すことにつとめていた．シジウィックの質問や示唆に答えるとき，モーリスの顔は異常な後光につつまれて明るく輝いた．そしてわれわれ残りの者は，後になって，その夕べの喜びはみんな彼のお蔭であったと語ったものである．」[7]

ケインズによれば，マーシャルに精神の危機が訪れたのはグロート・クラブに入会したこの時期であったと言われており，またマーシャルはこう語るのを常としていた．物理学研究に専念するという自分の計画は，「とくに神学との関係における，知識の哲学的基礎についての深い興味が突然強まったために，中断され」[8]た．

では，この「神学との関係における知識の哲学的基礎についての深い興味」とは何なのか，このことについて当時の神学，哲学，科学の様々な論争について以下に見ていこうと思う．

2．不可知論争

19世紀のイングランドは，様々な意味において劇的に変化した時代であった．一方では，審査律の廃止に伴う宗教的権威の失墜が危惧される中で，30年代半ばからの世俗主義（あるいは自由主義）に対する伝統的権威の復活としてオックスフォード運動が展開され，他方では30年代初頭の第一次選挙法改正とその後のチャーチスト運動などによって，それまで時代のあるいは政治の表舞台に登場することのなかった市民や労働者階級が時代のあるいは運動の大きな担い手として現れたのであった．

1850年代から60年代にかけては，思想，科学の分野において目覚しい発展が見られ，数々の作品が世に送り出された．自由主義に対する保守反動的揺れ戻しがあったとはいえ，自由主義的思想は知的階層のみならず一部の労働者にも着実に浸透しており，その中でJ. S. ミルが1859年に『自由論 On Liberty』を出版したのは，この時代を象徴していると言える．またコントの社会学的研究成果を取り入れながら文明の発展法則を描いたヘンリー・トーマス・バックル Henry Thomas Buckle の『イギリス文明史 History of Civilization in England』（第1巻1857年，第2巻1861年）や，歴史を科学的水準に引き上げることに貢献したヘンリー・サムナー・メイン Henry Sumner Maine の『古代法 Ancient Law』（1861年）なども出版された．

しかし，19世紀半ばの科学観に決定的な影響を及ぼしたものとして，進化

論をおいて他にないであろう．チャールズ・ダーウィン Charles Darwin は 1859 年に『種の起源 *Origin of Species by Means of Natural Selection*』を，ハーバート・スペンサー Herbert Spencer は『第一原理 *First Principles*』(1862 年) を出版し，進化論が一つの科学的方法として認知されつつあった．その一方で，進化論は神学との関係において激しい議論が交わされた．その顕著な出来事としてしばしば引き合いに出される，1860 年のオックスフォードで開かれたイギリス科学振興協会の会合におけるトマス・ヘンリー・ハクスリー Thomas Henry Huxley とサミュエル・ウィルバーフォース主教 Samuel Wilberforce との間で交わされた論争は特に有名である．

とはいえ，神学が古い教義や絶大な権威を拠り所として，停滞し続けていたわけではなく，変化の兆しが見られたことは指摘しておくに値する．例えば，1858 年にオックスフォード大学の神学者マンセルによってなされたバンプトン講義は，神学者の間に物議をかもした．マンセルはエジンバラ大学の道徳哲学教授サー・ウィリアム・ハミルトン Sir William Hamilton の解釈者として当時特に評価されていた．

ところで，ハミルトンについてであるが，この人について今日めったに語られることがないが，しかし当時，特に 19 世紀半ばにおいてはかなりの影響力をもった人物であった．ハミルトンは，エジンバラ大学道徳哲学教授デュゴルド・スチュアート Dugald Stewart の信奉者でありかつまた彼の著作集の編集者でもあったのだが，そのハミルトンはトマス・リード Thomas Reid 以来の伝統的なスコットランド学派（あるいはコモンセンス学派）の哲学とイギリスにおいてはその当時あまり影響力をもっていなかったカント哲学の両方から，彼独自の哲学体系を構築した人物であった．ハミルトンによるスコットランド哲学とカント哲学の異種交配がもたらしたものは，すなわち知識における「無条件的なるもの the Unconditioned」と「条件的なるもの the Conditioned」の峻別であり，ハミルトンによれば，無限であれ絶対であれ「無条件的なるもの」の知識はありえず，真の哲学は「条件的なるもの」の知識にかかわるものとされたのである[9]．これは当時の神学，哲学そして論理学に影響を及ぼし，特にスペン

サーの『第一原理』の構成はこの影響下にある．

ハミルトンやマンセルの影響がいかに大きなものであったかを，オックスフォード大学のマーク・パティソン Mark Pattison は以下のように語っている．

「少なくとも 1830 年以後に限って言えば，オックスフォードでは二種類の論理学が——片や唯名論 nominalistic logic，片や先験論 a priori logic が——交替で主導権を握り，盛衰を繰り返してきた．表面だけを見れば，論理学とは，学位試験で問題作成の材料として利用される一科目であるに過ぎない．ところが，オックスフォードでは，常にいずれか一方の立場の論理学が支配的あるいは主流の地位を占めて自らの正しさを主張し，相手方の立場を邪道として排除してきた．が，話はそれだけではない．この話の面白いところは，論理学における二勢力の入れ替わりが，その時々の聖職中心主義勢力の浮沈と時期を同じくして起こっているという点である．1830 年代に革命の機運が最高潮に達し，政府が教会を敵に回して主教区を削減したり大聖堂の財産を掠め取ったりすることも厭わなかった数年間，学位試験で幅を利かせたのは唯名論の一種であるホエイトリーの論理学 Whately's Logic だった．ところが，トラクト運動によって聖職者たちが自らの力に目覚め，極端な聖職尊重主義が声高に叫ばれるようになると，大学人はホエイトリーにそっぽを向き，コールリッジやサー・ウィリアム・ハミルトンの影響の下，朦朧漠々たる実在論的な考え方 realistic views が徐々に学位試験を占領するようになる．トーリーの指導者的存在であり職権を利用するのを得意中の得意としたマンセルが学位試験の論理学部門を仕切るようになり，オックスフォードに初めてカントを紹介すると，実在論は一層はっきりとした形で地歩を固めていった．しかし，ニューマンの離脱によって，高教会派は大義を失うかと思われるほどの打撃を受けた．時を同じくして世に出たのがミルの大著で，途端にオックスフォードは聖職尊重主義やカントの論理学を異端視するようになる．聖職尊重派の決まり文句で言えば，不信仰が猖獗したのである．四半世紀以上にわたってミ

ルと唯名論は学位試験を支配した．が，聖職尊重派も徐々に体勢を立て直し，普仏戦争以後，急速に勢力を伸ばしてくる．この聖職尊重主義の新たな侵入にともなって，ある種の先験論に信任を与えようとする動きがまたぞろ出て来た．さすがに今度のは，カントのものと較べると少しは素直だったが，それでも『公準 postulate』だの『仮定 assumption』だのが至るところにちりばめられ，理性の観念だの悟性の概念だの，二つの直観形式 Anschauungsformen だのと，カント学派が空想の私室を装飾するのに好んで用いる《概念詩 Begriffsdichtungen》一式を万端遺漏なく装備してある．それにしても不思議なのは，この新種の先験的形而上学の元祖がドイツの誰であるかはさておくとして，これをオックスフォードに持ち込んだのが筋金入りの自由主義者である故トマス・ヒル・グリーン Thomas Hill Green 教授だったということだ．」[10]

あらためてマンセルの問題に立ち返ってみる．ハミルトンの知識における「無条件的なるもの」と「条件的なるもの」の峻別を受け継ぎ，またオックスフォードへのカントの導入を推し進めたマンセルは，1858 年のバンプトン講義において以下のことを唱える．彼によれば，人間の理性によって神に関する知識（つまり「無条件的なるもの」の知識）を得ることは不可能であると主張する．つまり，人間が試みる神の「父性」や「正義」などといった知識は，結局のところ人間の理性の限界内に留まるものであり，それ以上の認識には到達し得ない，言い換えれば絶対者である神と相対者である我々との間には超えることのできない絶対的な断絶が存在するという不可知的立場の表明であった．したがって彼の主張はこうである．理性によって神を知ることはできないのだから，我々はそれを啓示によって知るほかはないということなのだ[11]．

しかし，このマンセルのバンプトン講義に対して，即座に反論した一人の神学者がいた．マーシャルがグロート・クラブに入会した時に指導的役割を担い，また後にケンブリッジ大学道徳哲学教授となったフレデリック・デニスン・モーリス Frederick Dennison Maurice であった．彼は 1859 年に『啓示とは何か What is Revelation?』を出版した．その中で彼はマンセルの不可知的態度

が無神論に陥ってしまうということ，そして神はキリストを通じて彼自身を啓示したのだから，神についての知識は既に人間によって知られているのだと主張したのであった[12].

両者の見解の相違は要するに，啓示とは何かであり，啓示をどのように捉えのるかに関わるものであったと言えるのかもしれないのだが，しかしモーリスも他の所論において人間の知識の限界を認めているため，双方ともさしたる相違はなく，互いの誤解や感情に基づいた論争であったと言わざるを得ない．ともかくも両者ともに動揺が著しい神学の拠り所をどこに求めるかで模索していたことは確かなようである．以下ではミルによるハミルトンへの批判を見てみようと思う．

3．ミルによるハミルトンへの批判

ハミルトンやマンセルに対するもう一人の批判者としてミルを挙げることができる．1865年に出版された彼の『サー・ウィリアム・ハミルトンの哲学の検討』は，ハミルトン，マンセルの両者に対する批判が書かれている．しかしながら，当初ミルは，自分自身の経験論あるいは観念連合論の立場に固執していたといはいえ，ドイツ観念論とスコットランド常識哲学を接合したハミルトンの哲学に対して何らかの先入観や偏見をもって読んでいたわけではなく，むしろハミルトンが主張する認識論上の「相対性」がもつ意味の重要性を摂取しようと努めていたようである．ミルは『自伝 *Autobiography*』でこう言っている．

> 「私はサー・ウィリアム・ハミルトンの講義にはいたく失望した．むろん読んだときには，ハミルトンに対する先入観などは何一つ持っていなかった．私は彼の「リード論考」はそれが未完の状態だったので当時よく読んでいなかったが，『哲学論議』のほうは決して無視していなかった．そして，彼の心理学的事実の全体の扱い方が私の最も支持する方法と違うことを知りつつも，なお後期先験論者に対する彼の力強い論駁なり，いくつかの重要な原理，特に人間の認識の相対性などを熱心に主張している点なり

は，私に彼の説に幾多共鳴する点を与え，本当の心理学はこの人の権威と名声とから失うよりも得るところのほうがはるかに多いと私は考えていた．彼の「形而上学講義」と「リード論考」とは私のこの幻想を吹きはらってしまった．「哲学論議」すらが，これら二者から得た新しい見方に立って読んでみると，その価値の多くを失ってしまう．彼と私の間にあると見えた意見の一致は実は言葉の上だけで実体はともなわず，彼が認識しているかに見えたいくつかの重要な哲学的原理は，巧みにごまかし的説明がしてあるだけでよく読んで見るとほとんど無意味だったり，あるいは尻切れとんぼに終っていることも珍しくなく，それとは全然両立しないような別の原理が，彼の哲学的著作のほとんど至るところに説かれていることを，私は知った．」[13]

ミルがハミルトンを批判するにいたった理由は，哲学的方法をめぐってというよりもむしろもう一つ別なところ，すなわち時代に対処する実践的・政治的哲学として考えた場合にハミルトンの哲学の背後には保守的態度が嗅ぎ取れるということのようである．以下にそのことが書かれている．

「ところで哲学のこの二つの学派，直観派と経験ないし観念連合派との相違は，単なる抽象的思弁の問題ではない．それには無数の実際的な結果が伴うし，この進歩の時代における実際的意見のすべての大きな対立点の根本に，この問題が横たわるのである．……したがって実際的改革論者と，一方感情や精神的諸事実を周囲の環境や観念連合から説明することに反対して，それらを人間性にそなわった究極的要素として扱おうとする一派，言い換えれば自分の気に入った原理を直観的真実として高く掲げることに専心し，直観を自然の声，神の声と考え，人間の理性よりももっと高い権威の力を借りてものを言う一派との間には，当然の対立がある．とくに私が前から感じていることは，人間の性格のすべての著しい相違点を，みな生得のもの，したがって概してはぬぐい去り得ないものと見なして，そういう相違が個人間のものにせよ民族間あるいは両性間のものにせよ，その圧倒的大部分は環境の相違によって生まれ得るのみか，そういうものに

よって当然生み出されずにはおられないものであるという，論駁の余地のない幾多の証拠を無視しようとする傾向がかなり広くゆきわたっていて，これが大きな社会的問題を合理的に扱うことへの主要な障害の一つともなり，人間の進歩への最大のつまずきの石の一つともなっているという事実である．この傾向は，18世紀の哲学に対する19世紀の反動の特徴となった直観的形而上学にその源を発しており，保守派勢力一般にとってはもちろん，人間のなまけ心にとっても実に快い傾向であるから，そのそもそもの根源を衝くのでないかぎり，必ずや比較的穏健な形の直観哲学によってさえ本当に是認されることはとうてい無理なような行き過ぎになってしまう．」[14]

ミルはこのようにハミルトンの哲学を自由主義に対する保守反動とみなし，また彼の直観的形而上学がもつ生得観念こそが社会問題を合理的に扱うに際しての主要な障害，つまり「人間の進歩への最大のつまずきの石」と断じ，これを論争によって一騎打ちにでることが哲学にとって緊要な課題であると主張したのであった．

「しかし私がこの少し前から感じていたことは，二つの哲学説をただ対比させるだけでは十分でない，両者の間に直接の一騎打ちが必要であり，それには単なる解説的著作とならんで論争的著作が出ねばならない，そしてそういう論争が有益とされる時期がすでに来ているということであった．そこで私はサー・ウィリアム・ハミルトンの著作と名声とを，この国における直観派哲学の一大要塞，それもこの人のきわ立った個性なり多くの点ですぐれている人間的長所や知的才能なりから見ていよいよ恐るべき要塞であると考えて，彼の最も重要な学説を全部にわたって徹底的に検討し，哲学者としての高い地位を要求する資格が彼に全体としてどれだけあるかを評定してみることは，哲学全般にとって真に役に立つことではないかと考えた．」[15]

ミルがいかにハミルトンを意識していたかについては，彼の大著『論理学体系 *A System of Logic*』にも見られる．ミルは序論において論理学の目的を以下

のように述べている．

　「真理は二つの仕方で我々に知られる．真理のうちのあるものは直接的に，自ずと知られ，他のものは他の真理を媒介として知られる．前者は直覚 Intuition ないしは意識 Consciousness の主題であり，後者は推論 Inference の主題である．直覚によって知られる真理は他の真理がそこから推論されるための最初の前提である．前提の真理に基づく結論への我々の承認は，あらゆる推理 reasoning に先立って知られている何ものかがないかぎり，推理によって何らかの知識に達することは決してできないのである．」[16]

　「真理を追究する際の人間悟性の諸作用を説明する科学のうちの主要な部分は，直覚や意識の対象となる事実は何であるのか，また我々が単に推論するものは何なのかを問うことである．しかしこの研究はこれまで論理学の一部分と考えられたことはなかった．この研究は科学の他の全く異なった分野に属するとされ，特に形而上学という名称がこれに与えられていた．」[17]

　「論理学の領域は，我々の知識の中で以前に知られた真理から導かれる推論からなる部分に制限されなければならない．その際にこれらの前件的所与が一般的命題であるか特殊の観察や知覚であるかを問うところではない．論理学は信念の科学ではなく，証明の科学あるいは証拠の科学である．信念が証拠に基づいていると称するときに限って，論理学の任務はこの信念が十分な根拠に基づいているかどうかを確かめるための検証を与えるのである．つまり言葉の厳密な意味において証拠もなしに，ある命題が意識の証拠に基づく信念を要求するなどということと，論理学は全く関係がないのである．」[18]

　「論理学の分野は知識の分野と範囲を同じくするが，それでも論理学は知識と同じではない．論理学はあらゆる特殊研究の共通の裁判官であり，裁定者である．」[19]

　ミルのこうした論理学の定義，範囲と方法，そしてその目的を見る限り，彼

の目指した論理学の方向性は,形而上学の傘下に収められていた論理学を何とか救い出そうとする試みであったように思われる.ミルが直覚ないし意識と推論とをはっきりと区別し,彼の論理学を後者にのみ関わるものとし,また経験によっては知りえないもの(未知なるもの)を排除し,既に経験によって知っていること(既知)を前提にするといったことなどは,当然ハミルトンなどの直覚学派を念頭においていたのである.彼は自分の論理学が彼らのものと異なることを注において以下のように明言している.

「論理学の定義と目的とについてこの本において述べた見解は,わが国におけるウィリアム・ハミルトン卿や彼の非常に多くの弟子たちの著作によって主張されている哲学派の見解と著しく対立している.この一派の主張によると,論理学は『思考の形式的諸法則の学 the Science of the Formal Laws of Thought』である.つまり,この定義は,信 Belief 不信 Disbelief に関わるもの,あるいは真理の追究そのものに関わるものを,論理学と関連性がないものとして排除し,またその学をその全領域の非常に限られた部分,すなわち真理 Truth の条件ではなく,整合性 Consistency の条件に関わる部分に限定することを明白な目的としている.論理学の領域をこのように限定することに反対するのが必要だと考え,私は別個の作品において相当詳しく論じた.それは,1865 年に初版が出され,『ウィリアム・ハミルトン卿の哲学および彼の著作において論じられる主要な哲学的問題の検討』と題されている.」[20]

このようにミルが,ハミルトンの論理学のその狭隘さ,つまり真理の条件にではなく整合性の条件にのみ目を向けている点を批判したことは,以下で取り上げるマーシャルの哲学研究「節約原理」の直接の契機になっているように思われる.そこで,以下ではマーシャルの「節約原理」を詳細に検討していこうと思う.

4.「節約原理」

「節約原理」は,マーシャルの備忘録によれば 1867 年 3 月 14 日にグロート・

クラブ内で読まれたようである[21]．

　そもそも「節約原理」とは何かである．「節約原理」とは，今日一般的に言われるところの「オッカムのかみそり」のことである．すなわち，自然を説明する原理は，多数よりもむしろ常に一つを通じて作用するということ，また概念をやたらに増やしてはならず，存在もまたやたらと増やしてはならないという中世以来信じられてきた科学の規則のことである．これゆえに，科学の法則は長年絶対普遍的なもの，あるいは必然的なものと思われてきたのである．

　先に見たミルとハミルトンの論理学における論争もこの科学上の規則に関わるものであったように思われる．

　マーシャルはこの論文の冒頭で，ハミルトンが言うところの「思考の諸法則」，それも意識を解釈する際の規則について以下のように論じる．

　「節約原理は，思考の諸法則の上位に卓立した王である．こうなったのは，それが王に払われる敬意が盲目的崇拝に似通った傾向をもち，またその王が立憲政体の王であることを思いかえすのが困難なほど顕著で誠実な便宜を与えると同時に，そのことから生ずる同程度の困難を抱え込んでいるのである．ウィリアム・ハミルトン卿が言うところの，意識の解釈の第一規則 the first rule は節約原理である．すなわち，『意識の事実として認知されるべきことは，究極的で単純なことに他ならない』のである．ハミルトンは以下のように述べている．『我々は心の特殊的・派生的な現象 the special and derivative phenomena を基本的・普遍的な primary and universal ものと区別し，後者に対し意識の事実 a fact of consciousness という名前を与える』．彼はその他に二つの規則を与えている．それは一貫性の規則と調和の規則 rule of Integrity and of Harmony である．しかしそれらは，第一規則に与えられるいかなる完全な解釈にも含まれているように思われる．したがって，ミルが『ウィリアム・ハミルトン卿の意識の根本的な事実を研究する方法において，科学に残されている，限られた機能を発見しようと努めた』と言った際に，彼が言及しているのは第一規則についてだけなのである．規則というのはそれ自体広範囲にわたって応用され，その結果幾

第 12 章　初期マーシャルの認識論と思想形成　501

度かの利用に応じて様々な修正を受けるのである．このようにウィリアム・ハミルトン卿の『議論』から引用すると，『神と自然は意図なしには決して手を加えない，つまり，神と自然は不必要に手を加えたりしないというアリストテレスの哲学的格率だけでなく，それはつまり，複数の手段よりもむしろ常に一つを通じて作用するというアリストテレスの哲学的格率なのである．スコラ的格率すなわち，『原理は多数存在しない』，『少数の言葉によってなされるものは，多数の言葉によって無益にされる』，『自然は不必要を恐れる』──これらは［明らかに］アリストテレスの金言を具体化しており，また同じことはオッカムのかみそり（「必要以上に多数存在しない」）の修正された形で表れている．ニュートンのもそうなのである．」[22]

マーシャルは，このように言って以下のように続ける．

「これすべてにおいて，規則の純粋に現象的な形式に言及されていない．この形式を私は次のように述べたい．つまり，（連鎖 sequences の記録がとられたその結果，現象法則が生じるのだが，その連鎖がそれ以前の連鎖に類似的な，）何らかの現象の連鎖が観察された場合，この新たに観察された連鎖は，古い記録と照らし合わされるべきであって，新しい記録の筆頭におかれるべきではないのである．このプロセスは，経験によって正当化されるのである．次に起こると思われる諸現象はあれこれの記録簿を絶えず点検することによって，あるいは言い換えれば，現象法則の継続的な適用によって予見されたかもしれない現象であると一般的に判明する．したがって，あらゆる場合における主要な困難は，異なる連鎖の間の類似性を発見することである．ところが実際には，その現象形態における規則の権威が余りにも完全に確立されているので，もしも類似していると思われる継起の組み合わせの後に別の類似した組み合わせが続いて起こらないとすれば，それらはまさにその事実によって類似していないと見なされるほどである．ところで，この形式におけるその権威を認めるとはいえ，私はアナロジーによる一般的論証の重要性 the weight of general arguments from analogy に帰着させうる限りで，たった今読みあげたことに対して同意できるのである.」[23]

　マーシャルによれば，科学の法則は，単なる仮説であってはならいということである．もちろんそれ自体は，直接的に我々が目で見る現象そのものを明示しているものではないのだが，しかしたとえそうであったとしても経験・観察に基づく事実による裏づけがなければならないということである．そして，ある現象の連鎖が観察された場合，それが以前に観察された現象の連鎖と関連付けられるかどうかは，類似しているのかそれとも類似していないのかの比較参照を通じて行われ，もし類似しているのならばそれは古い法則の下に包摂されるべきなのである．しかし，問題なのはもしある現象の連鎖が以前に観察された現象の連鎖と類似していない時である．これまで「節約原理」に固執するあまり，それによって類似しない連鎖はまさにその理由によって捨象されたのだが，しかしマーシャルは，推論形式の一つであるアナロジーによる一般的論証という方法を用いることによってその関係性あるいは連続性を認めようと言う．このアナロジーについては，ミルも『論理学体系』第3編第20章において推論の一形式として論じているのだが，このアナロジーの重要性にマーシャルが早くから気づいていた点は非常に興味深い．

　では，このアナロジーの方法と「節約原理」をうまく適用したのは誰なのか，ということが問題となる．それは，マーシャルが影響を受けたとされているダーウィンなのである．

　　「自然は，複数の手段よりもむしろ一つを通じて作用するという原理のあ
　　らゆる最近の適用のうち，もっとも一般的な注目を集めているものは，
　　ダーウィンの『種の起源』に含まれたものであった.」[24]

　しかしマーシャルは慎重にもダーウィンの方法を手放しで賞賛しているわけではない．このことはすぐ後に言及する．

　ところで，マーシャルがここで問題にしようとしているのは，未熟な段階にある二つの科学の方法，つまり心理学の方法と生物学の方法についてである．この時代特に心理学は，哲学の領域において論じられたり，また生理学者たち

によっても論じられたりして，それが依然として曖昧な位置付けにあり，またそれが独立した科学の一部門としてみなされるには数年の歳月が必要だったからである．したがって，その説明は当然哲学的・思弁的なものや，生理学者が使用する生理学的なもの，それからミルやアレクサンダー・ベイン Alexander Bain のように観念連合論を主張する者たちの化学的・物理学的・機械論的なものが入り混じって論じられ，その方法や範囲，定義にも混乱が見られたのである．そこで，マーシャルは，生物学の方法と心理学の方法を対比しながら以下のように論じる．

「私には，この研究（生物学）の基本的な方法と心理学の基本的な方法の間には著しい類似と同時にさらに多くの著しい相違があると思っている．第一に，共通の予備的な困難がある．両者（生物学と心理学）の問題を歴史的に扱うための資料が，あまりにも不十分な状態にあるので，我々の歴史的観察が現在到達している範囲で導かれると思われるそれらの帰結に対しどの程度の注意が払われるべきかに関して，満場一致の結論のようなものを得ることは不可能なのである．このことは，ミルが歴史学派や内省学派と呼んだものの間の顕著な相違においてだけでなく，ベインとハーバート・スペンサーの相互批判においても見受けられる．また，もしもダーウィンが，二つの動物，例えば馬と象は共通の祖先をもつという蓋然性 probability を指摘しよう思う場合，彼が例証として挙げることのできるそのような議論の推論能力と説得能力の正確さは共に，何がその祖先であったのかを彼が指摘できないという事実によってひどく損なわれてしまうのである．その結果，多くの人々，特に新聞記者たちは，あたかもダーウィンが馬は象の先祖だったとか，あるいはその逆も然りであったなどと主張したかのようにそのような問題に関して語るきらいがあるほどである．コンディヤックの像も精神の歴史における同じ問題を唯一示しているものではない．最後に，私は目下，ダーウィンの本の科学的な側面にのみ関心を持っているのだけれども，自然が多くの手段ではなく一つによって常に作用するという，彼の確固とした疑いのない信念についての素朴な単純性を

私は指摘しなければならない．その研究がはじめて公表されてからしばらく経つまで，神学的立場に基づいたそれ（『種の起源』）への反対が生じなかったという顕著な事実は，このことに帰せられるべきだと私は考える．この反論に何らかの正当性があると認める限りで，私はこの反論を次のような言葉で表現すべきであろう．すなわち，彼ははっきりと現象に論述の範囲を限定しているにもかかわらず，彼は観察をはるかに超えた事柄にまで思考を拡大しているので，彼の基本的公理も経験が保障しうる権威をほとんど超えてしまっており，それはほとんど形而上学的な原理の形態を取っているほどである．心理学の研究においても，われわれは同様の危険に陥りがちだと私には思われるのである．」[25]

上記のことを要約すれば，第一に，共通の予備的諸困難，つまり生物学と心理学の問題を歴史的・帰納的に扱うための資料があまりにも不十分であり，満場一致の結論を得るには至っていないということである．例えば，ミル対歴史学派および内省学派との見解の相違，アレクサンダー・ベイン対ハーバート・スペンサーの相互批判はまさにこの事例であるとマーシャルは言う．第二に，第一の問題と関連するが，ダーウィンのようにアナロジーによる論証を行った場合には，原因を蓋然的に指摘することはできるが，しかし原因が何であったかを確実に言うことができないということによって，ひどく誤解を生じたり，またそれを言う人の推論能力と説得能力の正確さが損なわれてしまうという短所も同時に孕んでいるということである．第三に，生物学も心理学も注意しなければいけないのは，現象を観察しているにもかかわらず，経験・観察を超えた事柄にまで思考が拡大し，その結果思弁的・形而上学的原理になってしまうということである．

そこでマーシャルは，さらに心理学の方法について検討する．

最初に見たように，ハミルトンは意識の解釈の第一規則は節約原理であると言い，それは「究極的で単純なことに他ならない」とされた．そしてハミルトンによれば「我々は心の特殊的・派生的な現象を基本的・普遍的なものと区別し，後者に対し意識の事実という名前を与える」とされている．しかし，マー

シャルはこれに対し以下のように論じる．

「我々が，精神の特殊的・派生的な現象を基本的・普遍的な現象から区別するということにどんな意味があるのか？　どんな状況下で，我々はそれらを使って（つまりミルがハミルトンの第3の用語法とよぶものにおいて），意識の事実を，想像可能なものとして他人に内包されていると見なすことができるのか？　一例を挙げると，我々は例えば聴覚や視覚の感覚を，意識の個々の究極的な事実を生じさせるものと見なすことができるのか？」[26]

つまり，我々の感覚器官を通じて得た感覚を，意識の究極的な事実とみなし，それは他の人にも同様にして等しくそうであるのだからこれを本源的・普遍的なものだとみなすのはいかがなものなのか，というのがマーシャルのハミルトンに対する懐疑なのである．

マーシャルはある一人の目の不自由な人の例を引き合いに出して以下のように言う．

「かつて一人の盲人が，深紅の色はトランペットの音色のようなものに違いないはずだと語っていたが，このような驚くべき話があるにもかかわらず，私には，一般に人が色の感覚と音の感覚との間になんらかの類似性を知覚するということを考えることができないのである．ところでさらに話を進めると，ほのかな淡い赤の感覚の観念を，明るい赤の感覚と彩度の変化という二つの観念の混合されたものと見なすのは，恐らく可能かもしれないのだが，赤の感覚の観念と緑の感覚の観念を結合することは可能なのか？　色それ自体が発明される前に，誰もがマゼンタの感覚の観念を想像できたのだろうか？」[27]

マーシャルは，エティエンヌ・ボノ・ド・コンディヤック Etienne Bonnot de Condillac の村の広場に立つ彫像の例を引き合いに出して，彼の単純素朴な観念連合説に異を唱える．マーシャルによれば，コンディヤックの説明では，手に加えられた圧力の感覚と足に加えられた圧力の感覚との間の類似性を認識することができるとしても，味覚の感覚と嗅覚の感覚の間の類似性についての説明にまでは至らない，すなわちコンディヤックが見落としているのは「相違，

関係に関する知覚能力」であり，この知覚能力を彫像に持たせたとしたら，このような単純素朴な説明にはならないであろうというのがマーシャルの主張なのである[28]．そして彼はコンディヤックの考え方に対して以下のように言う．

「彼は様々な触感の感覚の観念がそのような感覚が生み出された他の様々な環境の間の類似性を継続的な観察によって一つのものに帰着されるということを考えなければならなかったであろう．私が思うに，究極的な観念においてこれまであり続けたあるいはこれからもなおあり続ける修正は，主としてこの種の継続的な観察によるのだと私は思う．」[29]

このように，ハミルトンの意識の解釈およびコンディヤックの観念連合説，ダーウィンの方法についてマーシャルの見解をそれぞれ見てきたのだが，これらの原理あるいは方法に共通しているものは，「節約原理」にほかならない．もちろんマーシャルはこれを全否定するつもりはない．「節約原理」という科学上の規則の権威が確固としたものであるということは，一方では科学が科学であるための堅固な地位を保証するものなのである．しかし他方で，未熟な科学においては我々の判断次第で，非常に大きな誤謬と危険を冒してしまうということである．特殊なものを安易に捨象してしまい，また経験を超えたものにまで思考を拡大してしまうという危険性である．だからこそ彼は継続的な観察と経験を強く主張しているのである．そうすれば，我々が無意識のうちに行っている，あるものは他のものに統一できるという思い込みによるところの安易な節約，縮減を避けることができ，また一つの法則あるいは原理をもってあまねくすべてを説明できるという思い込みも避けることができるのである．

では，我々の判断を誤らせているものは一体何かである．マーシャルは対象を見る際にその対象がもつ質的差異に無頓着であることを指摘する．つまり我々の多くは，法則や原理を適用する際に対象の質的差異を，つまり類似的なものを均一あるいは同一とみなしたり，また異質なものを同質なものとみなしたりして法則や原理を適用しているということである．ここに誤謬の原因がある．特に未熟な科学である心理学の場合注意しなければならないのは，「味覚と嗅覚は共に融合されたのだから，それゆえに我々はそれらに付随した身体上

の現象の間の類似性を理由にして，視覚と嗅覚もそうなのだろうと考えることができる」[30)]という思い込みである．マーシャルによれば「精神現象は同質的ではない」[31)]のであり，「感覚の観念と感覚間の類似性の観念の間には何ら関係がないのである．」[32)] 言い換えれば，ある事物と他の事物とを関係付けたり，またある観念と他の観念とを関係付ける場合に我々はそれぞれの性質を相当の注意を払って見なければならないということである．この論文の最後でマーシャルは以下のように述べる．「この論文での私の主要な目的は，方法におけるこの相違に注意を喚起することである．」[33)] 科学上の規則とされてきた節約原理の節約しすぎることへの注意の喚起は，マーシャルの認識論において事物の様相の多様な広がりを認めさせたとともに，事物の存在の可能性をもたらしたのではないかと思われる．

5．「フェリエの第一命題」

「節約原理」と同年の 1867 年にマーシャルはもう一つの論文「フェリエの第一命題」をグロート・クラブで読み上げている．しかし，この論文がグロート・クラブで厳密にいつ読まれたかは，彼の備忘録には書かれていない．が，「節約原理」の後に書かれたものであることは確かである．

マーシャルは，すでに「節約原理」の後半部で次の報告論文の内容を暗に示唆していた．つまり，「自意識 self consciousness」の問題についてである．彼が「節約原理」の論文の中で心理学の方法に言及していたのも「自意識」の問題に言及する予定があったからである．したがって，「フェリエの第一命題」は，「節約原理」と翌 1868 年に書かれた「機械論 Ye Macnine」をつなぐ橋渡し役の論文とみなすことができる．したがって，「フェリエの第一命題」を読むことによって，彼がいかにして哲学研究の段階から機械論的な心理学の研究へと移行していったかが読み解けるのである．

なぜ彼がこのような問題に関心をもったのかは，二つの側面が考えられる．一つは彼の宗教観，魂の問題との関係である．彼は以下のように言っている．

「世界の宗教史に示される人間の魂に関する思索の特徴的事柄の多くは，

目に見えない形式に存在するその事実にあると思われる．人間の魂の顕著な性質に関する概念の根底には，そもそも，人間には自意識があり，獣には自意識があるとは思われないという事実が存在するのだと私には思われる．」[34]

つまり，人間と獣を区別するものが自意識の有無によるということである．もう一つの点は，ミルやベインが極めて強力な経験論を主張し自我や自己あるいは自意識を知覚し得ぬものとしてなおざりにしたのに対して，スコットランド学派の流れをくむハミルトン，マンセル，ジェームズ・フレデリック・フェリエ James Frederick Ferrier らはそれらを積極的に評価したということである．これらの見解を相互に検討し，心理学の基礎としての自意識を検討することにこの論文の目的があったと考えられる．

マーシャルのここでの主要な論点は，「人間精神の全ての現象（人々が人間の魂と呼ぶものに対し，直接内的・外的に現れるもの）が，自意識を加えた機械的作用によって説明されうるということ」[35]である．しかしこのことは，「今日でさえ一般的な同意を得ることが容易ではないだろう」[36]と言う．マーシャルは，スコットランド学派のフェリエと観念連合説のベインを対比させながら以下のように詳細に検討を加えていく．

まずフェリエの第一命題とは，すなわち「知識 knowledge の根拠あるいは条件として，知性 intelligence がどんなことを知っているのかとともに，それが物それ自体を知っているにちがいない」[37]ということである．言い換えれば，自意識は人間の知識にとって必須のものであり，また全ての知識が自意識と関連し，依存し，ものそれ自体を知っているということである．

マーシャルは，フェリエの考えが「人間の基本的な特質が自意識にあるというのが周知の事実であり，この属性が獣にあるとは思われていないということ以上に何かを主張しているようには思われない」[38]と述べる．

マーシャルは，まずベインを引き合いに出す．ベインはフェリエの第一逆命題 Ferrier's first counter-proposition として，以下のように語っている．

ベインによれば

「求められる知識すべてを構成するためには，既に知られている何物かがあるはずであり，それを知るための知性がなければならないということ，またその二つが互いに存在していなければならないということである．この知性が同時に，自然に認識されなければならないということは，必然ではない．」[39]

またマーシャルはベインが以下のように語っていることを紹介する．

「私は，単に既に知られているところから未知の暗がりへと移動することによってのみ知ることができるのである．我々は，主観－客観の認識 subject–object cognition を獲得することなく永遠に現時点のままかもしれない．」[40]

さらにベインは，「自己を知ることなく，非常に多くの様相の広がりを知るということ」[41]についても語っているとマーシャルは言う．つまり，ベインは自己を認識することなしに「知る」ということが可能であり，また「知る」こととは，既に知られている何物かが事前にあり，それを知るための知性が必要であること，既知から未知へ広がることはあっても，知りえないあるいは経験しえないことからの出発はありえないということなのである．このことは言い換えると，すべての知識は外側の世界から受動的に経験されることによって知るという非常にラディカルな経験論とみなすことができるのである．

しかしこのベインの主張に対して，「あらゆる認識において，どんな分析によっても解決されない物それ自体との一定の関係がある」[42]とフェリエは主張しているとマーシャルは言う．

両者の「知る」ということの相違は，哲学的には経験論と観念論の鋭い対立が見られるのだが，しかしマーシャルはこの両者の共通点を以下のようなところに見出す．

「実のところ，フェリエ，ベイン，マンセルは，フェリエの言う言葉の意味において子供には知性を構成する意識がないということで皆意見が一致している」[43]とマーシャルは言う．

例えばフェリエについてマーシャルは以下のように述べている．

「子供が固有名詞を他のものに適用する際に,例えばテーブルに適用するに際して,他人を模倣するとフェリエは言う.しかし,ある人が自分を『私』と語る場合に,子供は自分を『私』とは呼ばないのである.『少なくとも『私』という言葉に関する限り,彼が自覚するようになるとすぐに模倣者をやめるのである.』」[44]

つまり,子供は最初模倣を通じて言語を獲得し,そして『私』という言葉が私自身を指すものだと彼が自覚してはじめて『私』の観念が形成されるということなのである.

次にマーシャルはハミルトンの自己と意識の定義について言及する.

ハミルトンによれば「自己 The self,すなわち『私』'I'は,知性のあらゆる活動においてその行為が属する主体として認識される.」[45]「意識とは……特定の変化 modification が自分でわかっており,これらの変化が自分自身のものであるという自我確認 self-affirmation なのである.」[46]

続けてマーシャルは,マンセルの決定的な問題点を以下の点に見出す.それは,自意識が変化するものであるということを語りながら,その理解には不徹底さが見られると言う.

「マンセルが述べている『意識のあらゆる活動において,継続的な修正の対象として常に認識される恒久不変の,人格的同一という自意識』の理解には,漸次的変化という認識がない.」[47]

スコットランド学派に総じて言えることは,自己の観念が継続的な修正を受け,変化し発達するものであると言いながらも,それは不首尾で消極的だということである.

次にマーシャルはスコットランド学派と対照的な観念連合説のベインに言及する.

「ベインの見解の強みは以下のことを論証していることにあると思われる.理性が意識を発展させるということ,すなわち大人における自意識は,子供における自意識よりも様々なそしてより完全な形態を持っているということである.それは徐々により完全な形態に成長していくというこ

とであり，換言すれば，出生前の人間の脳は，外観上動物の物理的年齢の発達の度合いに応じた段階を経て，出生後の人間の心は，その発現において動物の物理的年齢の発達の度合いに応じた段階を経るということである．」[48]

ベインの見解は，より生物学的な進歩や発展が見られるということであろう．彼の生物学的な進歩や発展は，物理的年齢にしたがって脳が発達し，またそれと同時に人間の心も物理的年齢にしたがって発達するということである．

しかし，ベインが言う自意識は，自己や自我の観念が欠如している．マーシャルによるベインからの引用を見てみると以下のように書かれている．

「精神生活全体は二種類の意識からなっている．客観的意識 the object-consciousness，すなわち消費された活力 expended energy の感情によって決定されるものと，主観的意識 the subject-consciousness，すなわち受動的感情と観念によって決定されるものである．第一のものは，我々の外的世界，すなわち非自我 non-ego であり，第二のものは，我々の自我あるいは厳密な意味での精神 ego or mind proper である．」[49]

しかしベインはこのような説明を行いながらも，彼は第二のもの，すなわち自我あるいは厳密な意味での精神を敢えて避けている．このことは，ベインが以下のように言っていることからも明白である．「我々のあらゆる認識に自我を置くことには同意しない．」[50] つまり，ベインの自意識が意味するものは，客観的意識に関わるもの，外的世界に関わるものであって精神生活全体の一部のものを指しているにすぎない．したがって，マーシャルはベインの考えには全く従う気になれないと言う[51]．なぜならばベインは自意識という言葉を使いながらもその要素の一部の自我を無視しているからである．

ベインが言う通り，客観的意識を自我のない自意識と捉えると，人間の精神活動が単なる機械に堕してしまうことになりかねない．

「我々が能力の行使を意識している，すなわち不断の一連の心の働きの一つとしての目的達成に向けた努力を意識している場合でないかぎり，我々はただ機械によってなされることしかやっていないのである．」[52]

ベインが人間の精神の働きを機械とみなしたことは，彼の言う観念連合説にとっては非常に都合の良いものなのである．あえて自我や自己という観念をはずしたのも，超越論的な哲学的議論を避けるためだったと解すこともできる．しかしこれは同時に以下のような疑問も生じるであろう．もし我々が能力の行使を意識し，特にそれが目的達成に向けた努力というものを意識している場合，その原因としての自我や自己を抜きにして説明可能なのであろうか．もしそれが可能だとするならばそれは人間が獣と何ら変わりのないものとして説明されるのである．その場合，人間の心の働き，すなわち精神は機械として説明可能なのである．しかし，これは単純すぎる，節約のし過ぎであるというのがマーシャルの考えなのである．ベインのあまりにも行き過ぎた経験主義への批判は以下にも見られる．

「ベインは，現象であるいかなる自我の存在をも認めることなく精神現象について語っている，唯一その責められるべき点に私は固執したい．」[53]

このようにマーシャルはベインの偏った精神理解を批判し，彼は自意識と自我の重要性を以下のように主張する．

「潜在的であろうとなかろうと，我々が自意識を持つならば，自我に対する我々の観念が我々の経験能力によって大いに洗練され，完成されるかもしれないし，またそれが我々の受動的感覚の経験によってはそれほど洗練されないでろうということを私は厭わずにそのことを認めるのである．」[54]

こうしてマーシャルは，最後に以下のように自分の見解をまとめる．

「私は，ベインが自我の主観的側面と客観的側面との間の区別を認めなかったことを非難したのと同じ方法でミルを非難する．なぜならば，ミルは一体どんな方法で自我の客観的側面を構築するのか，この間接的な手段によってでさえ彼はどのようにして自我の主観的側面をより明確にするのかという点からみても，なお何の説明も主観的側面の実体に与えていないということ，またスコットランド学派の強みが依存するのは，主観的側面の実体なのだということなのである．しかし，他方で，まさに同じ方法

で，私は二つの間の区別を認めないスコットランド学派を非難する．なぜならば，彼らは自我に関する主観的な観念が究極的でそれ以上分析できないと非常に自信を持っており，また彼らは，自我の客観的な観念を科学的な分析にかけようともしなかったし，また他の試みにも注意を払わなかったのである.」[55]

スコットランド学派の主張する自意識の観念には自己や自我の観念が含まれていたが，しかし特にベインの主張する観念連合説の自意識の観念には自己や自我が含まれていない．マーシャルはこの場合，自我や自己を含んだスコットランド学派の主張する自意識の観念を特に重視していた．問題なのは，なぜ彼がこのことを特に重視したかである．それは人間がなぜに能力の行使を意識し，目的達成に向けた不断の努力を意識しているのかということである．この目的達成に向けた不断の努力を意識しているからこそ人間は進化・発展してきたのではなかろうか，こんな考えが彼の考えの根底にあるように思われる．というのも，マーシャルは，スコットランド学派の主張する自己や自我の観念の修正においては不徹底さが見られるという点において批判を加え，他方ベインの人間の物理的年齢に応じた人間の発展や進歩を語ったことに対する評価などはその顕著な事例である．しかし，もう一方において，スコットランド学派のフェリエの考えが，「人間の基本的な特質が自意識にあるというのが周知の事実であり，この属性が獣にあるとは思われていない」ということを主張するに止まり，他方観念連合説を主張するベインの考えは人間を機械とみなして説明するということで満足していることには，マーシャルは批判を加えている．そして彼はこれらをあえて折衷しようと試みる．マーシャルの自意識理解は，自己 self や自我 the Ego のみならず非自我 the non-Ego をも加えた完全状態のものであり，これを彼は「自意識の不変的要素 the permanent element of a conscious self」[56]と呼んでいる．これがあるからこそ我々は内的世界と外的世界を，あるいは主観的世界と客観的世界のアクセスを可能とし，そして機械的現象を精神的現象に変換することも可能なのだと言う[57]．

このように見てくると，マーシャルはスコットランド学派により接近してい

たように思われてしまうかもしれないのだが,しかし彼はベインを高く評価していたことを付け加えておく.

> 「彼〔ベイン〕は個人の教育に限定していたとはいえ,議論の範囲が及ぶ限り,その秩序と進歩に関するベインの説明は少なくとも真実に非常に近い」と[58]).

おわりに

上記の「フェリエの第一命題」からも明らかなように,マーシャルは彼独自の心理学を構想していた.彼にとって,やはり重要なことは,心理学を進歩と進化に関連付けて説明するということなのである.その際に重要な要素は,自己や自我を含む自意識の観念である.これを前提に置くか置かないかは,人間と獣とを分かつキー・ポイントである.人間と獣の進化の違い,それは目的達成に向けた不断の努力を意識していることであり,これが人間の進歩・発展の原動力となっているのである.例えば,我々はなぜ将来に対する見込み anticipation[59]や期待 expectation[60]をもつことができるのかである.またなぜこれらが心に繰り返し想起されるのかである[61].こういった問題も当然彼の自意識と無縁ではない.彼は「節約原理」において,マンセルの誤りをこう指摘している.「彼がこれまで自意識をまじめに進化の原理と関連付けて考えていたという形跡さえもない.」[62]そして以下のように結論付けている.

> 「この方法以外に,私は節約原理を均質的ではない精神現象に適用するという禁じ手の過程から免れるいかなる可能性をも考えることができないのである.」[63]

つまり,自己や自我を含む自意識を認め,そこに進歩や進化を認めてしまえば,均質的ではない精神現象であっても節約原理を適用することは不可能ではないということなのである.マーシャルによればこうである.

> 「ある一つの公準 postulate が与えられると,他のすべてのものは,純粋に機械的な作用の進化によって説明されるのである.」[64]

こうして彼は翌1868年に「機械論」を発表するのである[65].

第 12 章　初期マーシャルの認識論と思想形成　515

　本章では，マーシャルの「節約原理」と「フェリエの第一命題」を中心に詳細に検討してきたのだが，彼の哲学的思索のすべてを理解するにはまだなおも詳細な検討を要する．しかしながら彼の哲学上の問題が，特に彼の経済学の方法と認識論に活かされているのではないかということは上記のことからも分かったであろうと思われる．特に，彼の経済学に散りばめられている「努力」や「活動」の概念は，これら二つの論文において強調されていた自意識の問題と密接に関わりのあるものではないだろうかと思われる．

　いずれにせよ，マーシャルが1867年頃この人生の転機を回想し，以下のように書き付けていたことを，我々は忘れてはならない．

　「1867年頃（おもにケンブリッジで数学の教師をしていたとき），マンセルの『バンプトン講義』が私の手に入り，人間自身のもつ可能性を研究することこそ，人間にとって最も重要な主題であると考えるようになった．そこで私はしばらく形而上学の研究に専念したのであるが，しかし間もなく，もっと進歩的だと思われた心理学の研究に移った．人間の才能のより高度な，より速やかな発達の可能性に対する心理学の魅惑的な探求により，私は次のような問題に触れることができた．すなわち，イギリス（ならびに他の諸国）の労働者階級の生活状態は一般にどの程度まで充実した生活にとって十分なものであろうかと．」[66]

1) Keynes, J. M., *Essays in Biography*, in *Collected Writings of John Maynard Keynes*, ed. by D. Moggridge, London : Macmillan, vol. X, 1972, p. 166（大野忠男訳『人物評伝』東洋経済新報社，1980年，222-223ページ）．
2) Groenewegen, P. D., *A Soaring Eagle : Alfred Marshall 1842-1924*, Aldershot : Edward Elgar, 1995, p. 104.
3) Keynes, J. M., *op. cit.*, p. 168（226ページ）．
4) Groenewegen, P. D., *op. cit.*, p. 105.
5) *Ibid.*, p. 105.
6) Keynes, J. M., *op. cit.*, pp. 166-167（223ページ）．
7) *Ibid.*, p. 167（223-224ページ）．
8) *Ibid.*, p. 167（225ページ）．
9) 早坂忠「マーシャル経済学形成過程についての若干の覚書―彼のジェヴォンズ『経済学理論』評との関連で―」（『社会科学紀要』東京大学教養学部社会科学科

編，1970・1971 年）146–147 ページ．
10) Pattison, M., *Memoirs,* London : Macmillan, 1885, pp. 165–167（舟川一彦訳『ある大学人の記録』上智大学出版会，2006 年，108–109 ページ）．
11) 塚田理『イングランドの宗教　アングリカニズムの歴史とその特質』教文館，2004 年，317–318 ページ．
12) 前掲書，312 ページ．
13) Mill, J. S., *Autobiography and Literary Essays,* in *Collected Works of John Stuart Mill,* ed. by J. M. Robson and J. Stillinger, University of Toronto Press, vol. I , 1981, p. 269（朱牟田夏雄訳『ミル自伝』岩波書店，1960 年，235–236 ページ）．
14) *Ibid.,* pp. 269–270（236–238 ページ）．
15) *Ibid.,* p. 270（238 ページ）．
16) Mill, J. S., *A System of Logic Ratiocinative and Inductive Being a Connected View of the Principles of Evidence and the Methods of Scientific Investigation,* in *Collected Works of John Stuart Mill,* ed. by J. M. Robson and R. F. Mcrae, University of Toronto Press, vol. VII, 1973, pp. 6–7（大関将一訳『論理学体系』第 1 巻，春秋社，1949 年，9 ページ）．
17) *Ibid.,* p. 8（12 ページ）．
18) *Ibid.,* p. 9（13 ページ）．
19) *Ibid.,* p. 9（15 ページ）．
20) *Ibid.,* pp. 15–16（22 ページ）．
21) Marshall, A., "Notes Taken by Marshall During Discussions at the Grote Club Meetings, February–November 1867", intro. by T. Raffaelli, *Marshall Studies Bulletin,* vol. VI, 1996, p. 56.
22) Marshall, A., "The Law of Parcimony", *Research in the History of Economic Thought and Methodology,* JAI Press, 1994, pp. 95–96.
23) *Ibid.,* p. 96.
24) *Ibid.,* p. 96.
25) *Ibid.,* pp. 96–97.
26) *Ibid.,* p. 97.
27) *Ibid.,* p. 97.
28) *Ibid.,* p. 97.
29) *Ibid.,* pp. 97–98.
30) *Ibid.,* p. 99.
31) *Ibid.,* p. 99.
32) *Ibid.,* p. 99.
33) *Ibid.,* p. 99.
34) Marshall, A., "Ferrier's Proposition One", *Research in the History of Economic Thought and Methodology,* JAI Press, 1994, p. 104.
35) *Ibid.,* p. 104.
36) *Ibid.,* p. 104.
37) *Ibid.,* p. 105.

38) *Ibid.*, p. 104.
39) *Ibid.*, p. 105.
40) *Ibid.*, p. 106.
41) *Ibid.*, p. 106.
42) *Ibid.*, p. 106.
43) *Ibid.*, p. 106.
44) *Ibid.*, p. 106.
45) *Ibid.*, p. 107.
46) *Ibid.*, p. 107.
47) *Ibid.*, p. 107.
48) *Ibid.*, p. 106.
49) *Ibid.*, p. 109.
50) Marshall, A., "The Law of Parcimony", pp. 100–101.
51) Marshall, A., "Ferrier's Proposition One", p. 109.
52) *Ibid.*, p. 108.
53) *Ibid.*, p. 109.
54) *Ibid.*, pp. 108–109.
55) *Ibid.*, pp. 110–111.
56) *Ibid.*, p. 109.
57) *Ibid.*, p. 109.
58) *Ibid.*, p. 109.
59) *Ibid.*, p. 109.
60) *Ibid.*, p. 110.
61) *Ibid.*, p. 109.
62) Marshall, A., "The Law of Parcimony", p. 101.
63) *Ibid.*, p. 101.
64) Marshall, A., "Ferrier's Proposition One", p. 109.
65) 「機械論」に関する先行研究として，西岡幹雄「心理学から経済学へ―マーシャルの Ye Machine の性格をめぐって―」(『経済学論叢』同志社大学経済学会，第44巻第4号，1993年)，西岡幹雄「マーシャル経済学の形成―とくにマーシャル文書との関連で―」(『経済研究』一橋大学経済学研究所，岩波書店，第47巻第3号，1996年)，西岡幹雄『マーシャル研究』晃洋書房，1997年，24-30ページ．
66) Keynes, J. M., *op. cit.*, p. 171（229-230ページ）．

索　引
（人名索引）

ア　行

アーウィン
　Irwin, T.　　*337, 339, 344, 345*
アーノルド, M.
　Arnold, M.　　*vi, vii, 417, 484*
アーノルド, T.〔父〕
　Arnold, T.　　*418, 425, 426, 439, 461, 462, 480, 482, 484*
アーノルド, T.〔弟〕
　Arnold, T.　　*421, 430, 470*
アリストテレス
　Aristotle　　*v, vii, 315－321, 323, 326－328, 331, 332, 334, 335, 337－348, 350, 406, 501*
アレヴィ
　Halévy, E.　　*169, 221*
飯田 鼎　　*370*
イグナティエフ
　Ignatieff, M.　　*173, 368*
石井 健司　　*198, 221*
岩田 靖夫　　*316, 335－337, 343, 345, 347－349*
ウィリアムズ
　Williams, B.　　*169*
ウィルバーフォース
　Wilberforce, S.　　*492*
ウィンチ
　Winch, D.　　*177－180, 183－186, 188, 190, 192, 194, 198, 223, 368*
ウェイクフィールド
　Wakefield, E. G.　　*186, 195*
ヴェブレン
　Veblen, T.　　*iv, 263－278, 280－292*
ウエルギリウス
　Virgil　　*456, 473*
ヴェン
　Venn, J.　　*490*
ヴェントラー
　Wendlter, E.　　*371*

エムペドクレス
　Empedocles　　*423, 437, 446－452, 456, 458, 460, 464, 470*
エリオット, G.
　Eliot, G.　　*428, 482*
エリオット, T. S.
　Eliot, T. S.　　*419, 454, 462, 463, 465*
エルヴェシウス
　Helvétius, C. A.　　*28, 42*
オウエン
　Owen, R.　　*229*
オグデン
　Ogden, C. K.　　*171, 175*
オズワルド
　Oswald, J.　　*287*
オンケン
　Oncken, A.　　*285*

カ　行

カーライル
　Carlyle, T.　　*421－423, 431, 442, 446, 453, 454, 481*
カッスルレー
　Castlereagh, V.　　*212*
カニング
　Canning, G.　　*208, 212*
カベ
　Cabet, E.　　*229*
カント
　Kant, I.　　*68, 75, 76, 79, 278, 287, 290, 454, 492－494*
キャナン
　Cannan, E.　　*285*
ギャラハー
　Gallagher, J. A.　　*365*
クラーク
　Clark, J. B.　　*264, 285*
クラフ

Clough, A. H.　　*vi, 417, 483*
グリーン
　Green, T. H.　　*298, 494*
クリフォード
　Clifford, W. K.　　*490*
グロート
　Grote, J.　　*489*
グロチウス
　Grotius, H.　　*7, 354*
ケアンズ
　Cairnes, J. E.　　*iv, 263, 277, 280–282, 284, 285, 290, 291*
ケイン
　Cain, P. J.　　*285, 297*
ケインズ, J. M.
　Keynes, J. M.　　*293*
ケインズ, J. N.
　Keynes, J. N.　　*285, 353*
ゲーテ
　Göethe, J. W. von　　*422, 423, 431, 444, 454, 457, 468, 469, 478*
ケネー
　Quesnay, F.　　*266, 353, 401*
ケリー
　Kelly, P. J.　　*105, 110, 115, 116, 118, 122, 167, 170–172*
コールリッジ
　Coleridge, S. T.　　*493*
小林 昇　　*364, 369*
コモンズ
　Commons, J. R.　　*286*
コンディヤック
　Condillac, E. B. de　　*503, 505*

サ　行

サンド
　Sand, G.　　*447, 470*
サント＝ブーヴ
　Sainte-Beuve, C. A.　　*444, 458, 466, 475*
シーニア
　Senior, W. N.　　*263, 285, 290*
ジェームズ
　James, W.　　*288*
重田 澄男　　*367*
シジウィック
　Sidgwick, H.　　*11, 15, 295, 310, 462, 463, 474, 489, 490*
シュトラウス
　Strauss, D. F.　　*428–430, 435–437, 440, 455, 468, 477, 480, 484*
シュナイダー
　Schneider, M.　　*312*
スカルトゥサス
　Scaltsas, T.　　*319, 321, 322, 325, 326, 345, 346*
スクロウプ
　Scrope, G. J. P.　　*387*
スコフィールド
　Schofield, P.　　*170*
スターク
　Stark, W.　　*107, 124–126, 127, 129, 132, 140, 141, 143, 155, 159–162, 170–175*
スティーヴン
　Stephen, F.　　*439*
スティムソン
　Stimson, S. C.　　*225*
ステュアート, J.
　Steuart, J　　*173, 352, 353, 359, 367, 369*
ステュアート, D.
　Stewart, D.　　*42, 224, 492*
ストークス
　Stokes, G. G.　　*488*
ストラット（レイリー卿）
　Strutt, J. W. (Lord Rayleigh)　　*488*
スピノザ
　Spinoza, B. de　　*430, 431, 443, 454, 468, 469*
スペンサー
　Spencer, H.　　*294, 301, 302, 311, 492, 503, 504*
スマート
　Smart, J. J. C.　　*169*
スミス
　Smith, A.　　*v, 122, 123, 127, 128, 133, 134, 138, 155, 159, 167, 172, 173, 181, 222, 263, 266, 268, 270–274, 276, 282, 288, 291, 292, 351–369, 397*
セイ
　Say, J. B.　　*227, 241, 398*
セナンクール
　Senancour, E. P. de　　*423, 427, 440, 441,*

444, 445, 447, 450, 454, 461, 464–466, 470, 474, 479
ソポクレス
　Sophokles　*433, 443, 452, 455–458, 471, 479*

タ 行

ダーウィン
　Darwin, C.　*284, 301, 421, 436, 442, 457, 482, 492, 502–504, 506*
タウンゼント
　Townshend, J.　*312*
竹本 洋　*368*
立川 潔　*222, 223*
田中 正司　*368*
田中 秀夫　*368*
タルド, M.
　Tarde, M.　*312*
ダン
　Dunn, H.　*441, 444, 445, 464–466*
ツキュディデス
　Thoukydides　*453*
デイキンズ
　Dakyns, H. G.　*489*
デュモン
　Dumont, P. É. L.　*17, 61, 105, 170*
トーマス
　Thomas, W.　*225*
トムソン
　Thompson, E. P.　*173*
トルストイ
　Tolstoy, L.　*464, 478*

ナ 行

ニイチェ
　Nietzsche, F. W.　*448*
新村 聡　*222, 368*
ニュートン
　Newton, I.　*356, 501*
ニューマン
　Newman, J. H.　*422, 424, 425, 427, 442, 469, 473, 480, 482*
ネマーズ
　Nemmers, E. E.　*293, 294, 310, 312*
ノージック

　Nozik, R.　*100–102, 168*

ハ 行

バークリー
　Berkeley, G.　*42*
パース
　Pierce, C. S.　*288*
ハート
　Hart, H. L. A.　*4, 15, 22, 24, 39, 40, 170, 171*
バーネット
　Burnet, J.　*325, 346*
パーネル
　Parnell, H.　*208*
バーリン
　Berlin, I.　*22*
バーンズ
　Burns, J. H.　*170, 171*
ハイルブロナー
　Heilbroner, R. L.　*367*
バウリング
　Bowring, J.　*vii, 170, 171, 390*
パウロ
　Paulos　*440, 443, 460–462, 467, 468, 474–476, 478, 480, 483*
朴一功（パクイル ゴン）　*343, 344, 346*
ハクスリー
　Huxley, T. H.　*463, 482, 483, 492*
バジョット
　Bagehot, W.　*426, 438, 439, 463*
ハスキッスン（ハスキソン）
　Huskisson, W.　*208, 224, 387*
バスティア
　Bastiat, C. F.　*291*
ハスバッハ
　Hasbach, W.　*285*
ハチスン, T. W.
　Hutchison, T. W.　*173*
ハチソン, F.
　Hutcheson, F.　*9*
バックル
　Buckle, H. T.　*491*
パティソン
　Patison, M.　*493*
ハミルトン
　Hamilton, Sir W.　*vi, 278, 492–497,*

499–501, 504–506, 508, 510
ハンバーガー
 Hamburger, J. *223*
ピアソン
 Pearson, J. B. *490*
ビーティ
 Beattie, J. *287*
ピグー
 Pigou, A. C. *iv, 294–296, 299, 310*
ヒューウェル
 Whewell, W. *21, 23, 47, 48, 49, 290*
ヒューム
 Hume, D. *9, 28, 29, 33, 34, 35, 42, 51, 163, 201, 208, 266–270, 282, 287, 288*
ヒルトン
 Hilton, B. *224*
フィッシャー
 Fisher, I. *288*
フィンリー
 Finley, M. I. *328, 346*
プーフェンドルフ
 Pufendorf, S. F. von *7, 354*
フェリエ
 Ferrier, J. E. *508, 509, 513*
フェン
 Fenn, R. A. *225*
ブラウン
 Brown, T. *42*
ブラックストン
 Blackstone, W. *26–28, 40, 76, 77*
プラトン
 Plato *323, 342, 350*
プラムナッツ
 Plamenatz, J. P. *40*
ブラン
 Blanc, L. *229*
ブラント
 Brand, R. B. *169*
プリーストリー
 Priestley, J. *9, 287*
フリーデン
 Freeden, M. *311*
プルードン
 Proudhon, P. J. *232*
ヘア
 Hare, R. M. *100, 102, 169*
ベイン
 Bain, A. *vi, 42, 278, 503, 504, 508–514*
ヘーゲル
 Hegel, G. W. F. *81*
ベーコン
 Bacon, F. *45*
ベッカリア
 Beccaria, C. *9*
ベンサム
 Bentham, J. *i –iii, 3–11, 15–49, 51–66, 69, 76, 77, 81–83, 86, 87, 89, 99, 103–123, 125–151, 153–170, 172–174, 177–188, 190, 192–194, 273–278, 282, 289, 295, 390, 420, 471, 473*
ホエイトリー
 Whately, R. *493*
ボードリャール
 Baudrillard, J. *242*
ボール
 Ball, T. *221*
ホッブズ
 Hobbes, T. *31*
ボナー
 Bonar, J. *285, 289*
ホブソン
 Hobson, J. A. *iv, 265, 287, 293, 294, 296, 298–302, 304–306, 308–312*
ホランダー
 Hollander, S. *22, 198*
ホント
 Hont, I. *173, 368*

マ 行

マーシャル
 Marshall, A. *vi, 264, 285, 286, 294–296, 353, 367*
前田 俊文 *368*
マコーレー
 Macaulay, T. B. *197, 221*
真実 一男 *172, 224*
マッキントッシュ
 Mackintosh, J. *201*
マルクス
 Marx, K. *353, 359*

マルサス
　Malthus, T. R.　　*166, 263, 276, 289*
マンセル
　Mansel, H. L.　　*vi, 489, 492–495, 508–510, 514*
水田 洋　368
宮崎 犀一　365, 369
ミル, J.
　Mill, J.　　*iii, 42, 43, 194, 197–209, 212–221, 223, 225, 278*
ミル, J. S.
　Mill, J. S.　　*ii–iv, vi, 3, 9, 15, 18, 20–23, 26, 32, 40–53, 57–60, 64–89, 103, 108, 122, 169, 197, 227–240, 242–245, 247–249, 256, 263, 277–283, 285, 287, 289, 290, 294, 299, 300, 353, 361, 364, 369, 446, 453, 463, 489, 493, 495–497, 499, 500, 502, 503, 505, 508, 512*
ミルゲイト
　Milgate, M.　　*225*
ミルン
　Milne, A. T.　　*42, 172, 175*
ムーア
　Moore, G. E.　　*298*
メイヤー
　Mayer, J. B.　　*489*
メイン
　Maine, H. S.　　*491*
モーリス
　Maurice, J. F. D.　　*490, 494, 495*
モールトン
　Moulton, J. F.　　*490*
モズリー
　Mozley, J. R.　　*489, 490*
モリス, W.
　Morris, W.　　*312*
モンテスキュウ
　Montesquieu, C. L. de S.　　*61*

ヤ 行

山崎 怜　367
山下 重一　*198, 220*

ラ 行

ライト
　Wright, A.　　*489*

ラスキン
　Ruskin, J.　　*294, 300, 311, 312*
ラッセル
　Russell, Lord J.　　*212*
ラマルク
　Lamarck, J. B.　　*301*
リード
　Reid, T.　　*42, 287, 492*
リカードウ
　Ricardo, D.　　*193, 198, 263, 353, 364*
リスト
　List, F.　　*vi, vii, 364, 369, 371*
リンド
　Lind, J.　　*6*
ルクレティウス
　Lucretius Carus, Titus　　*447, 450, 454, 456, 458*
レーニン
　Lenin, V. I.　　*293*
ローゼン
　Rosen, F.　　*i, iii, 170, 171, 519*
ロールズ
　Rawls, J. B.　　*4, 11–19, 21, 22, 24, 87, 88, 100–102, 169*
ロック
　Locke, J.　　*31, 42, 234, 290, 430*
ロバートソン
　Robertson, D. H.　　*299, 311*
ロビンソン
　Robinson, R. E.　　*365*
ロング
　Long, D.　　*170, 172, 175*

ワ 行

ワーズワス
　Wordsworth, W.　　*422, 423, 470, 475*
ワグナー
　Wagner, A. H. G.　　*288*
渡辺 恵一　173
ワルラス, A.
　Walras, A. A.　　*232*
ワルラス, L.
　Walras, M. É. L.　　*iii, iv, 227, 228, 232–235, 240–245, 247, 250, 251, 253–256*

執筆者紹介（執筆順）

池田 貞夫（いけだ さだお）　客員研究員（元中央大学教授）
音無 通宏（おとなし みちひろ）　研究員（中央大学経済学部教授）
板井 広明（いたい ひろあき）　客員研究員（関東学院大学経済学部非常勤講師）
益永 淳（ますなが あつし）　研究員（中央大学経済学部助教授）
高橋 聡（たかはし さとし）　客員研究員（中央大学商学部兼任講師）
石田 教子（いしだ のりこ）　客員研究員（日本大学経済学部助手）
八田 幸二（はった こうじ）　研究員（中央大学経済学部助教授）
濱岡 剛（はまおか たけし）　研究員（中央大学経済学部教授）
和田 重司（わだ しげじ）　客員研究員（中央大学名誉教授）
片桐 稔晴（かたぎり としはる）　研究員（中央大学経済学部教授）
中川 敏（なかがわ さとし）　客員研究員（中央大学名誉教授）
門脇 覚（かどわき さとる）　準研究員（中央大学大学院経済学研究科博士課程後期課程）

功利主義と社会改革の諸思想
中央大学経済研究所研究叢書　43

2007年3月31日　発行

編著者　　音　無　通　宏

発行者　　中央大学出版部
　　　　　代表者　福　田　孝　志

東京都八王子市東中野 742-1
発行所　中央大学出版部
電話 042(674)2351　FAX 042(674)2354

© 2007　　　　　　　　　　　　　　　　　電算印刷

ISBN 978-4-8057-2237-4

中央大学経済研究所研究叢書

6. 歴史研究と国際的契機　　中央大学経済研究所編　A5判　定価1470円
7. 戦後の日本経済——高度成長とその評価——　　中央大学経済研究所編　A5判　定価3150円
8. 中小企業の階層構造——日立製作所下請企業構造の実態分析——　　中央大学経済研究所編　A5判　定価3360円
9. 農業の構造変化と労働市場　　中央大学経済研究所編　A5判　定価3360円
10. 歴史研究と階級的契機　　中央大学経済研究所編　A5判　定価2100円
11. 構造変動下の日本経済——産業構造の実態と政策——　　中央大学経済研究所編　A5判　定価2520円
12. 兼業農家の労働と生活・社会保障——伊那地域の農業と電子機器工業実態分析——　　中央大学経済研究所編　A5判　定価4725円〈品切〉
13. アジアの経済成長と構造変動　　中央大学経済研究所編　A5判　定価3150円
14. 日本経済と福祉の計量的分析　　中央大学経済研究所編　A5判　定価2730円
15. 社会主義経済の現状分析　　中央大学経済研究所編　A5判　定価3150円
16. 低成長・構造変動下の日本経済　　中央大学経済研究所編　A5判　定価3150円
17. ME技術革新下の下請工業と農村変貌　　中央大学経済研究所編　A5判　定価3675円
18. 日本資本主義の歴史と現状　　中央大学経済研究所編　A5判　定価2940円
19. 歴史における文化と社会　　中央大学経済研究所編　A5判　定価2100円
20. 地方中核都市の産業活性化——八戸　　中央大学経済研究所編　A5判　定価3150円

中央大学経済研究所研究叢書

21. 自動車産業の国際化と生産システム　中央大学経済研究所編　A5判　定価2625円
22. ケインズ経済学の再検討　中央大学経済研究所編　A5判　定価2730円
23. AGING of THE JAPANESE ECONOMY　中央大学経済研究所編　菊判　定価2940円
24. 日本の国際経済政策　中央大学経済研究所編　A5判　定価2625円
25. 体制転換――市場経済への道――　中央大学経済研究所編　A5判　定価2625円
26. 「地域労働市場」の変容と農家生活保障　中央大学経済研究所編　A5判　定価3780円
　　――伊那農家10年の軌跡から――
27. 構造転換下のフランス自動車産業　中央大学経済研究所編　A5判　定価3045円
　　――管理方式の「ジャパナイゼーション」――
28. 環境の変化と会計情報　中央大学経済研究所編　A5判　定価2940円
　　――ミクロ会計とマクロ会計の連環――
29. アジアの台頭と日本の役割　中央大学経済研究所編　A5判　定価2835円
30. 社会保障と生活最低限　中央大学経済研究所編　A5判　定価3045円〈品切〉
　　――国際動向を踏まえて――
31. 市場経済移行政策と経済発展　中央大学経済研究所編　A5判　定価2940円
　　――現状と課題――
32. 戦後日本資本主義　中央大学経済研究所編　A5判　定価4725円
　　――展開過程と現況――
33. 現代財政危機と公信用　中央大学経済研究所編　A5判　定価3675円
34. 現代資本主義と労働価値論　中央大学経済研究所編　A5判　定価2730円
35. APEC地域主義と世界経済　今川・坂本・長谷川編著　A5判　定価3255円

中央大学経済研究所研究叢書

36. ミクロ環境会計とマクロ環境会計　A5判　小口好昭編著　定価3360円
37. 現代経営戦略の潮流と課題　A5判　林昇一・高橋宏幸編著　定価3675円
38. 環境激変に立ち向かう日本自動車産業　A5判　池田正孝・中川洋一郎編著　定価3360円
    ——グローバリゼーションさなかのカスタマー・サプライヤー関係——
39. フランス——経済・社会・文化の位相　A5判　佐藤清編著　定価3675円
40. アジア経済のゆくえ　A5判　井村・深町・田村編　定価3400円
41. 現代経済システムと公共政策　A5判　中野守編　定価4725円
42. 現代日本資本主義　A5判　一井・鳥居編著　定価4200円

＊定価は消費税5％を含みます．